기획서 작성법

방 누 수

북 넷

들어가는 말

기획서 작성능력은 직업인에게는 필수적인 업무역량이다. 기획서는 '우리가 이런 일을 하려고하니 승인해 달라'는 요청서와 동일한 문서이기 때문이다. 어떤 부서에서 어떤 업무를 담당하든지 간에 기획서를 작성할 수밖에 없다. 게다가 조그마한 일 하나에도 상사가 기획서를 요구하는 상황에서는 직급이 오를수록 기획서에 대한 부담감이 커질 수밖에 없고, 일정시간이 지나면 기획을 잘하는 직원과 못하는 직원 간에 구분이 생긴다. 기획서를 제대로 작성할 줄 알면 업무능력을 인정받는 것이고, 그렇지 않으면 상사에게 눈총받기 쉽다. 당연히 부서의 핵심업무에서도 밀려날 확률이 높다. 이런 상황에서 기획서작성방법을 직장에 입사한 후 배우겠다는 생각은 조금 안일한 태도다.

이런 상황으로 인해 대학에서도 기획서작성법 교육에 관심을 기울이고 있고, NCS규정에서도 기획서 작성역량을 구체적으로 정의하고 있다. 대학을 졸업하기 전에 익힐 필요가 있기 때문이다. 하지만 기획서 작성역량을 구체적으로 정의하긴 했지만 이를 체계적으로 가르칠 교재와 교육체계가 부족한 게 현재의 실정이다. 시중에 나온 기획서 관련 책은 기획서작성법을 가르친다기보다 기획서작성에 필요한 기획자의 자세, 기획서 목차나 내용구성원칙과 조건, 방향을 설명한 것이다. 기획초보자용이기 보다는 이를 조금이라도 이해하는 사람들을 위한 것이다. 또 기획을 가르치는 것도 가르치는 사람이 기획서를 잘 쓰는 것과 학생들을 잘 쓰게 만드는 것은 또 다른 문제이다.

이 책은 '기획'이란 용어를 처음 접하는 학생이나 일반인을 대상으로 구성했다. 기획서 작성에 필요한 여러 가지 지식 중에서 자신의 생각을 '기획서 다운 기획서'로 표현할 수 있는 능력을 키우는 데 초점을 맞췄다. 그리고 이를 통해 직장이나 조직에서 기획서를 겁먹지 않고 작성할 수 있는 기본능력을 배양하고자 한다.

이를 위해 본 교재는 아래와 같은 내용에 주안점을 두었다.

첫째, 기획서를 이해하기 위한 기본 지식, 즉 기획의 기본구조와 기획서의 핵심내용(뼈대)을 충실하게 설명하여 기획서의 구조와 구성원리를 이해할 수 있도록 정리했다.

둘째, 기획서 목차의 구성원리와 앞선 원리에 따른 목차 변화방법을 사례를 통해 설명함으로써 기획서 목차를 자유롭게 전환할 수 있는 능력을 가질 수 있도록 정리했다.

셋째, 기획서 작성을 어려워하는 이유와 해결방법을 제시하고, 기획서 작성단계를 구체적으로 설명함으로써 기획서를 처음 접하는 사람도 책에 담긴 내용을 따라가다 보면 기획서를 작성할 수 있도록 정리했다.

1) 기획서의 핵심요소인 메시지가 무엇이며, 이를 어떻게 만드는 것인지 설명했다.

2) 기획서의 스토리라인 구성법을 앞선 메시지와 연관시켜 사례를 들어 설명했다.

3) 앞선 스토리라인을 기획서라는 공식적인 문서로 전환시키는 방법을 단계별로 설명했고,

4) 각 단계마다 실제 사례를 통해 독자들의 이해도를 높였다.

넷째, 본 저서 내용을 일반교재처럼 강의용으로 만들지 않고, 독자 혼자서도 읽고 이해할 수 있도록 자세히 설명했다. 이는 가능한 한 많은 학생들이 본 교재를 통해 기획서작성법을 이해할 수 있도록 만들고 싶은 필자의 의도다.

본 저서의 전체 내용은 다음과 같다.

본서는 크게 3부 15장으로 구성했다. 이를 구체적으로 살펴보면,

[1부. 기획서 이해하기]에서는 기획과 기획서의 정의 및 구조, 역할을 설명하여 기획서에 대한 기본지식을 전달하고자 했고, 기획의 시작과 끝인 '문제찾기'와 '해결방안'을 별도로 설명하여 이들의 중요성을 강조했다. 이를 구체적으로 살펴보면,

[1장. 기획이란 무엇인가?]에서는 기획의 정의와 기획과 계획의 차이를 설명했다. 기획과 계획은 많은 사람들이 혼동하는 것으로 이를 구분하지 못하면 기획서 다운 기획서를 작성하기가 어렵다. 또한 기업에서 활용하는 기획서 종류를 설명하였고, 기획서의 주된 용도인 '문제해결방안을 제안하는' 것 이외 추가적인 용도를 설명하였다. 어떤 경우에는 추가적인 용도가 더 중요하기에 기획자는 이들을 유심히 살펴볼 필요가 있다.

[2장. 기획사고와 기획서의 핵심구조]에서는 기획사고의 3단계 논리인 'Why-What-How'구조와 이들의 역할과 용도를 설명하여 기획서의 가장 기본적인 모습을 제시했으며, 이를 근거한 기획서의 핵심구조인 '문제-원인-과제-해결방안'을 설명했다. 이는 모든 기획서가 담고 있는 핵심적인 내용으로 기획서의 뼈대에 해당하는 부분이다. 따라서 기획서라면 이 내용이 담겨 있어야 하며, 역으로는 아무리 많은 분량의 기획서일지라도 앞선 네 개의 내용 중 하나라도 빠지면 기획서가 아니다.

[3장. 기획서 핵심구조의 용도와 한계]에서는 2장에서 언급한 기획서 핵심구조의 중요성과 활용방법을 설명했다. 기획서 내용들을 보다 논리적으로 구성하도록 도와줌으로써 상사나 경영자들의 기획서에 대한

불만을 해소해주고, 기획서 작성을 위한 팀 미팅, 창업 시 아이템 개발 등에서 활용할 수 있는 방법이다. 그리고 본 핵심구조의 한계도 함께 설명했다.

[4장. 기획서 시작은 문제찾기]에서는 기획의 핵심테마인 '문제찾기'의 중요성과 진정한 문제를 찾기 위해서는 대상에 대한 관심이 중요하다는 것을 사례를 통해 설명했고, 문제를 찾기 위한 조건과 문제의 종류에 대해 설명했다. 어떤 종류의 문제이냐에 따라 과제를 설정하는 방법도 다르다.

[5장. 기획서의 가치는 남다른 해결방법]에서는 남다른 해결책을 원하면서도 모두가 비슷한 방향으로 갈 수밖에 없는 기업상황을 설명함으로써 남다른 해결책을 위한 조건을 제시했고, 해결책을 찾는 기획과 해결책을 만드는 기획의 차이를 설명하여 자신에게 알맞은 해결책 개발방식을 활용할 수 있도록 구성했다.

[2부. 기획서 준비하기]는 기획서를 작성하기 전에 익혀야 할 지식을 중점적으로 설명했다. 첫째, 기획서는 '상대방을 설득하기 위한 문서'라는 점, 둘째, 기획서는 형태에 따라 여러 가지가 있지만 모든 기획서의 본질은 같다는 점, 셋째, 기획에서 필요한 마케팅의 기본지식과 함께 마케팅 마인드 세트에 의해 만들어진 마케팅 기획서 목차 간의 관계를 설명했다. 이를 구체적으로 살펴보면,

[6장. 기획서의 용도는 설득하는 것]에서는 기획서의 설득력을 높이기 위한 논리를 설명했다. 우선 일반적인 설득대화논리와 비즈니스 커뮤니케이션 구조에 대해 설명하여 설득을 위한 대화구조가 어떤 것인지 살펴본 후, 이를 기획서 구조와 비교함으로써 기획서 구조자체가 설득을 위한 용도로 구성되어 있음을 알려줬다. 특히 기획서 개별목차들이 가진 설득목표에 대한 내용은 개별목차내용을 구성할 때 좋은 안내자가 될 것이다.

[7장. 발표용 제안서와 보고서용 기획서]에서는 설득용 기획서의 두 가지 종류인 발표용 제안서와 보고서용 기획서의 공통점과 차이점에 대해 설명했다. 이들은 모두 기획의 기본사고논리인 'Why-What-How'구조이며 기획서에 담긴 핵심내용과 흐름도 같지만 사용상황이 다르다보니 목차나 기획서 형태가 조금 다를 뿐이다. 하지만 이들은 서로 다른 기획서가 아니라 업무상황에서 함께 사용하는 것들이며. 이벤트분야에서는 1차 발표용 제안서, 2차 보고서용 기획서(실행계획서) 순으로 작성한다는 점을 설명했다.

[8장. 기획력의 기초, 마케팅 이해하기]에서는 기획과 밀접한 연관을 가진 마케팅의 기본지식과 마케팅적 사고방식인 'Marketing Mind Set'에 대해 설명했으며, 이를 활용한 기획서 목차에 대해서도 설명했다. 특히 기획서의 세부목차를 구성하는 '분석프레임워크'와 기획서 목차 간의 관계를 보여줌으로써 이를 통해 독자들은 기획서 목차가 어떤 근거로 만들어졌는지 알 수 있도록 정리했다.

[3부. 기획서 작성하기]는 기획서작성이 어려운 이유와 이의 해결방안을 설명함으로써 기획서를 못 쓰는 이유는 단순히 기획서 작성방법이 어려워서가 아니라는 점을 보여주었고, 기획서 작성에 필요한 단계

와 각 단계별 기획서 작성방법을 사례와 함께 설명함으로써 본 책에 담긴 내용에 따라 자신의 생각을 정리하다보면 자연스럽게 기획서를 완성할 수 있도록 구성했다. 이를 구체적으로 살펴보면,

[9장. 기획서를 못 쓰는 이유]에서는 기획을 배우고자 하는 학생들이 흔히 오해하는 기획서의 어려움에 대해 설명했다. 무엇을 쓸지 몰라 기획서를 못 쓰면서도 이를 기획서 작성이 어렵다고 생각하는 오해, 기획서의 기본구조를 이해하지 못한 상태에서 기획서의 전체목차만을 보고 겁먹는 상태, 기획서 작성에 필요한 몇 가지 지식을 한꺼번에 배우려는 데에서 오는 기획서 작성에 대한 어려움, 기획서는 스토리라인, 즉 이야기를 기본으로 한다는 것을 모르는 데에서 오는 내용구성에 대한 어려움 등이다. 그리고 이를 해소하기 위한 방안을 함께 설명했다.

[10장. 기획서는 이야기체로 써라]에서는 점차 증가하는 이야기의 중요성을 설명하고, 이야기 구조와 기획서 구조 간의 관계를 설명함으로서 설득용 기획서의 핵심은 상대방의 관심을 이끌어 낼 수 있는 이야기 구성능력이라는 것을 강조했다. 또한 이야기(스토리텔링)가 갖고 있는 4개 요소 중에서 기획서와 직결된 플롯과 반전효과를 설명함으로써 설득력 있는 기획서를 작성하는 데 직접적인 도움을 주고자 했다.

[11장. 한 번에 쓰지말고 단계별로 작성하라]에서는 기획서 작성 7단계를 설명했다. 우선 상사, 경영자와 기획서 주제를 확정하는 단계, 생활조사를 통해 기획서에 담을 메시지를 구성하는 단계, 메시지를 활용하여 스토리라인을 작성하는 단계, 스토리라인을 [기획서 내용구성안]을 통해 기획서화 하는 단계, 앞선 내용을 기획서로 전환하는 단계, 이를 최종적으로 관련부서와 협의하여 내용을 보완하는 단계, 마지막으로 이를 보고하는 단계다.

[12장. 기획사고로 메시지 만들기]에서는 앞선 기획서 작성 7단계 중에서 실제 기획서 작성단계에 해당하는 '2단계'부분을 설명했다. 이 장에서는 메시지와 관련된 기획사고의 정의와 정보피라미드에 대해 설명했고, 메시지의 종류와 이들 간의 위계구조를 설명했다.

[13장. 기획서의 큰 그림 그리기(스토리가설 작성하기)]에서는 스토리가설의 정의와 용도, 가설사고의 중요성을 설명했다. 또한 스토리가설 작성법을 초안작성법과 수정안작성법으로 나눠 사례와 함께 설명했고, 스토리가설에 들어가야 할 핵심내용을 구체적으로 정의함으로써 독자 스스로가 자신이 작성한 스토리가설의 완성도를 평가해 볼 수 있도록 구성했다.

[14장. 큰 그림을 묘사하고, 검증하기(기획서 내용구성안 만들기)]에서는 앞선 스토리가설을 기획서 형태로 전환하는 과정을 사례를 통해 설명했다. 스토리가설은 이야기체 문장이기에 이를 그대로 공식적인 형태의 기획서로 바꾸기에는 적합하지 않다. 따라서 [기획서 내용구성안]을 통해 스토리가설의 내용흐름을 유지한 채 해당 내용을 기획서 구조로 전환해야 한다.

[15장. 기획서를 디자인하고 평가하기]에서는 [기획서 내용구성안]에 담긴 내용을 실제 기획서로 전환

하는 방법을 설명했다. 기획서의 표준목차를 하나 설정하여 목차별로 필요한 내용과 구성이 어떠해야 하는지 샘플과 함께 설명했고, 기획서의 레이아웃과 디자인구성 상 주의해야 할 점 등을 사례를 통해 설명했으며, 기획서에 대한 평가기준도 함께 제시했다.

'기획서 작성은 결코 어렵지 않다. 거기에는 일정의 규칙과 사고과정이 존재한다.' 기획서의 흐름과 목차는 난해한 함수방정식이 아니라 사람이 생각하는 기본사고과정에 맞춰 구성한 것이다. 따라서 기획서의 흐름을 이해하는 것이 관건이다. 그 후에는 거기에 자신의 사고를 맞추기만 하면 된다. 시장상황을 이해하기 위해 열심히 자료를 찾고 고민할 자세가 되어 있다면, 남다른 문제해결책을 찾기위해 현장과 직접 부딪칠 각오가 되어있다면 이제 남은 것은 자신의 생각을 직접 기획서로 표현할 수 있는 능력을 갖는 것이다. 배움의 시절에 자신의 생각을 상대방이 쉽게 이해할 수 있도록 문서화하는 능력을 익히는 것은 주어진 시간을 보람되게 보내는 것이며, 이를 통해 자신의 업무역량 역시 한층 더 업그레이드 할 수 있을 것이다.

■ 맺음말

기업은 앞에 놓인 문제를 해결하며 성장하고, 그 문제를 얼마나 멋지게 해결하느냐에 따라 기업의 흥망성쇠가 결정된다. 게다가 경영자들은 무슨 일을 하든지 간에 담당부서가 그 일의 필요성과 진행방식을 일목요연하게 설명해 주길 원한다. 즉 현재 문제가 무엇이고, 그런 문제의 발생원인이 무엇이며 이를 어떻게 처리하면되는가 하는 점이다. 이들은 항상 바쁘고 의사결정해야 할 것이 산더미처럼 쌓인 사람들이기 때문이다. 그리고 문제를 찾아 이의 해결방안을 구상하고 이를 간단명료하게 논리적으로 정리하는 능력이 기획서 작성능력이다. 따라서 어떤 기업이든지 이런 능력을 보유한 사람을 원할 수밖에 없다. 다만, 신입사원들에게 이런 능력을 요구하지 않는 이유는 기획능력을 키우는 게 쉽지 않다는 것을 알고 있기 때문이다. 이런 상황에서 당신이 기획능력을 갖고 있다면, 그리고 그것을 그들에게 증명해 보일 수만 있다면 당신을 바라보면 기업 경영자나 관리자의 시선은 매우 달라질 것이다.

이 책은 기획서의 기본구조부터 실제 기획서를 작성하는 부분까지 내용을 담고 있다. 가능하면 교수자의 설명없이도 책만 보고 내용을 이해할 수 있도록 쓰려고 노력했다. 따라서 책을 수업시간에만 갖고 들어가지 말고, 혼자서라도 책을 처음부터 끝까지 읽고, 개별 장에 나온 과제들을 풀어보라. 이 책에 담긴 내용들을 이해했다면 기획의 기본에 대해 배울것을 거의 다 배운것이나 마찬가지다. 시중에 나온 기획서

관련 책들도 대부분 이 책에 들어있는 내용들과 유사한 내용들을 전달한다. 특히 이야기를 만들고 이를 기반으로 기획서를 쓰는 방법에 대해서는 자주 훈련해 보는 것이 좋다. 생활조사를 통해 메시지를 만들고, 이를 활용하여 스토리가설을 만드는 부분이다. 스토리가설 구성능력이 커질수록 기획서 내용을 구성하는 안목도 커지고, 자료선별력과 이의 활용능력도 함께 발전한다.

이 책에 담긴 내용을 이해했다면 이제 기획서 작성능력을 키우기 위해 필요한 것은 두 가지다. 첫째, 남들이 쓴 기획서 중에서 좋은 디자인과 레이아웃을 골라 그것을 베낀다는 기분으로 자기 이야기를 그들 구성에 대입해 보는 것이다. 처음에는 생소하겠지만 곧 좋은 기획서들이 갖고 있는 공통적인 디자인과 레이아웃을 알게 될 것이다. 그리고 남들이 쓴, 멋진 기획서 몇 개를 참고삼아 기획서를 작성해보면 기획서도 별 것 아니라는 생각이 들 것이다. 둘째, 열린 가슴으로 다양한 자료와 정보를 수집하여 이들이 담고 있는 메시지를 개발하는 훈련을 하는 것이다. 기획서의 질적인 문제는 기획자가 가진 시장정보와 이를 통해 구성한 메시지의 양과 질에 달렸다. 남다른 메시지가 기획서의 질을 결정한다. 항상 눈과 귀를 활짝 열어 놓고 새로운 정보와 지식을 정리해 나간다면 그것들이 모여 남들이 생각지 못한 새로운 시각을 제공해 줄 것이다. 기획서의 질적인 면을 키울 수 있는 핵심적인 방법은 시장, 소비자 등에 대한 호기심과 이의수집, 분석활동이란 점을 잊지말기 바란다.

창의관 연구실에서
방누수

제 1 부 기획서 이해하기

제 2 부 기획서 준비하기

제 3 부 기획서 작성하기

기획서 이해하기

CHAPTER 01 기획이란 무엇인가?
CHAPTER 02 기획사고와 기획서의 핵심구조
CHAPTER 03 기획서 핵심구조의 용도와 한계
CHAPTER 04 기획서 시작은 문제찾기
CHAPTER 05 기획서 가치는 남다른 해결방법

Chapter 01

기획이란 무엇인가?

1. 기획은 '꾀하고 계획'하는 것
2. 기획은 선택이 아닌 필수능력

1 기획은 '꾀하고 계획'하는 것

(1) 기획의 정의

기획의 정의와 목차, 구조에 대해서는 기획서를 가르치는 사람에 따라 다르게 표현한다. 하지만 공통된 내용은 '내가 원하는 것을 얻지 못하도록 방해하거나 걸림돌이 되는 장애요인을 찾아 이를 해결하는 방법을 정리, 제안하는 과정'이라고 말할 수 있다.

기획이란 무엇일까? [네이버지식백과]를 살펴보면 교육학용어사전(교육학용어사전, 서울대학교연구소, 하우동설, 2011.)에서는 기획을 "경쟁목표의 달성을 위해서 합리적인 여러 정책방안을 준비하는 과정이라 정의하며, 기획의 기능은 문제해결의 과정, 관리기능의 한 단계 또는 국가발전의 도구 등으로 파악되며 기획과정은 목표설정 · 문제상황의 분석과 진단, 기획전제(前提)의 설정, 대안(代案)의 작성과 평가, 최종안의 채택, 관련된 파생계획의 수립 등의 절차를 거친다."고 설명한다. 또 군사용어사전(군사용어사전, 이태규, 일월서각, 2012.)에서는 "① 예상되는 위협을 분석하여 국방목표를 설정하고, 대응전략수립 및 군사력 소요를 제기하며, 적정수준의 군사력을 효과적으로 육성하기 위한 제반정책을 수립하는 과정, ② 제 문제에 대하여 미래를 예측하고 구상하며, 목표를 설정하고 대체행동방안을 선택하며, 목표를 달성하기 위하여 가장 경제적이고 효율적으로 자원을 배분하는 계속적인 과정"이라 정의하며, HRD 용어사전(HRD용어사전, (사)한국기업교육학회, (주)중앙경제, 2010.)에서는 "어떤 대상에 대해 그 대상의 변화목적을 확인하고, 그 목적을 성취하는 데에 가장 적합한 행동을 설계하는 것을 의미한다. 이에 대해 계획(plan)은 기획을 통해 산출된 결과를 의미하며, 사업계획(program)과 단위사업계획(project)은 계획의 하위개념으로 볼 수 있다"라고 정의한다.

다양한 분야에서 각기 다른 방식으로 기획을 정의했지만, 이들은 몇 가지 공통된 용어들을 담고 있다. '변화상황에 대응', '바람직한 미래추구', '문제상황 분석 및 진단', '문제해결'과 '목표달성', '계획수립과정', '자원분배과정', '적합한 행동설계'와 같은 용어들이다. 이들을 문장으로 연결시켜보면 '변화상황이나 바람직한 미래를 추구하는 과정에서 발생한 문제를 해결함으로써 개인, 또는 조직에서 원하는 목적지에 도달하기 위한 계획을 수립하거나 적합한 행동을 설계하는 지적활동'이라고 말할 수 있다. 문장이 어렵다 보니 기획업무란 전문가들만 하는 일 같지만 집안문제나 아이문제가 생겼을 때, 취업을 준비할 때, 또 친구와 다투고 화해하는 방법을 고민하는 것도 기획이며, 그릇하나를 구입하려고 할 때도 기획을 한다. 이들 모두가 바람직한 미래에 도달하기 위해 적절한 행동방법을 계획하는 것이기 때문이다.

기획이란 내가 원하는 것(To-Be)을 얻기 위한 방법을 찾아내고, 이의 실행방안을 사전에 계획하는 지적활동이다. 내가 원하는 것(To-Be)과 현재 상황(As-Is)이 다를 때, 내가 원하는 것을 얻지 못하게 방해하는 뭔가가 있을 때 이들을 제거하고 내가 원하는 것을 얻을 수 있는 방법을 찾기위해 기획을 시작한다. 그리고 이때 기획자는 다음과 같은 의문을 갖게 된다. '내가 원하는 것은 무엇일까?' '지금 내 앞에 놓인 현실이 어떤 상황이지?' '내가 원하는 것과 현재 상황이 얼마나 다른 거야?' '왜 이런 차이가 생겼을까?' '그럼 내가 원하는 것을 얻기위해 무엇을 해야 하나?'이다. 그리고 앞선 질문에 대한 답을 얻으면, 그것들을 문장으로 정리하며 기획서를 작성한다. 이때 '현실을 파악하는 것'을 [현상분석], '원하는 것과의 차이를 찾아 내는 것'을 [차이분석], '차이가 생긴 이유를 따져보는 것'을 [원인분석], '원하는 것을 얻기 위해 해야 할 일을 결정하는 것'을 [과제정의], '해야 할 일을 현실에서 실행할 수 있도록 구체적으로 정리하는 것'을 [실행방안제안]이라고 한다.

기획은 목표와 현실 간의 차이를 해결하는 것

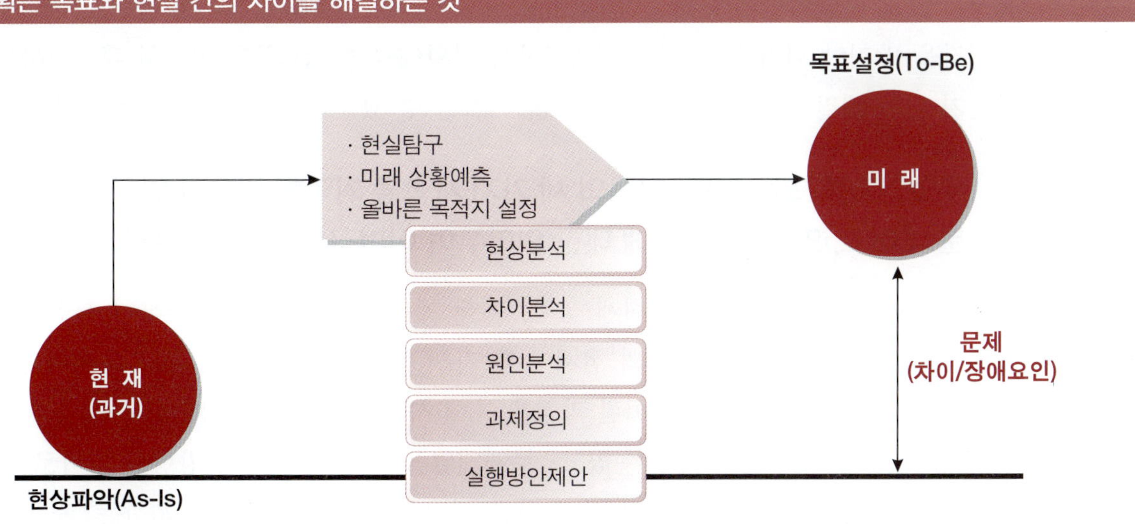

그렇다면 기획활동은 구체적으로 어떤 것인가? 이를 이해하려면 기획의 사전적 정의인 '일을 꾀하여 계획함'이란 문장의 의미를 살펴볼 필요가 있다. 이는 '꾀하다'와 '계획하다'가 합쳐진 것으로, '무엇인가를 얻기 위해 뜻을 모르고, 나아갈 방향을 설정한 후 이를 실천으로 옮기기 위한 방안을 수립한다.'는 의미다. 결국 기획을 이해한다는 것은 '꾀하다'와 '계획하다'의 의미를 이해하는 것이며, 특히 '꾀하다'는 것은 기획과 계획을 구분하는 핵심요소다.

'꾀하다'는 의미를 살펴보자.

길영로(기획이란 무엇인가, 페가수스, 2012.)는 '꾀하다'를 "어떤 일을 이루려고 '뜻'을 두고 있는 것"이라고 설명한다. 사람들이 무엇인가를 이루고자 골방에 모여 현재 상황이 이러저러하여 어떤 문제가 발생했으니 이를 이러저러하게 해결하면 되지않겠냐고 의견을 모으는 모습이다. 이런 모임의 결론은 '그래! 그렇게 합시다!'라고 의견일치를 보는 것이며, 실제적인 실행방법은 모인 사람들끼리 '뜻을 모은' 다음에 따져볼 내용이다.

이를 기획상황으로 전환해 보자.

회사의 상반기 매출이 전년 대비 20%감소했고, 이런 상황이 지속되면 연말에는 전년 대비 50%의 매출밖에 달성하지 못할 상황이었다. 회사에서는 이런 위급한 상황을 해결하기 위해 전략회의를 소집했다. 회의에 모인 사람들은 '금년도 매출의 전년도 수준회복'이라는 회의주제는 알고 있다. 하지만 각기 업무분야가 다르고, 매출감소에 대한 원인도 다르게 생각하기에 해결방법도 서로 다를 수밖에 없다. 이런 상황을 앞서 설명한 '꾀하는 상황'으로 만들려면 누군가 모임의 목표(이루고자 하는 것)와 현재 상황을 정리하여 입장과 시각을 맞춰야 한다. '원하는 것'과 '현재 상황에 대한 인식'을 공유한 후 '원하는 것을 얻기 위해 해결해야 할 문제'와 '문제를 해결할 수 있는 방안'을 합의하는 것이다.

무엇인가를 '꾀하려면' 다음의 세 가지 사항을 기억할 필요가 있다. 하나는 '현상분석'이고, 또 하나는 '일에 대한 의미부여'이며, 세 번째는 '과제설정'이다.

첫재,'현상분석'은 과거와 현재 상황, 미래 예측정보를 수집, 분석하여 시장흐름을 이해함으로써 우리가 원하는 것과 현재 상황 간의 차이(문제)를 찾고, 해당 문제가 발생하게 된 원인을 규명하는 일이다. 이런 과정을 통해 사람들은 자사가 당면한 문제와 이의 원인을 동일한 시각으로 바라볼 수 있고, 문제해결을 위한 해결책의 방향도 하나로 모을 수 있다. '현상분석'은 참석자들이 각기 다른 생각을 주장할 때 이를 '꾀하는' 모임으로 바꿀 수 있는 중요한 도구다.

둘째, '일에 대한 의미부여'는 '일'에 대한 가치와 필요성을 입증하는 과정이다. 무슨 일을 하든지 일에 담겨진 의미와 그것의 중요도에 따라 일의 가치도 결정된다. '우리가 이 일을 왜 해야 하는가?' '이 일을 하지 않으면 어떤 (나쁜) 상황이 야기되는가?' 그리고 '이 일을 완수함으로써 무엇을 얻을 수 있는가?'라는 질문에 답이다. 이 내용이 충분치 못하면 기획에서 제시하는 '일'은 진행되지 않는다. 의미없는 일이나 안 해도 되는 일을 위해 인력과 시간, 비용을 투자할 경영자는 없다.

셋째, '과제설정'은 '꾀하는 것'의 결론으로 앞선 현상분석 결과에 근거하여 우리가 원하는 것을 얻기위해 '무엇을 할 것인지' 결정하는 과정이다. 이 부분은 기획의 핵심메시지이며, 뒤에서 설명할 '계획하다'의 출발점이다. 현대사회에서 기획의 중요성은 올바른 과제를 설정하는 데 있다.

'계획하다'는 의미를 살펴보자.

'계획하다'는 '무엇을 어떻게 할 것인가?'라는 질문에 대한 답이다. 앞서 '꾀한 것'을 구체적으로 어떻게 진행할지 결정하는 부분이다. 실무적으로는 '누가(조직계획, 인력운영계획)', '어떤 일을(업무내용과 범위)' '언제부터 언제까지(일정계획)', '얼마의 비용을 들여(재무계획)', '어떤 방식으로 일을 수행해 나갈 것인가(업무분장, 업무일정계획)'에 대한 내용들을 담고 있다.

금년도 매출수준을 전년수준으로 만들려면 '신상품을 앞당겨 출시한다.', '영업망을 현재의 1.2배로 강화한다.'는 과제를 설정할 수 있고, 계획에서는 '신상품개발업무'와 '영업망 확대업무'를 누가, 어떤 일을, 언제부터 언제까지, 얼마의 비용을 들여, 어떤 방식으로 일을 수행해 나갈지 정리한다. 이때 '계획하는 것'은 실행을 전제한 내용이기에 실행할 사람과 필요자원들이 실행현장에서 어떻게 움직일지 현장상황을 고려하여 작성해야 한다.

결국 기획은 우리가 추구하는 목적지가 가치있는 곳이고, 그것에 도달하기 위해 뭔가를 해야 한다는 필요성을 입증하고, 목적지에 도달할 수 있는 올바른 방향을 정한 다음, 그 방향으로 나아가기 위한 구체적인 방법을 제시하는 과정이자 결과다. 이를 위해 기획은 크게 세 가지 요소로 구성되어 있다.

기획의 정의와 구성요소

기획은
'일을 꾀하여 계획하는 것'으로

꾀하다	· 내가 원하는 것의 가치를 확인하여 · 그것을 위해 뭔가를 해야한다는 필요성을 설득한 후 · 그것을 얻기 위해 해야 할 일을 정의하는 것
계획하다	· 그것의 실행방안을 정리하는 것

따라서 기획은

Why (그 일을 왜 하는가?) - 목적지와 해야 할 이유(목적)
What (해야 할 일은 무엇인가?) - 달성모습(목표)
How to (그 일을 어떻게 할 것인가?) - 실행방안(실행매뉴얼)

첫째, 이 일을 왜 하는가? (Why)

'Why'는 기획이 가진 임무, 즉 해야할 일의 필요성을 확인하는 과정이다. 기획서는 단순한 업무보고서가 아니라 뭔가를 하겠으니 필요한 인력과 자금을 달라는 요구서다. 그렇기에 기획자는 자신이 제안하는 일의 필요성(해야 할 필요가 있고 가치가 있는 일이다)을 증명하는 것이 중요하다. 누군가 기획자에게 '그것을 왜 해야 하는가?'라고 질문하면 대답은 '우리가 원하는 것은 이러한 모습인데, 현재 우리 모습은 그렇지 않습니다. 따라서 우리가 원하는 것을 얻으려면 이런 일을 해야 합니다.'라고 말할 수 있어야 한다.

이런 내용을 상대방에게 제대로 전달하려면 첫째, 우리가 원하는 것, 둘째, 현재 상황, 셋째, 우리가 원하는 것에 도달하기 위해 해결해야 할 문제, 넷째, 문제를 해결하지 않음으로써 야기될 어려움, 다섯째, 문제를 해결함으로서 얻을 수 있는 것을 보여줌으로써 기획에 대한 가치와 문제해결의 실행의지를 높혀야 한다. 기획자가 제시하는 안건의 필요성을 상대방이 공감할 수 없으면 기획서 내용에도 관심을 기울이지 않는다.

둘째, 무엇을 할 것인가? (What)

사람들은 각기 경험치가 다르고, 갖고 있는 지식도 다르다. 동일한 문제지만 이를 해결하는 방법도 각기 다를 수밖에 없다. 성적을 높이는 방법, 누군가의 관심을 끄는 방법조차도 10명이면 10명 모두 생각이 다르다.

기획의 두 번째 임무는 구체적인 실행계획을 수립하기 전에 그것의 올바른 방향과 범위를 설정하는 일이다. 주변환경들을 살펴가며 '현재 상황이 이러하고, 이러저러한 원인이 이런 문제를 야기시켰으니 우리가 원하는 결과를 얻기 위해서는 [이러저러한 방식으로 일을 진행시켜야 합니다.]'라고 제안하는 단계다. 해결책에 대한 방향설정없이 곧바로 실행계획을 구상하면 결과는 우리가 원하는 것과 다른 모습으로 나타날 수도 있다. 서울에서 부산으로 가겠다는 사람이 북쪽을 향해 열심히 뛰어봐라. 도착하는 곳은 부산과 정 반대쪽이다. 단순히 이런 문제가 있으니 이러저러하게 해결하면 된다는 아이디어 차원의 발상은 기획자가 지양해야 될 사고방식이다.

셋째, 그 일을 어떻게 할 것인가? (How)

문제를 확인했고, 그 문제를 해결하기 위한 올바른 방향이 설정되었으면 이제 필요한 것은 일을 어떻게 실행할 것인가이다. 예를 들어 금년 상반기에 취업하기 위해서는 어학실력을 높여야 한다는 필요성을 확인했고, 이를 위해 어학학원에 등록해서 공부해야 한다는 과제를 설정했다면, 이제 남은 것은 어떤 어학원의 어떤 강좌를, 언제부터 언제까지 어떤 방식으로 수강할 것인지, 또 이를 통해 어학실력을 어떻게 높일 것인지 구체적인 실행방안을 정리하는 것이다. 내용이 구체적일수록 실행할 의지는 강해지고, 결과 또한 만족스럽다. 목표와 방향성만 있고 실행하지 않는다면 어떤 일도 이뤄지지 않는다.

▼ 과 제

평소 이런 게 있었으면 하는 생각이나, 좀 더 개선되었으면 하는 게 있었을 것입니다. 그 생각을 구체적으로 정리하여 아래의 질문에 답을 써 보세요.

1. (특정대상에 대해) 내가 가진 문제의식은? (현재 부족하거나 개선이 필요한 상황)
2. 내가 도달하길 원하는 모습은?
3. 문제의식을 일으킨 현재의 상황(원인)은?

(2) 기획과 계획의 차이

우리는 기획서와 계획서, 보고서라는 용어를 구분없이 사용하지만 각각의 문서는 주안점과 내용 구성이 다르다. 기획서는 무엇을, 왜 하려고 하는지 규정한 후, 그것을 구체적으로 어떻게 할 것인지를 정리한 것이고, 계획서는 기획서 내용에서 '왜'라는 부분을 제외하고 무엇을, 어떻게 하려는지만 정리한 것이다. 따라서 기획서는 무엇을, 왜 하려는지 업무의 정당성을 입증한 내용에 무엇을, 어떻게 할 것인지를 추가한 문서로 계획서를 포함한 보고서다.

우리는 평소 기획서란 말과 계획서, 보고서라는 단어를 혼용하여 사용한다. 회사에서 상관이 부하직원에게 '단합대회기안을 만들어 달라'고 지시할 때도 그것이 기획서인지, 계획서를 말하는지 구분하지 않고 말하며, 지시받는 사람도 이를 구분하려 하지 않는다. 지시받은 보고서가 무엇이든지 내용만 정확하면 되지않겠냐는 것이다. 하지만 사소한 용어 하나 때문에 열심히 작성한 보고서가 퇴짜맞는 수도 있다. 기획서와 계획서, 보고서는 용도가 다르고, 주안점이 다르며 각각에 들어가야 할 내용도 조금씩 다르기 때문이다.

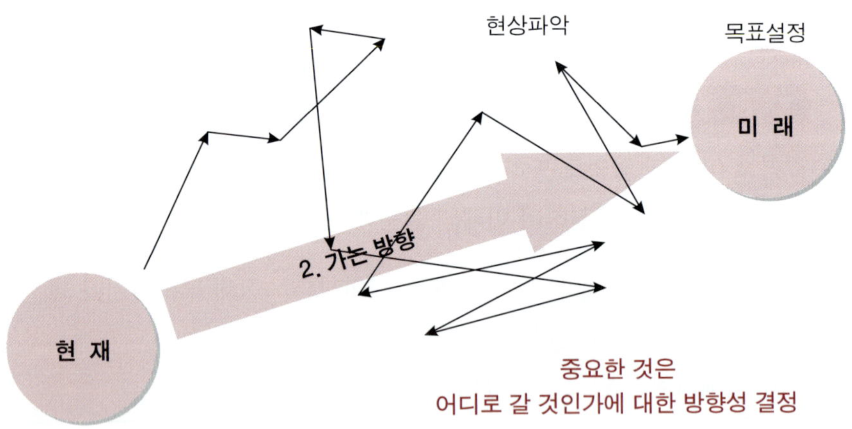

기획은 현상분석을 통해 업무의 가치와 필요성을 확인하고, 이를 위해 해야 할 일이 무엇인지 규정한 다음 업무진행을 위해 구체적인 실행방안을 구성하는 작업이다. 계획을 'Plan'이라 부르고 기획을 'Planning'이라 정의하는 이유도 기획은 계획처럼 특정업무의 실행방안만을 의미하는 것이 아니라 현상분석을 위한 시장조사부터 이의분류, 분석, 문제

기획, 계획의 주안점

기획은
행동이나 방안, 정책과 같은 결과물(계획)을 만들어 가는 과정으로
Why (그 일을 왜 하는가?), What (해야 할 일은 무엇인가?)
How (그 일을 어떻게 할 것인가?)의 세 가지요소로 이뤄짐

계획은
그 일을 왜 하는가? 해야 할 일은 무엇인가가 결정된 상황에서
그 일을 어떻게 할 것인가를 구체적으로 정의한 것으로
누가(Who), 언제(When), 어디서(Where), 무엇을(What),
어떻게(How)의 요소로 이뤄짐

도출, 업무조정, 그리고 실행까지 이어지는 전 과정을 담고 있기 때문이다. 기획은 '우리가 원하는 것이 무엇이며, 현재 어떤 상황인지' 파악함으로써 '어디로, 어떻게 가야하는가?'라는 답을 찾고자 하는 총체적인 활동인 반면 계획은 기획의 세 가지 요소 중에서 'How(그 일을 어떻게 할 것인가?)'의 내용을 중점적으로 담고 있다. '꾀한 것'을 어떻게 실행할지 일의 절차와 방법, 필요한 자원 등을 구체적으로 규정한 것이다. 따라서 계획에는 앞서 설명한 '계획하다'에 들어갈 내용들이 그대로 들어간다. 즉 누가 그 일을 할 것인지(Who), 언제 시작해서 언제 마무리 지을 것인지(When), 어디서(장소나 공간 등) 일을 진행할 것인지(Where), 어떤 일들을 할 것인지(What), 어떤 방식으로 일을 진행할 것인지(How to), 어느 정도의 시간이 필요한지(How Long), 어느 정도의 비용으로(How Much) 진행할 것인지에 대한 내용이다.

예를 들어보자.

A회사의 매출이 작년부터 지속적으로 감소하기 시작했다. 이 문제를 풀기위해 임원회의를 열었는데, 본 회의의 주제는 2년 연속매출이 줄기 시작한 이유에 대해 의견을 모으고, 해결방법을 찾아보자는 것이다. 오랜 시간 동안 참석자들은 서로의 생각과 정보들을 교환한 후, 다음과 같이 1차 결론을 내릴 수 있었다. '매출이 감소하는 원인은 경쟁사의 신상품개발 속도를 따라가지 못하기 때문이며, 이로 인해 자사 고객들이 경쟁사 상품을 구매하기 때문이다. 따라서 우리가 해야 할 일은 경쟁사보다 우수한 상품을 신속하게 만들어 그들보다 먼저 시장에 출시하는 것이다.' 그리고 의장은 참석자 중 한 명에게 이 문제를 해결하기 위한 구체적인 방안을 수립하라고 지시했다.

지시받은 임원은 회의에서 결정된 방향을 실행하기 위해 어떤 상품을 개발할지(신상품

개발 아이템과 상품컨셉), 누가 그 일을 할 것인지(조직계획/업무분장), 어떤 업무일정과 과정을 거쳐 언제까지 신상품을 출시할 것인지(일정계획), 이를 위해 필요한 원부자재들로는 어떤 것들이 있으며(원부자재 확보계획), 생산에 필요한 설비들은 어떻게 준비할 것인지(생산계획), 이를 위해 어느 정도의 비용이 들며(재무계획), 별도로 확보할 인력은 어떤 사람이며, 이들을 언제까지 충원할 것인지(인력계획), 그리고 구체적으로 업무진행 상황을 점검하기 위한 세부실행계획(실행계획/액션플랜)을 정리하게 될 것이다.

이때 회의를 통해 결정된 사항, 즉 현재상황이 어떠하고 자사가 당면한 문제는 무엇인지에 대한 내용이 '일의 필요성(Why To Do)'이며, 이 문제를 어떻게 해결할 것인지에 대한 내용이 '무엇을 할 것인가(What To Do)로서 일을 꾀하는 과정이고, '신상품개발을 위한 아이템 선정'부터는 꾀한 일의 실천계획(How To Do)을 수립하는 것이다. 여기서 기획은 앞서 설명한 전체과정이며, 계획은 기획활동 중에서 무엇을, 왜 할 것인지 결정됐다고 가정하고 그 방향에 맞춰 이를 완성하기 위한 구체적인 방안을 수립하는 부분이다.

그러나 기획과 계획은 매우 유사하다. 계획이 기획의 세 가지 요소 중에서 How to에 비중을 둔 것이라 이해는 했지만 기획역시 계획의 내용, 즉 누가(Who), 언제(When), 어디서(Where), 무엇을(What), 어떻게(How), 얼마의 비용(How Much)으로 진행할 것인가를 담고 있고, 계획도 필요에 따라서는 Why와 What을 거론할 수도 있다.

기획과 계획을 구분하는 요소를 살펴보면 다음과 같다.

첫 번째는 '새로운 것을 만들기 위한 문제의식'이다.

예를 들어보자.

교수님이 박영철 학생에게 학과 MT를 준비하라고 지시했다. 이런 지시를 받으면 학생들은 대개 다음과 같은 일을 한다. 우선 학과에 보관된 서류를 뒤져 전년도 MT때 작성한 서류를 찾아본다. 그리고 이를 참조해서 장소와 일정, 프로그램을 약간 바꿔 MT계획을 수립한다. 예를 들면 '전년도 MT에 참가했던 학생 수가 100명이었는데 금년엔 120명이네!' 하면서 전년도보다 좀 더 큰 방이 있는 장소를 찾기 시작한다. 또 전년도 보고서에 '식사가 마음에 안 들었다는 의견이 많았고, 반찬에 고기가 더 있었으면 좋겠다!'는 참가자들의 평가내용을 보곤 MT장소 선정 때 식사메뉴를 중요한 평가기준으로 삼아 장소를 물색하기 시작한다. 계획의 필수요소인 누가, 언제, 어디서, 무엇을, 어떻게, 얼마의 비용으로 할 것인지 결정한 후 교수님께 보고서를 제출한다. 그리고 임무 끝. 그 다음부터는 계획서에 적혀있는 내용들, 차량이동, 방 배치, 행사담당자 선발 및 교육문제를 고민하며 시간을 보낸다. 전년도보다 조금 나은 환경과 프로그램이 만들어지긴 했지만 본질적으로는 큰 차이가 없는 MT가 진행된다.

하지만 정광운 학생은 박영철 학생과 유사한 5W2H, 즉 누가(Who), 언제(When), 어디서(Where), 무엇을(What), 왜(Why), 어떻게(How), 얼마의 비용(How Much)으로 할 것인가에 대한 보고서를 교수님께 제출했지만 보고서를 준비하는 과정은 조금 달랐다. 정광운 학생 역시 교수님 지시를 받은 후 전년도 MT서류를 찾아본 것은 박영철 학생과 다를 바 없다. 그러나 이 학생은 전년도 자료를 보면서 생각했다. '예년과 달랐으면 좋겠는데…' '우리가 MT가는 목적을 충분히 달성했나?'와 같은 생각들이다. 그리고 그 순간 궁금한 게 생겼다. '우리가 왜 MT를 가는거지?' 남들은 당연하다고 생각한 것에 의문을 던지는 것, 이런 생각을 '문제의식'이라 한다. 그냥 넘어갈 수도 있지만 다시 한 번 따져보고 싶고, 좀 더 낫게 만들고 싶다는 의욕이다.

누구나 새로운 것을 만들려면 현재 상황에 대한 의문에서 시작하고, 이때 '지금까지 진행해 온 MT에서 개선할 점은 없나?' '학생들이 MT에 참가할 때 원하는 것이 무엇이지?' '다른 학교에서는 MT를 어떻게 진행했을까?' 등 여러 가지 질문이 머리속에 떠오른다. 정광운 학생은 이런 궁금증을 풀기위해 작년 MT에 참가했던 학생들과 이번 MT에 참가할 학생들을 만나 그들의 의견을 들어보고, 타 학교에서 진행했던 MT자료도 찾아보기 시작했으며, 필요하다면 좋은 평가를 받았던 학교를 직접 찾아가 상황을 확인해 보기도 했다. 특히 MT의 목적이 학생들 간의 단합뿐만 아니라 학과에 대한 애정을 심어주고 교수와 학생 간의 유대감을 높인다는 것에 주안점을 두고 전년도에는 진행하지 않았던 새로운 프로그램도 살펴보기 시작했다. 그후 정광운 학생은 그 동안 모은 자료에서 얻은 여러 가지 정보와 참신한 아이디어, 우리 학과가 부족했던 점을 보완하면서 학과 MT프로그램을 완성했다.

두 번째는 얼마나 의지적으로 변화를 이끌어 내는가 하는 점이다.

계획은 일 진행에 필요한 사항들을 정리한 것으로, 자신에게 주어진 일을 차질없이 수행하기 위해 필요하다. 그러나 기획은 주어진 일을 완수함은 물론이고, 새로운 가치와 변화를 일으키기 위한 활동이다. 따라서 기획을 하려면 '과거보다 더 낫게 만들고 싶다.' '고객이 원하는 것을 제공해 주고 싶다.' '내 앞에 놓인 문제를 멋지게 해결하고 싶다.'는 강한 의지가 필요하며, 이를 위해 엉뚱한 의견도 자주 제시하고 남이 가보지 않은 길도 걸어가봐야 한다. 아마도 회사에서 얄미운 직원이 있다면, 남들이 해 놓은 것을 그대로 답습하는 직원일 것이다. 언뜻 보면 업무속도가 빠른 것 같지만 기업성장에는 크게 도움되지 않는다. 보다 나은 것을 만들겠다는 마음보다는 주어진 일을 빨리 처리해 버리겠다는 마음이 더 강하기 때문이다.

세 번째는 일의 배경에 대한 탐구의식이다.

기획과 계획의 차이는 결과를 만들어 내는 과정에 달렸다. 이를 화살 쏘는 것에 비유하면, 기획은 타깃을 확인하고 활을 조준하는 과정에서 시작하여 활을 쏘는 전 과정을 의미하는 반면, 계획은 이미 조준된 표적을 향해 활을 쏘는 작업만을 의미한다. 따라서 기획은 계획과 달리 〈올바른 방향〉을 설정하는 데에서 시작하며, 이를 위해서는 반드시 일의 배경을 확인하는 환경분석이 필요하다. 앞선 정광운 학생처럼 남다른 MT를 기획하려면 과거 MT에 대한 평가는 당연하고, MT에 참여한, 또 앞으로 참가할 학생들의 니즈조사와 2차 자료조사도 하고, 잘 된 MT라고 평가받은 대학도 직접 찾아가서 그들이 무엇을 어떻게 진행했는지 물어보기도 해야 한다.

강성호(모든 비즈니스는 기획이다, 비즈니스맵, 2013.)는 "기획은 특정한 의도를 갖고 계획을 만들어가는 과정이며, 이를 통해 새로운 가치와 새로운 변화를 창출하고자 하는 것이다. 기획은 새로운 변화를 만들기 위한 출발점이다."라고 정의한다. 보고서를 작성하기까지 어떤 과정을 밟았는가에 따라 기획과 계획의 차이가 발생하며, 이와 같은 과정의 차이는 더 나은 것, 더 새로운 것, 더 가치있는 것을 만들기 위한 '의도'에 의해 발생한다는 말이다. 기획을 '의도된 계획'이라 부르는 이유가 여기에 있다. 아무리 힘차게 활을 쏴도 과녁을 벗어난 활은 의미가 없다.

기획서와 계획서를 구분 못하면 이해 못할 상황도 발생한다. 어떤 학교의 상황이다.

한 학기 수업에 공교롭게도 '기획서'를 과제물로 제출해야 하는 수업이 세 개가 들어 있었다. 과제물로 '기획서(교수가 '과제물'을 기획서라고 표현함)'를 제출하는 과목만 두 개이고 [기획서작성법]이란 기획수업까지 하나 더 있었다. 수업이 진행되는 동안 학생들의 불만이 커져갔다. "뭐야. 이번 학기엔 그저 기획서만 쓰다 세월보내는 거야?" 과목명이 무엇이고 어떤 내용을 가르치던 간에 학생들에게 와 닿는 것은 과제물이다. 학생들 입장에서는 기획서 과제만 3개를 써야 한다고 생각했으니 당연한 반응일지도 모른다.

그러나 학생들이 제출한 과제물을 보면 대부분 계획서들이다. 자신이 어떤 행사를 하겠다고 결정한 후, 그것의 실행방법을 정리한 것이다. 기획의 세 가지 요건 중에서 'Why'에 해당하는 부분, 즉 자신이 제안한 행사가 왜 필요하고, 그것이 안고 있는 문제가 무엇이며, 그 문제를 해결할 때 고객들이 무엇을 얻을 수 있는지에 대한 내용은 담겨있지 않았다. 그저 '나는 이런 것을 하고 싶다'는 의지와 그것의 실행방법만 정리되어 있을 뿐이다. 이런 상황을 정확히 표현하면 세 개의 기획서 과제물이 아니라, '기획서작성법'의 기획서 과제 한 개와 행사실행 계획서를 작성하는 두 개의 계획서 과제가 있는 것이다.

필자 입장에서는 학생들이 '그저 기획서만 쓰다 한 학기를 보낸 것'이 아니다. [기획서작성법] 수업시간에는 기획서가 갖춰야 할 핵심요건, 즉 Why To Do, What To Do, How To Do를 구성하고 정리하는 방법을 배웠고, 다른 실무과목에서는 해당 과목에서 다루는 행사의 실행계획을 보다 구체적으로 배웠다. 기획의 두 부분인 '일을 꾀하고, 실행을 계획하는 방법'은 기획서작성법 수업에서, 실행분야의 현실적인 내용은 실무과목에서 배울 수 있는 좋은 시간이었다. 그러나 기획과 계획의 차이를 제대로 이해하지 못함으로써 그 기회가 불만으로 와 닿았다. 만약 담당교수가 학생들에게 기획과 계획의 차이를 설명해 줬다면, 또 실무과목의 수업은 현장을 이해하고 실행역량을 키우기 위한 수업이고, 과제물은 기획서가 아니라 실행부분을 구체적으로 정리하는 실행계획서라고 설명했다면 상황은 달라졌을 지도 모른다. 어쩌면 멋진 실행계획서를 작성하기 위해 실무과목에서는 현장에서 발생하는 다양한 상황, 업무규정, 진행절차, 비용 등을 배우려고 수업시간에 더 집중했을지도 모른다.

또 기획과 계획을 구분하지 못하면 파워포인트로 작성하는 보고서는 모두 기획서이고, 한글로 작성하는 보고서는 계획서나 행정문서라고 생각하는 경우도 생긴다.

이런 의식은 파워포인트 기획서는 폼나고, 한글로 정리한 보고서는 단순한 문서라는 선입감 때문이다. 또 파워포인트는 배우기 어렵고 한글은 누구나 다 사용하기 때문일지도 모르고, 그러나 무엇으로 작성했든지 간에 그것의 가치는 문서작성용 소프트웨어가 아니라 문서에 담긴 내용이다. 앞서 설명한 'Why-What-How'가 들어 있으면 기획서이고, 'How'를 중심으로 작성했으며 계획서이다. 요즘은 정부기관이나 대기업에서도 파워포인트보다 한글문서를 선호하며, 기획서도 한글로 작성해 달라고 요청한다. 파워포인트의 디자인중시 성향때문에 소중한 정보가 무시되는 것을 우려해서다. 문서의 시각적인 면이 아니라, 기획서의 본질인 '일의 정당성을 확인'하고, 일의 방향이 올바른지 판단하고 싶기 때문이다. 해당 자료가 기획서인지, 계획서인지 평가하는 기준은 멋진 사진이나 그림이 아니다. 앞서 말한 세 가지의 요소, 즉 Why To Do, What To Do, How To

Do 중에서 어떤 것을 중점을 두고 정리했는가에 달려 있다. 기획자는 그림을 그리는 화가가 아니라 글을 쓰는 비즈니스맨이다.

▼ 과 제

자료를 보고 이것이 기획서인지, 계획서인지 생각해 보세요.

자료가 기획서라면 그 이유는 무엇인지, 계획서라면 왜 자료가 계획서인지 설명해 주세요.

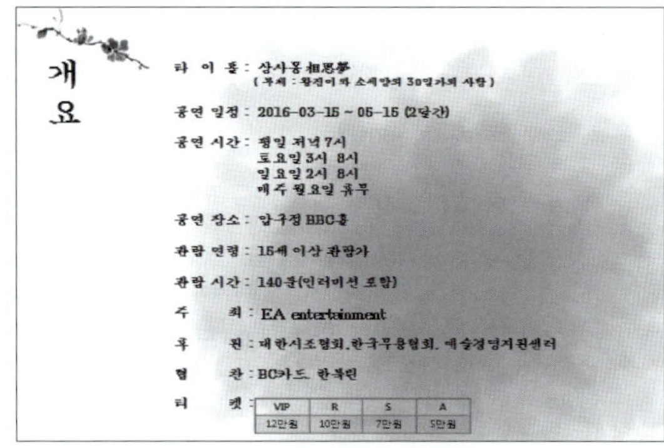

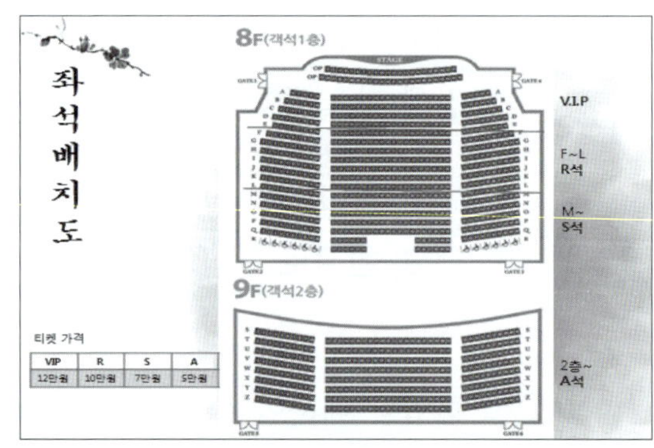

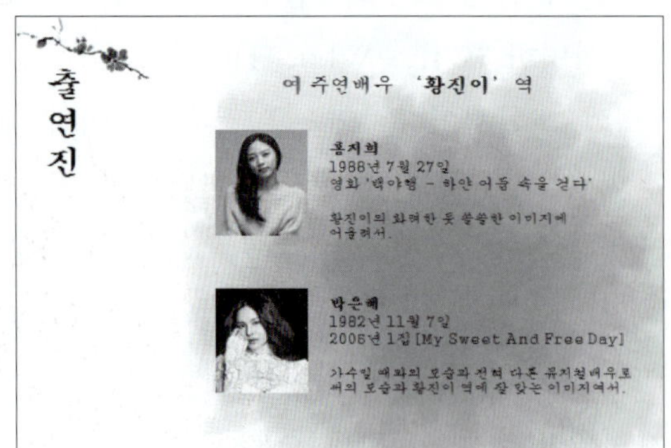

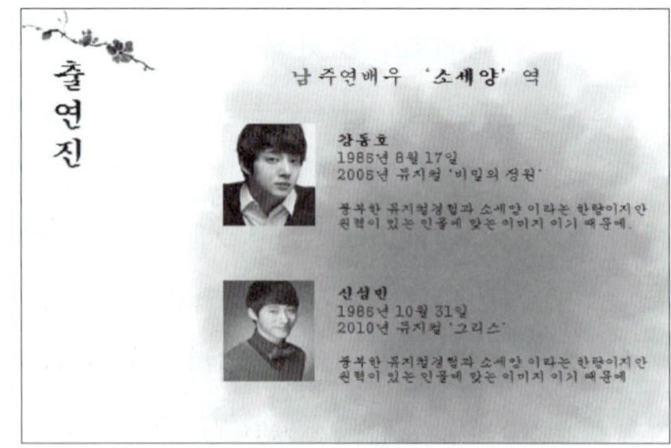

출연진
조연배우출연진목록
정재은
임혜영
곽선영
임강희
김승대
정원영
노태빈
이충주

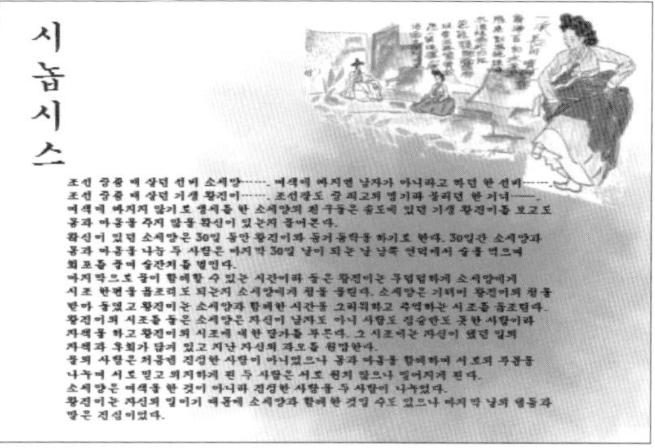
시놉시스
조선 중종 때 살던 선비 소세양……. 여색에 빠지면 남자가 아니라고 하던 한 선비…….
조선 중종 때 살던 기생 황진이……. 조선팔도 중 최고의 명기라 불리던 한 기녀…….
여색에 빠지지 않기로 맹세를 한 소세양의 친구들은 송도에 있던 기생 황진이를 보고도
몸과 마음을 주지 않을 확신이 있는지 물어본다.
확신이 있던 소세양은 30일 동안 황진이와 동거동락을 하기로 한다. 30일간 소세양과
몸과 마음을 나눈 두 사람은 마지막 30일 날이 되는 날 남쪽 언덕에서 술을 먹으며
회포를 풀며 술잔치를 벌인다.
마지막으로 둘이 함께할 수 있는 시간이라 들은 황진이는 무덤덤하게 소세양에게
시조 한편을 읊조려도 되는지 소세양에게 청을 올린다. 소세양은 기꺼이 황진이의 청을
받아 들였고 황진이는 소세양과 함께한 시간을 그리워하고 추억하는 시조를 읊조린다.
황진이의 시조를 들은 소세양은 자신이 남자도 아닌 사람도 짐승만도 못한 사람이라
자책을 하고 황진이의 시조에 대한 답가를 부른다. 그 시조에는 자신이 했던 일의
자책과 후회가 담겨 있고 지난 자신의 과오를 원망한다.
둘의 사랑은 처음엔 진정한 사랑이 아니었으나 몸과 마음을 함께하며 서로의 추억을
나누며 서로 믿고 의지하게 된 두 사람은 서로 원치 않으나 떨어지게 된다.
소세양은 여색을 한 것이 아니라 진정한 사랑을 두 사람이 나누었다.
황진이는 자신의 일이기 때문에 소세양과 함께 한 것일 수도 있으나 마지막 날의 행동과
말은 진심이었다.

연출기법
극적인 장면, 자극적인 장면 등을 그림자로 표현하여
관객들이 조금 더 극에 몰입하도록 연출한다.

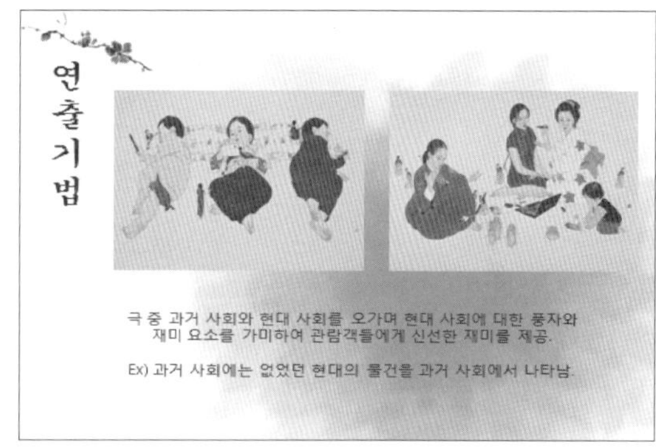
연출기법
극 중 과거 사회와 현대 사회를 오가며 현대 사회에 대한 풍자와
재미 요소를 가미하여 관람객들에게 신선한 재미를 제공.
Ex) 과거 사회에는 없었던 현대의 물건을 과거 사회에서 나타남.

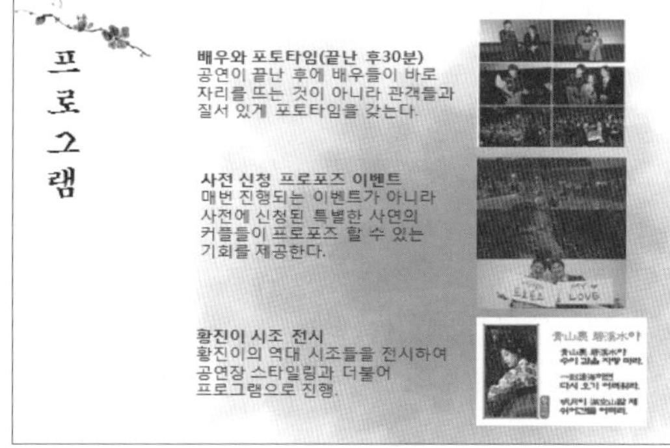
프로그램
배우와 포토타임(끝난 후30분)
공연이 끝난 후에 배우들이 바로
자리를 뜨는 것이 아니라 관객들과
질서 있게 포토타임을 갖는다.
사전 신청 프로포즈 이벤트
매번 진행되는 이벤트가 아니라
사전에 신청된 특별한 사연의
커플들이 프로포즈 할 수 있는
기회를 제공한다.
황진이 시조 전시
황진이의 역대 시조들을 전시하여
공연장 스타일링과 더불어
프로그램으로 진행.

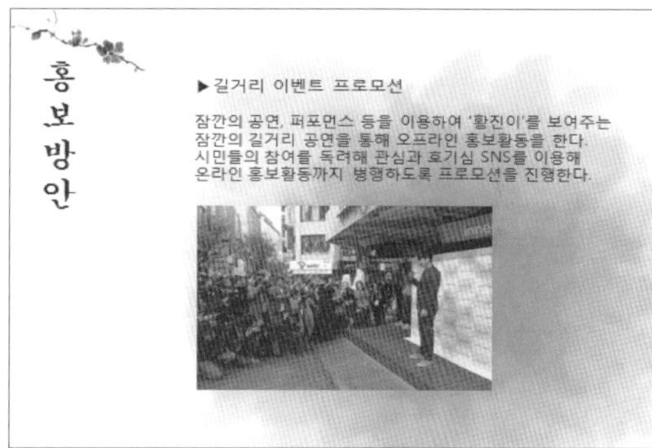
홍보방안
▶길거리 이벤트 프로모션
잠깐의 공연, 퍼포먼스 등을 이용하여 '황진이'를 보여주는
잠깐의 길거리 공연을 통해 오프라인 홍보활동을 한다.
시민들의 참여를 독려해 관심과 호기심 SNS를 이용해
온라인 홍보활동까지 병행하도록 프로모션을 진행한다.

홍보방안
▶길거리 '황진이' 프로모션
길거리에서 한복을 입은 여자들이 뮤지컬 중 한 장면을
일렉기타로 연주하는 모습을 보여줌으로써, 뮤지컬에 대한
호기심을 높이고 프로모션을 바이럴마케팅 까지 연결되도록 한다.

홍보방안
▶길거리 빔 프로모션
고궁이나 길 한 켠에 흰색 천을 설치하고 사람이 지나갈 때마다
그림자 쇼를 이용한 황진이의 모습과 '상사몽' 공연 소개가 나옴

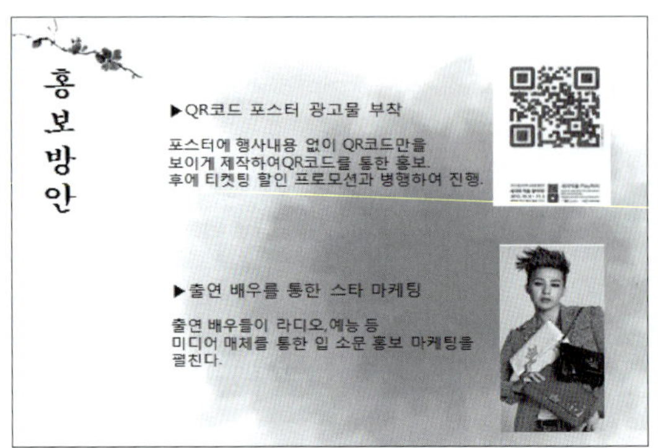

예산안

항목	예산 금액	비고
STAFF	₩ 143,900,000	감독,안무가,분장가등 전체적 스텝 인건비
CAST	₩ 509,000,000	주연,조연,특별출연,앙상블 등 배우 인건비
진행/제작	₩ 322,700,000	소품,세트,운송,식대 등 제작과정에 필요한 비용
대관료	₩ 392,550,000	연습실,리허설,공연,준비,철수 포함
홍보비	₩ 330,000,000	사전홍보,인쇄광고 등 프로모션 진행 비
리셉션	₩ 6,000,000	뒤풀이 비용 및 기자 초청
예비비/보험비	₩ 165,920,500	비상금 및 보험 비 (전체 예산의 10%)
총 제작비	₩ 1,869,670,500	

항목	구분	역할	이름	비용	내역
출연인건비	제작스텝	연출/무대감독		30,000,000	
		극작/각색		10,000,000	
		음악		15,000,000	작곡1000만원/작사800만원 (객석점유율 70% 이상 시 각 200만원)
		안무		10,000,000	
		분장디자인		4,000,000	
		의상디자인		8,000,000	
		무대디자인		9,000,000	1달_450만원
		조명디자인		9,000,000	1달_450만원
		음향디자인/음악감독		10,000,000	
		소품디자인		5,000,000	
		제작스텝인건비 소계		110,000,000	
	배우출연료	황진이	박은혜	100,000,000	
			윤지희	65,000,000	
		소세양	강동호	150,000,000	7천 5백만원
			신성민		7천 5백만원
		조연		30,000,000	
		앙상블		144,000,000	(1인/200,000*36회=7,200,000)*20명
		배우출연료 소계		509,000,000	
	진행스텝	기술감독		9,500,000	
		무대크루		8,000,000	4명*100만원 (1개월)
		조명오퍼		4,000,000	1개월_200만원
		Follow오퍼		3,000,000	2명*150만원
		음향오퍼		6,000,000	1개월_300만원
		음향크루		3,000,000	2명*150만원
		의상관리		3,000,000	
		진행 스텝 인건비 소계		33,500,000	

• 자료원 : 〈상사몽〉, 강아림, 배은정 외 3명, ○○대학교, 2014.

2 기획은 선택이 아닌 필수능력

(1) 기획력과 기획서 작성능력의 차이

기획력은 창의력을 바탕으로 한 문제해결 능력이고, 기획서 작성능력은 앞선 기획력에 해당 결과물을 논리적이고, 상대방 중심적으로 풀어가는 능력과 전달내용을 보기 쉽고 이해하기 편하도록 디자인, 편집하는 능력을 추가한 것이다.

현대사회에서 기획능력은 필수적인 업무역량이다. 어느 부서에서 근무하든 조직은 문제해결능력이 우수한 사람을 원하며, 이것이 바로 기획능력이다. 하지만 많은 사람들이 아직도 기획능력을 기획부서 사람에게 필요한 역량이라고 생각한다. 게다가 기획능력이 뛰어난 사람들도 자신의 능력을 현장에서 제대로 발휘하지 못하는 경우가 종종 있다. 기획능력과 기획서 작성능력을 동일한 것으로 보기 때문이다. 물론 기획업무를 오래 담당한 사람이나 기획서를 많이 작성해 본 사람은 기획력과 기획서 작성능력을 함께 갖고 있는 경우가 많다. 기획을 하다보면 어쩔 수없이 자신의 생각을 기획서로 표현하거나 타인의 기획서를 평가해야 하는 상황이 자주 생기고, 기획서를 자주 작성하다보면 기획력은 자연스럽게 커질 수밖에 없다.

하지만 기획을 처음 배우는 학생에게는 두 개의 용어가 조금 다르게 작용한다. 이들에게 기획력은 창의력에 근간을 둔 문제해결 능력을 의미하고, 기획서 작성능력은 창의력보다는 기획서내용 구성능력과 디자인 능력을 말한다. 두 개의 능력은 기획서 작성에 반드시 필요한 것이지만 기획을 처음 배우는 학생이 두 개의 능력을 함께 갖는 경우는 많지 않다. 신이 공평하기에 한 인간에게 두 개의 능력을 동시에 주지는 않는가 보다. 기획을 가르치다보면 세 부류의 학생을 만난다. 기획력은 뛰어나지만 기획서 작성을 어려워하는 학생, 기획서내용 구성능력은 뛰어나지만 남다른 해결방법을 개발하는 데 어려움을 겪는 학생, 그리고 전체내용은 머리속에 들어 있지만 이를 기획서답게 디자인할 줄 몰라 쩔쩔매는 학생이다. 이들 모두 기획서를 작성할 수 있는 능력을 갖고 있지만 부족한 한두 가지 면 때문에 기획이 어렵다고 느낀다.

문제는 첫 번째 부류의 학생이다. 이들은 기획업무가 마음에 들고, 기획자의 역할도 해보고 싶다고 말한다. 평소 문제가 생겼을 때 주변에서 여러 가지 정보들을 살펴보며 남다른 해결방안을 제시하고 다양한 상황정보속에서도 남들이 보지 못한 해답을 찾아내는 탐구자와도 같은 모습이다. 하지만 이들 중에는 두 개 용어의 차이를 이해하지 못해 기획공부를 중도에 포기하는 사람도 있다. 어떤 학생은 기획서를 써야 한다는 말에 고개를 숙이며 이렇게 말한다. "교수님. 전 기획서 과목은 빼 놓지않고 수강합니다. 기획업무에 관심이 많거든요. 근데 막상 기획서를 쓰려고 하면 겁이나요. 그냥 흰 종이만 보이고 어디서부터 써야 할 지 모르겠어요." 그리고는 기획업무가 자신에게 적합한 일이 아니라고 판단해 버린다.

기획서를 작성하는 게 쉬운 일은 아니다. 여러 가지 복합적인 기능이 필요하고, 필수적으로 거쳐야 할 단계도 많다. 게다가 아무리 급한 상황이래도 이를 단시간 내에 끝낼 수 없다. 오랜 시간동안 기획서를 써온 필자도 기획서 하나를 작성하려면 최소한 3~4주가 필요하고, 이를 써야한다는 생각자체가 부담으로 다가온다. 그러니 학생들이 부담스러워하는 건 당연한 일일지도 모른다. 하지만 이들이 기획력과 기획서 작성능력을 구분하지 못해 기획서 작성에 흥미를 잃어버린다면 이는 무척 안타까운 일이다.

학생들에게 기획력과 기획서 작성능력이 다르게 작용하는 이유는 젊은시절의 기획력은 창의력에 근간을 두고 있기 때문이다. 창의력은 스파크와 같아 자신의 생각을 논리적으로 정리하는 힘이 조금 부족하다. 예를 들어 호기심이 많아 새로운 정보나 자료를 찾아다니는 김철호 학생이 있다고 치자. 그는 이런 활동을 시장조사라 생각지 않고 자연스럽게 자신의 흥미거리를 찾아다닌다. 그러던 어느 날, 동아리에서 공모전에 참가할 팀 모임에 참가하게 되었다. 김철호 학생은 공모전의 취지와 주제를 설명 듣던 중 뭔가 반짝이는 생각이 떠올랐다. 그 동안 봐왔던 여러 가지 내용들이 머리속에서 조합되면서 나온 생각이다. 그는 동아리멤버들에게 이렇게 말했다. "내 생각에는 공모전 주최사가 현재 이런 상황인 것 같아. 그렇다면…어디선가 본 것 같은데…이런 프로그램은 어떨까? 괜찮은 것 같은데…너희들 생각은 어때?" 함께 모인 멤버들도 김철호 학생이 말한 프로그램이 재미있을 것 같았다. 그래서 그에게 제안서를 한번 써 보라고 제안했다. 제안한 내용을 가장 잘아는 사람은 제안한 사람이니까 말이다. 그 말을 들은 김철호 학생은 당황하기 시작했다. 자신은 생각만 제공하면 될 줄 알았지 제안서까지 쓰리라고는 생각조차 하지 않았다. 김철호 학생은 약속이 있다면서 황급히 자리를 떠나 버렸다. 집으로 오면서 그는 이런 생각을 했을 것이다. '기획서도 못 쓰는 내가 무슨 기획을 한다고…기획서만 생각하면 이리 겁이나니…이 일은 내 일이 아닌가보다!'

이런 상황은 능력의 문제가 아니다. 김철호 학생은 기획서 작성능력에서 가장 강력한 도구인 기획력(창의력)을 보유하고 있다. 하지만 기획서를 작성하려면 참신한 생각이 전부가 아니다. 자신의 생각을 남들이 이해할 수 있도록 내용을 논리적으로 써 나가야 한다. 하지만 그는 자기 생각이 어떤 정보에 근거한 것인지, 그런 결과물이 어떤 과정을 거치며 만들어 졌는지도 기억나지 않는다. 그러니 결론에 도달한 과정을 논리적으로 풀어 써야하는 기획서가 어려울 수밖에 없다.

이런 상황은 개인적인 성격 때문일 수도 있지만 보다 중요한 것은 아직 사고흐름을 관리할 줄 모르기 때문에 발생한다. 뒤에서 설명하겠지만 기획자는 기획사고를 할 줄 알아야 한다. 단순한 창의력이 아니라 그것의 사고과정을 정리할 능력을 키워야 한다. '내가 느끼는 문제는 이런 거야!'에서 멈추지 않고 '왜 이걸 문제라고 생각했지?' '그렇다면 내가 원하는 게 뭐야?' '나는 왜 이걸 원하는 걸까?'와 같이 자기 생각에 대해 스스로 질문을 던지며 그 원천을 파고들어야 한다. 이런 과정 속에서 자신의 사고흐름을 이해하고,

이것을 기획서로 표현할 때 상대방도 기획자의 생각에 공감할 수 있다. 김철호 학생처럼 기획력, 즉 창의력을 보유한 학생이 자신이 갖지 못한 능력, 즉 기획사고능력을 키울수만 있다면 그는 남들보다 짧은 시간내에 기획전문가로 성장할 수 있을 것이다.

그럼 기획력과 기획서 작성능력을 구체적으로 살펴보자.

기획력은 창의력을 바탕으로 한 문제해결 능력이다.

사람들은 흔히 기획력을 참신한 아이디어, 창의력과 연결시킨다. 기획력의 핵심은 문제를 찾아 이의 문제해결 방안을 제시하는 능력이며, 이때 창의력은 문제해결의 근간이 되기 때문이다. 기획자는 창의력을 통해 시장을 이끌고, 소비자를 감동시킬 수 있는 남다른 해결방법을 제안할 수 있다.

기획력은 문제해결을 위해 시장정보를 논리적으로 짜 맞추는 능력이다.

기획력은 시장상황변화, 자사와 경쟁사 동향변화, 소비자 인식변화와 같은 자료를 논리적으로 정리, 분석하여 핵심적인 결론을 제안하는 능력이다. '시장과 경쟁사, 소비자 상황이 이러저러하여 이러저러한 문제가 발생할 수밖에 없으며, 이를 해결하기 위해서는 이러저러한 업무가 필요하다'는 방식이다. 즉 남들이 보지 못한 [문제를 발견하는 능력],

리더(기획자)가 갖춰야 할 능력

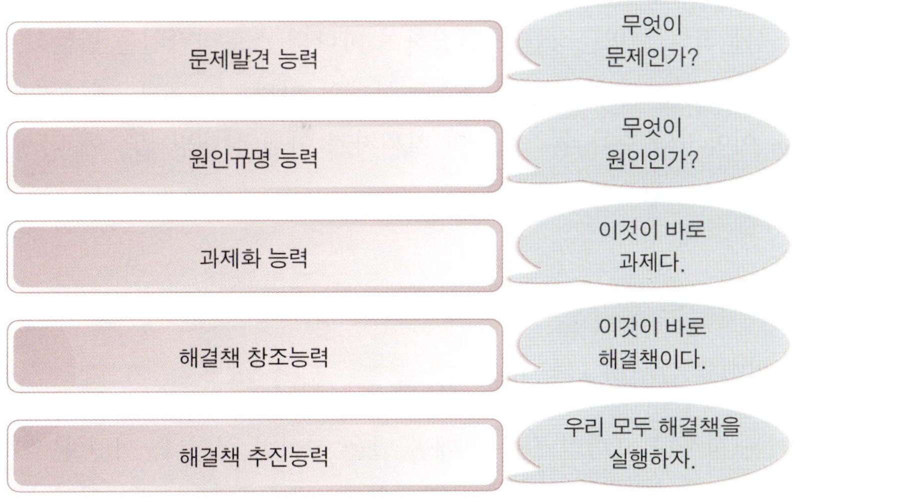

문제를 야기시킨 다양한 원인 중에서 [핵심적인 원인을 찾아내는 능력], 원인을 해결하기 위한 [최적의 과제를 설정하는 능력], 그리고 해당 과제를 실행하는 [남다른 방법을 제시하는 능력]이 기획력과 관련된 사고능력이다.

하지만 기획서 작성능력은 앞선 기획력에 몇 가지 능력이 추가로 더 필요하다.

기획서는 자신의 의견, 생각을 남에게 전달, 설득하는 도구다.

기획서는 자신을 위해 작성하는 경우도 있지만 대부분 타인을 위해 작성한다. 기획력처럼 자신의 의견을 제안하는 것에서 끝나지 않고, 상관이나 조직이 제시한 문제에 대해 '나는 이렇게 해결할 수 있다'고 제안하고, 이를 설득하기 위한 도구다. 따라서 기획서 작성능력은 기획력에 자신의 주장을 객관적으로 입증하고, 이를 상대방에게 논리적으로 전달하고, 설득할 수 있는 글쓰기 능력과 보고서 편집, 디자인 능력이 추가로 필요하다.

기획능력은 기획자 자신과 결론 중시능력인 반면 기획서 작성능력은 상대방과 과정 중시 능력이다.

기획력이 좋은 사람은 기획서 작성시 무척 중요한 역할을 한다. 남들이 보지 못한 문제와 원인을 찾고, 남다른 해결방안의 씨앗을 제공한다. 기획서의 질적 가치를 높이는 데 없어서는 안 될 존재다. 하지만 이들은 말을 논리적으로 풀어내는데 어려움을 겪기도 한다. 생각들이 스파크처럼 튀어나와 다양한 생각들이 서로 연관성없이 따로 표현되기 때문이다. 하지만 기획서를 작성하려면 이와 같은 생각들을 하나의 흐름으로 연결시켜야 한다. 핵심문장과 설명문장들을 연결하여 하나의 스토리라인을 만들고, 해당 스토리라인을 입증할 수 있는 객관적인 자료를 첨부해야 한다.(스토리라인에 대해서는 뒤에서 설명하겠다.) 특히 이야기의 흐름과 주장들이 기획자가 아닌 상대방 입맛에 맞게 정리하려면 추가적인 가공작업이 필요하다.

좋은 기획서는

첫째, 기획을 요청한 사람의 궁금증을 풀어줘야 한다.

기획서는 상사나 고객의 질문에 대한 답을 정리한 것이다. 어떤 문제가 있으니 이를 해결해 달라는 요청에 의해 기획서를 작성한다. 예를 들면 (질문) 이런 문제가 있는지 검토해봐. (답변) 예. 상황분석을 해보니 이러저러한 문제가 있고 조금 심각한 것 같습니다. (질문) 그 문제를 어떻게 처리하면 좋을까? (답변) 예. 이러저러한 방식으로 해결하면 어떨까요? (질문) 그럼 그것을 어떻게 실행으로 옮기지? (답변) 예. 이러저러한 방식으로 진행하면 될 것 같습니다. 따라서 기획서작성시 기획자가 가장 관심있게 다뤄야 하는 부분은 상사나 고객이 자신에게 무엇을 질문했고, 그 대답을 기획서에 담아냐는 점이다.

둘째, 기획서를 보는 사람들이 기획자가 문제해결을 위해 거쳐 간 사고과정과 결론에 공감할 수 있도록 작성해야 한다.

기획서는 현황분석을 통해 문제를 찾아내고, 그 문제를 해결하기 위한 과제를 설정한 후, 해당 과제를 실행할 수 있는 방법을 제안하는 것으로 마친다. 이 과정에서 기획자는 자신이 다루고자 하는 문제의 심각성을 객관적인 정보와 자료를 근거로 설명함으로써 이를 상대방도 함께 느낄 수 있도록 해야하며, 과제 역시 해당 과제를 찾기까지 거쳐 온 과정을 간단명료하게 보여줌으로써 상대방도 자신과 같은 길을 걸어오도록 만들어야 한다. 이를 위해서는 기획서에 담긴 메시지들이 징검다리처럼 자연스럽게 배치, 연결되어야 하고, 이에 걸맞는 입증자료들을 적절하게 제시함으로써 기획자의 생각에 힘을 실어주어야 한다.(메시지에 대해서는 다음에 설명하겠다.)

셋째, 기획서의 앞 문장과 다음 문장을 인과관계에 따라 작성해야 하며, 기획서 내용 전체가 기승전결구조로 이뤄줘야 한다.

좋은 기획서는 사람들이 기대하는 말을 기대하는 곳에서 기대하는 만큼 전달한다. '지금 이러저러한 상황설명이 나왔으니 그 다음에는 결론을 내리겠네.'라고 생각하는 사람들에게 '또 다른 자료를 보면…'하면서 상황분석을 계속 이어가서는 안된다. 앞에서 원인을 설명했으면 그 다음에는 결과를 설명하고, 그 다음 내용은 결과에 따른 효과를 설명할 때 가장 이해하기 쉽다. 기획서의 내용흐름에서 인과관계와 기승전결구조가 중요한 이유는 이와 같은 구조가 사람들이 가장 이해하기 쉬운 이야기 구조이기 때문이다.

넷째, 내용이 보기 쉬워야 하며, 간단명료 해야 한다.

기획서는 자신의 생각을 상대방에게 전달하고 설득하는 도구다. 문장이 장황하거나 불필요한 자료나 정보들이 들어가 있으면 기획자의 의도를 파악하기 어렵다. 따라서 기획자는 자신이 수집하고, 분석한 수많은 자료와 메시지 중에서 가장 핵심적인 사항만을 골라 기획서에 일목요연하게 표현해야 한다. 특히 파워포인트 기획서는 내용구성력과 함께 디자인능력도 무척 중요한데, 이들이 각각 절반의 중요성을 갖고 있다고 해도 과언이 아니다.

결국 기획서 작성능력이란 '창의적인 해결방법을 논리적으로 보기좋게 풀어내는 능력'이며, 이를 위해서는 다음과 같은 능력들이 필요하다.

첫 번째, 다양한 사건, 상황 속에서 남이 보지 못하고 느끼지 못한 새로운 문제를 찾고, 이를 남다른 방식으로 풀어내는 창의력이다.

두 번째, 자신의 생각을 '이러저러한 문제가 있는데 이를 해결하려면 이런 방식으로 풀어야겠구나.'라고 정리할 수 있는 논리적인 사고능력이다.

세 번째, 기획자가 제안하는 내용들을 상대방이 이해하기 쉽도록 이야기로 전달할 수 있는 글쓰기 및 스토리텔링 능력이다.

네 번째, 앞선 이야기를 보기좋게 문서로 정리할 수 있는 디자인능력이다.

이상과 같이 기획자에게는 창의력과 논리력이 모두 필요하며, 이런 능력들이 서로 연결되어 한 편의 기획서를 완성하게 된다.

기획력과 기획서 작성능력

기획력	생각의 결과	창조성(남다른 시각 + 조합능력)
기획력	결과의 검증	논리성(합리적, 객관적인 사고능력)
기획서 작성 능력	내용 전개	공감력 + 글쓰기 및 스토리 구성력
기획서 작성 능력	내용 표현	디자인 능력

▼ **과 제**

1. 자신이 아는 사람 중에 기획력이 좋다고 생각되는 사람을 생각해 보세요. 그리고 그 사람의 어떤 점 때문에 기획력이 좋다고 느꼈는지 정리해 보세요.

2. 자신이 아는 사람 중에 기획서를 잘 쓴다고 생각하는 사람을 생각해 보세요. 그리고 그 사람의 어떤 점 때문에 기획서를 잘 쓴다고 생각하는지 정리해 보세요.

---

(2) 기업에서 활용하는 기획서 종류

조직에서 일을 시작하려면 기획서가 필요하다. 누가, 어떤 일을, 왜 해야하는지, 그 일을 통해 무엇을 얻고자 하며, 어떤 방식으로 일을 진행할 지 경영자를 이해시키고 승인받아야 한다. 일을 하려면 사람과 시간, 돈이 필요하기 때문이다. 따라서 조직에서 수행하는 모든 일은 기획서를 작성하는 것에서 시작하며, 업무완료 후 결과보고서를 제출함으로써 마감된다. 기획서는 Plan-Do-See의 'Plan'과 'See'가 주된 역할이지만 'Do'를 관리하는 업무지침서이기도 하다. 따라서 기획서는 전문 기획부서만의 일이 아닌, 조직원이면 누구나 작성해야 하는 기본적인 업무역량이다.

우리는 일의 진행방식을 [Plan-Do-See]라고 정의한다. 이는 일을 기획하고 실행하고 평가하는 업무흐름을 말한다. 여기서 'Plan'은 기획을 말하는 것으로 일을 시작하기 전에 무슨 일을, 왜, 어떻게 할 것이며, 그 결과가 무엇인지 정리하는 업무를 말한다. 이벤트회사, 광고대행사와 같은 컨설팅기업이 제안서(기획서)를 중요시 하는 이유도 이들의 업무시작은 자신들이 제출한 제안서가 승인받는 시점이기 때문이다. 제안서 없이는 어떤 일도 일어나지 않는다.

기획서는 매우 다양한 형태를 띄고 있다. 제안서, 실행계획서같은 단계별 이름도 있지만 기획서의 용도에 따라 홍보기획, 영업기획과 같은 전문적인 명칭으로 나누기도 한다. 이들은 내용이나 목차구조가 조금씩 상이하고, 기획서를 요구하는 업무나 조직특성에 따라 주안점도 다르다. 뒤에서 다시 설명하겠지만 기획서 형태는 크게 보고서용 기획서와 발표용 제안서로 나눌 수 있고, 단계별로는 제안서, 실행계획서, 업무매뉴얼 등이 있으며, 다시 내용을 중심으로 구분하면 가지수는 더욱 세분화된다. 하지만 사용상황이나 목적으로 분류해 보면 몇 가지 종류로 나눠볼 수 있다. 다음에 나와 있는 기획서들은 기업에서 주로 사용하는 문서들이며, 필자가 직장에서 작성했던 것들이다.

기업에서 활용하는 기획서 종류

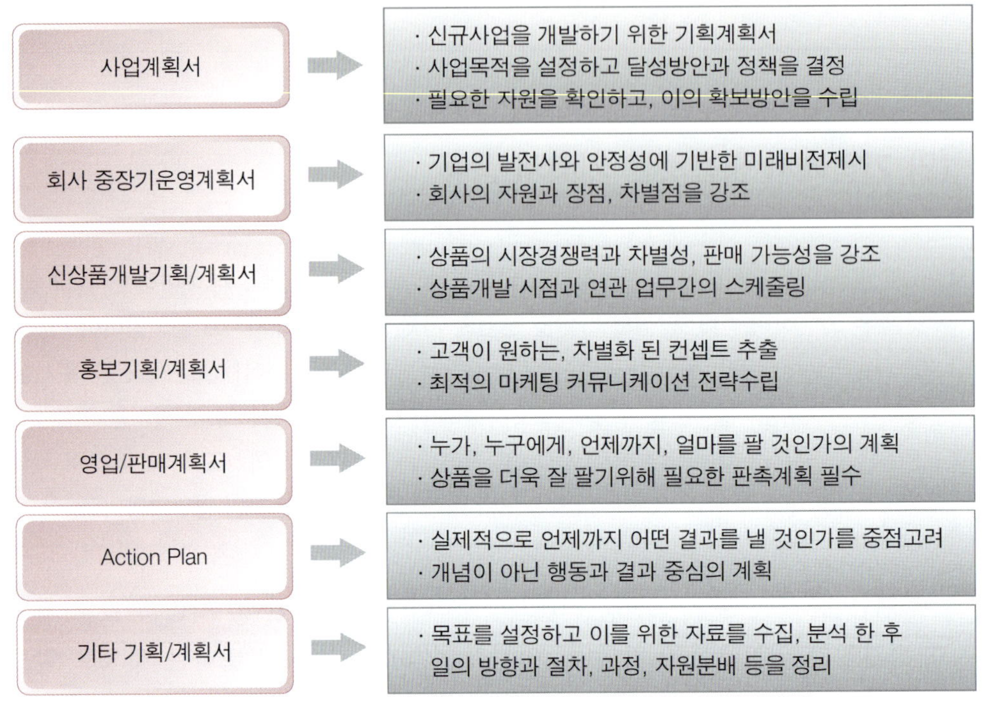

첫째, '사업계획서'류의 기획서다.

창업을 하거나 기업에서 새로운 사업군을 개발할 때 작성하는 보고서다. 현상분석을 통해 시장경쟁력 있는 사업아이템을 결정하고, 해당 사업이 기존 업체들과 어떻게 경쟁하여 자사만의 독자적인 시장을 확보할 지에 대해 정리한 문서다. 따라서 치밀한 시장조사가 필요하며, 조사결과에 근거하여 경쟁력 있는 사업모델(Business Model)을 만들어 내는 것이 필요하다. 본 기획서의 특징은 사업을 진행할 때 필요한 비용, 일정기간별 현금흐름, 사업개시 전에 필요한 자금확보방안, 손익계산 등의 재무제표가 첨부되어야 하며, 사업추진 상 고려해야 할 정치적, 법적 상황들도 고려해야 한다.

둘째, '기업의 중장기 운영계획서'류의 기획서다.

기업이 나아가야 할 방향을 설정하고 전사적인 차원에서 기업조직을 한 방향으로 이끌기 위해 작성하는 문서다. 따라서 기업의 비전을 달성하기 위해 필요한 자원확보방안과 조직별업무분장, 업무진행계획 등이 들어 있어야 한다. 본 기획서의 특징은 전사적인 활동이기에 기업의 미래 비전을 전 조직원이 머리속에 그릴 수 있도록 구체적으로 묘사해야 하며, 미래 비전을 달성하기 위한 과정을 단계별로 세분화시켜야 한다. 예를 들면 1단계 목표는 '매출 1조 원, 직영매장 100개, 2단계 매출 3.5조 원, 직영매장 12개, 가맹점 200개…' 식이다.

셋째, '상품개발 기획서'류의 기획서다.

기업은 상품, 서비스를 통해 고객을 만나며 고객이 이것을 구매함으로써 수익을 얻는다. 따라서 기업에서 작성하는 기획서 중에서 가장 핵심적인 문서이며, 실제로 기획서와 관련된 서적을 찾아보면 신상품 개발업무를 다룬 도서가 의외로 많다. 본 기획서의 특징은 철저히 마케팅적 사고에 따라 작성된다는 점이다. 해당상품과 관련된 전 방위적인 시장조사, 이에 근거한 시장세분화, 목표고객설정, 포지셔닝, 컨셉설정, 컨셉에 따른 실행방안의 순서로 구성된다. 이런 방식으로 기획서를 작성해야 소비자와 경쟁사를 의식한 내용을 만들 수 있으며, 동시에 해당 상품의 시장경쟁력도 높일 수 있다. 또한 특정상품에 대해서만 언급해서는 안 되며 자사내 다른 상품들 간의 관계도 함께 고려하여 상품을 개발해야 한다. 예를 들면 매출을 주도할 상품인지, 기존 매출주력상품을 보조할 상품인지, 아니면 매출보다는 이익률을 높이는 상품인지를 따져보고 그 역할에 맞춰 상품개발의 기본방향을 설정해야 한다.

넷째, '홍보기획서'류다.

본 기획서는 앞선 상품개발 기획서의 한 부분으로, 기업과 기업이 판매하는 상품, 서비스를 고객에게 어떻게 효과적으로 전달할 것인지 정리한 문서다. 본 기획서를 담당한 기획자는 마케팅적인 사고와 홍보매체에 대한 지식이 필요하다. 특히 본 기획서는 돈을 버는 기획서가 아니라 돈을 쓰겠다는 기획서이기 때문에 해당 홍보활동을 통해 기업이 무엇을 얻을 수 있는지 구체적으로 표현해야 한다. 돈을 쓰는 만큼 그 이상의 효과를 얻을 수 있느냐가 가장 큰 관심사이다. 홍보활동의 효과를 가시적으로 입증할 수 없으면 거절될 확률이 높다.

다섯째, '영업, 판매기획, 계획서'류다.

기업 내 영업부서, 특히 영업기획 파트에서 작성하는 보고서로, 전사적인 차원에서 결정한 판매목표를 영업차원에서 어떻게 달성할 것인지 그 방법을 구체적으로 정리한 문서다. 앞선 '상품개발 기획서'에 담긴 내용들, 즉 어떤 고객에게 어떤 상품을, 어떻게 판매하여, 어느 정도의 매출과 수익을 얻을 것인지를 현장책임자 입장에서 정리한 것이다. 본 기획서의 특징은 유통망을 어떻게 구성, 관리하고 확대할 것인지, 이를 위한 장려금 등의 인센티브는 어떻게 운영할 것인지, 현장에서의 세일즈 프로모션을 어떻게 진행할 것이며, 고객클레임을 어떻게 처리할 것인지 등 판매현장에서 벌어지는 구체적인 사안들에 대한 판매정책과 운영방식을 규정한다.

여섯 번째, 'Action Plan'류의 보고서다.

본 내용에는 앞선 기획서, 특히 제안서가 완료된 후, 기획서에 담긴 업무들을 어떻게 실행할 것인지 구체적인 실행방안을 담은 실행계획 서류의 보고서와 업무들이 일정에 따라 제대로 진행되고 있는지 확인하기 위한 체크리스트 류의 보고서가 포함된다. 이중에서 체크리스트는 기획서의 내용 중 업무분장과 업무일정표를 따로떼어 이를 보다 세부적으로 정리한 업무확인서라고 생각하면 된다.

일곱 번째, 기타 기업에서 발생하는 다양한 문제들의 해결방식을 정리한 기획서들이다.

HRD부서에서는 직원교육, 훈련과 관련된 기획서를, 인사부서에서는 직원평가와 승진, 신입사원채용 등과 관련된 기획서를, 생산부서에서는 생산기기 구입, 관리, 생산품 Q.C 등에 대한 기획서를, 배송부서에서는 생산된 상품을 판매점까지 보다 효율적으로 배송하기 위한 방안에 대한 기획, 계획서를 작성하게 된다.

기획서 종류는 상기한 것 이외에도 더 세분화시킬 수 있다. 예를 들어 이벤트분야만 봐도 파티기획서와 전시기획서는 구조가 조금 다르다. 파티는 장소와 프로그램을 중심으로 내용을 전개하는 반면, 전시는 전시상품과 전시품 진열방법을 중심으로 기획서가 짜여 있다. 그렇다면 축제나 지자체행사와 같은 큰 규모의 행사기획서는 어떨까? 이들은 한 편의 장편소설과 같다. 정해진 장소에서 일정 이상의 사람이 움직이는 모습을 그려보며, 전체의 움직임과 다양한 공간을 통제하기 위한 세밀한 내용이 필요하다. 주차장 관리는 어떻게 할 것이고, 식수가 떨어지면 누가 대응할 것인지까지 내용이 들어가 있다.

그러나 '기획서'라고 부르는 문서의 기본구조는 모두 같다. 기획서 작성상황이나 업종에 따라 주안점과 내용전개 방식이 조금 다를 뿐이다. 기획서는 앞서 언급한 것처럼 ① 문제가 무엇인가? ② 문제의 원인은 무엇인가? ③ 원인제거를 위해 해야 할 일은 무엇인가? ④ 이를 구체적으로 어떻게 진행할 것인가? ⑤ 업무결과를 어떻게 평가할 것인가에 대한 답을 정리한 것이다. 따라서 이와 같은 조건만 맞출 수 있다면 어떤 종류의 기획서도 작성할 수 있다. 화장품관련 기획서를 작성할 수 있다면 건강보조식품과 관련된 기획서도 작성할 수 있고, 상품개발 기획서를 작성할 수 있다면 홍보기획서, 중장기 사업계획서도 당연히 쓸 수 있다. 기획서가 요구하는 내용흐름과 정보처리방식이 유사하기 때문이다.

가끔 다른 업종, 다른 분야의 기획서는 못 쓴다는 사람이 있다. 해당 업종의 기획서를 한 번도 써보지 못했다는 게 이유다. 언뜻들으면 말이 되는 것 같지만 실상은 기획을 모른다는 말과 다를 바 없다. 지금까지 정해진 기획서 양식에 빈칸채우기 식으로 배웠다는 의미다. 다른 업종, 종류의 기획서를 쓰기 어려운 진정한 이유는 기획을 몰라서가 아니라 해당 분야의 정보가 부족하기 때문이다. 그 업종의 시장상황, 그 곳의 관례용어, 소비자들의 독특한 소비성향 등을 잘 모르면 시장 모습이 머리속에 그려지지 않는다. 필자도 회사를 바꾸면 그 회사가 원하는 기획서를 쓸때까지 최소한 2~3개월의 시간이 필요했다. 그 회사가 처해있는 상황, 해당 업종의 시장흐름, 소비자동향, 경쟁사의 움직임, 상품과 관련된 기본지식, 제조기술 등을 파악하는 데 필요한 시간이다.

▼ 과 제

1. 기업에서 사용하는 기획서 종류룰 설명하세요.

2. 현재 자신이 작성하려는 기획서는 어떤 종류의 기획서인지요? 그리고 그 이유는 무엇인가요?

(3) 기획서의 부가적인 용도

기획서의 부가용도는 조직원들을 하나의 목적·목표로 규합하고, 예상손익을 확인하고, 업무진행과정에 대한 세부지침을 주며, 업무완료에 대한 평가기준을 설정해 줌과 동시에 기업·조직이 나아갈 미래의 청사진과 비전을 제시해 주는 것이다.

기획서는 작성목적에 따라 핵심내용은 다를 수 있지만 어떤 종류의 기획서이든 기획서가 수행하는 부가적인 역할이 있다. 그리고 이것들이 기획서의 본질인 '문제해결방안을 제시하는 것'보다 더 중요할 때도 있다. 따라서 기획자는 자신의 기획서가 아래 용도에 부합할 수 있는지 따져볼 필요가 있다.

첫째, 조직원들의 의식과 행동을 회사의 목표, 비전과 통합시키기 위한 매뉴얼의 역할이다.

내부보고, 관리용 기획서의 용도

- **조직원들의 의식과 행동을 회사의 목표와 비전으로 통합시키기 위한 매뉴얼**
  · 조직원들 간의 토의, 검토, 평가, 인정, 확인, 공표, 교육, 평가의 작업이 반드시 필요함
- **투자예산, 매출과 비용 간의 관계, 그리고 손익분기점 확인 - 손익계산서**
  · 중요한 것은 비용은 1.5~2배, 수익은 0.5배 수준이라는 것을 감안해야 한다.
- **세부 Action Plan에 대한 세부 지침서 - 세부 마케팅 내용**
  · 지침서가 아닌 명령서가 되어 버리면 조직의 반발을 일으킬 수 있다.
- **사업진행에 대한 스케줄링 - 목표 및 업무 일정표**
  · 예상 일정표임. 그러나 변동성을 고려하지 않는다면 도리어 짐이 된다.
- **사업진행에 대한 평가 기준설정 - 비즈니스 모델, 목표**
  · 사업진행과정을 무시한 채 매출, 수익만을 평가기준으로 삼으면, 누구나 기피하게 된다.
- **미래에 대한 준비작업 - 미래의 목표설정**
  · 오늘 예산한 내일이 달라질 경우에는 무용지물이 되기에, 미래 예측능력이 필요함
- **자기 만족 및 심리적인 안정 - 비전(보물지도 효과)**
  · 중장기 사업계획서는 꿈만으로 만족하고 끝나는 수가 많다.

기업에서 진행하는 업무들은 대부분 하나의 업무를 다수의 사람들이 나눠서 진행한다. 고객관리업무도 누군가는 고객과 얘기를 나누고, 누구는 고객을 직접 찾아가고, 누구는 장부를 정리하고 누구는 전산처리업무를 맡아 진행한다. 따라서 업무참여자들이 서로 목적지가 다르다면 업무에 임하는 자세는 물론이고, 초기목표했던 결과도 얻을 수 없다. 기획서는 '우리가 이 일을 왜 해야 하는가'의 목적과 '그것을 통해 무엇을 얻을 것인가'의 목표, 그리고 '조직원들이 목표달성을 위해 언제, 어디서, 무엇을, 언제까지, 어떻게 진행하면 되는지'에 대한 업무진행방식을 알려줌으로써 목표달성을 위한 업무매뉴얼 역할을 담당한다.

둘째, 투자예산, 매출과 비용 간의 관계, 손익분기점을 확인하는 역할이다.

사업을 진행하면 어떤 방식이든 비용이 발생하고 그 대가로 무엇인가를 얻는다. 기업 활동의 주목적은 수익확보이기에 기획서에 담긴 내용은 비용보다 더 많은 이익을 얻을 수 있도록 구성해야 한다. 가끔 조직이 얻는 것보다 더 많은 비용을 쓰게끔 구성한 기획서도 볼 수 있는데, 이는 담당자의 의욕이 넘치거나 비용을 정확히 산정하지 못한 결과다. 참고로 손익계산을 할 때는 예상수익은 가능하면 적게, 비용은 크게 산정하는 것이 좋다. 사업이 완료된 후 실행결과 보고서를 보면 초기기획서의 비용보다 적으면 1.2배, 많으면 1.5배정도 더 쓰고, 매출은 초기 산정한 금액보다 약 10%~20% 정도 적게 발생하는 경우가 많다.

셋째, 효과적으로 업무를 진행하기 위한 업무진행 방식(세부지침)을 제시한다.

기획서에 담긴 업무들은 여러 조직이 모여 함께 일해야 하는 것들이다. 다양한 조직과 인력들이 일사분란하게 움직이려면 누군가 업무내용과 일정을 조정, 관리해야 한다. 업무일정을 관리하는 역량이 부족하면 연결된 업무들이 시간을 맞추지 못해 진행이 늦거나 멈춰질 수도 있고, 업무의 질을 보장하기도 어렵다. 업무를 효과적으로 관리하기 위해서는 전체업무를 세분화하여 업무진행자들이 자신의 업무와 자기 업무의 앞과 뒤에서 어떤 일이 어떻게 진행되는지를 확인할 수 있어야 한다. 따라서 기획자는 기획서를 작성할 때 업무참여자들의 생각과 그들이 처한 상황을 기획서에 반영하여 업무진행에 어려움이 없도록 신경써야 한다.

넷째, 사업완료에 대한 평가기준을 제시한다.

기획서에는 업무를 종료한 후 해당 사업의 완성도를 평가할 수 있는 평가치가 담겨있다. '목표'라는 것으로 기획서에서 제안한 일을 완료하면 어떤 모습이 되어야 하는지를 정의한 것이다. 평가기준치는 크게 두 가지로 나눠 정리하는데 '전년도 매출대비 20% 초과달성', '신규고객 2만명 모집', '서울지역의 대리점 12개 신규개설'과 같은 큰 목표와 이런 목표를 달성하기 위해 필요한 개별목표들이다. 예를 들어 '전년도 매출대비 20% 초과달성'이란 큰 목표에는 ① 1/4분기 매출 3% 추가달성, ② 2/4분기 6% 달성, ③ 3/4분기..와 같은 세부목표를 설정할 수 있고, 또 '신규고객 2만 명 모집'이란 큰 목표에는 '신규고객 모집대상을 1월~2월 완료' '3월~5월까지 이들 대상의 SNS 홍보활동을 진행' '6월~…' 와 같이 나눌 수 있다. 이는 사업의 중점목표와 이를 달성하기 위한 징검다리를 규정함으로써 업무진행 상황을 효과적으로 관리하기 위한 방법이다. 다만, 기획자가 기억할 것은 세상일은 우리 뜻대로 되지 않으며, 생각지 못한 일도 자주 발생한다는 점이다. 따라서 기획서를 작성한 후에도 진행상황을 면밀히 관찰하여 현실에 맞게 업무일정이나 기획목표들을 지속적으로 수정해야 한다. 시장이 변화하고 있는 상황에서도 초기 내용만 고집한다면 기획서에 들어있는 목표는 기업발전보다 조직원들을 속박하는 족쇄가 될 수 있다.

다섯째, 미래 준비로서의 목표설정

모든 기업은 오늘과 다른 내일을 향해 나아간다. 반드시 기업규모를 키우고 매출을 높여야 하는 것은 아니지만 지속적인 생존을 위해서는 시장변화에 맞춰 기업을 변화시켜야 한다. 그리고 기업의 동력은 조직원이기에 이들이 기업의 미래를 그려보고 힘차게 앞으로 나아갈 수 있도록 도와줘야 한다. 기획서는 문제해결을 위한 처방전이지만 그 안에는 항상 오늘과 다른 내일의 모습이 담겨있다. 기업비전을 위한 중장기 전략기획서와 같은 기획서는 물론하고, 신상품개발 기획서, 홍보기획서, 영업 및 판매기획서도 이와 같은 꿈을 담고있다. 특정문제를 해결함으로써 도달할 수 있는 기업의 미래 모습, 특정상품을 개발하여 시장에 출시함으로써 소비자에게 보여줄 기업의 미래 모습, 기업홍보를 진행함으로써 고객들에게 전달할 기업의 미래모습이다.

▼ 과 제

앞서 설명한 기획서들 중에서 자신의 관심을 끄는 기획서가 어떤 것인지 찾아 보세요. 그리고 그 기획서의 어떤 점이 자신의 관심을 끌게 되었는지 정리해 보세요.

Chapter 02

기획사고와 기획서의 핵심구조

1. 기획사고의 3단계 논리구조
2. 기획서의 핵심구조

1 기획사고의 3단계 논리구조

(1) 기획사고의 1단계 〈Why〉: 명분과 이유

기획에는 명분과 이유가 중요하다. 명분은 기획업무를 통해 도달하고자 하는 목적지의 가치이고, 이유는 목적지와 현상황 간의 차이로 인해 발생한 필요성이다. 따라서 기획의 명분과 이유를 통해 '우리가 원하는 목적지는 이런 모습으로, 모두가 바라는 것입니다. 하지만 현실은 목적지와 차이가 있습니다. 따라서 이와 같은 차이를 해소하여 목적지에 도달하기위해 기획업무를 시작했습니다'라는 메시지를 분명하게 전달할 수 있어야 한다.

앞서 [기획이란 무엇인가]에서 기획의 구조를 다음과 같이 설명했다.

기획은

Why (그 일을 왜 하는가?)

목적지와 해야 할 이유(목적)

What (해야 할 일은 무엇인가?)

일의 방향성과 달성모습(목표)

How (그 일을 구체적으로 어떻게 실행할 것인가 ?)

실행방안

이와 같은 기획의 3단계구조는 기획서를 작성할 때에도 그대로 반영된다. 기획서 목차나 내용이 복잡해 보여도 기획의 3단계 논리구조를 조금 자세하게 표현한 것이라 생각하면 이해하기 쉽다.

앞선 기획의 3단계구조를 구체적으로 살펴보자.

기획에서 '명분'이란 무엇이며, 어떻게 표현하면 될까?

누구나 기획서를 처음보면 기획서를 작성하게 된 명분과 이유가 궁금하다. 이 중에서 일의 '명분'은 기획서에서 도달하려는 목적지의 가치다. 내가, 조직이 꿈꾸는 세상이고 갖고 싶은 것이며 '이렇게 되었으면 좋겠다.'는 바람의 모습이다. 일을 통해 더 나은 곳으로 나아갈 수 있다는 의지와 비전을 담고있다. 명분이 좋은 일은 사람들에게 꿈을 심어주고 함께 하겠다는 의지를 불러일으키지만 명분이 약하면 사람 모으는 것도, 힘을 합치는 것도 어렵다. 필자도 직장인일 때, 매년 연말이 되면 다음 해에 추진할 사업계획을 보고하고 승인을 받아야 했다. 그때 고민거리는 '왜 우리 회사가 이 사업을 해야 하는가'를 설득하는 것이었다. 사업을 진행하려면 경영자가 해당 사업이 관심을 가질만한 명분이 있어야 하고, '좋은 사업'이라고 인정해야 한다.

우리가 도달할 곳, 목적지이자 기획의 궁극적인 목표

· 국내 시장점유율 1위 기업되기

· 세계시장 진출 전, 국내의 안전한 기반구축

예를 들어 보자. 김나리는 기획서의 궁극적인 목적지를 '해당 분야에서 국내 시장점유율 1위 기업되기'라고 제시했다. '충분한 지식과 기술, 자원을 보유했음에도 불구하고 왜 우리가 항상 2위에 머물러야 하는가'라고 열변을 토했을 것이다. 그는 자사가 보유한 자원정도라면 국내 1위 기업이 되는 것이 당연한 일이며, 이런 위상을 차지했을 때 현재보다 더 많은 것을 얻을 수 있다는 설명했다. 또 김수진은 기획의 목적지를 '세계시장진출 전, 국내의 안전한 사업기반구축'이라고 정의했다. 그는 세계로 진출해야 한다는 명제에 대해서는 이론의 여지가 없지만, 그 전에 국내시장을 먼저 안정화시켜야 세계시장 진입도 쉬울 수 있다고 주장했을 것이다. 다른 기업의 사례를 봤을 때 해외시장진출을 위해서는 국내시장부터 장악하는 게 당연한 이치라고 믿었기 때문이다. 이 목적지는 기획자 입장에서 조직이 도달해야 하는 모습이자 당연히 도달해야 할 곳이며, 우리 모두 행복해지려면 이뤄야 하는 꿈이기도 하다.

목적지의 가치 – 명분

· '2위'라는 상황은 시장을 선도하는 데 힘이 부족하고, 신제품을 출시할 때도 선도기업의 마케팅활동에 따라 여러 가지 제한을 받게 된다. 따라서 본사가 가진 기술력을 최대한 활성화 시키려면 2위를 벗어나 M/S상으로 1위가 되어야 한다.

· 해외시장에서 자리잡고 그 힘으로 국내시장을 이끄는 것도 좋은 방법이지만 우리나라와 문화적, 법적 상황이 다른 해외시장에서 자리잡는 게 쉽지는 않다. 해외시장에서 자리를

잡으려면 일정 이상의 시간이 필요한데 그 동안 기업은 지속적인 투자를 해야 한다. 그 금액을 어디서 보충할 것인가? 우리가 가장 잘 알고, 오래 시간 동안 살아온 국내시장이 상대적으로 더 쉽다고 본다.

그러나 기획자가 주장한 목적지들이 그대로 조직의 목표가 되는 것은 아니다. 항상 반론이 있다. 김나리는 목적지에 도달해야 하는 이유로 '충분한 지식과 기술, 자원을 보유했음에도 불구하고 왜 우리는 항상 2위에 머물러야 하는가'라고 열변을 토했지만 만약 누군가 "2위가 어때서?"라고 질문하면 뭐라고 답변할 것인가? 이때 기획자는 자신이 제시한 목적지의 가치를 재차입증하여, 그것의 당위성을 전달할 수 있어야 한다. 김나리는 상기된 질문에 대해 '2위라는 상황은 시장을 선도하는 데 힘이 부족하고, 신제품을 출시할 때도 선도기업의 마케팅활동에 따라 제한을 받는다. 본사의 기술력을 최대한 활용하려면 시장점유율 상으로 1위가 되어야 한다.'고 설명할 수 있다. 그리고 이와 같은 과정을 통해 '시장점유율 1위'라는 목적지에 대해 많은 사람들이 공감하면 그 목적지는 더욱 힘을 받고 기획자가 원하는 모습을 달성하기 위해 경영자와 조직원의 힘을 더할 수 있다.

김수진의 '세계시장진출 전, 국내의 안전한 기반구축'이라는 목적지에 대해서도 기획자는 '세계로 진출해야 한다는 명제에 대해서는 이론의 여지가 없지만, 그 전에 자사의 사업기반인 국내시장을 안정화시켜야 세계시장진입도 쉬워질 수 있다'고 주장했다. 하지만 앞선 사례처럼 다른 질문이 나올 수 있다. '국내시장보다 해외시장에서 먼저 자리잡고 그 힘으로 국내시장을 이끄는 방법도 있지 않을까?'다. 이때도 기획자는 다음처럼 추가 설명을 할 수 있다. 즉 '해외시장에서 자리잡고 그 힘으로 국내시장을 이끄는 것도 좋은 방법이다. 하지만 세계화 사례를 분석해 본 결과 해외시장에서 자리잡는 게 쉽지는 않다. 해외시장에서 자리를 잡으려면 일정 이상의 시간이 필요하고, 그 동안 기업은 지속적으로 투자해야 한다. 그 자금을 어디서 구할 것인가? 우리가 잘 알고, 오랜 시간동안 살아온 국내시장에서 얻어야 한다. 따라서 국내기반구축이 선행되어야 한다고 본다."

이처럼 기획자가 제시한 목적지의 명분은 다양한 환경분석을 통해 목적지에 대한 가치를 객관적으로 입증하는 것이며, 이를 위해 앞서 말한 '현상분석'은 필수작업일 수밖에 없다.

기획에서 '이유'란 무엇이며, 어떻게 표현하면 될까?

기획에서 '이유'는 기획을 해야하는 필요성을 의미한다. 앞서 '명분'이 기획자가 제시한 목적지의 가치라면 이유는 목적지와 비교한 현재 상황에 대한 평가이며, '그 기획을 왜 하는가?'라는 질문에 대한 답이다. 가끔 기획서를 작성하는 직장인들에게 '그 기획서를 왜 작성하나요?"라고 질문하면 상사가 지시해서, 매년 제출해야 하는 것이니까라고 대답하는 경우가 있다. 물론 이런 대답이 잘못된 것은 아니다. 하지만 기획서는 단순히 보고하고 끝날 문서가 아니라 누군가의 승인을 요하는 문서다. 따라서 기획자는 해당 기획서를 왜 작성했으며, 그것을 경영자, 당신이 왜 시간을 들여 살펴봐야 하는지 이유를 설명할 수 있어야 한다.

이유, 즉 기획서의 필요성은 우리가 원하는 목적지(To Be)와 현재 상황(As Is) 간의 차이를 찾는 것에서 시작한다.

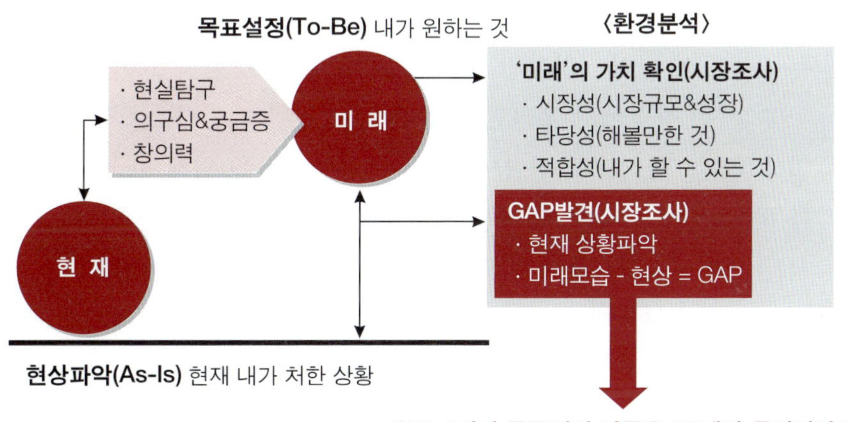

현상분석을 통해 [우리가 원하는 목적지]와 [현재 상황]이 어떠한지 정의하고, 둘 간의 차이인 'GAP' 즉 문제를 규명하는 작업이다. 그리고 '내가 이 기획서를 작성하는 이유'는 [우리가 원하는 것이 이렇게 좋은데 현재 상황은 그렇지 않다. 따라서 나는 우리가 원하는 것에 도달하기 위해서 현재 부족한 것(미래 모습–현상=문제)을 해결하기 위한 방안을 찾고자 본 기획을 시도했다]라고 설명하는 것이다. 따라서 [Why]의 핵심내용은 '문제'이며, '문제'를 해결하기 위해 기획을 할 수밖에 없었다가 [Why]의 결론이다. 만약 기획자가 문제를 분명히 인식하지 못했다면 그것은 기획의 궁극적인 목표(목적지)와 해결을 필요로 하는 상황을 잘 모른다는 의미이고, 아직 기획서를 작성할 준비가 충분치 않다는 뜻도 된다.

가끔 필자에게 자신이 쓴 사업계획서를 검토해 달라는 사람이 있다. 대부분 신상품개발이나 창업을 위한 사업계획서다. 필자는 사업계획서를 검토해 달라고 하면 무조건 사업계획서 내용부터 살펴보지 않는다. 사업계획서를 보기전에 그들에게 “선생님이 작성하신 사업계획서는 어떤 문제를 풀고자 작성하신 건가요?” 그리고 “그 문제를 왜 풀고자 하시나요?”를 질문한다. 이 질문에 답을 못하면 다음에 얘기하자고 돌려보낸다. 아직 사업계획서를 구체적으로 검토할 단계가 아니라고 생각하기 때문이다. 기획은 뭔가 문제가 있어 이를 해결하고자 작성하는 문서이다. 사업계획서를 작성했다면 해결해야 할 문제가 있고, 문제해결을 원하는 소비자가 있다는 가정을 갖고 있다. 해결할 문제도 없고, 뭔가 더 나은 것을 원하는 사람도 없는데 꼭 창업할 필요가 있을까?

하지만 단순한 질문, ‘현재 당면한 문제와 문제를 해결해야 하는 이유’에 대해 구체적으로 답변하는 분들이 생각외로 많지 않다. “그냥 그 업종에 관심이 있어서요.” “예전부터 해 보고 싶었던 일이라서….” 또는 “요즘 그 시장이 크고 있거든요.” 정도로 대답하는 사람들이 많다. ‘장사만 잘하면 되지, 그런 것까지 고민해야 하나요?’라는 입장이다.

몇 년 전 중국에서 온라인 사업이 막 성장할 때였다, 중국에서 온라인쇼핑몰 사업을 창업하겠다는 중국교포 한 분을 만났다. 이 사업을 위해 한국에 들어와 나름대로 사업준비를 하고 있다고 한다. 필자는 사업계획서를 살펴보기 전에 “선생님이 작성하신 사업계획서는 어떤 문제를 풀고자 하는 건가요? 그리고 그 문제를 왜 풀어야 한다고 생각하셨나요?”라고 질문했다. 그 분은 이렇게 말했다. “저는 중국에서 오래 살았어요. 중국시장을 잘 압니다. 소득수준도 높아졌고, 온라인으로 물건을 사는 사람도 많아지고 있죠. 특별한 문제가 있는 건 아니고요…제가 온라인사업에 관심이 많다보니…그리고 지금 중국에서 성장하는 사업이거든요.”다. 내가 관심있고 성장하는 사업이면 됐지, 그 이상 뭐가 필요한가요라고 말하는 것 같았다.

물론 이 분도 온라인사업을 하겠다고 마음먹었을 땐 뭔가 문제의식을 갖고 있었을 것이다. 별 생각도 없는데 갑자기 이것이나 해 볼까 하며 사업계획서를 작성하진 않았을 것이다. 하지만 사업동기, 즉 현 시장의 문제를 정확히 파악하지 못하면 사업계획서의 초점이 흐려질 수 있다. 문제가 분명치 않으니 성공한 기업을 바라보며 그들이 했던 방식을 따라할 확률이 높다. 그러나 남이 성공한 방식을 따라 해서는 성공하기 어렵다. 그들과 상황이 다르기 때문이다. 게다가 그들보다 자원이 부족하면 앞서기도 어렵고, 결국 사업을 접을 수밖에 없다. 원하는 것이 간절할수록 ‘문제’는 더욱 중요해지고, 문제로 인해야기될 상황이 나쁘면 나쁠수록 '문제해결의 필요성'은 더욱 커진다.

▼ 과 제

1. 기획에서 '명분'과 '이유'의 중요성을 설명해 주세요.

2. 현재 작성중인 '이유'를 증명하려면 어떤 자료가 필요한지요? 필요한 자료의 내용을 설명해 주세요.

---

(2) 기획사고의 2단계 〈What〉: 과제설정

과제는 앞선 '기획의 이유'인 차이(문제)를 해결하기 위한 업무를 규정하는 부분이다. 기획의 핵심 메시지이자 뒤에 나오는 해결방안의 방향과 범위를 설정하는 작업이다. 과제설정에서 중요한 것은 문제발생 원인을 정확하게 규명하여 올바른 일의 방향을 설정하는 것과 과제완수 시의 모습인 목표를 정의하는 일이다.

기획의 핵심메시지는 [과제: 무엇을 할 것인가]이다.

현대사회에서 중요한 것은 '일을 제대로 하는 것보다 올바른 일을 하는 것'이다. 특히 요즘처럼 기술개발 능력과 운영, 관리시스템이 발달한 세상에서는 '일을 제대로 하는 것'이 더 이상 자랑거리가 아니다. 상품을 제대로 만들고, 깔끔하게 포장해서, 약속한 시간에 배송하고, 소비자 클레임을 성의껏 처리하는 정도는 기본이다. 오랜 시간동안 수많은 컨설턴트들과 경영학자들이, 그리고 기업 경영자들이 제대로 일하는 방법에 대해 고민하고 노력한 덕분이다. 따라서 '무엇을 할 것인가'라는 과제정의는 기획서의 핵심메시지이며, 효과적인 실행방법을 구성하도록 도와주는 판단기준이기도 하다. 앞서 명분과 이유를 찾고, '현상분석'을 강조한 이유도 과제, 즉 '문제를 해결하기 위해 무엇을 할 것인가?'라는 질문에 대한 올바른 답을 찾기 위함이다.

과제를 이해하기 위해 앞서 '명분과 이유'에서 다룬 사례를 살펴보자

현재 시장점유율 2위인 기업이 1위가 되고자 한다. 1위가 되기 위한 방안을 찾아야 한다는 점(Why)에 대해 경영자도 공감했고, 그 일을 계속 진행하라고 승인했다. 이제 고민해야 할 것은 실제로 '1위가 되려면 무엇을 할 것인가'다. 이때 '무엇'은 문제해결을 위한 가장 효과적인 방법이나 방향성이며, 기업, 조직입장에서는 그들이 가장 자신있게 수행할 수 있는 분야의 일이다.

시장점유율 2위인 기업이 1위가 되기 위한 방안은 무척 다양하다. 시장점유율을 높이려면 영업사원의 영업활동을 강화하고, 지역판매망도 확장해야 한다. 매출의 근원인 신상품도 신속하게 시장에 내놔야하고, 상품을 알리기 위한 홍보활동도 적극 추진해야 한다. 당연히 판촉을 위한 이벤트활동도 전개해야 한다. 신규고객 확대방안은 물론이고, 기존 고객의 구매상품 종류와 횟수를 늘릴 수 있는 방안도 모색해야 한다.

그렇다면 이들 중에서 무엇을 선택할 것인가? 앞서 예로 든 활동 모두가 중요한 사안들이지만 이 모든 것을 다할 수는 없다. 기업의 보유자원은 한계가 있기 때문이다. 기획자는 실행방안을 수립하기 전에 가장 효과적인 방안을 선택할 수 있도록 판단기준이나 방향성을 설정해야 한다. 그리고 선택한 몇 개 방안에 기업이 가진 모든 것을 쏟아부어야 한다. 세상이 호락호락하지 않아서 대충했다가는 돈만 낭비한다. 필자도 과거 직장인일 때 신규사업의 과제를 잘못 설정하여 사업을 중간에 접었던 경험이 있다. 시장상황을 잘못 인식하여 과제를 잘못 설정했고 실행방안 역시 잘못되었다. 실행방안은 과제에 따라 설정되는 것이기에 과제가 잘못되면 실행방안도 잘못될 수밖에 없다. 문제해결을 위한 효과적인 방향을 설정하고 '올바른 일'을 찾아내는 사람이 절실히 필요한 때이다.

'과제'를 제대로 설정하려면 몇 가지 사항을 이해해야 한다.

첫째, 올바른 과제설정을 위해서는 원인을 규명해야 한다.

과제는 문제를 해결하기 위한 방향성이며, 세부실행방안을 구성하고 판단하는 평가기준이다. 과제를 정확히 구성하려면 문제만을 살펴서는 안 되고, 문제가 야기된 원인도 함께 살펴봐야 한다. 무슨 일이든지 결과가 있으면 반드시 원인이 있으며, 결과를 바꾸려면 해당 원인을 건드려야 한다. 흔히 사람들은 문제가 발생하면 문제자체만 보고 해결책을 결정하는 데, 이와 같은 대증요법(문제에 바로 대응하는 방식)으로는 문제를 완전히 제거할 수 없다. 해결당시에만 문제가 없어진 것처럼 보일 뿐이다.

예를 들어 성적이 떨어진다고 치자. 이럴 때 해결방법은 무엇인가? 공부시간만 늘린다고 성적이 오를까? 그럼 애인이 절교를 선언했다면 어떻게 해야 관계를 회복할 수 있을까? 마음이 급하다고 무조건 쫓아가서 '나는 너를 진정으로 사랑해…네가 나를 사랑하는 것보다 백배, 천배나 많이…'라고 외치면 절교한 애인이 다시 돌아올까? 중요한 것은 성적이 왜 떨어졌는지, 애인이 왜 절교를 선언했는지 원인(이유)을 살펴봐야 한다.

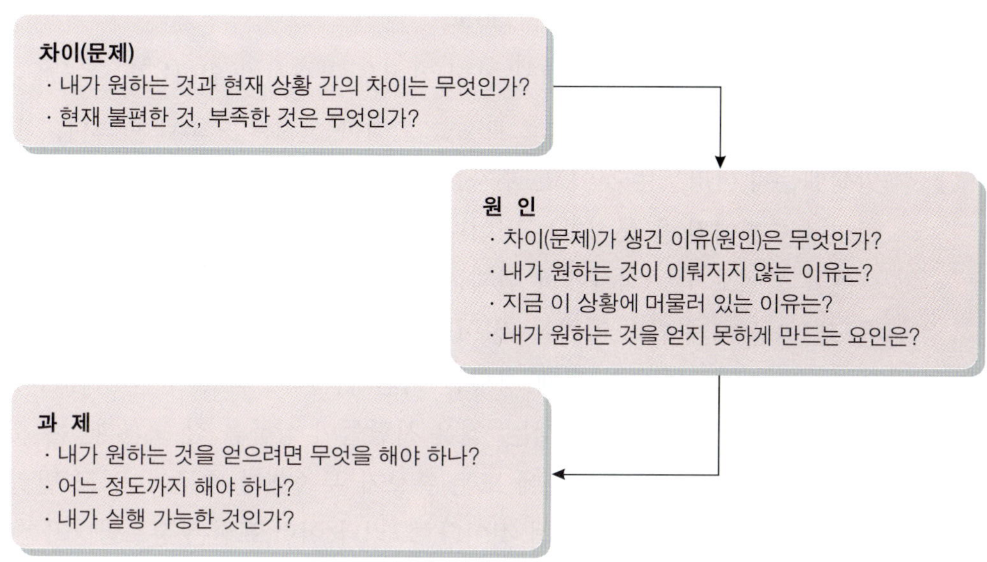

둘째, 원인을 찾으려면 아래와 같은 몇 가지 시각으로 살펴봐야 한다

하나, 원하는 것과 현상 간의 차이를 야기시킨 원인이다

원하는 것이 매출 1억 원이고 실제 매출이 8천만 원이면 차이는 2천만 원이다. 이때 2천만 원의 차이가 발생한 원인을 찾는 것이다. 예를 들어 홍보가 부족했거나 판매마진이 작아 판매업자가 우리 상품을 소비자에게 권유하지 않은 경우다. 어떤 것이든 원인을 정확히 알면 이를 제거할 수 있는 과제도 정확하게 수립할 수 있다. 홍보부족이 원인이면 홍보를 늘릴 수 있는 방안을 모색하는 것이 과제이고, 판매마진 때문에 판매점에서 상품을 권유하지 않는다면 마진율을 조정하는 게 과제다.

여기서 주의할 것은 앞선 내용들, 즉 홍보를 늘린다. 마진율을 조정한다는 것이 해결방법이라고 생각하는 사람이 있다. 그래서 기획서에도 '홍보를 해야 한다.' '마진율을 높여야 한다'고 쓰고는 손을 뗀다. 하지만 이는 해결방법이 아니라 과제다. 해결방안은 '홍보를 해야 한다' 또는 '마진율을 높여야 한다.'는 과제를 어떻게 실행할지 구체적인 내용을 정리한 것이다. 홍보해야 한다면 누가, 언제, 어떤 매체를 통해, 어느 시간때에, 어느 정도나 해야 하는지 정리하는 것이고, 판매마진율을 높여야 한다면 누가, 어떤 부분의 마진율을, 어떤 방법으로, 얼마나 높여, 언제부터 적용하며, 어떻게 지급할 것인지 정리하는 게 해결방법이다.

둘째, 내가 원하는 것을 얻지 못하도록 방해하거나, 원하는 것을 얻기위해 추가로 확보해야 할 것이 무엇인지 따져보는 방법이다.

이는 앞선 '원하는 것과 현상 간의 차이를 발생시키 원인' 찾는 것과 결론은 비슷할 수 있다. 하지만 문제를 바라보고 과제를 설정하는 시각은 조금 다르다. 전자는 '차이'가 왜 발생했는지 바라보는 것이고, 후자는 차이보다는 '원하는 곳에 도달할 수 없도록 만든 상황이나 주변여건'을 분석하는 것이다.

예를 들어보자. A회사에서 신제품을 출시했다. 기획자는 자신이 원하는 것을 '신상품을 젊은이들에게 널리 알리는 것'이라고 정의했다. (이때 알리는 정도를 비율도 표시하면 더욱 분명한 정의가 된다) 그럼 현재 상황은 어떤가? 이제 막 출시된 상품이라 그 상품을 아는 사람이 거의 없다. 그럼 문제는 '젊은 사람들이 상품을 잘 모른다.'는 것이고, 원인은 당연히 '홍보하지 않았기 때문에 또는 홍보가 부족했기 때문이다.'고 말할 것이며, 과제는 당연히 '홍보해야 한다.'가 될 것이다. 그러나 이런 표현은 홍보담당자를 공격하는 것처럼 볼 수 있고, 게다가 너무나도 당연한 원인이니 원인분석이 덜 된것 같아 경영자나 상관의 관심을 이끌어내기 어렵다.

이런 경우에는 젊은 사람들에게 본 상품을 알리는 데 [부족한 점]이나 [장애요인] 측면에서 살펴보면 좀 더 구체적인 이유를 찾을 수 있다. 예를 들면 [부족한 점]으로는 평상시 광고, 홍보를 접할 기회가 많은 젊은층 대상 광고로는 자사 광고비가 조금 부족했다는 점, 젊은층들이 관심있는 현장 이벤트가 부족했다는 점 등을 원인으로 들 수 있고, 또 [장애요인]을 살펴보면 앞선 내용과 함께 본 상품이 주력상품이 아니다보니 자사에서 광고비 지출이 한계가 있었다는 점, 본사의 이미지가 젊은층과는 조금 괴리가 있다는 점 등을 들 수 있다.

이처럼 문제의 원인은 이를 바라보는 시각에 따라 다르게 나타나며, 시각을 달리하는 것만으로도 다양한 원인을 찾을 수 있다. 중요한 것은 어떤 방법이든지 간에 그 결과가 과제를 보다 구체적이고 현실적으로 만들어 줄 수 있어야 한다는 점이다.

셋째, 과제는 일을 통해 달성해야 하는 모습, 즉 목표를 규정해야 한다.

과제는 기획에서 원하는 일의 방향과 범위를 규정한다. 원하는 것을 얻으려면 이런 방향으로 나아가야 한다는 가이드라인이다. 하지만 방향만 제시해서는 뭔가 부족하다. 과제가 완성되었을 때의 모습인 '목표'도 함께 제시해야 한다. 과제를 완성하면 이런 모습이나 상태가 되어야 한다고 규정한 미래상황이다.

예를 보자. 장학금을 받고 싶은 학생이 있다. 그 학생의 현재 상황은 학점도 부족하고, 그외 장학금을 받기 위해 충족시켜야 할 여러 조건에도 부족한 것이 많다. 이런 상황에서 그의 과제는 '장학금을 받을 수 있는 조건을 충족시키는 것'이며, 이에 따라 실행방안을 작성해야 한다. 하지만 앞선 내용만 갖고는 구체적인 실행방안을 작성하기 어렵다. 장학금을 받을 수 있는 조건이 무엇이며, 그것을 충족시킨 것이 어떤 상태인지 분명치 않다. 이때 조건과 그것의 도달상태를 구체적으로 정의한 것이 목표다. '장학금을 받을 수 있는 조건항목이 학점과 출석률, 봉사활동이라면 목표는 평균학점 3.8이상이 될 것. 과목별 출석률이 95% 이상 될 것. 봉사활동실적이 학기별 3회 이상이 되어야 한다'고 정의할 수 있다. 그리고 곧 이어 작성할 실행방안은 앞서 말한 평균학점 3.8이상, 과목별 출석률 95% 이상, 봉사활동실적이 학기별 3회 이상을 어떻게 달성할 지 작성한 내용들이 될 것이다.

한 가지 기억할 것은 '목표'는 원인을 제거하기 위한 도달치라는 점이다. 흔히 사람들은 기획서의 해결방안이 내가 원하는 것을 얻기위해 추진하는 것이라 믿고, 기획서에 담긴 실행내용들과 내가 원하는 것(궁극적인 목적지)를 연관시켜 작성한다. '내가 원하는 것이 이런 것이니, 이런 일을 해야 겠구나' 하는 식이다. 그러다보니 기획의 목적과 목표가 거의 동일한 내용으로 구성되기도 한다. 하지만 과제와 목표는 원인을 제거하기위한 방향과 평가치를 제안하는 것이다. 목적지에 도달하기 위해 과제를 수립하는 것은 맞지만 논리상으로 과제는 목적지에 도달하기 위한 방안이 아니라, 원인을 제거하기위한 방안이다. 즉 '문제가 생겼는데 이와 같은 문제는 이런 원인때문에 생긴거야. 따라서 우리는 이 원인을 제거해야 해. 왜냐하면 원인을 제거하면 우리가 원하는 것을 얻을 수 있기 때문이지.'와 같은 논리다.

앞선 장학금의 예를 다시 살펴보면 이해하기가 쉽다.

나영예 학생은 집안사정이 어려워 학비는 장학금을 받아 해결하고, 생활비는 방과 후에 틈틈이 아르바이트를 하여 충당하고자 했다. 하지만 장학금을 받을 수 있는 조건을 살펴보니 현재 상황과 차이가 많이 났다. 장학금을 받으려면 최소한 학기평균 학점이 3.8 이상이 되어야 하고, 출석률도 95% 이상이어야 하며, 봉사활동도 한 학기에 3회 이상 참가해야 했다. 하지만 나영예 학생의 현재 상황은 학점은 3.4였고, 출석률도 저조하여 75% 수준이었으며 봉사활동은 한 번도 참여한 적이 없었다. 장학금을 받으려면 어떻게

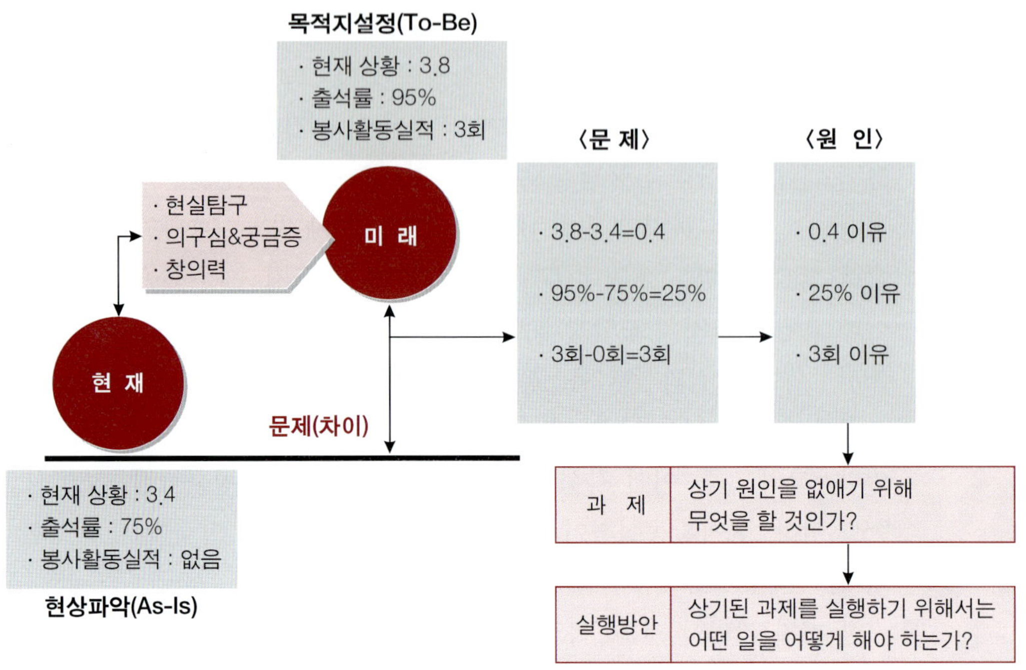

해야 할까?

그는 먼저 장학금을 받을 수 있는 상황과 자신의 현 모습을 비교해 봤다. 학점은 0.4점이 부족하고, 출석률은 상당히 큰 차이가 나서 25%나 차이가 났다. 그리고 봉사활동은 한 번도 해본 적이 없으니 3회 모두가 차이였다. 나영예 학생은 이와 같은 차이가 왜 생겼는지 원인을 살펴봤다. 조금 가슴이 아프지만 학교생활을 충실히 하지않은 건 인정하지 않을 수 없었다.

우선 학점에서의 차이는 출석도 문제지만, 교수님이 요구하는 과제물을 제대로 제출하지 않았던 것이 불찰이었다. 물론 과제물을 제출하긴 했다. 하지만 결석을 자주하다보니 과제물의 요구사항을 제대로 숙지하지 못한 채 형식적으로 과제물을 제출했다. 출석문제는 술 때문이었다. 수업끝나고 친구들과 이야기하다보면 술자리로 연결되었고, 술자리가 2차로 넘어가면서 다음 날 첫 시간 수업에 자주 빠지곤 했다. 몸이 피곤했기 때문이다. 봉사활동은 어쩔 수 없는 일이었다. 봉사활동이 장학금을 받는 조건인지도 몰랐고, 봉사활동은 농촌가서 벼심기하는 것이란 인상을 갖고 있어 참여하겠다는 생각은 한 번도 해본 적이 없었다.

이런 상황에서 나영예 학생이 장학금을 받으려면 어떤 과제를 설정해야 할까? 첫째는 과제물에서 요구하는 사항이 무엇인지 정확히 확인하는 것이다. 성적이 낮은 이유가 제출한 과제물이 교수님의 요구사항을 충족시키지 못했기 때문이다. 따라서 과제는 교수님이 요구하는 과제물을 제출하는 것이다. 둘째는 술자리를 가급적 피하고, 술을 마셔도 1차에서 끝내는 것이다. 출석률이 저조한 이유는 지난밤 술자리 때문에 다음날 첫 시간 수업에 결석했기 때문이다. 셋째는 학생이 할 만한 봉사활동을 찾아보고 참가하는 것이다. 그 동안 봉사활동 자체에 대해 관심이 없었으니 새로 시작하는 마음으로 자료부터 찾아야 한다.

그럼 앞선 과제에 따른 목표는 어떻게 설정해야 할까?

첫 번째 목표는 수업시간에, 특히 첫 수업인 오리엔테이션 시간에 교수님이 요구하는 과제물의 조건과 수준을 정확히 기록하는 것이다.

두 번째 목표는 술자리를 가급적 줄이기 위해 학과전체 회식이나 특별한 경우가 아니면 술자리를 갖지 않겠다고 스스로 약속하는 것이고, 술을 마실기회가 생겨도 밤 9시 전에 술자리를 떠나는 것이다.

세 번째 목표는 학교에 있는 학생지원팀을 찾아가 봉사활동에 대해 자세히 물어보고 현재 진행중이거나 계획된 봉사활동에 대한 자료를 구하여 3회 정도 참가할 수 있는 일정표를 만드는 것이다.

그렇다면 실행방안은? 앞선 목표를 달성하기 위한 세부내용을 작성하면 된다. 과제물을 정확히 인지하기 위해 수업시간마다 교수님 말씀을 열심히 필기하는 것이고, 이를 위한 노트를 반드시 지참하면 된다. 그렇다면 어떤 노트를 구입할까? 또 술자리를 가급적 피하려면 일단 어떤 기준으로 술자리에 참가하고 피할지 기준을 정해야 하고, 밤 9시 이전에 술자리를 떠나라면 어떻게 해야할지 생각해 봐야하지 않겠는가. 봉사활동에 대한 정보를 구하는 것도 언제 학생지원팀에 찾아가서 어떤 자료를 살펴보고, 어떤 기준으로 참여여부를 결정할 지 생각해 봐야 한다. 이런 구체적인 내용들이 실행방안이다.

▼ 과 제

1. 현재 작성하고 있는 또는 작성할 기획서의 과제와 목표를 설정해 보세요.

2. 원인을 찾은 두 가지 방법을 설명해 주세요.

(3) 기획사고의 3단계 〈How〉: 해결방안수립

해결방안은 기획의 결론으로 문제해결을 위해 실행할 내용을 담고 있는 부분이다. 앞선 과제에 대한 실행방안이자 목표에 도달할 수 있는 실질적인 내용이다. 이 부분을 작성할 때는 자사의 강점을 최대한 활용할 수 있는 방안을 모색하고, 남다른 해결방안 개발을 위해 기존 사례에 대한 벤치마킹을 적극 활용할 필요가 있다.

기획사고의 최종결론은 해결방안이다. 기획의 1단계과정 '명분과 이유'는 기획에서 원하는 목적지의 가치와 기획이 필요한 이유를 정의하는 것이고, 2단계과정인 '과제수립'은 목적을 달성하기 위해 해야 할 일의 방향과 범위를 정하는 것이다. 특히 2단계는 요즘처럼 많은 것들이 상향평준화된 세상에서는 중요성이 더욱 커지는 단계라고 설명했다. 하지만 이 모든 것은 결국 3단계의 해결방안을 작성하기 위한 과정이다. 기획의 궁극적인 목적은 [문제를 찾아 이의 해결방안을 제안]하는 것이다. 앞의 내용이 잘 정리되었어도 3단계의 해결방안이 부족하다면 좋은 기획서라고 말하긴 어렵다. 서론만 거창하게 외치다가 뒤에서 맥이 빠지는 용두사미 모습이 된다. 따라서 광고나 이벤트같이 실행을 전제로 한 업종에서는 앞의 두 단계 내용을 최소화하고 3단계인 실행방안부분을 최대한 강조하여 정리하는 경우도 종종 있다. 실행부분을 강조하기 위함이다.

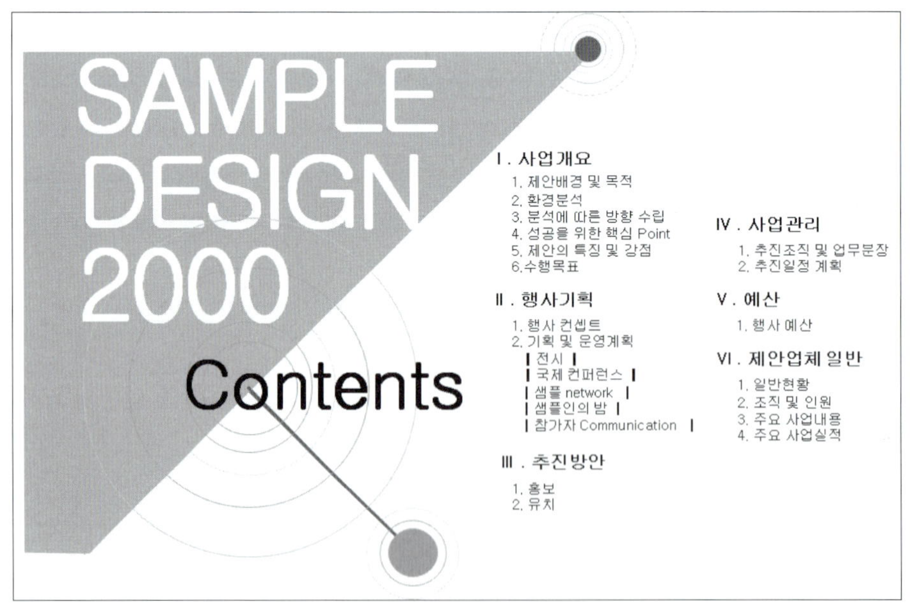

사례로 사용한 목차는 이벤트회사에서 작성한 제안서 목차다. 목차구성을 보면 전체 6부 중 [1.사업개요]가 기획사고의 1단계와 2단계에 해당하는 내용이다. 기획서 분량은 전체 84쪽 중 단 8쪽에 불과하다. [1.제안배경 및 목적]이 한 쪽, [2.환경분석]이 한 쪽, [분석에 따른 방향수립]이 한 쪽으로 구성되어 있다. 앞 단계는 최소화하고 뒤의 해결방안에 내용을 집중했다.

해결방안을 작성할 때 고려할 사항이 몇 가지 있다.

첫째, 해결방안은 과제를 실행하기 위한 방안들이다.

해결방안은 과제를 현장에서 실행하기 위한 방안으로 누가, 언제, 무엇을, 어디서, 언제부터, 어떻게 할 것인지 정리한 내용이다. 현장에서 사람들이 몸을 움직이는 과정으로 고려하여 정리해야 한다. 책상앞에서 상상하는 것과 현장에서 움직이는 건 다르기 때문에 현장에서 사람들이 움직이는 모습을 직접 확인하며 작성해야 한다. 인건비를 줄이려고 세 명이 필요한 일을 두 명이 진행하는 것으로 계획을 세우면 기획서 상의 비용은 줄겠지만 현장에서 문제가 발생한다. 아무리 멋진 꿈도, 모든 사람이 동의한 방향도 실제 현장에서 문제가 생기면 그 꿈은 이뤄질 수 없다.

둘째, 기업, 조직의 강점과 약점을 분석하여 강점을 활용할 수 있는 해결방안이 필요하다.

기획서를 작성할 때 자주쓰는 분석 플레임워크로 SWOT분석이 있다.(분석 플레임워크는 뒤에서 설명하겠다.) 이는 외부환경분석을 통해 자사에게 기회나 위협이 되는 요소를 찾아내고, 자사의 내부역량분석에서 파악한 강점을 적극활용하고, 약점을 최소화시킬 수 있는 전략방안을 수립하기 위한 도구다. 물론 자사의 내부역량분석은 주관적인 판단이 아니라 경쟁사들과 비교한 객관적인 평가가 되어야 한다.

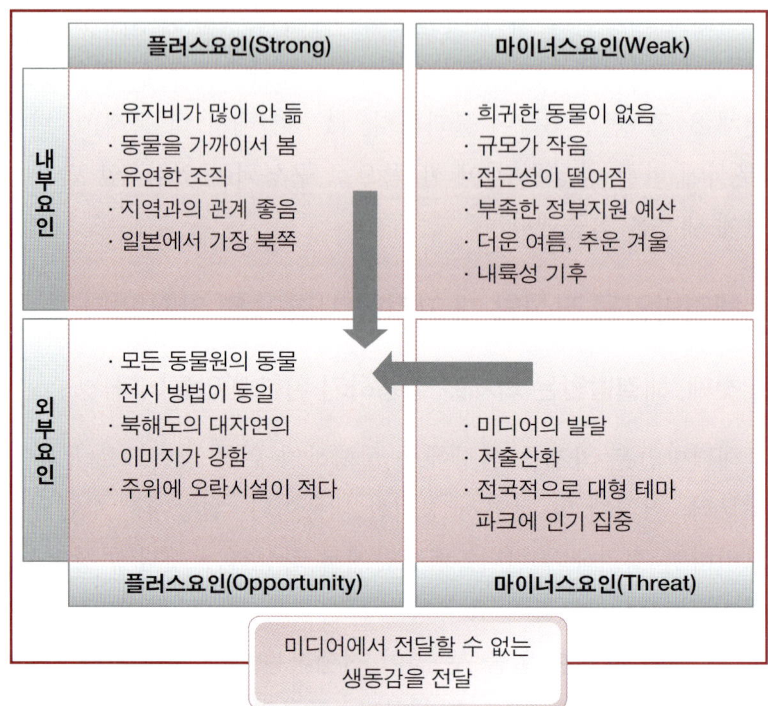

자료원 : 〈마케팅의 99%는 기획이다〉, 야마모토 나오토, 토네이도, 2006.7.31

상기 사례는 일본에서 유명한 아사이야마 동물원의 SWOT 분석결과다. 본 분석결과는 다양한 상황에서 활용이 가능하지만 여기서는 강점(Strong)과 약점(Weak)만 살펴보자. 아사이야마 동물원의 내부약점은 희귀한 동물이 없다는 점이다. 동물원 확장에 어려움이 있어 동물원 규모를 키울 수 없었다. 일본 북쪽에 있다보니 주변주민이외 다른 지역사람들이 동물원까지 오는 데 어려움이 있다. 특히 계절에 따라 날씨변화가 크다는 점을 들고 있다. 반면 강점은 희귀한 동물은 많지 않지만 상대적으로 유지비가 덜 들고 동물우리를 오픈형으로 만들어 관람객이 다른 동물원보다 동물들을 가까이서 볼 수 있다는 점이다. 지자체도 동물원을 육성하겠다는 의지가 강해 그들과의 관계도 좋다. 일본에서 가장 북쪽에 있다보니 날씨가 다른 지역과는 다르다는 점을 들고 있다. 이와 같은 상황에서 아사이야마 동물원은 관람객을 모으기 위해 어떤 해결방안을 제안할 수 있을까?

우선 동물을 가까이서 볼 수 있다는 이점을 최대한 살리는 방안을 생각해 볼 수 있다. 사람들은 동물원에 동물을 구경하러 간다. 살아있는 동물이다. 하지만 일반 동물원에 가보면 대부분의 동물들이 야행성이라 낮에는 잘 움직이질 않는다. 동물원에 갔다가 동물우리만 보고 돌아오는 경우도 많다. 이런 상황에서 살아있는 동물을 가까이서 볼 수 있는 아사이야마 동물원의 강점은 충분히 강조할만한 내용이다. 또 일본에서 가장 북쪽에 위치했다는 것은 아래 기회요인인 '북해도의 대자연 이미지가 강함'과 연결하여 새로운 볼거리를 개발할 수도 있다. 아사이야마 동물원이 위치한 홋카이도 지방에는 희귀한 식물들이 많고 이와 같은 식물들이 동물원 주변에 있는 산에서도 많이 자란다. 동물원과 산을 연결한 자연체험코너를 만들어 다른 동물원과는 차별된 서비스를 관람객에게 제공할 수 있다.

이처럼 해결방안을 수립할 때는 자신의 강점과 약점을 분석하여 강점을 부각시킬 수 있고, 그것을 활용할 수 있는 방안을 수립하는 것이 중요하다. 누구나 자신이 잘할 수 있는 것을 할 때 자신감이 생기고, 결과도 좋다.

셋째, 벤치마킹을 적극 활용한다.

노규성(비즈니스혁신의 10대 경영도구, 노규성, 커뮤니케이션북스, 2014.)은 벤치마킹을 이렇게 설명한다. "기업에서 경쟁력을 제고하기 위한 방법의 일환으로 타사에서 배워오는 혁신기법이 벤치마킹이다. 그러나 복제나 모방과는 다른 개념이다. 벤치마킹은 단순히 경쟁기업이나 선도기업의 제품을 복제하는 수준이 아니라 장 · 단점을 분석해 자사의 제품을 한층 더 업그레이드해 시장경쟁력을 높이고자 하는 개념이다. 이러한 벤치마킹은 오늘날 특정한 분야뿐 아니라 거의 모든 산업분야에서 활용되고 있다."

기획사고의 해결방안은 남달라야 한다. 기존에 나온 해결방법보다 더 효과적이고, 고객에게 더 가까이 다가갈 수 있는 방법을 제시해야 한다. 하지만 인간의 머리는 한계가 있고, 갖고 있는 정보도 제한되어 있다. 이럴 때 가장 효율적이고 참신한 해결방안을 만드는 방법은 다른 사람, 조직 또는 타 기업의 진행사례에서 영감을 얻는 것이다. 성공한 기업의 사례를 살펴보면 '아! 이런 것도 있구나.' 하고 느끼는 게 있고, 그것을 잘 활용하면 생각지 못한 참신한 결론을 만들 수도 있다. 필자도 학생들이 해결방안 때문에 고민하고 있으면 벤치마킹을 하라고 말해준다. 자료를 찾고 분석하는 것이 쉽지 않은 일이라 학생들이 이를 꺼려하면 반강제로 벤치마킹 자료를 과제로 제출하라고 요청하기도 한다. 그만큼 중요하기 때문이다.

벤치마킹을 활용할 때 기억해 둘 것이 몇 가지 있다.

첫째, 벤치마킹 한 결과를 활용할 때는 해당 사례의 출처와 자신이 선택한 내용을 명시하는 것이 좋다.

기획서에서 제안하는 해결방안은 참신성도 중요하지만 그것만으로는 상대방을 설득하기 어렵다. 사람들이 원하는 해결방안은 그들이 원하는 것을 얻을 수 있는 최적의 방안이다. 해결방안을 보며 '아! 저런 방법도 있구나.'하고 감탄을 자아내는 것도 중요하지만 이보다는 '그래! 저렇게 하면 되겠구나.'란 확신을 주는 것이다. 이를 위해서는 기획자가 제시하는 방안의 근거를 알려 줄 필요가 있다. 어디선가 비슷한 것을 진행해서 효과를 봤다는 증거다. 사람들은 자신이 잘 모르는, 또 경험해 보지 못한 것을 들으면 효과성을 의심한다. 한 번도 해 보지 않은 것이기 때문이다. 그러면 자연스럽게 제안한 내용의 근거를 묻게되고, 근거가 있다면 그것이 얼마나 효과적이었는지 묻게 된다. 기획서의 해결방안은 재미보다는 효과를 중시하기 때문이다. 이때 만약 근거사례가 효과가 있었다면 당연히 이를 활용한 해결방법도 효과가 높을 수 있다고 믿을 수 있다. 하늘에서 뚝 떨어진 것처럼 나만의 생각이라 주장하면 자신은 멋져보일지 몰라도 이를 듣는 사람들은 불안해진다. 효과를 확인할 수 없기 때문이다. 이러한 상황을 방지하기 위해서 벤치마킹 할 때는 해당사례의 출처를 확인하고, 그것에서 어떤 부분을 참조했는지 명시할 필요가 있다. '재미있으면서 동시에 효과도 보장되는 방안'이 최고의 방안이다.

둘째, 벤치마킹 할 때는 가급적이면 자사 업종보다는 타 업종의 사례를 대상으로 삼아라

벤치마킹 자료를 찾을 때 학생들이 힘들어 하는 것은 자신이 원하는 성공사례를 찾을 수 없다는 점이다. 벤치마킹이 쉬운 것 같아도 자신에게 적합한 사례를 찾는것이 그리 쉬운 일은 아니다. 하지만 이런 상황은 대부분 자신이 다루는 업종에서 벤치마킹사례를 찾을때다. 화장품 판매점의 판촉활동을 기획하기 위해 같은 업종의 성공사례를 찾아보는 방식이다. 하지만 수많은 업종사례 속에서 특정업종의 성공사례를 찾는것은 결코 쉽지 않다. 그것도 기획자 입맛에 맞는 사례를 찾기는 더욱 어렵고, 그러다보니 이것저것 찾다가 '해당 사례없음.'이라고 결정내고 시장조사를 중단한다.

벤치마킹은 동일업종의 성공사례보다 타 업종사례에서 영감을 얻는것이 더 중요하다. 이는 성공사례를 복사하는 것이 아니라 해당사례의 성공요소를 자기 업무에 활용하는 것이다. 오히려 동일업종의 사례를 잘못 활용하면 단순히 남의것을 베꼈다는 평가를 받을 수도 있다. 조금 힘들더라도 자기 업종과는 다른 곳의 사례를 찾아 이를 활용할 때 참신한 방안을 구상할 확률이 더 높아진다. 제과업계에서 사용했던 사례를 음료업종에서 활용한다는 것 자체가 남다른 발상이다.

셋째, 벤치마킹 할 때는 특정업체에서 해당 사례를 활용하게 된 배경과 효과를 정확히 인식해야 한다.

벤치마킹은 성공사례와 실패사례 모두를 대상으로 한다. 두 사례 모두 자신의 해결방안 성공률을 높이기 위한 자료들이다. 성공사례는 '이렇게 하면 성공할 수도 있다', 실패사례는 '이렇게 하지 않으면 실패율을 낮출 수 있다'는 점에서다. 하지만 이를 위해서는 해당 업체가 특정사례를 활용하려고 했던 이유와 그 사례의 성공, 실패환경과 상황을 유심히 살펴봐야 한다. 특정업체의 성공사례가 다른 곳에서도 항상 성공한다고 보장할 수 없고, 반대로 실패사례라고 반드시 나쁜 사례도 아니다. 도리어 실패사례를 보완하여 성공한 기업도 많다. 마케팅 활동의 성공여부는 프로그램 자체의 질적인 면도 있지만, 해당 사례를 활용할 때 주변 상황과 해당 업체의 역량이 결정하는 경우도 많다. 특정사례가 성공했다면 그것이 성공할 수 있었던 당시 주변 상황이 있었고, 그것을 성공시킬 수 있었던 기업의 실행역량이 반드시 존재한다. 벤치마킹효과를 높이려면 이런 숨은 내용을 반드시 확인해야 한다.

▼ 과 제

1. 해결방안을 작성할 때 고려해야 할 세 가지 사항을 정리해 주세요.

2. 벤치마킹을 활용할 때 유념해야 할 세 가지 사항을 정리해 주세요.

2 기획서의 핵심구조

(1) 기획서의 핵심구조: 문제–원인–과제–해결방안

기획서와 기획사고의 논리구조는 한 몸이나 마찬가지다. 기획서는 기획사고내용을 문서로 표현한 것이다. 기획서도 기획사고와 마찬가지로 목적지에 대한 명분과 문제해결에 대한 필요성을 강조하고, 일의 범위와 방향을 결정한 후, 그 일을 진행하기 위한 세부실행방법을 정리한 것이다. 기획사고의 논리구조를 이해하면 기획서 작성에 필요한 기반지식을 가진 것과 마찬가지다. 기획서의 구조와 목차는 기획사고의 3단계 논리구조를 좀 더 구체적으로 표현한 것뿐이다.

기획서의 핵심구조란 무엇일까? 이는 어떤 기획서이든 반드시 담고 있는 내용으로 기획자가 전달하려는 핵심내용들만 모아놓은 설명체계다. 기획서에 담을 내용 중에서 부가적인 설명문장과 자료·도표·디자인요소 등을 제외한 기획서의 본질적인 내용이다. 필자는 이를 기획서의 '뼈대'라고 정의한다. 어떤 주제의 기획서이든 이 내용만 충실히 작성했다면 기획서를 완성한 것과 다를 바 없다. 기획서가 복잡해 보이는 이유는 이 뼈대에 설명문과 근거자료를 붙이고, 디자인요소를 추가했기 때문이다. 기획서를 작성하려면 빈 화면에 무엇을 써야할지 고민하지 말고 '기획서의 핵심구조' 내용을 먼저 작성하는 게 좋다. 특히 발표용 제안서는 '기획서의 핵심구조' 내용만으로도 거의 대부분을 작성할 수 있다.

기획서의 핵심구조(뼈대)는 기획사고의 논리(Why, What, How)를 그대로 담고 있다. 기획의 목적으로 해야 할 일의 정당성과 이유를 찾는 부분인 'Why'는 기획서 핵심구조에서는 '목적지'·'현재 상황'·'문제정의'로 표현하고, 기획의 과제와 목표부분으로 일의 올바른 방향과 범위를 규정하는 부분인 'What'은 기획서 핵심구조에서는 '원인 및 과제 설정'으로 표현하며, 기획의 실행방안으로 앞서 결정한 방향으로 나아가도록 구체적인 방법을 제시하는 부분인 'How'는 기획서 핵심구조에서도 '실행방안'으로 표현한다.

이를 도식화하면 아래와 같다.

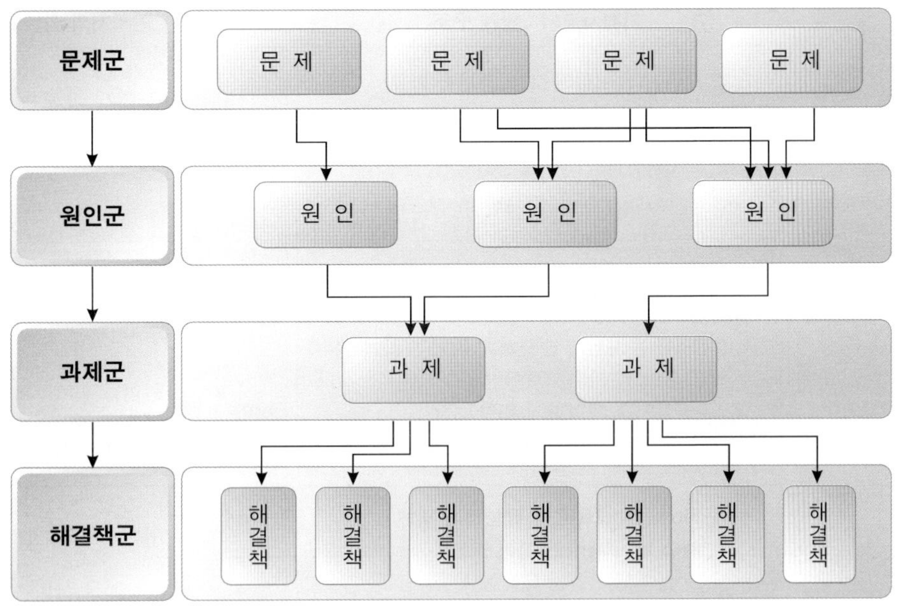

현상분석을 통해 드러난 문제들을 모아놓은 '문제군', 문제의 원인을 분석한 '원인군', 원인을 해결하기 위한 과제군, 그리고 과제의 실행을 담은 '해결책군'이다. 이들은 각각 하나만 있는 것은 아니며, 하나 이상의 문제에 다수의 원인이 있고, 각각의 원인을 해결하기 위한 다수의 과제가 있으며, 이들 과제를 달성하기 위한 다수의 해결방안들이 존재한다. 어떤 사람은 기획서의 처음 몇 페이지를 작성하고 더 이상 쓸게 없다고 고민하기도 하는데, 그건 상기된 핵심구조를 구체적으로 정의해 보지 않았기 때문이다. 기획서의 핵심구조를 채울 수 있는 내용이 있다면, 이 내용에 부가적인 설명과 자료, 정보, 도표를 추가하고 이를 디자인하는 과정에서 파워포인트 기획서로 최소한 20~30쪽 이상의 내용이 나온다.

이와 같은 '기획서의 핵심구조' 내용은 아래처럼 설명할 수 있다.

기획사고의 3단계 구조	기획서의 설명방식
첫째, Why Tree(일에 대한 명분과 이유) · 내가 도달하고자 하는 궁극적인 목적지 · 내가 처한 현상을 파악하는 부분 · 앞선 상황 차이로 인해 발생한 문제 · 문제미해결시 발생할 수 있는 상황	제가 원하는 것이 이러한데, 현제 상황(현재 내 모습)은 그렇지 않군요. 본 기획은 이와 같은 차이, 즉 이러저러한 문제를 해결하여 제가 원하는 모습을 만들고자 함입니다.
둘째, What Tree **(일을 올바르게 진행하기 위한 방향과 범위)** · 문제를 야기시킨 원인 · 원인을 제거하기 위한 과제(목표)	왜 이런 문제가 발생했을까요? 그 이유(원인)을 살펴보니 내 · 외적으로 이러저러한 것들이었습니다. 저는 제가 원하는 것을 얻기 위해서는 앞선 원인들을 해결해야만 했고, 그것들을 해결하기 위해서는 이러저러한 일들을 하고자 합니다.
셋째, How Tree(목표를 달성하기 위해 **해야 할 구체적인 실행 방법)** · 실행전략(컨셉 또는 슬로건) · 세부 실행방안	이를 구체적으로 말씀드리면 첫째..., 둘째..., 셋째... 방식으로 일을 진행할 계획입니다.

"내가 원하는 것이 이러한데, 현재 상황은 그렇지 않군요. 이와 같은 차이가 기획서를 작성하게 된 배경이며, 해결해야 할 문제입니다. 왜 이런 문제가 발생했을까요? 그 이유(원인)는 이러저러한 것들이었습니다. 따라서 우리가 원하는 것을 얻기 위해 앞선 원인(또는 장애요인)들을 제거해야만 했고, 그것을 제거하기 위해 이러저러한 일들을 해야 합니다. 그리고 이를 구체적으로 설명드리면 첫째,,,둘째,,,셋째,,의 방식으로 일을 진행할 계획입니다."

이런 구조를 기획서 구조에 맞게 조정하면 다음의 로직트리가 그려진다. (1) 내가 원하는 것, 또는 도달하고 싶은 상황이나 모습, (2) 현재 내가 조직에 처한 상황, (3) 내가 원하는 것과 현재 내 상황 간 차이로 인해 생긴 문제, (4) 문제를 해결하지 못할 경우 발생할 수 있는 상황, (5) 문제를 야기시킨 원인, (6) 앞선 원인을 제거하고 내가 원하는 것을 얻기위한 과제, (7) 실행전략을 한 마디로 정의하거나 요약한 컨셉이나 슬로건, (8) 컨셉이나 슬로건을 현실에서 수행하기 위한 실행방법이다.(로직트리에 대해서는 다음과 같이 설명하겠다.)

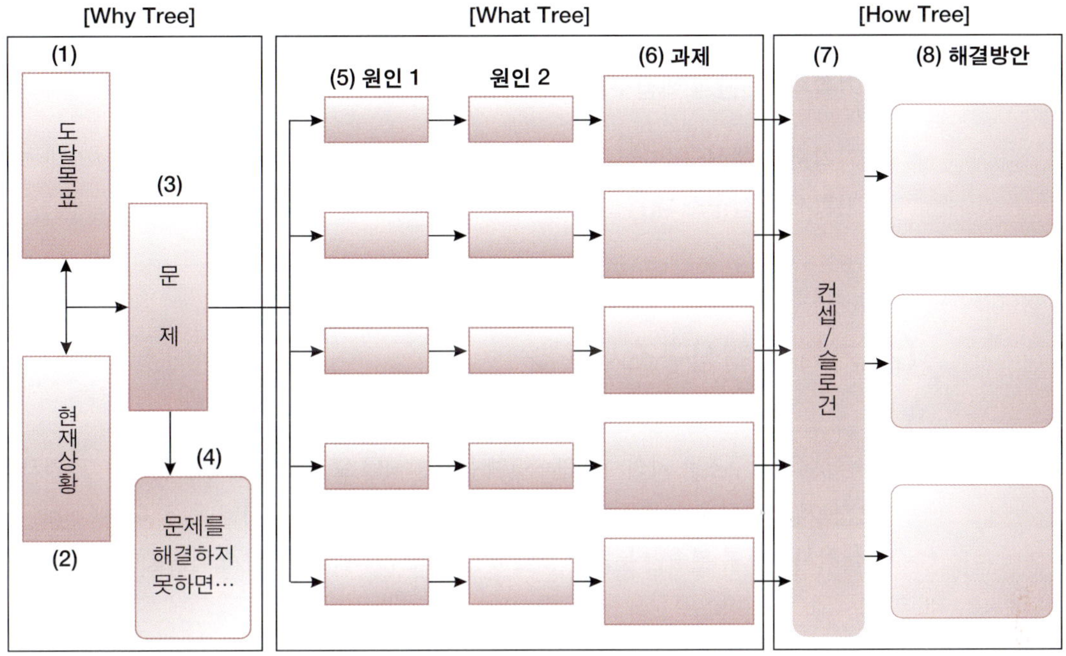

만약 당신이 기획서를 쓰고자 한다면, 그것을 본격적으로 작성하기 전에 앞선 도식에 나와있는 공간을 채워보라. 파워포인트같은 소프트웨어를 사용하여 몇 십장의 기획서를 쓰지 않아도 이것만 정리하면 그게 기획서다. 기획서는 이 표에 들어있는 내용들을 좀 더 이해하기 쉽도록 문장으로 표현하고, 그것에 근거자료를 붙인 것뿐이다.

특히 공모전 제안서를 쓰고자 한다면 위의 로직트리에 담긴 내용만 정리하는 것으로도 일정수준 이상 완성한 것이나 다를 바 없다. 공모전 제안서에 담길 내용은 다음에 설명할 공모전 목차를 보면 알 수 있듯이 상기된 로직트리 내용이 전부이다. 내용을 보충설명할 약간의 문장과 도표을 추가하고, 조금 예쁘게 디자인하면 끝이다. 하지만 아무리 분량이 많고, 겉모습이 멋진 기획서라도 앞선 Logic Tree의 내용이 충분치 않다면 그건 기획서라 평가하기 어렵다.

참고로 필자는 이와 같은 기획서 핵심구조를 Why Tree, What Tree, How Tree라고도 분류한다. 몇 개의 독립된 로직트리들이 모인 통합본이기 때문이다. '원하는 것'과 '현재 상황', 이 둘 간의 차이인 문제와 문제를 해결하지 못했을 때 발생할 수 있는 상황을 Why Tree로, 과제를 도출하기 위한 원인분석과 과제를 What Tree, 그리고 과제를 실행으로 옮기기 위한 전략인 컨셉과 실행방안을 How Tree로 나눴다.

▼ 과 제

1. 기획서의 3단계 핵심구조를 설명해 주세요.
2. 기획서의 핵심구조에 담긴 내용을 어떻게 설명할 것인지 예를 들어 정리해 보세요.(가상의 기획서 핵심구조 내용을 만들어야 합니다.)

(2) 기획서 핵심구조사용법

기획서 핵심구조는 기획사고의 3단계 논리방식을 도표로 구조화한 것이다. 기획자가 해결하고자 하는 문제와 상황을 핵심구조 Logic Tree에 맞춰 내용을 대입하면 된다. 이때 Logic Tree에 빈 공간이 생기지 않도록 부족한 부분을 보완하면 기획사고에 맞는 3단계 내용을 완성할 수 있다.

기획서 핵심구조를 어떻게 활용하면 되는지 살펴보자.

예를들어, 현희씨의 현재 몸무게는 53Kg이다. 하지만 자신이 원하는 것은 45Kg의 날씬한 몸매다. 그의 문제는 자신이 원하는 몸무게 45kg과 현재 몸무게 53kg 간의 차이가인 8kg이다. 누구나 이 정도로 몸무게 차이가 나면 몸무게를 어떻게 줄일 수 있을까 고민하게 된다. 게다가 현희씨를 짜증나게 하는 것은 이대로 몸무게가 계속 늘어나면 멀지않아 조금만 움직여도 힘이 들어 더 움직이지 않으려 할 것이고, 예전에 입던 옷도 몸에 맞지않아 새 옷을 사야 할 상황에 처할 수도 있다는 점이다.

현희씨의 상황을 분석하여 아래 [문제–원인–과제–해결방안] Logic Tree를 작성해 보라.

아래 그림을 작성하기 전에 잊지 말것은 현희씨가 왜 살이 쪘는지 원인을 찾아야 한다는 점이다. 그렇지 않고 남들이 하는대로 따라하면 효과를 보지 못할 수도 있다. 예를 들어 '몸무게가 자꾸늘어? 그럼 일단 먹는 것을 줄여야지.'하고 무조건 단식이나 절식을 하면 피곤을 더 느끼게 되고, 신체에 무리가 온다. 좋은 목적을 위한 단식이 자신의 몸을 혹사하는 결과만 초래할 수도 있다. 살을 빼는것은 건강을 위한 것이지 몸을 망치려는 건 아니다.

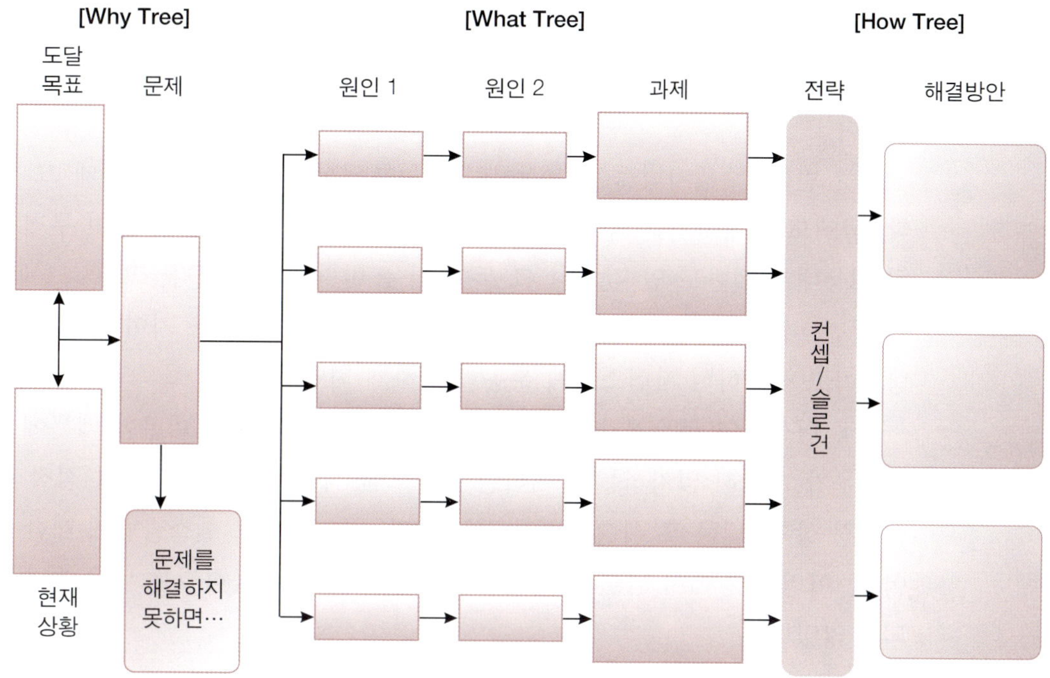

그럼 함께 생각해 보자. 아래 내용은 가상의 스토리다.

현희씨는 자신의 몸무게가 왜 늘었는지 생각해 봤다. 그리고 아래와 같은 원인이 있다는 것을 알게 되었다.

첫 번째, 직장의 하루일과가 너무 바쁘다보니 운동할 시간이 없다는 게 가장 큰 원인이었다. 운동을 하려고 해도 절대적인 시간이 부족했다. 물론 출근시간보다 일찍 일어나서 운동하면 되겠지만 그것도 쉬운 일은 아니다. 운동을 하려면 평소보다 최소한 1시간 반 정도는 먼저 일어나야 한다. 아무리 늦어도 5시에 운동장에 도착해서 준비시간, 운동시간, 운동을 마치고 몸을 씻고 출근준비를 하면 7시 반이다. 밤 12시에 자는 사람이 매일 아침 5시에 일어난다는 게 쉬운 일은 아니며, 몸이 피곤한 상태에서 운동이 제대로 되겠는가.

두 번째, 직장에서 하는 일이 컴퓨터 프로그램을 만드는 일이라 하루종일 책상앞에 앉아 있어야 한다. 외부에 나갈일도 별로 없고, 손님을 만날일도 없는 혼자만의 일이다.

세 번째, 이런 환경에서 일하다보니 움직이기가 더 싫어졌다는 점이다. 가끔 커피마시러 휴게실 가는것도 귀찮아졌으니 무슨 말을 하겠는가. 점심식사 시간을 빼고는 하루종일 컴퓨터앞에 앉아 프로그램만 만드는 게 하루일과다. 이 일을 시작했을 때만 해도 앉아 일하는 게 무척 힘들었는데 이젠 이 일에 적응해 버렸다.

네 번째, 집에 오면 피곤하니까 쉬고만 싶었다. 게다가 밤이 되면 허기를 느끼니까 자주 군거질을 하게 된다. 집에 와서 하는 일이란 졸릴때까지 TV앞에 앉아 군거질하는 것 뿐이다.

다섯 번째, 주위사람들은 헬스클럽에 등록해서 운동하라고 하는데 그 비용이 아까웠다. 금액도 문제이지만 과거에도 헬스클럽에 등록해 놓고 안 간 날이 무척 많았다. 한 달치 비용내고 절반도 안 갔으니 그 돈이 더욱 비싸게 느껴졌다. 그 후 그에게는 헬스클럽이 돈만 버리는 장소가 되었다. 운동하려면 헬스클럽에라도 가야하지만 그것 자체가 돈 낭비라고 생각하니 자연스럽게 운동을 안하게 되었다.

결국 현희씨의 몸무게가 늘어난 원인은 고된업무로 인한 피곤함 때문에 운동 못함, 직장업무가 가만히 앉자하는 일이라는 것, 오랜 시간을 앉자있다보니 점점 움직이는 것이 싫어진 상황, 퇴근 후 쉬면서 군거질하는 것, 마지막으로 헬스클럽에 대한 부정적인 시각이다. 이런 상황에서 남들이 권유하는 절식, 단식, 운동하라는 말은 현희씨에게 도움이 되지 않았다.

다음의 Logic Tree는 다이어트를 위한 기획서 핵심구조다.

다이어트를 위한 'Why Tree & What Tree'

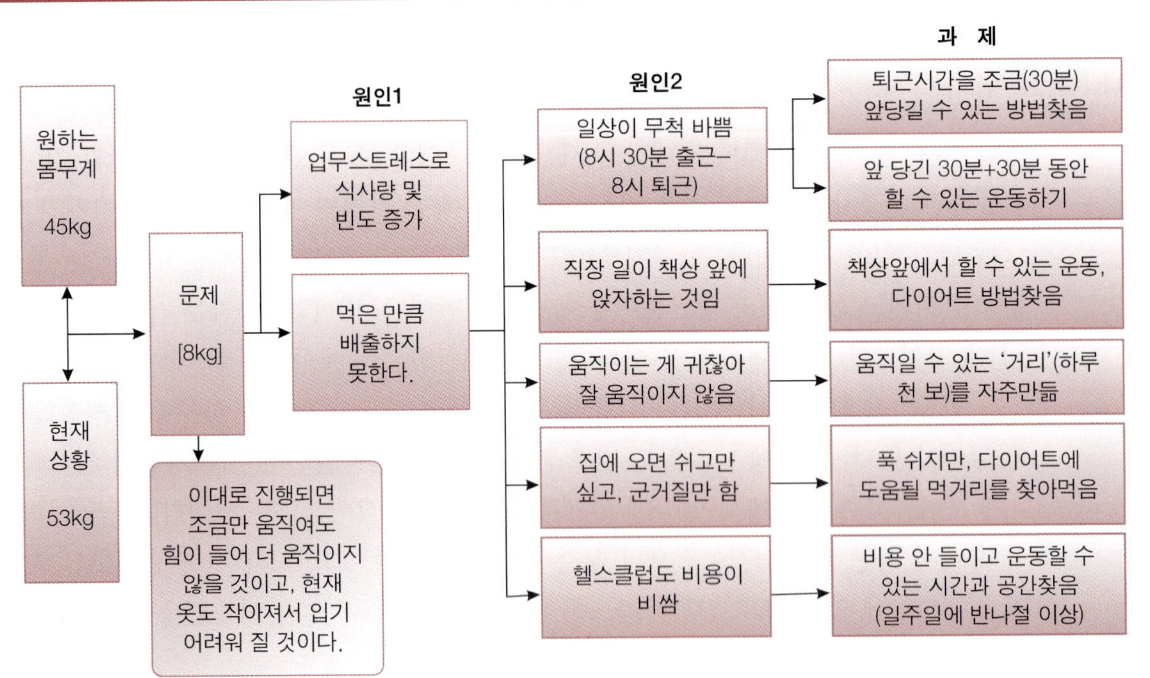

현희씨가 살이 찐 원인은 두 가지, 즉 업무스트레스 때문에 과거보다 식사량과 먹는 횟수가 늘었다는 것, 먹은 만큼 몸을 움직이지 않았다는 것이다. 상기 그림은 이 중에서 [먹은 만큼 몸을 움직이지 않았다]는 원인에 초점을 잡아 작성했다.

현희씨 상황에서 주목해야 한 것은 원인분석을 1단계로 끝내지 않고 2단계까지 넘어갔다는 점이다. 만약 현희씨가 비만의 원인을 '먹은 만큼 몸을 움직이지 않았다'고 결론짓고 '그럼 헬스클럽을 다녀야지'라고 결정했다면 좋은 성과를 얻지 못했을 것이다. 몸을 움직이지 않아 살이 찐것은 분명하지만 실제적인 해결방법은 '그럼 왜 몸을 움직이지 않게 되었지?'라는 의문속에 담겨 있다. 문제의 원인을 끝까지 추적하지 않고 1단계에서 멈춰버리면 애써 결정한 사항을 실행으로 옮기기도 어렵고, 효과도 보장할 수 없다.

이런 이야기가 있다. 헬스클럽에 자주오는 분이 있었다. 어떤 때는 하루에도 두 번씩 와서 두 시간 넘게 운동을 하곤 했다. 하루는 헬스클럽의 트레이너가 궁금해서 물어봤다. "선생님. 운동을 무척 좋아하시나 봐요." 그 분이 슬픈표정을 지으며 이렇게 말했다. "요즘 빚갚는 일 때문에 스트레스를 많이 받아서요. 돈갚을 일이 막막하다보니 짜증만 나네요. 그래서 짜증을 없애려고 운동을 합니다." 언뜻 들으면 그럴 듯하지만 이 분은 문제의 본질을 잊고 있었다. 사람이 빚이 있다면 원인은 자신이 쓰는만큼 돈을 벌지 못한다는 의미다. 그렇다면 이 분의 문제해결방법은 둘 중 하나다. 돈 씀씀이를 자신이 버는 것보다 줄이거나, 자신의 씀씀이를 줄일 수 없다면 그 이상 돈을 벌어야 한다. 스트레스를 없애겠다고 헬스클럽에서 운동한다고 해서 본질적인 스트레스가 없어지지는 않는다. 어떤 문제든지 그 문제를 일으킨 본질적인 원인을 확인하지 않은 채 눈에 보이는 문제와 원인(스트레스가 원인)만 해결하겠다고 나서면 실질적인 원인이 제거되지 않은 상태라 같은 문제가 계속 발생한다.

문제의 원인을 찾았으면 그 다음으로 해야 할 일은 원인을 제거하기 위해 무엇을 할 것인지 과제를 결정하는 것이다. 여기서 과제란 앞으로 내가 무엇을 할 것인지 방향을 설정하는 것이다. 그렇다면 현희씨가 몸무게를 줄이기 위한 과제는 무엇일까? 현희씨가 원하는 것은 현재 53Kg의 몸무게를 45Kg으로 낮추는 것이고, 이를 달성하려면 8kg이란 차이를 만든 원인을 제거해야 한다. 현희씨는 앞선 다섯 가지의 원인을 제거하기 위해 원인별로 그것들을 제거하기 위한 과제를 결정했다.

첫 번째, 직장의 출·퇴근시간 때문에 운동할 시간이 없다는 원인을 제거하기 위해서는 [퇴근시간을 조금 앞당기고, 그 시간에 운동하기]라는 과제를 설정했다. 이를 구체적으로 정의하면 [퇴근시간을 현재보다 30분 앞당기는 방법을 찾고] [앞당긴 30분에 30분을 추가하여 1시간 운동하기]로 설정할 수 있다.

두 번째, 회사업무가 움직임이 거의없는 일이라 더욱 움직이지 않는다는 원인을 제거하기 위해서 [책상앞에서 할 수 있는 운동찾기]라는 과제를 설정했다. 이를 구체적으로 정의하면 [책상앞에서 허리와 배를 움직일 수 있는 운동을 한다]로 설정할 수 있다.

세 번째, 업무에 익숙해져서 움직이는 것이 싫어졌다는 원인을 제거하기위해 [업무중간 중간에 움직일 거리만들기]라는 과제를 설정했고, 이를 좀 더 구체적으로 정의하면 [매일 만보걸을 거리를 만든다]로 설정할 수 있다.

네 번째, 집에 오면 쉬고만 싶고, TV같은 것을 보면서 군거질한다는 제거하기 위해 [다이어트에 도움되는 군거질거리찾기]라는 과제를 설정했고, 이를 좀 더 구체적으로 정의하여 [다이어트를 위해 칼로리 적은 드레싱과 야채류 등으로 군거질거리 준비한다]로 설정할 수 있다.

다섯 번째, 헬스클럽을 이용하는 비용이 너무 비싸다는 인식 때문에 운동을 안 하게 된다는 원인을 제거하기 위해 [비용 안 들이고 할 수 있는 운동거리찾기]라는 과제를 설정하고, 이를 좀 더 구체적으로 정의하여 [하루 반나절 정도 사람들과 함께 할 수 있는 놀이겸 운동을 한다.]로 설정할 수 있다.

물론 여기서 설정한 과제들을 모두 실행해야 한다는 것은 아니다. 이 중에는 현실적으로 불가능한 것도 있고, 시간과 비용을 따져봤을 때 효과가 미비한 것도 있다. 이런 것들은 일단 과제를 설정한 후 과제선별 과정에서 제외할 수 있고, 또 과제가 너무많다면 현실가능성과 효과성 등을 따져보며 우선순위를 정해 지금 진행할 일과 잠시 보류할 일, 단순히 검토대상으로 나눌 수 있다.

아래 내용은 앞선 과제를 실천하기 위한 실행방안들이다. 컨셉과 슬로건은 과제를 실행방안으로 연결시키는 중간다리 역할을 담당한다. '컨셉'은 실행방안이 목표로 하는 궁극적인 모습을 의미하고, 슬로건은 실행을 촉진시키기 위한 표어같은 것을 말한다.

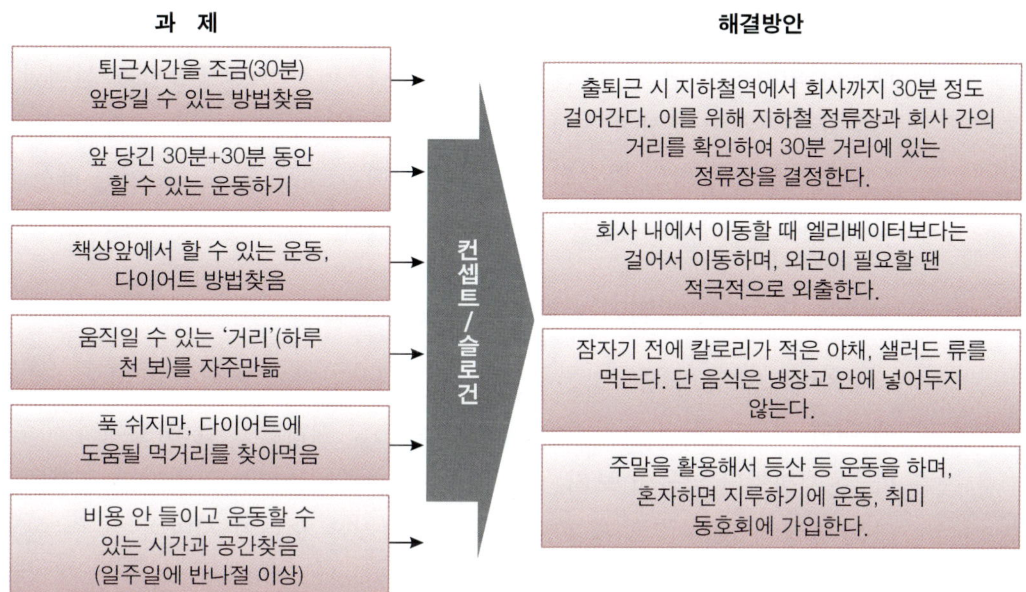

해결방법을 찾을 때는 다음의 사항을 항상 염두에 두어야 한다.

첫째, 내가 잘 할 수 있는 것을 선택해야 한다.

과제해결방법에는 무수히 많은 방안들이 있다. 퇴근시간을 앞당길 수 있는 방법을 찾는 것에도 '무조건 정시(저녁 8시)에 퇴근한다.' '저녁식사를 혼자 빨리 마치고 일을 빨리 마무리 짓고 퇴근한다.'등 여러 가지 방법이 있을 수 있다. 또 다이어트에 도움 될 먹을거리찾는 과제도 '칼로리가 낮은 음식을 먹는다.' '물만 마신다.' 아니면 '명상이나 단전호흡을 한다.' 등 여러 가지 방법이 있을 수 있다. 또 ' 비용 안 들이는 운동거리찾기' 과제도 '동네 운동장을 활용한다.' '주말에 등산을 한다.' '운동대신 집안청소를 한다.' 등 해결방법이 다양하다. 이때 중요한 것은 자신의 생활습관에 맞고, 하기 쉬운 것을 선택해야 한다는 점이다. 무리하게 남을 따라가거나 자신의 평소모습, 취향과 맞지않는 방법을 선택하면 지속하기 어렵다.

둘째, 실제 효과가 있는 방법을 선택해야 한다.

과제를 해결하는 방법 중에는 겉보기에는 그럴 듯하지만 효과면에서 만족스럽지 못한 것도 많다. 앞선 출·퇴근시간을 앞당기는 방법도 이 부분만 강조하면 직장생활에 문제가 생길 수 있다. 출근시간을 뒤로 미루는 것은 불가능할 것이며, 퇴근시간을 앞당겨봐야 얼마나 앞당길 수 있을까. 그리고 시간을 늦추고 앞당겨도 그 시간을 활용할 수 있는 방법과 연결되지 않으면 시간조절은 무의미하다. 따라서 실행방법을 선택할 때는 과제선택 기준처럼 자신이 구상한 실행방법들을 객관적으로 바라보며 그 일의 효과성을 따져봐야 한다. 어떤 것은 방법 자체의 효과성이 미비한 것도 있고, 또 어떤 때는 다른 것과 연결되었을 때 비로소 효과를 볼 수 있는 것도 있다.

셋째, 모든 실행방법에는 창의력이 필요하다.

창의력이란 흔히 생각하는 것처럼 어느 날 갑자기 번쩍하고 떠오르지 않는다. 창의력에 대한 정의도 여러 가지지만 핵심은 '이미 존재하는 것을 조합해서 새로운 것을 만들거나, 존재하지만 남들이 보지 못한 것을 찾아내는 능력으로 발견과 조합의 창의력이다. 인간은 세상에 없는 것을 창조할 수 없다. 그것은 오로지 신만이 할 수 있는 영역이다. 따라서 과제별로 구상한 해결방법들을 하나씩 바라보며 이것들의 현실가능성과 효과성을 따져보는 것도 중요하지만, 이들을 조합하거나 이들 해결방법속에 공통적으로 담겨있는 요소를 발견하여 새로운 해결방법을 만들어 내는 것도 매우 중요하다.

결국 현희씨는 과제별로 여러 가지 실행방안들을 정리한 후, 그것들의 현실가능성과 효과성을 확인해 봤다. 그리고 이들을 몇 가지의 방안으로 정리했다.

첫째, 출·퇴근시간을 많이 미루거나 앞당기기는 어렵다. 특히 출근시간을 뒤로 미루는 것은 불가능한다. 하지만 출근시간과 퇴근시간을 30분 정도는 앞당겨 이 시간에 운동할 수는 있을 것 같았다. 아침출근 때 평소보다 30분 먼저 나와 회사까지 30분 정도 걸어갈 수 있는 곳까지만 지하철을 타고가고 거기부터 회사까지 걸어 출근한다. 또 퇴근시간에도 출근 때 내린 지하철역까지 30분 정도 걸어가서 거기서 지하철을 타고 집으로 돌아온다. 그리고 회사에서 신을 구두와 출·퇴근 시 운동화를 따로 준비한다.

둘째, 책상에 앉자 일할 때 배 근육에 힘을 주는 운동을 계속한다. 이것이 몸을 긴장시키기도 하고 운동효과도 볼 수 있다. 그리고 물을 자주 먹는다.

셋째, 일하는 시간에 운동하기 위해 자리를 비울 수는 없으니까 회사에서 위, 아래층으로 이동할 때 엘리베이터는 이용하지 않는다. 그리고 만보기를 허리에 차고 다니며 회사에서 움직인 걸음수를 계산한다. 또 외근나갈 일이 있으면 자청해서 외근하되 저녁식사 모임은 가급적 자제한다.

넷째, 퇴근 후 잠잘때까지의 군거질이 문제다. 따라서 이를 줄일 수 있는 방법을 찾아야 한다. 다만 무리한 다이어트는 몸에 무리를 주니까 식사방식을 바꾼다. 하루 세끼는 챙겨먹되, 아침과 저녁은 간단하게 먹고, 점심을 푸짐하게 먹는다. (점심을 푸짐히 먹으면 오후시간에 졸아 걱정이긴 하다.) 집에 들어와서 야채나 샐러드류를 먹을 수 있도록 쉬는 날에 채소, 과일류를 썰어 준비해 놓는다. 집에 있는 냉장고에는 청량음료나 아이스크림같은 단 음식은 넣어두지 않는다.

다섯째, 헬스클럽 대신 크게 돈 안들이고 할 수 있는 운동을 찾는다. 등산이나 테니스 같은 운동량이 많은 운동을 한다. 다만 혼자하면 지치기 때문에 등산이나 운동동호회에 가입하여 반나절 정도 다른 사람들과 함께 운동한다.

물론 기획서에 들어갈 해결방안은 여기서 끝나지 않는다. 출근시간을 30분 앞당기기 위해 무엇을 어떻게 준비해 놓을 것인지, 퇴근시간을 30분 앞당기겠다면 상관에게 어떻게 양해를 구하고, 평소하던 일의 분량만큼의 일을 어떻게 처리할 것인지, 회사에서 30분 거리의 지하철역에서 내리려면 어느 지하철역을 선택할 것인지, 걸어가려면 운동화가 필요한데 어떤 운동화를 사고, 회사에서 신을 신발과 운동화는 어떻게 관리할 것인지, 밤에 먹을 음식은 구체적으로 어떤 것이며 군거질 대신 야채류를 먹겠다면 어떤 야채류를 먹을 것인지, 또 드레싱을 어떤 종류의 드레싱을 선택할 것인지 어떻게 만들어서 어떻게 냉장고에 넣어 둘 것인지 또 휴일에 함께 운동할 동호회는 어떤 동호회를 선택할 것인지에 대해 구체적으로 표현해야 한다.

어떤 일을 하든지 간에 기획을 한다는 것은 자기 앞에 놓인 문제를 인식하는 것에서 시작한다. 문제가 없으면 그것을 해소하고자 하는 동기가 없고, 동기가 없으면 행동으로 옮기기도 어렵다. 특히 기획은 머리로 하는 것이기에 해야겠다는 의지가 없으면 일하기가 무척 어렵다. 하지만 문제를 제대로 풀고싶다면 자기앞에 놓인 문제가 왜 생겼는지 주변 상황을 확인해 보며 그 원인을 찾아야 한다. 문제를 해결하려면 문제를 야기시킨 원인을 제거해야 하기 때문이다. 그러나 원인을 찾자마자 바로 그것을 제거하기 위한 실행방안을 결정하는 것도 조금문제가 있다. 원인은 하나이지만 해결방법은 여러 가지가 있다. 따라서 원인을 찾았다면 우선 마음을 누르고 그것을 제거하기 위해 무엇을 할 것인지 큰 시야에서 정리해 볼 필요가 있다. 즉 원인을 제거하기 위한 '과제'를 설정하는 것이다. 이때 과제를 가능한 한 구체적인 모습, 즉 실행을 통해 도달해야 할 결과물로 정의한다면 실행방안을 설정할 때 많은 도움을 받을 수 있다. 그후 과제에서 목표한 것을 잘 이룰 수 있는 실행방법들을 나열하고 그들 중에서 자신이 실행하기에 가장 쉽고 편하면서도 효과적인 것을 선택하면 된다.

결국 기획이란 내가 원하는 것과 현실 간의 차이인 문제를 찾아 이를 해결하는 방법을 정리한 것이고, 이때 실행방법은 나에게 가장 적합하면서 동시에 다수의 선택지 중에서 가장 효과적인, 남다른 무엇인가를 찾아내는 작업이다. 이때 '기획서의 핵심구조'는 이와 같은 사고흐름을 자연스럽게 이끌어 준다. '기획서 핵심구조'는 기획서의 전체내용이며, 어떤 기획서이든지 반드시 담아야 할 기획서의 뼈대다.

▼ 과 제

아래 기획서의 핵심구조를 보며 이것이 어떤 내용을 전달하는 로직트리인지 문장으로 정리해 보세요. 참고로 그림에 나와있는 상황은 건강보조식품을 생산, 판매하는 A회사의 사례로 이 회사는 방문판매를 통해 자사 상품을 판매하고 있다.

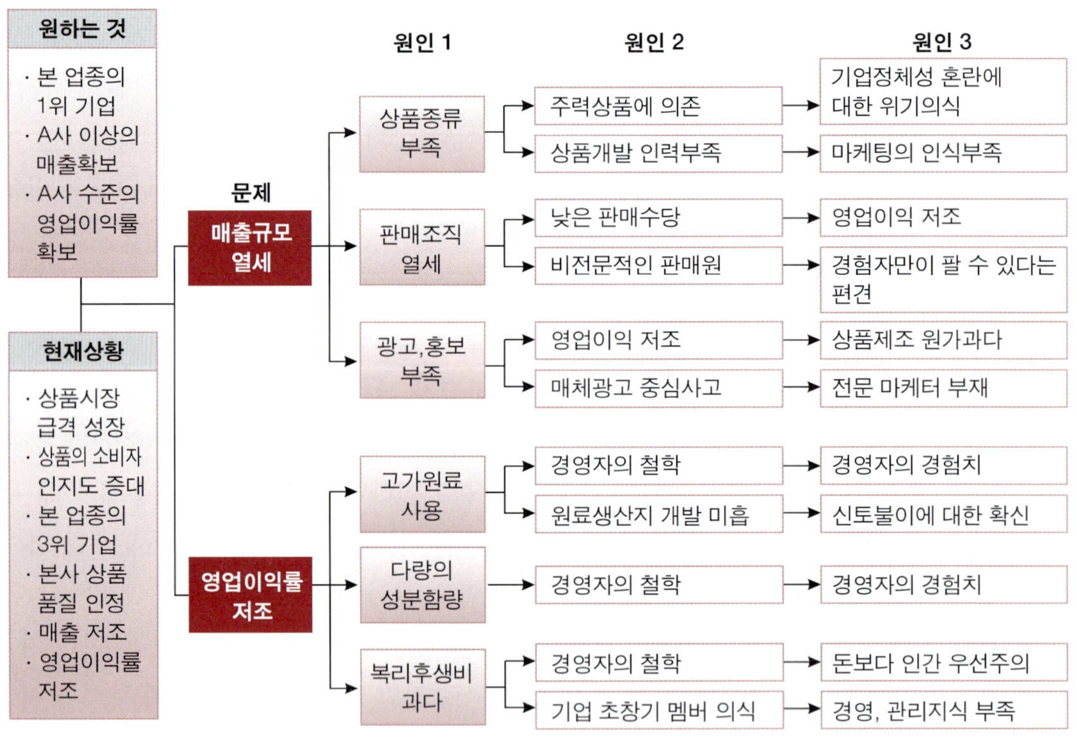

[원 인]	[과 제]
기업정체성 혼란에 대한 위기의식	사업 아이템 확장이 가능한 새로운 기업 정체성 구축하기
마케팅의 인식부족	전 직원, 특히 경영자, 관리자 대상의 마케팅 교육 실시하여 마케팅에 대한 의식을 강화하기
영업이익저조	30% 영업이익률 확보를 위한 신상품개발 프로세스 재정립하기
경험자만이 팔 수 있다는 편견	일반인의 판매사원화를 위한 표준화된 교육프로그램 만들기 (판매사원 훈련 매뉴얼 개발하기)
상품제조 원가과다	저렴한 원료 확보를 위한 원료수입선 다각화하기
	홍보전담직원 육성하기
상품제조 원가과다	본사의 홍보매체 다각화하기
	저비용으로 높은 홍보효과를 얻을 수 있는 방안 구상하기
경영자의 경험치	
신토불이에 대한 확신	해외 원료에 대한 성분분석을 통해 국내원료의 대체 가능성 확인하기
경영자의 경험치	
돈보다 인간우선주의	
경영, 관리지식 부족	관리자 대상의 경영, 관리교육 실시, 관리자의 경영관리 역량 높이기

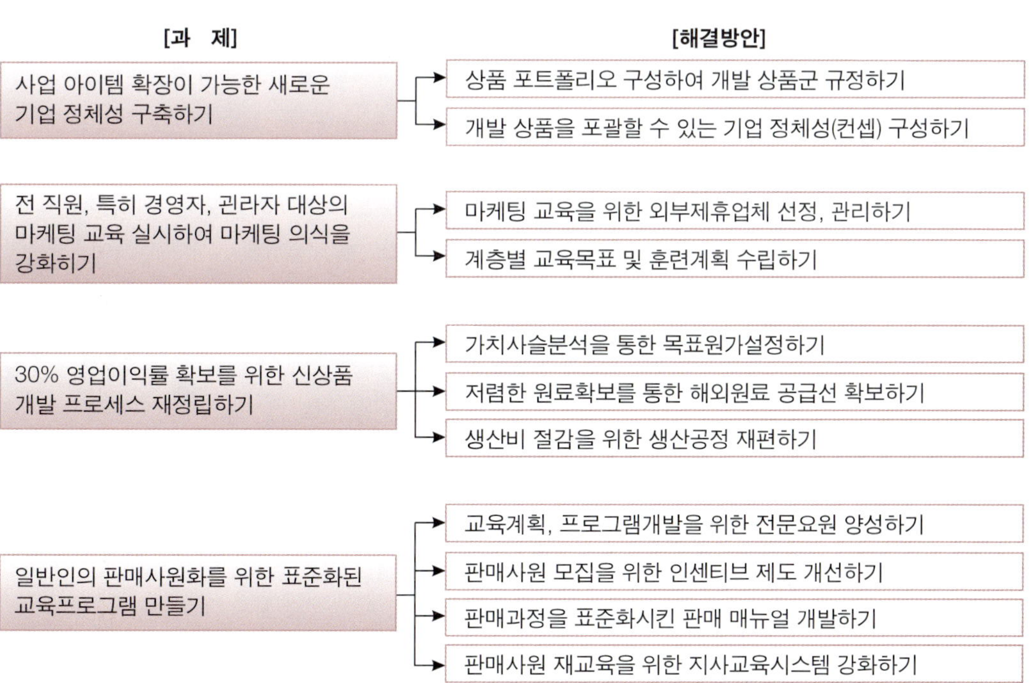

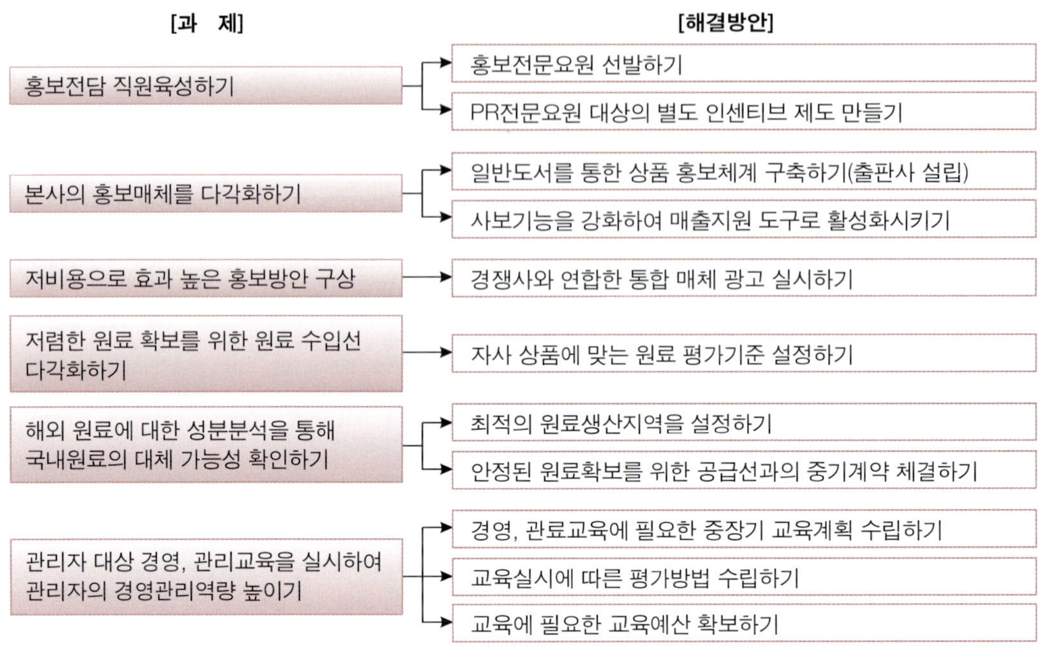
[과 제]
[해결방안]
홍보전담 직원육성하기
홍보전문요원 선발하기
PR전문요원 대상의 별도 인센티브 제도 만들기
본사의 홍보매체를 다각화하기
일반도서를 통한 상품 홍보체계 구축하기(출판사 설립)
사보기능을 강화하여 매출지원 도구로 활성화시키기
저비용으로 효과 높은 홍보방안 구상
경쟁사와 연합한 통합 매체 광고 실시하기
저렴한 원료 확보를 위한 원료 수입선 다각화하기
자사 상품에 맞는 원료 평가기준 설정하기
해외 원료에 대한 성분분석을 통해 국내원료의 대체 가능성 확인하기
최적의 원료생산지역을 설정하기
안정된 원료확보를 위한 공급선과의 중기계약 체결하기
관리자 대상 경영, 관리교육을 실시하여 관리자의 경영관리역량 높이기
경영, 관료교육에 필요한 중장기 교육계획 수립하기
교육실시에 따른 평가방법 수립하기
교육에 필요한 교육예산 확보하기

Chapter 03 기획서 핵심구조의 용도와 한계

1. 상사를 만족시키는 기획서 핵심구조
2. 기획서 핵심구조의 활용과 한계

1 상사를 만족시키는 기획서 핵심구조

(1) 상사, 경영자의 불만

상사, 경영자가 기획서에 갖는 불만은 크게 세 가지다. 첫째, 기획자가 지시자의 의도를 고려하지 않고 자기 생각대로 기획서를 작성한 경우, 둘재, 기획서 내용을 논리적으로 구성하지 않아 내용을 이해하기 어려운 경우, 셋째, 기획서 분량은 많지만 결론이 분명치 않은 경우다.

필자가 직장인일 때 기획서도 많이 썼고, 다른 사람이 쓴 기획서도 많이 봤다. 과장때까지는 한 달에 서너 개 정도의 기획서를 작성하면서 직원들에게 기획서 작성법도 가르쳤고, 차장말년부터는 다른 사람이 쓴 기획서를 검토하고 평가하는 일만 했다. 직원이 제출한 기획서, 기업체의 투자용 사업계획서, 투자사의 사업운영결과서 등이다. 그러나 당시 직원들이나 외부업체가 쓴 기획서를 보면서 고개를 갸우뚱한 적도 있었고, 어떤 것은 기획의도부터 잘못되어 '뭐야? 이건…'하면서 짜증낸 적도 있었다. 예전에 내가 쓴 기획서를 살펴본 임원들도 나와 마찬가지 아니었을까 싶다. 경영자나 상사가 기획서에 불만 갖는 이유는 크게 세 가지다.

경영자, 상사가 기획서에 불만갖는 것

첫 번째는 기획자가 기획을 시킨 사람의 의도를 이해하지 않고 자기 생각대로 방향을 잡아 작성한 경우이다.

두 번째는 기획서 내용을 이해하기 어려운 경우다.

세 번째는 무척 많은 내용을 담고있는 기획서임에도 불구하고 결론이 불분명한 경우다.

첫 번째는 기획자가 기획을 시킨 사람의 의도를 이해하지 않고 자기 생각대로 방향을 잡아 작성한 경우이다.

이는 기획을 요구한 상사의 의도나 취지와 다르게 기획서를 쓰는 경우다. 상사가 누군가에게 기획서를 요청할 때는 분명히 이유가 있다. 뭔가 문제가 있어 이를 해결해야만 할 상황에 처해있기 때문이다. 하지만 상사는 특정상품의 시장점유율이 하락하고 있어 이를 회복시킬 방안을 요청했는데, 담당자는 그 말을 기업의 전체매출을 높이라는 말로 이해하곤 신상품개발 기획서를 작성했다면 어떤 상황이 벌어질까. 물론 일을 지시한 상사에게도 문제는 있다. 기존 상품의 시장점유율을 높이라는 말과 회사 매출액을 높이라는 말이 엇비슷하게 들릴 수도 있다. 하지만 이런 경우에도 담당자가 기획서를 쓰기전에 상사에게 다시 한 번 확인했으면 상기와 같은 상황은 미연에 방지할 수 있었다. 게다가 소비자 클레임 때문에 보다 조심스럽게 상품을 관리해야겠다고 고객서비스 방안을 요청한 상사에게 적극적인 마케팅방안을 제출한 직원을 보면 이건 안타까운 수준을 넘어 화를 돋우게 된다.

기획자는 지시자의 입장이 되어 그의 입장에서 사고하고 기획하여 보고해야 한다. 직장인은 자기사업을 하는 것이 아니라 상사의 생각을 지원하고 보조하는 사람이다. 이런 인식이 있다면 기획서를 작성하기 전에 먼저 알아야 하는 것은 내가 쓰고싶은 것이 아니라 지시한 사람이 원하는 것이다. 상식적인 말같지만 본인위주로 기획서를 작성하는 경우가 의외로 많다.

두 번째는 기획서 내용을 이해하기 어려운 경우다.

상사가 직원이 쓴 기획서를 이해하지 못한다면 대부분 설득논리가 빈약한 경우다. 앞말과 뒷말이 서로 연결되어 있지않고, 서론, 본론, 결론의 구조가 제대로 구성되어 있지 않으면 무슨 말을 하려는지 이해하기 어렵다. 앞선 기획논리 구조처럼 우리가 어떤 상황에 처해있고, 그런 상황에 처한 이유(원인)가 무엇이며, 그 원인을 제거하기 위해 우리가 해야 할 일이 무엇인지를 순서대로 작성하지 않은 경우다. 게다가 앞뒤내용이 서로 연결되어 있지 않으면 앞 페이지를 읽고 뒤페이지로 넘어가는 순간 앞 내용을 잊어버린다. 그러면 상사는 기획서를 앞뒤로 살피며 스스로 전체적인 논리를 만들어가야 한다. 글 쓰는 사람도 힘들지만 남의 글을 이해하기 위해 고민하는 사람도 힘들긴 마찬가지다. 결국 상사는 직원을 불러 설명을 요청한다. 이때도 앞뒤가 안맞게 대답하면 대책없는 상황이 생긴다. 예를 들어보면, 직원 왈 '이번 상품은 젊은이들을 대상으로 만들고자 합니다. 제 느낌에는 이들이 원하는 것이…' 상사생각 '당신 느낌 하나믿고 상품만들랴?' '젊은 이들이 원하는 것이 이러저러하기에 이런 방법을 사용하고자 합니다'.라는 말이 빠졌다. 또 직원 왈 '현재 시장에는 중저가상품들의 시장점유율이 높아지고 있습니다. 우리도 중저가 시장으로 들어가야 합니다. 따라서 디자인을 좀 더 다채롭게 만들고…' 상사생각 '중저가와 디자인이 무슨 관계가 있는데?' '중저가 시장에서 고객들의 관심사는 현재 유행하는 디자인이기에……'라는 말이 빠졌다. 이처럼 앞뒤 말이 인과관계로 연결되지 않으면 상사는 뭔가 빠진것같고 말하는 사람의 생각도 이해하기 어렵다. 결국 상사는 '잘 모르겠음'이라고 결론짓고 기획서를 덮어버린다.

상사가 아무리 해당 분야에서 오래 근무했다해도 모든 정보를 갖고 있지는 않다. 한 문제를 갖고 오랜 시간동안 고민한 담당자보다 해당 분야에 대해서는 정보나 지식이 떨어질 수밖에 없다. 따라서 담당자는 상사에게 자신이 해답을 찾기위해 살펴본 정보와 지식들을 간결하게 설명해서 그가 해당결론에 도달한 과정을 이해하도록 도와줘야 한다. 상사의 임무가 최종결정을 내리는 것이라면, 그가 올바른 판단을 할 수 있도록 도와주는 것이 담당자의 역할이다.

세 번째는 많은 내용을 담고 있음에도 불구하고 결론이 불분명한 경우다.

기획이란 문제를 찾아 이를 해결할 수 있는 방안을 제시하는 게 목적이다. 따라서 문제를 어떻게 해결하겠다는 '결론'이 없으면 기획서가 아니다. 상사는 기획서를 받으면 가장 먼저 기획배경과 취지를 살펴보고, 곧 바로 결론으로 넘어간다. 소설읽듯이 한가하게 앞쪽부터 차근차근 읽는 사람은 많지 않다. 해결방안이 필요해서 기획서를 요청했기 때문이다. 하지만 직원이 조사자료만 잔뜩 열거해 놓고 '현상분석을 해보니 이런 상황입니다. 그 다음은 어떻게 해야 하나요?'라며 상사얼굴만 쳐다보면 이건 시장조사를 보고하는 것이지 기획서를 쓴게 아니다. 그러다보니 회사에서 기획서를 제출한 직원과 상사 간에 웃지 못할 상황도 자주 발생한다. 직원 왈. '시장조사를 해 보니 이러저러한 방안이 있습니다….' 상사생각. '그래서 어쩔건데?' 직원 왈. '현재 우리 회사의 매출상황이 안 좋습니다. 따라서 매출을 높이는 방안을 만들어야 합니다…' 상사생각. '그걸 누가 몰라. 그래서 그 방법을 찾으라고 자네한테 지시한 것 아닌가?' 직원 왈. '경쟁사가 적극적으로 판촉활동을 하고 있어 우리 상품이 시장에서 밀리고 있습니다….' 상사생각. '그래서 나보고 뭘 어쩌라고?' 직원 왈. '이번 이벤트는 임팩트 있게 진행해서 사람들이 우리 행사에 관심을 갖고 해야 합니다…' 상사생각. '그래서 임팩트 있게 진행하는 게 어떤건데?' 직원 왈. '이번 광고는 과거와는 다르게 좀 색다르게 해야하지 않을까요?…' 상사생각. '그래서 어떻게 하는 게 다르게 하는건데?'

기획자가 자신의 생각을 고집하지 않고 상사의 의견을 묻는 자세는 매우 좋다. 또 이러저러한 상황이라고 현상을 정확하게 분석해 주는 것도 바람직하다. 하지만 결론이 없으면 이건 문제다. 상사에게 보고할 때 가장 좋은 자세는 자신의 생각을 정리해서 몇 가지 방안을 제시하는 것이다. 상사가 선택지 중에서 하나를 고를 수 있어서 단 하나의 방안을 제시하며 상사에게 Yes or No를 요구하는 것보다 훨씬 바람직한 모습이다. 그러나 이런 경우에도 담당자는 여러 방안에 대한 자신의 의견을 말하고 그 중에 하나 또는 두 개의 안을 선택하여 그 방안을 제안한 이유를 구체적으로 설명해야 한다. 기획담당자는 언제나 상사가 어떤 안을 선택할 지 도와주는 방식으로 기획서를 작성해야 한다. 여러 가지 자료와 방안들을 늘어놓고 '결정은 당신이 해!'라는 태도를 보이면 그 순간 상사는 '내가 왜 이런 직원을 데리고 있지?'하며 한숨만 쉬게 된다.

▼ 과 제

1. 상사나 경영자가 기획서에 불만갖는 상황을 설명해 주세요.
2. 현재 작성중인 기획서를 살펴보고 상기된 불만사항에 해당하는 부분을 찾아보세요. 그리고 불만을 야기시킬 수 있는 요인이 있다면, 그것이 어떤 사항인지 설명해 주세요.

---

(2) 상사, 경영자를 만족시키는 기획서 핵심구조

기획서 핵심구조는 기획사고의 3단계 논리체계로 구성되어 있어 상사나 경영자가 기획서에 대해 불만갖는 사항을 많이 해소해 준다. 첫째, 기획서 '작성이유'를 구체적으로 정의함으로써 기획서 작성배경에 대해 상사나 경영자와 공감대를 형성할 수 있고, 둘째, 인과관계구조로 구성되어 있고 내용흐름이 자연스러워 기획서에 담긴 내용을 쉽게 이해할 수 있도록 만들어 주며, 셋째, [문제-원인-과제-해결방안] 순으로 구성되어 있어 과제와 해결방안 간의 일관성을 유지할 수 있고, 과제에 따른 해결방안을 놓치지 않고 작성하도록 도와준다.

경영자나 상사가 기획서를 보고 불만스러운 점은 기획자가 기획서를 지시자 의도대로 작성하지 않은 경우이거나 내용을 쉽게 이해할 수 없는 경우이며 또 결론이 없거나 결론이 두루뭉실해서 무엇을 하자는 지 판단이 안서는 경우다. 기획서 핵심구조는 이런 상황이 생기지 않도록 기획서 흐름을 논리적으로 구성해 줄 뿐만 아니라 인과관계를 통해 체계적으로 결과를 추론할 수 있도록 도와준다. 이는 경쟁자, 상사와 대화시에도 그 효과를 발휘하는데, 업무보고를 할 때는 핵심구조에 들어있는 내용을 앞에서부터 천천히 읽어

나가기만 해도 자신의 생각을 일목요연하게 전달할 수 있다.

"(1) 부장님께서 저에게 요구하신 목표는 이런 모습입니다. (2) 하지만 현재 상황은 그렇지 않습니다. (3) 이런 차이가 생긴 이유는 내, 외적으로 이러저러한 것들이었습니다. (4) 따라서 부장님이 말씀하신 목표를 달성하기 위해서는 이러저러한 일을 해야한다고 생각하며, (5) 이를 구체적으로 말씀드리면 이러저러한 사람이, 이런 시기에, 이와 같은 일을 이런 식으로 진행하는 것입니다." (6) 이들 중에서 가장 효과적인 것은 이런 방안이라고 생각합니다.

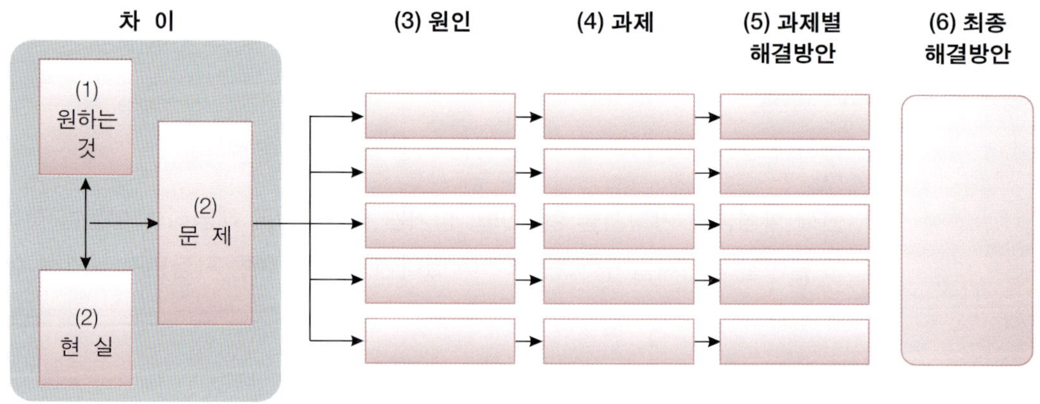

상사, 경영자의 불만을 해소하는 방법을 좀 더 구체적으로 살펴보자.

첫째, 기획자가 기획을 시킨 사람의 의도를 이해하지 않고 기획서를 자기 생각대로 작성한 경우이다. 이때 기획자에게 필요한 것은 상사, 경영자, 또 함께 일할 동료와의 공감대 형성이다.

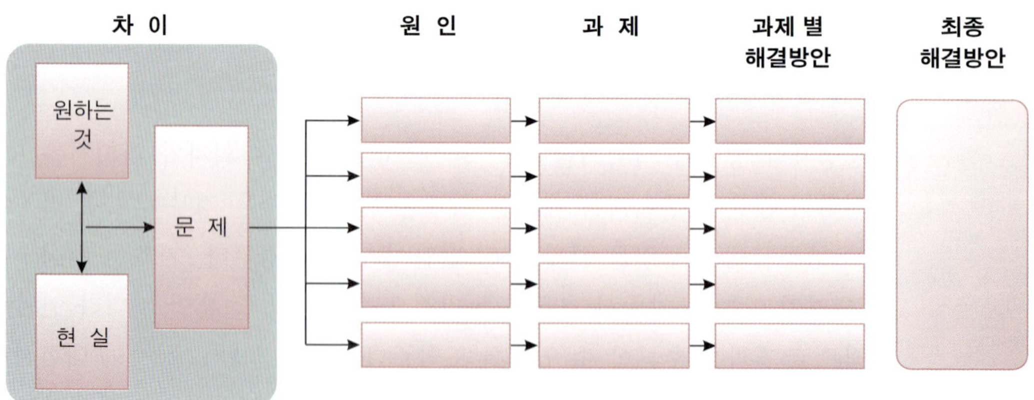

기획서를 쓴다는 것은 자신만을 위한 것이 아니다. 이는 누군가와 함께 일을 진행한다는 뜻이며, 그들이 내 생각을 공감하도록 만들겠다는 의도가 깔려있다. 상사가 기획서를 승인하려면 그 내용을 공감해야하고, 관련부서가 일에 참여하려면 기획자의 생각을 인정해야하며, 협력업체가 나를 도와주려면 그 내용이 합당하다고 판단해야 가능하다. 상대방이 내 생각을 이해하고, 공감하려면 우선 그들과 뜻을 함께 해야하며, 우리가 원하는 모습을 정의하고 이를 현재 상황과 비교하여 모두가 같은 문제의식을 갖도록 생각을 맞추는 작업이 필요하다.

기획서 핵심구조는 가장 먼저 다음과 같은 논리를 구성한다. '원하는 것 - 현실 = 문제'라는 공식을 입증하기 위해 다양한 자료와 정보를 취합하고 이를 분석한 후, '따라서 이와 같은 상황이 문제입니다'라고 정의한다. 우리가 평소 상사나 경영자에게 이와 같은 방식으로 자신의 생각을 설명한다면 일단 공감을 위한 첫발을 내디딘 셈이다. 하지만 급한 마음에 이 부분을 건너뛰면 기획자의 문제의식을 다른 사람들이 공감할 수 없고, 상사나 경영자는 계속 질문할 것이다. "당신이 제시한 문제가 맞나요?" "문제가 그것 하나인가요?" "나와는 현상인식이 다르네." "우리가 원하는 건 그게 아니에요." 등이다. 기획서에 대한 공감은 기획서의 서론부분인 문제의식에서 시작하며, 기획서 핵심구조 중 앞부분인 'Why Tree'가 이것을 담당한다.

둘째, 기획서 내용을 이해하기 어려운 경우다. 기획자는 항상 기획사고에 의해 이야기 흐름을 만들어야 한다. 즉 인과관계구조다.

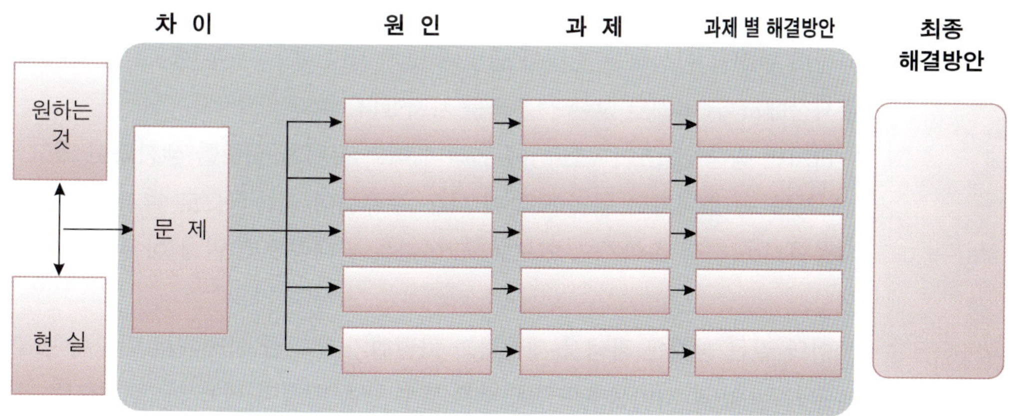

모든 문서가 동일한 구조를 요구하지만 특히 기획서는 내용들 간의 인과관계가 무척 중요하다. 남들이 예상하지 못한 결론을 정답이라고 주장하려면 처음 시작에서부터 마지

막 끝마침까지 하나의 스토리로 연결되어야 한다. 현재 상황을 이해하고, 그로 인해 발생한 문제, 그 문제를 야기시킨 원인, 그리고 원인을 제거할 과제를 설정하는 순이다. 그래야 누가 읽어도 '아! 그렇구나.'하며 쉽게 넘어가야 한다.

만약 상사가 '매출을 확대할 수 있는 방안을 만들어 봐'라고 지시했다면 다음처럼 내용을 전개해야 한다. 제일먼저 현재 시장이 어떻게 흘러가고 있는지, 그런 상황에서 어떤 문제가 발생했는지, 문제가 발생한 이유(원인)로는 어떠한 것들이 있는지, 그 이유나 원인들 중에서 우리가 대처해야 할 것은 무엇이며 그 원인을 제거할 방법으로는 어떠한 것들이 있는지, 그리고 그 방법을 실제행하려면 어떤 식으로 업무를 진행해야 하는지, 이때 필요한 인력과 자금은 어느 정도이며, 기간을 얼마나 걸리는 것인지 순차적으로 얘기하는 방식이다. 이럴 때 비로소 이 말은 듣는 사람도 기획자의 생각과 일치하게 된다. 기획서 핵심구조내용을 따라가면 자연스럽게 다음의 스토리 가설처럼 이야기가 진행된다(스토리가설에 대해서는 뒤에서 설명한다.).

국내 희석식 소주는 1960년대부터 시작되었다. 당시 최초로 나온 소주는 (현)하이트진로의 진로(眞露)였다. 그렇기 때문에 소주를 처음 마셨던 소비자들 대부분이 진로(현재 참이슬)을 통해 소주맛을 경험했고, 그들 중 많은 사람들이 오랜 시간 동안 진로(현재 참이슬)진로(참이슬)을 찾았다.

하지만 시대가 변하면서 여러 회사에서 다양한 기호의 소주들이 나오고 있다. 소주의 맛을 극단적으로 차별화 시키긴 어렵지만 소주의 도수를 낮추고 새로운 맛을 첨가하고, 소주의 이미지와 컨셉을 바꾸는 등 경쟁사의 다양한 시도가 이뤄지고 있다. A회사는 이와 같은 소주시장의 변화를 인식하고 소비자 입맛에 맞게 18도의 [A소주]를 출시하여 짧은 시간 내에 소주시장에서 두 번째로 많은 점유율을 차지했다.

하지만 경쟁사들도 [A소주]에 뒤이어 이와 유사한 소주를 생산하고 있고 좋은데이, 매화수, 청하 등 소비자의 입맛에 맞춰 나온 주류들이 지속적으로 출시됨으로 인해 [A소주]의 시장입지는 점점 좁아지고 있으며, 낮아지는 판매량으로 인해 이윤은 지속적으로 떨어지고 있다.

이와 같은 상황은 경쟁사 제품들과 차별화가 부족한 상태에서 단순한 광고나 홍보만으로 바꿀 수는 없고, 지역선호도, 맛, 낮은 도수 등을 따지며 점차 까다로워지는 소비자들을 만족시키려면 과거와는 다른 새로운 마케팅 활동이 필요해졌다. 차별화된 전략이 없다면 [A소주]는 가까운 시일내에 점유율 2위의 자리를 뺏기게 될 지도 모른다.

[A소주] 경쟁사와 다른 전략을 통해 소비자에게 다가가야 한다. 그리고 이 변화의 중심에는 술을 처음 접하는 소비자의 입맛을 [A소주]에 길들여지게 하는 것이다.

이를 위해서 첫째, 소비자들에게, 즉 술을 처음 접하는 성인들에게 [A소주]를 접할 수 있는 기회를 자주 만들어 [A소주] 맛에 길들이게 하는 것이다. 둘째, 음주를 한 다음날 일어나는 숙취문제를 해결하여 소비자들에게 믿고 마실 수 있는 소주라는 믿음을 주는 것이다. 셋째, 남성 소비자보다 여성 소비자에게 맞는 프로모션을 진행하는 것이다. 요즘 세대는 남성보다 여성의 의견을 존중하기 때문에 여성의 선호도가 높아지면 자연스럽게 남성들 또한 바뀔 것이다.

진로(참이슬)중심으로 길들여진 소비자 입맛에 변화를 주는 것이다. 술을 처음 접하는 나이부터 [A소주]라는 소주맛을 각인시키고 기억하게 해야 한다. 이를 통해 소주시장의 점유율을 늘리고 수익성을 높여야 한다.

• 자료원 : 〈'처음처럼' 시장점유율을 확대시키기 위한 프로모션 기획서〉, 황유영, ○○대학교, 2014.

셋째, 많은 내용을 담고 있음에도 불구하고 결론이 불분명한 경우다. 기획자는 과제와 해결방안 간의 관계를 잘 설명해야 한다.

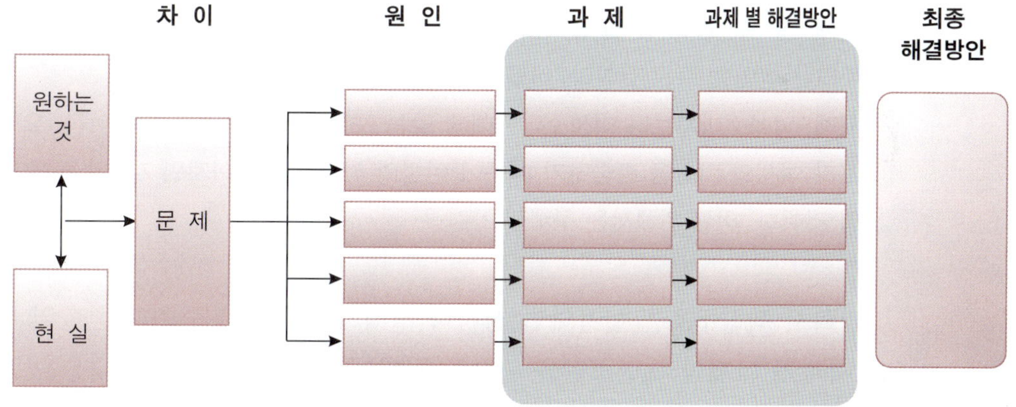

기획의 본질은 앞에 놓인 문제를 해결하는 방법을 정리하는 것이다. 해답없는 기획서는 작성할 필요도 없고, 설사 작성했어도 그것을 읽고 있을 만큼 한가한 사람도 없다. 아무리 표지가 화려하고 장황한 문장과 백여 페이지가 넘은 내용이 담겼다 해도 '결론은 이것입니다'라고 주장할 내용이 없는 기획서는 기획서가 아니다. 문제는 기획자가 작성한 결론이 결론같지 않은 경우다. 이는 과제와 해결방안이 정확히 구분되어 있지않을 때 발생한다. 기획서 내용이 과제처럼 방향성 정도를 보여주는 것 같기도 하고, 실제 구체적인 실행방안을 정리한 것 같기도 한 애매한 수준의 표현이다. 과제는 '앞선 문제와 원인을 제거하기 위해서는 이런 방향으로 일을 진행해야 합니다.'라고 표현하고, 실행방안은 앞선 과제를 누가, 언제부터 언제까지, 어디서… '진행합니다.'라고 표현한다. 아래 예에서 '[A소주] 경쟁사와 다른 전략을 통해 소비자에게 다가가야 한다. 이를 위해 첫째는 소비자들에게 즉, 술을 처음 접하는 성인들에게 [A소주]를 접할 수 있는 기회를 자주 만들어 [A소주] 맛에 길들이게 하는 것이다…'라고만 정의하면 이를 보는 사람입장에서는 결론이 완성된 것처럼 보이지 않는다. 해결방안은 '어떻게 [A소주]를 자주 접하게 만들것이며, [A소주]멋에 길들이게 할 것인가'에 대한 답이다. 무조건 '이렇게 합시다!'라고 주장한다고 모두 결론, 즉 해결방안이 되는 건 아니다.

[과제설정] [A소주] 경쟁사와 다른 전략을 통해 소비자에게 다가가야 한다. 그리고 이 변화의 중심에는 술을 처음접하는 소비자의 입맛을 [A소주]에 길들여지게 하는 것이다.

[결론(해결방안)] 이를 위해서
첫째, 소비자들에게 즉 술을 처음접하는 성인들에게 [00소주]를 접할 수 있는 기회를 자주 만들어 [00소주] 맛에 길들이게 하는 것이다. 이를 구체적으로 말씀드리면…
둘째, 음주를 한 다음 날 일어나는 숙취문제를 해결하여 소비자들에게 믿고 마실 수 있는 소주라는 믿음을 주는 것이다. 이를 구체적으로 말씀드리면…
셋째, 남성소비자보다 여성소비자에게 맞는 프로모션을 진행하는 것이다. 요즘 세대는 남성보다 여성의 의견을 존중하기 때문에 여성의 선호도가 높아지면 자연스럽게 남성들 또한 바뀔 것이다. 이를 위해서는 구체적으로……

기획서 핵심구조를 활용하면 상사나 경영자들의 불안을 최대한 줄일 수 있다. 핵심구조 자체가 과제와 해결방안을 구분해 놨기에 해당 칸에 알맞은 내용을 정리하다보면 과제는 과제대로, 해결방안은 해결방안대로 필요한 내용을 정리하게 된다. 특히 앞의 과제와 뒤의 해결방안이 인과관계구조로 연결되어 있어 과제와 해결방안 간의 관련성을 시각적으로 확인할 수 있다.

▼ 과 제

1. 자신이 현재 고민스러운 것, 문제거리를 하나 골라 아래처럼 정리해 보세요.

제가 원하는 것이 이러한데,
현재 상황(현재 내 모습)은 그렇지 않군요.
본 기획은 이와 같은 차이, 즉 이러저러한 문제를 해결하여
제가 원하는 모습을 만들고자 함입니다.

왜 이런 문제가 발생했을까요?
그 이유(원인)을 살펴보니 내·외적으로 이러저러한 것들이었습니다.

저는 제가 원하는 것을 얻기 위해서는 앞선 원인들을 해결해야만 했고,
그것들을 해결하기 위해서는 이러저러한 일들을 하고자 합니다.

이를 구체적으로 말씀드리면 이러저러한 방식으로 일을 진행할 계획입니다.

2. 상기 내용을 아래 기획서 핵심구조로 표현해 보세요

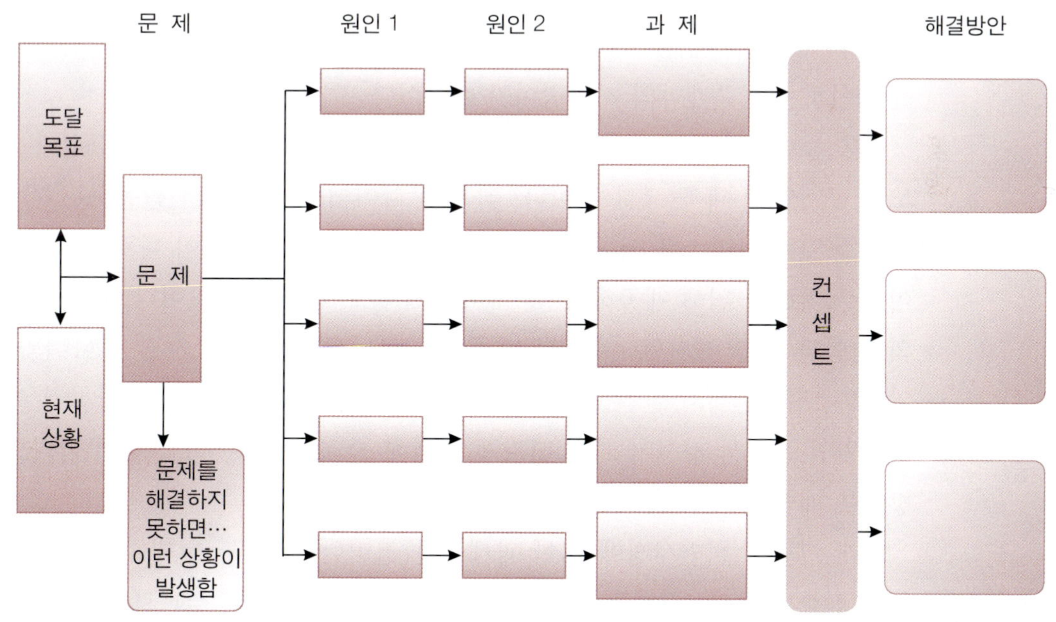

2 기획서 핵심구조의 활용과 한계

(1) 기획서 핵심구조와 창업

신규사업이나 신상품개발처럼 새로운 것을 만들고자 할 때는 현재 시장에서 기업들이 해결하지 못한 문제를 찾고, 이의 원인분석을 한 다음, 자사가 가장 잘할 수 있는 분야에서 과제를 설정하는 작업이 필요하다. 기획서 핵심구조는 이와 같은 분석작업을 현황분석-문제-원인-과제 순으로 도식화하여 과제 설정에 대한 오류를 최소화하도록 도와준다.

기획서 핵심구조는 신규사업(창업)을 하거나 신상품을 개발할 때도 매우 유용하게 활용할 수 있다. 소비자들이 상품, 서비스를 구입한다는 것은 현재 상황이 만족스럽지 못하다는 의미다. 기업은 소비자들이 겪는 불편함을 없애주든, 즐거움을 선사하는 것이든 간에, 현상에 불만족한 고객을 찾아내어 문제를 해결해 주고 그 대가로 수익을 얻는다. 따라서 신규사업을 준비하는 기업이라면 현재 소비자들이 느끼는 문제와 원인을 찾아 이의 해결방안, 즉 [과제]를 찾아내는 것이 무척 중요하다. 과제는 해당기업이 새롭게 해결책을 제안하는 상품개발의 시작점이기 때문이다.

예를 들어보자. '다이어트'와 관련된 기업은 무수히 많다. 시장이 워낙 크기에 앞으로도 신규기업이 계속 생길 것이다. 하지만 다이어트 시장에서 활동하는 기업이라고 해서 모두 동일한 서비스를 제공하진 않는다. 비만고객들의 특성이 다르고 살찐원인도 다르며 이를 제거하기 위해 제공해야 할 서비스(과제)도 다르기 때문이다. 따라서 창업자는 비만의 원인과 이를 제거할 수 있는 방법들을 하나씩 살펴보며 시장을 나눠봐야 한다. 어떤 기업도 모든 문제와 원인을 제거할 수 있는 복합적인 서비스를 제공하긴 어렵다. 다양한 비만원인 중에서 자신이 가장 멋지게 해결해 줄 수 있는 분야를 찾아 남다른 과제와 해결방법을 개발해야 한다.

아래 그림은 비만시장에 대한 과제들을 정리한 것이다. 현재 다이어트 시장을 구분하는 핵심요인은 '살이 찌는 이유(원인)'다. 이 중 몇 가지를 살펴보면 '먹은 만큼 배출하지 않는다.' '스트레스 때문에 많이 먹는다.' '먹은 것이 적절하게 소화되지 않는다.' '칼로리가 높은 것을 자주 많이 먹는다.' '음주로 인한 기름기 많은 음식을 먹는다.'이다.

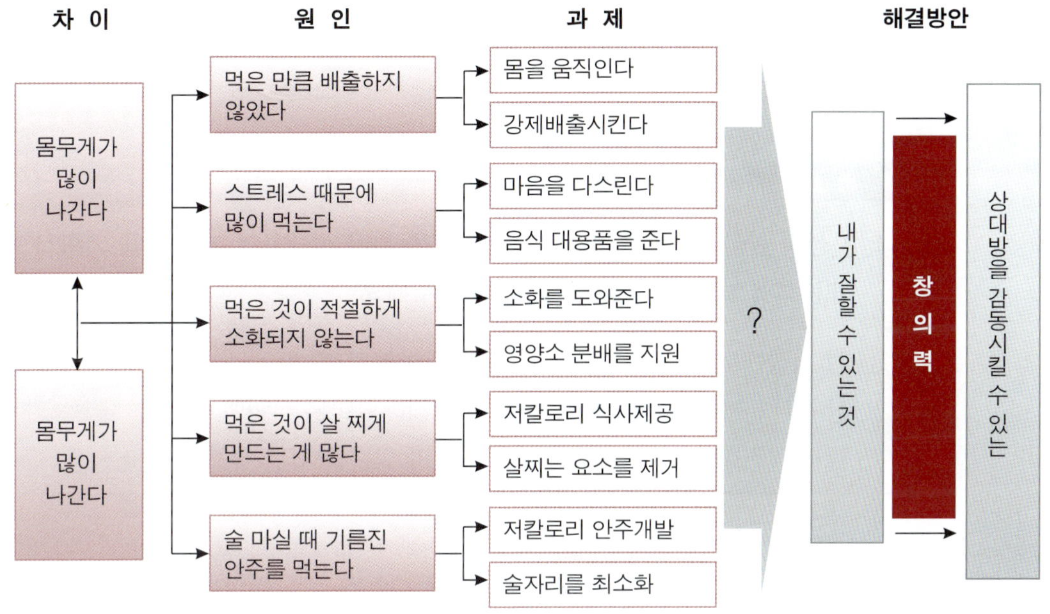

다이어트 시장에 진입하려는 기업이라면 앞선 기획서 핵심구조 사례처럼 우선 다이어트시장이 어떻게 구성되었으며, 문제가 무엇인지, 이런 문제가 왜 발생했는지 원인을 파악해야 한다. 문제의 원인을 이해함으로써 다이어트 시장에서 기업에 고객에게 제공해야 할 과제, 즉 서비스분야를 찾아낼 수 있기 때문이다. 그 후 해당 과제들 중에서 기업이 가장 잘할 수 있는 세부분야를 선택하면 된다.

만약 자신이 잘 할 수 있는 것이 운동과 관련된 일이라면 창업자는 앞선 원인과 과제들 중에서 '먹은 만큼 배출하지 않는 원인'과 이를 해결하기 위한 과제, 즉 '몸을 강제로 움직여 에너지를 사용하는 방법'을 선택하게 될 것이다. 그리고 독특한 운동기구 판매나 남다른 서비스를 제공하는 헬스클럽설립, 또는 재미와 운동을 겸한 헬스여행업과 같은 사업을 선택 안으로 놓고 신중하게 검토할 것이다. 또 자신이 잘 할 수 있는 것이 스트레스와 관련된 심리학적인 지식과 경험을 가진 기업이라면 앞선 원인과 과제 중에서 '스트레스 때문에 많이 먹는다는 원인'과 이를 해결하기 위한 과제, 즉 '마음을 다스리는 방법'을 선택하여 심리상담을 통한 스트레스 해소방법을 교육시키는 사업을 선택할 것이고, 음식을 만드는 데 소질이 있는 기업이라면 저칼로리 음식을 개발해서 판매하려고 할 것이다. 어떤 기업이든지 자신이 잘하는 방법을 선택해야 사업을 진행하면서도 힘이 나고, 문제가 생겨도 즉각 대응이 가능하다. 그 후 창업자는 자신이 선택한 시장내 경쟁자들을 살펴보며 남다른 해결방법을 개발하여 이를 사업화하면 된다. 이처럼 기획서 핵심구조는 단순한 도식같지만 창업이나 신상품개발을 원한다면 누구나 거쳐야 하는 과정이며, 이것이 바로 기획을 하는 단계다.

▼ 과 제

1. 자신이 관심있는 업종이나 사업아이템을 하나 선택하여 본 시장을 기획서 핵심구조를 통해 분석해 보고 아래의 질문에 답변해 주세요.

1) 현 시장에서 해결하지 못한 문제(소비자 불만)은 무엇인가요?
2) 상기된 문제가 발생하게 된 원인이나 장애요인은 무엇인가요?
3) 앞서 발견한 원인, 장애요인을 제거하기 위한 과제는 무엇인가?

(2) 기획서 핵심구조와 기획서 목차

기획서 핵심구조인 [문제-원인-과제-해결방안]은 기획서 목차의 구성요소와 거의 유사하다. 기획서도 현황분석을 통해 해결해야 할 문제를 정의하고, 이의 원인과 과제를 설정한 후, 과제를 실행할 수 있는 실행방안을 작성하는 방식이다. 두 개의 구조가 다르게 보이는 이유는 기획서 핵심구조는 기획서에 담길 본질적인 내용만을 정리한 것이기 때문이다.

기획서 핵심구조와 기획서의 목차는 매우 유사하다. 기획서 목차는 앞선 기획사고와 기획서 핵심구조의 [문제-원인-과제-실행방안] 순서를 그대로 이어받았기에 이 둘은 거의 하나이다. 두 개의 흐름에 차이가 있다면, 기획사고는 사람이 생각하고 판단하는 방식에 따라 만들어졌고, 기획서 목차는 기획자의 생각을 상대방에게 설득하기 편하도록 만들어졌다는 점뿐이다. 하지만 기획서 목차가 조금 복잡하게 보이는 이유는 앞선 [문제-원인-과제-해결방안]의 구조를 조금 구체적으로 정리했기 때문이다. 기획사고와 기획서 핵심구조 내용을 좀 더 구체적으로 설명하면서, 이를 뒷받침할 수 있는 시장조사자료와 사업실행 및 운영방안을 추가한 형태다. 따라서 앞의 기획사고 패턴을 이해하고 기획서 핵심구조에서 요구하는 사항들을 정리했다면 실제 기획서를 작성할 때 추가할 것은 첫째, 기획자의 주장을 증거 할 자료, 둘째, 커뮤니케이션을 위한 문장과 셋째, 기획서의 디자인뿐이다.

Ⅰ. **기획의도 및 개요**
1. 기획의도
2. 개요

Ⅱ. **시장환경분석**
1. 시장현황분석 : 해당 시장의 과거, 일반적인 현황
2. 경쟁사분석 : 변화를 야기시킨 경쟁사, 기술 등의 진입상황
3. 자사분석 : 이러한 변화에 처한 자사의 상황과 대응방법 등
4. 소비자분석 : 시장변화에 따른 소비자 욕구변화 상황

Ⅲ. **문제, 원인 및 해결과제**
1. 문제 및 원인(Why Tree 포함)
2. 과제(How Tree 포함)

Ⅳ. **사업목적 및 목표**
1. 사업목적
2. 사업목표 [1) 정성적 목표, 2) 정량적 목표]

Ⅴ. **사업추진전략**
1. 대상
2. 컨셉 또는 슬로건(컨셉에 따른 스토리 포함)
3. 추진 전략

Ⅵ. **세부실행방안**(마케팅4P 또는 6P에 근거 또는 상기된 전략에 근거하여)

Ⅶ. **사업운영방안**
1. 업무분장
2. 업무일정표
3. 손익계산서 또는 재무제표

Ⅷ. **맺음말**(기대효과 등)

본 표준목차를 기준으로 자신에게 적합하게 수정, 보완하여 사용하면 됨

기획서, 특히 마케팅 기획서를 작성할 때 필요한 목차는 앞선 표를 참조하면 된다. 기획서 목차에 대해서는 뒤에서 다시 설명하겠지만, 앞선 표는 기획서에 담아야 할 핵심내용들을 규정지은 표준목차이기에 상황에 따라, 대상에 따라, 또 기획서의 용도에 따라 제목을 바꿔고 목차 수를 가감하면 된다. 중요한 것은 내가 상대방에게 전달하고자 하는 메시지를 제대로 전달할 수 있는지, 앞서 말한 기획의 핵심구조인 [문제-원인-과제-해결방안]의 내용이 모두 들어있는가 하는 점이다.

기획서 목차는 크게 세 부분 또는 다섯 부분으로 나눌 수 있다.

첫째, '내가 기획서를 왜 쓰고자 하는가?'에 대한 [기획의도]와 기획서의 전체내용을 한 번에 알아볼 수 있게 요약한 [개요]부분으로 서론에 해당한다. 단, [개요]부분은 기획서를 모두 쓴 다음에 요약한다는 마음으로 작성하는 게 좋다.

둘째, 앞선 기획의도와 개요의 타당성을 증명하기 위한 시장조사자료와 이에 근거하여 만든 [문제-원인-과제]의 기획사고구조다.

셋째, 기획서를 작성하게 된 본질적인 이유인 [목적]과 기획서의 목적을 달성하기 위해 우리가, 또는 조직이 달성해야 할 모습을 정의한 [목표]다.

넷째, 앞선 목표를 효과적으로 실행하기 위한 [사업추진전략]과 사업추진전략에 따라 행동하기 위한 [사업실행방안], 상기된 활동에 필요한 자원, 비용, 일정 등을 정리한 [사업운영방안]이다. 앞선 둘째, 셋째를 포함하여 본론에 해당한다.

다섯 째, 앞서 제시한 [사업추진전략]과 [사업실행방안]을 통해 우리가 무엇을 얻을 수 있고, 앞으로 어떤 것을 기대할 수 있는지 정리한 [맺음말]로 기획서의 가치를 다시 한 번 확인시켜주는 부분이다. 결론에 해당한다.

이를 앞선 기획사고의 'Why' 'What' 'How'로 구분해 보면 Why는 'Ⅰ. 기획의도 및 개요' 'Ⅱ. 시장환경분석', What은 'Ⅲ. 시장조사요약' 'Ⅳ. 사업목적 및 목표', How는 'Ⅴ. 사업추진전략' 'Ⅵ. 해결방안' 'Ⅶ. 사업운영방안'으로 나눌 수 있다. 기획서 목차가 기획사고의 흐름과 동일한 구조로 되어 있음을 알 수 있다.

기획서 핵심구조와 기획서 목차 간의 상관관계를 살펴보면 다음과 같다. 핵심구조의 왼쪽 목차부터 살펴보자.

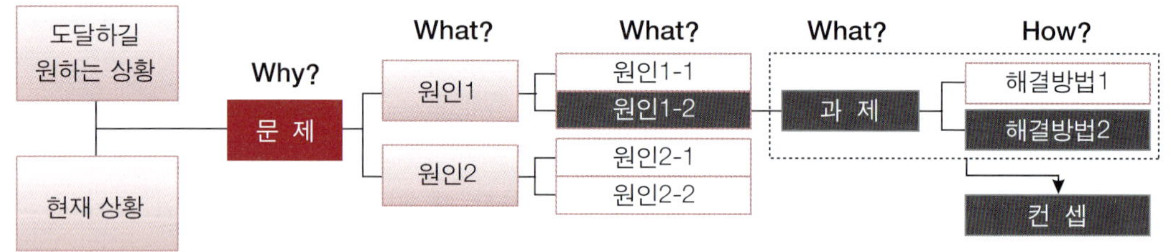

[도달하길 원하는 상황 & 현재 상황]

Why Tree의 왼쪽에 있는 [도달하길 원하는 상황]과 [현재 상황]은 기획서를 작성하게 된 본질적인 이유, 즉 문제를 찾아내기 위해 반드시 필요한 자료다. 기획서를 발표할 때 '내가 원하는 것이 이러저러한 데 지금 상황이 이러저러해서 기획서를 작성하게 되었습니다.'라는 말의 근거자료다. 물론 I. 기획의도부분은 기획서를 작성하게 된 이유와 기획을 통해 얻고자 하는 것을 간단히 정리한 부분이므로 [도달하길 원하는 상황]과 [현재상황] 중에서 핵심적인 내용만 간단히 정리하면 된다.

또한 [도달하길 원하는 상황]과 [현재 상황]은, 특히 [현재 상황]은 기획서에 다룰 주제의 시장상황을 정리한 부분으로, 기획서 목차 'II. 시장환경분석'의 근간이 되는 내용이다.

다만 기획서 목차에서 '시장환경분석'이 여러 가지 세부목차로 나눠진 것은 현재 상황을 정확히 이해하려면 최소한 네 개의 시장을 조사해야 한다는 점을 알려주기 위한 가이드라인(분석 프레임워크)이다. 일반적인 시장환경과 흐름을 이해하기 위한 '1. 시장동향분석', 자사에게 문제를 야기시킨 특정기업이나 상품 등에 대한 '2. 경쟁사분석', 변화하는 주변환경 속에서 자사가 처한 상황과 대응활동 등에 대한 '3. 자사분석'과 시장의 변화와 함께 특정 소비자의 욕구변화, 트렌드와 같은 '4. 소비자분석'이다. 따라서 기획서 핵심구조의 [현재상황]에 시장상황을 간략하게 정리해 놓으면, 물론 가설로, 실제 시장조사를 진행할 때 손쉽게 조사부분을 채워나갈 수 있다.

[문제-원인-과제]

[문제]는 내가 이 사업을 왜 하는지에 대한 이유다. 'IV. 사업목적 및 목표'에서 '1. 사업목적'에 해당하는 내용으로 '내가 원하는 것이 이러저러한데 현재 상황이 그렇지 않기 때문에 이를 해결하려고 한다.'이다. 앞선 예를 사용하면 '내가 원하는 몸무게는 45kg인데 현재 몸무게가 53kg라면, 문제인 45kg에 도달할 수 있는 방법을 구상하자는 것'이 기획서를 작성하게 된 목적이다.

[문제-원인-과제]의 Logic Tree부분은 기획서 목차 'III. 시장조사요약'의 내용 그 자체다. 이는 앞 목차인 'II. 시장환경분석'에 들어있는 내용을 정리하여 핵심만 요약한다는 생각으로 정리하면 좋다. 특히 '과제'는 기획서에서 중요한 위치를 차지하는 내용이기에 이 부분은 내용이 한 눈에 들어오도록 도형 등을 활용하여 작성하면 더욱 좋다.

[과제]는 'IV. 사업목적 및 목표'의 '2. 사업목표'에 해당하는 부분이다. 문제를 야기시킨 원인을 제거하려면 무엇을 해야하는가가 과제라면, 목표는 과제를 완성했다고 인정하려면 어떤 상황이나 수준이 되어야 하는지 정량적으로 표현한 내용이다. 예를 들어 취업하기 위한 방안을 작성하는 기획서라면 과제는 '자신의 스팩을 취업희망 기업수준에 맞춘다'로 정의할 수 있고, 목표는 앞선 사항을 보다 구체적으로 정의하여 졸업학점 3.8이상, 봉사활동 5회 이상, TOEIC 800점으로 설정할 수 있다. 다만, 기획서 핵심구조에서는 목표를 다루지 않았기에 기획서를 작성할 때 과제를 참고하여 목표를 추가로 수립해야 한다.

[컨 셉]

[컨셉]은 기획서 목차 'V. 사업추진전략'의 핵심내용이다. 이 부분에는 '1. 시장세분화'

'2.목표고객', '3.포지셔닝'같은 목차가 들어 있지만 이들은 모두 '경쟁컨셉'이란 결론을 도출하기 위한 과정이다. 컨셉은 [해결방안]에 들어 있는 내용을 한 마디로 정의한 문장으로, 사람들이 이 내용을 보는 순간 기획자가 원하는 것이 무엇이고, 결과적으로 어떤 모습을 만들고자 하는지 감을 잡을 수 있으면 된다. 기획서 핵심구조에서는 강조하지 않았지만 [컨셉]부분을 미리 작성할 수 있다면 나중에 기획서를 작성할 때 많은 시간을 단축할 수 있다.

[해결방법]

[해결방법]은 앞선 과제를 실행으로 옮기기 위한 실행방안을 정리한 부분으로 기획서 목차의 'VI.해결방안'에 해당하는 내용이다. 앞서 과제를 설정했다면 그 과제를 완수하기 위해 무엇을 어떻게 할 것인지 작성한 내용이다. 여기에 들어갈 내용은 흔히 마케팅 실행방안인 4P 또는 6P에 해당하는 내용들로 상품(Produbt), 가격(Price), 유통(Place), 홍보/판촉(Promotion), 사람(People), 정책(Policy) 등이다.

하지만 기획서 핵심구조 내용으로는 채울 수 없는 기획서 목차가 있다. 핵심구조 내용에서 다루기는 하지만 구체적으로 설명하지 않은 부분으로 다음과 같다. 이 부분은 기획서 핵심구조에 들어있는 내용을 참고하여 작성하면 된다.

첫째, [I. 기획의도 및 개요]의 [2. 사업개요] 부분이다.

[사업개요]는 기획서를 보는 사람이 그곳에 담긴 주요내용을 먼저 확인할 수 있도록 배려한 부분이다. 분량이 많은 기획서일 경우에 주로 사용하는 목차다. 본 내용은 기획서를 모두 작성한 후에 이를 요약한다는 마음으로 정리하면 된다.

둘째, [V. 사업추진전략]이다.

이 부분은 과제를 실행방안으로 옮기기 전에 실행방안의 범위와 목적지를 보다 구체적으로 정의하는 부분이다. 다수의 실행방안들이 하나의 목표를 위해 진행될 수 있도록 만들기 위한 가이드라인이다. 이 부분에 들어가는 내용은 기획서의 용도와 상황에 따라 다양하지만 마케팅 기획서에서는 기본적으로 시장을 나누고(시장세분화), 목표고객을 선정하고(목표고객 선정), 내 상품, 서비스의 최적위치를 찾은 다음(포지셔닝), 이를 한 마디로 정의하는(컨셉) 작업을 진행한다. 사업추진전략에서 중요한 것은 실행방안들이 하나의 목표를 향해 서로 연계되도록 하는 것이다.

셋째, [VI. 해결방안]이다.

기획서 핵심구조의 [해결방법]에는 어떤 해결방안을 제안할지 제목만 정리되어 있기 때문에 이를 기획서로 옮길때는 세부적인 내용을 추가해야 한다. 예를 들어 앞선 다이어트 사례의 해결방안을 살펴보면, 해결방안에 '출·퇴근 시 회사에서 30분 정도 걸어간다. 이를 위해 지하철 정류장과 회사 간의 거리를 확인한다'라고 정리되어 있다. 이를 기획서의 '실행방안'으로 옮기려면 다음과 같은 내용이 필요하다.

① 회사, 집까지 걸어서 30분 정도 거리에 있는 지하철 정류장이 어디인지 설명해야 한다.
② 30분 정도 걸어서 출·퇴근할 때 어떤 경로를 통해 갈 것인지 설명해야 한다.
③ 걸어서 출·퇴근할 때 준비물이나 복장 등에 대해 언급해야 한다.
④ 출·퇴근 복장이 근무복과 다른 경우에는 어떻게 조치할 것인지 설명해야 한다.
⑤ 특이사항을 확인하여 이를 처리할 수 있는 방안을 설명해야 한다.

넷째, [VII. 사업운영방안]이다.

이 부분은 앞선 해결방안을 실행하기 위해 필요한 인력과 자원, 일정, 비용을 산정하는 곳이다. 일정의 활동을 하려면 그 일을 진행할 사람과 돈, 자원이 필요하며, 일을 완수하려면 일정 이상의 시간이 필요하다. 이 부분에는 이와 같은 인력, 재무적인 내용을 정리하여 경영자가 특정업무를 승인하기 전에 해당업무에 소요되는 비용을 확인할 수 있도록 도와준다.

앞서 설명한 것처럼 기획서 핵심구조의 [문제-원인-과제-해결방안] 로직트리는 단순한 사고훈련을 위한 것이 아니다. 이는 기획서에서 요구하는 핵심내용들을 사전에 결정하는 것으로, 본 내용을 완성했다면 기획서 전체목차의 70~80% 내용은 완료한 것으로 봐도 좋다. 다만 기획서 핵심구조에는 기획서에 들어갈 내용들을 증거자료없이 간결한 문장으로만 표현한 상태다. 실제기획서를 작성하려면 앞선 내용들을 입증할 수 있는 증거자료를 첨부하고, 필요하다면 해당 내용들을 조금 상세하게 풀어쓰면 된다. 기획자는 기획서를 작성하기 전에 먼저 자신이 생각하는 내용을 [문제-원인-과제-해결방안]으로 정리해 보고 이 부분에서 논리적으로 문제가 없는지, 빠진내용은 없는지 확인해 볼 필요가 있다. 특히 문제와 원인, 원인과 과제, 과제와 해결방안 간의 인과관계에 문제가 없는지 살펴보는 것이 중요하다.

▼ 과 제

1. 기획서 핵심구조를 Logic Tree로 그려보고, 기획서 표준목차에 나온 세부목차들을 상기된 Logic Tree 항목 안에 배치해 보세요.

1) 기획서목차 중에서 기획서 핵심구조와 일치하는 목차로는 어떤 것들이 있나요?
2) 기획서목차 중에서 기획서 핵심구조로는 설명하기 어려운 목차로는 어떤 것들이 있나요?

(3) 기획서 핵심구조는 논리검증용

기획서 핵심구조는 기획서 내용을 논리적으로 검증할 때 활용하는 도구로 기획서의 앞뒤 내용을 인과관계구조로 연결시켜 준다. 특히 기획서의 전체내용을 Logic Tree 한 장으로 정리할 수 있어 여러 사람들이 하나의 주제를 갖고 토론할 때 유용하게 사용할 수 있다. 하지만 본 도구는 논리적인 분석방법이기에 기획자의 창의력을 도와주진 못한다. 남다른 해결방안을 개발하려면 별도의 작업이 필요하다.

기획서 핵심구조는 기획서에 담겨야 할 핵심내용들이다. 이곳에 담긴 내용만 글로 정리하면, 흔히 말하면 원 페이지 제안서(One Page Proposal)가 된다. 특히 기획서내용을 한 장의 도표로 만들 수 있어서 팀별 미팅을 할 때 요긴하게 사용할 수 있다. 다음과 같은 Logic Tree는 해당 주제의 상황분석, 문제와 원인, 이를 해결하기 위한 과제와 해결방안이 모두 들어있어 참석자들이 이를 보며 협의가 가능하다. 팀원들이 모여 초안에서 빠진 부분을 채우고, 잘못된 내용을 수정하면 기획서의 멋진 뼈대를 만들 수 있다. 필자도 기획회의를 할 때는 담당자에게 기획서 핵심구조를 Logic Tree로 발표해 달라고 요청한다.

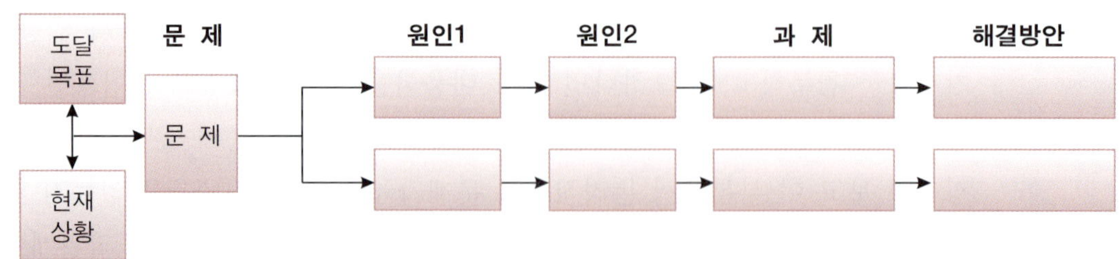

단, 기획서 핵심구조를 갖고 회의를 진행할 때는 몇 가지 유의할 사항이 있다.

첫째, 도표 맨 앞에 있는 도달목표(원하는 것)와 현재 상황을 가능한 한 세부적으로 정리할 필요가 있다.

물론 여기에 작성하는 내용은 구체적인 내용이 아니라 상대방이 전달내용의 의미를 이해할 수 있도록 제목이나 압축된 문장으로 표현하면 된다. 중요한 것은 자신이 주장하려는 시장상황을 빼놓지 말고 정리하는 것이다. Logic Tree를 보는 사람은 이 표에 들어가 있는 것이 조사내용의 전부라고 판단하고 놓친 부분이나 수정할 부분에 대해 자신의 의견을 말하게 된다.

둘째, 과제와 해결방안 사이에 [고객분석]이란 공간을 하나 더 추가해서 작성하는 것이 좋다.

현재 기획서 핵심구조의 Logic Tree에는 기획서에 담길 핵심내용만 담을 수 있다. 결론도출을 위한 중간사고와 검토과정은 생략되었다. 하지만 해결방안을 보다 효과적으로 구성하려면 마케팅에서 가장 중요한 '고객분석' 공간이 있어야 한다. 기획서의 해결방안은 '문제를 느끼는 고객에게 그들이 원하는 것을 원하는 방식으로 제공하는 것'을 모토로 삼는다. [고객분석]을 하지 않으면 기획서 핵심구조에서 제안하는 대부분의 해결방안들이 평범한 내용으로 나타날 확률이 높다. 문제-원인-과제를 논리적으로 따라왔기 때문이다. 따라서 보다 효과적이고 실질적인 해결방안으로 만들려면 수학공식처럼 만들어진 해결방안을 고객에게 맞게 조정해야 한다. 동일한 과제라도 20대 여성과 30대 남성에게 대입하는 방법이 다르고, 동일한 20대 여성이라도 직장여성과 학생에게 맞는 해결방법은 같을 수 없다. 고객을 구체적으로 정의하고 이들이 원하는 것을 해결할 수 있는 방안을 구성해야 한다.

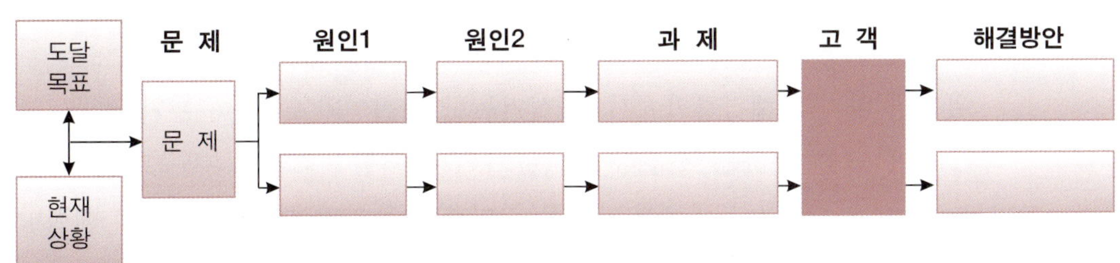

기획서의 핵심구조가 기획서의 모든 것을 결정해 주진 않는다. 용도에 한계가 있다.

기획서 핵심구조는 기획서를 작성하기 위한 도구다.

기획서 수업을 진행하다보면 [문제-원인-과제-해결방안]의 Logic Tree를 파워포인트 기획서에 그대로 담는 학생이 있다. 아마도 그만큼 중요하다고 생각했기 때문일 것이다. 하지만 기획서 핵심구조는 기획서의 전체적인 내용흐름을 한 눈에 파악하고, 기획서에 담을 내용들이 논리적으로 구성되었는지(인과관계가 성립되는지), 기획서에서 다뤄야 할 핵심요소가 모두 들어가 있는지 확인하는 작업이다. 기획서 핵심구조를 표현한 Logic Tree가 기획서에 들어갈 내용은 아니다.

기획서 핵심구조는 기획서의 생명인 창의성까지 보장해 주진 못한다.

예를 들어보자. 아래 내용을 기획서 핵심구조에 넣어보라.

문제 : 전화가 잘 터지지 않는다.

원인 : 기지국이 부족하다.(원인2: 기지국 설치에 비용이 많이 든다.)

과제 : 저렴하게 기지국을 만들 수 있는 방안을 모색한다.

해결방안 : 저렴하게 기지국을 개설할 수 있는 방법? … 가능한가?

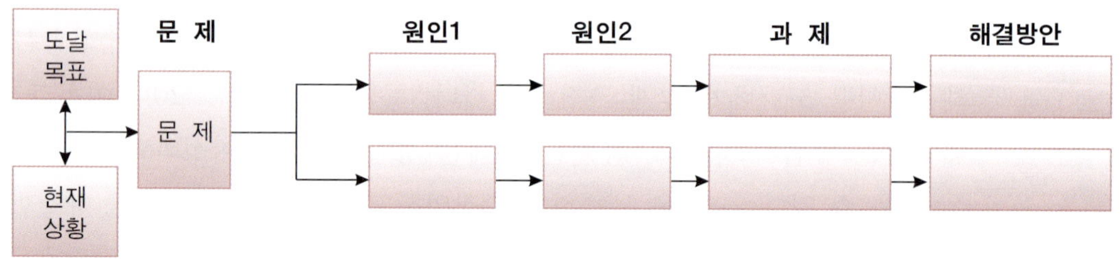

앞의 예처럼 기획서 핵심구조에 의해 내용을 논리적으로 이끌어 나가다보면 어느 순간 장애물에 봉착한다. 도달목표(원하는 것)부터 해결방안까지 논리적으로는 문제풀이를 해왔지만 마지막 해결방안에서 '현실가능한 해법인가?' '이미 누가 해 본 것 아닌가?'라는 질문에 답을 못하는 경우다. 이는 기획서 핵심구조인 '문제-원인-과제-해결방안'의 Logic Tree가 그 자체로서 해답을 찾아주지 못하기 때문이다. 특히 해결방안부분을 작성할 때에는 도움을 주지 못한다. 이 부분은 기획자의 정보력과 창의력에 근거한 결론이다.

아래 문제를 기획서 핵심구조를 통해 해결방안을 찾아보라.

문제1 : 화면이 작다.

문제2 : 전화요금이 비싸다.

문제3 : 휴대폰의 기능이 제한되어 있다. (전화/문자/간단한 사진촬영 등에서만 활용)

[스마트폰을 생각하면서 아래 Logic Tree에 해결방안을 만들고, 앞의 내용을 정리해 보라]

(문제1) 화면이 작다 – (과제1) 전면전체를 화면으로 만든다 – (해결방안1) 키보드는 터치식으로 전환한다.

(문제2) 전화요금이 비싸다 – (과제2) 무료로 사용할 수 있는 통신망을 활용한다 – (해결방안2) 인테넷 망을 통한 전화, 문자 서비스를 활용한다.

(문제3) 휴대폰의 기능이 제한되어 있다. – (과제3) 컴퓨터 기능을 수행할 수 있는 휴대용 CPU를 장착한다 – (해결방안3) 컴퓨터의 CPU 기능을 할 수 있는 휴대폰용 칩을 개발하여 탑재한다.

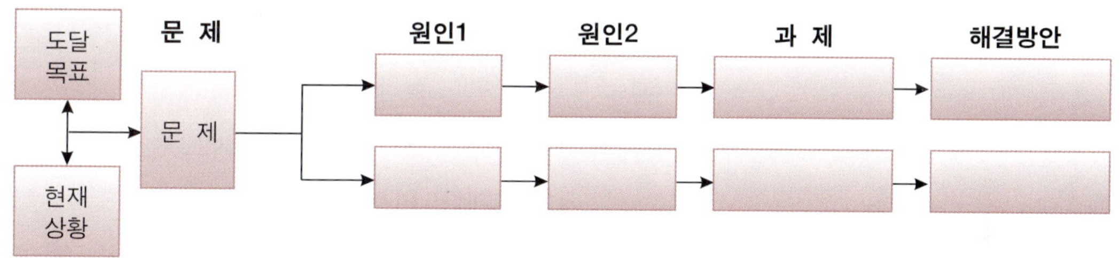

아마도 현재 사용하는 스마트폰을 생각하며 문제–과제–해결방안을 작성해보면 너무나도 당연한 결론이 아닌가 생각이 들 것이다. 이미 개발된 상품이고, 현재 우리가 앞에서 말한 해결방안으로 생산한 스마트폰을 사용하고 있기 때문이다. 하지만 스마트폰이 없었다면 이와 같은 해결방안을 만들어낼 사람이 몇 명이나 될까? 휴대폰분야에서 세계 최고를 자랑하던 삼성도 애플이 스마트폰을 개발할 때까지 앞선 문제를 이런 방식으로 풀어내지 못했다. 화면이 작다고 하니 화면을 좀 더 키우자는 생각정도였을 것이고, 전화요금이 비싸다는 문제에 대해서는 자신들은 통신사가 아니니 신경 쓸 이유도 없다고 판단했을 것이다. 게다가 휴대폰 기능이 제한되어 있다는 소비자 불만을 보면 '이게 휴대폰이지 컴퓨터냐?'라고 반박하지 않았을까?

기획서 핵심구조는 기획서 스토리라인의 일관성을 확인하고, 이들 내용의 논리성을 한 눈에 파악할 수 있도록 도와주는 좋은 도구다. 그러나 이것이 남다른 문제를 발견하고, 해결방안을 구상하도록 이끌어주진 않는다. 기획의 창의성은 기획주제에 대한 관심과 정보량에 달렸다는 것을 인식하는 것이 중요하다.

▼ 과제

1. 기획서를 작성하고자 하는 주제를 선정하여 기획서 핵심구조 Logic Tree를 대상으로 팀별 미팅을 하여 수정해 보세요. 진행순서는 아래와 같습니다.

1) 기획서를 작성할 주제를 선정한다.
2) 팀원 모두가 해당 주제에 대한 탐색조사를 실시한다.
3) 팀원 중 한 명이 대표로 자신이 조사한 내용을 근거로 기획서 핵심구조 Logic Tree를 만들어 미팅 때 발표한다.
4) 기획서 핵심구조 Logic Tree 초안을 팀원 미팅을 통해 수정, 보완한다.

Chapter 04

기획서 시작은 문제찾기

1. 문제찾기의 어려움
2. 올바른 문제와 과제찾기

1 문제찾기의 어려움

(1) 문제가 사람을 움직인다.

사람들이 뭔가를 찾고, 구매하길 원한다면 이유는 단 한 가지다. 현재 상황에서 뭔가 부족하거나 불편한 것이 있기 때문이며, 결국 원하는 것과 현재 상황 간의 차이인 문제를 해결하고자 하는 행동이다. 따라서 누군가를 움직이고 그의 지갑을 열게 하려면 그들이 해결하려는 문제를 찾아야 한다. 문제가 절실할수록 사람들은 문제해결을 위해 더 많은 노력을 기울일 수밖에 없다. 결국 상품과 서비스의 가치는 그것이 해결하고자 하는 문제가 얼마나 진지하고, 절실한 것인가에 달렸다.

기획은 문제를 찾아 이를 해결하는 방법을 정리하는 활동이다. 따라서 기획은 뭔가 부족하거나 원치않는 상황을 인식하는 데에서 시작된다. 현재 상황이 자신이 원하는 것과 다르다고 판단될 때 그것을 해결하려는 의지가 생기고, 이때 해결방법을 고민한다. 평범한 하루하루, 원하는 것도, 하고 싶은 것도 없는 상황에서는 문제의식도, 기획에 대한 필요성도 생기지 않는다.

이런 상황은 기업도 마찬가지다. 문제있는 사람들이 기업이 제공하는 서비스(해결책)에 가장 크게 반응할 사람이며, 자기 상품을 누군가에게 판매하려면 그들이 가진 문제를 풀어줘야 한다. 문제가 있다고 느끼는 사람들이 그것을 해결하기 위해 뭔가를 구입하기 때문이다. 따라서 기획자는 사람들이 느끼는 문제가 무엇이고, 그 문제를 가장 절실하게 느끼는 사람이 누구이며, 그들이 어디에서 어떤 모습으로 살고있는지를 찾는 데에서 업무를 시작한다고 해도 과언이 아니다.

예를 들어보자. 예전에 미국에서 인기를 끈 휴대폰이 있다. 버튼이 딱 3개밖에 없는 '초(超) 간단' 휴대폰이다. 요즘 젊은 사람들이 보면 '이게 무슨 휴대폰이야'라고 할 정도의 기계지만, 복잡한 것을 싫어하는 노년층에게는 무척 반가운 기기다. 이들은 제품설명서를 보며 복잡한 휴대폰 작동법을 익히는 사람들이 아니다. 이 휴대폰은 기능이 무척 간단한데, 위험한 상황에서 빨강버튼을 누르면 긴급구조인 '911'로 연결되고, 초록버튼을 누르면 교환원으로 연결돼 원하는 사람과 바로 통화할 수 있다. 또 노랑버튼은 평소 자신이 자주 사용하는 전화번호로 연결되는 단축키다. 자식이든, 남편·아내이든 그곳에 전화

지터백 휴대폰 그림

번호를 저장해 두고 버튼만 누르면 상대방과 통화할 수 있다. 미국의 한 주간지는 "버튼 3개의 단순한 휴대전화기가 미국시장에 출시된 이후 큰 인기를 끌고있다…이미 포화상태의 휴대전화시장이지만, 1억 명에 달하는 베이비 붐 세대(미국의 노년층)를 겨냥한 것이 주효했다"고 보도했다. 바로 노년층이 느끼는 문제를 해결해 주는 휴대폰이다.

그러나 요즘은 기획자들이 무척 어려운 상황에 놓여있다. 과거에는 모든 사람들이 원하는 상품을 개발하고 이를 대중매체를 통해 대대적으로 홍보하면 되었다. 소비자들이 느끼는 문제가 많지 않았고 소비가 미덕으로 통하던 시대였다. 그러나 지금은 상황이 다르다. 간단히 해결할 수 있는 문제가 많지않다. 게다가 상품이 다양하다보니 자신이 필요한 것을 찾지 못해 구입하지 못하는 경우도 별로 없다.

예를 들어보자. A사가 효과좋은 진통제를 개발했다. 이제 남은 것 판매이며, 이를 위해서는 몇 가지 요건을 충족시켜야 한다. 상품을 판매하려면 우선 진통제를 찾는 사람이 있어야 한다. 그러나 문제는 이런 고객을 찾았다 해도 이미 많은 진통제가 약국에 놓여 있다는 점이다. A사가 만든 진통제, 소비자 입장에서는 이름도 처음듣는 상품을 그들이 왜 구매하려 할까? 기존에 사용하던 진통제에 큰 불만이 있다면 모를까. 웬만하면 평소 사용하던 진통제를 구입하려고 할 것이다. 그래서 A사는 큰맘먹고 대중매체를 통해, 온라인 홍보매체를 통해 내 상품이 이런 특징이 있다고 알리기 시작했다. 그러나 또 문제가 생겼다. A사가 신제품을 선전할 때 그 내용에 귀 기울여줄 사람이 별로 없다는 점이다.

TV광고는 리모콘을 쥔 사람 손에 의해 넘어가고, 신문광고는 거들떠보지도 않는다. 그저 관심있는 기사보기에 급급할 뿐이다. 게다가 운이 좋아 상품광고를 누군가 봤다 치자. 그 사람은 이미 다른 상품을 쓰고 있을 것이다. 확실한 시장은 이미 누군가 선점했고, 그들 역시 자기고객을 놓치지 않으려 애를 쓰고 있다. 그러니 사람들은 A사 광고를 우연히 봤어도 '이런 게 있구나.'하고는 잊어버린다. 게다가 가격이 마음에 안 들어 상품을 구입하지 않는다면 시장자체가 없는것이나 다를 바 없다.

잠재고객 대부분은 우리 말을 듣지않고, 우리 상품이 남다른 뭔가를 제공하지 못하니 그것을 구입하지도 않는다. 게다가 시장조사기술 역시 발전되어 누구나 소비자를 안다. 우리가 경쟁사보다 더 확실한 문제를 찾아 이를 해결할 수 있다고 외치지 않는 한 소비자 곁으로 다가갈 수도 없다. 옥션에 들어가 상품옆에 붙어있는 구입자 수를 보라. 어떤 상품은 만 명 단위의 소비자가 구입하는 데, 어떤 상품은 2명, 또는 5명 정도가 구입하고 만다. 소비자들은 이미 넘치는 물건에 질려 있기에 색다르지 않으면 상품자체를 외면한다. 이미 만족하기에 따져보는 것 자체가 귀찮다.

세스 고딘(보랏빛 소가 온다, 세스 고딘, 재인, 2006.)은 이렇게 말한다. "이제는 필요를 느끼는 소비자야말로 당신의 해결책에 반응할 가능성이 가장 높은 사람들이다. 잠재고객이 누구든지 간에 그들의 문제를 해결해 줘야 한다. 즉 문제가 있음을 인지하고 있는 고객을 위해 당신이 해결해 줄 수 있는 문제에서부터 시작한다. 그리고 나서 너무나 리마커블한 해결책을 제안해서 전체 소비자중 얼리어답터들이 기쁘게 반응을 보이면 입소문을 퍼뜨릴 가능성이 가장 높은 사람들이 실제로 관심을 보일 매체를 통해 당신의 상품을 판촉하라."

소비자들이 느끼는 문제가 무엇인가? 이 질문에 대한 해답이 기업을 성공으로 이끌어 준다. 기획자는 각양각색의 사람들이 모인 다채로운 시장 속에서 그들이 가진 문제를 찾아내서 이를 멋지게 해결할 수 있는 뭔가를 제시해야 한다. 남들이 보지 못한 문제를 찾은 것, 이것이 남다른 기획서를 작성하는 시작점이다.

▼ 과제

1. 동료들과 특정상품을 골라 해당 상품의 문제를 찾아 현재 그 문제를 완벽하게 해결해 줄 수 있는 상품, 서비스가 있는지 조사해 보세요.

1) 현재 동료들이 특정상품에 대해 느끼는 문제

2) 상기된 문제를 해결해 줄 수 있는 상품 또는 서비스
3) 앞서 찾아낸 상품 또는 서비스가 그 문제를 얼마나 완벽하게 해결해 주는지 확인
4) 만약 3)번의 상품을 구입, 사용하지 않는다면 그 이유는?

* 특정문제가 있고, 그것을 해결해 줄 상품, 서비스가 있지만 그것을 구입하지 않는다면 해당 상품, 서비스는 해당 문제를 완벽하게 해결해 준 것이 아니라는 것을 기억하세요.

---

(2) 문제를 찾으려면 속마음을 알아야 한다.

문제는 누구나 찾을 수 있다. 그러나 상대방이 느끼는 진정한 문제는 겉으로 봐서는 모르며, 쉽게 찾은 문제는 이미 문제가 아닌 경우도 많다. 문제찾기가 어려운 이유는 사람들도 자신의 속마음을 잘 모르기 때문이다. 진정한 문제를 찾으려면 그들 마음에 담긴 것을 겉으로 끄집어 내야 한다.

날이갈수록 기획자의 역할이 중요해 지는 이유는 기획의 시작인 문제찾기가 점점 더 어려워지기 때문이다. 기획을 공부하는 사람들은 기획서를 쓰는 것 자체가 어렵다고 말하지만 필자 경험으로 볼 때 실제 어려운 것은 사람들이 공감하는 '문제다운 문제'를 찾는 것이다. 주변 사람들에게 물어보라. 지금 사용하는 상품이나 서비스에 무슨 문제가 있는지. 아마도 대답은 값이 비싸고, 사용하기 불편하고, 무겁고, 너무 복잡하다는 내용만 나올 것이다. 무거운 노트북, 잘 닦이지 않는 세제, 소음이 많이 나는 청소기와 같은 문제들은 대부분 기업의 노력으로 하나씩 사라지고 있다. 게다가 무엇을 구입할지 물으면 좋은 집, 멋진 인테리어, 고가의 스마트폰, 멋진식당 등 우리가 일반적으로 아는 것을 이야기할 뿐이다. 이런 세상에서 문제를 찾아 그것을 해결할 수 있는 뭔가를 만들어 내야 한다는 건 모래사막에서 오아시스를 찾는 것보다 더 어려운 일일 수도 있다. 하지만 문제는 분명히 있다. 단지 우리가 그것을 잘 모를 뿐이다. 정확히 말하면 소비자 자신도 문제를 잘 모르는 상황이다.

한 여성 월간지는 창간 전에 철저한 시장조사를 실시했다. 여성잡지 시장에서 후발주자이다 보니 기존 잡지와는 다른 참신한 포맷으로 잡지를 만들고 싶었다. 조사결과는 당시 잡지를 만드는 사람들의 인식과 많이 달랐다. 주부들이 낯 뜨거운 섹스이야기나 루머 일색의 기존 잡지들에 식상해 있다는 점이었다. 주부들은 비싼 돈주고 사보는 잡지가 연

예인 가십같은 것만 들어있다고 불평했다. 그들은 이런 것보다 주부일상에 도움을 줄 수 있는 유익한 정보가 많이 담겨있길 원했고, 그런 정보만을 담은 잡지가 나온다면 응답자의 95%가 구독하겠다고 답했다. 여성잡지 편집장은 조사결과에 근거하여 3無(無 섹스, 無 루머, 無 스캔들)컨셉을 강조하며 잡지를 출간했다. 하지만 결과는 어떠했을까? 초기 판매부수가 미미한 상황에서도 몇 년을 버텼지만 결국 17호를 끝으로 문을 닫았다.

왜 이런 일이 벌어졌을까? 이게 바로 양적 조사의 한계다. 당시 잡지를 책임진 편집장은 정량적 조사가 '고객의 숨겨진 욕구를 찾기 어렵다'는 약점을 간과했다. 말로 표현되는 욕구보다 겉으로 드러나지 않은 숨겨진 욕구가 훨씬 더 많다는 것을 고려하지 않음으로써 주부들의 진정한 욕구를 파악하지 못했다. 소비자의 구매결정은 경제학이론처럼 이성적인 측면이 강하지 않다. 습관적으로 이뤄지는 경우가 많으며, 감정이 큰 역할을 한다. 특히 신제품에 대한 조사는 조사자가 원하는 것을 얻기 어렵다. 소비자 자신이 사용해 보지 못한 상품을 어떻게 평가하겠는가. 소비자들에게 설문지를 나눠주고 무엇이 문제이고, 필요한 것이 무엇이냐고 질문하면 당연한 대답만 나온다.

품질경영의 대가인 W.E.Demimg은 이렇게 말한다. "고객에게 물어보지 마라. 고객은 알고 있는 것이 없다. 누군가에게 유익할 것을 만드는 것은 전적으로 생산자에게 달려있다. 모든 고객은 여태까지 무엇을 만들어 본적이 없는 사람들이다. 고객이 무엇을 사고 싶어하는지의 예측은 생산자가 해야 할 업보다."

클로테르 라파이유(컬처코드, 클로테르 라파이유, 리더스북, 2007.)의 문제발견사례를 살펴보자. 1990년 말 지프차인 '지프 랭글러'는 미국 시장에서 옛 지위를 되찾기위해 몸부림쳤다. 한 때는 SUV(스포츠유틸리치차량)를 대표하던 차였지만, 얼마전부터 더 크고 화려한 SUV에게 자리를 내 주었다. 크라이슬러는 이 차로 인해 기로에 서 있었고, 전면적인 개조를 심각하게 고려했다. 광범위한 시장조사를 위해 수십 개의 포커스그룹 인터뷰를 시행했고, 그 결과 좀 더 화려한 자동차 내부, 착탈식이 아닌 고정식 문, 컨버터블 형이 아닌 고정식 지붕이었으면 좋겠다는 조사결과를 받았다. 간단히 말하면 산이나 거친도로를 달리던 차를 세단형으로 만들어 달라는 말이다. 클라이슬러 경영진은 개발자에게 소비자들이 원하는 대로 새로운 차를 만들어 내라고 지시했다.

그때 클로테르 리파이유가 조사결과에 의문을 품었다. 그는 경영진에게 시간을 달라고 하고는 다시 소비자조사를 실시했다. 하지만 일상적인 설문지 조사방식은 아니었다. 그는 소비자에게 지프의 좋은 점과 개선할 점이 무엇이냐고 묻지않고 지프에 대한 최초의 기억을 말해 달라고 질문했다. 소비자의 '인식넘어'에 있는 지프에 대한 기억과 이미지를

지프 랭글러

찾기 위함이다. 그는 지프에 대한 소비자 답변을 분석하면서 되풀이 되는 이미지 하나를 발견했다. 미국인이 자동차에 대해 가진 일반적인 이미지, 또 앞선 시장조사에서 얻은 결론, 즉 안락함, 튼튼함, 고성능, 멋, 자신감, 부의 상징 등과는 다른 것이었다.

클로테르 리파이유는 조사결과를 통해 이렇게 결론지었다. “미국인이 지프에 대해 갖고 있는 핵심코드는 말(Horse)이다. 말은 화려한 장비도 없고, 안장도 거친가죽이며 안락하지도 않고 부를 의미하지도 않는다. 미국의 서부개척시대, 조상들이 말을 타고 황야를 질주하며 신세대를 개척하던 당시의 추억이다.” 이와 같은 결론은 일전의 조사결과와는 상반된 개념으로 소비자들은 지프에 대해 세단과 같은 안정감, 편안함이 아닌 말이 가진 자유스러움과 거친 이미지, 그리고 도로와 상관없이 달려갈 수 있는 강인함을 원한다는 의미다. 따라서 지프 랭글러의 문은 떼었다가 붙일 수 있는 착탈식이어야 하고, 지붕도 붙였다 땔수있는 개폐식이어야 한다. 운전자들이 말을 몰듯이 온 몸으로 바람을 느끼고자 하기 때문이다. 클로테르 라파이유가 경영진에게 전달한 결론은 ‘기존의 모양을 바꾸지 말고, 기존의 이미지를 더욱 강화시킨다.’였고, 이와 같은 이미지 강화전략은 큰 성공을 거뒀다.

사람들은 누가 자신의 관심사나 취향을 물으면 자기생각보다 질문자가 원하는 답변을 하려는 경향이 있다. 질문에 답할 때는 감정이나 본능보다 이성을 사용하기 때문이다. 그리고 이때 대답은 대부분 진실이 아니다. 예를 들어 한 여성을 실험실로 불러 자리에 앉힌 후 최면을 걸었다. 최면상태에서 그녀 손에 우산을 주고 그것을 펼쳐들게 했다. 그 후 그녀를 최면에서 깨어나게 한 후 그녀에게 물었다. “왜 실내에서 우산을 들고있나요?”

당황한 그녀는 이렇게 대답했다. "좀 전에 비가 오지 않았나요?" 일단 대답을 하고, 그 대답에 합리적인 이유를 맞추는 것이 인간이다. 그러다보니 그들 답변에 의존하고 있는 우리도 그들과 마찬가지로 진정한 문제를 찾지 못한다.

잘트먼교수는 1995년에 이와 같은 양적조사의 한계를 극복하기 위해 'ZMET(잘트먼 은유유도기법)'을 개발했다. 이는 다수 응답자를 대상으로 한 설문조사가 아니라 소수를 대상으로 1대1 면담으로 진행하는 조사다. 조사방식은 이렇다. 우선 참여자에게 특정상품 또는 브랜드에 대해 2주 정도 생각해 보게 한다. 그리고 그때 자신의 느낌이나 생각을 표현해 주는 사진, 그림 등 이미지를 모으도록 한다. 어떤 그림이든 상관없다. 자기 생각을 잘 표현했고, 그것을 보면서 당시 느낌을 설명할 수만 있으면 된다. 이 후 조사자는 심층면접을 통해 응답자가 그림을 보며 생각한 내용을 수집하여 그 속에 담긴 상품의 이미지를 해석하고, 소비자의 사고틀을 분석한다. 12~20명의 고객에게 실시하여 대답의 유사성이나 특성을 찾아 공통테마를 파악하고 이를 다시 콜라주나 모자이크로 재창조하여 소비자의 정신세계를 설명하는 방식이다. 모토로라도 이와 같은 방식으로 상품 이미지를 개발했는데 효과가 좋았다고 한다. 이들은 보안장비를 개발하는 과정에서 상기 조사방법을 사용했고, 결과적으로 조사참여자들이 보안장비를 보며 개의 이미지를 떠올린다는 것을 발견했다. 즉 응답자들은 보안장비를 보면서 '주인에게 충성스러운 든든한 개'를 연상했고, 이 서비스를 통해 누군가 지켜주고 있다는 안락함과 안전감을 느끼고 싶어한다는 것을 알 수 있었다. 그리고 이와 같은 이미지를 자사 상품홍보에 적극 활용했다.

클로테르 라파이유는 소비자 마음을 알려면 다음처럼 해보라고 한다.

첫째, 외계인처럼 '직업적인 이방인 노릇을 해야 한다. 조사대상자에게 '나는 완전히 문외한이어서 어떤 제품의 작동방법이나 매력 또는 그 상품이 불러일으키는 감정 등을 이해하려면 당신의 도움이 필요하다.'고 말한다. 그리고 '그것이 무엇이며, 어떻게 사용하면 되는지 상세히 알려달라'고 요청한다. 예를 들어 '콜라'를 가리키며 '저것이 뭔가요?'라고 질문한다. 그러면 상대방은 청량음료라고 답할 확률이 높다. 그러면 다시 묻는다. "청량음료가 뭔데요." 외계에서 온 사람이 청량음료는 고사하고, 물이란 단어조차 알리가 없다.

둘째, 신문이나 잡지 등을 주고 해당 상품이나 물건과 관련된 내용을 뜯어 붙이게 한 다음, 그것들이 무엇을 의미하는 지 물어본다. 이런 과정을 통해 응답자가 정의하진 못해도 가슴 어딘가에 담고 있던 생각들을 겉으로 끄집어 낼 수 있다.

셋째, 마루에 베개를 베고누워 뇌파가 수면직전의 평온한 상태에 도달했을 때 질문자의 어린시절로 돌아가 해당 상품에 대해 이야기 한다. (최초기억, 처음 맛봤을 때의 느낌 등) 자동차 선택요소를 물어보면 일반적인 답변은 '뛰어난 연비, 안정성, 우수한 기계설비 등'이다. 하지만 이런 방식으로 자동차에 대해 알아보면 앞선 결론과는 다른 답이 나올 수 있다. 가슴속에 각인된 내용은 처음 자동차 열쇠를 쥐었을 때의 느낌(해방감), 과거에 생산된 차에 대한 느낌, 자동차 뒷좌석에서 처음으로 성적경험 등이다. 이런 생각들을 살펴보면 사람들은 자동차를 통해 성능이나 기능적인 측면보다 뭔가 독특한 것을 경험하길 원한다는 것을 알 수 있다. 예를 들면 '자유'나 '관능적인 경험'과 같은 것이다.

우리는 '창조성'을 남다른 해결책을 찾는데에 주로 활용한다. 남다른 해답을 원하는 세상이기에 더욱 이 점을 강조한다. 하지만 남이 보지 못하는 문제를 찾는 것, 다함께 봤지만 그들이 무시한 부분을 집어내는 능력, 이것 역시 매우 중요한 창조성이다.

▼ 과 제

1. 아래 내용을 읽고 물음에 답해 보세요.

클라이슬러는 자동차를 고친 후 지프 랭글러의 판매를 위해 광고를 새로 제작했다. 이때 클로테르 라파이유의 의견을 받아들여 '과거 미국의 선조들이 타고 다니던 말'의 이미지를 최대한 살렸다. 광고내용은 이렇다. 한 어린아이가 개 한 마리와 산 속을 뛰어다니고 있었다. 그런데 개가 낭떠러지로 떨어졌다. 놀란 아이는 비명을 지르며 개가 떨어진 낭떠러지를 내려다봤다. 다행히도 개가 나뭇가지에 매달려 있었다. 아이는 산을 내려와 길가에 서서 지나가는 차를 보며 도움을 청한다. 그러나 아이는 차만보면 도와달라고 손을 흔든 것이 아니다. 세단형 자동차가 지나가고, 미니밴, SUV도 그냥 지나갔다. 마침내 지프 랭글러가 다가왔을 때 아이는 운전자에게 도움을 청했고, 운전자는 기꺼이 도와주겠다며 아이를 태우고 낭떠러지로 차를 몰았다. 아슬아슬한 산악지형을 거침없이 올라간 지프 랭글러 운전자는 차에서 내려 개를 구해줬다. 아이가 개를 끌어안고 운전자에게 고맙다는 인사를 하려 돌아섰지만, 지프는 이미 방향을 돌려 산 아래로 내려가고 있다.

1) 이 광고에서 연상되는 것이 무엇인가?
2) 그럼 이 회사가 지프 랭글러를 프랑스에서 판매할 때 어떤 광고를 시작했을까?

(3) 관심어린 시선만이 진정한 문제를 찾는다.

사람의 마음을 이해하려면 조사기법 이외의 무엇이 필요하다. 조사기법은 조사시점의 단편정보는 얻을 수 있지만, 한 인간이 갖고 있는 깊은 의중을 파악하는 데에는 한계가 있다. 동일한 문제도 사람마다 문제를 느끼는 이유가 다르고, 문제를 해결하여 얻고자 하는 것도 다르다. 이런 복잡한 인간 마음을 이해하려면 평소 그들을 유심히 관찰해야 하며, 이와 같은 자세는 대상에 대한 관심에서 비롯된다.

남다른 문제를 찾으려면 양적조사와 질적조사를 함께 진행해야 한다. 겉으로 드러난 생각을 정확히 이해하려면 속에 담긴 느낌을 심층적으로 분석해야 한다. 하지만 아무리 전문적인 조사기법을 활용해도 '대상에 대한 관심'없이는 조사결과를 제대로 이해하기 어렵다. 질적조사결과도 이를 활용하려면 응답자에 대한 사전지식이 필요하며, 이런 정보는 그들을 관심어린 눈으로 바라볼 때만이 얻을 수 있다. 부모가 자식의 욕구를 정확히 아는 이유는 아이의 마음을 느끼고 싶어하는 부모의 관심 때문이고, 간호사가 환자의 아픔을 이해하는 것도 그들을 진정으로 도와주고 싶은 마음이 있기 때문이다. 문제찾는 책이 수없이 많고, 창의성, 창조력에 대한 지식도 넘치는 세상이지만 그것들이 진정한 문제를 찾아내는 데에는 도움이 안 될 수도 있다. 실제문제를 찾고자 하는 사람은 문제자체를 찾는 것이 아니라 누군가가 행복해지길 원하는 사람이다.

상대에 대한 관심이 문제발견에 얼마나 중요한지는 아사히야마 동물원을 살펴보면 알 수 있다. 아사히야마 동물원은 겨울에는 영하 25도까지 떨어지는 홋카이도 아사이카와시에 위치한 동물원이다. 1967년 개원하여 2006년에는 연 관람객 수 300만 여명이나 되는, 도쿄 중심부에 있는 우에노 동물원과 맞먹는 동물원이 되었다. 하지만 처음부터 이런 동물원은 아니었다. 1982년만해도 시에서 동물원 시설에 대한 투자를 중단했고, 1995년에는 시의회에서 폐원을 논의할 정도로 인기없는 동물원이었다. 당시 레저붐이 일면서 동물자체보다는 놀이기구에 더 많은 투자를 하고, 동물에 대한 투자가 줄어드니 동물원 기능이 약화되고, 이로 인해 관람객 수도 줄 수밖에 없는 악순환의 연속이었다. 하지만 아사히야마 동물원은 이와 같은 악순환 고리를 잘라내고 일본 제 1의 동물원으로 성장했다. 인구 35만 여명의 시립동물원이 어떻게 인구 1,200만 여명이 살고있는 동경도립 우에노 동물원을 이길 수 있었을까? 많은 사람들이 아사히야마 동물원에 관심갖는 이유가 바로 여기에 있다.

이병욱(창조적 디자인 경영, 이병욱, 국일미디어, 2008.)은 이렇게 말한다. "아사히야마 동물원 이야기가 일본 사람의 눈물샘을 자극하며 인기를 끌었던 이유는, 동물들의 생명을 가장 최고의 가치로 여기는 동물원 사람들의 사랑과 배려가 있었기 때문이다. 가장 중요한 생명의 가치는 언제나 사람들을 감동시킨다는 평범한 진리를 다시 한 번 일깨워주는 계기가 되었다." 특히 1975년 이래 30여 년간 지속된 사육사들의 자발적인 학습모임은 이 동물원을 최고의 동물원으로 만드는 데 큰 기여를 했다. 사육사들의 토론주제는 동물들을 스트레스없이 야성의 모습으로 살아가게 도와주는 방법이었다.

'살아있는 동물원'을 만든다는 것, 당연한 말 같지만 실상은 그렇지 않다. 살아있는 동물을 보려고 동물원에 갔지만 동물들은 대부분 졸거나 자기 집에서 나오지도 않는다. 어쩌다 한 번 움직여도 사람들이 귀찮다는 듯이 구석에서 잠시 이동할 뿐이다. 그러다보니 관람객들은 야생 그대로의 동물을 보려고 찾아갔지만 그저 죽지않은 동물을 볼 수 있다는 것에 만족할 수밖에 없는 상황이었다. 아사히야마 동물원의 놀라운 점은, 사육사들이 동물원의 존재이유를 '살아있는 동물'을 보여주는 것이고 살아있는 동물을 보여주려면 동물들이 '살아있어야 한다.'는 것을 깨달았다는 점이다. 그리고 동물원의 주변환경과 '우리(동물을 가둔 공간)'를 본질적으로 개조하기 시작했다. 사육사가 관리하기 편하고 관람객이 보기 편한 구조가 아니라 동물들이 가장 자연스럽게 살아갈 수 있는 모양이다. 이와 같은 아사히야마 동물원의 변화는 단순한 장사속이 아니라, 동물을 사랑어린 눈으로 바라보고 진심으로 그들이 행복하게 살아가길 바라는 사육사들의 마음이 있었기에 가능했다.

한창욱과 김영한은(펭귄을 날게하라, 한창욱, 김영한, 위즈덤하우스, 2007.) 사람들이 '진정한 문제'를 찾고 이를 효과적으로 해결하려면 다음의 세 가지가 필요하다고 한다. '따뜻한 마음', ''따뜻한 지식', '따뜻한 시선'이다.

'따뜻한 마음'은 상대방을 가족처럼 사랑하는 마음이다. 하루는 한 세일즈맨이 당직을 서는 날이었다. 그날밤 열시에 어떤 할머니에게 전화가 왔다. 집에 보일러가 고장나서 보일러 가게 전화번호를 알려달라는 전화다. 귀찮아서 114에 전화하라고 전화를 끊으려는 순간, 옆에 있던 선배가 수화기를 낚아채 전화를 받았다. 노인을 안심시킨 후 보일러 가게에 전화를 했지만 아무도 전화를 받지 않았다. 그때 선배는 숙직실에 있는 전기장판을 들고 노인집으로 택시를 타고 달려갔다. 다음날 선배에게 물었다. 어떻게 그런 행동을 할 수있냐고. 선배는 이렇게 대답했다. "나는 단지 실적을 올리기 위해서 그런 건 아니다. 나는 고객을 대할때 부모가 자식을 대하듯, 때론 자식이 부모를 대하듯이 한다. 노모가 보일러가 고장나서 냉방에서 밤을 새워야 할 판인데 달려가 보지않을 자식이 어디있겠는가?" 고객이 원하는 것을 찾아주고, 불편한 것을 해결하기 위해 마음쓰면 발상의 전환이 이뤄진다.

'따뜻한 지식'은 업무 이외의 지식을 말한다. 업무와 관련된 지식만 쌓다보면 응용력이 떨어진다. 발상의 전환을 하려면 다양한 지식세계를 경험해 볼 필요가 있다. 다만 단순한 지식을 쌓은것은 별 의미가 없다. 지식을 쌓되 그 밑바탕에는 고객의 편의를 진심으로 생각하는 따뜻한 마음이 깔려있어야 한다. 그래야 발상의 전환이 가능하다.

'따뜻한 시선'은 고객중심의 눈이다. 모든 일을 고객의 입장에서 보고 생각하는 것이다. 다양한 고객을 만나 이야기를 나누다보면 그들이 불편해 하는 게 무엇이고, 원하는 게 무엇인지 알 수 있다.

문제를 찾는 것은 쉽다. 비판하거나 잘못된 것을 찾아내는 것만큼 쉬운 게 어디있겠는가. 하지만 진정한 문제를 찾으려면 남다른 시선이 필요하다. 그리고 이때 창의력이 요구된다. 하지만 창의력의 본질은 기술이나 지식이 아니다. 분석하는 것과는 또 다른 차원의 무엇으로, 누군가를 행복하게 해주고 싶다는 따뜻한 마음과 시선이다. 그런 시선만이 상대방 가슴속에 담겨있는 숨은 문제를 발견할 수 있다.

▼ 과 제

1. 진정한 문제를 찾으려면 [따뜻한 마음] [따뜻한 지식] [따듯한 시선]이 필요하다고 말했습니다.

1) 자신이 찾은 '문제'를 따뜻한 마음으로 찾으려면 어떻게 해야 하는지 설명해 주세요.
2) 자신이 작성하려는 기획서를 위해 필요한 [따뜻한 지식]은 어떤 것들이 있는지 설명해 주세요.
3) 자신이 문제를 찾을 때 [따뜻한 시각]으로 상대방이나 대상을 살펴본 경험을 말해 주세요.

2 올바른 문제와 과제찾기

(1) 문제를 정확히 인식하는 방법

기획은 문제찾기에서 시작한다. 남이 보지 못한 문제를 찾아낸 것만으로도 절반은 성공한 것이다. 하지만 남다른 문제를 찾아내는 것이 쉬운 일은 아니다. 문제를 찾으려면 우선 내가 원하는 것이 무엇이고, 그것이 실현 가능한 것인지 확인해야 하며, 현재 상황에 대해서도 면밀히 살펴봐야 한다. 문제는 내가 원하는 것과 현상 간의 차이이기에 앞선 두 가지 내용이 분명치 않으면 문제도 정확하게 정의할 수 없다.

문제는 기획의 핵심구조 중 'Why Tree'의 결론이며, [도달하기 원하는 상황]과 [현재 상황] 간의 차이로 인해 발생한 상황이다. 장학금을 받고 싶은데(원하는 것) 장학금을 받을 수 있는 조건이 안 되어(현실) 장학금을 받지 못하면 그것이 문제이고, 취업하고 싶은 데(원하는 것) 자신을 받아주는 곳이없어(현실) 취업하지 못하는 상황(현실)이 문제다.

어찌보면 간단하고 당연한 것처럼 보이는 문제. 하지만 의외로 문제찾는 것을 어려워하는 사람들이 많다. 이런 학생들에게 어떤 것을 주제로 기획을 할 것인지 물으면 고개를 갸우뚱하며 '글쎄요…문제가 있긴한데 그게 기획서를 쓸 정도의 문제는 아니라서…'라고 답변한다. 문제 그 자체를 찾으려 하기 때문이다. 문제를 찾으려고 문제자체만 바라보면 세상 모든 일이 문제가 될 수도 있지만, 반면에 문제가 없다고 생각하면 어떤 것도 문제가 되지 않는다. 살아가는 데 그리 불편하지 않으니까 말이다.

문제를 정확히 인식하려면

첫 번째, 내가 원하는 것이 분명해야 하고, 이를 구체적으로 묘사할 수 있어야 한다.

문제란 내가 처한 상황, 내 앞에 놓인 현실을 바라보며 '이게 다인가? 더 나은 무엇인가가 있을텐데…'라는 문제의식에서 시작하여 '이렇게 되었으면 좋겠다'는 바람직한 모습을 상상할 때 나타난다. 내가 원하는 것을 단순히 '이렇게 되었으면 좋겠다'는 정도에서 그치면 희망사항밖에 되지 않는다. 말 그대로 '되면좋고, 안 되면 마는 사항'이다. 내가 원하는 것을 상대방에게 말했을 때 그가 '아. 당신은 그런 꿈을 갖고 있군요.'하고 이해할 수 있을 정도로 묘사할 수 있어야 한다. 예를 들어 취업하고 싶다면 어떤 회사에 언제까지 취업하고 싶은지, 돈을 벌고싶다면 언제까지 얼마만큼 벌고싶은지, 매출을 올리자면 어느 시점까지 어느 정도의 매출을 올릴것인지 목표의 수준과 범위, 더 나아가 시기 등을 구체적으로 정의할 수 있어야 한다.

기획자에게 어려운 것은 '내가 원하는 것(목표)'이 한 순간에 '아! 바로 이거야!'하고 떠오르진 않는다는 점이다. 앞서 사람들이 문제를 잘 모른다는 것도 바로 자신이 원하는 것을 잘 모르기 때문이다. 따라서 자신이 원하는 것을 찾으려면 '조금 불편한 것 같아.' '이건 왠지 마음에 안 들어.' '더 좋은 건 없을까?' 수준의 문제의식을 유심히 바라볼 필요가 있다. '왜 이런 문제의식을 느꼈을까?'라는 질문에 대한 답을 고민하다보면 자연스럽게 자신이 원하는 것이 무엇이며, 어떤 요소들로 이뤄졌는지 그림을 그릴 수 있다. 물론 이때 그 분야에 대해 자료도 찾아보고, 문제의식을 야기시킨 상품이나 서비스, 장소, 공간도 살펴보면서, 필요하다면 그 일과 관련된 사람을 만나 이야기도 나눠봐야 한다.

두 번째는 '현상파악'으로 내가 처한 상황을 파악해야 한다.

현상파악을 하는 이유는 내가 원하는 것과의 차이를 찾아 문제를 정의하기 위함이다. 그러나 현상파악의 용도가 문제찾기에서 끝나는 것은 아니다. 문제가 발생한 원인, 과제와 해결방안에 대한 벤치마킹, 경쟁사와의 차별화를 위한 컨셉과 포지셔닝, 더 나아가 내가 원하는 목적지에 대한 대부분의 근거가 이곳에 담겨 있다.

현상파악은 단순한 질문에서 시작한다. '무엇이 불편하지?' '뭔가 잘못된 것은 없나?' '더 낫게 할 수 있는 방법은 없을까?' '이게 전부인가?'와 같은 질문들이다. 이런 질문들을 머리에 담고 자신이 쓰고 있는 상품이나 서비스를 바라보면 그것들이 자신이 원하는 것과 어느 정도 차이가 있음을 알 수 있다. 처음부터 복잡한 조사계획을 세우고 시작하는 것보다 이런 질문에서 현상을 파악하는 것이 훨씬 효과적이고 전문조사에서는 놓치기 쉬운 숨겨진 문제도 찾아낼 수 있다. 예를 들어 자신은 필요한 기능만 있는 저렴한 상품을 원하는 데 현재 상품들은 복잡한 기능의 고가상품이라 가격이 불만스럽다면, 현재 상품들이 어떤 기능을 갖고있고, 이런 상품들이 몇 개나 되며, 이들을 생산, 판매하는 회사가 어떤 회사이고, 그들이 어떻게 마케팅활동을 하는지 찾아보면 된다. 그러다보면 자연스럽게 추가적인 질문이 만들어지고 그때 현상분석 범위를 하나씩 넓어가면 된다.

세 번째, 문제와 문제점을 구분한다.

'문제'는 내가 원하는 것과 현재 상황 간의 차이이지만 여기에는 '문제'와 '문제점'이 있다. '문제점'은 일반적으로 내가 원하는 것과 현실 간의 차이를 보이는 모든 것이지만 문제는 이들 중에서 내가 해결할 수 있는 것들이다. 우리는 세상의 문제점을 모두 해결할 수 없으며, 그런 시도 자체가 무의미하다. 따라서 우리는 문제점, 즉 내가 원하는 것과 현실 간의 차이,들 중에서 내가 해결할 수 있는 몇 가지 문제를 선택하여 이의 해결방안을 작성해야 한다.

올바른 목적지(문제)를 선택하려면 다음과 같은 사항을 고려해야 한다.

첫째, 내가 설정한 목적지가 현실가능한 목적지인지 따져보는 것이다.

내가 원하는 것이 아무리 좋아도 해결할 수 없는 것이면 그림의 떡이다. 뭔가를 해결하려면 이를 위해 자원, 즉 인력, 자금, 기술 등이 필요하다. 그런데 목적지 자체가 내가 가진 인력자원이나 지식, 기술로는 도달할 수 없는 것이거나 외부에서도 이러한 것을 진행할만한 자원을 얻을 수 없다면 그것은 달성 불가능한 목표다.

예를 들어보자. 노트북을 사용하는 사람들이 원하는 게 있다면 당연히 성능, 가격과 무게이고, 기업들도 그런 노트북을 만들려고 노력하고 있다. 그러다보니 인텔에서는 최신 CPU를 개발하여 울트라북이란 노트북 기준까지 만들어 냈다. 이제 노트북 무게는 점차 줄어들어 1kg 내외의 노트북까지 판매되고 있다. 하지만 문제는 가격이다. 부품가격 때문에 생산자도 어찌 할 수 없는 마지노선 가격이다. 이런 상황에서 내가 원하는 노트북의 무게는 0.8kg이고, 최신의 CPU를 장착한 채 50만 원대의 노트북을 만들겠다고 목표를 설정한 들 그것이 가능하겠는가. 물론 언젠가는 가능하겠지만 지금은 아니다.

내가 원하는 것을 만들려해도 그것을 뒷받침해 줄 수 있는 자원이 없다면 처음 시작할 때 '와! 멋지다"해 놓고 중간에 포기하게 된다. 불가능한 것을 하겠다고 나서기보다 기획을 시작하기전에 실현 불가능한 것은 미리 배제할 수 있는 여지를 만들어 줘야한다. 기획자는 불가능한 것을 가능하게 만드는 것이 아니라 가능성이 있는 것을 확실하게 만드는 사람이다.

둘째, 내가 설정한 목적지가 올바른 방향으로 결정된 것인지 점검해 볼 수 있다.

기획은 미래를 위한 것이지 과거를 생각하는 건 아니다. 기획서에 담긴 내용은 기획서가 승인된 후 짧으면 6개월, 길면 2~3년 뒤의 미래다. 따라서 내가 설정한 목적지가 올바른 방향으로 설정되었는지 확인하는 것은 매우 중요하다. 이런 일은 없겠지만, 특별한 이유도없이 이미 대부분의 디지털자료가 온라인으로 거래되는 상황에서 이를 매장에서만 팔겠다고 기획해서는 안된다는 말이다. 단 몇 분이면 1~2기가의 동영상 파일을 컴퓨터로 다운받을 수 있는 세상이 되었기 때문이다. 특히 요즘같이 1년이면 강산이 변하는 세상에서는 세상의 흐름과 테크놀로지의 발전속도, 이에 따른 소비자의 욕구변화를 예상하고 목표를 설정해야 나중에 당황하지 않는다. 요즘은 오늘의 히트상품이 내일이면 폐품이 되는 세상이다. 트렌드분석은 기획자에게 기본적인 사항이 되었고, 이런 변화흐름을 사전에 확인하지 않은 채 목표를 설정하면 나중에 네안다르탈인(원시인을 대표하는 지칭)이란 말을 듣기 십상이다.

기획자는 자신이 다룰 문제를 정확히 찾아낼 줄 알아야 한다. 문제가 복잡하면 복잡할수록 기획자는 그만큼 많은 시간을 해결책을 구하는데 써야 한다. 해결불가하거나 해결하여 얻을 이득이 적은 문제점은 기획초반부터 과감하게 제거할 필요가 있다. 문제가 분명하고, 단순한 만큼 해결방법 역시 분명하고 효과적인 기획서가 된다.

▼ 과 제

1. 자신이 설정한 기획목표 (내가 원하는 것)을 어떻게 찾았는지 설명해 주세요.

   '내가 원하는 것은 바로 이거야'라고 느끼게 될 때까지의 사고과정을 설명해 주시면 됩니다.

2. 자신이 정한 목적지는 미래 상황입니다. 이 모습이 적합하다고 판단한 근거는 무엇인지요? 해당 근거를 설명해 주세요.

(2) 문제의 세 가지 유형

문제는 기본적으로 '원하는 것과 현상 간의 차이'라고 정의하지만 '원하는 것'이 무엇인지에 따라 문제유형도 여러 가지 형태를 띤다. 문제유형에서는 첫째, 정상적인 상황에서 이탈한 경우로 고장이나 탈선과 같은 조치수준의 문제와 지속되길 원하는 모습에서 벗어남으로 발생한 문제가 있고 둘째, 주변여건이나 환경변화로 원하는 것이 달라짐으로 인해 발생한 문제가 있으며 셋째, 변화를 요구하는 상화에서 목적지를 모름으로써 발생한 문제도 있다. 문제유형에 따라 접근방식이 다르기에 이의 해결과제 역시 다를 수밖에 없다.

기획서는 문제의식에서 시작하여 문제해결을 통해 기업이 원하는 목표에 도달하는 방법을 제안하는 것이다. 이때 올바른 과제설정이 매우 중요하며, 이를 위해서는 내 앞에 놓인 문제를 정확히 이해해야 한다. 문제는 '원하는 것과 현실 간의 차이'이지만 실제로는 '보일러의 기름이 샌다.'는 단순한 문제에서 '아직 존재하지 않는 미래를 예상하고 그것에 대응하기 위해' 발생하는 문제까지 매우 다양한 형태가 있다. 당연히 문제유형에 따라 문제해결을 위해 해야 할 '과제'수준도 달라진다. 문제유형에 대해서는 여러 책에서 언급하고 있지만 크게 세 가지로 나눠볼 수 있다. (모든 비즈니스는 기획이다, 강성호, 비즈니스 맵, 2013. / 기획력강의, 현경택, 동문통책방, 2013. 등)

첫 번째, 있어야 할 상황과 현재 상황이 다를 경우다. 이런 경우는 크게 두 가지인데, 하나는 제대로 진행되던 것들이 어떤 이유로 인해 잘못됨으로써 발생하는 문제다.

제대로 작동되던 휴대폰이 켜지지 않는 것, 문이 안 열리는 것, 기계가 작동을 멈추는 것, 업무절차 상 하자가 생기는 것이 이런 경우다. 이는 '이렇게 해야 한다' 또는 '이렇게 되어야 한다'는 절차나 운영시스템에서 벗어남으로서 발생한 문제다. 이런 상황에서는 문제가 왜 생겼는지 원인을 추적하여 그 원인을 제거하면 된다. 휴대폰이 켜지지 않는 이유가 건전지 문제라면 건전지를 고치거나 교체하면 되고, 엔진이 작동하지 않는 이유가 점화플러그 때문이면 점화플러그를 새 것으로 바꾸면 된다. 이런 문제는 일상적인 생활이나 업무수준에서 빈번히 발생하며, 해당 분야에 경험자들은 무엇이 잘못됐는지 쉽게 찾아낼 수 있다.

이런 문제유형의 '과제'는 당연히 '해당 원인을 제거 또는 해결'하는 것이다. 휴대폰 배터리를 교체하거나 고친다, 엔진의 점화플러그를 새것으로 교체한다 등이다. 그리고

정상궤도를 벗어난 상황의 문제

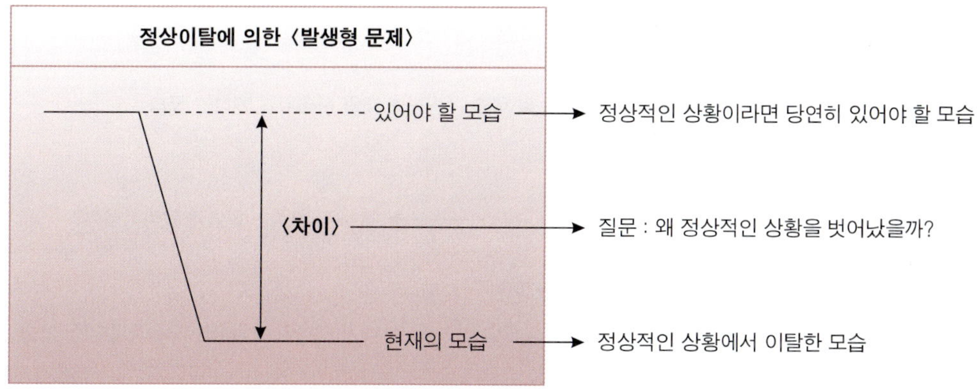

이때의 해결방법은 '해결한다'보다 '조치한다'고 표현하는 게 맞다. 하지만 과제의 수준은 원인을 어디까지 파헤칠 것인가에 따라 다르다. 앞선 기획서의 핵심구조처럼 원인추적을 1단계에서 마칠것인지, 아니면 2단계, 3단계로 원인을 추적할 것인지에 따라 과제 내용이 점점 더 구체화된다.

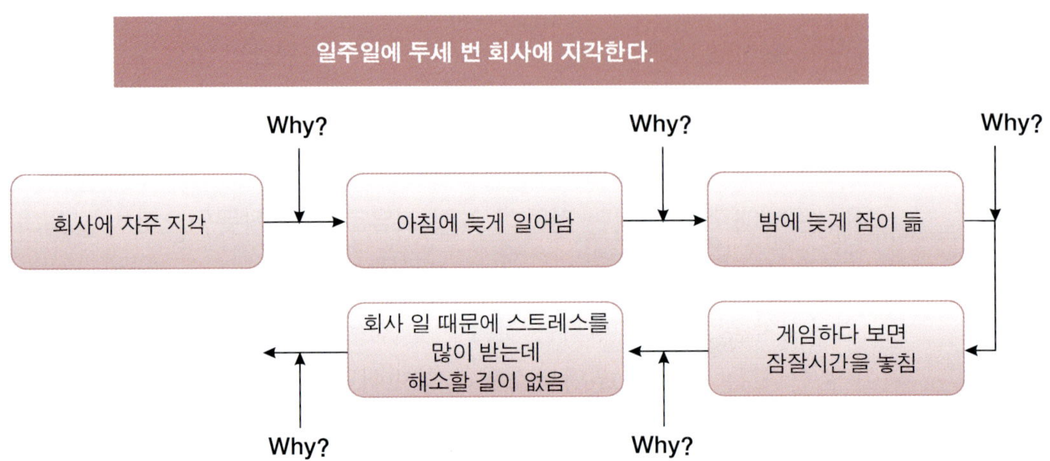

또 하나는 내가 지속되길 원하는 상태와 다른 현재 상황 간의 차이로 인한 문제다.

어떤 분야에서 줄곧 시장점유율 1위를 차지하던 A 기업이 어느날부터 2위로 추락하기 시작한 상황, 잘 팔리던 상품이 갑자기 매출이 떨어지는 상황, 예전과 달리 고객클레임이 증가하는 상황 등이다. 특정상황이 유지되길 원하지만 주변상황이 기대와 다르게 변화함

내가 원하는 모습과 달리진 상황의 문제

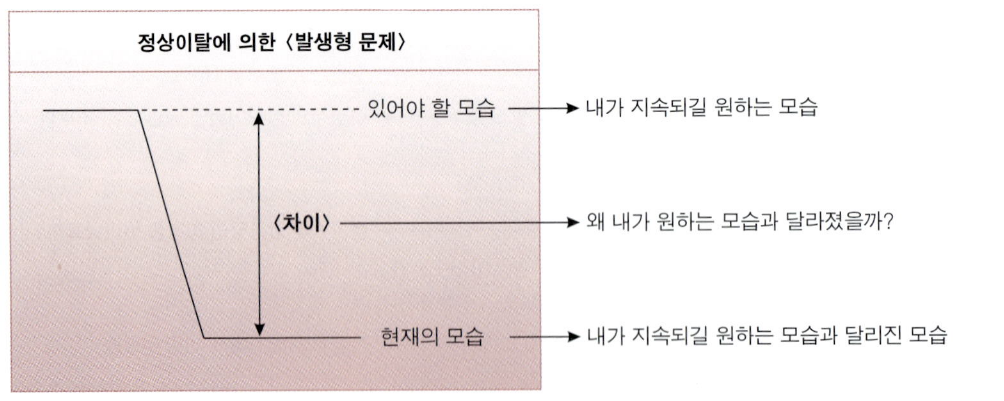

으로써 문제가 발생한 상황이다. 이런 경우는 기업이 원하는 모습과 현재모습이 달라진 원인을 찾아 이를 제거함으로써 해결할 수 있다. 하지만 이런 경우는 대부분 여러 가지 요인들이 오랜 시간동안 상호작용하여 변화를 일으킨 결과로, 앞선 상황처럼 간단하게 원인을 찾을 수 없다. 이런 경우에는 내가 원하는 모습과 현재 상황 사이에 존재하는 차이를 문제로 인식하고 원인을 면밀하게 분석하여 다차원적인 해결안을 만들어야 한다.

예를 들어 매출이 떨어졌다면 그 원인은 경쟁사의 신제품출시 때문일 수도 있고, 자사의 고객서비스가 경쟁사보다 열세일 수도 있으며, 자사 상품의 홍보부족이나 경쟁사 상품의 공격적인 할인판매 활동결과일 수도 있다. 또 경쟁사 상품의 판매처가 자사 상품판매처보다 많아 그럴 수도 있으며, 고객의 취향이 변함으로써 자사 상품을 구매하지 않은 것이 원인일 수도 있다.

이와 같은 상황은 기업에서 자주 발생하는데, 현상에 대한 문제를 찾고, 이의 원인과 과제를 설정하고, 과제를 실행으로 옮길 수 있는 해결방안을 구성하는 전형적인 기획업무다. 따라서 기획자의 문제인식도 분명하고, 원인분석도 객관적이어야 하며, 원인제거를 위한 과제에 대해서도 주변사람들과 공감대를 형성해야 한다. 과제가 다양하기에 여러 부서가 함께 일을 진행할 수밖에 없으며, 이때 중요한 것은 동일한 목표를 향한 부서간의 업무협조다. 따라서 이런 기획업무는 문제에서 해결방법을 찾아가는 논리적인 과정도 중요하지만 상대방에게 현상을 이해시키고, 문제와 원인, 과제, 해결방안을 설득하는 것도 무척 중요한 일이다.

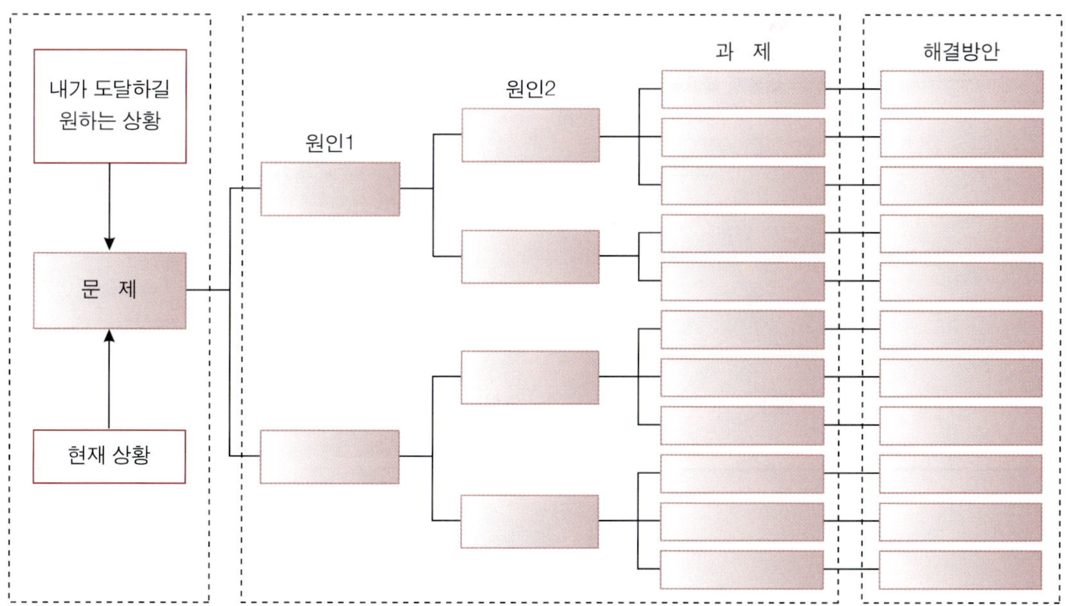

두 번째, 기존 목표를 조정함으로써 달라진 목표와 현상 간에 차이가 생긴 경우다.

기업은 시장변화에 맞춰 모습을 바꿔야 하며, 이에 따라 목표도 변할 수밖에 없다. 과거처럼 고정된 상황에서 해결방법을 찾아내는 것이 아니라 변화하는 상황을 따라가며 지속적으로 목표를 조율해야 한다. 하지만 변화를 따라가려면 좀 더 넓은 시야가 필요하다. 경쟁자도 알아야 하고, 소비자 동향과 그들의 라이프스타일 등도 확인해야 하며, 자사의 자원도 파악해야 한다. 운동경기하듯이 나와 상대방, 내가 달릴 장소의 상황을 입체적으로 확인해야 한다. 냉정한 시선과 남다른 해결책을 찾아낼 수 있는 창의력이 필요한 일이다. 그리고 이 일을 담당한 사람이 바로 기획자다.

이런 경우에도 앞선 문제처럼 원하는 것(변할 세상)과 현재 내 모습 간의 차이를 문제로 인식하고, 해당 문제의 원인을 추적하여 과제를 설정하는 과정을 거친다. 하지만 이때 관심사는 원하는 것과 현재 상황 간의 차이가 왜 생겼느냐가 아니다. 상황이 변했으니 차이가 생기는 것은 당연한 일이다. 이런 상황에서 기획자가 고민해야 할 것은 차이가 생기는 것은 당연하다고 전제하고 이 차이를 어떻게 해소할 것이냐다. 그리고 이와 같은 질문의 답은 자사와 유사한 상황에 처한 기업사례에서 찾아야 한다. 변화하는 시장 속에서 우리와 비슷한 상황을 이겨낸 기업의 움직임과 그들의 전략을 벤치마킹하여 우리것으로 변화시키는 작업이 필요하다.

새롭게 목표를 설정함으로써 발생한 문제

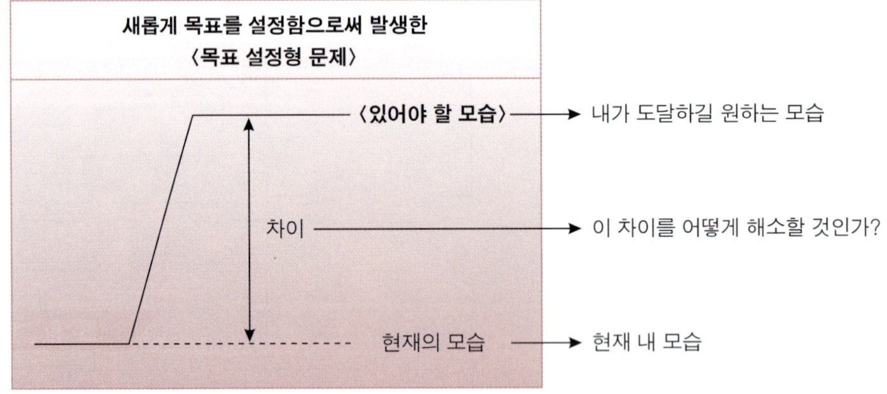

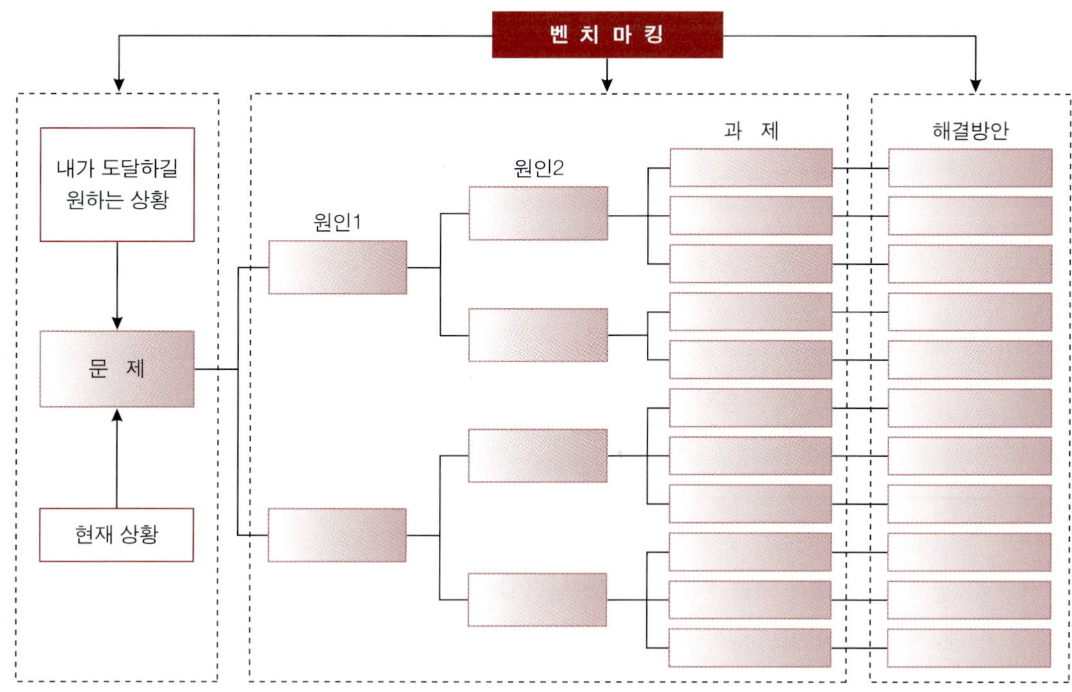

세 번째, 현재의 상황은 알고 있지만 우리가 원하는 모습, 즉 미래의 바람직한 상황을 모를 때다.

요즘 기업들의 문제는 '미래의 모습이 무엇인지 모르는 것'이다. 기업이 지속적으로 성장하려면 남들보다 먼저 시장을 선도해야 하지만 세상이 어떻게 변할 지 알 수 없는 상황에서는 미래 모습을 예상하기 어렵다. 바람직한 모습이 무엇인지 모르니 어떤 문제가 발생할지도 파악하기 어렵다. 물론 소비자 조사같은 것을 통해 기존 상품의 문제를 확인하고 이를 보완하는 상품을 만들 수도 있다. 그러나 이런 방식은 기존 상품을 보완할 수는 있어도 시장을 선도할만한 상품을 만들 수는 없다. 게다가 상기된 방식의 상품개발은 다른 기업들도 손쉽게 베낄 수 있어 자사 상품의 시장경쟁력을 오래 유지할 수 없다.

이런 문제유형은 시장선도 기업입장에서는 반드시 풀어야 할 문제이며, 창업자 입장에서도 반드시 넘어야 할 산이다. 기업에서 창의성, 창조성을 강조하는 핵심이유도 여기에 있다. 스마트폰 시장을 이끄는 애플과 삼성의 고민은 차세대의 스마트폰의 모습이고, TV, 냉장고 등의 가전제품 시장을 이끌고 있는 LG의 고민도 바로 이것이다. 하지만 누구도 이를 정확히 알려주는 사람이 없기에 기업자체에서 미래모습을 예측하고 창조해 내야 한다.

새롭게 목표를 설정함으로써 발생한 문제

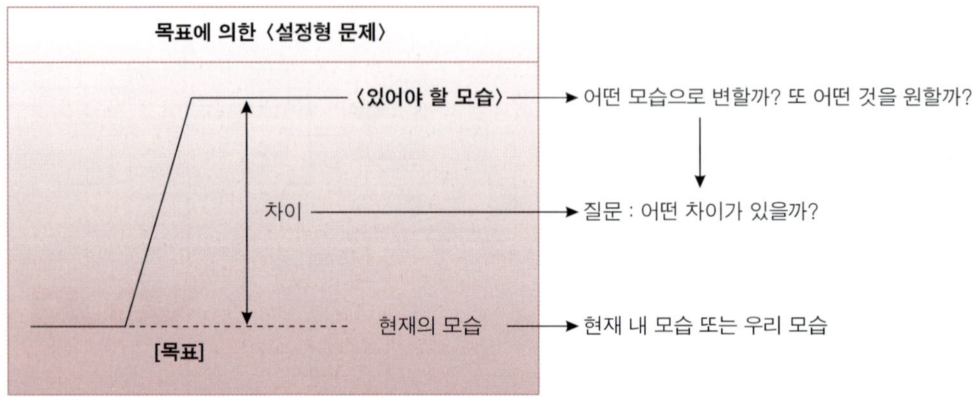

이런 경우에는 어쩔 수 없이 기업이 자체적으로 미래 모습을 가정하고 현 상황과의 차이를 찾아야 한다. 소비자 트렌드분석 자료나 소비자동향조사 등을 통해 미래를 예측하고 거기에 맞춰 상품개발을 하는 방법이다. 하지만 문제를 정확히 인식할 수 없기에 문제의 원인과 과제를 추출하기도 어렵고, 이로인해 어느 정도는 모험을 할 수밖에 없다. 기획자가 스스로 미래의 바람직한 상황을 만들어보며, 소비자 욕구를 선도해 나가야 한다. 따라서 이런 종류의 기획에서 문제는 '지금 우리가 미래를 모른다는 것'이고, 과제는 '미래 모습을 만들어 낸다.'는 것이 된다. 그리고 이런 과정에서 미래의 모습이 그려지면 그 다음부터 앞서 설명한 '문제-원인-과제-해결방안'의 순서를 따라가면 된다. 앞선 문제 유형들과는 달리 기획 전 단계의 과정을 하나 더 거쳐야 한다.

▼ 과 제

1. 자신이 작성하려는 기획서의 문제가 상기된 세 가지 유형 중 어떤 문제유형에 속하는지 찾아보세요.

2. 그리고 앞선 대답을 하게 된 이유를 설명해 주세요.

3. 그러면 기획서를 작성하기 위해 어떤 사항에 중점을 둬야 하는지 설명해 주세요.

(3) 정확한 원인과 과제를 찾으려면 다섯 번 질문하라

문제를 해결하려면 문제가 생긴 정확한 이유(원인)을 파악해야 한다. 하지만 세상 일이 단순하지 않아 문제의 원인을 한 번에 발견하기도 어렵고, 하나의 원인만으로 문제가 발생하는 경우도 많지 않다. 정확한 원인분석은 올바른 과제를 설정할 수 있도록 도와주고, 이는 적합한 문제해결 방법을 제안하도록 도와준다. 정확한 원인분석을 위해서는 다섯 번 질문하라는 '5Way기법'을 적극 활용할 필요가 있다.

문제에 대한 원인분석은 올바른 과제를 찾기 위함이다. 문제의 원인을 이해하지 못한 상태에서 문제해결방법을 찾다보면 엉뚱한 방법을 제시할 수 있다.

도요타 사장이었던 오노 다이이치는 문제에 부딪혔을 때 단순히 직관이나 평소 알고 있었던 지식으로 원인을 찾지말고, '왜 그런 문제가 생겼을까?'라는 질문을 다섯 번 정도 던져보라고 한다. 원인의 원인과 그런 원인이 생긴 원인을 추적하다보면 실제문제를 발생시킨 본질적인 원인을 알게되고, 그때 그 원인을 해결하는 과제를 설정함으로써 문제의 근본을 해결할 수 있다는 의미다. 이를 흔히 '5Way기법'이라 하는 데, 일본의 자동차 기업인 '도요타'에서 자동차의 생산방식혁신을 위한 내부운영방식인 TPS(Toyota Production System)에서 발달된 도구다.

강성호(모든 비즈니스는 기획이다, 강성호, 비즈니스맵, 2013.)가 제시한 5Way 사례를 이야기 식으로 풀어본다. 공장에서 일을 하던 직원이 손을 다쳤다. 이 사실을 전해들은 공장장은 놀라 현장으로 뛰어가서 직원의 손을 살펴봤다. 다행히도 크게 다치진 않은 것 같았다. 공장장은 이런 일이 다시는 생겨선 안되겠기에 손을 다친 직원에게 이유를 물어봤다. 직원은 머리를 긁적이며 이렇게 대답했다. "기계에 손을 잠깐 넣었는데 그만 기계가 오작동을 하는 바람에…" 이 말을 들은 공장장은 옆에 있던 과장에게 지시해서 공장입구에 다음의 지시사항을 크게 써 붙이라고 했다. "근무중에는 절대 기계에 손을 넣지말것."

그러나 며칠 후에 다른 직원 한 명이 손을 다치는 사고가 또 발생했다. 공장장은 손을 넣지말라고 지시했음에도 불구하고 동일한 사고가 발생하자 해당 직원을 불러 짜증내며 물었다. "자네, 지난번에 직원 한 명이 손을 다쳐 조심하라고 했는데 왜 또 기계에 손을 넣은건가?" 직원은 머뭇거리며 대답했다. "기계가 멈췄습니다. 일을 해야겠는데 그냥 바라만 보고만 있을 수는 없어서요…" 그 직원이 기계에 손을 넣지말라는 지시를 어기면서까지 기계에 손을 넣을 수밖에 없었던 이유는 자신이 부과된 하루 책임량을 완수하기 위해 기계를 고치려고 했던 것이다. 그럼 기계가 왜 자주 고장이 날까? 그 이유를 살펴보니 기계부품 중 몇 개가 불량이었다. 전체부품 중 하나만 고장이 나도 기계는 멈춰버린다. 이런 상황에서 손을 넣지말라는 지시는 사고를 줄일 수는 있지만 공장의 생산량도 현저히 감소시킬 것이다.

그렇다면 기계부품은 왜 불량일까? 기계를 자주 손질하고, 보수하지 않았기 때문이다. 일손이 부족하니 물건을 만드는 데에만 인력을 투입했지, 물건을 생산하는 기계를 수리할 인력까지는 고려할 수 없었다. 그렇다면 기계를 손질하고, 보수할 인력은 왜 없을까? 아마도 인건비나 기타 기계보수, 유지비용이 부족하다보니 어쩔 수 없이 기계를 관리하는 인력을 제외시켰을 것이다. 공장장에게 중요한 것은 지금 당장 본사에서 요구하는 생산물량을 맞추는 것이 더 시급한 일이다.

공장에서 일하다보면 손을 다칠 수도 있다. 이런 경우 사고를 없애기 위해 사고원인을 살펴보면 앞선 사례처럼 무척 단순할 수도 있다. 기계가 있고, 기계에 손을 넣으면 다칠 수 있다는 것은 너무나 당연한 일이다. 그래서 공장벽에 큰 글씨로 [기계에 손을 넣지마세요. 손을 다칠 수도 있습니다]라고 써 붙이면 문제가 모두 해결되는 것일까? 그러나 좀 더 깊이 생각해 보면 손을 넣지말라는 해결책으로 끝나지 않을 수도 있다. 문제는 그런 것을 알면서 왜 기계에 손을 넣었냐는 점이다. 이런 상황에 대해 몇 번씩 반문하다보면 직원이 기계에 손을 넣을 수밖에 없었던 본질적인 원인을 알게 된다. '유지, 보수예산이 부족하여 기계를 잘 손질하지 못하다보니 기계가 자주 멈추기 때문이다'.

결국 공장에서 사고를 줄이려면 직원이 기계에 손을 넣을 수밖에 없는 상황을 만들지 않아야 되고, 손을 넣지 않으려면 기계가 제대로 작동해야 하며, 기계가 제대로 작동하려면 고장 날 위험이 있는 부품은 미리 교체하거나 수리해야 한다. 이런 일을 제대로 하려면 기계를 다룬 전담직원이 있어야 하고, 이런 직원을 채용하려면 이에 따른 예산이 공장장에게 주어져야 한다.

[설명] 왜 손에 부상을 입었는가?

1 Why : 손에 부상을 입었는가? - 손을 기계에 넣었다.

2 Why : 왜 손을 기계에 넣었는가? - 기계가 작동하지 않았다.

3 Why : 왜 기계가 작동하지 않았는가? - A부품이 고장났다.

4 Why : 왜 A부품이 고장났는가? - 유지, 보수에 소홀했다.

5 Why : 왜 유지, 보수가 소홀했는가? - 유지 보수 예산이 부족했다.

• 자료원 : 〈모든 비즈니스는 기획이다〉, 강성호, 비즈니스맵, 2013.

현경택(기획력 강의, 현경택, 동문통책방, 2013.)도 유사한 사례를 하나 설명한다.

어느 날, 공장에 들어가 보니 바닥에 기름이 흘려 기름범벅이 되어 있었다. 다행히도 'A'씨가 그날따라 일찍 출근했기에 근무시작 전에 기름을 닦아낼 수 있었다. 하지만 그 다음날도 마찬가지였다. 공장장이 이상해서 어디서 기름이 흘러나왔는지 확인하라고 지시했고, 조사결과, 혼합기에서 기름이 흘러나왔다는 것을 발견했다. 당연히 공장장은 혼합기에서 기름이 흘러나오지 않도록 조치하라고 지시했고, 원인이 개스킷인 걸 찾아낸 직원들은 개스킷을 새 것으로 교체했다. 하지만 얼마 안 있어 또 다시 혼합기에서 기름이 새어나왔다. 캐스킷 교체가 과제로서 부족했기 때문이다.

혼합기가 새는 이유는 개스킷이 문제다. 하지만 개스킷을 교체해도 계속 기름이 새는 이유는 개스킷이 불량이기 때문이다. 그래서 개스킷 공급업체를 바꿨는데도 계속 기름이 샌다면 개스킷을 생산하는 공정자체가 문제다. 그렇다면 왜 우리 공장에 납품되는 개스킷은 계속 불량품인가? 그것은 개스킷이 요구하는 기능을 충족시킬 수 없는 가격으로 납품받기 때문이다. 결국 기름이 새는 본질적인 원인은 개스킷을 대량 주문할 때 자재부가 제조사와 결정한 공급가격이었고, 이 문제를 해결하지 않은 한 불량 개스킷으로 인해 혼합기는 계속 새게된다.

'5Way'방식은 핵심적인 원인과 과제찾는 것을 도와주는 것은 물론이고 기업이 구상하는 사업의 핵심메시지를 찾아내는 데에도 매우 요긴하게 활용할 수 있다.

우리는 일반적으로 사업을 바라볼 때는 상대방보다 자신의 시각으로 바라보는 경우가 많다. 특히 벤처기업처럼 자신의 독특한 기술력을 발휘하여 상품을 개발하는 경우 상품의 기능만을 강조하는 경우가 자주 있다. 그러다보니 벤처기업을 대상으로 강의를 하다

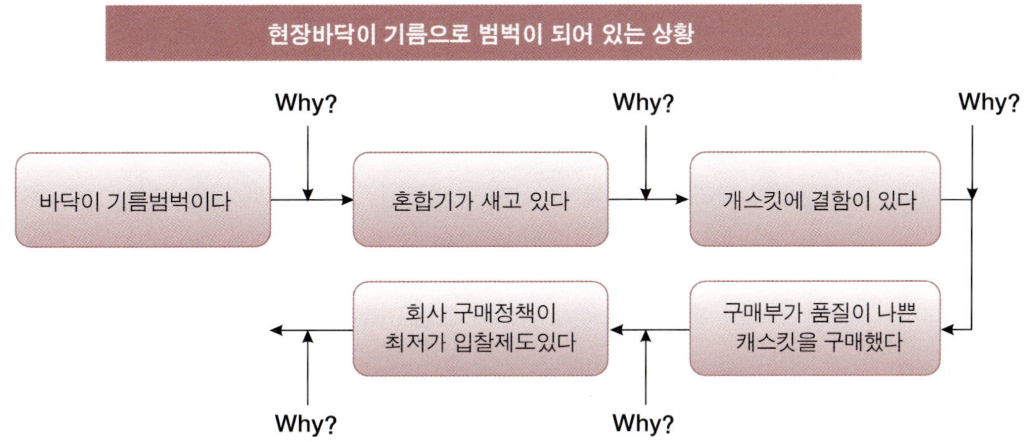

보면 기업 경영자들이 필자에게 자주묻는 질문이 있다. "교수님, 이 상품을 어떻게 판매하면 좋을까요?" 처음 상품을 개발할 때는 자기 상품이 다른 상품과는 다른, 멋진 기능을 가진 상품이라고 자신했는데 막상 상품을 시장에 내 놓고 보니 소비자들이 구입하지 않기 때문이다. 자신이 보기에는 좋았지만 소비자 입장에서는 상품의 가치를 느낄 수 없었다.

사업을 하는 이유는 수익을 얻기 위함이다. 물론 수익보다는 봉사를 목적으로 하는 사업도 있지만, 사업의 본질은 이윤창출이다. 하지만 창업자들이 자주 놓치는 게 있다. 내가 열심히 일하면 그만큼 돈을 번다는 의식이다. 일찍 일어나는 새가 먹이를 먹는다는 류의 신조다. 하지만 돈을 버는것은 나 혼자 열심히 한다고 되는 것이 아니다. 소비자가 원하는 것을 내가 줄 수 있을 때 그들이 돈을 내고 그것을 구입하며, 이때 내가 돈을 번다. 당연히 상품 가치는 내가 아닌 나에게 돈을 주는 사람들의 가치가 되어야 하며, 이를 위해서는 내 생각이 아닌 그들이 원하는 것에 맞춰 내 상품을 표현해야 한다. 이런 상황을 잘 표현한 예가 〈기획의 정석〉에 들어 있다.(기획의 정석, 박신영, 세종서적, 2013.)

[설명] Real Why를 찾아라

· 크리스틴 뉴턴의 그림그리기 세미나에 오세요 - **기획자가 하고 싶은 말**

· 사람들이 그림그리기 세미나에 '왜'와야 할까?
· 야! 그림그리기의 대가인 크리스틴이야!
· 그건 니 생각이고, 아무도 몰라. 모르는 놈이 무식하지

· 그건 니 생각이야. 직장인들이 왜 굳이 그 시간에 와야 할까?
· 그림그리기, 좋잖아! 도움도 되고!

· 한가한 소리하지 말고, 직장인들에게 그림그리기가 왜 도움이 될까?
· 아무래도 그림그리기를 하다 보면… 뭘 보면서 그리니까 관찰력도 달라지고…

· 그렇게 관찰력이 달라지는 게 왜 직장인들에게 도움이 될까?
· 관찰력이 달라지면… 좋지! 우리가 비즈니스 현장에서 제일 아쉬운 게 남들이 못보는 걸 보고 싶은 거잖아. 남들보다 다른 것을 볼 수 있어야 다른 게 나오지.

· 아! 그럼 그 관점을 키우기 위해서 그림그리기를 배우는 게 필요하구나. 직장인들이 일할 때 비즈니스 문제해결력에 도움을 주는 'Creative view를 배우기 위해서'라고 내세워서 팔아야겠다. … **사람들이 듣고 싶은 Why**

한 기획자가 크리스틴 뉴턴의 세미나를 준비하고 있다. 그는 세미나를 널리 알려서 세미나에 많은 사람들이 참석하길 원했다. 그래서 그는 그림그리기의 대가인 '크리스틴 뉴턴'이란 강사이름을 강조하려고 했다. 유명한 사람이니 강사이름만 보고도 많은 사람들이 세미나에 참석하리라 기대했다. 그때 옆에 있던 동료가 고개를 저으며 기획자에게 물었다. '카피'가 마음에 와 닿지 않았기 때문이다. "사람들이 그 세미나에 왜 와야 하지?" 기획자는 당연히 크리스틴 뉴턴의 위대함과 전문성에 침을 튀기며 설명했다. 그러나 동료는 크리스틴 뉴턴이란 이름을 들어본 적이 없었다. 실제 그가 그림그리기 분야에서 유명한 사람일지는 몰라도. 그래서 이렇게 말했다. "그건 네 생각이고…그 사람의 이름을 아는 사람이 별로 없을 것 같은데.." 물론 기획자는 동료를 바라보며 '이그. 무식한 놈…'이라 했겠지만 동료 머리속에는 계속 의문이 생겼다. 바쁜 직장인들이, 그것도 자기 업무와 직접 관련도 없는 그림그리기 세미나에 올 것 같지 않았다. 당장 자기보고 그 세미나에 참석하라고 하면 'No'할 것 같았다. 그래서 동료는 기획자에게 재차 물었다. "그림그리기가 직장인들에게 무슨 도움을 주는데?" 기획자는 이렇게 답을 했다. "관찰력을 키워주니까" 동료는 또 질문했다. "관찰력이 어떤 점에서 도움이 되는데?" 기획자는 답을 했다. "직장에서 필요한 게 창의력인데, 창의력의 핵심은 남이 볼 수 없는 것을 볼 수 있게 해 주잖아." 기획자는 자신의 답을 보며 번쩍하고 떠오르는 생각이 있었다. '아. 그렇구나. 그림그리기 세미나는 내 생각일 뿐이고, 결국 이를 사람들에게 전달할 때는 그들이 원하는 것에 맞춰 표현해야겠구나.' 그리고 홍보포스터의 카피를 바꾸었다. [직장인들이 일할 때 문제해결 능력에 도움을 주는 'Creative View'를 주기 위한 세미나]

처음 기획자가 생각한 것은 자신이 원하는 주제였다. 자신이 알고 있는 지식에 세미나의 기능적 효과(그림그리기)만을 바라봤다. 하지만 동료와 질의응답을 하는 동안 자신도 모르게 상대방이 원하는 것으로 초점을 돌리기 시작했다. 그리고 결론은 직장인이 원하는 것에 크리스틴 뉴턴의 그림그리기 세미나를 맞췄다. 아마도 단 한 번의 질문, '이 세미나를 어떻게 알리지?'라는 데에서 답을 찾고 끝났으면 처음 기획자가 하고 싶었던 말이 홍보포스터의 카피로 결정되었을 것이다. 당연히 이를 보는 직장인들 입장에서는 별 도움이 안 되는 세미나라고 생각했을 것이고. 하지만 본질적인 질문 '직장인들이 왜 이 세미나에 참석해야 하는데?'라는 질문을 몇 번 반복함으로써 직장인들에게 줄 수 있는 세미나의 본질적인 가치를 찾아냈다. 질문에 질문을 하는 것은 누군가를 괴롭히려고 하는 것이 아니다. 효과있는 메시지나 과제를 찾으려면 문제의 본질을 깊이 파고들어야 하며, 더 이상의 질문이 나오지 않을 때까지 묻고 또 물어야 한다. 문제의 원인을 제거할 수 있는 핵심과제를 찾아냈을 때 내가 원하는 목표에 더 가깝게 다가갈 수 있다.

▼ 과 제

매년 연초가 되면 신입생을 대상으로 동아리 회원을 모집합니다. 아래 질문들을 5Way 기법으로 답을 찾아 보세요.

1. 신입생들에게 우리 동아리를 어떤 동아리라고 알릴 것인지 정리해 주세요.
2. 그들이 우리 동아리에 왜 들어와야 하는지 홍보포스터 카피를 만들어 보세요.

Chapter 05 기획서의 가치는 남다른 해결방법

1 모두가 똑 같아지는 세상

(1) 한 방향으로 달려가는 세상

기획의 해결방안에는 창의력이 필요하다. 고객의 문제를 남다른 방식으로 해결해 줘야 하기 때문이다. 하지만 시장은 모두 같은 방향으로 흘러가고 있다. 차별화를 외치면서도 비슷한 상품끼리 경쟁하는 상황이다. 이는 기업들이 상품을 확장시키는 방법상의 문제다. 남들과 같은 확장방법(추가적 확장이나 증식적 확장)을 사용하다보니 동일한 결과를 만들 수밖에 없다.

폴더폰 이야기를 다시 해보자. 당시 사람들에게 '현재 쓰고 있는 폴더폰의 문제가 무엇인가요?"라고 물었다면 대부분 '화면이 작다' '요금이 많이 나온다' '무겁다' '전화가 자주 끊긴다'일 것이다. 휴대폰 제조사들은 이런 조사결과에 근거하여 화면 키우고, 무게를 줄이면서 통신사에 통신망을 더 늘리라고 요청했을 것이다. 하지만 한 회사가 화면을 키우면 다른 회사도 따라하고, 카메라 화소를 높이면 다른 회사 역시 그 이상의 카메라를 장착한 휴대폰을 출시했다. 어떤 회사가 하얀 국물라면을 만들어 히트치면 얼마 안 있어 마트 진열대에는 하얀 국물라면으로 꽉 차는것과 같은 상황이다.

하지만 휴대폰 화면을 키우기 위해 자판을 없애고 컴퓨터 기능과 휴대폰을 통합한 '스마트폰'을 상상한 사람은 몇 명이나 될까? 이런 발상은 앞서 말한 사고방식 갖고는 생각하기 어렵다. 문제는 알고 있지만, 그것을 본질적으로 뛰어넘을 수 없는 상황에서 대부분의 회사들은 엇비슷한 상품들을 출시한 채 제한된 시장에서 경쟁을 벌린다. 많은 상품들이 '내가 최고'라고 외치지만 소비자 눈에는 모두 거기서 거기다. 결국 손에 집이는 것은 평소 구매하던 상품이고, 눈에 띄는것은 '기획상품'뿐이다.

사람들은 '문제를 찾아 이의 해결책을 정리한 것이 기획'이라 하면 '그거 별거 아니네' 라고 할 수도 있다. 일상생활 속에서 매일하는 것이니 말이다. 그러나 많은 상품들이 엇비슷하고, 모든 취업자들이 상향평준화되는 세상에서 살아남는 자는 남들보다 더 절실한 문제를 찾아 이를 남다른 방법으로 해결한 사람이나 기업이다.

문영미(디퍼런트, 문영미, 살림Biz, 2011.)는 현재 상황을 이렇게 말한다. "풍요의 시대가 저물면서 소비자는 더욱 신중하고 조심스러워졌다. 예전의 시끄럽고 화려한 마케팅은 사

매장에 진열된 청량음료, 맥주

람들을 설득하지 못하고 있다. 이제 마케터는 남들과 비슷한 전략으로는 살아남을 수 없다는 것을 실감한다…그러나 현실은 넘치는 지식과 정보를 가진 비즈니스 전문가들이 한 치의 오차도 없이 똑같은 상품을 반복해서 만들어내는 기계처럼 움직이고 있다. 이런 상황에서 마케팅은 과장의 기술이 되어버렸다. 새로운 상품을 만들고 자신의 상품이 최고라고 우겨대는 기술말이다.”

넘치고 넘치는 상품들. 대형매장 진열대를 가득채운 상품조차도 그 카테고리 내에 존재하는 상품 수에 비하면 극히 한정된 수준이다. 하지만 상품이 많다고 소비자가 행복할까? 도리어 무엇을 선택해야 할지 고민스럽기만 하다. 수많은 상품들이 모두 최고라고 외치지만 소비자는 어떤 것이 좋은 지 확인할 방법이 없다. 알고 싶다면 안내원에게 설명을 들어야만 한다. 이제는 자신의 체험담을 중심으로 편견없이 상품을 안내해 줄 전문가가 있어야 할 판이다.

문제는 한 상품 카테고리가 성숙해지만 예전과는 다른 양상이 생긴다는 점이다. 우선 소비자가 어떤 상품이 좋은지 판단하기 어려워 한발 뒤로 물러나 상품전체를 바라본다. 코카콜라, 칠성사이다, 환타, 써니텐이 아니라 그냥 청량음료다. 그 중에서 상품구입 당시 마음에 드는 것을 고르면 그만이다.

문영미는 이런 상황이 기업들이 상품을 개발할 때 진정한 차별화보다는 ‘확장’만 시도한 결과라고 말한다. 기업들이 사용하는 상품확장방법은 크게 두 가지다.

하나는 추가적 확장이다.

전자렌지와 토스트기가 합쳐진 상품

이는 과거에 없던 기능을 추가하는 방식이다. 세제에 표백기능을 추가하여 표백세제라고 광고하거나, 프린터에 팩스기능을 더하여 오피스상품이라고 홍보하는 방식이다. 이런 방식은 한 상품에 두세 개의 기능이 들어있어 편리한 면은 있지만 기능추가에 따라 가격이 인상되고 다른 기업도 쉽게 따라올 수 있다. 특히 요즘처럼 ‘싱글’이 증가하는 추세에서는 이런 상품들이 더욱 많이 출시된다. 이들은 거주공간이 작아 아담한 사이즈에 다양한 기능의 상품을 원한다. 모 기업에서 나왔던 전자렌지와 토스트기가 합쳐진 상품이 이런 종류의 상품이다.

또 하나는 증식적 확장이다.

이는 상품의 용도를 특정상황이나 용도에 맞춰 특화시키는 방식이다. 처음에는 범용적인 상품을 개발했지만 이후 특정부분을 전문화시켜 고객을 세분화한다. 동일한 엔진과 몸체의 트럭을 짐 실는 부분만 바꿔 냉장보관용 냉장차, 모래, 자갈운반용 차, 일반택배용 차로 전문화시킨 것과 같다. 삼성의 스마트폰 브랜드인 갤럭시를 보라. 고가의 S 시리즈를 중심으로 저가의 그랜드, 대화면의 W글자를 쓸 수 있고 화면이 큰 노트, 게다가 통신망에 따라 3G전용, LTE, LTE-A 등 하나의 스마트폰을 다양한 용도로 나눠 특화시켰다. 기업에서 한두 개의 브랜드가 성공하면 가장 쉽게 확장할 수 있는 상품개발방식으로 이 순간에도 수많은 기업이 활용하고 있다.

하지만 유사상품들을 계속 개발하면 기업에도 문제가 생긴다. 특히 전자제품에서는 신상품이 출시되면 기존 상품은 재고가 되는 경우가 많다. 기업에서는 신상품이 나오면 기존 상품과 등급을 맞추려고 예전 상품가격을 떨어뜨린다. 구입한 지 3개월밖에 안 된 상품이 신상품 출시로 인해 구형으로 변할 수도 있다. 그러다보니 소비자들도 상품을 구입하면서 신제품의 출시 일정을 확인하게 되었다. 기업의 상품개발형태는 시장을 확대시키고 소비자에게 많은 혜택을 주는 것같지만 기업입장에서는 제로섬 게임이다.

이런 제로섬 게임은 이렇게 진행된다.

① 우선 선두기업이 신제품을 출시하면서 소비자들에게 우리가 이런 멋진 상품을 출시했다고 알린다. 소비자들은 그 상품을 사면서 만족감을 느낀다.

② 하지만 얼마 안 있어 다른 기업에서 유사한 상품을 시장에 출시한다. 앞선 상품보다 기능을 업그레이드시켰고 디자인도 예쁘다. 소비자들은 신상품이 기존 상품보다 낫다고 판단되는 순간 브랜드를 바꾼다.

③ 그러면 처음에 신상품을 개발했던 기업은 곧 바로 더 나은 상품을 또 출시한다. 아마도 기존 상품보다 많은 기능을 추가하거나(추가적 확장) 아니면 처음에 나온 상품을 특정상황에 맞춰 전문상품으로 개발(증식적 확장)하지 않을까?

④ 이런 가운데에서 해당 상품군의 종류는 점점 늘어나고, 소비자들은 선택할 상품이 많아지니 좋기만 하다.

⑤ 하지만 문제는 이때부터다. 상품들이 다양해지니 기업이 신상품을 만들어도 소비자 만족감은 잘 올라가지 않는다. 기존 상품으로도 불편하지 않은데 예전과 별로 차이도 없는 상품이 나와봐야 소비자에겐 도움이 되지 않는다.

⑥ 그러면 기업은 상품판매를 위해 광고와 판촉을 더 하고, 이벤트성 세일판매도 진행하게 된다. 그리고 결국엔 다시 맨 처음으로 돌아간다.

김영미 박사는 이렇게 말한다. "제품확장이란 경쟁상황을 악화시키는, 가장 돈이 많이 드는 접근방식이다. 한 카테고리 내에서 제품확장이 보편적으로 나타날수록, 소비자들은 기업들의 노력과 투자에 더욱 무감각해지게 된다."

왜 이런 상황이 발생할까? 김위찬 교수(블루오션전략, 김위찬 외, 교보문고, 2005.)는 기업들이 열심히 싸우는 시장을 레드오션이라 말하면서 모두가 알고 있는 시장에서 서로 경쟁하기 때문이라고 한다. 누구나 다 아는 방식으로 경쟁하니 더 많은 것을 가지고 더 빠르게 움직이는 기업만이 살아 남을 수 있는 시장이다.

김위찬 교수의 '레드오션'에 대한 논지는 이렇다.

우선 이 시장은 구분이 명확하고, 어디서 어디까지가 그 시장인지 경계선도 분명하다. 서로를 잘 알고 있기에 상대방을 이길 방법도 대충 알 수 있다. 음료, 게임, 운송, 하다못해 치킨시장과 분식시장 등 우리가 알고 있는 대부분이 모두 '그 시장은 이런 곳이야'라고 정의할 수 있는 곳이다. 특정시장에서 경쟁하니 경쟁자를 의식할 수밖에 없고, 이들과 경쟁한 성과지표로 시장점유율을 따지게 된다. 경쟁사를 앞질러야 이기는 시장이라 상대기업보다 우리가 나은 점, 부족한 점을 찾게 되고, 곧 이어 우리의 약점을 보완할 방법을 찾게 되며 이것이 상품 확장방식으로 나타난다. 하지만 이런 방식의 게임에서 이기려면 상품개발 초기에 구상했던 이익을 포기할 수밖에 없다. 경쟁사보다 소비자에게 더 나은 서비스를 주려면 가격이 올라가니 어쩔 수 없이 상대기업보다 더 저렴하게 판매하는 방식을 선택하게 된다. 삼성의 스마트폰이 중국기업과 경쟁하며 이익률이 점차 떨어지고 있다는 신문기사도 이런 상황을 연상시킨다. 결국 기업은 소비자에게 상품가치도 높이고 동시에 가격도 줄일 수 있는 방법을 찾아야 하는데, 이때 필요한 것이 '블루오션전략'이라는 게 김위찬 교수의 논지다.

▼ 과 제

1. 앞서 설명한 제로섬 게임에 해당하는 상품 하나를 선정하여 그 상품군이 발전한 과정을 설명해 주세요.

---

(2) 문제해결에는 관심과 의지가 필요하다.

> 기획의 문제해결방법에는 항상 대상이 있다. 기획자는 누군가의 문제를 해결하여 그들을 기쁘게 하려는 마음가짐으로 문제를 해결해야 한다. 하지만 진정으로 문제를 해결하려면 합리적인 사고가 아니라, 문제를 느끼는 대상에 대한 관심과 의지가 필요하다. 나에게 불편한 것이 아니라 그들이 불편하다고 느끼는 것을 내가 편한방식이 아니라 그들이 원하는 방식으로 문제를 해결할 때 진정한 문제해결이 된다.

앞서 설명한 '제로섬 게임'에서 벗어나려면, 남이 보지못한 문제를 찾아 이를 '나이스'하게 해결해야 한다. 하지만 '남다른 무엇'을 찾고, 새롭게 만든다는 것이 말처럼 쉽지는 않다. 문제해결에서 창의력을 발휘하려면 기본적으로 대상에 관심이 있어야 한다. 문제해결의 본질은 새로움이 아니라 그들이 불편해 하는 것을 해소하거나, 원하는 것을 제공하는 것이기 때문이다.

예를 들어보자. 필자가 건강보조식품회사에서 근무할 때다. 당시 경쟁이 치열하다보니 남들보다 먼저 신제품을 출시해야 했고, 이를 위해 시장조사를 자주할 수밖에 없었다. 그러나 당시에는 시장조사결과를 신제품개발에 자주 활용하지 않았다. 소비자들에게 무엇이 필요한지 물어봐도 그들 역시 잘 모르고 있었고, 설사 안다고 해도 그것을 해결할 방법이 막막했다. 하지만 지금 생각해 보면 해결방법을 못 찾은 게 아니라 해결하겠다는 의지가 없었고, 고객입장에서 문제를 바라보지 못한 탓이었다. 조사결과들이 대부분 건강보조식품이기에 발생할 수밖에 없는 당연한 문제라고 생각했다.

당시 시장조사를 하면 항상 나타나는 결론들이 있었다. 첫째, 가격이 너무 비싸다. 둘째, 맛이 먹기에 불편하다. 셋째, 효과를 잘 느끼지 못하겠다. 하지만 필자는 이런 문제들을 깊이 고민해 보지 않았다. 도리어 소비자들에게 불만만 터뜨렸다.

첫째, '가격이 비싸다'는 불만은 원료자체가 비싸고, 회사에서 정한 이익률도 맞춰야 하니 당연한 것이라 생각했다. 또 고가상품이니 포장재도 비싼 것으로 할 수밖에 없었고, 방문판매사업수당과 지사, 대리점에 이익도 줘야하니 더 이상 가격을 내릴 수 없다고 판단했다.

둘째, '맛이 먹기에 불편하다'는 것은 "100% 원료로 만드니 당연히 맛이 없는 것 아냐?"라고 생각하며 결과를 무시했다. 맛이 좋다는 건 감미료가 들어간 것이니 우리는 도리어 원료 그대로의 맛이라고 홍보했고, 판매사원들에게도 그렇게 교육시켰다. 맛만 좋으면 상품을 구입하겠다는 사람들을 보면서도 '우리 상품은 원래 이래!'라고 말했다.

셋째, '효과를 잘 느끼지 못하겠다'는 불만 역시 "우리 상품은 건강보조식품이거든. 빠른 효과를 보려면 약을 먹어. 건강보조식품을 먹지 말고."하면서 별로 신경쓰지 않았다.

세월이 흐른 지금, 당시를 되돌아보며 자문하곤 한다. 건강보조식품이기에 비쌀 수밖에 없고, 효과를 못 느낄 수밖에 없으며, 100% 원료의 상품이기에 맛이 없는 게 당연하다고 결론지을 수밖에 없었을까?

기업이나 조직에서 발생한 문제는 '문이 안 열리는 것'처럼 한두가지 조치로는 해결할 수 없는 것들이 많다. 이를 풀어보겠다는, 그래서 고객을 기쁘게 해 주겠다는 기획자의 의지가 없다면 눈앞에 놓인 모든 문제는 당연한 현상처럼 보인다. 예를 들어, 동네 중국집 중에서 맛없는 중국집 주인에게 그 이유를 물어본다면, 주인은 뭐라고 대답할까? 아마도 음식만드는 것에 열정없는 사람이라면 "중국음식은 원래 그런 거예요!"라고 딱 잘라 말했을 것이다. 문제해결에 대한 열망이 없으면 문제는 원래 그런 것처럼 보인다.

앞선 사례인 아사히야마 동물원의 사례를 다시한번 살펴보자. 그들이 동물원의 문제를 어떻게 해결했는지 알면 문제해결에 어느 정도의 의지와 열정이 필요한지 짐작할 수 있다.

아사히야마 동물원에는 독특한 동물우리가 많다. 이 동물원을 대표하는 '날아다니는 펭귄우리', 줄지어 관람객 사이를 지나가는 펭귄무리들, 관람객과 유리 한 장 사이로 얼굴을 맞댈 수 있는 북극곰우리, 누가 관람객인지 구분이 안 되는 원숭이우리 등이다. 그 중에서 맹수우리도 놓칠 수 없는 재미있는 공간이다.

아사히야마 동물원 사육사들이 생각한 맹수우리의 구조는 맹수들의 특성을 백프로 활용한 공간이다. 우선 맹수는 낮은 곳보다는 높고, 시원한 곳을 찾아가서 낮잠을 즐긴다. 그래서 맹수들의 낮잠 공간을 관람객 통로 위에 이중 철망으로 만들어 고객들이 그 아래로 통과하게 만들었다. 이와 같은 구조는 관람객이 맹수의 날카로운 발톱, 숨소리까지 느

출처 : 〈nangli8354의 블로그〉, 네이버 블로그

출처 : 〈캐리어와 카메라〉, 네이버 블로그

낄 수 있었고, 맹수 역시 자기 밑을 지나가는 관람객을 구경할 수 있게 되었다. 한 사육사는 이렇게 말한다. "우리에 갇혀있는 맹수에게 가장 큰 적은 권태로움이야. 자극이 없는 안락한 공간보다는 적당한 자극이 있는 공간을 선호할 수밖에 없어. 관람객이 360도 돌아가며 구경할 수 있게 우리를 만들면 맹수 또한 360도 돌아가며 인간을 구경할 수 있어. 고양이과 동물들은 호기심이 왕성해서 장난을 좋아하거든. 고양이가 자신의 꼬리를 갖고 빙글빙글 돌며 장난치듯이, 맹수는 수많은 관람객 중에서 한 사람을 정해서 빙글빙글돌며 그 사람과 장난칠 수 있도록 개조하는 거야…겨울철 폐원때 방문객이 나타나니까 맹수들이 벌떡 일어나서 구경하더라고. 호랑이가 포효하는 데 그 소리가 내 귀에는 이렇게 들리더라니까. 야 저기 인간이다. 인간이야? 인간아, 손이라도 좀 흔들어봐."

출처 : 〈Life Never Felt So Good〉, 네이버 블로그,

자료원 : 〈폐쇄위기 딛고 年300만명 관람객 몰리는 동문원으로〉, 매일경제, 2013. 6. 6

또 하나는 펭귄우리인데, 정확히 표현하면 펭귄만을 위한 수족관이다. 하지만 일반 동물원에서 볼 수 있는 사각형의 구조가 아니라 펭귄이 지그재그로 수영할 수 있도록 미로로 구성했고, 군데군데 장애물도 설치했다. 마치 바다 속 용궁을 탐험하는 것같은 구조다. 그러나 아사히야마 사육사들은 여기서 끝난것이 아니라 관람객도 함께 즐길 수 있도록 한 가지를 더 보탰다. 관람객이 펭귄을 자세히 볼 수 있도록 아크릴로 펭귄수족관 가운데를 통과하는 통로를 만들었다. 관람객은 이곳을 지나가는 동안 물속에서 수영하는 펭귄을 가까이서 볼 수 있었고, 더 놀라운 것은 이곳에서 하늘을 보면 헤엄치고 있는 펭귄들이 하늘을 날라다니는 것처럼 보였다. 한 사육사가 펭귄은 원래 하늘을 날던 새였는데 바다에 적응하면서 지금의 모습이 되었다는 점에 힌트를 얻어 구상한 것이다.

매일경제 2013년 6월 6일자 신문에 아사히야마 동물원 기사가 실렸다. 헤드 카피는 "폐쇄위기 딛고 연 300만명 관람객 몰리는 동물원으로"다. 김보라 기자는 아사히야마 동물원을 이렇게 소개한다. "펭귄이 날고, 사자가 머리 위에서 뛰는 동물원'…폐쇄 직전까지 내몰렸던 동물원이 어떻게 '기적의 동물원'으로 탈바꿈했을까… 아사히야마는 동물의 입장에서 생각하고 그들의 자연스러운 삶을 그대로 보여주는 데 초점을 맞춘 것이다. 우선 높은 곳에서 휴식을 즐기는 맹수를 위해 우리를 공중에 띄워 설계했다. 나무 위에서 주로 생활하는 오랑우탄을 위해 높은 기둥을 밧줄로 연결한 공중 방사장을 만들었다. 원숭이는 사람들보다 높은 장소에서 지낼 수 있게 만들어 스트레스를 줄였다. 낭떠러지를 아슬아슬하게 오가는 염소의 야생성을 살리기 위해 절벽도 만들었다. … 이것이 동물원을 성공으로 이끈 '행동전시'의 시작이다… 야생동물을 가두어 키우는 공간이 아니라, 삶과 죽음을 함께 전시해 누구나 자연의 섭리를 깨닫게 하려는 의도다. 생각을 바꾸자 모든 게 전시아이템이 됐다. 동물들의 식사시간, 잠자는 시간까지 볼거리로 변했다. 먹이를 던져주지 않고 직접 먹이를 찾게하자 동물들의 눈빛도 변했다. 자연에 가까운 생활환경을 만들자 공생(共生)전시도 가능해졌다…. 아사히야마 동물원의 혁신을 지휘한 고스게 전 원장은 "꼭 돈을 들이지 않아도 작은 발상의 전환이 큰 변화를 가져온 것"이라며 "우리 주변의 모든 것이 혁신 아이디어가 될 수 있다"고 말했다."

동일한 문제라 해도 해결책은 다를 수 있다. 같은 문제라도 발생원인이 다르고, 문제를 해결하는 사람, 조직, 기업들이 처한 상황이나 환경도 천차만별이다. 다른 사람에게는 가능한 일이 나에겐 어려울 수도 있고, 반대로 상대방은 할 수 없거나 하기 어려운 일이 나에겐 편하고 쉽게 처리할 수 있는 일이 되기도 한다. 하지만 최선의 해결방법은 '상대방이 원하는 것을 분명히 이해하고 그들을 행복하게 해 주겠다'는 기획자의 의지가 바탕이 되어야 한다. 어떤 해결책도 쉬운 것은 없다. 그렇기에 힘든 길을 가려면 앞서 말한 관심과 남다른 해결책을 찾겠다는 의지가 필요하다.

▼ 과 제

1. 주변에서 소비자의 문제를 발견하여 이를 해결함으로써 소비자를 즐겁게 해 주겠다는 마음을 느낄 수 있는 상품 하나를 선정하여 그 이유를 설명해 주세요.

1) 그 상품은 어떤 상품인가요?
2) 상품의 어떤 부분에서 고객을 위해 개발한 상품이라고 느끼게 되었는지요?
   ·문제
   ·해결방법

2 기획서의 최종결정은 해결방법

(1) 해결방법을 찾는 기획

해결방법을 찾는 방식에는 두 가지가 있다. '해결안을 찾는 방법'과 '해결안을 만드는 방법'이다. 이 중 '해결안을 찾는 방식'은 기존에 있는 방법 중에서 최선의 방법을 찾아내는 것이다. 이를 위해서는 과제를 명확히 하고 이에 합당한 방법을 찾기위한 다양한 사례조사가 필요하다. 브레인스토밍이나 전문가 의견조사같은 것을 적극 활용해야 한다.

기획서의 진정한 가치는 남다른 해결방법에 있다. 기획서에 담긴 해결방법을 보면서 사람들이 '아! 저렇게 문제를 해결하면 되겠구나.'하고 감탄할 수 있다면 그 기획서는 일단 성공한 것이다. 아무리 많은 자료를 수집하고 검토했어도 해결방안이 미비하다면 앞선 모든 내용들은 의미를 상실한다. 기획은 문제해결방안을 제안하기 위해 작성하는 문서이기 때문이다.

그러나 기획서에서 제안하는 해결방법이 모두 남다른 방법만을 요구하는 것은 아니다. 문제가 무엇인가에 따라 과제도 다양하고, 과제를 해결하기 위한 해결방법도 여러 가지 방식이 있다.

현경택(기획력강의, 현경택, 동문통책방, 2013.)은 해결방법을 찾아가는 방식을 '해결안을 찾는' 방식과 '해결안을 만드는' 방식으로 나눈다. 전자는 기존에 존재하는 자료나 사례를 통해 최적의 해결방법을 찾아내는 것이고, 후자는 기획자가 남다른 새로운 해결방법을 직접 만들어가는 방식이다.

그는 '해결책을 찾는 방식'을 이렇게 말한다. "주위에서 해결안을 찾을 수 있다면 기꺼이 그 방법을 선택하라. 주변의 친구, 동료, 서적, 인터넷 등 활용가능한 모든 수단을 활용하라. 필요한 것은 지식 혹은 아이디어다. 브레인스토밍과 같은 아이디어 창출도구를 사용하는 방법을 배워야 한다."

'해결책을 찾는 방식'은 말 그대로, 현재 직면한 문제를 해결할 수 있는 실행방안을 '찾는 것'이다. 누군가 이미 실행에 옮겨 효과를 본 방법, 논리적으로 입증된 방법, 다른 업종에서 사용했지만 우리에게도 적용 가능한 것들을 보물찾듯이 찾아내는 작업이다. 따라서 이런 기획방식에서는 활용가능한 다수의 선택지를 확보하는 것이 관건이다. 어떤 평가나 가치판단없이 다양한 정보원(사람, 서적, 인터넷, 현장방문 등)에 귀 기울이고, 브레인스토밍같은 것을 적극 활용할 필요가 있다. 다만 선택지를 모을 때에는 이미 실행을 통해 검증된 것, 확실한 논리와 근거를 갖고있는 것을 우선적으로 수집하는 것이 좋다. '이런 방법은 어때?'하는 식의 새로운 발상이나 남과 다른 무엇은 나중에 짐이 될 수도 있다. 효과를 입증할 수 없기 때문이다.

[해결책을 찾는 기획]에서 중요한 것은 과제를 명확하게 규정하는 것이다. 과제를 구체적으로 정의하면 해결방안이 갖춰야 할 조건이나 효과를 아이디어 수집 전에 규정할 수 있고, 아이디어를 평가할 기준도 분명해 진다. 예를 들어 '자물쇠가 채워진 창문을 열고 방에 들어가는 방법찾기'라는 과제와 '자물쇠가 채워진 철문을 열고 방에 들어가는 방법찾기'라는 과제는 해결방법이 비슷한 것 같지만 실상은 많이 다르다. 또 '우리과를 알리는 방법찾기'라는 과제도 이를 '우리과를 국내 최고학과라고 알리는 방법찾기'라고 정의하는 것과 '우리과를 국내 최고학과라고 기업 경영자들에게 알리는 방법찾기'라고 정의하는 것과는 해결방법이 다르다. 거기에 '우리과를 국내 최고학과라고 기업경영자들에게 이번 달 내 일천만 원 한도 내에서 알리는 방법찾기'라고 시간과 비용까지 조건으로 표현하면 '우리과를 알리는 방법찾기'라는 초기과제와는 완전히 다른 해결방법이 나올 수도 있다. 과제를 세밀하게 정의할수록 해결방법을 찾기 위해 탐색작업 역시 구체적인 활동으로 변하고, 수집한 해결방안을 선택할 기준도 명확하게 정의할 수 있다.

[해결안을 찾는 기획]을 앞선 문제종류와 연결하면 대부분 정해진 절차나 기준을 벗어남으로써 발생한 문제의 해결방안을 찾는 방식이다. 정상적인 상황에서 어떤 이유로 인해 이탈되었을 경우 원상회복방법을 찾아야 할 때 자주 활용한다. 기획이란 개념에서의 해결방안이기보다는 신속하게 조치할 수 있는 무엇인가를 찾는다는 게 맞다.

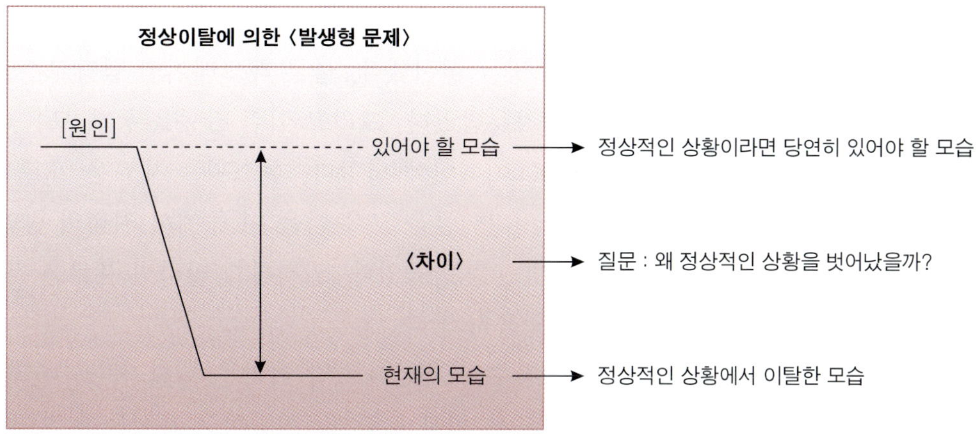

일반적인 기획방식, 즉 자신이 원하는 곳에 도달하기 위한 기획에서도 [해결방안을 찾는 기획]은 활용도가 높다. 학교에서 진행하는 대부분의 행사기획이 이런 방식으로 실행방안을 구성한다. 주변환경, 경쟁상황, 소비자의 욕구변화같은 것을 고려하여 복잡한 논리를 구성하기보다 즉각적으로 효과를 볼 수 있는 선택지를 찾는 경우다. 그러다보니 수업시간에 '기획이란…' 하고 설명하면 학생들이 잘 이해하지 못하는 경우도 있다. 자신들이 평소 '기획'이란 이름으로 진행하는 것들은 대부분 [해결방안을 찾는 기획]이었기 때문이다.

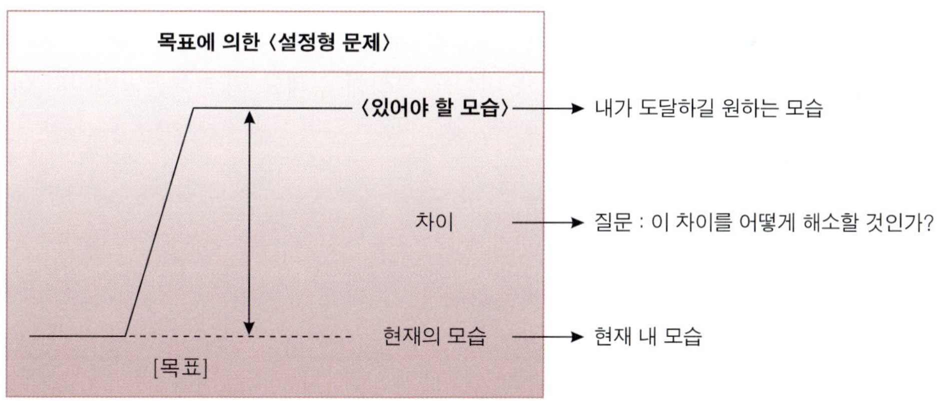

예를 들어보자. 이벤트연출과에서 MT를 가기로 했다. 이를 담당한 현소씨는 추억에 남을만한 MT를 만들고 싶었다. 당연히 전년도 MT에 대한 학생들의 반응도 살펴봤고, 당시 문제된 것이나 부족하다고 평가받은 것이 무엇인지도 확인했다. 그리고 전년도 문제를 해결하면서 동시에 재미있는 프로그램이 없을까 고민하기 시작했다. 하지만 현소씨가 알고있는 것은 제한적일 수밖에 없다. 그는 동창생에게도 전화걸어 물어보고, 동아리 회의도 소집하여 브레인스토밍을 실시했다. 물론 레크레이션 담당교수님에게도 MT에서 활용할 수 있는 프로그램을 자문받았다. 그리고 이런 활동을 통해 모은 수십 개의 아이템 중에서 몇 개를 선택하여 MT기획안에 담았다. 현소씨는 새로운 프로그램을 만든 것이 아니다. 자신에게 필요한 아이디어들을 모은 다음 이 중에서 최적의 방안을 몇 개 선택하거나 이들을 혼합하여 해결방안을 만들었다. 엄격하게 말하면 새로운 프로그램을 개발하는 것이 아니라 '기존 것을 활용하기'다.

이런 방식은 기업에서도 자주 활용한다. '갑'이라는 회사가 '을'이라는 이벤트회사에 직원단합대회를 의뢰하면 '을'은 어떻게 할까? 십중팔구 자신들이 진행했던 행사 프로그램 속에서 쓸만한 것을 찾거나, 직원들을 모아놓고 아이디어를 모을 것이다. 그리고 이것들을 조금 그럴듯하게 표현해서 갑이란 회사에 제출할 것이다. 이런 해결방법을 찾는 기획은 일상적이며, 우리 주변에서 흔히 볼 수 있는 것이다.

[해결방안을 찾는 기획]의 가치는 다양한 아이디어를 모을 수 있는 열린 마음과 함께 과제를 얼마나 명확하게 규정하느냐에 따라 달라진다. 세상에 널린 수많은 사례 중에서 최적의 안을 골라내는 안목이 해결방법의 가치를 좌우한다.

▼ 과 제

1. 특정주제를 하나 선정하여 해결방법을 찾아보세요. 다양한 조사를 통해 해당 주제의 문제해결을 위한 방안을 열 개 이상을 정리해 주세요. 개별해결방법마다 아래 세 가지 질문에 대해 정리해 주세요.

   1) 해결방법 제목
   2) 해결방법 내용
   3) 선택한 해결방법의 성공사례

(2) 해결방법을 만드는 기획

'해결방법을 만드는 방식'은 기존의 방식을 참고하여 남다른 무엇인가를 창조하는 방법이다. 기존 사례나 프로그램으로는 문제해결이 어려운 상황에서 사용하며, 대다수의 기획이 이런 방식의 해결 방법을 원한다. 해결방법을 만들려면 우선 과제를 구조화하여 해결방법이 갖춰야 할 조건이나 효과 부분을 구체적으로 정의해야 하고, 이에 적합한 자료를 선별하여 응용해야 한다. 창의력과 관련된 대부분의 사고방식, 기법 등이 해결방법을 만드는 방식에 필요한 지식들이다.

현경택은 '해결안을 만드는 방식'을 이렇게 말한다. "해결안을 만드는 기획은 데이터를 수집하여 가치있는 정보로 바꾸고, 그 정보를 토대로 합리적인 해결안을 만들어 가는 과정이다. 필요한 것은 데이터/정보이며, 아이디어의 평가/선별능력보다는 데이터의 수집과 분석능력이 더 중요하다. 가능하면 데이터수집에 소요되는 시간과 노력(비용)을 줄여야 한다. 필요한 정보에 정확하게 접근하여 효율적으로 수집해야 한다. 이를 위하여 과제를 구조화하라. 과제의 구조화는 해결안을 만드는 기획의 핵심이다."

앞선 [해결안을 찾는 기획방식]은 다수의 선택지를 수집하여, 이들 중에서 실제 검증되었고 효과도 분명한 해결방안을 찾는것이 관건이다. 하지만 [해결안을 만드는 기획방식]은 해결방법을 주변에서 찾기 어렵거나 설사있다 하더라도 새로운 방식을 찾아야 할 상황에서 활용하는 방법이다. 예를 들어 매출부진 해소방안을 수립하는 기획, 손상된 기업이미지를 회복하기 위한 기획, 고객유치이벤트 방안을 구성하는 기획, 지역경제활성화를 위해 지역축제 개발기획 등이다.

기업에서 요구하는 기획의 대부분이 이런 방식의 기획인데, 과거방식들이 현재 문제를 해결하기에는 부적절하기 때문이다. 법적인 규제, 경제동향, 기술발전상태, 소비자 욕구 등이 하루가 멀다하고 달리지는 시장에서 과거해결방법을 그대로 적용하기는 어렵다. 이런 여건 속에서는 어쩔 수 없이 '과거 속에서 미래'를 찾을 수밖에 없다. 지난 사례나 정보들을 현재 상황에 맞게 고치거나 활용가능한 여러 사례들을 조합하여 새로운 것을 만들어 내는 방법밖에 없다.

이런 방식에서 중요한 것은 '최선의 정보'를 찾아내는 것이다. 앞선 방식처럼 다수의 정보보다는 기획자의 상상력을 자극하여 보다 효과적인 해결방법을 착안하도록 도와줄 정보다. 이런 정보를 찾으려면 자신에게 합당한 정보가 무엇인지 알고 있어야 하며, 정보를 통해 어떤 식의 해결방안을 구성할 것인지 가이드라인도 갖고 있어야 한다. 즉 '이러저러한 정보들을 취합하여 이런 식의 결론을 만들면 되겠다.'는 일종의 가설, 즉 입증되지 않은 하나의 생각이다.

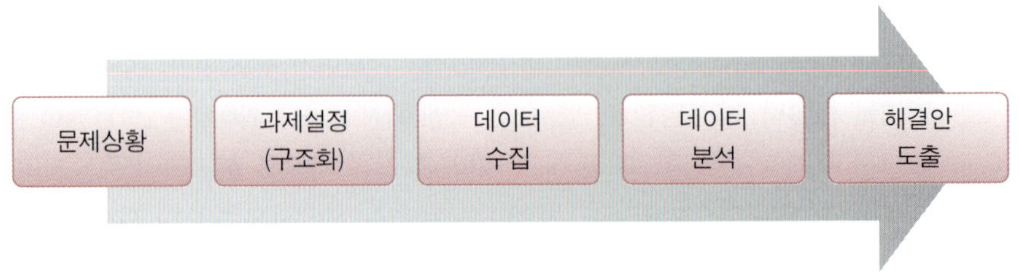

그럼 가설은 어떻게 만들 수 있을까? 이는 과제를 구조화함으로써 가능하다. 아래 그림처럼 과제의 근간이 되는 원인과 이에 따른 과제들, 그리고 과제들 간의 관계를 로직트리로 구성하여 한 눈에 전체상황을 파악할 수 있도록 도표화하는 것이다. 그러면 복잡하게 얽혀있던 내용들이 일목요연하게 정리되면서 앞으로 필요한 활동(해결방안)들을 짐작할 수 있고, 이를 통해 해결방안 구상에 필요한 정보의 범위와 요건을 규정할 수 있어 기획자의 정보탐색 속도를 줄일 수 있다.(가설에 대해서는 뒤에서 설명한다)

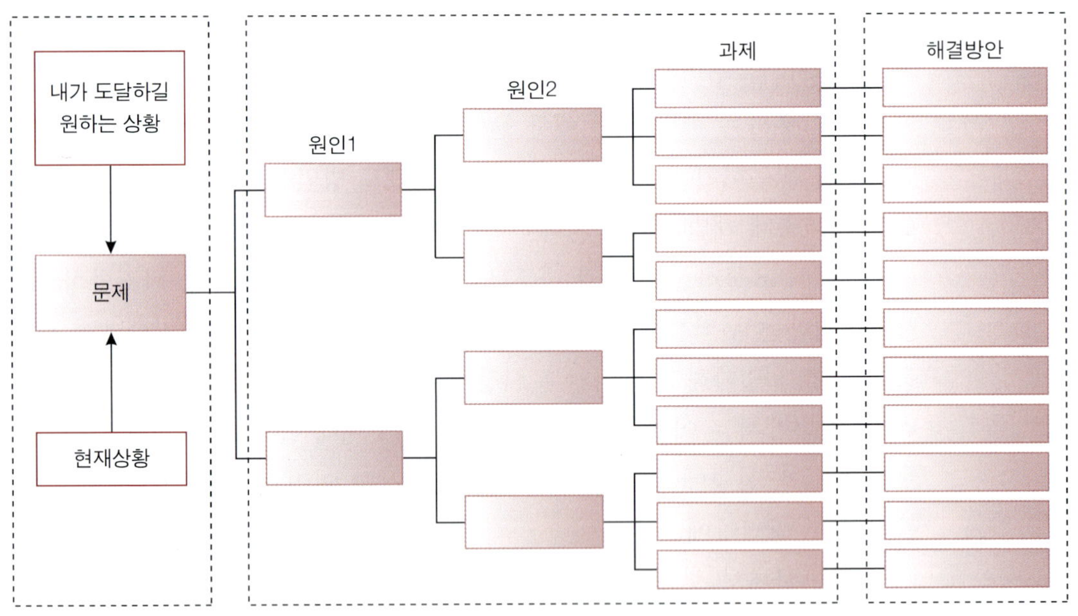

[해결안을 만드는 기획]을 앞선 문제종류와 연결하면 시장변화로 인해 달라진 목표에 도달하는 방법을 찾는 방식이다.

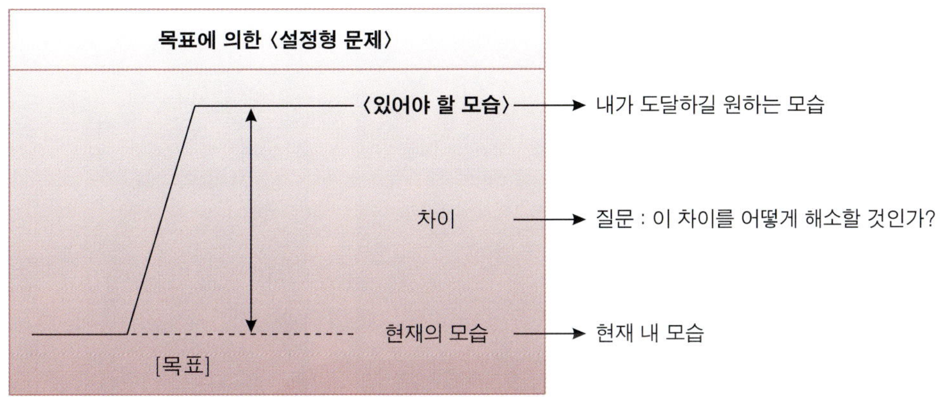

[해결안을 만드는 기획]에서는 정보를 찾은 후 해야 할 일이 하나 더 있다. 수집한 정보들을 이리저리 짜 맞춰 새로운 해결방안을 만들어 내는 일로 창의력이 필요한 부분이다. 자체정보는 도구이지 목적이 아니다.

황준욱(창의성에 대한 11가지 생각, 황준욱. 유승호, 김윤태 편, 고려대학교 출판부, 2009.)은 창의성을 크게 세 가지로 나눈다.

하나는 기존에 존재하는 것을 새롭게 표현하는 것이다.

남들이 미처 발견하지 못한 것을 찾아내거나 느끼지 못한 것을 새롭게 표현하는 일이다. 이런 창조성을 발휘하려면 현상의 겉 내용만 봐서는 안 된다. 내 앞에 놓인 것을 관심있게 바라볼 때 남들이 보지 못한 것을 찾을 수 있다. 예술이 이런 종류의 창조성에 해당하는데, 흔한 수박의 겉모습에서 흰색과 초록색, 노란색의 조화를 감탄스럽게 표현한 한 시, 전쟁의 폐해를 그림으로 표현한 피카소의 그림같은 것이다. 우리가 흔히 '찍찍이'라고 부르는 벨크로테이프도 1941년 드 메스트랄가 '도꼬마리 가시'에서 이와 같은 구조를 발견하기 전까지는 생각지도 못한 것이었다. 어느 날 개와 함께 사냥을 마치고 돌아온 드 메스트랄가는 자기 옷과 개의 털에 도꼬마리 가시가 잔뜩 묻어있는 것을 발견했다. 털어내려 해도 잘 떨어지지 않는 데 호기심이 생긴 그는 이를 현미경으로 관찰하여 도꼬마리 가시의 미세한 갈고리가 올가미 모양의 섬유에 들러붙어 있는 것을 발견했다. 그리고 이에 착안하여 한쪽 면에는 수천 개의 갈고리가, 다른 한쪽 면에는 올가미 형태가 달려 있는 여밈장치를 개발했다. 접착하면 단단하게 고정되고, 반대로 쉽게 떼어낼 수도 있어 오늘날에는 의류, 가방, 시계줄, 신발, 지갑 등의 일상용품에서부터 의료용, 군복, 우주선, 항공기 등에까지 광범위하게 사용하고 있다.

다음 사진은 바닷가에 놀러 온 사람들이 술 마시고 버린 빈병을 주워 납작하게 만든 다음 장식품으로 활용할 수 있게끔 고리를 붙인 것이다. 남들 눈에는 그저 쓰레기처럼 보인 병이지만 어떤 사람에게는 술병 그대로의 느낌을 간직한 고가의 인테리어 소품으로 보였다.

두 번째는 기존에 있던 것을 짜 맞춰 새로운 것을 만드는 방식이다.

기존에 존재하는 것들의 특징과 구성원리를 이해하고 이들을 통합하여 새로운 것을 만드는 방식이다. 간단한 예로는 스마트폰이 아닐까 싶다. 기본전화와 문자기능에 사진, 동영상촬영, 편집기능, 음악재생기능, 더 나아가 결재기능, 헬스케어기능 등 다양한 기능들이 추가되면서 전화기 기능자체를 완전히 새로운 것으로 바꿔놨다. 또 다른 곳에서 사용한 방식을 자기 업종에 도입한 사례로는 '튜닝'도 있다. 원래 자동차업계에서 자신만의 차를 원하는 고객대상으로 서비스하던 것을 게임, 핸드폰, PC, 의류, 가구, 학생들의 학용품인 샤프 등 다양한 영역에서 고객차별화를 위해 활용하고 있다. 나를 남과 다르게 보여주고 싶은 욕구를 상품에서 구현한 것이다. 특히 아디다스는 흰색 운동화에 섬유물감을 끼워줌으로써 고객이 직접 자기 운동화를 꾸밀 수 있는 아디칼라를 선보였고, 국내에는 2006년 명동에 아디칼라 스튜디로를 오픈하기도 했다. 이와 같은 튜닝문화는 타 업종의 마케팅방법

을 빌려온 것으로 튜닝 서비스가 갖고있는 나만의 개성창조라는 개념을 적극 활용한 것이다. 앞으로도 튜닝은 젊은층엔 패션 아이콘으로, 직장인들에게는 비즈니스 도구로, 중장년층에겐 신선한 자극을 주는 방향으로 발전하지 않을까 싶다.

세 번째는 양자택일 상태에서 두 개의 모든 것을 취할 수 있는 제 3의 방법을 찾는 것이다.

인간은 애매한 상황을 불편하게 느낀다. 이것도 저것도 아닌 상황, 상반되는 두 개를 동시에 취해야 하는 상황이다. 그래서 인간은 이런 상황이 되면 양자택일을 취함으로써 불편함을 없애려고 한다. 하지만 창의성이란 양자택일 상황에서 한쪽을 선택하지 않고 양쪽 모두의 조화를 이룰 수 있는 방법을 찾는 자세다. 로저 마틴(〈생각이 차이를 만든다〉, 로저 마틴, 지식노마드, 2008.)이 말한 통합적 사고(Opposable Mind)와 비슷한 개념이다.

포시즌 호텔의 창업자인 이사도어 샤프의 예를 살펴보자.

1960년대 초반, 이사도어 샤프는 토론토 도심 외곽에 있는 작은 모텔과 토론토 도심한 복판의 대형 컨벤션호텔을 운영하고 있었다. 당시에는 객실 수 200여개 남짓한 모텔이나 비즈니스 여행객들을 대상으로 한, 객실 수가 1,000여개 이상이고 회의실과 식당, 연회실 등 다양한 편의시설을 갖춘 대형호텔을 운영하는 방법밖에는 없었다. 그 이상의 새로운 비즈니스 모델이 없었기 때문이다. 두 개의 숙박시설은 분명한 차이가 있었는데 작은 모델은 친절하고 투숙객과 종업원 간에 개인적인 친밀감이 있었지만 편의시설이 부족했고, 대형호텔은 시설은 좋아도 종업원들은 투숙객을 방 번호로 취급했다. 샤프는 남들처럼 이런 구분에 만족하지 않고 소규모 모텔의 매력과 대규모 호텔의 장점을 합친 중간 규모의 호텔을 만들고 싶었다. 일정수준 이상의 편의시설과 친근감, 개인별 맞춤서비스가 가능한 호텔이다. 그러나 당시 샤프를 어렵게 만든 것은 작은 모델의 객실 운영수익으로는 호텔과 같은 편의시설을 운영하기 어렵다는 논리였다. 둘 중 하나를 선택하든가 아니면 두 개를 따로 운영하는 방법밖에는 없어 보였다. 그러나 그는 객실 당 숙박료를 높여 비용을 충당하면 되지않을까 생각했다. 중요한 것은 객실수가 아니라 총 수익이었다. 그리고 그는 더 높은 숙박료를 받기위해 호텔방을 투숙객이 자기집처럼 느낄 수 있도록 꾸몄다. 호텔을 이용하는 비즈니스맨들은 으리으리한 편의시설보다 호텔방을 내집처럼 느끼길 원했기 때문이다. 요즘 호텔, 아니 장급여관만 가도 놓여있는 TV, 냉장고, 탁자, 의자, 깨끗한 화장실, 이미용 품목 등이 이때부터 기본품이 되었다.

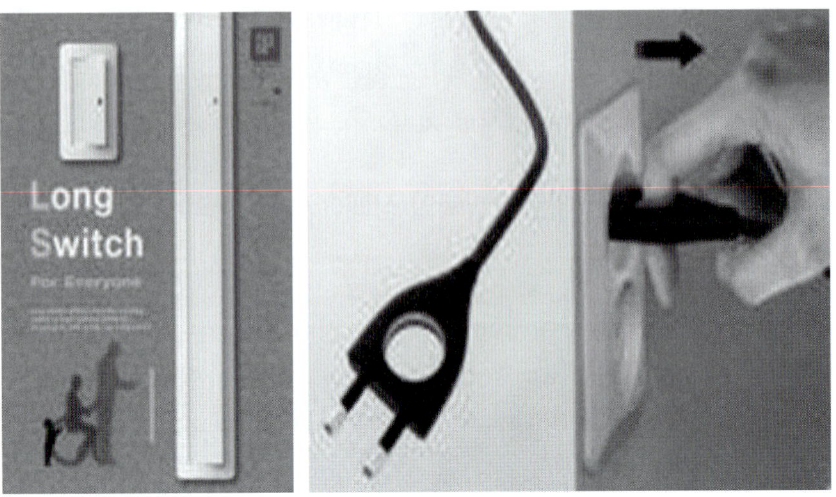

요즘 새롭게 관심을 끌고있는 유니버설 디자인도 따지고 보면 대상을 상관하지 않고 누구나 사용할 수 있도록 상품을 디자인하자는 것이다. 힘없는 아이나 노인들을 위해 전기코드에 손가락을 집어넣어 끄집어 낼 수 있도록 만들고, 키가 작은 어린아이들도 전등을 키고 끌 수 있도록 스위치의 폭을 길게 만드는 방식이다.

[해결방안을 만드는 기획]에서 중요한 것은 자료를 활용하여 보다 효과적이고 차별화된 해결방안을 창조해내는 것이다. 보이는 것을 있는 그대로 보기보다 그 안에 숨어있는 것을 찾아내고, 그것이 변해서 무엇이 될 수 있는지 꿈꾸는 방법이다. 하지만 이 모든 것 이면에는 정보가 있다. 따라서 기획자는 자기 업무와 관련되고, 관심있는, 또 앞으로 활용할 것 같은 정보들을 지속적으로 수집하고, 분류해 놔야한다. 해당 업종은 물론이고 관련정보까지도 관심있게 바라보며 자신의 정보창고를 풍성하게 만들 필요가 있다. 그래야만 필요할 때 여유롭게 자료들을 검토하면서 그 안에 담긴 뭔가를 찾아낼 수 있다. 논리성과 창조성을 발휘하려면 기본적으로 시장에 대한 감각과 정보가 필요하다.

▼ 과 제

1. 앞서 창의력이란 아래 세 가지 특징을 갖고있다고 설명했습니다. 세 가지 특징별로 적합한 상품을 찾아 설명해 주세요.

   첫째는 기존에 존재하는 것을 새롭게 표현하는 것이다.
   둘째는 기존에 있던 것을 짜 맞춰 새로운 것을 만드는 방식이다.

세 번째는 양자택일 상태에서 두 개의 모든 것을 취할 수 있는 제 3의 방법을 찾는 것이다.

대답은 두 개가 필요합니다.

1) 어떤 소비자 욕구, 즉 문제를 해결하기 위함인가?
2) 상기된 문제를 어떻게 해결하였는가?

---

(3) 남다름을 원한다면 수평축을 사용하라

남다른 해결방안을 만들려면 일반적으로 사용하는 '수직적 평가'에서 '수평적 평가'로 시선을 돌려야 한다. 동일한 평가기준을 갖고 누가 얼마만큼 잘하는가의 평가가 아닌, 남들과 다른 기준을 스스로 만들고 이곳에서 최고가 되는 방식이다. '역브랜드' '적대브랜드' '일탈브랜드'가 이런 방식으로 차별화된 브랜드들이며, 블루오션전략 역시 수직축이 아닌 수평축에 의한 차별화를 주장하는 방법이다.

문영미(디퍼런트, 문여미, 살림Biz, 2011.)는 기업들이 남다른 해결책을 제시하지 못하는 이유를 포기할 줄 몰라서라고 한다. 기업들은 대부분 자신이 경쟁사보다 더 좋고 많은 가치를 제공해야만 이길 수 있다고 생각한다. 그러다보니 한 기업이 특정상품을 100원에 판매하면 자신들은 유사한 상품을 99원에 팔고, 다른 회사가 무료배송을 시작하면 자신들은 여기에 퀵서비스를 추가로 제공한다. 이런 상황인식은 세스 고딘(보라빛 소가 온다, 세스고딘, 재인, 2004.)도 마찬가지인데 그는 기업들이 더 크고, 빠르고, 새롭고, 깨끗한 것을 만들어야 한다는 생각에 익숙해져 있다고 말한다. 이런 것들은 소비자들이 그것에 가치를 둘 때만이 의미가 있고, 상대방보다 월등한 차이를 보일때만 차별점으로 부각되는 것들인데도 말이다. 예를 보자. 한 항공사가 자기들을 이렇게 홍보한다고 치자. '우리는 가장 젊은 항공기를 운행하고 있습니다.' 어떤가? 마음에 와 닿는지 모르겠다. 설사 이 항공사가 다른 경쟁사들보다 최근에 만든, 항공기를 몰고있다 쳐도 그것이 얼마나 최신형 비행기일까? 그리고 그게 소비자들이 항공사를 선택할만한 강력한 요인으로 작동할까? 확실한 차이가 없는 한 그 비행기를 타려고 다른 좋은 조건의 항공사를 포기하진 않을 것이다.

이젠 수직선상에서의 도토리 키재기 싸움, 즉 누가 더 잘하나 보자는 식의 싸움은 별

의미가 없다. 서비스가 상향평준화되었기 때문이다. 요즘 세상에서는 '차별화'가 필요하다. '차별화'란 평가기준을 수직선이 아닌, 수평선을 만들어 놓고 남들과는 다르게 시작하는 것이다. 한 기업이 동쪽으로 달려가면 나는 서쪽으로 달려가고, 남들이 행복을 추구한다면, 나는 모험을 강조하는 이미지 차별화같은 것이다. 하지만 기업들은 이미 오른손에 쥔 것을 버리기가 아까워 그것을 간직한 채 왼손에 또 다른 것을 집어든다. 문제는 이젠 소비자도 이것도 잘하고 저것도 잘한다는 말을 믿지 않는다는 점이다.

뭔가를 '포기'하면 얻는 게 있다. 바로 나만의 차별화다. 문영미는 이런 방식의 예로 〈역브랜드〉와 〈적대브랜드〉, 그리고 〈일탈브랜드〉를 소개한다.

[역브랜드]는 세상이 움직이는 반대방향으로 가는 브랜드다. 이들의 핵심슬로건은 [거대한 흐름에 맞서라]로 남들과 다르게 행동하라는 의미다. 대표적인 기업이 구글이다. 구글은 탄생당시 경쟁사였던 포털사이트들처럼 초기화면에서 많은 서비스를 부각시키지 않았다. 구글은 기존 브랜드들이 반드시 있어야 한다고 생각한 요소들을 과감히 삭제하고 오직 검색서비스 하나에만 집중했다. 예전에도 필요하긴 했지만 크게 눈여겨 보지않던 검색기능에 새로운 가치를 집어넣음으로써 포털사이트의 시장판도를 뒤엎었다. 이와 같은 모습은 중저가 항공사들에서도 발견할 수 있다. '젯블루항공'이나 '사우스웨스트' 항공사를 보면 '저가'라는 개념을 완성하기 위해 항공사가 포기해도 되는 게 무엇인지 분명히 알 수 있다. '기내식' '예약서비스' '장거리항로' 등이다. 또 기존 패스트푸드와는 완벽하게 반대방향으로 가는 '인앤아웃버거'도 이런 류의 브랜드다. 주문과 동시에 5분 내로 주겠다는 일반 햄버거 매장과는 정반대로 햄버거를 주문하면 그때부터 감자를 깎고 햄버거 패티를 만드는 매장이다.

그렇다면 [적대브랜드]란 무엇일까? 이들은 기존 기업들이 목숨 건 원칙, '고객은 왕이다'를 포기한 기업들이다. 정확히 말하면 우리 고객은 아군이고, 다른 기

업고객은 적군이라는 식으로 나눠버린다. 어떤 기업은 자기 상품을 구입할 수 있는 고객을 정해놓고 그외 고객은 접근자체를 어렵게 만들기도 한다. 일본의 베이딩앰프는 모든 상품을 한정판으로 판매한다. 수량은 물론이고 사이즈도 한정판이며, 제품별로 한 사람당 한 개만 판매한다. 게다가 매장도 대로변에 있는 것이 아니라 일반인들은 잘 모르는 구석에 있으며 간판도 매장표식도 없다. 아는 사람만 찾아오라는 메시지다. 우리가 흔히 아는 베네통도 광고를 통해 자신들의 이미지를 강하게 부각시킨 브랜드다. '우린 남들과 달라' 그러니 내 상품을 구입하는 너도 남들과 다른 사람이라고 강조한다. 물론 시간이 지나면서 과거처럼 눈살을 찌부리게 만드는 광고는 많이 사라졌지만 아직도 그런 이미지를 지속적으로 유지하고 있다.

자료원 : [한국 문화와 예술], '태양의 서커스'의 성공 사례를 벤치마킹하자, 대한변협신문, 2015. 7. 5

또 하나 [일탈브랜드]가 있다. 이것은 소비자들로 하여금 해당 상품을 뭐라고 정의하기 어렵게 만들어 동일업종 브랜드들과는 다르다는 것을 강조하는 브랜드다. 사람들은 이런 브랜드를 보면 '신선하다', '새롭다', '톡특하다'는 인상을 받는다. 문영미는 이런 브랜드를 '하버드 로스쿨에 입학한 치어리더'라고 표현한다. 엄격한 학업분위기, 도서관에서 책과 함께 살아가는 사람들, 두꺼운 안경에 딱딱한 법률 문구를 암기하는 로스쿨에 진한 화장에 짧은 치마를 입은 늘씬한 여자가 한 명 앉자있다고 생각해 보라. 아마도 사람들 눈에 자주 띌 것이고, 왠지 모르게 호기심이 생길 것이다. 금은방에서만 팔던 시계를 패션용품처럼 계절별로 새로운 디자인을 개발하여 십만원 이내로 판매하는 스와치 시계, 서커스라는 이름을 달고있지만 오페라, 댄스, 체조, 연극 등을 혼합한 태양의 서커스 등이 모두 일탈브랜드를 대표하는 기업들이다. 하지만 이들의 특징은 자신이 속한 영역을 벗어나려 하지 않는다는 점이다. 스와치 시계는 기존 스위스 시계가 걸어가던 길과는 전혀 다른 길을 가면서도 자신들이 스위스 시계라는 점을 강조하고, 시크르 뒤 솔레이유는 서커스같지 않은 서커스를 보여주면서도 자신들은 서커스라고 주장한다. 왜 그럴까? 이들은 자신이 속한 카테고리내의 기업과는 다른, 일탈한 브랜드라는 것을 주장하고 싶고, 그러기 위해서는 소비자들에게 자신과 비교할 뭔가를 줘야하기 때문이다.

차별화를 위해서는 뭔가 포기를 해야 한다. 자신만이 주장할 수 있는 뭔가를 찾아내 그것을 강하게 표현해야 한다. 다른 기업과 비교하여 자신의 약점을 찾는 것은 무척 중요하다. 하지만 약점과 부족한 점을 채우려 노력하는 순간, 자신만의 모습은 사라질 수밖에 없다. 요즘 대학이 그러하지 않은가? 동일한 평가기준에 동일한 과목에 동일한 학사규정을 가진 대학들. 남과는 다른 기준점을 찾아 새롭게 자신의 모습을 만들어 나갈 때 진정한 차별화가 이뤄지며 이때 사람들은 그 모습을 보며 기뻐한다. 기존의 기업이 채워주지 못한 새로운 가치를 이들이 채워주리라 기대하기 때문이다.

▼ 과 제

1. 앞서 차별화를 위한 세 가지 방법을 설명했습니다. 세 가지 설명별로 적합한 상품을 찾아 설명해 주세요.

   첫 번째는 역브랜드
   두 번째는 적대브랜드
   세 번째는 일탈브랜드

   대답은 두 개가 필요합니다.

   1) 어떤 상품, 서비스인가?
   2) 상기된 상품, 서비스의 어떤 점이 그 상품을 역브랜드(또는 적대, 일탈브랜드)라고 정의하도록 만들었는가?

(4) 해결안을 결정하는 기준

해결방안을 확정짓기 전에 이들이 제대로 만들어진 것인지 평가하는 작업이다. 해야할 일은 해결방안을 평가하는 기준에는 여러 가지가 있지만 일반적으로는 첫째, 적합성(우리가 할 만한 일인가?), 둘째, 타당성(과제가 제시한 것을 제대로 반영했는가?), 셋째, 효과성(기획서에서 목표로 설정한 것을 달성할 수 있는가?), 넷째, 수익성(어느 정도 보상을 받을 수 있는가?)이다.

해결방안을 구성했으면 이를 제안하기 전에 이들의 가치를 평가하여 선별하는 과정이 필요하다. 해결방안을 다양하게 제안하면 좋을 것 같지만 해결방안이 너무 많으면 이를 진행하고, 관리하는 데 어려움이 많고, 게다가 이들이 해결안이 갖춰야 할 요건을 충족시키지 못한다면 해결안들을 다시 검토해 봐야 한다. 수업시간에 학생들의 기획서 과제물을 보면, 창의력을 적극 발휘하여 여러 가지 해결방안들을 다양하게 제시하는 경우를 종종 본다. 자신이 그만큼 열심히 생각하고 검토했다는 것을 보여주고 싶은 마음같다. 하지만 기획하는 것과 실제 실행하는 것 간에는 차이가 있다. 여러 가지 방안들이 하나의 목표를 향해 일관되게 구성되어 있다면 그나마 괜찮지만, 그렇지 않다면 이를 실행하는 과정에서 놓치는 것이 많고 비용도 많이들어 비용 대비 효과에 대한 부담이 생긴다. 따라서 해결방안을 확정짓기 전에 '하면 좋은 것'과 '반드시 해야 할 것'을 구분할 필요가 있다. '반드시 해야 할 것'을 중심으로 해결방안을 확정지은 후, 뭔가 부족한 부분이 있다고 판단될 때 '하면 좋을 것'들 중에서 앞선 내용과 연관관계가 있는 것들을 우선순위에 따라 골라 사용한다.

해결방안에 대한 평가기준은 조직에 따라, 상황에 따라 다르다. 기업이 처한 상황에 따라 추구하는 가치가 다르기 때문이다. 하지만 어디서나 공용되는 네 가지 기준이 있다. 첫 번째는 적합성(내가 할 만한 일인가?), 두 번째는 타당성(과제가 제시한 것을 제대로 반영했는가?) 세 번째는 효과성(내가 원하는 것을 달성할 수 있는가?) 그리고 마지막으로 수익성(얼마나 이득을 볼 수 있는가?)이다.

첫 번째, 적합성: 우리가 할 만한 일인가?

적합성 기준은 중요함에도 불구하고 선택지 평가기준에서 빠지는 경우가 종종 있다. 매출을 올리는 게 목적이라면 어떤 방법이든지 매출만 올리면 되지 않는가라는 의식때문이다. 하지만 요즘은 기업도 사회의 일원으로써 사회발전에 도움을 줘야한다는 의식이

많고, 사회기여, 봉사활동같은 것도 기업에 요구한다. 이런 상황에서 기업은 자신의 활동을 스스로 점검하고 평가할 수 있는 기준을 만들어야 한다. 흔히 사람들은 이를 미션이란 거창한 단어로 표현하기도 하는 데, 꼭 그런 것이 아니더라도 '이런 일은 우리기업이 해야 할 일'이고, '이런 일은 가급적 자제해야 한다'는 원칙정도는 있어야 한다. 필자가 직장인일 때도 사업계획서를 검토할 때 중요시 여긴 요소가 있었다. '이 사업이 우리 회사가 할 만한 사업인가?' 하는 점이었다. 개인회사라면 몰라도 기업규모가 일정 수준 이상이 되면 신규사업을 추진할 때도 제한이 많다. 돈이 된다고 아무사업이나 전개하면 문어발 확장이니 중소기업영역을 침범했느니 지적이 들어온다. 내가 할 만한 일인가란 평가기준은 자사의 이미지를 유지하고 지역사회 소비자들에게 신뢰할 수 있는 기업이라는 평을 받기 위해 한번쯤 집고 넘어가야 할 기준이다. 사진은 마우스 패드다. 짐작컨대 젊은 이들을 대상으로 판매하지 않았을까 싶다. 만약 국내 중견기업에서 이런 것을 수입, 판매한다면 소비자들의 반응은 어떨 것 같은가?

두 번째, 타당성(과제가 제시한 것을 제대로 반영했는가?)

앞서 설명한 것처럼 해결방안은 과제를 달성하기 위한 실행방안이다. 해결방안을 평가하려면 항상 앞선 과제와 연결시켜 판단해야 한다. 아무리 독특하고 재미있는 방안이라도 그것이 과제가 요구한 사항을 충족시키지 못한다면 이는 잘못된 것이며, 평범한 해결방안일지라도 그것이 과제에서 제출한 요건을 100% 충족시켰다면 최상의 해결방안이 될 수도 있다. 하지만 학생들이 제출한 기획서 과제물을 보면 가끔 과제와는 상관없는 실행방안이 담겨있는 것을 볼 수 있다. 과제에서는 분명히 '기업의 이미지를 높여야 한다.'

고 제안하고는 실행방안은 단기매출을 올리는 내용으로 구성했거나, 과제는 '상품의 인지도 향상을 위한 IMC 전략을 수립한다.'고 작성했지만 실제 실행방안은 4대 매체광고 중심으로 구성한 것도 있다.

이런 상황이 왜 생길까? 우선 가장 많은 경우가 앞선 기획서 핵심구조를 제대로 활용하지 않은 결과다.

기획서 핵심구조는 현황분석을 통해 문제를 찾는 과정과 문제의 원인을 찾고, 이를 제거하기 위한 과제를 설정하는 과정, 그리고 과제에서 정의한 실행방안의 방향과 범위에 따라 해결방안을 작성하는 구조로 되어 있다. 이와 같은 구조는 기획서의 결론인 해결방안을 과제와 연관시켜 구성할 수 있도록 도와준다. 특히 Logic Tree에 내용을 정리하면 과제와 해결방안 간의 관련성을 시각적으로 확인할 수 있어 오류를 최소화할 수 있다. 하지만 이런 과정을 제대로 거치지 않으면 과제는 과제대로, 해결방안은 해결방안 그 자체로 따로 구성할 확률이 높다. 이런 상황에서는 기획자가 해결방안 하나만 보고 이를 평가하게 되며, 이때 뭔가를 채워야 한다는 압박감이 기획자로 하여금 다양하고 다채로운 해결방안을 작성하도록 만든다. 물론 기획서 핵심구조를 따르면 반드시 좋은 해결방안을 만들 수 있다고 보장할 수는 없다. 논리구조는 일관성 있는 해결방안을 만들기 위한 방법이지 해결방안의 참신성까지 책임지지는 않는다. 하지만 실패확률을 줄일 수는 있다.

또 다른 이유는 문제를 확인한 순간 해결방안이 떠오르는 경우다.

기획서를 쓰다보면 상상력이 풍부한 사람들은 과제와는 상관없이 해결방안을 구성하는 경우가 있다. 문제를 살펴보다가 '아! 이렇게 하면 되겠구나.'하는 생각이 드는 순간 그때부터 한 가지 생각에 몰입한다. 이런 상황에서는 앞선 논리구조가 방해가 될 뿐이다. 하지만 이런 상태로 해결방안을 만들면 브레인스토밍에서 나올 수 있는 아이디어 차원의 해결방안이 될 수도 있다. 그것이 왜 필요하며, 어떤 효과를 얻을 수 있는지 설명하기도 애매한 상황에서 '참신한 생각' 그 자체만 갖고 해결방안을 구성하기 때문이다. 해결방안은 과제를 위해 존재한다. 그리고 과제와 해결방안이 일관성 있게 전개될 때 해결방안도 그 가치가 높아진다. 혹시 문제를 보는 순간 해결방안이 떠올랐다 할지라도 마음을 가라앉히고 앞선 기획의 핵심구조에 따라 자신의 해결방안이 과제에 적합한 것인지 다시 한 번 살펴 볼 필요가 있다.

세 번째, 효과성(기획서에서 목표로 설정한 것을 달성할 수 있는가?)

해결방안의 평가기준 중에서 '효과성'은 무척 중요하다. 어쩌면 기획서의 가치가 해결방안의 효과성에 달려있는지도 모른다. 어떤 방식이든 일을 진행한다는 건 일정의 시간과 비용을 투자해야 하며, 이런 상황에서 상사나 경영자가 원하는 것은 해결방안의 효과다. 하지만 효과를 측정하고 평가하는 것만큼 어려운 것도 없다. 기획서에 담긴 해결방안은 미래의 활동이고, 기획자가 제안하는 해결방안의 결과 역시 직접해 봐야 안다.

효과성을 평가하는 방법은 크게 두 가지가 있다. 하나는 회귀분석과 같은 통계방법을 활용하는 방법이고, 또 하나는 해결방안의 원천자료들을 평가하여 효과를 예상하는 방식이다. 이 중 근거자료를 통해 해결방안의 효과를 확인하는 방법은 기획자가 해결방안을 만드는 과정과 밀접한 관련이 있다. 기획자는 해결방법을 과거사례를 활용하여 만든다. 해당 사례가 실행된 당시 효과적이었거나, 또 문제해결에 도움을 줄 수 있는 사례들을 찾아내어 이를 응용하거나 조합한 것들이다. 따라서 현재 제안한 해결방안의 효과성은 기획자가 참고한 사례들의 효과성에서 유추할 수밖에 없다. 기획자는 자신이 제안한 해결방안의 효과에 대해 이렇게 말할 것이다. "과거 이러저러한 방식이 이런 상황에서 효과가 있었기에 당시와 유사한 상황인 미래에서도 유사한 효과가 있으리라 판단합니다."

물론 과거자료를 활용하여 미래에 발생할 결과에 대해 예측하는 것에는 한계가 있다. 해결방안을 실행하는 현장과 주변환경부터 다르고, 이를 받아들이는 소비자들의 의식도 많이 변한 상황이다. 그러나 해결방안을 평가하는 사람들도 자신의 경험치에 근거하여 평가할 수밖에 없는 상황에서 과거사례의 효과성에 대한 자료만큼 객관적인 자료를 구하기도 어려운 실정이다. 그래서 의사결정이 어렵다고 하는 것이다. 해보지 않은 일을 일정의 위험부담을 안고 승인해야 하기 때문이다. 결국 기획자나 평가자 모두 기획자가 제안하는 해결방안의 효과성에 대해서는 모험을 해야 한다. 그리고 이를 평가할 수 있는 유일한 근거는 기획자가 사용한 과거사례들이며, 해결방법을 실행할 해당기업의 조직력과 실행능력이다.

네 번째, 수익성(어느 정도 보상을 받을 수 있는가?)

수익성 문제는 너무나 당연한 것이기에 구지 언급할 필요는 없을 것 같다. 기업에서 시간과 비용을 들여 무엇인가를 했다면 거기엔 반드시 그에 상응하는 수익이 발생해야 한다. 하지만 '수익'이란 내용에는 금전적인 보상 이외에도 여러 가지 측면이 있다는 것을 알아야 한다. '수익'이란 기업에 이득으로 돌아오는 모든 보상으로, 설사 손익계산서 상에서는 손실이 발생하더라도 실행결과가 다른 측면에서 이득이 된다면 그것도 분명히 수익성 있는 활동이다. 예를 들어 상품의 종류 중 '이미지상품'이란 것이 있다. 이 상품은 기업이 현재 대량생산할 여지는 없지만 앞으로 이와 같은 상품을 개발하겠다는 의지를 보여주는 상품으로 기업이미지 강화를 목표로 하는 상품이다. 예를 들어 시제품으로 전기자동차를 한 대 만들어 이를 박람회에서 공개하는 활동같은 것으로, 기업이 현재 이런 분야에 많은 노하우를 갖고있으며, 곧 양산할 의지를 갖고있다는 것을 시장에 알리고자 하는 상품이다. 지금 당장 판매를 통해 수익을 얻을 수는 없지만 기업의 기술력을 시장에 알림으로써 기업의 개발능력에 대한 이미지를 높이고, 다른 상품의 매출에도 도움을 줄 수 있다. 이런 상품은 당연히 손익계산서 상에는 손실로 나타난다. 상품개발을 위해 많은 비용을 지출했지만 해당 상품을 통해 벌어들인 수익은 없다. 하지만 이런 경우에도 '이미지 상품'을 통해 기업이 얻을 수 있는 부가적인 이득을 금전으로 환산한다면 이는 분명히 수익있는 상품이라고 평가할 수 있다.

▼ 과 제

1. 자신이 작성하고 있는, 또는 작성할 해결방안들을 과제와 연결시켜 정리해 보세요. 정리하는 방법은

1) 앞서 설명한 기획서 핵심구조를 Logic Tree로 그린 후, 과제란과 해결방안 공간에 자신이 생각하는 과제와 해결방안을 적으면 됩니다.
2) 앞서 정리한 Logic Tree를 보면서 과제와 해결방안 간의 일관성을 검토해 보세요.

2. 자신이 작성하고 있는, 또는 작성할 해결방안들의 근거를 정리해 보세요. 정리하는 방법은

1) 자신이 구상하고 있는 해결방안을 정리한다.
2) 앞서 정리한 해결방법들을 만들어 내도록 도와준 근거사례들을 정리한다.

2부 기획서 준비하기

Chapter 06 기획서의 용도는 설득하는 것

1. 설득대화와 기획서 구조
2. 비즈니스 커뮤니케이션과 기획서 구조

1 설득대화와 기획서 구조

(1) 설득대화의 기본방식

기획서의 역할은 문제를 찾아 이의 해결방안을 제안하는 것이다. 하지만 기획서는 단순한 보고용 문서가 아니라 뭔가를 진행하겠다는 제안서다. 따라서 기획자는 기획서를 상사나 경영자가 승인할 수 있도록 구성해야 하며, 이를 위해서는 설득대화법에 대한 기본지식이 필요하다. 효과적인 대화방식은 첫째, 내 말에 대한 상대방의 반응을 결정하고, 둘째, 상대방의 시선과 관심을 본인에게 돌리고, 셋째, 상대방에게 자신이 하고 싶은 말의 요점을 전달하고, 넷째, 상대방이 듣고싶은 말을 먼저 하는 것이다.

기획서는 문제를 찾아 이를 해결하는 방안을 제안하는 문서다. 그러나 아무리 멋진 기획서도 상사나 경영자를 설득하지 못한다면 기획서로서 제기능을 수행하지 못한다. 기획서는 일반문서와 달리 그것에 담긴 내용이 현실에서 구현될 때 비로소 가치를 발휘하기 때문이다. 따라서 기획자는 자기생각을 상대방에게 전달하고 설득하는 방법을 이해해야 하며, 이 지식을 기획서 작성에 적극 반영해야 한다.

그럼 상대방에게 설득하려면 어떻게 해야 할까? 내가 말하고 싶은것을 상대방의 의사와는 상관없이 일방적으로 전달해서는 상대방을 설득할 수 없다. 상대방을 설득하려면 우선 상대방의 관심사에서 시작하여 자기말을 연결시켜야 한다. 사람들은 이런 말을 자주한다. '상대방에게 무엇인가 전달할 때는 자기가 하고싶은 말을 먼저 정의하라'고. 이 말이 틀린 것은 아니지만 중요한 게 하나 빠졌다. '내가 하고싶은 말을 상대방이 듣고자 하는 방식으로 이야기하라'는 말이다. 결과적으로 '제가 말씀드리고 싶은것은…'이 아니라 '당신의 의문에 대한 제 생각은…' 또는 '당신이 궁금해 하는 것에 답변을 드리면…'이 되어야 한다.

물론 자기생각을 상대방에게 전달하는 게 쉽지는 않다. 사람들은 상대방의 말에 집중하지도 않고, 말을 끝까지 듣지도 않은 채 결론짓기도 한다. 그러나 이런 상황에서도 영업을 잘하는 사람, 상관을 잘 설득시키는 직원은 따로 있다. 그들의 대화방식에는 몇 가지 특징이 있는데, 우선 말하기 전에 상대방의 시선과 관심을 자신에게 돌리고, 두 번째 대화의 목적을 분명히 한 후, 세 번째 한 번에 한 가지 내용만 전달한다는 점이다.

그럼 기획서는 어떠할까? 어떤 사람은 기획서는 문서라면서 기획서와 대화를 구분하지만 기획서도 분명히 상대방과 대화하는 도구다. 기획자의 생각을 글과 도표, 자료로 표현했다는 점만 다를 뿐이다. 따라서 기획자는 기획서를 상대방과 대화하듯이 구성해야 하며, 이를 위해 설득대화법을 이해하고 있어야 한다.

설득을 위한 대화의 기본방식은 다음과 같다.

설득을 위한 대화의 기본방식

첫째, 내 말에 대한 상대방의 반응을 결정한다.

(1) 상대방을 이해시킨다.

(2) 상대방에게 의견, 어드바이스, 판단 등을 피드백시킨다.

(3) 상대방을 행동하게 한다.

둘째, 상대방의 시선과 관심을 나에게 돌린다.

셋째, 내가 무슨 말을 하고자 하는지 먼저 상대방이 알 수 있도록 한다.

넷째, 상대방이 듣고 싶은 말을 먼저 한다.

첫째, 대화를 시작하기 전에 내 말에 대한 상대방의 반응을 결정한다.

내가 누군가에게 얘기할 때는 대부분 다음의 세 가지 이유때문이다. 우선 상대방에게 내 생각을 전달하고자 할 때다. 두 번째는 상대방에게 충고나 판단의 도움을 받고자 할 때다. 세 번째는 상대방이 어떤 행동을 하도록 그를 설득하자고 할 때다. 앞의 목적 중에서 어떤 것을 원하는 지에 따라 대화내용이 다를 수밖에 없다.

상대방에게 내 생각을 전달하려면 있는 그대로 말하면 된다.

누군가에게 내 생각을 정확하게 전달하려면 있는 그대로 말하면 된다. 기분이 좋다면 좋다고, 왜 그런 기분이 들었는지 구체적으로 설명하면 되고, 회사매출이 떨어졌으면 얼마나, 어떤 부분에서, 언제부터 떨어지기 시작했는지 설명하면 된다. 이런 대화는 상대방에게 무엇을 해야 하고, 어떤 반응을 보여야 하는지 부담 줄 필요가 없다. 하지만 사람들은 자기말에 상대방이 어떻게 반응할지 고민하다가 말을 실수하는 경우가 많다. 상대방의 감정까지 고려하면 자신의 생각을 제대로 전달하기 어렵고, 때에 따라서는 잘못된 정보를 주기도 한다.

상대방에게 판단이나 충고를 듣고 싶다면 상대방에게 미리 알려야 한다.

상대방에게 조언을 듣고 싶다면 그 부분을 설명할 때 자신이 궁금한 것을 강조해서 표현한다. '상황이 이러저러한데…부장님 생각은 어떠신지요?' 또 서두에 '내 생각에는…' '잘은 모르겠지만…' '이건 개인적인 생각인데…' '도움이 필요해서 말씀드리는데…' 식이다. 그래야만 상대방이 자신에게 뭔가 원한다는 것을 알고 그것을 주기위해 준비한다. 그렇지 않으면 상대방은 별 생각없이 이야기를 듣다가 나중에 '뭘?'하며 딴 소리를 하거나, 아니면 괜한 소리했다가 싫은 소리라도 들을까봐 말을 안 하는 경우도 생긴다.

상대방이 자신의 요청에 따라 행동하게 만들려면 그가 어떤 행동을 해야 하는지 구체적으로 설명해야 한다.

상대방이 내가 원하는 것을 실행으로 옮기도록 하려면 '부장님. 이러저러해서 부장님의 결재가 필요합니다.' '교수님. 저희 동아리가 이번 금요일 저녁 6시에서 8시 반까지 학교 앞 레모나 맥주집에서 신년모임을 갖는데요..교수님이 참여하셔서 동아리 멤버들에게 격려말씀 해 주셨으면 합니다. 그날 참석자는 임원전원과 동아리 멤버 십 여명입니다.'와 같이 그가 무엇을, 언제, 어떻게 해야 하는지 구체적으로 설명해 줘야한다. 가끔 사람들은 강하게 말하는 게 실례라고 생각하여 "그래. 이야기를 잘하려면 상대방을 고려해야지. 그 사람이 듣기싫은 말은 가급적 하지말고 듣기좋은 말만 골라서 해야겠다."라며 두루뭉술하게 표현하기도 한다. 하지만 원하는 것을 구체적으로 전달하지 않으면 무엇을 요청하는지 이해하기 어렵고, 당연히 결정하기도 힘들다.

둘째, 이야기를 하기 전에 상대방의 의식을 자신에게 돌린다.

사람들은 평상시 여러 가지 생각을 머리속에 담고 살아간다. 시선은 상대방을 향하지만 머리속에서는 집안일을 생각할 수도 있고, 회사일을 고민할 때도 있다. 이런 상황에서 상대방의 시선은 물론이고 관심까지도 나를 향하도록 만들지 않으면 나혼자 허공에 대고 떠드는 것과 다를 바 없다.

회사에서 자주 발생하는 것이 상관은 직원에게 지시했다고 생각하지만 직원은 그 지시를 들은적이 없다는 것, 직원은 상관에게 분명히 보고했는데 상관은 왜 보고하지 않았냐고 따지는 경우다. 이런 상황은 말하는 사람은 상대방이 자기말을 듣고있다고 믿었지만 듣는 사람은 딴 생각을 하고있는 경우다. 예를 들어 뭔가를 열심히 일하고 있는 직원에게 상관이 다가갔다. '김 대리, 내일 2사분기 매출향상보고서 제출하는 것, 잊지 마!' 직원은 하던 일을 계속하면서 '알았습니다.'라고 대답했다. 상관이 다음 날 직원에게 보고서가 어떻게 되는지 물어봤다. 직원 왈 '무슨 보고서요?' 이와 반대로 하루는 직원이 상관에게 내일 오전에 외부미팅이 있어 조금 늦게 출근한다고 보고했다. 당시 상관은 임원과 전화통화하면서 메모장에 뭔가를 열심히 정리하던 차였다. 상관은 직원 말을 들으면서 고개를 끄덕였다. '그래, 알았어.' 직원은 상관이 자기말을 들었다고 생각하고는 그 다음 날 오전에 외부업무를 마치고 회사로 돌아왔다. 점심먹고 사무실로 들어가니 상관이 불렀다. '김 대리. 오늘 아침에 왜 정시출근하지 않는건가? 무슨 일이 있으면 미리 보고를 했어야지.'

앞선 두 사례 모두 한 사람은 상대방이 자신의 말을 들었다고 믿었지만 당사자는 자신 생각을 하느라 그저 건성으로 고개만 끄덕인 것이다. 내 생각을 상대방에게 전달하는 것. 단순한 것 같지만 이조차도 상대방을 에워싼 수많은 정보와 일거리들과 싸워 그의 관심을 쟁취해야 한다. 기획서를 발표할 때도 참석자에게 '이 기획서가 가치있는 내용을 담고 있습니다.'라는 것을 표현하여 그들의 관심을 돌리는 것에서 시작한다.

셋째, 상대방에게 내 생각을 전달할 때는 내가 무슨 말을 하려는지 상대방에게 먼저 알려야 한다.

대화시작 전에는 자신이 무슨 이야기를 할 것인지 전달하는 것이 예의다. 그래야만 상대방이 무엇을 주의깊게 들을 것인지 마음의 준비를 할 수 있다. 그런데 사람들은 가끔 미괄식으로 이야기하는 경우가 있다. 자신이 하고 싶은 말은 뒤로 미루고 이야기의 배경부터 시작하여 그 말을 하기위해 얼마나 고민했는지 등을 장황하게 설명한다. 이런 대화법이 말을 멋지게 하는 방법이라고 생각하는 사람도 있는데, 화려한 말은 핵심을 제대로 전달할 수 없고, 가끔 내용전달이 잘못되어 오해를 불러일으킬 수도 있다. 직장생활이나 업무상의 대화에서는 항상 두괄식 표현, 즉 내가 말하고자 하는 주제, 즉 당신에게 전달할 과제와 결론이 무엇인지 먼저 이야기하고, 그 후 그런 결론에 도달한 이유가 무엇인지 차근차근 설명하는 것이 좋다.

넷째, 상대방이 듣고 싶은 말을 먼저 해야 한다.

우리는 누군가와 대화를 준비할 때면 자신이 하고픈 말을 먼저 짚어 본다. 대화란 내 생각을 전달하고, 상대방의 말을 듣는 것이니 내가 할 말을 정리하는 건 중요하다. 하지만 상대방이 듣고 싶은 말이나 궁금해 하는 점에 대해서는 생각지 않고 자기입장만 전달한다면 그건 대화가 아니라 통보다. 이런 상황에서는 대화를 진행할 수 없고, 듣는 사람과 말하는 사람의 관계만 존재한다. 말하는 사람은 자신이 하고 싶은 말만하고 듣는 사람은 그 말을 받아들을지 말지 결정하곤 끝난다.

당신이 중요하다고 생각하는 것을 상대방이 경청하도록 만들려면 당신이 하고 싶은 말만해서는 안 된다. 대화의 주제를 내가 아닌 상대방으로 바꾸어 이야기 해야 한다. 당신이 하고 싶은 말이 아니라 상대방이 듣고 싶어하는 말을 해야 한다. 오해하지 말것은 이 말이 상대방에게 듣기 좋은 말, 즉 아부를 하라는 의미는 아니다. 상대방이 듣고자 하는 주제에 대해 말하라는 뜻이다. "제가 말씀드리고 싶은 것은…."이 아니라 "제가 오늘 당신에게 답변하고자 하는 말은…"이다.

우리가 누군가와 대화할 때는 서로 주고받는 게 있다. 질문하고 답하고, 다시 질문하고 답하면서 대화가 이어진다. 일상적인 대화라면 모르겠지만 비즈니스와 관련된 대화라면 거기에는 특정의 주제가 있고, 질문한 사람이 당신에게 듣길 원하는 말이 있다.

네이버의 지식백과에 있는 [서희의 외교담판]을 예로 들면 상대방이 듣고 싶어하는 말을 해주는 것이 얼마나 중요한 지 알 수 있다.

"993년 거란이 소손녕을 장수로 삼아 고려에 침입해 왔을 때, 고려조정에서는 중신(重臣)을 시켜 항복하자는 의견과 서경 이북의 땅을 베어주고 절령(岊嶺, 자비령)을 경계로 삼자는 견해(할지론(割地論)) 등이 나왔다. 이에 성종도 할지론을 따르려 했으나 적장의 석연치 않은 행동을 간파한 서희는 저들의 출병이 영토의 확장에 있지 않음을 아뢰고 왕의 동의를 받아 직접 적진에 나아가 소손녕과 담판하게 되었다. 이 담판에서 소손녕은 침입의 이유로 「고려는 신라 땅에서 일어났는데 우리가 소유하고 있는 고구려 땅을 침식하고 있으며 자기 나라와 땅을 연접하고 있으면서도 바다건너 송을 섬기고 있다」는 점을 들고, 따라서 「만약 땅을 베어 바치고 조빙을 닦으면 무사할 것」이라고 제안했다.

이에 대해 서희는 「우리나라는 고구려를 옛 터전으로 했으므로 고려라 이름하고 평양을 도읍으로 한 것이다. 만일 지계(地界)로 논한다면 상국(上國)의 동경(東京)도 모두 우리 경역 안에 있는 셈인데 어찌 침식했다고 할 수 있겠는가. 압록강 안팎도 역시 우리 경내였는데 여진이 그곳에 자리잡고 있어 길이 막히고 어려움이 바다를 건너는 것보다 심하다. 조빙을 통하지 못한 것은 여진 때문이다. 만약에 여진을 쫓아내고 우리의 옛 땅을 되찾아 성보(城堡)를 쌓고 길이 통하게 된다면 감히 조빙을 닦지않겠는가」고 답변했다. 서희의 당당하고 조리있는 변론을 들은 소손녕은 군사를 돌리고, 약속대로 고려가 압록강

동쪽 280리의 땅을 개척하는 데도 동의해 강동6주를 개척할 수 있게 되었다."[네이버 지식백과] 서희의 외교담판 (한국고중세사사전, 한국사사전편찬회, 가람기획, 2006.).

서희가 소손녕을 설득할 수 있었던 이유는 소손녕이 듣고 싶었던 말을 했기 때문이다. 고려가 거란에 조공을 바치겠다는 말이다. 그 이외의 모든 내용은 고려가 거란에 왜 조공을 바치지 못하는지(여진이 길을 가로 막고 있어서), 그것을 해결하기 위해서 필요한 것이 무엇인지(강동 6주를 고려가 관리할 수 있어야 한다)에 대한 것이다.

사람은 누구나 자신이 관심있는 말을 들을 때 진지하게 듣는다. 아무리 멋지고 좋은 말도 궁금하거나 불안한 것이 해결되어야 관심을 갖는다. 이것이 설득대화의 기본이며, 다음에 설명할 비즈니스 커뮤니케이션의 대화원칙이다. 현경택(기획력강의, 현경택, 동문통책방, 2013.)은 기획서를 '2번의 질문과 2번의 답변'으로 이뤄진 보고서라고 한다. 기획서가 내 생각을 정리하여 상대방에게 통보하는 도구가 아니라, 직장상사나 고객이 궁금해하는 것에 대한 답을 제시하는 과정이란 의미다. 그리고 이런 과정 속에서 상대방을 설득시킬 수 있다.

▼ 과 제

1. 효과적인 대화를 위한 대화의 기본방식을 설명해 보세요.

2. 상기된 네 단계의 대화방식 중 평소 생각해 보지 못한 항목은 어떤 것인지요? 그리고 그런 부분이 있다면 이를 해소하기 위해 어떤 행동을 해야할지 설명해 주세요.

---

(2) 설득대화법과 기획서 구조

> 기획서는 설득을 중요시 여기기 때문에 기획서 구조자체가 설득대화방식을 그대로 반영하고 있다. 기획서 구조는 소비자 구매행동모델과 유사한 단계를 거치도록 만들어졌는데, 인지·이해·선호·확신·승인단계다. 기획서 제목과 개요는 인지부분을, 개요는 이해부분을, 내용의 객관성과 인과관계 구조는 선호부분을, 결론의 명확성은 확신부분을, 실행방안의 구체성은 승인부분을 담당한다.

기획서는 기획자의 생각을 상사나 경영자에게 설득하고자 만든 문서이다. 어떤 문서보다도 앞서 설명한 설득대화방법을 충실히 따르고 있다. 누군가와 대화한다는 가정하에 기획자가 상대방의 질문을 예상하여 이에 대한 답을 정리한 것이다. 일반대화와 다른 점이 있다면 내용을 입증할 수 있는 근거자료를 충실히 표현한 것뿐이다. 예를 들어 친구와 대화할 때라면 "너. 알지. 요즘 대학생 취업률이 바닥을 기고 있다는 걸.."이라고 표현한 것을 기획서에서는 [대학생 취업률. 최근 50년이래 최악의 상황을 보임]이라는 헤드라인과 함께 연도별 취업률 표를 추가한 방식이다. 그러다보니 기획서를 잘 쓰는 방법은 '상대방이 세부사항을 이해할 수 있도록 조리있게 쓰면 된다.'이다.

그럼 '설득을 위한 대화의 기본방식'과 기획서 구조 간의 관계를 살펴보자.

첫째, 내 말에 대한 상대방의 반응을 결정하기 위한 대화방식과 기획서 구조를 비교해보면 다음과 같다.

① 상대방을 이해시키는 대화방식은 기업에서 사용하는 문서들의 일반적인 임무다. 현장에서 벌어진 상황, 고객의 클레임 현황, 업무진행결과, 매출현황 등을 정리한 자료들로 사실을 있는 그대로 전달하기 위한 것이다. 이때 중요한 것은 사실(fact)을 전달하는 것이며, 보고자의 의견이나 결론은 보고서 맨 뒤에 정리하는 게 좋다. 이런 보고서의 주된 목적은 상대방의 판단을 돕기위해 현상자료와 정보를 제공하는 것이다.

② 상대방에게 의견, 어드바이스, 판단 등을 피드백시키는 대화방식은 일반문서에서도 필요하지만 기획서 작성때도 많이 활용한다. 기획자는 누군가의 지시로 기획서를 쓰는 경우가 많다. 따라서 기획자는 기획서를 작성하기 전에 상사나 고객이 원하는 것을 확인하고, 기획서 작성 중간에도 상사나 고객에게 자신의 잠정결론을 확인하게 된다. 기획서 작성업무는 긴 여정이기에 중간확인없이 기획서를 끌어안고 있으면 나중에 문제가 생길 수 있다. 따라서 기획자는 기획서 핵심구조의 각 단계마다 자신이 생각하는 결론이 상사의 요구사항에 적합한 지 확인할 필요가 있다.

③ 상대방을 행동하게 하는 대화방식은 기획서 전반적인 내용구성과 직결되어 있다. 기획서는 에세이가 아니다. 이는 자신의 생각을 상대방에게 인지·이해·설득시켜 그가 어떤 행동을 해주길 원하는 문서다. 따라서 그의 행동에 대한 구체적인 '결론' 부분이 필요하다. 예를 들어 상사가 결재도장을 찍으면 되는건지, 직접 몸을 움직여 어디로 가야하는 것인지, 사람을 만나서 대화를 이끌어야 하는지 등 누가봐도 '이 사람이 이런 일을 이때부터 언제까지 어떻게 해야 하는구나.'라고 알 수 있게 정리해야 한다. 또 상사의 결재가 필요하다면, 일을 진행하기 위해 몇명이 필요한지,

얼마정도의 비용이, 왜 필요한지, 결과물을 언제까지 완성할 것인지 등을 세부자료와 함께 상사에게 전달해야 한다. 행동을 요구하는 대화에는 항상 행동에 대한 근거가 있어야 하고, 결론적인 행동에 대한 구체적인 지침이 들어 있어야 한다.

둘째, '상대방의 시선을 나에게 돌리는 것'은 기획서 작성때는 물론이고 제안서를 발표할 때도 무척 중요한 부분이다. 사람은 이성의 동물같지만 감정에 좌우된다. 피곤하거나 바쁜경우라면 앞에서 누가 말을 해도 딴 생각을 하게 된다. 따라서 발표할 때는 내용전달도 중요하지만 발표초반에 참석자 시선을 발표자에게 돌릴방법을 고민해야 한다. 제안서 발표 때 많은 학생들이 동영상을 보여주는 것도 제안서 발표 전 참석자들의 관심을 이끌어내기 위한 방법이다. 발표초기에 상대방의 관심을 이끌어내지 못하면 아무리 열심히 발표했어도 결과는 좋지않을 것이다.

셋째, '내가 무슨 말을 하려는지 상대방이 미리 알 수 있도록 하는 것'은 기획서 목차와 깊이 연관되어 있다. 기획서 구조는 축약하면 서론, 결론, 본론으로 구성되어 있다. 서론은 기획자가 상대방에게 무슨 말을 하려는지 전달하는 부분으로, 기획서 작성배경과 기획서의 목적(얻고자 하는 것)을 정의한 부분이고, 필요하다면 결론부분인 해결방안을 요약해서 표현하기도 한다. 이곳에서 자신이 하고 싶은 말을 상대방에게 효과적으로 전달하여 앞선 '상대방의 시선을 나에게 돌리는 것'의 효과도 함께 얻을 수 있어야 한다. 이 부분에 담긴 내용이 미비하면 기획서에 대한 관심도 함께 사라진다.

넷째, '상대방이 듣고 싶은 말을 먼저 하는 것'은 직장생활이나 업무상 대화 시 무척 중요하다. 특히 비즈니스 관계에서 대화할 때는 대화주제가 분명하고, 서로 듣고 말할 내용이 결정되어 있다. 따라서 비즈니스 커뮤니케이션에서는 앞선 기획서구조에 따라 '지금 내가 하는 말은 당신이 듣고 싶어하는 말인데…'라는 점을 분명히 하고 그 말부터 하는 것이 좋다. 피차 바쁜 사람들끼리 모여있는 상황에서 일상적인 대화로 시간보내는 것은 서로에게 손해다. 비즈니스에서 사용하는 문서들은 항상 서론안에 '개요(결론)'라는 목차가 들어가 있고 이곳에서 상대방이 듣고 싶은 말을 먼저 해 주도록 되어 있다. 이를 대화식으로 표현하면 "(지난 번에 저에게 이런 질문을 하셨죠) 오늘 말씀드릴 사항은 지난 번 말씀하신 내용에 대한 답으로, 그 질문에 대한 제 생각은 이러저러합니다."이다.

설득대화방식과 기획서 구조와의 관계는 소비자 구매행동모델과 비교해보면 쉽게 이해할 수 있다.

소비자 구매행동모델이란 소비자가 상품을 인지하고 그 상품을 구입하는 과정을 단계별로 정리한 것으로 시장상황에 따라 지속적으로 변화해 왔다. 예를 들어 기본적인 [Attention–Intrerst–Desire–Memory–Action] 구조에서 고객들 간의 상호작용을 강조한 [Attention–Intrerst–Search–Action–Share]로, 다시 SNS와 같은 소셜미디어 활동이 활발해지면서 [Attention–Intrerst–Reference–Action–Use–Viral]로 변화하는 추세다. 이와 같은 구매행동모델은 마케터가 자사 상품을 홍보할 때에도 많은 도움을 준다.

소비자 구매행동모델을 살펴보자.

구매의 6단계 과정

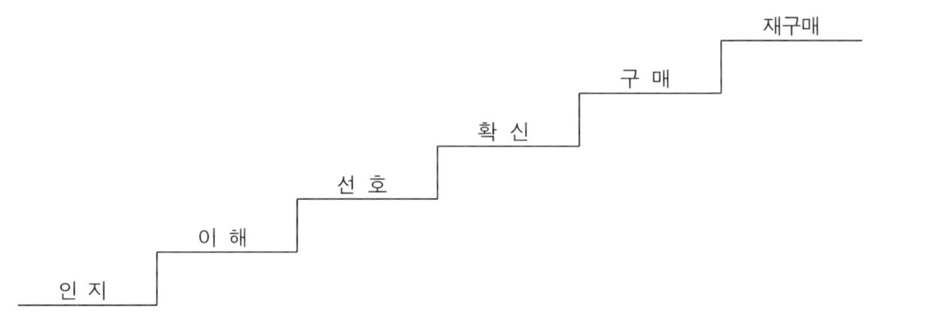

우선 인지다.

소비자가 '아! 저런 상품도 있구나!'하고 상품을 알게 되는 단계다. 상품의 존재 자체를 모른다면 그 이상으로 진전하기는 어렵다. 연애를 할 때도 가장 먼저 할 일은 상대방에게 '내가 여기에 있다'는 것부터 알려줘야 하지 않겠는가. 따라서 기획자가 가장 먼저 해야 할 일은 수많은 상품 속에서 내 상품의 존재를 소비자에게 알리는 일이다.

그 후 상품을 이해한다.

상품이 있다는 것을 알았다면 그 다음은 그 상품이 어떤 것이며, 어디에 사용하는 것인지, 앞선 상품이 내 문제를 어떻게 해결해 주고, 어떤 도움을 줄 수 있는지 이해하는 단계다. 상품의 가치를 알 수 없다면 평가할 여지도 없고 그것을 구매할지도 판단할 수 없다. 가끔 이 부분에서 기획자들이 무리하는 경우가 있다. 상품을 알려줌과 동시에 그 상품을 좋아하게 만들려고 한다는 점이다. 물론 아이스크림이나 껌처럼 한번 시험구매해보고 마음에 안들면 안사면 그만인 상품도 있다. 하지만 가격이 비싸거나 잘못 구입하면 손실이 클 경우에는 상황이 다르다. 매우 조심스럽게 상품을 평가하고, 그것이 나에게 꼭 필요한 것인지 따져보게 된다. 이런 상황에서 두 마리 토끼를 한 번에 잡으려면 득보다는 실이 더 크다.

그리고 상품을 선호한다.

상품의 특징과 가치를 이해했으면 그 다음 단계는 다른 유사상품들과 비교하여 평가하는 단계다. 어떤 상품은 기능은 좋은데 가격이 조금 비싸고, 어떤 상품은 다른 상품보다 기능은 조금 떨어지지만 가격은 적당하다는 등 비교평가를 통해 한두 개의 상품을 선택한다. 쉽게 말하면 미인대회에서 본선에 오를 상품들을 선택하는 것이다.

소비자에게 상품을 구매해야겠다는 확신을 심어주고 실제 구매하게 만든다.

그 후 소비자는 자신이 괜찮다고 생각한 상품들 중에서 하나를 선택하여 구입함으로써 구매단계를 마친다. 물론 더 나아가면 소비자가 상품에 만족하여 주변 사람들에게 자신의 좋은 경험을 알리는 단계가지도 생각해볼 수 있다. 이 단계에서 중요한 것은 '특정상품'에 대해 확신한 사람이라고 모두 그 상품을 구입하지는 않는다는 점이다. 어떤 사람이 특정상품을 실제 돈 내고 구입할 때는 단순히 기능, 가격상의 비교평가결과가 전부는 아니다. 대형마트같은 곳에서 실제 먹어보니 좋았던가, 10% 할인쿠폰이 붙어있었거나, 3~6개월 무이자 할부라거나 상품구입자들의 평가가 좋거나 또는 온라인에서 배송비가 무료같은 남다른 서비스가 있을 때 고객은 그 상품을 구입한다.

사람이 상품 하나를 선택하는 시간은 얼마 안 걸리지만 머리속에서는 먼 여정의 길을 간 것이나 마찬가지다. 그리고 상품을 인지하고 이해하고 선호하고 확신하고 구매하는 모든 단계에서 타사제품과 경쟁을 하게 된다. 따라서 기획자는 고객이 매 단계를 하나씩 넘어오도록 상품을 잘 표현해야 하며, 고관여 상품일수록 각각의 단계들을 정성껏 밟으면서 소비자를 구매로 이끌어야 한다. 소비자가 상품을 제대로 이해하지도 못한 상황에서 '이 상품이 최고야!'라고 주장하는 것은 소비자를 구매로 이끄는 데 도움이 되지 않는다.

이와 같은 소비자 설득과정은 기획서를 작성할 때도 동일하게 작용한다.

기획서는 상품으로 치면 자동차 구매와 같은 무거운 상품이다. 간단히 설명하고 '이제 됐지?'하는 수준이 아니다. 기획서에 담긴 내용들은 대부분 일정이상의 비용과 시간 등의 자원투자를 요구하는 사안이기에 앞선 소비자 구매행동처럼 기획서를 인지하고, 이해, 선호, 확신하는 과정을 거친다. 따라서 기획자는 처음 인지단계부터 구매(승인)단계까지 상사나 경영자가 자신의 생각을 잘 따라올 수 있도록 체계적으로 기획서를 구성할 필요가 있다.

상품구매단계와 기획서구조

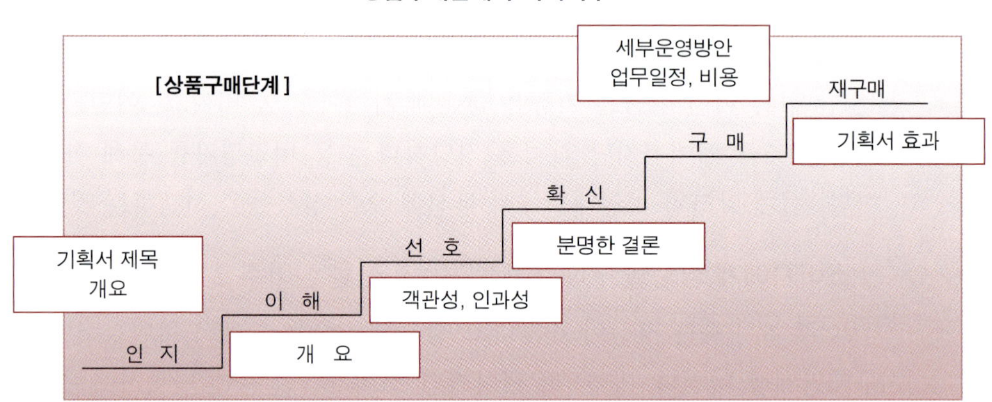

기획서의 [인지]는 기획서 [제목]을 통해 이뤄진다.

기획서의 [제목]은 해당 기획서가 무엇을 위해 작성했고, 어떤 결론을 얻고자 하는지 한 눈에 알아볼 수 있는 표시다. 제목이 불확실하면 기획서에 대한 흥미도 잃어버린다. 서점가의 베스트셀러 특징 중 하나가 '잘 만들어진 제목'이란 점은 이미 알려진 사실이다. 하지만 의외로 많은 기획자들이 제목을 표지에 들어가는 내용정도로만 생각하는 경우가 많다. 게다가 제목을 시적으로, 또는 광고카피처럼 표현하면 해당 기획서에 무슨 내용이 담겨있는지 가늠하지 못한다.

제목은 구체적이어야 한다. 멋을 부리기보다는 기획서에 담긴 내용을 사람들이 쉽게 알 수 있도록 작성해야 한다. 특히 제목이 짧아야 한다거나 카피처럼 써야 한다는 생각은 조금 잘못된 선입견이다. 예를 들어 '3/4분기 매출확대를 위한 영업활성화방안'이란 제목을 보자. 이런 제목의 기획서라면 본사의 3/4분기 매출을 확대하기 위해 영업활동을 강화시킬 수 있는 방안을 제안하는 기획서라는 것을 알 수 있다. 하지만 이를 좀 더 구체적으로 작성하여 '2/4분기 매출저하에 따른 3/4분기 매출확대를 위한 영업활성화방안'

이라고 제목을 정하면 앞선 제목보다 더 구체적으로 기획서의 목적과 내용을 짐작할 수 있다. 해당 기획서는 영업력 강화를 통한 매출활성화 기획서이지만, 기획서를 쓰게 된 취지는 2/4분기 매출이 목표보다 미달하여 금년 매출목표를 달성하기 어려운 상황이기에 3/4분기에 '2/4분기 목표미달분'까지 포함하여 매출을 올릴 수 있는 방안을 작성했다'고 이해할 수 있다. 당연히 제목을 보는 사람은 앞의 제목보다 뒤의 제목을 보며 기획서에 담긴 내용을 보다 구체적으로 인지할 수 있다. 하지만 이를 광고카피처럼 '또 하나의 도약, 새로운 3/4분기의 승리'라고 제목을 붙였다면 어떤 상황이 발생할까? 아마도 이를 보는 사람들은 무슨 내용이 담겼는지 알 수 없어 기획자에게 질문할 것이다. 제목은 해당 기획서가 어떤 내용을 담고 있는지 상대방에게 전하는 중요한 도구이며 기획서를 인지시키는 첫 번째 관문이다.

기획서의 [이해]는 기획서 [개요] 또는 [기획취지/기획배경]을 통해 이뤄진다.

상사나 경영자가 제목을 통해 어떤 내용의 기획서라는 것을 알았다면 그 다음은 기획서에 담긴 내용을 이해하는 과정이 필요하다. 어떤 내용이 담겼는지 짐작할 수 있을 때 기획서를 보고싶은 마음도 생긴다. 따라서 기획자는 기획서 앞부분에 [개요]나 [취지&배경]이라는 목차를 만들어 상사나 경영자가 제목에서 짐작한 기획서 내용을 확인할 수 있도록 해야 한다. [개요]나 [취지&배경]은 해당 기획서를 왜 작성하게 되었는지, 이곳에서 다루고자 하는 문제가 무엇이며 그 문제를 어떻게 해결하려고 하는지 간략하게 설명하는 목차다. 본 내용을 통해 사람들은 기획서의 용도와 활용가치 등을 평가해 볼 수 있고 해당 주제에 대한 생각도 정리할 수 있다. 어떤 사람은 기획서의 결론을 앞에서 다 말해버리면 기획서를 더 이상 볼 필요가 없지않냐고 묻기도 한다. 이 말이 틀린 것은 아니다. 실제 발표용 제안서는 서론·본론·결론 순으로 내용을 전개한다. 하지만 기획서의 분량이 많아지면 상황이 다르다. 상사나 경영자에게 그들이 예상치못한 결론을 제시하여 반전효과를 주는 것도 중요하지만, 보다 더 중요한 것은 그와 같은 결론에 도달한 논리부분이다. 많은 분량의 기획서를 '옛날 옛적에'하면서 서론부터 시작하면 금방 지루해질 수 있다.

기획서의 선호는 [객관적인 자료(시장현황분석)]와 [내용의 논리성]에 달려있다.

상사나 경영자가 기획서를 인지했고, 어떤 내용이 담겼는지 이해했으면 그 다음은 그것을 선호하도록 만들어야 한다. 기획자가 열심히 준비한 기획서도 이를 보는 사람이 초반부에서 '글쎄…'하는 마음을 갖게되면 결론 역시 '글쎄…'할 확률이 높다. 그럼 어떤

사업계획 개요

<table>
<tr><td rowspan="3">자치단체
현황</td><td>기관명</td><td>00000</td><td>대표자</td><td>00000</td></tr>
<tr><td>담당과</td><td>00000</td><td>실무자</td><td>00000</td></tr>
<tr><td>연락처</td><td>00000</td><td>e-mail</td><td>00000</td></tr>
<tr><td colspan="2">사업 부문</td><td colspan="3">전통시장 활성화를 위한 기존 사업 활성화 부문</td></tr>
<tr><td rowspan="6">사업

개요</td><td>사업명</td><td colspan="3">희망상점가의 전통시장 활성화를 위한 지역맞춤형 3-STEP 개발사업</td></tr>
<tr><td>사업목표</td><td colspan="3">희망상점가의 전통시장에 적합한 지역맞춤형 기업을 발굴 · 육성하여, 취약계층 일자리창출 및 사회서비스 제공 등의 지역사회 공헌을 확대하고 주차 · 택배 · 가공 · 종합쇼핑지원센터 등 기존의 전통시장과 차별화된 고객맞춤형 편의서비스 제공으로 전통시장을 활성화시키고자 함</td></tr>
<tr><td>사업기간</td><td colspan="3">20**. *. ~ 20**. *. (총 4년간 단계별 추진)
(1step : ‘**.*~’*, 2step : ‘**.*-’**.*, 3step : ‘**.*-’**.*)</td></tr>
<tr><td>사업예산</td><td colspan="3">○ 1step : 사업수입 년 300,000천원
○ 2step : 사업수입 년 420,000천원
○ 3step : 사업수입 년 700,000천원</td></tr>
<tr><td>사업내용</td><td colspan="3">○ 1step : 주차 및 택배사업 고도화 (예비 창업기업 진입)
○ 2step : 수선사업, 인터넷홈쇼핑 (인증 창업기업 진입)
○ 3step : 종합쇼핑지원센터, 특화된 카페 운영 (지속성장발전)</td></tr>
<tr><td>추진일정</td><td colspan="3">○ 준비단계 : 기업지원 실무추진단 구성(20**.*~*)
· 간담회, 사무실 개소, 외부지원기관과 협력 등
○ 1step : 기존사업 운영 진입 단계(20**.*~*)
· 기존 주차 및 택배사업 효율성 제고
· 지역형 예비 창업기업 신청 및 지정
○ 2step : 신규 사업 확대 및 사업안정화 단계(20**.*~20**.*)
· 가공 사업을 통합한 원스톱 서비스 개시(주차+택배+가공)
· 기존인터넷 네트워크 강화를 통한 인터넷공동홈쇼핑 개설
· 정부기관 인증을 통한 창업기업 신청 및 인증
○ 3step : 지속성장발전 단계(20**.*~20**.*)
· 맞춤형 정보제공을 위한 종합쇼핑지원센터 운영
· 고객과 상가종사자를 위한 식당 & 특화된 카페 운영</td></tr>
<tr><td>기대

효과</td><td colspan="4">○ 양질의 주차 · 택배 · 가공 · 종합쇼핑지원센터 등의 고객맞춤형 쇼핑편의 제공
○ 사업의 수익을 활용한 취약계층 일자리창출 및 지역사회 공헌 확대
○ 수익모델 개발과 지속적인 수익창출로 지속가능성 확보
○ 창업기업으로 인증을 통한 대외신뢰도 확보 및 지원제도 수혜
○ 희망상점의 전통시장 활성화 및 지역경제발전에 기여</td></tr>
</table>

요소가 기획서를 선호하게 만들까? 모든 사람이 다 그런 것은 아니지만, 기획서에 담긴 시장조사자료의 질과 기획서 내용의 논리적인 흐름이다.

기획서는 개인적인 생각을 에세이형식으로 정리한 것이 아니다. 기업·소비자·시장환경 등의 조사자료에 근거하여 문제해결방법을 제안하는 보고서다. 중요한 것은 기획서에 담긴 실행방안은 미래에 실행할 사항이지만, 이의 근거자료들은 모두 과거와 현재 자료라는 점이다. 즉 지난 상황을 토대로 미래를 예측하고 이에 대한 대응방안을 수립한 것이 기획서다. 따라서 기획서 내용에 대한 신뢰성은 과거와 현재 상황을 얼마나 정밀하게 분석하였는지에 달렸다. 알 수 없는 미래에 대한 기획자의 예상을 믿으려면 뭔가 기댈 언덕이 있어야 하지 않겠는가. 시장현황분석이 충실하면 충실할수록 이에 근거한 미래 상황 역시 믿음직하다고 느낄 수밖에 없다.

또한 기획서 내용이 서로 연결되어 인과관계구조를 이루고 있다는 것도 기획서에 대한 선호도를 결정하는 데 중요한 역할을 한다. 인과관계란 '1+1=2'처럼 앞의 내용이 원인이 되고 뒷내용이 결과가 되는 구조다. 예를 들어 앞 문장에서 문제를 제기했으면 다음에는 원인과 과제가, 앞에서 경쟁사 강점이 나왔으면 그 다음에는 그 회사의 약점, 한계점이나 자사의 대응방식이 나오는 구조다. 실제로 기획서 내용이 이런 식으로 흘러가면 이를 읽는 사람도 기획서 내용을 이해하기 쉽고 기획자 생각에 공감할 확률도 높아진다.

기획서에 대한 [확신]은 [결론] 즉 해결방안의 구체성이다.

상사나 경영자가 기획서를 승인하려면 내용에 대한 확신이 필요하다. 기획서에 담긴 내용대로 진행하면 목표를 달성할 수 있다는 믿음이다. 이를 위해서는 앞서 언급한 "상대방이 자신의 말을 듣고 행동하게 만들려면 그가 어떤 행동을 해야 하는지 구체적으로 설명해야 한다."는 말을 기억할 필요가 있다. 결론이 구체적이면 기획자의 시장상황 이해정도와 해결방안의 실현가능성에 믿음이 간다. 물론 필요에 따라서는 결론을 압축할 수도 있지만 핵심적인 내용은 반드시 정리해야 한다. 예를 들어 교수가 낸 과제를 해결하기 위해 팀별미팅을 하게 되었다. 팀원들이 우왕좌왕하고 있을 때 한 학생이 팀원들에게 이렇게 말했다. "이 과제를 제대로 하려면 우리가 일을 나눠서 해야 돼. 나는 이러저러한 준비를 할 테니까, 너는 A상품과 B상품에 대한 경쟁사 조사를 해 오고, 너는 도서관에 가서 이런 제목을 책을 찾아오고, 너는 동대문 상가에 가서 이런 업종의 가게들을 조사해 와."라고 했다. 이 학생의 지시에 믿음이 생기고 과제를 잘 할 수 있으리라는 확신이 들지않는가. 누가, 언제부터, 어떤 내용을, 어떤 방식으로, 누구와 함께, 어떻게 진행하면 되는지, 그리고 문제상황에서는 어떻게 대처하면 되는지 세부적으로 정리했다면, 그것을 보는 사람들은 기획자의 능력과 안목을 믿게되고, 이때 기획서 내용에 확신이 생긴다.

▼ 과 제

설득을 위한 대화방식과 기획서 구조는 서로 밀접한 관련을 맺고있고, 기획서 목차에 영향을 주고 있다. 아래 질문에 답해 보세요.

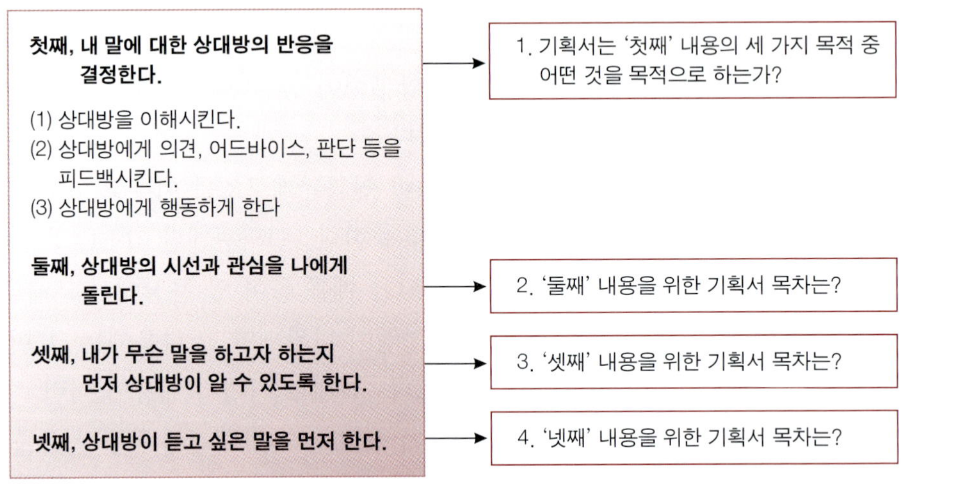

2 비즈니스 커뮤니케이션과 기획서 구조

(1) 비즈니스 커뮤니케이션 구조

비즈니스 커뮤니케이션은 설득대화법을 비즈니스 상황에서 활용하도록 만든 대화방식이다. 먼저 대화주제를 설명하고, 질문에 대한 답을 간단히 요약한 다음, 앞선 결론에 대한 근거를 제시하고, 결론을 실행할 수 있는 구체적인 실행방안을 제시하는 순이다.

'비즈니스 커뮤니케이션'은 앞서 살펴 본 설득대화법을 실제 비즈니스 현장에 활용하도록 만든 의사소통패턴이다. 업무에 바쁜 사람들이 가능한 한 짧은 시간 내에 서로의 생각을 교감하고 결과를 만들어내기 위해 사용한다. 이런 대화패턴은 단순히 대화뿐만 아니라 논문목차나 보고서용 기획서 구조에도 큰 영향을 주었다(보고서용 기획서는 뒷장에서 설명한다).

비즈니스 커뮤니케이션에는 전제가 하나 있다. 누군가 기획자에게 무엇인가를 질문했거나 문제해결을 요청했다는 점이다. 예를 들면 갑 기업에서 을 컨설팅회사에 자사문제를 해결할 수 있는 방안을 제시해달라고 요청했을 경우다. 이런 상황에서 기획자는 그들이 원하는 내용을 빠르게 전달하고, 상대방이 자신의 제안을 받아들이도록 만들어야 한다. 이때 기획자는 대개 다음과 같은 방식으로 대화를 진행한다.

첫째, 자신이 어떤 이야기를 할 지 대화주제를 먼저 설명하고
둘째, 그것에 대한 자기 입장(결론)을 명확하게 표명한 후
셋째, 그런 결론에 도달한 이유를 설명한다.
넷째, 결론을 이끌기 위한 실행과제를 설명하여 상대방의 동의를 구한 다음
다섯 째, 이를 실행할 수 있는 구체적인 방법을 설명한다.

이와 같은 대화방식은 결론을 먼저 이야기하고 그 이유를 설명하는 두괄식 표현으로 뒷장에서 설명할 발표용 제안서와는 구조가 조금 다르다. 분량이 많고 전문적인 보고서라면 비즈니스 커뮤니케이션 방식으로 표현할 때 상대방도 기획자의 말을 쉽게 이해하고 Yes or No를 결정하기도 편하다. 이는 앞선 대화의 기본방식 중에서 '셋째, 내가 무슨 말을 하고자 하는지 상대방이 알 수 있도록 한다.' '넷째, 상대방이 듣고 싶은 말을 먼저 한다.'는 원칙을 충실히 지키고, 이를 통해 '둘째, 상대방의 시선과 관심을 나에게 돌려' 기획서를 보고싶은 마음을 생기게끔 만드는 데 효과적이다.

비즈니스 커뮤니케이션의 구조를 살펴보면 다음과 같다.

우선 대화의 주제(대화 도입부)를 설명한다.

도입부란 기획자가 대화를 본격적으로 시작하기 전에 상대방과 이야기의 초점을 맞추는 부분이다. 상대방에게 그가 질문한 것을 상기시키고, 당신이 지금부터 그 질문에 답하겠다는 것을 알려 그의 관심을 이끌어내는데 목적이 있다. 어떤 사람은 대화의 도입부를 '여담나누기'처럼 생각하기도 하는데 비즈니스 상황에서는 적합하지 않다. 이는 대화의 기본방식 중 두 번째인 '상대방의 시선과 관심을 나에게 돌리고' 세 번째인 '내가 무슨

비즈니스 커뮤니케이션의 구조

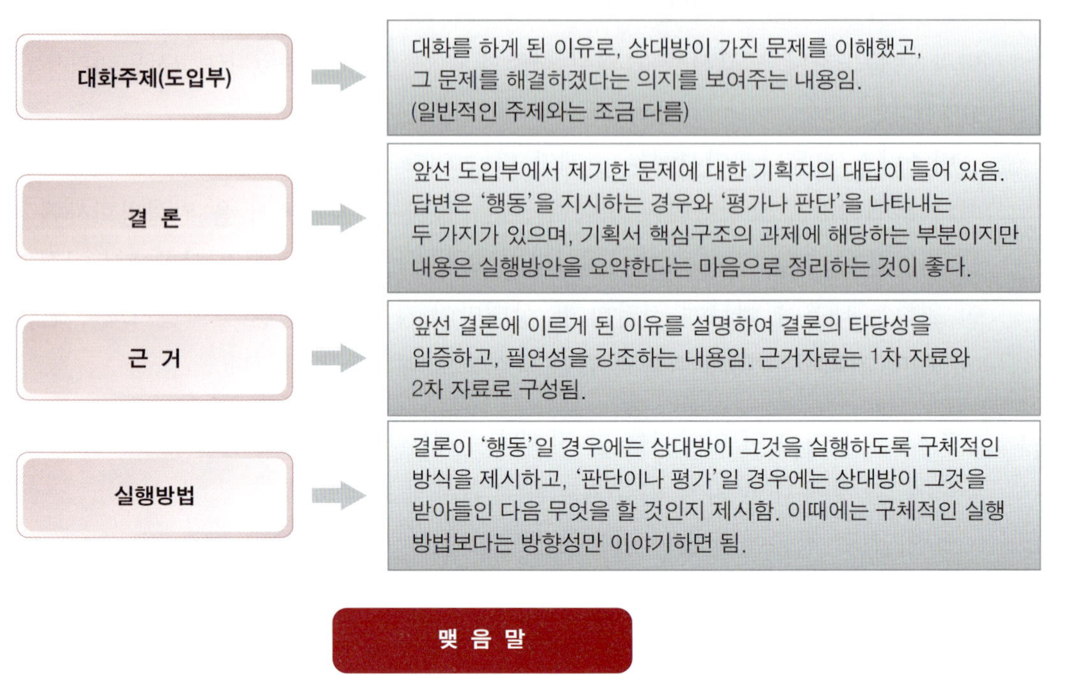

말을 하고자 하는지 먼저 상대방이 알 수 있도록 하기 위한' 단계다. 기획자는 이 부분에서 고객문제와 문제해결의 중요성을 강조함으로써 기획자도 고객문제를 깊이 느끼고 있다는 것을 알려주고, 그들과 공감대를 형성하는 데 목적을 두고 있다. 이곳에서 중요한 메시지는 '지금부터 제가 할 말은 당신이 저에게 요청한 사항이며, 당신심정을 충분히 이해합니다.'이다. 기획서 내 분량은 얼마 안 되지만 상대방에게 발표자의 심정을 감정적으로 전달할 수 있는 유일한 부분이다.

예를 들어 보자.

한 회사가 있다. 그 회사는 소수의 상품을 대량생산하여 해당 시장에서 1위를 지켜온 회사다. 이런 상황은 회사설립 후 십년이 넘도록 계속되었고, 소품종 대량생산체제로 회사 수익률도 높은 편이다. 그러나 몇 년 전부터 소비자 취향이 개인화되면서 상품도 집에서 쓸 수 있는 기본형, 외출 시 사용하는 콤팩트형, 칼라도 단색이 아니라 고전적인 검은색부터 화사한 핑크색까지 다채로워지길 원했다. 고객들의 취향변화로 인해 10년 동안 안정적이던 회사매출에 문제가 발생했는데, 경쟁사들이 자사 상품의 모양과 색깔을 다양하게 만들어 이 회사의 고객층을 자기 회사로 유인하고 있었기 때문이다. 간단히 생각하면 '상품종류를 늘리고 색깔 좀 다양하게 만들면 되지'라고 말할 수 있지만 상품종류를 늘리면 공장설비를 확장해야 하고, 색깔을 다양하게 만들려면 작업공정이 복잡해져서 인건비가 올라간다.

이런 상황에서 경영층은 기획자에게 질문했다. "이와 같은 상황에서 우리는 어떻게 해야 하는가? 그 동안 지향했던 소품종 대량생산체계에서 벗어나 경쟁사들처럼 우리도 다품종 소량생산체계로 상품운영방식을 바꿔 그들과 경쟁해야 하는가? 아니면 현재 생산방식을 그대로 유지해야 하는가?"

당신이라면 이런 질문의 도입부를 어떻게 진행할 것인지 기술해 보라. 가장 단순한 방식은 그들의 질문을 다시 한 번 반복하는 것이다. "지난 번 저에게 질문한 것이 그 동안 지향했던 소품종 대량생산체계에서 벗어나 경쟁사들처럼 우리도 다품종 소량생산체계로 상품운영방식을 바꿔 그들과 경쟁해야 하는가? 아니면 현재 생산방식을 그대로 유지해야 하는가? 이었습니다. 지금부터 그 질문에 대한 답변을 드리겠습니다." 그러나 이 방식은 조금 기계적인 느낌이 들고 상대방이 처한 어려움을 공감하지 못한 것 같다. 이럴 때 당신이 이렇게 말했다고 생각해 보자.

"지난 번 저에게 질문한 것이 '그 동안 지향했던 소품종 대량생산체계에서 벗어나 경쟁사들처럼 우리도 다품종 소량생산체계로 상품운영방식을 바꿔 그들과 경쟁해야 하는가? 아니면 현재 생산방식을 그대로 유지해야 하는가?'이었습니다. 이와 같은 질문은 단순히 상품을 좀 더 다양하게 만든다는 차원을 떠나 기존의 생산방식을 바꾸고, 이로 인해 야기될 원가상승 문제까지도 함께 고민해야 할 사항이라 귀사 입장에서는 매우 중대한 문제라고 사료되며, 저 또한 매우 신중하게 검토해 봤습니다. 그 동안 저는 경영진 여러분의 질문에 답을 드리기 위해 귀사와 같은 상황에 처한 기업들을 조사했고, 특히 그들의 경영활동과 그에 따른 결과들을 집중적으로 분석했습니다. 그럼 지금부터 질문에 대한 제 의견을 말씀드리겠습니다."

앞서 말한 것처럼 기획서의 도입부는 해결해야 할 문제가 무엇이고, 그 문제가 얼마나 중요한지 설명함으로써 기획자와 질문한 사람들 간의 공감대를 형성하고 '우리는 모두 한 배에 타고 있다'는 동질감을 갖게 하는 장이다. 또 기획자 자신이 해당문제에 대한 심각성을 인식했고, 해답을 찾기위해 노력하고 있다는 의지를 보여줌으로써 다음에 나올 기획자의 답변에 대해 참석자들에게 기대를 심어주는 곳이다. 따라서 이곳에서는 논리적인 시장분석자료나 객관적인 자료보다 서로 공감대를 형성할 수 있는 감성적인 표현이 좋다.

두 번째로 결론을 설명한다.

결론은 대화도입부에서 제기한 질문, 즉 상관이나 고객이 기획자에게 준 질문이나 문제에 대한 대답이다. 기획자의 임무는 상관, 고객의 질문에 답을 제시하는 것이기에 그들을 만나면 그들이 궁금한 것부터 말해줘야 한다. 그렇지 않고 시장은 이렇고 저렇고 하면서 서론을 길게 늘어놓으면 듣는 사람은 짜증이 난다. 이 부분은 앞선 대화의 기본방식 중에서 네 번째 '상대방이 듣고 싶은 말을 먼저 한다'는 것을 충족시키기 위한 부분이다.

예를 들어, 신상품개발건에 대해 기획을 요구한 사람을 만나면 우선 대화의 도입부를 간단히 설명한 후 기획자의 결론을 전달한다.

(도입부) 지난번에 저에게 귀사가 신상품을 적극 개발하여 소비자층을 넓히는 것이 좋은지 질문하셨죠. 이 문제는 귀사에 매우 중요한 사항으로…….

(결론) 저의 답은 우선 신상품을 개발하여 자사의 소비자층을 넓히는 것이 좋겠습니다.

(도입부) 지난번에 궁금해 하셨던 것이 기존 제품의 기능과 용도 등을 더욱 강화시켜 기존 고객층의 자사에 대한 충성도를 높이는 게 좋은지 아니면 다른 방법이 좋은지에 관한 것이었죠. 이와 같은 상황은 귀사가 직면한 상황 중 매우 중요한 것으로……

(결론) 제 생각에는 귀사가 취급하는 상품은 상품에 대한 충성도가 약하기 때문에 기존 고객 강화보다는 신규고객을 확보하는 쪽으로 마케팅활동을 전개하는 게 좋을 것 같습니다.

물론 실제결론은 앞선 예처럼 간단하지 않다. 결론은 기획서 핵심구조 상 과제 또는 해결방안에 해당하는 부분이지만 발표용 제안서에서 말하는 과제와는 조금 다른 기능을 담당한다. 일반적으로 과제는 문제와 원인제거를 위해 무엇을 할 것인지 방향을 제시하는 역할이다. 하지만 비즈니스 커뮤니케이션의 결론은 과제와 함께 상대방이 과제를 실행으로 옮기기 위해 어떤 활동을 하는지 가늠할 정도의 내용을 담고 있다. 이 부분은 기획서의 맨 뒤에 나와 있는 결론, 즉 실행방안을 미리 확인하도록 배려한 것이기 때문이다. 따라서 어떤 상품을 개발해야 한다고 대답하는 것이라면 최소한 누구를 대상으로, 어떤 기능의, 어느 정도 가격의, 어떤 소재의, 어떤 디자인을 가진 상품이라고 설명해야 하고, 또 행사를 진행한다면 행사의 대상, 장소, 시기, 행사 프로그램, 주관 등 해당 사업과 진행방식에 대한 사항을 간략하게 설명해 주는 것이 좋다. 듣는 사람이 기획자의 답변을 들으며 머리속으로 상품을 그려보고, 행사의 진행모습을 상상할 수 있어야 한다. 물론 기획서 작성순서는 앞선 차례와는 다르다. 실제 기획서를 작성할 때는 결론부분을 맨 마지막에 작성한다. 이 부분은 기획서에 담긴 실행방안의 요약본이기 때문이다.

세 번째로 기획자가 제시한 결론의 근거를 설명한다.

기획자가 상대방이 듣고자 하는 답을 먼저 해 주면 그들은 자신이 원하는 것을 얻었기에 마음이 편해진다. 답이 맞고 틀리고는 그 다음 문제다. 그리고 곧 '왜 그런 결론을 내리게 되었는지' 묻게 된다. 어떤 사람은 직접 말로, 또 어떤 사람은 물끄러미 당신을 바라보며 대답을 요구할 것이다. 자기 생각과 같다면 그 점을 다시 한 번 확인하고 싶고, 자신과 다른 결론이라면 왜 다른지 궁금하기 때문이다. 이때 기획자는 자신의 결론을 입증할 수 있는 구체적인 자료와 정보를 예로 들며 결론에 도달한 과정을 설명한다. 이때 잊지 말것은 기획자가 제시한 '근거'부분에 대해서 상사나 경영자가 공감을 표하지 않을 수도 있다. 그들도 나름대로 해당 주제에 대한 정보와 경험을 갖고 있다. 그러나 이때도 기획자는 설사 그들이 자기 의견에 공감하진 않더라도 근거로 제시한 내용들이 논리적으로 틀리지 않았음을 인정하도록 만들어야 한다.

네 번째로 실행방안에 대한 것을 설명한다.

상관이나 고객이 결론에 이르게 된 이유를 듣고 그것이 옳다고 판단되면 그들은 그 다음이 궁금해진다. 예를 들어 앞선 사례처럼 기업이 취할 수 있는 최적의 방법이 '신상품개발을 통한 신규고객확대'라는 결론에 동의했다면 '그럼 구체적으로 어떻게 해야 하나요?'라고 질문하게 된다. 이때 기획자는 결론을 실행으로 옮길 수 있는 실행방안, 즉 누가, 언제부터, 언제까지, 어디서, 무엇을, 어떻게 하면되는지 설명하면 된다. 앞선 결론은 문제를 해결하기 위해 무엇을 할 것인지에 대한 정의이지 이를 실행으로 옮기기엔 부족한 정보다. 예를 들면 '살을 빼려면 단식을 해야 합니다.'라고 설명했을 뿐이다. 단식을 어디서, 언제부터 언제까지, 어떤 방식으로 진행할 것인지에 대해서는 세밀하게 설명하지 않았다.

[실행방안]부분은 앞선 대화의 기본방식에서 '첫째, 내 말에 대한 상대방의 반응을 결정한다'에 해당한다. 기획서는 대부분 상대방을 이해시키거나 의견, 어드바이스를 받고자 작성하는 것이 아니다. 이는 문제해결을 위한 구체적인 방안을 제시하고 이를 고객이 실천하도록 설득하는 보고서다. 따라서 실행방안에 담길 내용은 앞선 결론을 실천할 수 있도록 보다 구체적으로 정리해야 한다. 예를 들어 결론이 '신상품개발을 통한 신규고객

확대'이라면 실행방안에서는 '현재 판매하고 있는 상품의 가격대를 최고가, 중가, 저가로 나눠 상품군의 가격대를 확대시키고, 기능도 여행갈 때, 일할 때, 휴식할 때로 나눠 기존 기능을 특정상황에 따라 특정기능을 보강하는 제품을 개발하는 게 좋을 것 같습니다. 물론 이때 고려하실 것은 제품군 간의 차별화를 위해 브랜드를 추가로 몇 개 더 만드시고….“ 식으로 대답을 한다.

▼ 과 제

1. 비즈니스 커뮤니케이션의 4단계 대화구조를 설명해 주세요.
2. 현재 작성 중인 또는 작성할 기획서 내용을 비즈니스 커뮤니케이션 순서에 따라 간략하게 정리해 주세요.

---

(2) 비즈니스 커뮤니케이션과 사업계획(기획)

비즈니스 커뮤니케이션 방식의 기획서는 전달내용이 많고, 중요한 의사결정이 필요한 상황에서 주로 사용한다. 특히 신규사업이나 신상품개발 기획서를 작성할 때 많이 활용한다. 논리적이고 결과중심적인 비즈니스 커뮤니케이션 대화방식은 사업계획서나 보고서용 기획서 목차에 큰 영향을 주었으며, 실제 이들 두 가지 기획서는 비즈니스 커뮤니케이션 대화법과 유사한 목차를 갖고 있다.

기획서 구조는 평소 사람들이 상대방에게 자기 생각을 전달하는 방식을 조금 체계적으로 만든 것이다. 목차들이 생소학 느껴지는 것은 대화순서를 공식적인 용어로 표현했기 때문이다. 창업이나 신규사업을 준비하는 사람이 자신의 생각을 다른 사람에게 전달할 때의 모습을 생각해보자. 예를 들어 당신이 사업을 하나 구상한다고 치자. 그것을 누군가에게 설명하면 아마도 이렇게 말 할 것이다. “내가 사업을 하려는데 아주 좋은 사업이야. 아이들에게 장난감을 파는 사업이거든. 돈을 많이 벌 수 있을 것 같아. 어때? 괜찮을 것 같지?” 그리고는 상대방의 답을 기다린다. 하지만 이런 식으로 얘기하면 상대방은 무슨 말을 하는 지 이해하기 어렵다. 그러니 처음부터 다시 질문하게 되고, 그런 질문에 당신도 지치니 결국엔 '아…됐어. 됐어. 같이 할 사람이 너 하나냐. 관두자.'하며 짜증내며 말을 마친다. 하지만 이런 이야기도 조금만 신경 써서 말하면 상대방도 관심갖고 이야기를 들으며 궁금한 것을 묻게 된다.

사업내용을 전달할 때는 비즈니스 커뮤니케이션 방식으로 말하면 좋다.

우선 당신이 하려는 사업 아이템과 그것을 선택한 배경(이유)를 간단히 설명한다.

당신이 하고싶은 사업의 배경과 결론으로 '아이를 대상으로 한 장난감 사업인데 현재 이러저러한 장난감은 없는 것 같아. 아이들이 많이 찾는 것인데도 불구하고 말이야. 그래서 내가 이러저러한 장난감을 만들어 아이들에게 주고 싶어!'이다. 이때 사업을 검토하게 된 배경을 상대방 마음에 와 닿게 설명하고, 사업대상을 조금 구체적으로 설명해 줄 필요가 있다. 사업대상에 따라 원하는 것이 다르기 때문이다. 또한 업종도 단순히 '장난감'이라고 말하기보다는 장난감 중에서도 어떤 종류의 장난감인지 구체적으로 설명해 주는 것이 좋다. 그래야만 상대방이 자신이 알고있는 사전정보나 지식을 통해 당신말을 머리속에 그려볼 수 있다.

두 번째로 그 사업을 구상하게 된 이유와 시장성 등을 객관적인 자료를 통해 입증해 보겠다는 자세로 설명한다.

앞서 설명한 기획배경과 결론을 확인시켜준다는 마음으로 내용을 정리한다. 앞선 내용은 상대방의 관심을 이끌기 위해 기획의 타당성과 결과물을 요약, 설명한 것뿐이다. 그 내용이 옳다는 것을 증명한 것은 아니다. 장난감 사업의 과거시장동향과 자신이 기회라고 생각한 상황을 유발시킨 변화상황, 그리고 이로 인해 발생한 기회요소(해결을 요하는 문제)에 대해 설명하고, 자신이 이 시장에서 어떤 강점을 가졌는지, 무엇을 보완하면 되는지 설명한다. 이때 중요한 것은 많은 정보와 자료도 좋지만 상대방 마음에 와 닿을 수 있는 내용을 전달해야 한다는 점이다.

세 번째, 앞선 내용을 명확하게 전달하기 위해 자신이 구상한 목적과 목표를 설명한다.

앞서 설명한 것처럼 사업목적은 당신이 어떤 문제를 해결하고자 하는 지에 대한 내용이고, 목표는 문제해결 또는 당신이 원하는 것을 얻기위해 도달해야 할 목표치다.

네 번째, 앞선 목표를 달성하기 위한 사업추진방향과 구체적인 실천방안을 설명한다.

마케팅 4P 또는 6P에 준해서 상품과 가격, 유통방법, 홍보방법 등을 대상에 따라 시기별로 설명하고 이것들이 각각 어떤 목적을 달성하기 위한 것인지, 또 어떤 효과를 볼 수 있는지 설명한다.

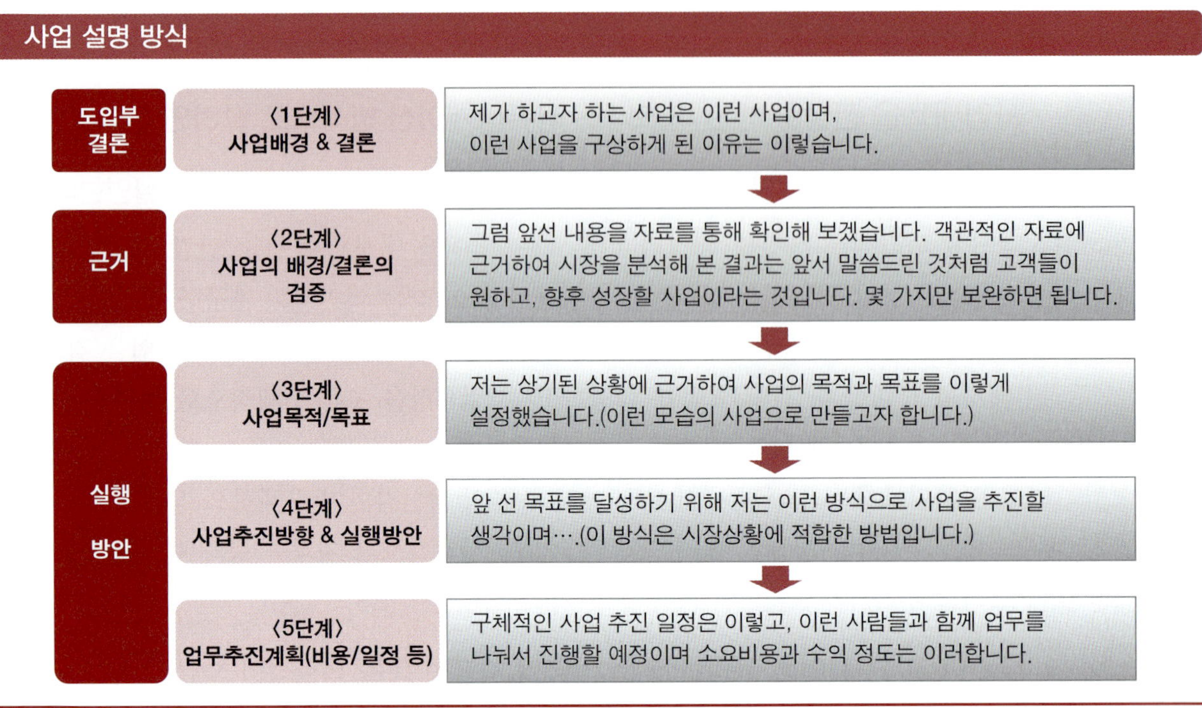

다섯 번째, 앞선 실천방법에 필요한 비용과 일정, 자원 등을 구체적으로 설명한다.

실행방안이 현실로 와 닿으려면 그것을 진행할 때 필요한 것들이 무엇이며, 어느 정도인지 구체적으로 표현해 줘야한다. 뭔가를 하겠다는 사람이 사업에 필요한 인력, 자원 규모와 이의 확보방안을 설명할 수 없다면 사업자체가 꿈꾸는 것처럼 느껴질 것이다. 따라서 실행방안을 설명할 때는 자신의 사업이 현실가능하다는 것을 상대방이 인정할 수 있도록 필요한 모든 것을 구체적인 수치를 통해 보여 줘야한다. 초기자본은 얼마나 필요하고, 이를 어디서 구할 것이며, 사람과 조직은 언제까지 어떻게 구성하고, 이를 어디서 모을것인지, 사업진행시 우려되는 것은 무엇이며 이를 어떻게 보완할 예정인지, 향 후 수익과 비용은 어떻게 되리라 예상하는지 등에 대해 구체적으로 설명한다.

이와 같은 대화방식을 표로 정리해 보면 앞선 비즈니스 커뮤니케이션 구조와 거의 같다. 이 같은 내용전개방식을 기획서(사업계획서) 목차와 비교해 보면, 두 개의 전달방식이 매우 유사하다는 것을 알 수 있다.

아래 표의 왼쪽에 있는 내용은 일반적인 사업설명순서이고, 중간에 있는 제목들은 일반적인 사업계획서에 들어가는 목차들이며, 맨 오른쪽의 목차는 비즈니스 커뮤니케이션

사업설명방식과 사업계획서 목차

사업설명방식	사업계획서 목차	구분
저는 이런 사업을 하려고 합니다. 제가 이 사업을 검토하게 된 이유는 이렇습니다.	사업제안배경 및 취지	도입부
제가 구상하는 사업내용은 이렇습니다.	사업개요 & 비즈니스 모델	결 론
이 사업을 통해 얻고자 하는 것은 이것입니다.	사업 목정 및 목표, 사업비전	
상기한 내용을 환경분석을 통해 살펴보겠습니다.	시장조사(전체시장, 경쟁사, 고객)	근 거
이런 상황에서 시장경쟁력을 얻기 위해 이와 같은 방안이 필요합니다.	시장세분화, 목표고객, 포지셔닝 마케팅 콘셉트	실행방안
이를 현실에서 구현하기 위한 방법은 다음과 같습니다(4P).	마케팅전술(4P)	
이 일을 위해 이런 사람들과 함께 할 것이고, 업무분장, 일정은 이렇습니다.	업무분장 및 진행일정	
이 일을 위해 필요한 비용은 이렇고 결과적으로 이 정도 수익이 생깁니다.	투자비용 및 손익계산서	

의 구조다. 이들을 비교해보면 일반적인 사업설명방식과 사업계획서 목차가 거의같고, 사업계획서 목차는 비즈니스 커뮤니케이션 방식에 따라 구성됐음을 알 수 있다. 이는 사업계획서 양식을 먼저 만든 것이 아니라 사람들이 사업설명하는 방식을 좀 더 체계적으로 구성한 것이 사업계획서이기 때문이다. 만약 당신이 사업설명회에서 자신의 사업을 설명해 본 적이 있다면, 그리고 아래 왼쪽에 들어있는 내용들을 작성해 본 적이 있다면 당신은 이미 사업계획서를 작성한 것과 다를 바 없다. 앞에서도 잠시 얘기했지만 기획서(사업계획서)는 당신의 이야기에 근거자료를 첨부한 것뿐이다.

지금까지 살펴 본 비즈니스 커뮤니케이션의 구조를 간단히 정리하면 다음과 같다. 기획서를 작성하게 된 배경, 즉 문제상황을 정의하고, 문제해결방안을 간략하게 약술한 다음, 그와 같은 결론에 도달한 근거를 설명한다. 그리고 앞선 근거를 통해 확인된 문제해결 과제를 설명하면서 상사나 경영자의 동의를 구하고, 그들이 동의하면 마지막으로 앞선 과제를 실행에 옮길 수 있는 실행방안을 설명한다. 이와 같이 상대방이 듣고 싶어하는 말을 먼저 하고 그 내용의 타당성을 함께 확인한 후 세부적인 내용으로 대화를 진행하면 처음부터 복잡하게 설명하는 것보다 훨씬 효과적으로 대화를 진행할 수 있다.

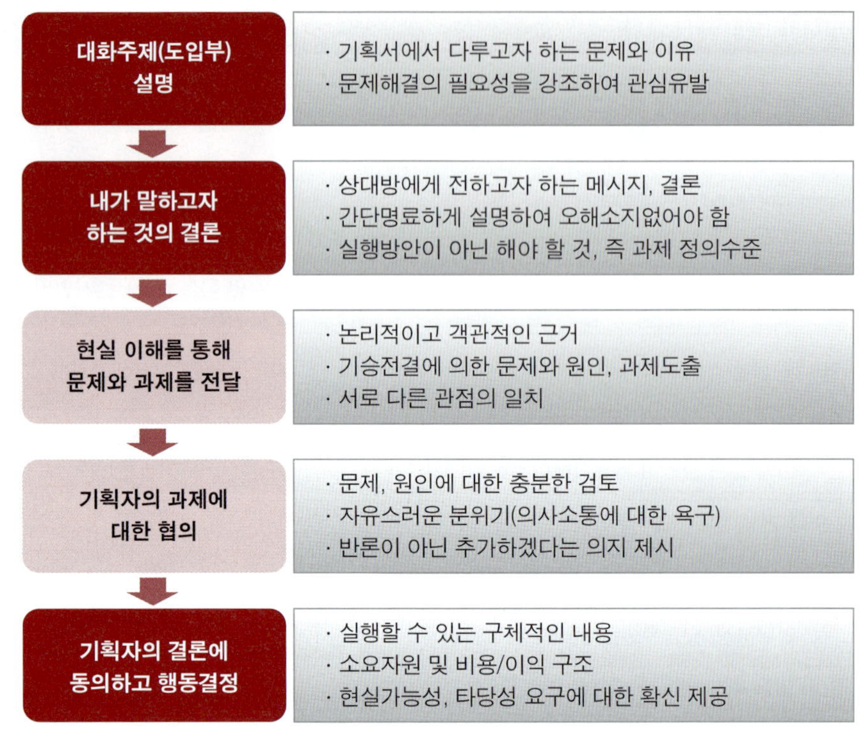

하지만 이조차도 시간이 여의치 않다면 다음의 세 가지 내용은 분명하게 전달해야 한다.

첫째, 대화주제(도입부)에 대한 내용으로, 내가 당신에게 말하고자 하는 것 또 내가 대답해야 할 숙제(문제)는 이것이고

둘째, 결론부분으로, 앞선 질문에 대한 내 생각은 이러하며

셋째, 실행에 옮기기 위한 부분으로, 당신이 해야 할 결정, 행동은 이런 것이다.

상기된 세 가지 내용 중에 한 가지라도 빠져있다면 상대방은 당신의 말을 들으면서 의구심을 갖게되고, 당산에게 반복해서 질문한다. '그래서 뭘 어쩌라고?'

▼ 과제

1. 사업계획서 목차를 정의하고, 앞선 목차와 비즈니스 커뮤니케이션 대화법과의 관계를 설명해 주세요.

2. 설득을 위한 대화법에서 반드시 설명해야 하는 세 가지 내용을 설명해 주세요.

Chapter 7 발표용 제안서와 보고서용 기획서

1. 제안서의 두 가지 종류
2. 발표용 제안서의 구조와 목차
3. 보고서용 기획서의 구조와 목차

1 두 가지 종류의 제안서

(1) 발표용 제안서의 특징

제안서는 발표용 제안서와 보고서용 기획서가 있다. 전자는 기획자의 생각을 간략하게 압축하여 발표할 때 주로 활용하고, 후자는 기획자의 설명없이 상사나 경영자가 기획서를 읽고 평가하기 위한 용도로 활용한다. 발표용 제안서는 내용이 짧고 압축되어 있으며 발표 시 설득효과를 높일 수 있도록 구성되어 있고, 보고서용 기획서는 추가적인 설명없이 내용만 보고 기획자의 생각을 이해하도록 자세한 내용을 담고 있다. 일반적으로는 보고서용 기획서를 먼저 작성하고, 이를 압축하여 발표용 제안서를 작성하는 방식으로 진행한다.

기획서는 문제를 찾아 이를 해결하는 방안을 제안하는 것으로 기획자의 의견을 상대방에게 전달하고 이를 설득하기 위해 작성하는 문서다. 이런 목적을 위해 여러 가지 종류의 기획서가 있지만 이를 크게 나누면 발표용 제안서와 보고서용 기획서가 있다. 이들 기획서는 앞서 정의한 기획서의 목적을 동일하게 수행하지만 조금 다른 특징을 갖고 있다. 전자는 사람들 앞에서 보다 쉽고 편하게 기획자의 생각을 발표할 수 있도록 구성한 문서이지만 후자는 기획자가 옆에없다는 전제 하에 상사나 경영자가 이를 읽고 이해하도록 구성한 문서이다. 이와 같은 용도로 인해 두 개의 기획서는 목차도 다르고 분량도 다르다.

발표용 제안서는 주로 프레젠테이션 상황에서 사용하는 기획서다. 요즘 자주활용하는 제안서가 공모전 제안서다. 기획자가 요청받은 문제를 분석하여 이의 해결방안을 간략하게 정리하고, 이를 15분~20분 정도내에 인상깊게 전달하기 위한 문서다. 따라서 발표용 제안서는 기획서에 담긴 문장이 많으면 곤란하다. 기획서에 담긴 글을 읽는 속도가 이를 설명표하는 속도보다 빠르기 때문이다. 사람들은 기획서에 문장이 들어있으면 기획자의 말보다 글을 읽는데 집중한다. 해당 페이지의 글을 다 읽는 사람은 발표가 끝나지 않은 상황에서도 발표자에게 '난 내용을 다 봤으니까 다음 페이지로 넘어가'라는 무언의 압박을 가한다. 발표상황에서 중요한 것은 기획서가 아닌 발표자의 말이고, 발표용 제안서는 보조자료일 뿐이다. 따라서 제안서에 담긴 내용은 압축한 문장이 되어야 하며, 발표자의 말을 보조하는 수단으로 사용할 수 있게 구성해야 한다.

발표용 기획서의 특징은 다음과 같다.

발표용 제안서
발표자의 설명을 들으며 제안서의 내용이해
프레젠테이션을 위한 자료이기에 길어야 20~25쪽 정도
프레젠테이션 당시 내용을 확인하고 평가하는 경우가 많음 〈청중의 선호도 확보가 중요〉
시각적인 면을 중요시 여기며 특정의 논리구조보다는 이해도/설득력에 중점을 둠
제안서 작성도구는 파워포인트 같은 시각적인 도구를 선호함

첫째, 발표할 때는 발표자의 설명을 들으며 제안서에 담긴 내용을 이해한다.

발표용 제안서에 담긴 문장은 요점만 들어 있으면 된다. 부족한 부분은 발표자의 설명으로 보완할 수 있고, 또 그렇게 해야 한다. 발표용 제안서는 발표를 돕기위한 도구로 핵심만 정리한 요약, 압축본이다. 물론 발표용 제안서만 따로 봤을 때에도 기획자의 생각을 이해할 수 있어야 한다. 하지만 세부적인 자료나 해당 자료에 대한 구체적인 설명까지 정리할 필요는 없다. 도리어 내용을 너무 구체적으로 표현하면 발표자에게 부담을 줄 수도 있다. 제안서에 담긴 내용을 의식하면서 설명해야 하기 때문이다.

둘째, 발표용 제안서는 길어야 20~25쪽 정도이다.

발표자에게 주어진 발표시간은 길어야 20분 내외다. 파워포인트 제안서를 사용하여 발표한다면 한쪽 당 1분만 할애해도 20쪽이면 20분이 걸린다. 특히 도면같은 것이 들어있으면 내용설명에 시간이 더 많이 걸릴 수도 있다. 말하는 사람은 시간가는 줄 모르지만 참석자에게 20분은 짧은 시간이 아니다. 게다가 발표자가 두세 명이라면 발표시간만 거의 한 시간이 넘는다. 따라서 발표용 제안서는 제목페이지, 목차페이지, 본문, 그리고 마지막 맺음말을 포함해서 25쪽을 넘기지 않는 것이 좋다. 보다 구체적인 자료제공이 필요하다면 그 부분은 별도로 인쇄해서 참석자들에게 발표 전에 나눠주도록 한다.

셋째, 발표용 제안서는 발표하는 그 순간이 결정순간이다.

발표용 제안서는 대부분 발표하는 자리에서 평가하고 기획자 제안에 대한 가부를 결정하는 경우가 많다. 발표자는 발표하는 순간이 최종결정일이란 생각으로 제안서를 작성해야 한다. 자신의 생각을 일목요연하게 압축하여 의사결정자가 앞선 설득단계처럼 인지, 이해, 선호, 확신할 수 있도록 내용을 배치해야 한다. 이때 말이 늘어지거나 쓸데없는 이야기로 시간을 끌면 주어진 시간내에 하고싶은 말을 다할 수 없고, 당연히 평가도 나빠진다.

넷째, 시각적인 면을 중요시 여기고 이해도와 설득력에 중점을 둔다.

기획서를 가르치는 사람들은 '기획서는 내용이 중요하다'는 것을 강조한다. 이 말이 틀린 말은 아니다. 하지만 파워포인트로 제안서를 작성한다면 내용과 함께 시각적인 효과도 무척 중요하다. 파워포인트는 본질적으로 표현을 위한 도구이므로 디자인이 허술하면 아무리 좋은 내용도 평가절하된다. 도리어 기획서 내용이 조금 부족해도 표현능력이 뛰어나면 좋은 점수를 받는 경우도 있다. 그래서 기획사들은 기업에 제출한 제안서를 작성할 때 내용작성과 디자인구성을 따로 진행한다. 마치 영화찍고 편집을 따로하는 것처럼 말이다. 동일한 기능의 상품이라도 예쁘고 보기 좋은 상품이 많이 팔리는 것과 동일한 심리다. 따라서 파워포인트 제안서를 작성할 때는, 특히 중요한 제안서라면 내용구성력이 좋은 사람과 파워포인트 디자인능력이 뛰어난 사람이 한 팀이 되는 것이 좋다. 발표용 제안서는 내용과 디자인 구성력이 50대 50의 비중을 갖고있다는 것을 기억하길 바란다.

▼ 과 제

1. 제안서의 두 가지 종류인 발표용 제안서와 보고서용 기획서의 특징을 설명해 주세요.
2. 평소 자신이 주로 생각했던 제안서는 어떤 종류의 제안서인가요? 그리고 그런 종류의 제안서를 주로 생각했던 특별한 이유가 있는지요?

---

(2) 보고서용 기획서의 특징

발표용 제안서와 보고서용 기획서의 차이는 주로 제안서를 사용하는 상황에서 비롯된다. 짧은 시간내에 핵심만을 설명하여 승인을 받고자 하는 경우에는 발표용 제안서를 사용하고, 상사나 경영자에게 신사업에 대한 구체적인 내용을 전달하고 피드백을 받고자 하는 경우에는 보고서용 기획서를 주로 사용한다. 하지만 발표용 제안서는 보고서용 기획서의 축약본과 같은 것이기에 기획자가 전달하고자 하는 메시지는 거의 동일하다.

보고서용 기획서는 두툼한 분량에 목차가 복잡한 기획서를 생각하면 된다. 신상품개발이나 신규사업계획같이 규모가 큰 프로젝트는 검토할 것도 많고, 세부실행방안도 복잡하기에 내용을 간단히 정리할 수가 없다. 또 승인하는 사람도 중요한 사업안이기에 대충 '이렇게 할 것'이라는 느낌만 갖고 사업을 결정할 수는 없다. 이럴 때 이들이 해당 사업을 꼼꼼히 살펴볼 수 있도록 만든 것이 보고서용 기획서다. 참고로 기획서진행단계, 즉 제안서-실행계획서-업무매뉴얼-결과보고서 중에서 실행계획서가 보고서용 기획서 형태를 띤다.

보고서용 기획서의 특징은 다음과 같다.

보고서용 기획서
기획자의 설명없이 기획서 내용만으로 기획자의 주장과 전체 내용이해
분량제한이 없으며, 도리어 기획서의 분량이 적으면 성의없어 보임
기획서를 읽고, 평가하는 시간 제한이 없으며 반복확인이 가능함 〈기획서의 꼼꼼함이 필요〉
디자인보다는 내용중심으로 판단하며 내용의 기승전결구조 또는 표준목차에 따른 작성을 요구함
기획서 작성도구는 아래아한글과 같은 한글소프트웨어를 선호함

첫째, 보고서용 기획서는 말 그대로 보고 하기 위한 기획서다.

보고서용 기획서는 관공서에서 요구하는 문서처럼 일정한 목차가 결정되어 있고, 그곳에 들어가는 내용도 유사하다. 상사나 경영자가 혼자 기획서를 읽어보고 의사결정할 수 있도록 내용이 구체적이고 세밀하다. 기획서를 보는 사람이 궁금증이 생겨도 물어볼 상황이 아니기 때문이다. 따라서 보고서용 기획서를 작성할 때는 상사나 경영자에게 말이 아닌 글로 보고 한다는 마음가짐으로 작성해야 한다. 이와 같은 기획서는 파워포인트로 작성하는 경우도 있지만 대부분 한글로 작성하는 경우가 많다. 사람이 기획서 내용을 이해하는 것은 그림이나 도형이 아닌 글이다. 파워포인트는 보기좋게 예쁘게 만들 수는 있지만 다량의 글을 담기에는 부족한 점이 많다.

둘째, 상기된 상황으로 인해 일정 이상의 분량을 요구한다.

기획서에 담긴 내용만으로 기획자의 생각을 이해하려면 일단 내용이 풍부해야 한다. 예를 들어 '우리 시장이 점점 축소되고 있다'는 것을 설명하려면 언제부터 축소되기 시작했는지, 지금상황은 어떠한지, 어떤 분야에서 주로 축소되고 있으며 왜 축소되고 있는지 근거자료를 보여주며 작성해야 한다. 기획서에 그림이나 도표가 설명없이 말만들어 있거나 앞말과 뒷말이 연결되지 않으면, 또 기획서에 들어있는 문제, 과제, 해결방안 등이 구체적으로 정의되어 있지 않으면 이를 읽는 사람은 기획자가 무슨 말을 하려는 지 이해할 수 없다. 결국 단행본 서적처럼 내용 하나하나를 구체적으로 표현하다보니 기획서 분량이 늘어날 수밖에 없다. 한글로 쓴 보고서용 기획서는 훈글 글자크기 10포인트로 작성한다는 가정 하에 최소 30쪽 이상의 분량이 되며, 만약 이를 파워포인트로 전환한다면 최소한 50~60쪽 정도의 기획서가 될 것이다. 분량이 적은 보고서용 기획서는 성의없이 작성했다는 느낌을 줄 수도 있다.

셋째, 보고서용 기획서는 상사나 경영자가 책상 위에 놓고 수시로 재확인할 수 있다.

첫 번째는 보고서용 기획서가 승인 또는 결재를 위해 상사나 경영자에게 제출하는 기획서라는 점이다. 이들은 보고서용 기획서를 받으면 며칠 미뤘다가 보기도 하고, 오늘 다 못 봤으면 내일 다시보고, 끝까지 읽은 후에도 궁금한 점이 있으면 다시 들춰본다. 한번 흘낏보는 자료와는 달리 스쳐 지나간 내용도 다시 확인할 수 있다. 따라서 보고서용 기획서를 작성할 때는 우선 내용들이 처음부터 끝까지 일관되게 연결되었는지 확인이 필요하다. 문장이 많고 길기 때문에 핵심메시지들이 서로 연결되어 있지 않으면 기획서에 담긴 내용들을 이해하기 어렵다. 두 번째는 근거자료에 대한 설명이다. 보고서용 기획서에는 다수의 근거자료가 들어가는데 이들을 설명하지 않고 넘어간 것이 없는지 확인할 필요가 있다. 설명없는 자료는 보는 사람마다 해석을 달리할 수 있고, 기획자의 의도와 다르게 이해할 수 있다. 세 번째는 문법이다. 보고서용 기획서는 내용의 대부분이 글이다. 글이 많다보니 가끔 문법이 틀린단어나 문장이 들어갈 확률이 높다. 이 부분을 제출하기 전에 다시 한 번 점검해 볼 필요가 있다.

넷째, 디자인보다는 내용중심으로 판단한다.

앞서 보고서용 기획서는 파워포인트보다 훈글 기획서를 선호한다고 말했다. 내용을 중시하기 때문이다. 이런 상황에서 현란한 문장과 예쁜디자인, 색색가지의 칼라를 사용하는 것은 상사나 경영자에게 좋은 인상을 주지 못한다. 요즘은 공공기관이나 대기업이 외부업체에게 파워포인트가 아닌 훈글 기획서를 요구하는 추세인데, 이런 경향은 파워포인트로 인해 내용이 부실해진다고 판단하기 때문이다. 따라서 보고서용 기획서를 작성할 때는 예쁘게 만들려고 노력한 것처럼 보여서는 안 된다. 최고의 디자인은 군더더기없이 깔끔한 느낌의 디자인이다. 글자를 중심으로 하되 글의 근거자료가 깔끔하게 삽입된 모습을 말한다. '내용이 많다'는 기획서의 특징을 살리지 못하면 '기획서를 정성드려 썼다' 또 '내용이 풍부하다'는 느낌대신 번잡하고 난해하게 작성했다는 평가를 받을 수 있다.

(3) 발표용 제안서와 보고서용 기획서의 차이

보고서용 기획서와 발표용 기획서 간의 차이를 간단히 정리해 보자.

보고서용 기획서	· 대규모 사업(프로젝트)일 경우 작성 - 중요한 점은 '시장조사'와 '세부실행/운영방안' · 정부기관, 대기업 중심으로 활용 - 파워포인트 제안서의 디자인 중심내용에 반발하여 아래아한글로 작성하도록 유도 · 설득과 함께 연구보고서와 같은 기승전결구조를 요구 - 내용의 논리성, 명확한 근거자료요구 · 내부의 범위는 제안서+실행계획서의 수준
발표용 제안서	· 일반적인 제안용 기획서(규모차이없이 활용) · 두 가지 기획서의 전개방식은 [보고서용 기획서 작성, 제출] - [PT용 제안서]로 축소, 발표 · 내용 상의 논리는 실무자 선에서 확인되었다는 전제하에 최종 의사결정을 위한 프레젠테이션 자료로 활용

두 가지 기획서의 차이는 우선 사용상황에 있다.

'보고서용 기획서'는 주로 규모가 큰 프로젝트를 기획할 때 사용한다. 기획서 자체가 기업에 미치는 영향이 크기 때문에 세밀한 부분까지도 검토해야 할 때 사용한다. 물론 사용빈도는 파워포인트 중심의 '발표용 제안서를 훨씬 많다. 규모와 상관없이 일반적인 기획서 형태로 자리잡았다. 보고서용 기획서보다 내용구성이 편하면서도 사업의 흐름과 핵심내용을 손쉽게 판단할 수 있기 때문이다. 경영자들도 많은 분량의 보고서용 기획서보다 중요한 내용만 보여주는 발표용 제안서 스타일을 선호하는 경우가 많다. 이들 입장에서는 '나는 사업의 방향과 흐름만 확인하면 돼. 실행은 담당부서가 할 것이니까 그 부분은 당신들이 알아서 하세요.'라는 의식때문인 것 같다. 하지만 기획자라면 두 가지 기획서를 작성할 역량을 갖춰야 한다. 언제 어떤 상황에서 어떤 종류의 기획서를 작성하게 될지 모르기 때문이다.

내용면에서는 보고서용 기획서가 원본이라면 발표용 제안서는 원본의 축약본과 같다.

'보고서용 기획서'는 목차가 복잡하고 내용도 방대하다. 특히 연구논문에서 연구가설을 검증하는 조사내용과 결론부분을 중요시 여기는 것처럼 보고서용 기획서에서도 기획서 전체내용의 근간이 되는 '현상분석'부분을 중요시 한다. 현상분석이 철저해야 기획서의 핵심내용인 문제, 원인, 과제도 제대로 구성했다고 믿을 수 있다. 시장조사내용의 다양성과 조사자료의 적합성이 보고서용 기획서의 가치를 결정한다고 해도 과언이 아니다. 따라서 보고서용 기획서를 작성할 때는 조사보고서를 하나 쓴다고 각오하는 게 마음 편하다. 그리고 결론도 세밀하게 작성할 필요가 있다. 보고서용 기획서의 결론은 업무진행시 관련부서가 참고할 업무매뉴얼처럼 작성해야 한다. 기획자가 업무진행시 중요하다고 판단되는 사항, 관련부서에서 업무실행시 꼭 지켜야 할 사항 등이 빠짐없이 들어가 있어야 한다. 본 기획서는 보고 후 승인완료되면 관련부서로 넘어가 업무지침서처럼 활용할 기획서다.

반면에 '발표용 제안서'는 가능한 한 핵심만 작성하는 것이 좋다. 상사나 경영자에게 '본 업무를 이렇게 추진하려고 합니다. 업무방향과 전체적인 구도가 맞다면 승인해 주시기 바랍니다. 세부내용은 별도로 보고 드리겠습니다.'라는 메시지를 전달하는 제안서다. 따라서 현상분석도 내용전개 상 필요한 부분만 정리하면되고, 결론부분도 상사나 경영자가 기획자가 원하는 행동이 어떤 모습인지 이해할 수 있게만 작성하면 된다. 그러나 발표용 제안서가 핵심만 전달한다고 해서 내용을 두루뭉술하게 전달해도 된다는 것은 아니다. 상사나 경영자가 알아야 할 사항은 기본적으로 담겨져 있어야 한다. 발표용 제안서 작성이 어려운 이유는 내용은 간단하지만 기획자가 생각하는 것을 참석자도 동일하게 그려볼 수 있게 한다는 점이다. 다만 발표용 제안서는 앞서 설명한 보고서용 기획서가 이미 존재한다는 가정하에, 또는 본 기획서를 승인받고 세부 실행계획서를 다시 작성할 것이라는 전제하에서 작성하는 제안서다. 독자적으로 운영하긴 조금 부족한 기획서다.

참고로 기업이나 공공기관, 또는 공모전에서 요청하는 기획. 제안서 순서는 아래와 같다. 한 개의 완성한 제안서를 제출하고, 그것으로 끝나는 것이 아니라 짧으면 2단계, 길면 3단계 과정으로 나눠 평가한다. 이는 다수의 제안서가 한꺼번에 몰리는 것을 방지하고, 제안서 중에서 실질적으로 도움받을 수 있는 것만 골라 신경써서 살펴보고 싶다는 의미다. 특히 정부기관에서는 1차 심사때는 한글로 작성한 보고서용 기획서를 요청하고, 1차 심사를 통과한 조직에 한해서만 2차 발표용 제안서를 제출하도록 규정하는 경우도 종종 있다. 요즘은 일반기업의 공모전에서도 1차 심사를 위해 해당 제안서의 주제를 제출해 달라는 요청을 자주한다. 기획서형태는 아니지만 기획서에 담길 핵심내용을 거의 대부분 파악할 수 있기 때문이다. 그러다보니 자신의 생각이 아무리 좋아도 주제를 제대로 못 쓰면 1차 심사를 통과하기 어렵다.

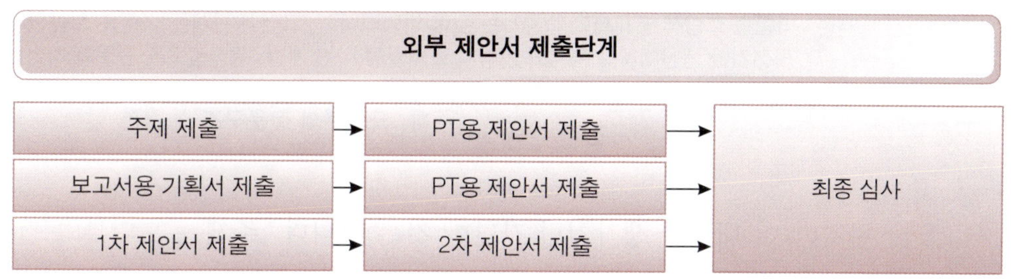

참고로 주제란 무엇일까?

어떤 사람은 '내용을 요약한 것'이라 하기도 하고, 또 어떤 사람은 '제목'이 아니냐고 묻기도 한다. 자주들은 단어이지만 정확히 알고있는 사람은 많지 않다. 기획을 가르치는 사람들은 기획서에 대해 이렇게 말한다. '기획서에는 '주제'가 드러나야 한다'고. 이 말은 '기획자가 전달하기 원하는 기획의도와 결론이 분명히 전달되어야 한다'는 의미다.

예를 들어 A기업이 자사의 문제를 해결하기 위해 대학생들에게 방안을 공모했다. 공모전 절차는 1차 심사는 기획주제를 한글로 작성해서 보내주고, 1차 심사에서 통과한 조만이 발표용 제안서를 갖고 프레젠테이션 할 수 있다. 공모전 내용은 '자사가 기존 소품종 대량생산체계를 유지하는 것이 좋은지? 아니면 생산체계를 바꿔 다품종 소량생산체계로 변화하는 것이 좋은지?'에 대한 답을 달라는 것이다. 이때 주제는 앞선 질문이 발생한 상황과 A기업의 질문, 그 질문에 대한 답을 정리한 것이다. 즉 A기업이 제시한 문제의 배경인 과거상황과 현재문제가 발생하게 된 상황, 그리고 앞선 상황으로 인해 발생하는 A기업의 문제와 문제해결방안이다.

배경 → 시작점 : 우리 회사는 A상품 시장 내에서 단일 상품으로는 가장 높은 시장점유율을 가진 회사이다.

전개상황 : 그런데 최근 고객의 취향이 점차 개인중심적으로 변하면서 다양한 형태와 디자인의 상품을 요구하는 고객이 늘고 있다.

목적 → 질문 : 우리는 그 동안 지향했던 단 품종 대량생산체제에서 다품종 소량생산체제로 상품운영방식을 바꿔야 하는가?

도입부의 질문구조 : 상황 - 전개 - 질문

결론 : 다품종 소량생산 체제로 전환하는 것이 바람직하다. 그러나 판매는 다품종 소량판매로 변화시켜야 하겠지만 생산체계는 본사와 협력사의 역할을 나눠 개발, 생상품목을 전문화 시키는 것이 좋다.

주제 : 도입부의 질문구조 + 결론

하지만 이 내용이 생각처럼 간단한 것은 아니다. 주제는 도입부와 결론이 합쳐진 내용으로 기획서에서 다루고자 하는 핵심내용이다. 따라서 1차 심사 때 주제를 정리해 달라는 말은 '당신이 앞으로 작성할 기획서의 핵심내용을 다 알려달라'는 말과 같다. 주제에 들어있는 문제상황이 잘못됐다면 그것을 확장시킨 제안서 내용도 잘못되었을 것이고, 해결방법이 비현실적이거나 심사하는 기업에서 원치않는 방법이라면 제안서를 달라고 말할 필요도 없다.

▼ 과 제

1. 발표용 제안서와 보고서용 기획서의 차이는 무엇인지 설명해 주세요.

2. 기획서에서 주제가 무엇이며, 어떤 내용들을 담고 있는지 설명해 주세요. 그리고 현재 작성 중인, 또는 작성할 기획서의 주제를 정리해 주세요.

2 발표용 제안서의 구조와 목차

발표는 타인 앞에서 특정주제에 대해 이야기하는 것으로, 'Broad Casting'과 'Narrow Casting'으로 나눌 수 있다. 전자는 대중을 상대로 이야기하는 것으로 일반적인 주제에 대해 쉽고 편하게 내용을 전달해야 하지만, 후자는 특정주제에 대한 기본지식을 갖고 있는 사람들을 대상으로 이야기하는 것이기에 핵심한 압축하여 전달할 필요가 있다. 두 가지 종류의 발표방식을 대상에 따라 진행하지 못하면 전자상황에서는 내용이 어렵고 재미없다는 불평이, 후자상황에서는 핵심없이 시간만 끄는 발표라는 불만이 생긴다.

(1) 발표(Presentation)와 유사활동

발표용 제안서는 프레젠테이션을 위한 도구다. 따라서 발표용 제안서를 멋지게 작성하려면 프레젠테이션 상황을 이해할 필요가 있다. 제임스 캐플린(프레젠테이션 챔피언, 제임스 캐플린, 눈과 마음, 2009.)은 "프레젠테이션은 일정한 준비기간을 거친 후 타인 앞에서 주제에 대해 이야기하는 모든 형태의 구두 커뮤니케이션이다."라고 정의한다. 하지만 사람들은 발표와 연설 또는 대중강의와 혼동하는 경우도 있다고 말한다. 발표와 연설, 대중강의는 많은 사람들 앞에서 자기 생각을 말로 전달하는 점에서는 동일하지만 이 둘은 다르다는 것이다. 그는 이를 'Broad Casting'과 'Narrow Casting'이라고 표현한다.

발표는 Narrow Casting이다.

Broad Casting	Narrow Casting
· 다수 참석자가 알아 듣지 못하는 전문용어를 피하고 정보전달 속도를 되도록 늦춘다. · 골치 아프거나 복잡한 방법보다는 요점을 반복해서 전달한다. · 모두가 공감할만한 유머를 적절히 배치한다.	· 커뮤니케이션 대상 그룹이 사용하는 언어를 사용한다. · 정보를 집약하여 전달하고, 발표자와 참석자가 주제에 대한 이해를 공유하고 있다는 가정하에 그들 수준에 맞는 정보를 전달한다. · 발표자는 자신과 비슷한 사람들에게 전문가 입장에서 이야기를 전달하는 것 뿐이기에 다수의 참석자를 고려할 필요는 없다. · 유머가 도움을 줄 수는 있지만 필수요소는 아님.

'Broad Casting'은 다수의 참석자들을 대상으로 말하는 것이다. '연설이나 대중강의' 같은 것이다. 이때는 참석자들의 지식이나 경험치가 다르기에 전문용어는 가급적 피하고 일상적인 용어를 사용하는 것이 좋다. 혹시 전문용어를 사용해야 한다면 이를 일반적인 용어로 설명해 줄 필요가 있다. 참석자들이 원하는 것은 궁금증을 풀고자 하는 것이기에 복잡한 논리를 입증하거나 다양한 이론들 간의 비교설명은 연설주제로 적합하지 않다. 이들에게 전하는 메시지는 단순해야 하며, 핵심적인 한두 개의 내용을 집중적으로 반복해서 전달할 때 효과가 있다. 국내외의 명강사들은 강의주제는 간단하지만 자기 생각과 다른 사람의 의견들을 조합하여 이야기하고, 감동적인 에피소드나 경험담을 통해 자기 주장을 전달한다. 무거운 이야기가 나오는가 하면 순간 자기 경험에서 나온 실수나 농담 같은 것을 통해 참석자들의 웃음을 자아낸다. 그리곤 서두에서 언급한 주제를 멋진 문장 한두 마디로 말을 마감한다. 대중을 상대로 하는 연설은 논리주장이 아닌 공감이다. 발표자와 참석자가 한 마음이 되어 이야기의 흐름을 따라가는 방식으로 진행한다.

하지만 'Narrow Casting'은 참석자가 제한되어 있는 상황에서 진행한다. 기업에서 주로 사용하는 발표(Presentation)를 생각하면 이해하기 쉽다. 서로 비슷한 지식과 경험치를 가진 사람들이 특정의 주제를 갖고 논의하는 자리다. 이런 경우에는 용어도 일상단어가 아닌, 해당 집단에서 사용하는 용어를 사용한다. 이벤트 기획안을 발표하는 자리에서 'B.T.L'이란 단어를 사용하고는 'B.T.L이란…'했다가는 '아…됐으니까 다음으로..'라고 핀잔듣기 딱 알맞다. 이런 발표는 발표자의 주장을 압축하여 참석자들이 요점을 빠른 시간 내에 받아들이도록 설명해야 한다. 발표자나 참석자들이 발표주제를 이해했고, 함께 모인 의미를 공유했다는 가정 하에 이들이 신속하게 의사결정할 수 있도록 핵심적인 정보를 논리정연하게 제공해 줄 필요가 있다.

문제는 발표(Presentation)와 연설을 혼동할때다.

발표의 대상은 해당 주제에 대한 정보를 일정이상 보유한 사람들이다. 이런 사람들을 앞에 놓고 주제에서 벗어난 정보나 불필요한 사례를 언급하면 참석자들은 발표자가 말을 질질 끄는 것처럼 느끼게 된다. 특히 발표는 연설보다 짧은 시간 내에 많은 정보를 참석자에게 전달하는 활동이기에 세부적이고 구체적인 내용을 전달하는 데에는 한계가 있다. 이런 한계를 모르고 연설하듯이 여유롭게 진행하면 반듯이 문제가 발생한다. 얼마 전, 필자가 속한 학과에서 지자체 간부들과 함께 해당 지자체의 축제 공모전을 진행한 적이 있다. 그때 한 조가 무척 세부적인 정보를 전달하려고 노력했는데, 이를 보던 심사위원 한 명이 짜증을 낸 적이 있다. "이건 중요한 얘기인데…혹시 앞으로 또 프레젠테이션 할 기획가 오면 그땐 요점만 간단히 설명하세요." 발표용 제안서는 발표자의 핵심주장과 이를 입증할 수 있는 자료만 논리적으로 전달하는 것이 좋다. 구체적인 내용은 심사위원이나 발표에 참가한 사람들이 요청하면 그때 제공하면 된다.

그럼 좋은 발표란 무엇이고, 나쁜 발표란 어떤 것일까?

깊이 생각하지 않아도 제안서를 발표하는 것을 보면 첫눈에 좋은 것과 나쁜것을 구분할 수 있다. 다만, 좋고 나쁘다는 것이 느낌이다보니 이를 상대방에게 구체적으로 설명하기가 어렵다는 점이다. 이성적인 판단보다는 감정이기 때문이다. 하지만 좋은 발표란 발표자가 말로 전달하는 내용과 발표자의 자세, 태도만 갖고 평가하진 않는다. 여기에는 반드시 제안서의 질적인 면도 함께 고려한다. 발표자의 설명이 중심이 되든지, 제안서가 발표상황을 이끄는 핵심도구가 되든지 상관없이 참석자들은 발표자의 말과 제안서 내용을 함께 보며 상황을 이해한다. 따라서 좋은 발표가 무엇인지 알 수 있다면 좋은 발표를 위한 제안서의 모양새와 구조, 흐름도 함께 이해할 수 있다.

'좋은 발표'를 정의하라면 나름대로 몇 가지 특징을 갖고 있다.

우선 좋은 발표는 흥미롭고 이해하기 쉽다.

좋은 발표는 내용이 일관되게 전개된다. 처음 제안서를 작성하게 된 이유부터 현재 상황이 어떻고 문제가 무엇인지 자연스럽게 이야기가 진행된다. 발표내용이 하나의 이야기로 구성되어 있어서 참석자들이 입장에서는 내용을 이해하기 위해 따로 고민하거나 생각할 필요가 없다. 발표자가 하는 말만 따라가면 된다. 내용이 자연스러우니 다음 내용이 궁금해지고 결론에 대한 호기심도 생긴다. 이런 발표를 듣고 있으면 당연히 호감이 가고, 결론부분에 대해서도 좋은 평가를 주기 쉽다. 자연스러운 내용전개는 발표자의 전달메시지들이 서로 밀접하게 연결되어 인과관계구조를 이루고 있을 때 가능하다.

두 번째는 관심있는 주제를 다루고 있고, 내용들도 평소 궁금하던 사항들을 담고 있다.

사람들은 관심있는 내용에 더 집중한다. 먼 미래 이야기보다는 지금 당장 해결해야 할 문제를 다루는 발표에 호감을 갖는 건 당연한 일이다. 좋은 발표는 제안서의 제목은 물론이고, 발표 도입부에서 발표자가 다루고자 하는 주제와 이의 해결방향을 압축하여 전달한다. 예를 들면 '오늘 발표할 내용은 우리 회사에 시급해 해결해야 할 무역수지해소에 대한 것이며, 이의 해결을 위해…'라고 말함으로써 참석자의 관심을 집중시킨다. 또 내용도 글쓰기 방식의 서론, 본론, 결론식의 경직된 구조가 아니다. 평소 참석자들이 알고 싶었던 내용들을 집중적으로 전달한다. 무역수지개선이 목적이라면 무역수지의 적자상황이 왜 발생했으며 현재 어느 정도인지, 왜 이와 같은 상황이 경쟁사에서는 발생하지 않았는지, 무역적자를 해결한 사례로는 어떤 것들이 있는지 등에 대해 핵심적인 사항만을 골라 설명한다. 짧은 시간 내에 참석자들이 원하는 내용을 효과적으로 전달하기위해 발표자가 하고 싶은 말이 아니라 참석자들이 듣고 싶은 말을 그들이 원하는 방식으로 전달하는 것이다.

세 번째는 말을 길게 늘어놓지 않는다.

발표용 제안서는 각 페이지마다 결론메시지와 이를 증거하는 자료로 구성된다. 좋은 발표는 발표자가 자료들을 따로 설명하진 않지만 두 개의 내용이 물 흐르듯 연결되어 있어 마치 하나의 문장처럼 와 닿는다. 게다가 참석자가 들어야 할 말만 골라 간단명료하게 자료와 함께 제시하기 때문에 지루하게 느껴지지 않는다.

네 번째는 참석자가 예상하는 순서로 내용을 전개한다.

발표를 듣다보면 참석자도 자신의 경험에 비춰 다음 내용은 '이런 것을 말할 것 같다.' 고 짐작할 수 있다. 그리고 참석자가 예상하는 것과 비슷하게 내용이 전개될 때 발표듣기도 편하다. 물론 여기서 참석자가 예상하는 내용이란 것은 그들 생각과 동일한 내용을 말한다는 의미는 아니다. 이들이 '다음에는 문제의 원인에 대해 설명하겠구나.' 짐작했을 때 원인을 설명을 한다는 말이다. 하지만 순서는 참석자의 기대처럼 흘러가지만 실제내용은 참석자의 의사대로 움직이지 않는다. 특히 원인과 결론부분이 참석자의 예상과 달리 전개되는 경우가 많다. 과제나 해결방안을 제시하는 부분에서 소비자의 말을 인용하거나 참석자들이 평소 생각지 못한 내용을 증거로 삼아 '우리가 평소 놓쳤던 부분이 이런 사항인데…'라며 색다른 방법을 제안한다. 발표자의 말을 듣다보면 '어떻게 저런 생각을 하게 되었지?'하며 놀라기도 한다.

나쁜 발표의 특징은 다음과 같다.

우선 나쁜 발표는 발표 초반부터 조금 불편함을 느낀다.

나쁜 발표는 발표를 듣다보면 왠지 모르게 말이 늘어지고, 문장들이 잘 연결되지 않은 것 같다. 의도적으로 말을 짜 맞추는 것처럼 들린다. 앞말과 뒷말을 억지로 연결시켰다는 느낌이다. 소비자에 대해 설명하다가 갑자기 경제상황으로 말이 바뀌고, 자사의 좋은 점과 나쁜 점을 설명하다보니 이를 듣는 사람도 혼란스럽다. 이런 상황은 앞뒤 내용이 인과관계로 구성되지 않은 결과다. 발표를 듣는 게 조금 불안하다고 표현하는 게 맞다. 게다가 주제와는 상관없는 내용을 말한다거나 분위기를 이끌겠다는 의도로 의미없는 동영상 같은 것을 보여주면 이건 최악의 상황이다. 발표(Presentation)는 바쁜 사람들을 모아놓고 자기생각을 전달하는 활동이다. '요점만 간단히'가 중요하다.

두 번째는 내용이 너무 많을 때다.

학교에서 글쓰기 과제물을 제출하듯이 발표를 하는 경우다. 이런 상황은 두 가지로 나타나는데 우선 발표자가 제안서 한 페이지에 다수의 정보를 담는 경우다. 한 눈에 봐도 빽빽하게 정보가 들어있어 참석자가 어디부터 봐야할지 구분이 안 된다. 받아들여야 할 내용이 너무 많아 부담스러울 수밖에 없고, 그것들을 설명하는 데에도 많은 시간이 소요된다. 또 다른 경우는 한 개의 메시지를 설명하기 위해 증거자료를 파워포인트 몇 장으로 나눠 설명하는 경우다. 발표자 입장에서는 중요한 자료들이라 놓치지 아까웠을 것이다. 하지만 참석자에게 필요한 것은 자료가 아니다. 발표자가 수집, 분석한 자료의 결론과 핵심적인 증거들이다. 세부적인 자료까지 보여줄 필요도 없고, 그럴만한 시간적 여유도 없다. 결론을 이미 말한 상태에서 유사한 자료를 계속 보여주면 참석자들은 발표내용에 지루함을 느낀다. 게다가 발표자가 제안서에는 많은 정보를 담아 놓고 시간이 없다는 이유로 도표만 보여주고 다음 장으로 넘어가면 이건 최악이다. 발표에 활용하지도 않을 자료를 필요이상으로 담아 참석자들에게 부담만 준 꼴이다.

결국 좋은 발표와 나쁜 발표를 한 마디로 정의하면 '발표가 흥미로운가? 아니면 지루한가?'다. 내용흐름이 자연스러우면 발표자와 참석자가 서로 호흡을 맞추게 되고, 핵심만 전달하면 발표속도도 빠르다. 하지만 반대로 내용흐름이 부자연스럽고 말이 길어지면 참석자는 지루하다. 당연히 발표에 대한 흥미도 사라질 수밖에 없다. 발표의 승패는 참석자가 원하는 말을 간단명료하게 전달하여 그들의 관심을 이끌어낼 수 있느냐에 달려있다. 그리고 발표용 제안서는 발표자가 이런 상황을 만들 수 있도록 도와 주기위한 도구다. 발표자의 이야기 흐름과 방향을 잡아주고, 내용의 핵심을 정리해주고, 근거자료를 제시하며, 참석자들이 발표자의 생각을 상상할 수 있도록 다양한 미디어자료들을 활용할 수 있도록 지원한다. 따라서 발표용 제안서는 이 자체로도 평가할 수 있지만, 보다 중요한 것은 발표자의 의도대로 발표상황을 얼마나 자연스럽게 이끌어 줬는가 하는 점이다.

발표용 제안서를 기획서의 한 종류로서 바라보는 시각과 발표용 도구로 바라보는 시각은 평가기준이 달라야 한다.

▼ 과 제

1. 'Broad Casting'과 'Narrow Casting'의 차이를 설명해 주시고, 두 가지 발표에서 앞서 논한 차이가 생기는 이유도 함께 설명해 주세요.

2. '좋은 발표'와 '나쁜 발표'의 사례를 들어 설명해 주세요.

(2) 발표용 제안서와 [Why-What-How to-If] 구조

발표용 제안서는 기획사고의 3단계 논리구조인 'Why' 'What' 'How' 'If'를 그대로 활용한다. 제안된 시간 내에 제안서에 담아야 할 핵심내용이기 때문이다. 이와 같은 발표용 제안서의 흐름은 일상적인 대화체로 내용을 설명할 수 있기 때문에 참석자에게 그들이 듣고자 하는 핵심내용을 효과적으로 전달할 수 있다.

앞서 기획사고의 3단계 논리구조를 [Why-What-How]라고 설명했다. 사람이 뭔가를 생각하고 결정할 때 사용하는 사고과정이다. 발표용 제안서는 가장 간결한 상태로 기획자의 주장을 참석자에게 효과적으로 전달하기 위해 앞선 'Why-What-How' 구조에 'If'를 추가하여 사용한다. 앞서 설명한 기획서의 기본목차인 [Why-What-How]를 이해했다면 발표용 제안서의 구조는 거의 대부분 이해한 것과 다를 바 없다.

앞선 기획의 기본구조를 다시 한 번 살펴보자. 기획의 임무는 첫째, 해야 할 일의 정당성을 찾아내어 둘째, 이를 해결하기 위한 올바른 방향을 정하고 셋째, 그 방향으로 나아가도록 구체적인 방법을 알려주는 과정이자 결과라고 설명했다.

기획의 임무는

(1) 해야 할 일의 정당성을 찾아

(2) 올바른 방향을 정하고

(3) 그 방향으로 나아가도록 구체적인 방법을 알려주는 과정이자 결과이다.

그리고 기획자는 이와 같은 기획의 임무를 달성하기 위해 기획서를 아래처럼 [Why-What-How-If]로 구성할 수 있다.

기획서의 기본구조

(1) Why(그 일을 왜 하는가?) - 이유(목적)

(2) What(목적달성을 위해 해야 할 일은 무엇인가?) - 달성방안(과제)와 달성모습(목표)

(3) How(그 일을 어떻게 할 것인가?) - 실행방안(실행매뉴얼)

(4) If(만약 이 제안을 받아들여 실행한다면) - 미래 모습과 추가적인 이득점

이는 '2장. 기획서의 핵심구조'에서 설명한 '문제-원인-과제-해결방안'과도 거의 유사한 모습인데, 기획서의 핵심구조 중 [문제-원인]은 'Why', [과제]는 'What', [해결방안]은 [How]에 해당되며, [If]는 자신이 제시한 결론을 상대방에게 다시 한 번 확신시키기 위한 마무리 내용으로 추가했다고 생각하면 된다.

박신영(기획의 정석, 박신영, 세종서적, 2013.)은 이렇게 말한다. "어느 날 지하철을 타고 가다가 옆에 앉은 고등학교 남학생의 통화내용을 들었는데, 정녕 4MAT은 인간의 자연스러운 학습곡선이라는 생각이 들었다. 전화를 받은 담백한 성격의 남학생은 딱 4개의

Why, What, How To, If의 구조

Why(목적)	이 일을 왜 해야 하는가? '최선의 상택'와 '현실' 간의 차이에서 문제와 원인을 찾고, 그로 인해 야기될 상황을 예측한다. · **최선의 선택** : 내가 또는 조직이 원하는 것 · **현실 간의 차이** : 최선의 상태와 현실 간의 차이인 문제
What(목적)	문제와 이를 야기시킨 여러 가지 원인 중에서 대처 가능한 것을 바탕으로 목표를 설정하고 그것을 컨셉트 또는 슬로건화 한다. · **컨셉트 또는 슬로건** : 목표를 매력적으로 보이기 위해 가단하게 정의한 문장
How(실행방안)	하나의 컨셉트에 의해 실제 실행할 일들을 세부적으로 정리한, 구체적인 내용들
If(기대)	문제를 해결한 후 발생할 기대효과

질문을 한다. "왜?" "뭐?" "어쩌라고?" "꼭 해야 돼?" 이것이야말로 완벽한 기획의 4단계 아닌가?" 필자 생각에도 우리는 평소 앞선 남학생처럼 딱 네 가지 질문에 대한 답이 분명하면 실행으로 옮긴다. 그러나 이 중에서 한 가지라도 이해되지 않거나 마음에 와 닿지 않으면 그 일은 거기서 중단된다. 여기서 '왜'는 앞선 구조의 'Why'이며, '뭐?'는 'What'이고, '어쩌라고?'는 'How'이며, '꼭 해야 돼'는 'If'에 해당되는 질문이다. 이처럼 [Why–What–How–If]는 누가 언제, 어떤 결정을 내리고, 어떤 행동을 하든지 간에 반드시 거쳐야 할 의식과정이다. 이런 의식구조에 따라 기획의 목차와 구성이 만들어진다면 이를 전달받는 사람 역시 무척 편안하게 기획자의 의도와 내용을 받아들일 수 있다.

상기된 방법대로 말하는 예를 들어보자. 아래의 예는 [How–What–How–If]의 논리에 따른 기본적인 설명방식이다. 어떤 논리를 통해 기획자의 생각을 전달하든지 간에 아래에 담긴 내용이 전달되면 상대방은 기획자의 생각을 십분이해할 수 있다.

[취지] 제가 오늘 말씀드릴 것은 이런 내용입니다.

[Why] 저는 저희의 모습을 이렇게 만들고 싶습니다. 하지만 우리 현실은 어떤가요? 상황분석을 해보니 이러저러한 면에서 차이가 있고, 이와 같은 차이가 발생한 이유는 이런 것들입니다.

[What] 저는 여러 가지 원인 중에서 이 점을 해결하여 저희가 원하는 것을 얻고자 하며, 이를 위해 이런 일들을 하고자 합니다. 이를 한 마디로 정의하면 이렇게 표현할 수 있습니다.

[How] 상기된 일을 실행하기 위해 우리가 해야 할 일은 이러저러한 일들이며, 이를 구체적으로 말씀드리면 다음과 같습니다.

첫째……

둘째……

셋째……

[If] 이와 같은 일을 완수하면 초기 말씀드린 것을 달상함은 물론이고, 다음과 같은 효과도 함께 얻을 수 있습니다.

물론 이를 표현하는 방법은 여러 가지다. 발표용 제안서 목차가 기본적인 기획사고구조인 [How–What–How–If]를 근간으로 삼고 다양하게 변화하는 이유도 기획자가 자신의 생각을 좀 더 구체적으로 전달하고픈 욕구가 있기 때문이다. 이때 기획자는 앞선 기획사고구조 중에서 한두 가지를 별도목차로 만들거나 변형하여 해당부분을 강조한다. 상기내용을 조금 다르게 표현하면 다음 예처럼 변할 수 있다.

제목/서론 : 제가 오늘 말씀드릴 것은 이런 내용입니다.

Why

(현상) : 과거 시장은 이렇게 형성되어 이러저러하게 발전되어 왔으며, 현재 몇 개의 기업이 이 시장에서……

(문제) : 우리가 원하는 것은 이런 것이지만 현실은 우리가 원하는 것과 많은 차이가 있습니다. 특히 이런 부분에서는 우려할 정도의 차이가 있습니다.

(원인) : 이런 차이는 왜 발생했을까요? 우리가 원하는 것을 가로막는 요인(원인 or 장애요인 등)은 이런 것들입니다. 저는 이런 문제를 해결하여 우리가 원하는 것을 얻고자 제안서를 작성했습니다.

What

(과제) : 저는 이런 문제들을 해결하기 위해서는 이런 일을 해야한다고 생각하며

(목표) : 이런 일들을 통해 이런 모습으로 변할 수 있어야 한다고 봅니다.

(슬로건/컨셉) : 이를 한 마디로 말씀드리면 이렇습니다.

How

(실행방안) : 이런 컨셉을 실현시키기 위해 우리가 해야 할 일들은 이런 것이며, 이를 구체적으로 말씀드리면 다음과 같습니다.

첫째……

둘째……

셋째……

(운영방안) : 본 업무를 추진하기 위해 필요한 인력은…… 비용은……

IF(맺음말)

지금까지 말씀드린 제안을 실행으로 옮기신다면, 앞서 말씀드린 '원하는 모습'은 당연하고, 추가적으로 이런 것들도 얻을 수 있습니다.

상기된 내용은 앞선 [Why–What–How–If]를 좀 더 세분시켜 설명한 것이다.

[Why]는 기획자가 해당 기획을 왜 했는지에 대한 당위성을 설명하는 부분이다.

이 부분을 강조하려면 [Why]란 목차하나보다는 [현상]과 [문제], [원인]을 구분하여 '현상'부분에서는 우리가 원하는 모습과 현재처한 상황을 분석하고, '문제'부분에서는 원하는 목적지와 현재 상황 간의 비교를 통한 문제제기와 이와 같은 문제를 해결하지 않을 시 발생할 수 있는 안 좋은 상황을 강조하여 참석자들에게 더욱 강한 문제의식을 심어줄

수 있다. 또 '원인'부분에서는 앞선 상황분석을 통해 찾아낸 원인부분을 다시 한 번 정리해 줌으로써 문제에 대한 참석자들의 공감대를 형성할 수 있다. 누구나 문제가 있다고 의식하지만 보다 중요한 것은 그와 같은 문제가 왜 생겼는지에 대한 원인규명이며, 이와 같은 참석자들의 궁금증을 [원인]설명을 통해 해소함으로써 참석자들이 기획자가 제기하는 문제를 더 깊이 공감할 수 있다.

[What]은 앞선 문제를 해결하기 위해 무엇을 할 것인지를 설명하는 부분이다.

이 부분을 강조하려면 [과제]와 [목표], [컨셉 또는 슬로건]이 필요하다. 이들은 문제해결방안의 범위와 내용을 넓은 시야에서 시작하여 보다 세부적인 부분으로 내용을 구체화시켜 줌으로써 참석자들이 기획자의 목표를 보다 구체적으로 인식하도록 도와준다. '과제'는 문제해결을 위해 무엇을 해야 할 것인지를 정의하는 내용으로, 이 부분에서 문제해결의 큰 그림을 제시한다. 그 후 '목표'에서 과제를 수행하여 우리가 도달하고자 원하는 구체적인 상황이나 모습이 무엇인지 설명하고, '컨셉/슬로건'은 이를 한 마디로 정의함으로써 누구나 이 내용을 들으면서 '아! 우리가 원하는 게 바로 저런 모습이구나.'라고 확신할 수 있다.

[How]는 앞선 과제와 목표를 달성하기 위한 실행방안을 정리한 부분이며, [If]는 앞선 발표내용을 요약하고, 본 기획안을 실행함으로써 얻을 수 있는 이득을 정리한 부분이다.

[How]는 '과제'의 '실행방안'과 '운영방안'부분으로 이 둘은 서로 밀접하게 연관되어 있다. 실제 실행하기 위해 필요한 내용이고, 후자는 앞선 실행을 지원하기 위해 필요한 자원을 분석하고, 이의 결과물로 나올 비용, 수익과 같은 수치상의 내용이다.

또 다른 방식도 있다. 아래 내용은 앞선 내용보다 '현상분석'과 '전략'부분을 강조한 구조다. 일반적인 발표용 제안서는 '현상분석'이나 '시장조사'를 별도의 목차로 나누지 않고 'Why'내에서 문제를 정의할 때 함께 하는 경우가 많다. 그러나 현상분석에서 특별히 강조할 사항이 있거나 시장상황에서 예민한 부분이 있다면 '현상분석'만 별도로 분리하여 전문적으로 다룰 수도 있다. 또한 '전략'부분 역시 'What' 내에서 고객정의와 같은 항목으로 실행전략을 다루는 경우가 많으나 이 역시 기획자가 '전략'부분을 강조하고 싶다면 아래 내용처럼 '전략'이라는 목차를 별도로 만들어 그 부분을 별도로 정리해도 무관하다. 다만, 아래처럼 '현상분석 또는 시장조사'라는 목차를 추가하고, '전략'목차를 더

하면 앞선 보고서용 기획서 구조와 유사하게 보일 수 있으며, 제안서의 분량 역시 그만큼 많아질 수밖에 없다.

제목/서론 : 제가 오늘 말씀드릴 것은 이런 내용입니다.

Why(문제) : 우리가 원하는 것은 이런 것이지만 현실은 우리가 원하는 것과 많은 차이가 있습니다. 특히 이런 부분에서는 우려할 정도의 차이가 있습니다. 저는 이런 문제를 해결하여 우리가 원하는 것을 만들고 싶어 제안서를 작성했습니다.

Why(시장조사) : 그럼 앞서 말씀드린 상황을 확인해 보겠습니다….

Why(시장조사요약 및 과제 설정) : 시장상황을 살펴본 결과, 이런 문제가 있다는 것, 이러저러한 요인이 문제를 발생시켰다는 것을 확인할 수 있었고, 우리는 이를 해소(해결)하기 위해 이런 과제를 설정했습니다.

What(목표) : 따라서 본 제안서의 목적은 이렇고, 이 문제를 해결(목적을 달성)하기 위해서는 이런 일(목표)를 해야 한다고 생각합니다.(원인해결을 위한 목표)

How(실행전략) : 이와 같은 목표를 달성하기 위한 실행전략은 이러저러하며, 컨셉은 이렇습니다.

How(실행방안) : 상기된 컨셉을 실현시키기 위해 우리가 해야 할 일들은 이런 것이며, 구체적으로 말씀드리면 다음과 같습니다.

첫째, ……

둘째, ……

셋째, ……

(운영방안) : 본 업무를 추진하기 위해 필요한 인력은 비용은

IF(맺음말) : 지금까지 말씀드린 제안을 실행으로 옮기신다면, 앞서 말씀드린 '원하는 모습'은 당연하고, 추가적으로 이런 것들도 얻을 수 있습니다.

▼ 과 제

1. 자신이 작성 중인 또는 작성할 기획서의 내용을 기획사고의 3단계 논리구조에 맞춰 설명해 주세요.(본 책에 담긴 사례를 참고해도 됩니다.)

(3) 발표용 제안서 목차

발표용 제안서의 목차는 [Why – What – How – If]의 응용판이다.

발표용 제안서는 목차가 무척 다양하다. 발표상황과 강조점이 조금씩 다르다보니 발표자의 성격과 얼굴만큼 종류가 많다고 생각하면 된다. 하지만 본질은 앞서 설명한 [Why–What–How–If]다. 우선 발표용 제안서 목차, 특히 마케팅 제안서 중에서 가장 빈번하게 사용하는 목차를 살펴보자.

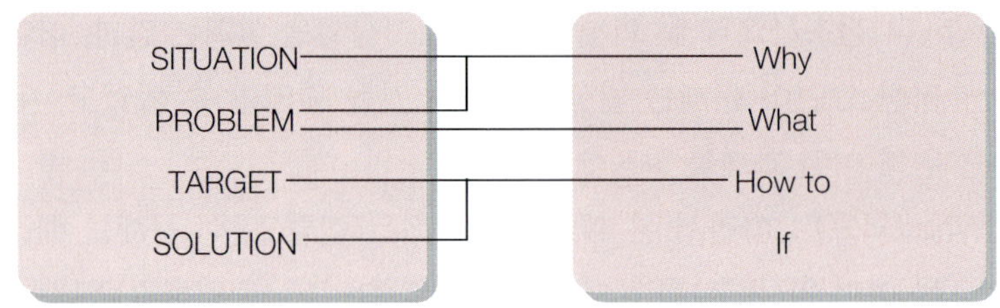

발표용 제안서의 기본목차는 [Situation], [Problem], [Target], [Solution]이다. 한글로 표현하면 'Situation'은 '현상분석', 'Problem'은 '문제정의', 'Target'은 '목표고객분석', 'Solution'은 '해결방안'으로, 앞서 설명한 기획서의 기본구조에서 중요시 여기는 요소를 그대로 옮겨왔다. 단 'Target'은 '전략'적인 차원의 목차로 여기에는 Target(목표고객분석), Concept(컨셉설정) 등이 들어갈 수 있다.(이 부분은 다음에 설명한다.)

이를 기획서의 3단계 논리구조와 비교하면,

'Situation–현상분석'과 'Problem–문제정의'는 기획서 기본구조의 [Why]에 해당하는 부분이다. 'Why'는 기획서를 작성하게 된 이유와 명분을 제공하는 곳으로 'Situation'는 'Why'에서 기획의 이유와 명분을 설명하기 위해 '현상분석'한 자료들을 정리한 목차이며, 'Problem'은 앞선 현상분석을 통해 찾아낸 문제를 보다 강조하기 위해 현상분석자료에서 별도로 분리한 목차다. 현상분석을 하다보면 '문제'는 자연히 도출되지만 현상분석 내용과 문제정의 부분을 별도로 나눠 설명하면 문제를 더욱 강조할 수 있다. 특히 발표용 제안서는 참석자들의 관심을 지속적으로 이끌기위해 '문제'의 가치를 강조하는 것이 무척 중요하다.(참고로 보고서용 기획서에서는 '문제'를 따로 정리하기도 하지만, 대부분 현상분석을 요약하는 페이지에서 다룬다.) 그리고 'Problem'이란 목차 안에 [What]에 해당하는 '과제'도 함께 들어 있다. Problem이란 단어는 문제와 과제란 의미를 함께 갖고 있기 때문이다. 어떤 기획자는 과제를 강조하기 위해 'Problem'을 'Problem(문제)'와 'Task(과제)'라고 분류하는 경우도 있다.

'Target-목표고객분석'과 'Solution-해결방안'은 기획서 3단계 논리구조의 [How]에 해당하는 부분이다. 앞서 설명한 것처럼 과제를 해결하기 위한 실행전략과 세부실행방안이 들어있는 곳이다. 하지만 이곳에 있는 'Target'이란 목차가 이해되지 않아 고개를 갸우뚱하는 사람들이 많다. 'How'을 생각하면 '실행방안'이라는 단어가 생각나기 때문이다.

그럼 왜 '실행전략'이라는 목차를 만들지 않고 'Target'이라고 설정했을까? 이는 실행전략의 대상이 바로 'Target(목표고객)'이기 때문이다. 전략을 수립하는 방법에는 여러 가지가 있고, 지금도 새로운 것이 계속 개발되고 있다. 이 중 STP전략의 기본철학은 '기업이 생산, 개발할 또는 개발한 상품, 서비스 등을 가장 기쁘게 받아들일 고객을 찾아 그들이 원하는 방식으로 문제를 해결해 주면 된다.'는 것이다. 따라서 전략의 핵심업무는 '그 고객이 누구이며, 그들이 원하는 것이 구체적으로 무엇인가?'라는 의문을 푸는 것이다. 특히 특정상품의 차별화방안을 모색하거나 기존 상품의 컨셉을 바꾸고, 상품의 용도를 변경, 확장할 경우에는 고객을 분석하는 작업이 무척 중요하다. 겉으로 드러나지 않은, 그래서 다른 기업이 찾지못한 숨은 욕구를 찾아내야 한다. 앞선 'Target'이란 목차는 단순히 '목표고객이 누구인가?'라는 하나의 내용만 담긴 것이 아니다. 여기에는 '시장세분화', '목표고객설정 및 분석' '포지셔닝' '컨셉' '차별화'라는 최대 6개의 목차내용이 녹아들어가 있으며, 기획자에 따라 이들을 가감하며 내용을 구성할 수 있다.

참고로 기획서의 3단계 논리구조와 마케팅 기획서 목차 간의 관계를 살펴보면 앞선 제안서 목차를 보다 쉽게 이해할 수 있다. 'Why'는 기획에 대한 명분과 이유를 설명하기 위해 '현상분석'과 '문제정의'라는 내용을 담고 있다. 현상분석은 대개 시장환경분석, 경쟁사분석, 자사분석, 소비자분석의 내용으로 구성되고, 현상분석이후 앞선 현상분석을 요약정리하면서 문제와 원인(필요에 따라서는 과제까지)을 요약하여 정리하는 방식으로 전개한다. 'What'은 의 문제해결 방안의 방향성과 업무범위를 정의하기 위한 '과제'와 앞선 '과제'를 보다 구체적으로 정의한 '목표'를 담고 있다. 이 부분은 앞의 문제와 뒤의 실행방안을 연결하는, 인체로 비유하면 척추와 같은 역할을 담당하는 매우 중요한 부분이다. 'How'는 업무를 보다 효과적으로 진행하기 위한 '실행전략'과 일의 진행방식을 구체적으로 정리한 '실행방안', 그리고 해당 업무추진에 필요한 기타 지원업무를 설명한 '운영방안'이란 큰 목차를 담고 있다.

전략을 중시하는 제안서에서는 전략부분을 다음처럼 강조할 수도 있다.

앞선 목차에서 'Situation–현상분석'과 'Problem–문제제기'를 나눠 표현했다면 다음 목차에서는 현상분석과 문제제기를 보고서용 기획서처럼 '상황분석'에서 다루고, 대신 전략부분을 세분화했다. 전략부분을 'Target–목표고객분석'과 'Concept–컨셉정의'로 나눴고, 다시 '전략제안'이란 목차를 추가하여 전략수립에 필요한 거의 모든 목차를 전면에 내 세웠다. 물론 '전략제안'목차에는 실행전략과 세부실행방안이 모두 들어가 있다. 그리고 다음 내용처럼 설명할 것이다. '해당문제를 해결하기 위해 목표고객을 분석해 보면, 이러저러한 숨은 욕구가 있다는 것을 확인할 수 있습니다. 이와 같은 고객의 욕구를 충족시키기 위해 우리가 지향해야 할 방향은 다음의 컨셉이며, 이와 같은 컨셉을 실행하기 위한 실행전략으로는…. '

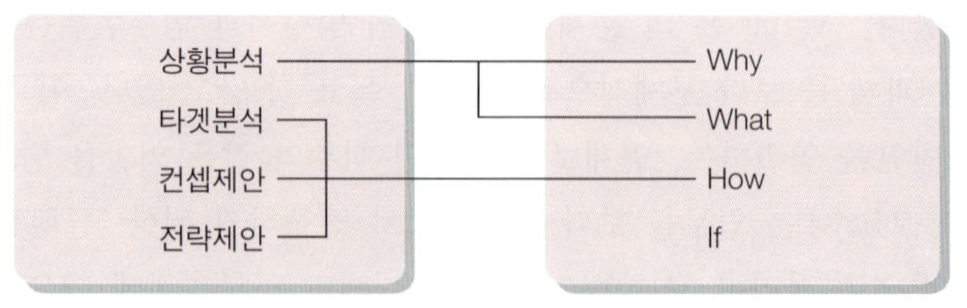

다른 목차를 살펴보자. 이는 앞선 목차보다 축약된 목차다.

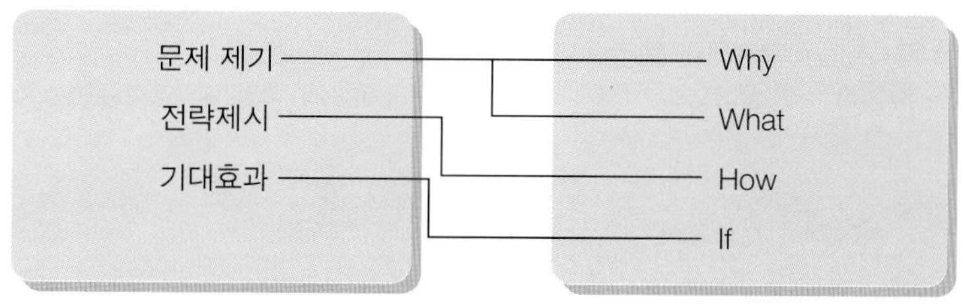

이 목차는 앞선 목차, 'Situation', 'Problem', 'Target', 'Solution'에서 'Situation'과 'Problem'를 '문제제기'로 표현했고, 'Target'을 포함한 실행전략과 구체적인 실행방안 부분을 '전략제시'라는 목차로 통합했다. 그리고 앞선 목차에는 없는 '기대효과'라는 새로운 목차를 만들었다. 이와 같은 목차는 앞선 목차와 다를 것 같지만 실제 내용상으로는 큰 차이가 없다. 다만, 기획자가 자신의 제안서에서는 현상분석이나 실행방안에 대한 세부내용보다는 기획의 가치와 실행전략만을 강조하겠다는 의지를 표현한 목차다. 이 목차의 제안서를 발표한다면, 발표자는 이런 식으로 발표할 것이다. '이러저러한 상황으로 인해 현재 당면한 문제는 이런 것이며, 이를 해결하기 위한 전략방안은 이렇습니다. (세부적인 내용은 추가로 보고하겠습니다). 이와 같은 제안을 실행으로 옮긴다면 제안서의 목적 달성은 당연하고, 이와 같은 추가적인 이득도 얻을 수 있는 좋은 방안이라 사료됩니다.' 전체적인 내용은 간단하지만 그만큼 발표자의 의사를 확실하게 전달할 수 있는 목차일 수도 있다.

하지만 발표용 제안서 목차라고 해서 모두 간단한 건 아니다. 기획자에 따라 보고서용 기획서 형식을 활용하여 목차를 세분화하는 경우도 자주 있다. 발표용 제안서이기에 내용은 프레젠테이션에 알맞게 구성했지만 목차만은 보고서용 기획서처럼 구체적으로 표현하는 경우다. 특히 커뮤니케이션 분야의 제안서는 자사와 경쟁사의 커뮤니케이션 상황분석이 중요하고, 컨셉도 몇 단계로 나눠지며, 특히 크리에이티브가 중요한 요소이기에 이들을 모두 세부적으로 표현하길 원하는 기획자가 많다.

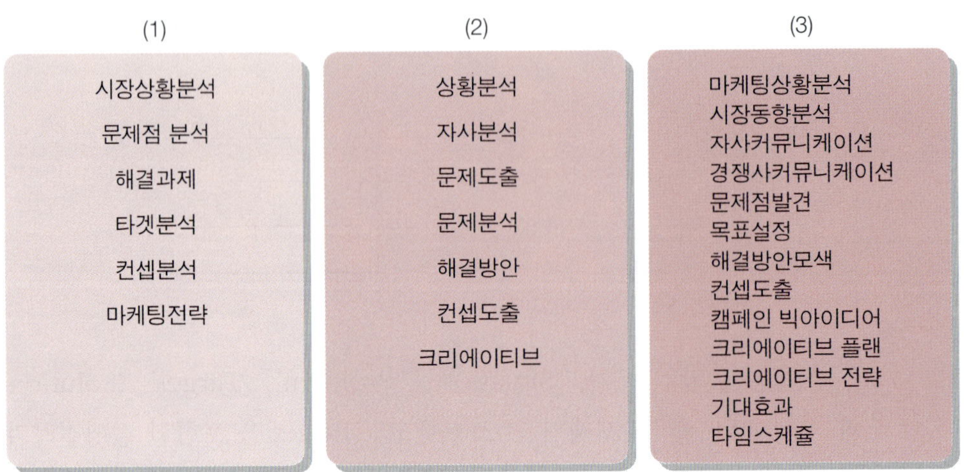

(1)번 목차는 앞선 목차를 대부분 그대로 유지하고 있다. 차이점이 있다면 '과제'를 '해결과제'라는 별도 목차로 구성하여 이 부분을 강조하고자 한 목차다. 발표자는 앞선 목차의 발표자보다 '과제'부분의 인과관계와 논리성을 강조할 확률이 높고, 이 부분에서 참석자들과의 의견을 듣고자 할 수도 있다.

(2)번 목차는 앞선 표준목차의 '현상분석'부분 중에서 '자사분석'을 별도 목차로 분리하여 이를 강조하고 있다. 앞선 '상황분석'에는 시장동향과 경쟁사분석, 소비자 분석과 같은 다양한 정보들이 담겨 있겠지만 전체적인 페이지 분량면에서는 '상황분석'에 할당한 지면과 '자사분석'에 할당한 지면이 유사할 수도 있다. 자사의 상황을 참석자들에게 강하게 어필하여 다음에 나올 '문제제기'부분을 강조하는 것이기 때문이다. 따라서 기획자는 본 목차에 담긴 내용을 통해 '본 제안서에서 다루어야 할 문제는 외부상황 변화도 중요하지만 이에 대응하지 못한(또는 이에 대응하는) 바로 '자사'의 상황으로 인해 발생한 것인 만큼 중요하게 검토해야 한다.'는 메시지를 전달하리라 본다. 이와 같은 메시지 전달방식은 다음에 나온 목차인 '문제도출'과 '문제분석'을 보면 알 수 있다. 앞선 표준목차들은 '문제 제기'를 하나의 목차로 처리했지만, 본 제안서 목차에서는 '문제'부분만 두 가지로 나눴다. 앞선 자사분석을 통해 문제를 제기하고, 앞선 문제를 다시 구체적으로 규명함으로써 다음과 나올 '해결방안'에 대한 근거로 삼고 있다.

(3)번 목차는 언뜻봐도 복잡하다. 앞선 표준목차를 최대한 세분화시켰다. 특히 '현상분석' 과 '실행방안'부분은 일반 제안서에서 숨겨놓은 목차들을 모두 겉으로 끄집어 냈다. 'Situation–현상분석'부분은 '마케팅 상황분석', '시장동향분석', '자사 커뮤니케이션 상황분석'. '경쟁사 커뮤니케이션 상황분석'으로 나눴고, 'Solution–실행방안' 부분은 '캠

페인 빅 아이디어', '크레에이티브 플랜', '크리에이티브 전략'으로 구체화시켰다. 일반적으로 발표용 제안서를 작성할 때는 이렇게 복잡한 목차를 사용하진 않는다. 하지만 불가능한 것도 아니다. 기획자가 참석자에게 강조하고픈 것이 많다면 이런 목차를 사용한다고 문제될 건 없다. 다만, 발표용 제안서는 발표시간으로 인해 분량에 제한이 있어 목차가 복잡하면 한 목차 당 한두 페이지 정도의 분량만을 할당할 수밖에 없고, 이런 경우 제안서 자체가 산만하게 보일 수 있다.

3 보고서용 기획서의 구조와 목차

(1) 보고서용 기획서와 [Why-What-How to-If] 구조

보고서용 기획서는 발표용 제안서보다 목차가 복잡하다. 특히 근거자료를 제시하는 현황분석부분, 전략수립부분, 실행방안부분이 무척 구체적으로 정리되어 있다. 이는 상사나 경영자가 기획자없이 기획서 내용을 이해할 수 있도록 작성했기 때문이다. 하지만 보고서용 기획서도 기획사고의 3단계 논리구조인 [Why-What-How-If] 순서를 따르고 있다.

앞서 기획사고에 의해 만들어진 발표용 제안서 구조를 살펴봤다. 사람들이 이해하기 쉬운 구조로 만든 보고서다. 하지만 상사나 고객에게 전달해야 할 내용이 많고 공식적인 모양새도 갖추려면 앞선 발표용 제안서의 'Why-What-How' 구조로는 부족하다. 특히 기획서 분량이 많은 경우에는 발표용 제안서와 같은 순서로 기획서를 작성하면 상대방은 '결론(해결방안)'을 듣기위해 많은 시간을 기다려야 한다. 왜 기획서를 작성하게 되었는가에서 시작하여 문제, 원인과 과제, 실행전략에 대해 논한 다음 비로소 결론을 설명한다. 이런 경우 요긴하게 사용하는 것이 비즈니스 커뮤니케이션 방식으로 작성한 기획서이며, 이를 필자는 '보고서용 기획서'라 부른다.

보고서용 기획서는 발표용 제안서에 비해 사용빈도는 작다. 하지만 조직에서 사용하는 중요한 제안서는 대부분 보고서용 기획서다. 상사나 고객에게 전달해야 할 사항이 많고, 기획자의 결론에 대한 근거자료도 자세하게 담아야 할 경우다. 특히 기획자가 옆에 없는 상태에서 상사나 고객이 기획서 만을 통해 기획자의 생각을 이해해야 한다면, 또 기획자가 자신 또는 조직의 업무역량을 문서로 표현할 필요가 있다면 보고서용 기획서 형태로 기획서를 작성하는 것이 훨씬 유리하다. 보고서용 기획서는 자연스러운 내용흐름을 강조하는 발표용 제안서보다 풍부한 내용을 담을 수 있고, 목차나 기획서구조도 발표용 제안서보다 전문적인 느낌을 준다. 특히 비즈니스 커뮤니케이션 구조에 따라 기획서를 작성하기 때문에 도입부 다음에 바로 결론이 나온다. 상사나 고객이 결론을 기다림없이 자신의 궁금증을 바로 해결할 수 있다. '당신이 질문하신 것이 이것이죠. 그 대답은 바로 이것입니다'가 비즈니스 커뮤니케이션 방식을 활용한 보고서용 기획서의 내용흐름이다. '나라장터'라는 국가와 업체 간 수주업무를 담당하는 사이트에 들어가 보면 그곳에서 통용되는 기획서 대부분이 보고서용 기획서다.

보고서용 기획서는 비즈니스 커뮤니케이션의 [도입부-결론-근거-해결방안]순으로 내용을 구성하고 이에 준해 목차를 결정한다. 보고서용 기획서의 내용흐름, 목차, 전반적인 구성방식이 모두 앞서 언급한 비즈니스 커뮤니케이션 순서와 일치한다. 그러다보니 언뜻 보기에는 발표용 제안서보다 내용이 복잡하고 까다롭게 보일 수도 있다. 하지만 이 역시 앞선 기획사고 3단계 논리구조에 근간을 두고 있다. 이 둘 간의 차이는 비즈니스 커뮤니케이션에 들어있는 '결론'이라는 목차의 내용과 위치뿐이다.

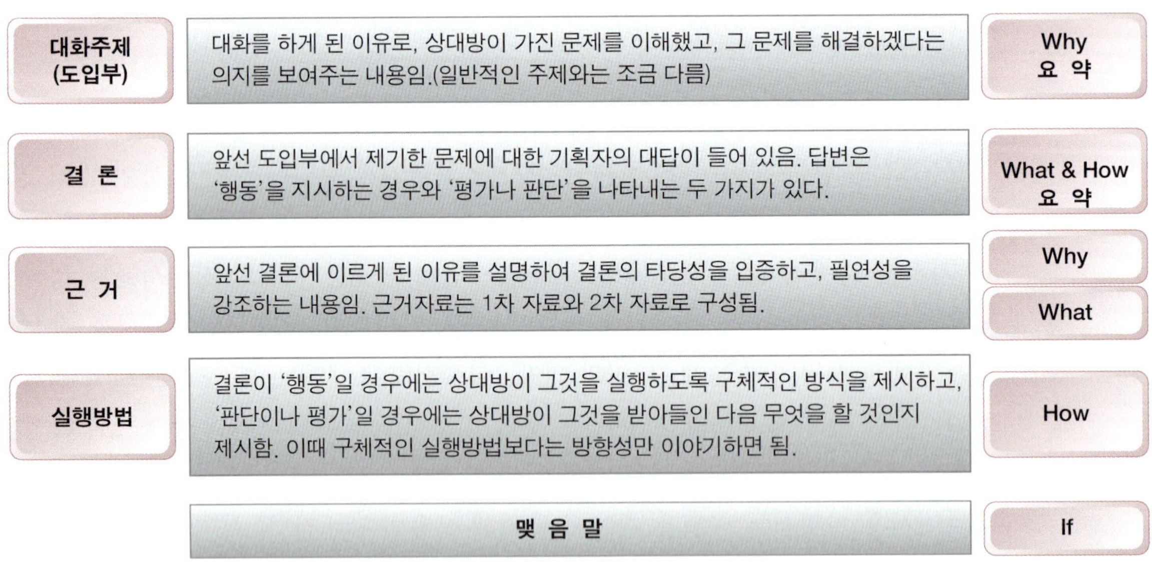

비즈니스 커뮤니케이션의 [도입부]는 기획사고의 [Why]에 해당하는 부분이다. 기획자가 기획서를 왜 썼으며, 어떤 문제를 해결하려고 했는지 기획서 작성배경과 이유를 설명

하는 내용이 들어 있다. 이 부분에서 기획자는 상대방이 가진 문제를 충분히 이해했고, 이를 해결하기 위해 최선을 다하겠다는 의지를 보여주면 된다. 기획사고의 3단계 논리구조와 다른 점은 [Why]에서는 기획배경 및 이유와 이에 대한 근거까지 포함하지만, 비즈니스 커뮤니케이션의 [도입부]에서는 상대방에게 전달하고자 하는 메시지를 강조하기 위해 기획서 작성배경과 이유만을 설명한다는 점이다. 일반적으로는 '이유'와 '입증자료'를 함께 설명하는 것이 자연스럽지만, 이보다는 기획배경과 기획서 작성이유를 구체적인 증거자료를 통해 증명하는 것이 더 중요하다고 판단했기 때문이다. 따라서 [Why]에서 다루었던 근거자료들은 뒤에 나올 [근거]부분에서 집중적으로 다룬다.

[결론]은 기획사고의 [What]과 [How]의 요약내용이다. 앞선 도입부에서 언급한 문제의 답을 제시하는 부분으로, 질문자들에게 그들이 원하는 대답을 가능한 한 빨리 접할 수 있도록 기획사고의 '과제(What)'와 '결론(How)'부분을 앞으로 옮긴 것이다. 하지만 결론을 작성할 때 조심해야 할 것이 있다. '과제'는 내용이 많지않아 문제될 것 없지만 [How]의 실행방안은 내용이 무척 많다. 어떻게 실행할 것인지 구체적으로 정리한 부분이기 때문이다. 따라서 과제와 실행방안을 모두 앞으로 옮길 수는 없다. 특히 해당 내용의 타당성을 아직 언급하지 않은 상황이라 실행내용 전부를 앞에서 설명하면 이를 듣는 사람이 혼란스러울 수도 있다. 마치 결정된 사항을 통보하는 것 같은 느낌을 받을 수 있다. 따라서 결론부분은 뒤에 나오는 과제와 실행방안의 핵심부분만을 한두 페이지로 요약하여 보여주는 것이 좋다. 상사나 경영자가 궁금한 것을 해소할 정도면 된다. 중요한 것은 [결론]은 뒷부분 내용을 요약한 것이지 기획사고의 3단계 논리구조인 [Why-What-How]의 순서가 바뀌거나 새로운 내용을 추가한 것은 아니라는 점이다.

[근거]는 기획사고의 [Why]에 해당하는 부분이다. 발표용 제안서에서는 자연스러운 내용전개를 위해 기획서 작성배경과 이유를 입증할 수 있는 핵심적인 근거만 제시한다. 하지만 비즈니스 커뮤니케이션 방식의 [근거]에서는 보다 구체적인 자료를 제시하여 앞선 [도입부]와 [결론]부분의 타당성을 세밀하게 입증할 필요가 있다. 기획사고의 3단계 논리구조의 [Why]를 '배경설명과 이유에 대한 [Why I]'과 '앞선 내용을 입증하기 위한 [Why II]'로 나눠 'Why I'은 도입부에서, 'Why II'는 근거에서 다룬다고 생각하면 이해하기 쉽다.

[실행방법]은 기획사고의 [How]와 동일한 부분이다. 이 부분에 들어갈 내용은 기획서에 따라 내용의 깊이와 분량차이는 있지만 거의 모든 기획서가 동일한 목적으로 유사한 모양새의 내용을 담고 있다. 기획서에 따른 내용차이는 사업추진을 제안하는 제안서와

이의 실행을 위한 실행계획서에 담긴 내용의 구체성 정도다.

[맺음말]은 기획사고의 [If]에 해당하는 부분이다. 이 부분은 기획서를 마무리하기 전에 '앞서 말씀드린 내용을 귀사가 실행으로 옮길 수 있다면 기획서에서 제시한 목표달성은 물론이고 이러저러한 부가적인 이득이나 효과를 얻을 수 있습니다'라는 말을 추가함으로써 기획서의 효용가치를 높이고자 삽입하는 부분이다. 기획서 목차로는 '맺음말' '미래 전망' '기대효과' 등 다양한 용어로 표현한다.

▼ 과 제

1. 보고서용 기획서의 구성과 기획사고의 3단계 구조와의 관계를 설명해 주세요. 특히 보고서용 기획서와 기획사고 구성 간의 차이를 중점적으로 설명해 주세요.

(2) 비즈니스 커뮤니케이션과 보고서용 기획서 목차

비즈니스 커뮤니케이션 구조와 기획서 목차 간의 관계를 살펴보자.

보고서용 기획서의 구조는 앞선 발표용 제안서와 내용흐름은 거의 같다. '[Why] 이 일은 왜하며, 얼마나 중요한가? [What] 그래서 무엇을 할 것인가? [How] 구체적으로 어떻게 할 것인가? [If] 이 일을 통해 얻을 수 있는 것은 무엇인가?'다. 하지만 분량이 많은 기획서나 발표가 아닌 보고.제출용 기획서의 경우에는 앞선 구조처럼 서론, 본론, 결론 순서로 내용을 전개하기 어렵다. 의사결정권자가 기획서에 담긴 결론까지 확인하는 데에는 시간이 걸린다. 따라서 보고서용 기획서는 기획사고의 3단계 논리구조를 약간 변화시켰다. 기획서 맨 앞에 도입부인 Why(이 일을 해야 하는 이유)와 결론부분인 How(그 일의 해결방법)을 요약해서 보여줌으로써 상대방이 원하는 해답을 먼저 제시한 다음, 앞선 내용의 근거와 세부내용을 전달한다.

보고서용 기획서 구조는 [도입부]의 기획의도, [결론]의 사업개요. [근거]의 기획의도와 사업개요에 대한 검증자료, [실행방안]의 목표를 달성하기 위한 실행방안, 그리고 마지막으로 상대방에게 사업제안에 대한 확신을 심어주기 위한 기대효과와 미래 모습을 제시하는 [맺음말]로 구성되어 있다. 그리고 [실행방안]을 다시 셋으로 나눠 첫 번째는 사업추진을 위한 전략을 제안하는 사업전략, 두 번째는 상품을 어떻게 만들것인가에 대한 '상품구성방법'과 개발한 상품을 어떻게 판매할 것인지에 대한 '판매방식', 그 상품을 소비자에게 어떻게 알릴것인가에 대한 '홍보방안'과 같은 마케팅실행방안, 세 번째는 앞서 말한 사업실행방안을 진행하기 위해 필요한 인적, 물적자원과 이에 따른 소요비용 및 손익계산서 같은 사업운영방안이다. 앞서 설명한 기획의 핵심구조, 즉 [문제-원인-과제-해결방안] 구조에 기획서의 방향을 상대방에게 미리 알려주기 위해 기획의도(내가 이 기획을 왜 하게 되었는지의 이유)와 사업개요(본 기획서 내용의 결론이 무엇인지에 대한 요약설명)를 앞에 추가한 모습니다. 이와 같은 보고서용 기획서 구조에 8장에서 설명할 '분석 프레임워크를 적용하면 다음과 같은 마케팅 기획서 목차가 만들어진다. 최근 들어 발표용 제안서가 해당 기획서의 간결함과 가독성으로 인해 자주 언급되진 않지만 아직도 기업에서 많이 활용하고 있는 기획서 목차다. 앞서 설명한 다양한 기획서 목차 중에서 현황분석부분에 가장 많은 비중을 둔 구조이며, 기획서에 담긴 결론의 도출과정을 의사결정자가 꼼꼼하게 살펴볼 수 있는 장점을 지닌 목차다. 발표용 제안서는 '아, 그래… 그… 그래서 그렇구나' 식으로 서론에서 결론으로 상대방을 이끌고 가지만, 보고서용 기획서는 '아! 그래!'라고 결론을 미리 제시한 후 사람들이 그것이 맞는지 따져보도록 만드는 구조이기 때문이다.

아래 내용은 표준목차이므로 반드시 이에 따라 기획서를 작성할 필요는 없다. 실제 기획서를 작성할 때에는 상황에 따라 제목이나 순서를 수정, 보완하면 된다.

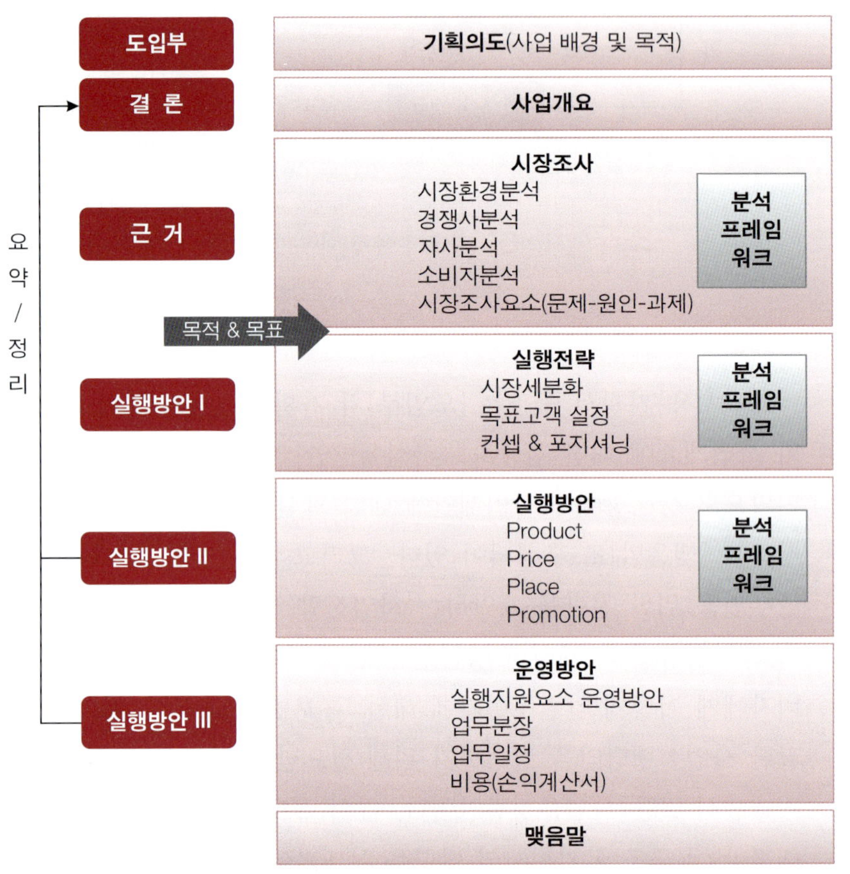

상기된 구조를 직접 기획서에 적용하면 아래와 같은 기획서 목차가 만들어 진다. 이는 아래한글 기획서, 파워포인트 기획서 모두에 적용 가능한 목차다.

목 차

• 자료원 : [국순당 새콤달콤 콤주의 매출 1위 달성을 위한 신제품 프로모션 제안서], 이종훈, ○○대학교, 2014

앞선 비즈니스 커뮤니케이션 구조와 'Why-What-How-If' 그리고 '문제-원인-과제-해결방안'구조를 이해했다면 기획서 구조의 거의 대부분을 이해한 것과 진배없다. 그리고 분석 프레임워크의 종류와 적용방식까지 이해했다면 어떤 기획서를 구성하든지 목차구성에 어려움을 느끼진 않을 것이다. 모든 기획서는 앞서 설명한 몇 가지 논리를 상황에 따라 변화시켜 적용한 것뿐이다.

▼ 과 제

1. 자신이 작성 중인, 또는 작성할 제안서의 목차를 책에 담긴 사례를 참조하여 보고서용 기획서 목차로 바꿔 보세요.

(3) 기획서에 담아야 할 필수내용

기획서는 다양한 내용을 담고 있다. 누군가를 설득하기 위해서는 그들의 궁금증을 풀어줘야 한다. 하지만 상황에 따라 내용을 줄여야 할 상황도 생긴다. 어떤 상황이라도 기획서라면 최소한 '문제의식-기획서에서 풀고자 하는 문제가 무엇인가?' '목적지 제시-문제해결을 통해 얻고자 하는 것이 무엇인가?' '실행방법-원하는 것을 얻기 위해 무엇을 어떻게 할 것인가?'에 대한 대답을 들어 있어야 한다.

'기획서에는 어떤 내용을 담아야 하나요?' 기획서작성법 수업을 진행하다보면 자주 듣는 질문이다. 특히 학교에서 과제물 제출기간이나 공모전에 제안서 제출날자가 임박한 경우 자주 묻는다. 분명히 수업시간에 기획서목차를 가르쳐 주었는데도 불구하고 이런 질문을 한다면, 그건 아마도 기획서목차가 복잡하다보니 꼭 필요한 게 무엇인지 묻는 것 같다. 필자입장에서는 이런 질문을 받으면 대답하기 난감하다. 목차를 줄이라고 하자니 필요한 내용을 생략할 것 같고, 필자가 가르쳐 준 목차 그대로 쓰고 내용을 요약하라고 하자니 시간이 오래 걸릴 수밖에 없다.

하지만 답이 없는 것은 아니다. 앞서 많은 지면을 통해 필자가 강조한 것들을 가만히 살펴보면 거기에 해답이 있다. 기획서의 핵심내용과 이런 결론을 도출한 근거만 정확하게 설명하면 된다. 어차피 기획자는 세상의 모든 흐름을 분석하여 장문의 논문을 쓸 수는 없다.

기획서에 반드시 들어가야 할 내용은 크게 세 가지다.

아래 내용만 들어 있으면 완벽한 기획서(사업계획서)임

- 왜(사업의 배경 및 이유) : 그것을 왜 하는가? 우리가 원하는 것은 무엇인가?
  돈을 받기 위해서, 돈을 벌기 위해서, 재미있어서, 돈을 쓰기 위해서?

- 우리가 원하는 것, 목표로 삼은 것이 타당성이 있는 것인가?
  목적지의 현실성, 가치, 현재 상황에 대한 정확한 이해와 분석
  해결방법(과제)의 타당성
- 어떻게(How to) : 어떤 식으로 달성할 것인가? 돈을 써서? 사람을 동원해서?
  - 누가(고객) : 누구를 대상으로 사업을 하는 것인가?
  - 언제(일정) : 언제 시작해서 언제 끝날 것인가?
  - 어디서(유통) : 수퍼, 매장, 온라인 쇼핑몰, 방문판매, 대형할인점, 편의점 등등
  - 무엇을(상품, 사업) : 무엇을 하고자 하는 사업인가?

첫째, 계획서에는 없지만 기획서에서는 반드시 필요한 것, 문제의식이다.

계획서는 무엇인가를 하고자 결정한 후, 그것의 진행방법을 정리한 것이다. 하지만 기획서는 앞으로 할 일의 방향과 실행계획을 정리하여 이를 승인하도록 설득하는 서류다. 예를 들면 '현재 우리가 풀어야 할 문제가 있는데, 이것을 이런 식으로 해결하고자 합니다'라고. 이런 상황에서 의사결정자가 '이런 것까지 해결해야 할까?'라는 의구심이 들거나 일을 진행해야 할 필요성을 느끼지 못한다면 그는 기획서를 승인하지 않는다.

따라서 기획서에 반드시 필요한 사항은 '문제가 무엇이며, 이 문제를 왜 해결해야 하는지' 설득하는 것이다. 즉 '우리 앞에 어떤 문제가 발생했는데 이를 해결하지 않으면 문제가 더 커질 상황입니다. 따라서 이 문제를 시급하게 해결해야 합니다.'든가 또는 '소비자들이 현재 사용하는 상품에 대해서 이런 문제의식을 갖고 있기에 이를 해결해주면 우리 회사에 큰 이익을 가져다 줄 것입니다'라는 식으로 문제해결의 당위성을 구체적으로 설명해 주어야 한다. 기획서는 벌어진 일에 대한 보고도, 이미 결정된 사항에 대한 진행상황을 정리한 것도 아니다. 앞으로 진행해야 할 일을 설명하는 것이기에 이를 승인할 사람이 기획자와 같은 문제의식을 갖지 못하면 일은 더 이상 진행되지 않는다.

둘째, 기획자가 얻고자 하는 것이 무엇인가 하는 내용이다.

어떤 일을 하든지 목표(목적지)가 있어야 한다. 열심히 일을 해서 우리가 도달할 곳이 어디이며, 그 모습이 어떤 것인지 구체적으로 설명해야 한다. 누구나 자신이 노력해서 얻을 수 있는 결과가 가치있을 때 그것을 얻고자 최선을 다한다. 도착점이 불분명하면 일에 대한 성과도 평가하기 어렵고, 자신이 현재 어떤 수준에 와있는지도 판단하기 어렵다. 따라서 이 내용이 기획서에 정의되어 있지 않으면 앞선 문제가 아무리 마음에 와닿아도 기

획서를 보는 사람은 이렇게 불평할 것이다. "그런 문제가 있다는 건 알겠는데 그래서 뭐 어쩌라고…"

기획자가 제시하는 목표는 단순히 목표자체로 끝나는 것이 아니다. 이는 문제를 찾아내는 기준점이고 실행방법의 범위와 수준을 결정하는 중요한 평가치다. 수학성적 100을 받는 게 목표인 경우와 90점을 받는 게 목표인 경우, 시장 내에서 1위를 하겠다는 목표와 현재 위치를 유지하겠다는 목표들은 실행방법에서 큰 차이가 난다. 하지만 학생, 직장인 대상으로 기획서 수업을 진행하다보면 목표를 표현하는 방법에 대해 자주 질문받는다. 아마도 직장인들은 상관에게 목표를 할당받아 기획서를 작성하다보니 이 부분에 대해 정확하게 이해하지 못해 그런 것 같다. 그래서인지 시중에 나온 기획서 책에는 항상 목적과 목표에 대한 정의와 이를 어떻게 구성하면 되는지 설명하고 있다. 그만큼 목표는 기획서 내용 중 핵심내용이며, 기획서의 전체흐름을 결정하는 핵심요소이다. 참고로 목표(목적지)부분은 기획서 목차 상으로는 '목적'과 '목표'에 해당한다. [목적]은 기획자가 도달하길 원하는 본질적인 목적지이고, [목표]는 목적지에 도달하기 위해 해야 할 일의 완성기준이다.

셋째, 문제를 해결하기 위해, 목표를 달성하기 위해 무엇을 할 것인가 하는 내용이다.

실행방법은 기획서의 결론에 해당하는 부분이다. 기획서가 문제를 찾아 이를 해결하는 방법을 정리한 문서라면 해결방법은 당연히 기획서를 작성하는 본질적인 이유다. 기획서 작성 시 거쳐야 할 오래된 작업들은 이 방법을 찾아내어 현실화하기 위한 근거와 사례를 구성하는 과정이다.

하지만 실행방법을 작성할 때는 단순히 '이러저러한 일을 하면 된다.'는 정도로 정리해선 안 된다. 이 부분은 기획자 자신이 실행하기보다 다른 사람이 기획서 내용을 보고 실행할 확률이 높기에 매우 구체적으로 정리해야 한다. 따라서 실행내용에는 최소한 누가 진행할 것인지, 언제부터 시작해서 언제까지 완료할 것인지, 일을 한다면 어디서 할 것이며 홍보를 한다면 어떤 매체를 활용할 것인지, 그리고 이때 상품, 서비스 등 자신이 판매할 상품을 무엇이라고 알릴지 등이 정리되어 있어야 한다.

물론 기획자가 실행방안을 모두 정리하는 건 아니다. 실행은 기획자보다 실제 그 일을 실제 진행할 전문회사나 기업내 부서, 담당자가 더 많이 알고 있다. 기획자는 자신의 생각을 이들이 머리속에 그릴 수 있도록 설명해 주고 세부사항은 이들에게 받아 이를 기획서에 담으면 된다. 이와 같은 부분은 기획서 목차 상으로 보면 '세부 실행방안'과 '사업운영방안'에 해당한다.

지금까지 설명한 설득을 위한 대화방식과 기획사고의 구조를 이해했다면 기획서구조를 거의 대부분 이해한 것이다. 그리고 이런 식으로 말하고 보고서를 작성하는 게 상대방을 이해시키기에 좋다고 확신했다면 당신은 이미 기획서를 쓸 마음의 준비도 끝났다. 추가적인 지식없이도 일정수준 이상의 기획서를 만들 수 있다. 이제 중요한 것은 직접 기획서를 써 보겠다는 마음가짐이다.

▼ 과 제

1. 기획서에 담아야 할 필수내용이 무엇인지 설명해 주세요.
2. 자신이 작성 중인, 또는 작성할 제안서 내용 중에서 앞서 설명한 필수내용을 골라 정리해 보세요.

Chapter 8

기획력의 기초, 마케팅 이해하기

1. 마케팅 변천사와 핵심과제
2. 분석 프레임워크와 기획서 목차

1 마케팅 변천사와 핵심과제

(1) 마케팅의 변천사

현대사회에서 마케팅은 일상생활에서 빼 놓을 수 없는 중요한 지식이다. 누군가의 욕구를 찾아 그것을 충족시켜주는 활동이라 정의하면 세상사 중에 해당되지 않는 것이 없다. 하지만 원래부터 마케팅이 이런 역할을 담당하는 것은 아니다. 시장의 요구에 따라 마케팅 1.0에서 마케팅 3.0시대로 변화하며 역할이 커진 것이다. 마케팅의 변천사를 이해하면 세상의 변화와 시대의 요구사항이 어떻게 달라지고 있는지 살펴볼 수 있다.

필자는 기획서 수업시간에 '기획은 마케팅이고 마케팅은 곧 기획'이란 말을 자주한다. 기획을 하기 위해서는 마케팅적 사고방식이 필요하고, 마케팅을 실천에 옮기려면 기획서 작성능력이 필요하다. 일을 진행하려면 일을 기획·계획해야 하고, 경영자의 승인이 필요하기 때문이다. 게다가 기획서의 기본구조와 목차는 [마케팅개론] 서적의 목차와 거의같고, 기획서의 실행전략은 마케팅에서 활용하는 실제전략들을 그대로 활용한다. 이제 마케팅은 단순한 광고, 홍보나 영업, 판매지원 도구가 아닌 경영관리의 기본지식이 되었고, 문제해결을 위한 최적의 도구로 진가를 발휘하고 있다. 또한 대상범위도 기업과 소비자간의 교환관계를 중점적으로 바라보는 미시마케팅과 기업활동이 사회에 미치는 영향이나 사회변화(시장개방, 정부규제 등)가 미시마케팅에 미치는 영향을 다루는 거시마케팅으로 전문화되었다. 이런 상황에서 기획자의 역량은 마케팅에 대한 지식과 경험에 달렸다고 해도 과언이 아니다.

마케팅은 다양한 분야에서 활용하는 만큼 이에 대한 정의도 다채롭다. 하지만 일반적으로는 '개인, 조직적인 목표를 달성하기 위해 교환관계를 일으키는 데 관여하는 활동이며, 최종고객에게 최선의 가치를 제공하기 위해 아이디어, 재품, 서비스의 개념을 정립하고, 가격과 유통, 판촉 등을 계획하고 집행하는 과정이다.'라고 정의한다. 즉 기업, 조직이 기업 외부환경에서 자사에 이익이 될 만한 기회를 확인하고, 이런 기회에 영향을 주는 다양한 요소들을 관리하면서 경쟁자보다 고객들에게 더 큰 가치를 주고 그 대가로 기업이 원하는 것을 받을 수 있도록 경영, 관리하는 것이란 의미다. 따라서 마케팅관리자는 첫째, 고객들이 원하는 것을 찾아내어 둘째, 제품, 서비스 등으로 이를 충족시킬 수 있도록 내부자원을 조율하고, 셋째, 이를 다양한 홍보, 판촉활동을 통해 고객들에게 알림과 동시에 넷째, 기업과 고객의 교환활동을 저해하는 장애요인을 제거하여 상호간의 교환과 거래가 원활하게 이뤄질 수 있도록 조정하는 사람이라고 할 수 있다. 마케팅관리자에게는 기획능력이 매우 중요한데, 이들의 업무가 혼자가 아닌 다수의 기업 내부자원을 조정하는 역할이기 때문이다.

하지만 기업들이 처음부터 '마케팅'이란 지식을 이런 개념으로 사용한 것은 아니다. 마케팅의 필요성을 처음 인식한 19세기 후반만해도 기업들은 자사상품을 판매하는 데 혈안이 되었고, 이때의 마케팅은 판매촉진활동이 주된 역할이었다. 당시 세계, 특히 미국은 대량생산체계로 접어들 때였다. 생산량이 증가하니 상품판매는 전국단위로 확대되었고, 상품을 알리기 위한 광고 역시 매우 중요한 역할을 담당했다. 하지만 소비가 생산량을 쫓아가지 못했고, 결과적으로 재고가 증가할 수밖에 없었다. 이런 상황에서 기업은 상품판매를 위해 상품 디자인을 손보고, 가격을 할인하고, 가능한 한 많은 매점에 상품을 진열하고, 전단지를 살포하고, 경품을 내거는 등 대대적인 판매, 영업활동에 모든 것을 집중했다.

하지만 1929년 대공황이 발생하면서 소비자체가 줄어들기 시작했다. 돈이 없으니 사고 싶어도 살 수 없는 상황이었다. 이때부터 기업은 저렴한 가격과 매장 내 상품입점만으로는 당시 난관을 극복할 수 없다는 것을 깨달았다. 대량생산되는 상품을 소화하기에는 턱없는 상황이었다. 이때 기업이 찾은 답은 '팔리는 상품'을 만들어야 한다는 것이었다. 소비자가 만족할 수 있는 상품을 만들고 이들이 원하는 방식으로 판매하는 것이다. 이런 개념은 지금이야 당연한 것 같지만 당시로서는 무척 획기적인 전환이었다. 초창기 마케팅에서 강조하는 것, '공장에서 물건을 만들면 소비자들은 그것을 구입할거야. 문제는 우리것을 사게하는 것인데, 그러려면 그들이 상품을 구입하기 쉽도록 매장에 갖다놓고, 경쟁사보다 싸게주면되지.'라는 생각에서 시장의 중심을 기업이 아닌 소비자로 바꿔버렸기 때문이다.

그러나 제 2차 세계대전 이후 마케팅의 위상이 달라지기 시작했다. 상품개발과 판매를 위한 수단에서 기업의 전사적인 활동을 관리하는 중요한 도구로 활용하기 시작했다. 생산은 물론이고, 재무, 인사관리도 마케팅관점에서 업무가 진행되었고, 마케팅 매니저, 브랜드 관리자 등의 역할도 기업내에서 자리잡기 시작했다. 상품을 제대로 관리하려면 단순히 상품판매만을 담당해서는 안 되고 기업의 모든 자원을 일괄되게 관리할 필요가 있었다. 그 후 1970년대 초반 필립 코틀러의 [마케팅 의사결정모델]이 개발되고, 이후부터 상품, 서비스뿐만 아니라 사람, 장소, 경험, 일반조직도 마케팅의 대상이라는 개념이 확산되면서 의료분야, 선거분야, 비영리분야, 예술분야 등 사회전반적인 활동으로 마케팅의 적용범위가 확대되기 시작했다. 사람들이 가치있다고 느끼는 것을 확인하여 이를 제공해주면 된다는 상호교환개념이다.

필립 코틀러(마켓3.0, 필립 코틀러, 타임비즈, 2010.)는 마케팅을 시간변화에 따라 3세대로 나눴다. 그가 분류한 세대별 마케팅의 특성을 살펴보면 다음과 같다.

1.0 시장 [제품중심]

목 표	제품판매
동 인	산업혁명
기업이 시장을 보는 방식	물리적 필요를 지닌 대충 구매자
핵심 컨셉	제품개발
기업의 지침	제품 명세
가치 명세	기 능
소비자와의 상호작용	일대다수 거래

2.0 시장 [소비자 지향]

목 표	고객만족 및 보유
동 인	정보화 기술
기업이 시장을 보는 방식	이성/감성을 지닌 영리한 소비자
핵심 컨셉	차별화
기업의 지침	기업 및 제품의 포지셔닝
가치 명세	기능과 감성
소비자와의 상호작용	일대일 거래

3.0 시장 [가치주도]

목 표	더 나은 세상 만들기
동 인	뉴웨이브 기술
기업이 시장을 보는 방식	이성/감성/영혼을 지닌 완전한 인간
핵심 컨셉	가 치
기업의 지침	기업의 미션과 비전, 가치
가치 명세	기능/감성과 명성
소비자와의 상호작용	대다수 협력

마케팅1.0은 생산 및 판매지향적 사고다. 20세기 초반에 미국에서 나타난 초기 마케팅 철학으로 당시 마케팅의 특징은 생산과 유통을 강조하고 그 효율성을 개선하는 데 중점을 두었다. 중요한 업무는 '팔리는 상품개발'이며, 자사상품의 우수한 기능을 강조했다. 대량생산체계 하에서 대중상대의 판매이다 보니 대중광고의 역할이 무척 중요하던 시기다.

그러나 마케팅2.0은 고객욕구를 분석하고 이에 대응하는 마케팅 지향적 또는 고객지향적 사고다. 이때부터 단순한 상품판매가 아닌, 고객들의 욕구를 충족시켜야만 기업의 목표(금전, 사회적 이미지 등)를 달성할 수 있다고 주장하며, 기업의 모든 활동(생산, 재무, 판매

등)을 고객의 욕구에 부응하도록 통합하기 시작했다. 마케팅2.0시대를 이끈 주요동인은 정보다. 정보통신망의 발달로 인해 기업이 전해주던 정보만을 수동적으로 받던 소비자들이 정보를 직접 만들고, 전파하고, 교환하며 기업과 대등하게 시장을 이끌어가기 시작했다. 대중을 상대로 한 판매방식은 서서히 저물어가고 나만의 상품, 나만의 가치를 주장하는 소비자들에게 그들 욕구를 충족시켜 줄 무엇인가를 찾는 시대다. 이때 중요한 업무는 경쟁상황에서의 차별화이며, 기능은 당연하고 소비자의 감성도 함께 충족시켜줄 수 있는 마케팅활동이 강화되기 시작했다.

필립 코틀러가 강조하는 세상은 마케팅3.0시대다. 유비쿼터스로 언제 어디서나 모든 조직과 사람들이 연결된 세상에서는 과거 마케팅2.0시대에서 요구하던 이성과 감성 그 이상을 요구하는 세상이 될 수밖에 없다. 이때 중요한 것은 인간다움이며 인간내면에 담긴 '영혼'이다. 상품의 질을 떠나 생산자의 의식이나 사회기여도, 그들의 가치를 함께 보며 상품을 선택하는 세상이다. 이때는 소비보다는 삶의 질을 높이는 것이고, 이를 위한 '착한 소비'가 미덕이 된다.

아래 내용은 필립 코틀러의 마케팅3.0시대 선언문이다.

1. 고객을 사랑하고 경쟁자를 존경하라
2. 변화를 민첩하게 포착하고, 언제든 변화할 태세를 갖춰라
3. 명망을 지켜내고 당신이 누구인지를 분명히 하라
4. 당신의 도움이 가장 절실한 고객에게 다가가라
5 적정한 가격에 훌륭한 제품을 제공하라
6. 소비자가 원할 때 언제든 당신을 찾을 수 있게 하라
7. 고객과 적극적으로 관계를 맺고 그들의 성장을 도와라
8. 모든 비즈니스는 서비스업이다
9. 끊임없이 비즈니스 프로세스를 평가하고 개선하라
10. 정보를 꾸준히 모으고, 지혜롭게 의사결정하라

앞선 마케팅 변천사에서 눈여겨 볼것은 마케팅의 발전과 함께 변화한 '마케팅 도구'들이다. 이것들은 기획서의 목차와 구조에 핵심적인 요소들이기에 기획자라면 반드시 이해해야 할 사항들이다.

우선 우리가 마케팅하면 떠 올리는 마케팅믹스(Marketing Mix)다.

흔히 Product(상품), Price(가격), Place(유통), Promotion(홍보,판촉)로 구분되는 마케팅4P이다. 이 개념은 마케팅1.0시대, 즉 좋은 상품을 만들어 널리 판매한다는 상품중심 마케팅시대에 만들어진 것으로, 1950년대 닐 보든이 '마케팅믹스'라는 용어를 고안했고, 1960년대 제롬 맥카시가 '마케팅 4P'개념을 창안하면서 시작되었다. 물론 마케팅4P는 1980년대에 들어서면서 People(사람), Process(공정), 물리적 환경(Physical Evidence), 여론(Public Relation), Political Power(정치적 권력) 등으로 확정되었다.

두 번째는 S.T.P전략이다.

앞선 마케팅1.0, 즉 상품중심관점에서 만들어진 마케팅4P를 소비자 지향적인 관점으로 활용하기위한 마케팅2.0시대의 접근방식이다. 저수요시장에서 벗어나기위해 전술차원인 마케팅4P를 전략적인 차원으로 변화시킨 것이다. 이 방법에 따르면 기획자는 먼저 시장구조를 이해하고(Segmentation), 그곳에서 내 상품에 가장 적합한 고객을 찾아내고(Targeting) 그들에게 경쟁사와 차별화된 가치를 제공하는(Postitioning) 방안을 구성한 다음, 앞선 S .T.P전략의 방향에 따라 일관되게 마케팅4P를 진행한다. 마케팅2.0 이후부터 마케팅은 언제나 S.T.P전략을 먼저 수립하고 이후 마케팅4P를 구성하는 방식으로 진행한다.

▼ 과 제

1. 마케팅은 시대에 따라 변화해 왔습니다. 마케팅의 변화를 이끈 핵심적인 시대상을 설명해 주세요.
2. 마케팅3.0은 어떤 것을 의미하는지 마케팅3.0의 특징을 설명하고, 과거 마케팅과 다른 점을 설명해 주세요.

(2) 마케팅의 핵심과제

> 마케팅은 매우 다양한 이론과 실천사례를 갖고 있으며 활용방법도 각양각색이다. 어떤 내용이냐보다 누가, 어디서, 어떻게 활용하느냐에 따라 마케팅을 바라보는 시각이 달라진다. 하지만 어떤 방식으로 마케팅을 활용하든지 마케터가 풀어야 하는 핵심과제가 있다. 즉 마케팅의 대상, 제공가치, 가치의 세분화 및 차별화, 마케팅믹스의 활용, 그리고 앞선 핵심가치들 간의 일관성이다.

마케팅의 핵심과제는 시대에 따라 변해왔다. 하지만 마케팅2.0시대 이후 변치않는 핵심과제가 하나있다. '고객가치발견과 이의 충족'이다. 고객이 제품이나 서비스 구입을 통해 얻고자 하는 것이 무엇인지 찾아내서 이를 멋지게 해결해 주는 것이다.

고객가치를 설명할 때 자주 사용하는 말이 하나있다. '드릴을 팔려면 구멍을 팔아라'는 말이다. 고객들이 진정으로 원하는 것, 즉 그들이 제품, 서비스에서 얻고자 하는 본질가치를 정확히 인식해야 한다는 의미다. 사람들이 드릴을 원하는 이유는 무엇일까? 이는 드릴자체가 아니라 구멍을 뚫기 위해서다. 만약 드릴보다 더 쉽고 편하게 구멍을 뚫을 수 있는 방법이 있다면 사람들은 드릴을 구입할 필요가 없다. 마치 스마트폰의 카메라 기능으로 인해 디지털 카메라의 수요가 줄어든 것과 같은 이유다.

고객들의 본질가치를 찾아 기업과 고객이 서로 원하는 것을 교환하도록 하려면 몇 가지 질문에 관심을 가져야 한다. 다음은 마케팅의 본질적인 네 가지 질문이다.

첫째, 당신은 무엇을 팔 것인가?

기업이 무엇을 팔던지 간에 고민해야 하는 것은 그들이 고객에게 제공하는 가치가, 고객이 이를 얻기위해 지불하는 대가보다 커야한다는 점이다. 이때 고객이 지불하는 대가는 구입가격은 물론이고, 그들이 상품을 찾는 시간, 매장방문시간과 비용, 점포 내 이동시간, 제품사용법 숙지시간 등 하나의 제품을 구입하기 위해 사용하는 모든 비용이다. 만약 군만두를 대형양판점에서는 8,000원, 온라인 쇼핑몰에서는 6,000원에 판매한다면 소비자는 어디서 상품을 구입할 것인가? 대형양판점에서 군만두를 구입하려면 거기까지 이동하여 구입 후 집으로 가져오기 위한 비용이 들고, 쇼핑몰에서 구입하려면 검색시간과 배송비가 든다. 소비자는 이 모든 비용을 합산해서 보다 저렴한 곳에서 상품을 구입할 것이다.

둘째, 어떤 가치를 제공할 것인가?

고객이 느끼는 가치는 매우 다양하다. 단순히 특정상품의 브랜드파워나 가격만으로 상품을 구입하진 않는다. 팀 클라크 외(10년 후 미래를 바꾸는 단 한 장의 인생설계도, 팀 클라크, 알렉산더 오스터발더, 예스 피그누어, 교보문고, 2013.)는 고객이 원하는 가치를 10가지로 설명한다.

새로움	이전까지는 아무도 제시하지 않았기 때문에 필요한지조차 몰랐지만, 전적으로 새로운 니즈를 찾아내 충족시켜주는 가치제안이다. 늘 그런 것은 아니지만 대부분 첨단기술과 관련있다. 이동통신이라는 전혀 새로운 분야를 형성한 휴대전화가 그런 예다.
퍼포먼스	제품/서비스 퍼포먼스(성능)을 향상시키는 것 역시 가치를 창조해내는 일반적이고도 전형적인 방법이다. PC 분야는 끊임없이 성능이 개선된 제품을 양산함으로써 퍼포먼스라는 요소에 거의 전적으로 의존한 시장이다. 하지만 여기에는 늘 한계가 존재한다. PC보급이 일반화된 상황에서는 더 빠르고 용량이 크고 그래픽이 향상된 PC들이 지속적으로 출시된다해도 비약적인 수요창출은 불가능하다.
커스터마이징	제품/서비스를 개별고객이나 세그먼트의 특화된 요구에 딱 맞춤으로써 새로운 가치를 창조할 수도 있다. 특히 매스 커스터마이징(Mass Customization)이나 코-크리에이션(Co-Creation; 고객이 창조에 참여)이라는 개념이 매우 중요해졌다. 이런 방식을 취할 경우, 고객특성에 맞춘 상품이나 서비스를 제공하면서도 동시에 '규모의 경제'의 이점을 누릴 수 있다.
무언가를 되게 만드는 것	고객이 무언가를 수행하는 것을 돕는 것만으로도 가치는 만들어질 수 있다. 롤스로이스는 항공사 고객들 소유의 제트엔진을 생산, 공급할 뿐만 아니라 정비까지 도맡아 해 준다. 덕분에 항공사는 경쟁에만 전념하면 된다. 롤스로이스는 '엔진가동 시간'을 기준으로 보수를 받는다.
디자인	중요하지만 측정이 쉽지 않은 요소다. 디자인이 우수하면 제품은 단연 돋보인다. 패션이나 가전분야에서 디자인은 특히 중요한 가치제안이다.
비용절감	고객들이 비용을 절감하도록 도움으로써 가치를 만들어 낼 수도 있다. 세일스포츠닷컴은 CRM 호스팅 프로그램을 판매하는데, 이는 소비자들로 하여금 CRM 소프트웨어를 구매해 설치하고 관리하는 비용과 수고를 덜어준다.
가 격	비슷한 가치를 저가로 제공하는 것 역시 고객 세그먼트의 니즈를 충족시키는 일반화된 방법이다. 그러나 가격을 낮추면 비즈니스 모델의 다른 영역에도 중대한 영향을 미친다. 사우스웨스트같은 항공사들은 서비스를 간소화하고 저가의 요금을 부가하는 완벽한 비즈니스 모델을 설계했다. 가격을 통한 가치제안의 다른 예는 인도기업 타타가 생산하는 [나노(Nano)]라는 자동차에서 발견할 수 있다. 이 자동차는 놀라울 정도로 싼 가격덕택에 인도 내수시장의 상당부분을 점유할 수 있었다. '무료모델' 역시 여러 산업에서 확산되고 있다. 무료신문, 무료이메일, 무료 휴대전화 등 범위 또한 다양하다.
리스크 절감	고객들이 상품, 서비스를 구매할 때 중요하게 생각하는 것 중 하나가 '리스크'다. 1년 무상 서비스같은 요소는 중고차 구매자의 불안요인을 상당부분 불식시켜 준다. IT 서비스를 이용하는 소비자의 경우, 서비스 레벨에 따른 보장 서비스가 리스크를 얼마간 감소시켜 준다.

편리성/유용성	좀 더 편리하거나 쉽게 사용할 수 있도록 하는 것 역시 상당한 가치를 창조한다. 애플은 아이팟과 아이튠즈를 통해 디지털음악의 검색, 구매, 다운로드, 감상전반에 걸쳐 유례없는 편의성을 제공했고, 그 결과 시장을 지배하고 있다.
접근성	예전에는 접근이 쉽지 않았던 상품, 서비스를 제공하는 것도 가치를 창조해 내는 또 다른 방법이다. 비즈니스 모델을 혁신하거나 첨단기술과 결합시킴으로써 이런 일이 가능해진다. 넷제츠(NetJets)는 '개인이 제트기를 소유한다'는 개념을 보급한 첫 번째 기업이다. 이들이 구사한 방법은 비즈니스 모델을 혁신한 것인데, 이들은 렌터카의 개념을 도입해 제트기 임대업을 시작했다.

셋째, 가치는 고객마다 다르다.

기업이 상품을 통해 특정가치를 주고자 결정했다면 누구에게 팔 것인지를 고민해야 한다. 앞선 예를 보면 특정상품에서 편리성을 강조하는 사람이 있는가하면 리스크를 최소화하길 원하는 사람도 있다. 반면 편리성이나 리스크 부담을 최소화하는 것도 중요하지만 실제 구매결정시에는 가격에 중점을 두는 사람도 있다. 예를 들어 컴퓨터 시장만 봐도 삼성의 컴퓨터는 여타기업 컴퓨터보다 비싸다. 하지만 이런 상황에서도 삼성제품을 사는 사람들이 많다. 아마도 이런 사람들은 가격보다는 편리성과 리스크부담을 최소화하길 원하는 사람들일 것이다. 따라서 기업은 자신들이 제공하는 가치를 적극적으로 원하는 사람을 찾아야 하며, 이를 위해서 시장을 나눠보고 자사의 제공가치에 최적인 고객을 찾아야 한다.

넷째, 차별화다.

기업의 제품, 서비스가 고객에게 선택받으려면 경쟁사보다 높은 가치를 제공해야 한다. 단순히 수평적인 차원에서 모든 것이 더 좋고, 더 나은 차원이 아니라 앞선 가치들 중에서 다른 기업들은 제공하지 못하는 나만의 독특한 가치를 제공해야 한다. 이와 같은 차별화의 기준은 무수히 많아 기업이 자신의 강점을 확인하고 이에 맞춰 만들어 내면 된다. 아마도 가장 기본적인 차별화라면 아래 구분이 아닐까 싶다.

다섯째, 마케팅믹스의 활용이다.

앞서 기업이 남들과 차별화된 가치를 만들어 이를 선호하는 고객에게 제공하는 것을 살펴봤다. 이제 검토해야 할 것은 이런 가치를 어떻게 전달할 것인가 하는 점이다. 사람들은 눈으로 보고, 손으로 만지고, 가슴으로 느끼며 기업의 제공가치를 이해한다. 이런 가치를 현실에서 전달하는 방법이 마케팅4P다. 사람들은 마케팅믹스를 상품을 만들고, 홍보하는 활동으로만 이해하고 있는 경우가 많다. 하지만 마케팅4P 또는 5P는 앞선 가치를 구체화하여 고객에게 전달하는 수단이며 고객들은 이와 같은 활동과 결과물을 통해 가치를 이해하고 그것의 대가를 기업에 지불한다. 특히 People(인적자원)의 가치전달 효과는 상당히 크다. 매장 내 종업원의 자세와 태도가 중요하다는 것을 강조하고, 방문판매 사원의 판매력이 타 유통보다 강력한 이유도 모두 사람을 통한 가치전달 효과가 그만큼 크기 때문이다.

Product	제품, 서비스	• 가치를 실현한다
Promotion	광고, 판촉	• 가치를 전한다
Place	판로, 채널	• 가치를 고객에게 보낸다
Price	가 격	• 대가를 받는다
People	인 간	• 가치를 올바르게 전달한다

하지만 마케팅4P가 항상 동일하게 운영되는 것은 아니다. 이들은 매 상황마다 특정요소가 상대적으로 더 중요할 때가 있다. 따라서 마케팅 담당자는 마케팅 현장상황에 따라 각 요소들 중 일부를 강조하고 축소하는 작업을 통해 최적의 조합을 찾아내야 한다. 아래 표는 마케팅4P들을 일련의 조합을 만들어 비용과 수익, 효과를 검증한 예다. 결과1은 비용은 낮지만 수익도 낮은 경우이고, 결과2는 비용은 낮지만 상대적으로 수익이 높은 경우다. 하지만 결과5는 마케팅4P의 조합자체가 평가 전 예상치보다 비용은 높지만 수익은 그리 높지 않은 경우다. 이 중 어떤 마케팅믹스, 즉 4P의 조합상황을 결정할 것인가 하는 것이 마케팅담당자의 핵심업무다.

구 분	결과1	결과2	결과3	결과4	결과5	결과6
평균단위비용	↓	↓	↓	=	↑	↑
전체 수익	↓	↑	=	↓	+	↑
효 과	?	+ +	+	+	-	?
비 고		가장 바람직	비교적 긍정적 시너지		부정적 결과	

여섯째, 앞선 가치와 차별화, 마케팅4P들 간의 일관성이다.

마케팅에서 중요한 것은 일관성이다. 기업은 자원이 제한되어 있어 다양한 활동을 한꺼번에 진행하기 어렵다. 또 소비자들도 많은 것을 한꺼번에 전달받으면 이를 모두 수용하지 못한다. 게다가 특정기업의 전달내용을 유심히 바라보지 않기 때문에 복잡한 내용은 그냥 지나쳐 버리기 쉽다. 따라서 뭔가를 고객에게 제대로 전달하려면 마케팅의 모든 요소들이 한 목소리를 내야 한다. 예를 들어 '자연'을 핵심가치로 전달하려면 자연을 표현할 수 있는 특정 이미지를 내세우고, 마케팅4P의 상품(Product)은 친환경적인 소재의 재료나 부품을 사용하고, 재활용품과 같은 자연친화적인 방식으로 포장하며, 판촉(Promotion) 역시 '자연과 함께'라는 가치를 전달할 수 있는 방법을 개발해야 한다. 당연히 상품진열매장 역시 자연을 강조하는 인테리어와 진열대가 필요하다. 이와 같은 일관성은 주로 컨셉이란 요소를 통해 고객에게 전달되는데, '우리가 당신에게 제공하는 가치는 이런 것입니다. 당신에게 보장합니다.'라는 의미를 담고 있는 간단한 몇 마디의 단어나 문장이다. 예를 들어 'Walmart'의 'Every Day Low Price'라는 슬로건은 이 매장에서는 언제나 가장 저렴한 가격으로 상품을 판매한다는 것을 고객에게 전달하는 컨셉이며, 이를 위해 Walmart는 자사에서 운영하는 모든 마케팅 운영요소들을 이를 구현하는 방향으로 구성하고 진행한다.

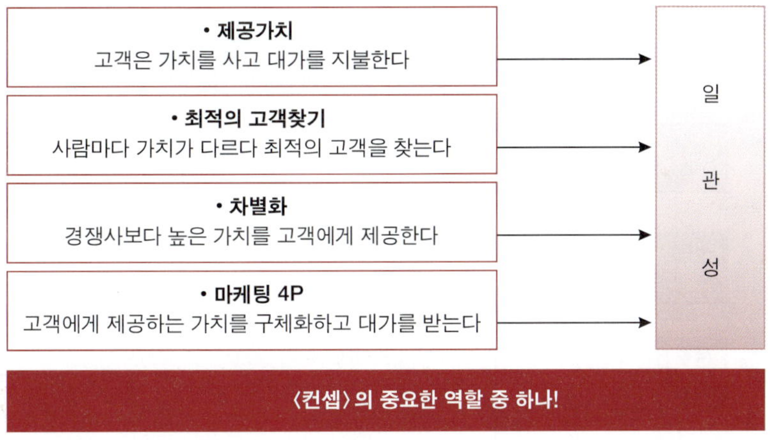

▼ 과제

1. 마케팅의 핵심과제 여섯 가지를 실제사례와 함께 설명해 주세요.

2. 마케팅에서는 가치를 중요시 여깁니다. 하지만 가치는 한두 가지가 아니라 고객 숫자만큼 있다고 주장할 수도 있습니다. 이와 같은 다양한 가치들을 핵심적인 몇 가지 가치로 줄여 설명해 주세요.

(3) 마케팅 마인드 세트의 기본구조

모든 학문과 이론에는 세상을 바라보는 남다른 시각과 문제해결방법이 따로 있다. 마케팅에도 마케팅 나름대로의 시각과 문제해결과정이 있는데, 이를 마케팅 마인드 세트라고 한다. 마케팅 마인드 세트는 앞선 마케팅의 핵심과제를 해결하기 위한 절차이며, 마케터가 가져야 할 사고패턴이다. 현상분석, 시장세분화, 목표고객 선정, 포지셔닝 및 컨셉구성, 마케팅 믹스개발, 실행, 통제다.

마케팅에는 마케팅적인 사고방식이 따로 있다. '마케팅 마인드 세트'다. 이는 문제해결을 위한 마케팅적 접근방식으로, 마케팅 담당자가 당면과제를 해결할 때 사용하는 사고의 흐름체계다. 특히 '마케팅 마인드 세트'는 마케팅 기획서의 근간이 되기에 이를 이해하면 기획서의 기본구조와 목차 흐름을 파악한 것과 같다. 어떤 기획서이든지 '마케팅 마인드 세트'의 사고 흐름에 맞춰 내용을 전개하며, 설사 목차순서가 다를지라도 이곳에 들어있는 모든 내용을 담고 있다.

마케팅 마인드 세트는 다음과 같다.

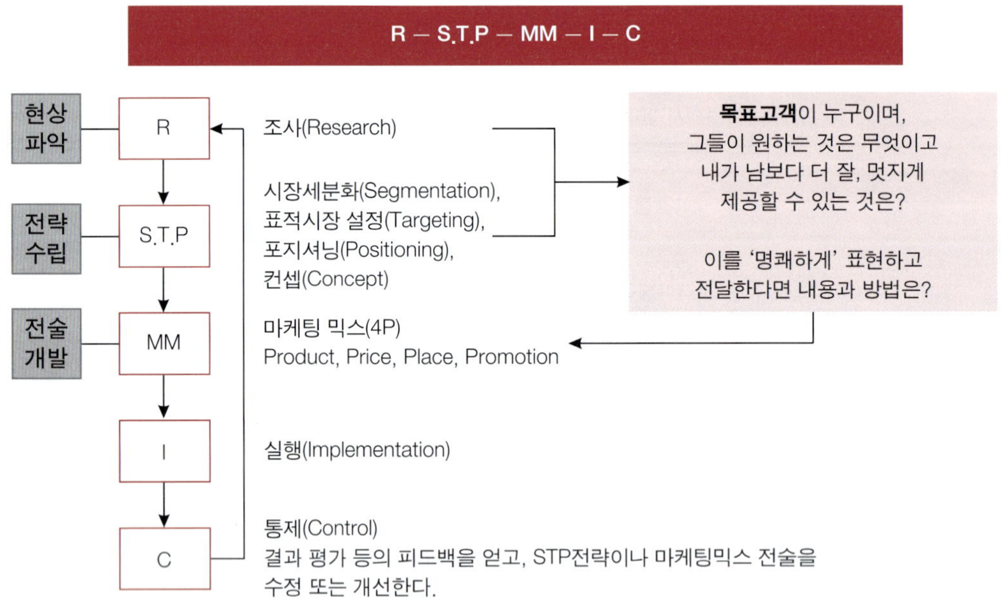

R(Research, 시장조사)

주변환경을 분석하여 이들이 고객욕구와 이에 대응하는 마케팅요소에 어떤 영향을 미치는지 평가하는 단계다. 조사대상은 거시환경인 기술적 환경, 경제적 환경, 정치적 환경, 사회문화적 환경과 경쟁사를 포함한 산업 및 사업구조, 자사의 내부환경 등이며, 이들이 해당 산업 내 기업들의 마케팅 활동과 고객욕구변화에 어떤 영향을 미쳤고 더 나아가 시장구조에 어떤 변화를 일으켰는지 파악한다. 주 목적은 '나(기업, 조직, 상품 등)는 누구이며, 어떤 상황에 처했는가'라는 질문의 답을 찾기 위함이다. 이를 위해

- 시장은 어떻게 흘러와서 앞으로 어떻게 변화되어 갈 것인가?
- 자사는 어떤 상황에 처했으며, 경쟁자 사이에서 어떤 위치에 있는가?
- 자사의 강점/보유자원은 무엇이며, 약점/제한점은 무엇인가?
- 자사가 원하는 것을 얻기 위한 방법은 무엇이며, 어떻게 진행하면 될 것인가?

에 대한 답을 찾고 앞선 내용을 요약함으로써 아래와 같은 결론을 도출해 내면 된다.

- 시장이 이렇게 흘러가고 있으며(시장, 경쟁사, 소비자 등)
- 자사가 현재 이런 기회요인이나 문제, 장애요인을 가지고 있고
- 이 중에서 시급하게 해결해야 할 사항은 이런 것들이며
- 이를 해결하기 위해서는 이런일을 해야하고(과제 설정)
- 이를 실행하기 위한 방안으로는 이러저러한 방법들이 있다

S.T.P(STP전략)

앞 선 시장조사를 통해 목표고객을 선정하고, 이들에게 제공할 나만의 가치를 정의하는 단계다. 시장조사를 통해 현재 시장을 나눌 수 있는 기준을 찾아내고, 이를 근거로 시장을 세분화한다. 이를 통해 어떤 시장(고객욕구)들이 존재하는지, 현 상품, 서비스들이 이들 욕구를 어느 정도 만족시켜 주고 있는지, 또 새롭게 나타나는 고객욕구는 없는지,

시장세분화 기준

인구특성	심리적 특성	소비 특성
· 성 · 연 령 · 직 업 · 학 력 · 사회적 지위 · 거주지역 · 소 득 · 가족 수 · 가족구성원 등	· 라이프스타일 · 성 격 · 지향점 · 삶의 가치 등	· 구매기회 · 추구하는 편의성 · 사용자 행동 · 사용빈도 · 브랜드 충성도 · 구매단계 · 관여 정도 등

각각의 세분시장에 시장기회가 있는지 확인한다. 시장을 세분화하는 기준은 매우 다양하지만 주로 고객의 제품구매나 사용현황을 분석에 활용하고, 표적시장을 선정할 때는 시장규모, 경쟁상황, 자사의 강점 활용여부 등을 고려하여 시장을 선정하면 된다.

그 후 세분시장 중에서 자사가 마케팅 활동을 전개할만한 가치가 있는 표적시장을 명확하게 규정한다. 보유자원이 제한된 기업입장에서는 가장 효과좋은 목표고객이 필요하고, 이를 위해서는 시장변화를 신속하게 확인하여 한정된 기업자원을 누구에게 집중할지 결정해야 한다. 표적시장선정은 앞서 시장세분화에서 찾아낸 시장 또는 고객들 중에서 자사에 적합하지 않는 고객집단을 목표고객 대상에서 지워나가는 작업이다. 기업이 목표고객을 정확히 이해할 수 있으면 몇가지 이점을 얻을 수 있다. 첫째, 커뮤니케이션할 대상이 구분되기에 보다 효율적인 비용으로 마케팅 활동을 전개할 수 있고, 둘째, 이들에게 더욱 깊이 다가갈 수 있는 메시지와 미디어를 보다 쉽게 결정할 수 있으며, 셋째, 제품개선과 새로운 제품 및 서비스개발을 위한 기회를 찾을 수 있다.

목표고객을 선정했으면 자신이 제공하는 제품이나 서비스의 핵심가치를 표적고객에게 알리기 위하여 자사의 상품을 포지셔닝 해야 한다. 이때 포지셔닝이란 상품의 핵심혜택과 차별화를 고객의 마음속에 심기 위한 노력으로, 자사에게 가장 적합한 위치를 찾는 작업이다. 예를 들면 볼보는 그들의 자동차를 세계에서 가장 안전한 차로 포지셔닝했고, 이를 자동차 디자인, 테스트, 광고 등을 통해 강화했다. 포지셔닝은 가치제안(value proposi-tioning)이라고도 하는데, 이것은 "내가 왜 당신 브랜드의 상품을 사야하는가라는 고객의 질문에 대한 답변이다." 볼보의 가치제안에는 자사 자동차의 안정성뿐만 아니라 넓은 실내공간, 내구성, 스타일, 여러 효용들에 비추어 볼 때 합리적으로 여겨지는 가격까지 포함한다.

상기된 STP전략을 정리하면 다음과 같다.

시장세분화(Segmentation)를 통해 시장에는 어떤 욕구들이 있는지 찾아내고 다음과 같은 결론을 제시하면 된다.

- 시장조사를 통해 확인해 본 바, 현재 해당 시장은 이렇게 나눠져 있고
- 이들 각각의 특성은 이러하며, 이들의 성장과 감소상황은 이러저러하다.
- 이들이 현재 원하는 것은 이런 것이며, 부족하고 불만스러운 것은 이것이다.

표적시장설정(Targeting)은 자신에게 가장 적합한 시장을 찾아내는 과정으로 다음과

같은 결론을 제시하면 된다.

- 상기 세분시장 중에서 자사가 가장 큰 효과를 얻을 수 있는 시장은 이 시장이고
- 이 시장의 고객들이 갖고 있는 특성과 A & U(상품에 대한 태도와 사용방법) 상황은 이러저러하며
- 이들이 원하는 것과 문제와 불만사항은 이런 것이다.

포지셔닝(Positioning)은 경쟁자와 비교한 내 위치(모습) 찾기로 다음과 같은 결론을 제시하면 된다. 이때 중요한 것은 전체상황을 한 눈에 파악할 수 있어야 하고, 내가 결정한 자사의 위치가 경쟁자들과 '차별'되어야 하며, 자신의 '강점'을 최대한 활용할 수 있는 곳이어야 한다.

포지셔닝을 통해 다음과 같은 결론을 제시하면 된다.

- 표적시장 고객들이 갖고 있는 기업, 상품에 대한 욕구는 이러저러하고
- 이들을 구분짓는 핵심축은 무엇이고, 그것을 표현한 시장지도는 이런 모양인데
- 상기 지도에서 현재 우리 위치는 어디이고, 향후 어디로 이동해야 한다.

[포지셔닝맵]

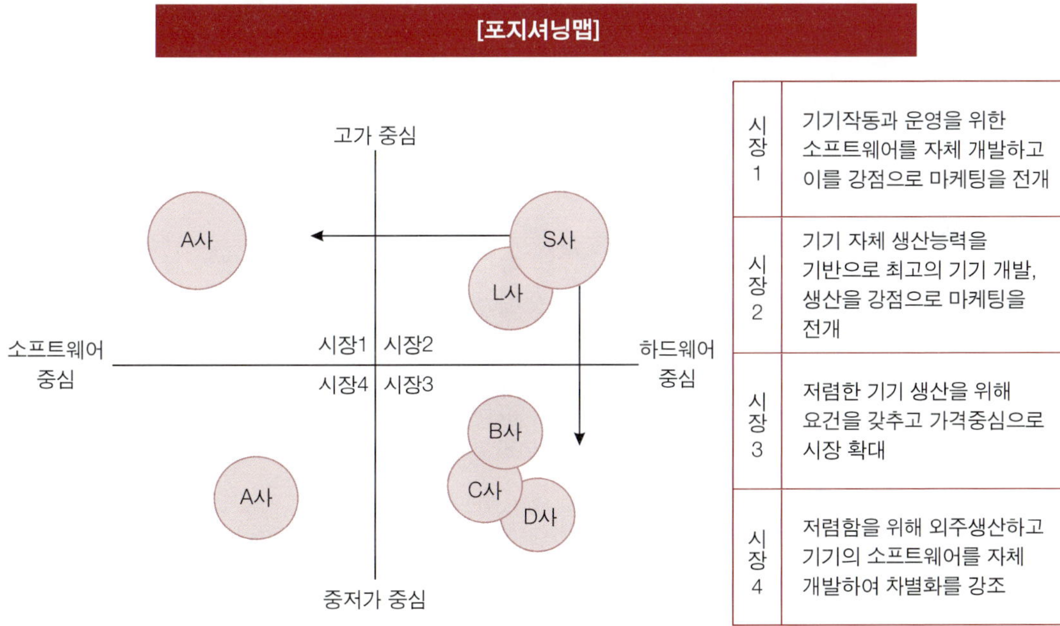

시장 1	기기작동과 운영을 위한 소프트웨어를 자체 개발하고 이를 강점으로 마케팅을 전개
시장 2	기기 자체 생산능력을 기반으로 최고의 기기 개발, 생산을 강점으로 마케팅을 전개
시장 3	저렴한 기기 생산을 위해 요건을 갖추고 가격중심으로 시장 확대
시장 4	저렴함을 위해 외주생산하고 기기의 소프트웨어를 자체 개발하여 차별화를 강조

컨셉(Concept)은 상기된 포지셔닝맵에서 자사의 위치를 한 마디로 정의한 것으로 다음과 같은 결론을 제시하면 된다.

- 내가 이동할 위치는 경쟁사들과 비교했을 때 그들과 다른 가치를 주장하는 곳이며
- 이를 한 마디로 정의하면 이러저러하다.

STP전략을 수립했으면 표적시장별 마케팅목표를 설정해야 한다. 이는 마케팅전략과정에서 두 개의 목표로 나눠지는데 하나는 '개념전달 활동목표'이고, 또 하나는 '구매전환 활동목표'다. 전자는 남다른 제품의 기능, 특성 등을 고객에게 전달하기 위한 활동목표이고, 후자는 실제 거래상황에서 발생할 수 있는 문제나 장애요인을 제거하기 위한 활동목표다. 따라서 전자를 위해서는 경쟁상황을 고려한 차별화된 위치설정(Possitioning)이 필요하며, 후자를 위해서는 표적으로 삼은 목표고객들의 구매에 대한 욕구와 태도조사가 필요하다.

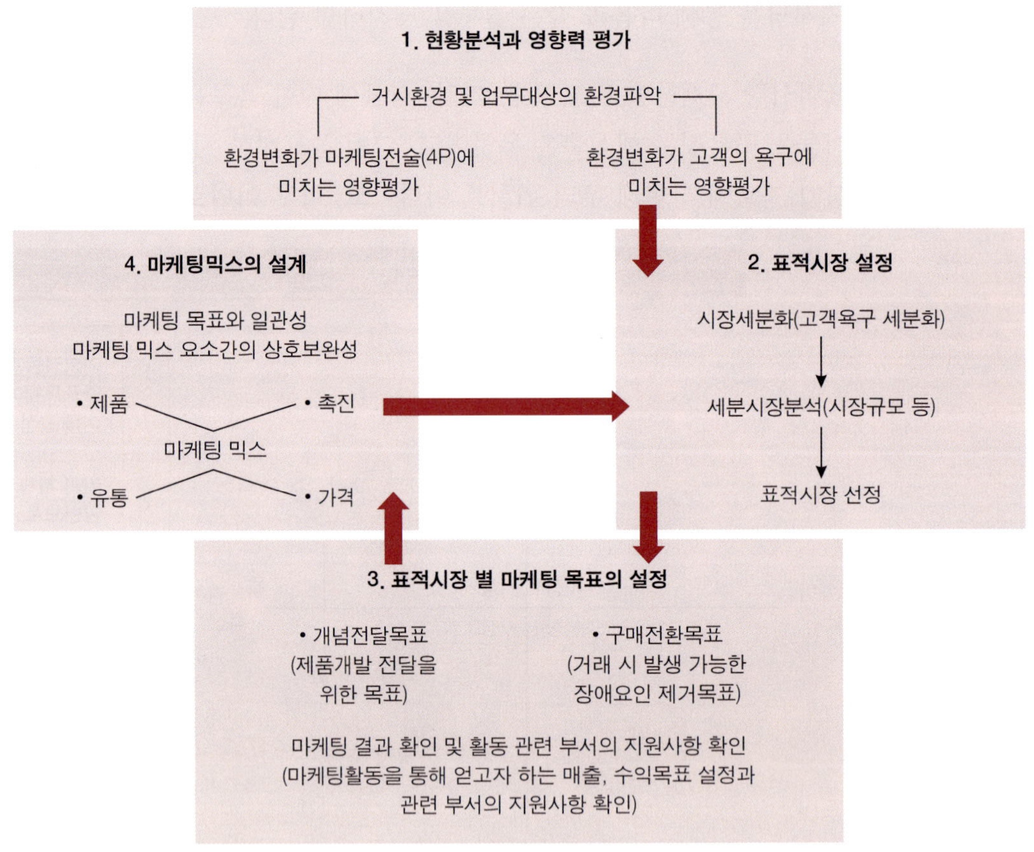

MM(마케팅 믹스.Marketing Mix)

상기된 마케팅목표를 달성하기 위한 전술차원의 수단들을 개발하는 단계다. 제품, 가격, 판촉, 유통 등의 마케팅 수단을 어떻게 설정하여 통합된 방식으로 진행할 것인지 마케팅 믹스방안을 구성하는 것이다. 물론 이들은 앞선 단계에서 설정한 목표와 차별화된 위치, 즉 포지셔닝전략과 일관되게 구성해야 한다. 마케팅 믹스부분에서는 다음과 같은 질문의 답을 정리하면 된다.

Product(제품)

- 내가 약속한 고객가치를 어떻게 구현할 것인가
- 이를 위해 상품, 서비스의 기능, 재질, 성분, 디자인 등을 어떻게 할 것인가

> 가치를 구현하는 모든 것
> 구매를 통해 소비자가 획득하는 유, 무형의 모든 것

Price(가격)

- 그 가치에 대한 보상으로 무엇을, 얼마나 요구할 것인가?
- 어떤 방식으로 보상을 제공하게 만들 것인가?

> 제공가치의 대가로 주는 모든 것
> 가치를 얻기위해 고객이 소비하는 모든 비용
> 배달료, 보증금, 검색시간, 위험부담 등

Place(유통)

- 그 가치를 어디서, 어떻게 구할 수 있게 할 것인가?

> 가치를 제공하는 모든 시간 및 장소
> 상품을 표적고객이 쉽게 사용하고 접근하도록 하는 것

Promotion(판촉)

- 그 가치를 어떤 내용으로, 어떤 매체, 방법을 통해 전달할 것인가?

가치를 전달하는 모든 매체 및 시간, 공간

이와 같은 마케팅믹스의 요소들은 시대에 따라 달라지는데 과거 생산, 판매자 중심의 마케팅믹스였다면 현재 시장에서는 아래 표처럼 소비자, 고객관점으로 전환하고 있다.

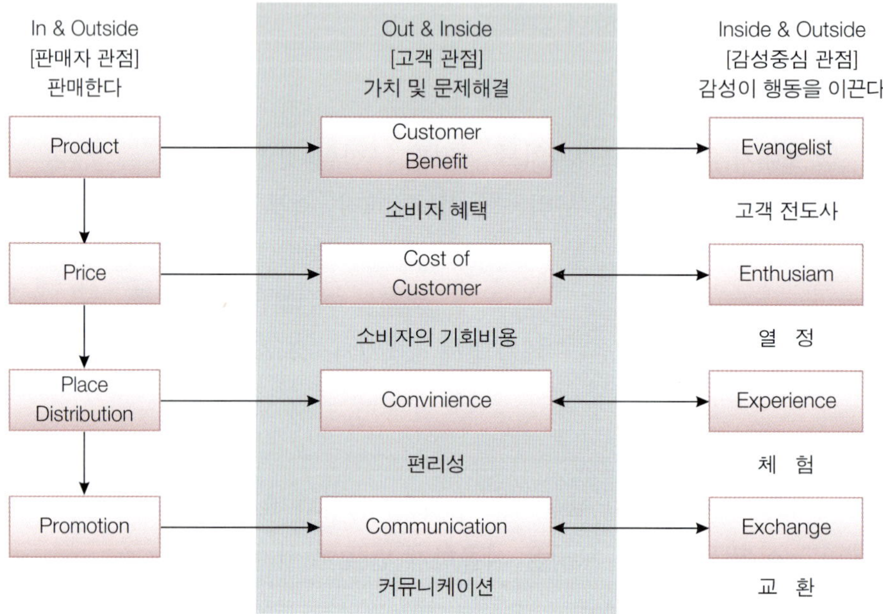

I(실행, Implementation)

실행은 앞선 계획을 실천하는 단계이다. 기획서에서는 이들이 계획대로 진행되도록 관리하는 부분으로 업무분장, 업무일정표, 체크리스트 등이 여기에 해당하며, 앞서 정리한 마케팅 믹스활동을 진행할 때 필요한 다양한 보조업무를 함께 언급하면 된다. 따라서 이곳에 담긴 내용은 아래의 질문에 답을 하면 된다.

- 누가, 어떤 일을, 언제부터, 어디서, 어떻게 실행할 것인가?
- 이를 위한 자원은 어떻게 조달하고 배치, 운영할 것인가?
- 만약 부족하거나 문제가 발생하면 어떻게 조치할 것인가

[실행에 필요한 모든 것]

· 집객 / 섭외방안 등
· 고객관리 방안 / VIP 관리방안 / 출연진 관리방안
· 주차 / 음료 / 매표관리 / 좌석관리 / 안내 등
· 위기대응방안
· 업무분장 / 업무일정 / 소요비용 / 자재확보방안 등

상기된 마케팅전략과 전술을 제대로 실행하려면 혼자서는 어렵다. 다양한 사람, 조직과 역량들이 협력네트워크를 구성하여 진행해야 한다. 특히 소비자의 욕구가 극에 달한 현대시장에서는 고객을 만족시키려면 다수의 협조자가 필요하다. 수많은 마케팅 담당자들이 여러 가지 실행방안을 제시하고 또 실행하려 노력하지만 결과가 미약한 이유는 앞선 협력구조를 최적의 모습으로 구성하고 이를 현장에서 구현하지 못하기 때문이다. 실제로 소비자, 고객들이 마케팅 담당자의 가치제안을 받아들이느냐 마느냐 하는 것은 협력네트워크의 현실성과 이의조정, 관리능력에 달려있다.

C(통제, Control)

통제는 업무진행 상의 문제를 찾아 이를 즉각적으로 해결하기 위한 과정이자, 업무완료 후 해당 결과를 토대로 더 나은 미래 결과를 만들어내기 위해 필요한 업무내용이다. 하나의 업무과정을 마쳤으면 그 결과를 평가하여 다음 업무에 적용해야 한다. 이를 위해서는 아래와 같은 업무들이 필요하다.

- 진행과정에 대한 지속적인 관리 및 평가
- 문제점에 대한 즉각적인 조치실시
- 결과평가를 위한 평가기준구성
- 결과평가를 향 후 마케팅 운영방안에 반영

진행과정을 손쉽게 확인할 수 있는 Check List등
초기목표에 대한 재검토 및 명확화

기업활동에 백프로 성공이란 없다. 시장은 기업이 원하는대로 움직이지 않으며, 스스로 통제할 수 있는 사항도 많지 않다. 하지만 성공하는 기업들은 공통적으로 학습하는 기

업이다. 그들은 항상 시장에서 배우려 하고, 자신의 실행결과를 평가하며, 이의 효과를 높이기 위한 개선책을 만들어 낸다. 이런 과정을 익히면 설사 목표를 달성하지 못한 기업이라도 마케팅의 각 요소에서 무엇이 문제인지 알게 된다. 훌륭한 기업은 자신의 현 위치와 목적지 간의 관계를 끊임없이 확인하는 네비게이터 기업이다

결국 어떤 기획이든 기획의 목적인 '당면문제'를 해결하려면 아래와 같은 과정을 거쳐야 한다. 시장(고객)을 나눠보고, 최적의 고객을 선정한 다음 이들이 원하는 것을 충족시킬 수 있는 방법을 제안하는 방식이다. 그리고 이의 중심에 S.T.P전략이 자리잡고 있다. STP전략을 이해한 만큼, 이의 활용능력을 키운만큼 기획서의 질도 정비례한다는 것을 잊지말기 바란다.

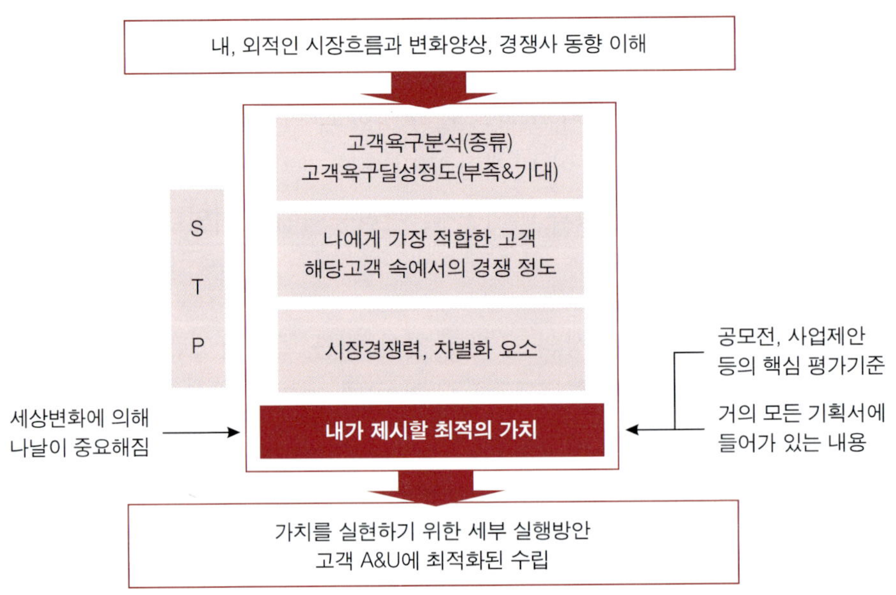

▼ 과 제

1. 마케팅 마인드 세트의 5단계 과정을 설명해 주세요.
2. 자신이 작성 중인 또는 작성할 기획서 내용을 중심으로 해당 시장을 세분화하고, 목표고객을 설정해 주세요.

2 분석 프레임워크와 기획서 목차

(1) 논리적 사고의 도구. MECE

기획서를 작성하기 위해서는 다양한 자료와 정보를 수집, 분석하여 결론을 제시해야 한다. 이때 이들을 이끄는 기본적인 조건이 있다. MECE(Mutually Exclusive Collectively Exhaustive)라는 것이다. 이는 자료, 정보를 서로 중복되지 않게 배타적으로 정리하고, 이들을 모았을 때 전체가 되어야 한다는 조건이다.

가끔 기획서 수업시간에 기획서 목차를 설명하면 학생들 표정이 묘해질 때가 있다. 기획서의 전체구조는 앞선 설명을 통해 이해하겠는데 세부목차는 받아들이기 어렵다는 표정이다. 왜 시장조사라는 대 목차를 '시장현황분석', '경쟁사분석', '자사분석' 등으로 다시 나눴고 전략부분을 왜 시장세분화, 목표고객선정 등으로 살펴봐야 하냐는 질문이다. 그리고 다른 방식으로 만들면 안되냐고 질문하기도 한다. 이때 필자는 분석 프레임워크에 대해 설명한다. 오랜 시간동안 전문가들이 이런 항목으로 시장을 분석하고 전략을 수립하면 빠진것없이 철저히 분석했다고 인정하겠다는 일종의 약속이다.

분석 프레임워크를 이해하려면 기본적으로 MECE에 대한 이해가 필요하다. 앞서 자주 언급한 Logic Tree와 같은 분류법이 대표적인 MECE의 결과물이다.

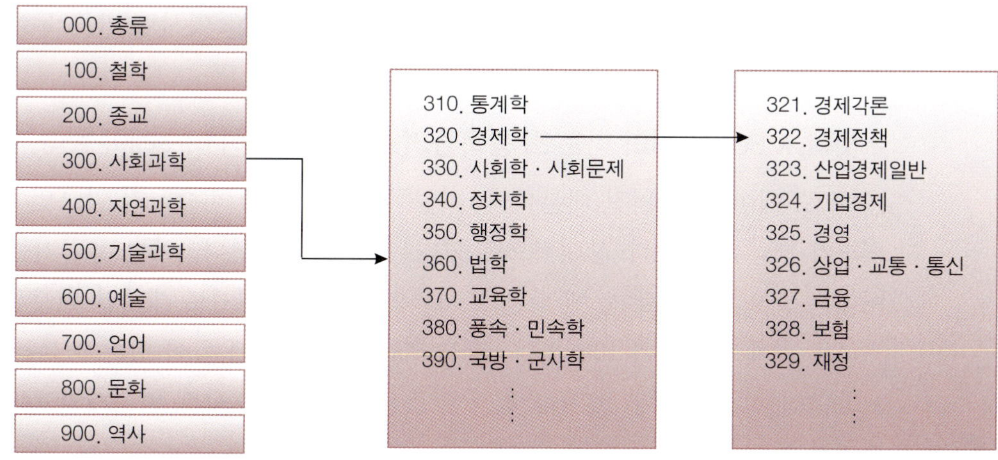

'MECE'는 'Mutually Exclusive' and 'Collecctively, Exhaustive'의 준말이다. 시장을 분석하거나 기획자의 생각을 정리할 때 가능하면 정보나 아이디어들을 '서로 중복됨 없이 상호 배타적으로 구성하고, 이들을 모았을 때 전체가 되어야 한다'는 의미다. 사람들은 뭔가를 이해할 때는 가능하면 전체상황을 중복이나 누락없이 모두 확인하기를 원한다. 내용은 많지만 많은 부분이 중복되었다면, 그만큼 분석한 내용이 부실해 보이고, 해결책도 믿기 어렵다. 따라서 MECE에 근거하여 정보와 메시지를 구체적으로, 중복과 누락없이 전체를 표현할 수 있다면 그만큼 기획서에 대한 평가는 높아질 수밖에 없다.

MECE를 강조하는 몇 가지 이유가 있다.

첫째, 중요한 정보나 주장을 누락하면 중요한 기회나 문제를 놓칠 수 있다.

기획에서 다뤄야 할 정보나 아이디어, 주장을 누락하면 발생가능한 문제나 기회, 가능성을 놓칠 수 있다. 이런 상황에서는 예상치 못한 위기상황에 직면할 수 있고, 새로운 시장에 필요한 대응방안이 빠질수도 있다. 예를 들어 시장현황분석을 하면서 뉴 미디어부분을 누락했다면 커뮤니케이션 채널을 선정할 때 대중매체인 TV와 신문, 라디오 등은 언급하면서 가장 효율적인 모바일 매체에 대해서는 언급하지 않을 수도 있다.

둘째, 같은 사항이 중복되면 당연히 비효율적이고, 혼란을 야기시킬 수도 있다.

예를 들어 프랜차이즈의 가맹점의 위치를 살펴보자. 프랜차이즈 가맹점의 권한은 일정 지역에 대한 영업권을 기본으로 한다. 그런데 가맹점끼리 상권이 중복되어 동일 고객을 갖고 서로 싸운다면 프랜차이즈의 발전에 장애요소가 된다. 또 학교 동아리들이 서로 성격이 유사하여 비슷비슷한 활동을 서로하겠다고 다툰다면 그 결과는 어떠할까? 우선 동아리 자체가 문제가 되고, 동아리에 가입하려는 학생들 역시 그만큼 동아리에 대한 선택권을 제한받을 수밖에 없다.

셋째, MECE에 따라 나눈 소 항목들의 숫자나 비율이 비슷해야 한다.

MECE에 따라 나눠진 대분류의 소 항목들의 숫자가 비슷하지 않으면 특정항목에 담긴 의미가 다른 것들보다 상대적으로 크다는 것을 의미한다. 이는 분류기준 균형감을 만들어내는 중요한 요소로 앞에 나온 도서관의 도서분류체계도 대부분 대분류 체계내에 담긴 소분류 체계의 숫자가 비슷하다. 만약 하나의 대분류에 들어 있는 소분류 숫자가 다른 것보다 상대적으로 너무 많거나 적으면 소분류 숫자가 서로 비슷해지도록 대분류 체제를 수정할 필요가 있다.

박신영의 〈기획의 정석〉(박신영, 세종서적, 2013.)에는 MECE의 중요성을 강조하는 재미있는 사례가 들어 있다.

사람들에게 소개팅을 시켜준다면서 어떤 "어떤 여자를 원해"라고 질문하면 대부분 "예쁜 여자"라고 대답한다고 한다. 하지만 예쁘다는 게 주관적인 표현이다보니 항상 문제가 된다. 그러다보니 소개자 입장에서는 예쁜 사람을 소개시켜줬다고 해도 소개받는 사람은 시큰둥할 수도 있다. '나는 순수한 여자가 좋아. 그런데 걔는 너무 발랄하더라.' 등 스타일, 성격, 옷차림, 화장법 등 이상야릇한 조건을 들이대며 마음에 안 든다고 한다. 이런 상황을 미연에 방지하려면 사람을 소개시켜 주기 전에 MECE에 근거한 미팅상대방의 조건을 확인해 보면 어떨까?

이런 MECE에 근거한 분류구성방법은 여론조사와 같은 곳에서도 반드시 습득해야 할 지식이다. 설문지 조사내용 중 오픈형 질문이라는 게 있다. 답지의 형태가 일반적인 번호선택형이 아닌 개방형 질문일 때다. 예를 들면 아래와 같은 질문이다.

[문] 학과 차원에서 학생들의 취업률을 높이기 위해 도움을 주었으면 하는 것들로는 어떤 것들이 있는지요? 구체적으로 말씀해 주세요

(구체적으로 기입)____

____

이런 질문에는 대답들이 일정한 형태로 나오지 않는다. 응답자가 자기생각을 자기방식으로 표현하기 때문이다. 따라서 이를 분석하려면 'Open Tally'라는 대답정리방법을 사용하여 유사한 대답들은 하나로 묶은 다음, 이것을 MECE에 따라 재구성해야 한다.

▼ 과 제

1. 싱글을 대상으로 사업을 준비할 경우라면 반드시 거쳐야 하는 과정이 있다. 싱글인 사람들이 어떤 사람들이며, 그들이 처한 문제가 무엇인지 알아야만 한다.

   싱글이라 부를 수 있는 사람들을 정의하고, 그들이 처한 문제들을 MECE에 근거한 Logic Tree로 정리해 보라.

(2) MECE와 분석 프레임워크

분석 프레임워크는 MECE를 근간으로 하는 분석도구다. 기획자들이 자료나 정보를 정리할 때, 시장상황을 평가, 분석할 때, 일의 절차나 과정을 정리할 때 '이러저러한 사항을 살펴보면 전체를 확인한 것으로 인정하겠다. 또는 이러저러한 과정이나 절차를 밟으면 모든 단계를 제대로 거쳤다고 인정하겠다.'는 일종의 규약같은 것이다. 분석 프레임워크는 시장조사, 전략수립, 마케팅믹스 등 기획과 마케팅에 필요한 다양한 요소들을 정의하고 있으며, 기획서의 표준목차에서도 큰 비중을 차지한다. 따라서 분석 프레임워크에 대한 지식과 활용경험이 기획자의 역량을 의미한다고 해도 과언이 아니다.

MECE란 전체상황을 체계적으로 분류하는 논리적 사고방법이다. 하지만 자연과학과 달리 사회과학분야에서는 전체를 정의하고, 이를 완벽하게 구분하는 게 쉽지 않다. 그러다보니 경영, 마케팅 등의 분야에서는 뭔가를 정의하거나 분류할 때 완벽한 MECE와 암묵적인 MECE의 두 가지 방식을 함께 사용한다. 전자의 경우에는 '성', '연령', '지역' 등이 있고 후자라면 마케팅에서 사용하는 마케팅 4P, 단기/중기/장기나 과거/현재/미래와 같은 시간구분, 또는 3C/4C와 같은 마케팅전략, 전술상의 요소 등을 예로 들 수 있다.

마케팅이나 기획에서 자주 사용하는 도구 중에서 '분석 프레임워크'라는 것이 있다. 특정사항이나 상황을 이해하는데 필요한 정보가 무엇인지 제시한 사고틀로, MECE사고에 의해 만들어 졌다. 어떤 사항, 상황을 분석하거나 정의하려면 이런 부분들을 살펴봐야 한다고 규정한 요소모음집이라 이해하면 된다. 다만, 완벽한 MECE가 아닌 암묵적 MECE 구조로 누락이나 중복이 없다고 확신할 수는 없지만 이와 같은 사고틀로 상황을 분류하면 큰 누락이나 중복이 없을 것이라고 인정하는 분석도구다. 분석 프레임워크의 종류를 살펴보면 다음과 같다.

첫 번째, 구성 요소를 중심으로 만들어진 프레임워크이다.

이는 특정사항을 구성하는 요소를 정의한 것으로 환경분석을 위한 3C/4C분석(Costomer, Competitor, Company(자사) + Channel(유통) 또는 네 가지 구성요소(시장환경분석, 경쟁사 분석, 자사분석, 고객분석), 4P 또는 6P(Product, Price, Place, Promotion + People, Policy)가 있고, 기업의 내부 경영자원의 수준을 분석할 때 활용하는 4M(Man(구성원), Money(자금), Machine(설비), Method(방법), Meterial(재료), Media(매체), MIS(경영정보체제)), 마케팅전술을 개발할 때 활용하는 4P/6P 등이 있다. 또 마케팅 전술차원에서 주로 활용하는 마케팅 4P(Product, Price, Place, Promotion)도 이 분류에 속한다.

상기된 프레임워크들은 기획이나 보고 시 아래처럼 활용하면 된다.

> 저는 금년도 사업전략수립을 위해 3C, 즉 Customer(고객), Company(자사), Competitor(경쟁사)의 관점에서 분석하고자 하며, 세 가지 차원에서 우리가 이뤄야 할 최선의 상태는 이와 같습니다.
>
> 저는 금년도 사업전략수립을 위해 시장환경을 네 가지 차원, 즉 일반시장동향과 경쟁사, 자사, 고객차원에서 살펴보고자 합니다.
>
> 저는 자사의 브랜드의 현황과 문제점을 분석하기 위해 4P, 즉 Product(상품), Price(가격), Place(유통), Promotion(판촉) 측면에서 살펴보고자 합니다.

이와 같은 분석 프레임워크 중에서 시장환경분석 내용을 Logic Tree로 구성하면 다음과 같은 모양이 된다.

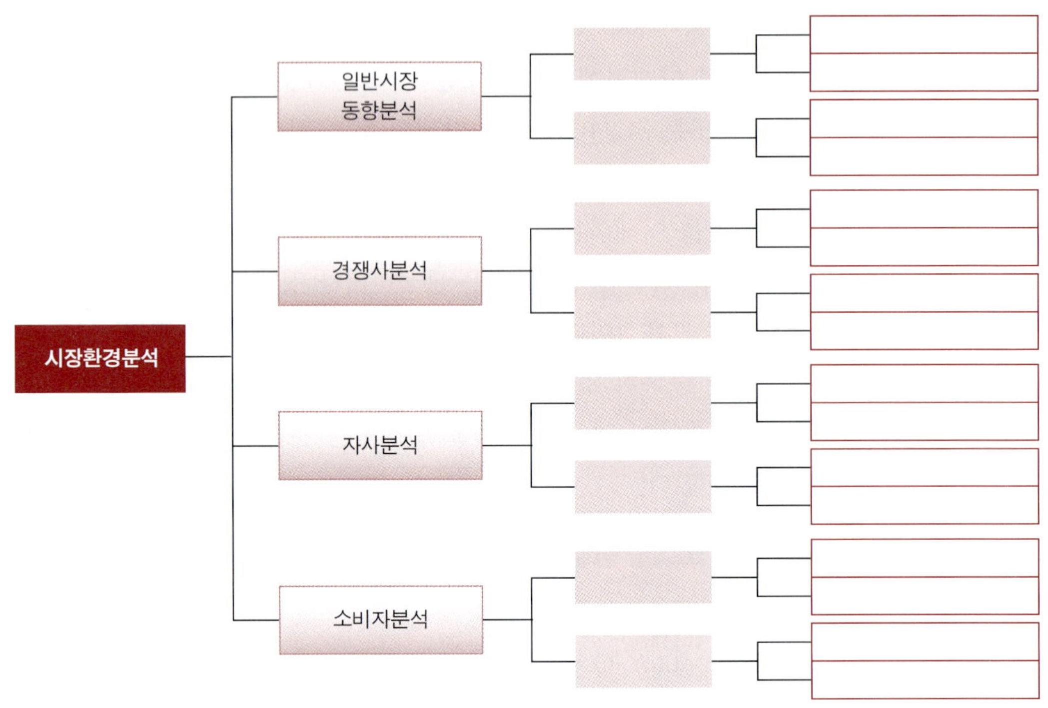

아래와 같은 환경분석도구도 분석 프레임워크의 일종이다.

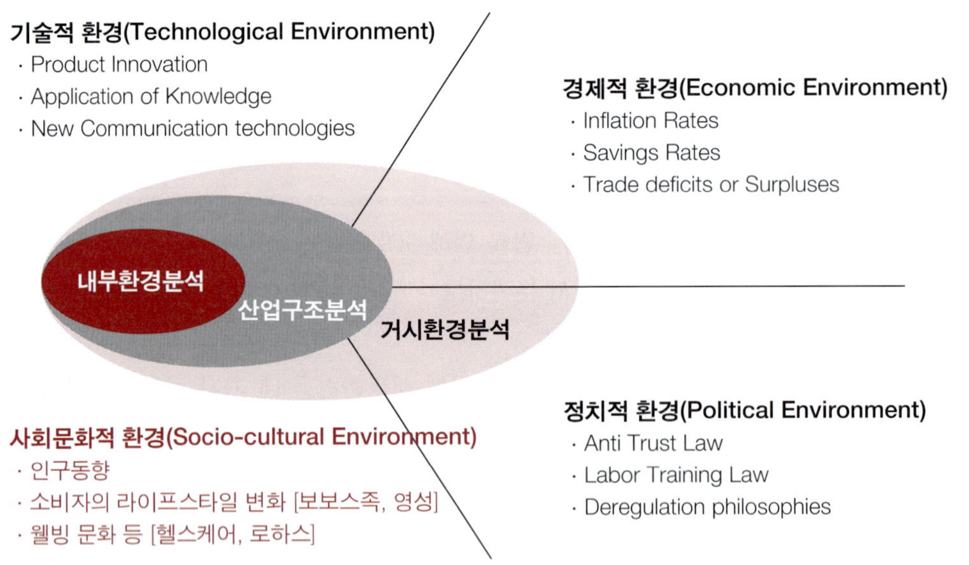

이를 간단히 설명하면 이 중 '거시환경'은 전체시장에 대한 상황조사다.

우선 '기술적 환경'을 살펴봐야 한다. 모든 상품과 서비스는 기술개발에 따라 질적으로 변화한다. 어제 하루걸리던 작업을 오늘은 5분 내로 끝낼 수 있는 것도, 어제 상품보다 더 좋은 상품인데도 가격은 더 저렴해 질 수 있는 것도 기술개발덕분이다. 기술개발은 항상 원가절감과 가치향상이라는 두 개의 측면을 강조하기에 기술개발에 대한 정보가 부족하면 경쟁사는 날아가는데 자신만 걷기를 주장하는 상황도 생길 수도 있다. 따라서 기업의 환경분석에서 기술개발에 대한 정보조사는 무척 중요한 조사대상이다.

두 번째는 경제적 환경이다. 기업은 소비자를 대상으로 사업을 진행한다. 상품가격이 떨어지면 소비는 늘어나지만 인플레이션 상황으로 인해 물가가 올라가면 소비는 위축된다. 또한 소비자가 저축에 신경쓰면 당연히 그만큼 매출은 감소할 수밖에 없다. 경제가 호황이냐 불황이냐에 따라 기업은 자사 상품의 운영정책을 달리해야 하기에 경제적 상황은 무척 중요하다. 게다가 기업은 자기자본만 갖고 사업할 수는 없다. 은행에서 돈을 빌린다거나 외부자금을 활용하여 사업을 확장한다. 이때 이자율변동같은 것은 돈을 빌리는 기업입장에서는 신경쓰지 않을 수 없다. 또 세계화된 현재 시장에서 환율의 변동같은 것은 기업수익에 직접적인 영향을 준다. 더 나아가 국가차원의 무역수지같은 것은 국가차원의 정책을 결정하는 주요 변수이기에 환경분석에서 빼 놓을 수 없는 조사항목이다.

세 번째로 법적인 문제를 들 수 있다. 노동조합과 관련된 법, 직원의 복리후생, 직원채용과 해고에 대한 법률 등 기업이 인력충원과 교육, 인건비나 기타 고정비에 영향을 주는 법률은 기업활동에 큰 영향을 준다. 앞선 무역업무 하나도 정부의 정책이나 관세율 조정에 따라 기업은 웃고 우는 경우가 많다. 기업이 세금만 잘내면 되지않겠느냐는 생각은 과거시절 이야기다. 이젠 정부의 정책이나 법 제정과 같은 것도 유심히 살펴보며 그곳에서 자사의 위험과 기회를 찾아내야 한다.

마지막으로 소비자를 중심으로 하는 사회문화적 환경이다. 이는 소비자의 라이프스타일과 직결된 상황으로 소비자들의 욕구변화를 알려주는 지표다. 개인화되어 가는 사회에서 소비트렌드를 확인하고 이에 대응하는 전략을 수립하는 업무는 기업생존의 필수적인 일이 되었다. 여성의 사회진출로 인한 싱글족의 증가, 시니어(50대 이상의 사람)의 인구비율증대, 출산율 감소로 인한 어린이 시장의 변화, 인터넷이나 모바일로 인한 사회적인 욕구변화 등은 기존 시장과는 다른 새로운 시장을 창출하는 요인인 동시에 변화에 대응하지 못하는 기업에게는 최악의 상황을 맞이하게 되는 결정적인 동인이 되기도 한다.

'산업구조분석'은 기업, 조직이 속한 산업동향조사다.

자신이 화장품 사업을 하고 있다면 화장품은 물론이고, 피부미용과 같은 뷰티산업 내의 흐름과 변화동향을 항상 파악하고 있어야 한다. 현재 나와 경쟁하고 있는 직접적인 경쟁사가 얼마나 되는지, 앞으로 경쟁할 가능성이 있는 '잠재경쟁사'들의 동향은 어떠한지, 자사 상품을 대체할 수 있는 대체품은 무엇이며, 이들의 움직임은 어떠한지, 자사에 원료나 제품생산에 필요한 반제품 등을 공급하는 공급자들의 공급력이나 가격협상력은 어느 정도인지, 자사 상품의 경쟁자로 인해 소비자의 상품, 업체 선택권이 높아지지는 않는지 동일 산업내에서 자사의 경쟁력을 분석, 평가할 수 있는 자료가 필요하다. 이와 같은 정보들은 자사의 마케팅, 영업정책을 수립하는 데 필수적인 사항들로 각 상황에 따라 대응전략을 따로 만들어야 한다.

참고로 마이클 포터의 산업구조분석 모형인 '5Force 분석'은 산업구조의 5개 요소를 파악하여 특정산업 또는 사업의 매력도를 평가하는 분석 프레임워크다. 분석결과 수요자와 공급자의 교섭력이 강하면 강할수록 산업매력도는 높아지고, 산업 내 경쟁자들의 위협의 정도가 크면 클수록 매력도는 감소한다고 결론지을 수 있다. 5개 요인 중 하나라도 영향력이 커지면 산업의 이익률은 감소할 수밖에 없고, 만약 몇 개 요인이 동시에 강해진다면 해당산업의 이익률은 급속히 감소할 것이다.

산업구조분석의 범위

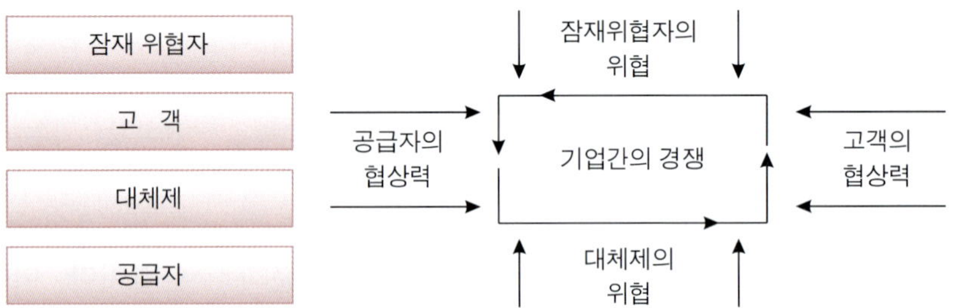

마지막으로 내부환경분석이다.

기업, 조직의 과거와 현재, 그리고 미래동향을 파악하는 작업이다. 앞서 살펴본 사항들은 모두 기업밖에서 움직이는 것들이다. 이들은 기획자가 파악하고 예상할 수는 있지만 그들의 변화를 바꾸거나 멈출 수는 없다. 하지만 외적인 변화가 기업이나 조직에 도움을 주는 것인지, 위협적인 요소가 될지는 내부상황에 달려있다. 우리가 SWOT분석을 통해 상기된 상황을 정리하는 이유도 변화자체가 중요한 것이 아니라 그것들이 기업에 어떻게 작용하는지를 파악하기 위함이다. 그러다보니 앞선 모든 자료들은 결국 내부환경분석, 즉 내 회사가 지금 어떤 상황이며, 어디로 가고자 하는지에 따라 평가와 영향력이 달라진다.

기업의 기술력, 자금력, 조직원 개개인의 역량, 경영자의 사업철학과 기업비전, 변화에 대한 유연성 등이 모두 내부환경분석의 요소이며, 이들을 객관적으로 분석할 수 있을 때 외부환경분석과 산업구조분석결과 역시 효과를 발휘한다.

상황분석에서 사용하는 4P 또는 6P가 일반적인 분류방식이지만, 업무분야에 따라 다른 요소를 사용하는 경우도 있다. 세일즈 프로모션(세일즈 프로모션은 왜 마케팅의 핵심인가?, 줄리언 커민스 외, 거름, 2006.)에서는 '마케팅 4P' 대신 '6C'를 사용한다. 마케팅 4P는 기업, 제조사 시각에서 구성한 것으로 고객지향적인 이벤트 상황에서는 적절하지 않은 경우가 많다. 따라서 세일즈 프로모션의 6C는 마케팅 4P가 담고 있는 의미들을 고객관점으로 바꿔놓았다. 마케팅 4P의 Product(상품)은 기업에서 생각하는 제품의 특성, 기능이 아닌 고객이 인지하는 상품의 가치로, Promotion(판촉)은 기업에서 무엇을 했느냐가 아니라 그런 행동이 고객과의 커뮤니케이션에 어느 정도 영향을 미쳤는지를 살펴보는 요소로 대체했다. 현재 상황분석도 기업의 마케팅 4P활동에 대한 평가보다 그로 인해 고객이 인식하고 있는 상품가치, 브랜드 인지도, 구매상황에서의 편이성 등을 중점적으로 살펴보고 이에 대한 대응방안을 수립하는 방식이다.

이를 간단히 설명하면 다음과 같다.

1. 구매의 편리성(Convenience of Buying)

구매편리성은 장소, 위치, 개점시간, 현금/수수료, 신용카드 사용가능성 등 고객이 상품구입 시 편리성을 증감시키는 요소들의 집합이다. 상품자체가 좋아도 구매하기 불편하면 구입이 편리한 대체품으로 바꿔 구입할 수 있다. 마케팅 4P에서 언급한 내용들 중에서 구매상황과 관련된 것들을 모아놨다.

2. 고객성향에 맞는 적절한 비용(Cost)

고객은 제품구입 시, 특정제품이나 서비스의 가치는 물론이고, 측면에서 상품을 소유하는 데 소요하는 모든 비용을 생각한다. 이러한 가치지각은 개인적인 것이며, 상품을 검색하고 구매하는 데 걸린 시간, 이동한 거리 등도 비용에 속한다. 만약 자사 상품이 타사와 비슷한 가치를 제공하면서 더 많은 비용을 지불해야 한다면, 또 동일한 비용을 지불해야 하지만 고객에게 주는 가치가 상대적으로 적다면 마케터는 이 등식을 고쳐야 한다. 기업들은 가치나 비용측면에 영향을 주기위해 S.P(세일즈 프로모션)기법을 사용하는데, 한 개 가격에 두 개를 주거나, 가격을 할인하거나, 상품권 등의 판촉물을 제공하는 방식이다.

3. 적절한 컨셉(Concept)

컨셉은 제품과 서비스를 종합한 개념이다. 제품은 해당제품의 속성, 특징 등을 의미하며, 서비스는 제품을 판매할 때 보증이나 제품교환 등을 제공하는 것이다. 그리고 고객 마음속에 컨셉과 이미지가 결합되어 있는 것이 브랜드다. 세일즈 프로모션은 재미를 가미한 판촉활동으로, 이런 활동의 결과가 컨셉이 되고 브랜드의 일부가 될 수 있다.

4. 원활한 커뮤니케이션

커뮤니케이션은 제품 기능, 컨셉, 가치, 제품이 제공하는 서비스를 고객에게 제대로 전달하는 활동을 말한다. 컨셉이 너무 복잡하거나 모호하거나 서비스가 불분명하면 고객과의 커뮤니케이션에 어려움을 겪는다. 그리고 이런 상황이라면 고객은 그 제품을 구매하지 않을 것이다. 세일즈 프로모션은 커뮤니케이션에 문제가 있을 때 이를 바로 잡기위한 활동이다.

5. 부드럽고 활발한 고객관계관리

고객은 언제나, 어디서든 우대받기를 원한다. 궁금한 사항에 대해 신속하게 답변받기를 원하고, 문제가 생겼을 경우 기업이 이를 해결해 주리라 기대한다. 고객관리는 고객수명을 연장시키고 충성고객을 만드는 데 필수적인 요소다.

6. 일관성

앞서 설명한 다섯 가지 C들이 서로 밀접하게 연결된 상태를 의미한다.(기업의 모든 활동이 고객과의 약속을 위해 일사분란하게 움직이는 것을 전제로 한다.) 고객은 기업의 독특한 서비스도 중요하지만 이들의 안정성과 지속성도 무척 중요하다. 오늘과 내일의 서비스가 다르고, 고객에게 전달한 메시지와 실제행동이 다르다면 고객은 그 기업을 믿을 수 없다. 기업에 대한 고객의 일관성 평가는 기업에 대한 신뢰도와 직결된 사항이다.

두 번째, 단계별 흐름을 중심으로 만들어진 프레임워크이다.

소비자의 상품구입결정과정, 기업의 특정 업무진행과정, 상품의 성장 · 소멸주기 등 해당 주제의 모든 상황을 완벽하게 설명했다고 확신할 순 없지만 정해진 단계를 밟으면 전체과정을 분석했다고 인정하겠다는 과정들이다.

소비자구매를 불러일으키기 위해 커뮤니케이션 전략을 개발할 때 사용하는 분석플레임워크는로 앞서 설명한 [인지-이해-선호-확신-구매-재구매]와, [AIDMA: Attention. Interest, Desire, Memeory, Action] 등이 있다. 즉 상품에 대한 소비자의 주목을 이끌어 내고(Attention), 그것에 흥미를 느끼게 하고(Interest), 갖고싶다는 욕망을 불러일으키고(Desire), 상품의 정보나 기타 특성을 잘 기억할 수 있도록 만들고(Memory), 실제구매를 촉진시킨다(Action)는 과정플레임워크다.

또 해당상품이나 사업단계에 맞는 차별적 전략을 수립하기 위한 상품의 수명주기인 [도입기, 성장기, 성숙기, 쇠퇴기] 흐름이나 제품수용주기 상의 고객분류인 [이노베이터, 얼리어답터, 전기다수 수용자, 후기다수 수용자, 지각수용자]와 마케팅에서 자주 사용하는 가치사슬(Value Chain)인 [조달, 생산, 운송, 마케팅, 판매, 물류, 서비스]도 이 범주에 속하는 분류체계이다.

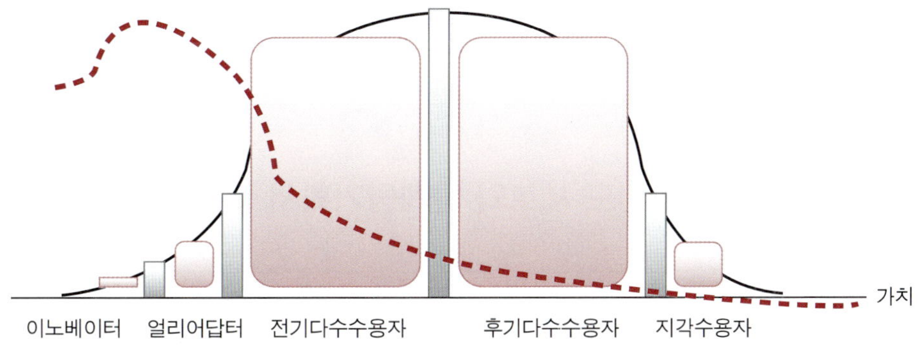

세 번째, 서로 상반되거나 비교할 수 있는 상황의 대비를 활용한 프레임워크

SWOT분석은 마케팅전략을 수립하는 단계에서 가장 빈번하게 사용하는 분석 프레임워크다. 외부환경과 내부환경을 분석하여 외부환경에서 사업기회, 위협요소를 발견하고,

내부환경분석을 통해서 강점과 약점을 발견하는데 사용한다. 분석자는 이를 통해 S-O, S-T, W-O, W-T 등 네 가지 차원의 전략을 개발한다.

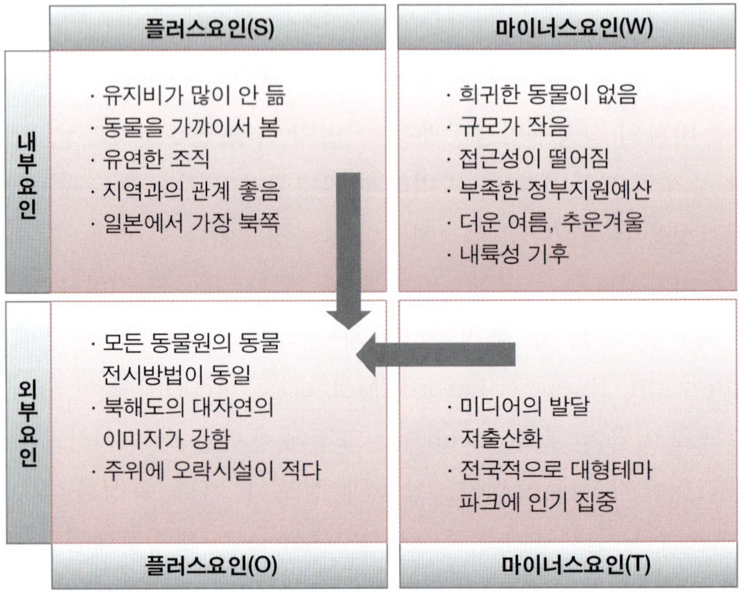

▼ 과 제

1. 분석 프레임워크가 어떤 것인지 정의해 주고, 분석 프레임워크의 종류를 아는 대로 설명해 주세요.

2. 분석 프레임워크 중에는 Sale Promotion에서 사용하는 것도 있습니다. 이 내용이 기존 마케팅 4P와 어떻게 다른지 설명해 주세요.

(3) 마케팅 마인드 세트와 마케팅기획서 목차

기획서 목차가 복잡해 보여도 근간은 마케팅 마인드 세트다. 다만 마케팅 마인드 세트는 기획사고의 핵심구조처럼 사고흐름만을 정리한 것이라 이를 그대로 기획서의 목차처럼 사용하기에는 한계가 있다. 하지만 이에 분석 프레임워크의 항목들을 대입하면 기존에 사용하는 대부분의 기획서 목차가 만들어진다. 이와 같은 구조는 발표용 제안서나 보고서용 기획서 목차에도 그대로 적용되며, 기타 다양한 기획서 목차들도 결국엔 마케팅 마인드 세트와 분석 프레임워크의 조합본임을 알 수 있다.

앞서 마케팅의 변천사와 핵심과제를 이해했고, 마케팅 마인드 세트를 통해 마케터가 가진 독특한 사고흐름을 파악했다. 마케팅 마인드 세트는 기업, 조직의 당면과제를 해결하기 위한 마케팅적인 문제해결방식으로, 동일한 업무를 수행하는 기획서에도 큰 영향을 미쳤다. 기획서는 마케팅적인 문제해결방식을 문서로 표현한 것이라 해도 과언이 아니다. 특히 마케팅 기획서의 목차는 마케팅 마인드 세트와 분석 프레임워크의 조합구조다.

마케팅은 고객이 원하는 숨은 욕구를 찾아 이를 'Nice'하게 전달함으로써 기업의 목적을 달성하는 방법을 개발하는 방법론이고, 기획은 시장과 고객의 문제를 찾아 이를 해결하기 위한 방법을 논리적으로 정리하는 과정이다. 따라서 마케팅적 사고는 기획의 흐름이고. 문제해결을 위한 기획은 마케팅적인 시각으로 구성되어야 한다.

마케팅 마인드 세트와 분석 프레임워크의 조합구조를 살펴보자.

문제해결을 위한 마케팅적 접근방식, 즉 '마케팅 마인드 세트'의 업무흐름은 시장조사에서 시작한다. 무엇인가를 꾀하려면 내. 외부상황이 어떻게 흘러가는지 확인해야 한다. 그 후 앞서 살펴본 시장상황을 여러 가지 기준이나 상황으로 나눠보고 자사에게 적합한 목표고객을 선정한다. 그 후 목표고객을 면밀히 분석하여 해당 고객마음 속에 담을 최적의 위치를 찾아낸 다음, 이를 한 마디로 정의한 컨셉을 구성하고, 앞선 컨셉을 현실로 구현할 수 있는 마케팅믹스(Product, Price, Promotion, Place 등) 계획을 수립한다. 그리고 앞선 계획을 실행하기 위해 필요한 업무분장과 일정, 자금 등을 계획하는 순으로 업무를 진행한다. 마케팅이라 이름붙인 수많은 마케팅이론과 서적, 연구서들은 모두 이 과정 중에서 일부 또는 특정부분을 강조하여 설명한 것들이다.

하지만 마케팅 마인드 세트를 실제 기획서에서 활용하기에는 부족한 면이 있다. 마케팅의 전체적인 사고흐름을 설명할 수는 있지만 각 단계에서 무엇을 구체적으로 살펴봐야 하는지에 대해서는 언급하지 않았다. 기획사고처럼 'Why' 'What' 'How' 'If'순으로 사고를 진행하면 된다는 수준의 내용이다. 따라서 이를 기획서 목차로 전환하려면 추가적인 세부항목이 필요하다. 이때 분석 프레임워크를 마케팅 마인드 세트에 도입하면 보다 구체적인 기획서 목차를 만들어 낼 수 있다. 특히 시장조사부분은 MECE 조건을 충족시켜야 하기에 앞선 분석 프레임워크의 역할이 무척 중요하다.

맨 처음에 나오는 시장조사(Research)에 현황분석도구로서 가장 많이 활용하는 분석 프레임워크 하나를 도입하면 본 항목을 네 개의 분석항목으로 나눌 수 있다. 즉 '시장현황분석', '경쟁사 분석', '자사분석', '소비자분석'이다. 이는 특정시장의 과거와 현재 상황을 파악하여 시장추이를 예상하고, 경쟁사의 움직임과 시장변화대응방법, 강.약점을 파악한 다음 자사의 현재 상황과 시장변화에 대한 대응방식을 확인한다. 그 후 앞선 시장변화를 야기시킨 소비자 욕구와 이런 변화로 인해 앞으로 나타날 소비자들의 욕구를 예상할 수 있도록 만든 목차구조다.

STP전략은 앞서 설명한 것처럼 시장세분화(Segmentation), 목표고객선정(Targeting), 포지셔닝과 컨셉(Positioning & Concept)으로 나누고, 마케팅 믹스(Marketing Mix)는 마케팅 4P(Product, Price, Promotion, Place) 또는 6P(4P+People, Policy)를 도입한 후 현장중심의 사업이라면 그곳에서 진행되는 상황을 목차에 추가하면 된다. 주로 위기대응방안, 고객동선관리, 고객편의 시설관리, 또 행사완료 후 사후관리 등이다.

실행(Implementation)은 분석 프레임워크는 아니지만 기획서의 해결방안 또는 실행부분에서 항상 고정적으로 사용하는 목차를 첨부한다. 업무추진을 위해 진행해야 할 업무를 나눈 업무분장, 해당 업무의 시작일과 완료일을 정리한 업무일정표, 그리고 예상비용

표나 손익계산서다.

그 후 평가(Control)는 기획서의 목적과 목표를 평가지표로 활용하여 해당 사업의 성공 여부를 확인하고, 본 결과분석을 통해 잘된 점과 미비점을 정리하여 다음 사업에 반영하면 된다. 물론 이 부분은 기획서에 들어가는 내용은 아니며, 사업완료 후 작성해야 하는 '결과보고서'에 담는다.

이와 같은 마케팅 마인트 세트와 분석 프레임워크를 합친 구조를 기획서 구조로 전환하면 다음과 같이 된다. 앞서 설명한 마케팅 기획서의 목차다.

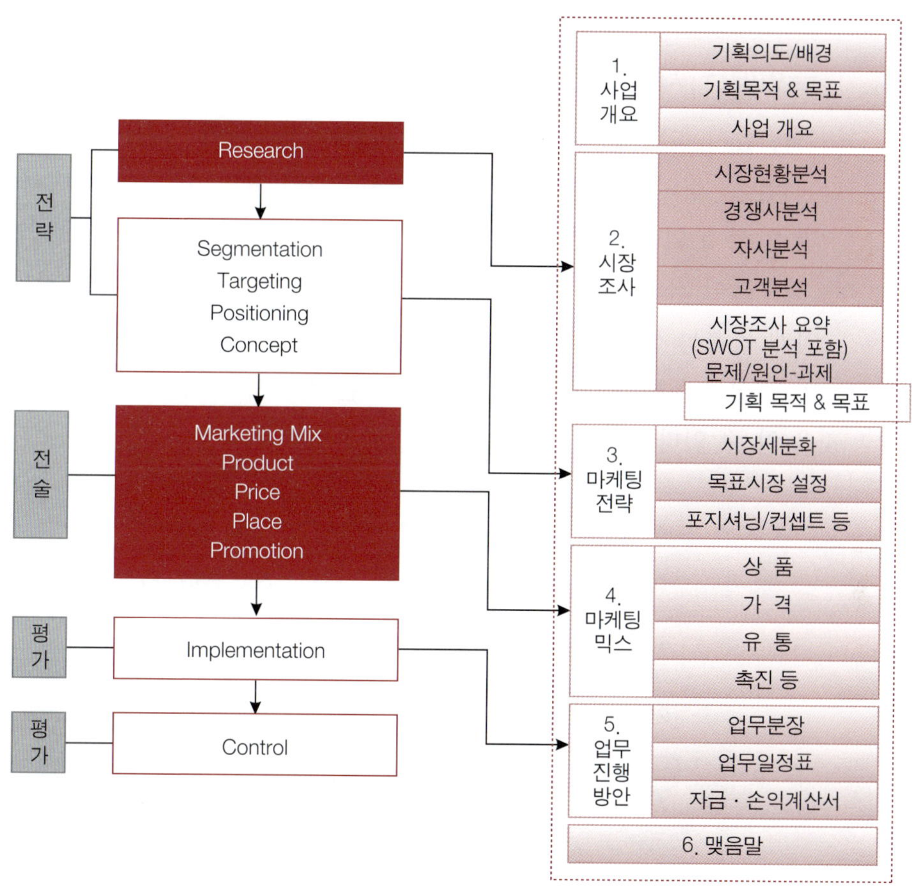

위 표를 보면 '마케팅 마인드 세트'와 '분석 프레임워크'를 합친 구조가 기획서 목차에 그대로 반영되었음을 알 수 있다. 마케팅적인 시각으로 문제해결방법을 찾아가는 과정이기 때문이다. 다만, 마케팅 마인드 세트에는 들어있지 않은 두 개 목차만 따로 생각해 보면 된다.

첫번째는 [1.사업개요]다.

사업개요는 '기획의도/배경', '기획목적과 목표', '사업개요'로 구성된다. 사업개요는 기획서의 본문을 설명하기 전 서론에 해당하는 부분이다. 기획서가 어떤 문제를 주제로 삼을것인지, 그 문제를 어떻게 해결할 것인지 간략하게 설명함으로써 기획서 내용에 대한 전체적인 윤곽을 잡아주는 역할을 담당한다. 이 중에서 '기획의도/배경'은 발표용 제안서나 보고서용 기획서 모두에 들어가는 공통사항이고, '목적과 목표', '사업개요'는 주로 보고서용 기획서에서 사용하는 목차다. 보고서용 기획서는 발표용 제안서와 달리 상세한 내용을 전달하는 기획서로서 본문과 결론부분의 분량이 상대적으로 많다.

두 번째는 [시장조사 요약]이다.

이는 앞서 설명한 것처럼 시장조사 내용을 압축하여 기획의 뼈대인 문제, 원인, 과제를 다시 한 번 정의하는 부분이다. 물론 '시장조사 요약'이 없다고 해서 문제될 건 없다. 하지만 앞서 논의한 시장조사 자료를 정리하지 않고 바로 본문으로 넘어가면 기획서를 보는 사람들이 기획자의 의도와는 다른 방향으로 결론을 내릴 수도 있다.

아래 목차는 상기구조를 파티기획에 적용한 사례다.

앞서 설명한 마케팅 마인드 세트에 의한 기획서 목차와 비교해 보면 큰 차이가 없다는 것을 알 수 있다.

목 차 — Nātuur.

100. 기획 개요
110. 기획 배경 ······ 2
120. 목적/목표 ······ 3
130. 파티제안 ······ 4
140. 파티개요 ······ 5

200. 시장상황 분석
210. 시장환경 분석 ······ 7
220. 경쟁사분석 ······ 8
230. 자사분석 ······ 14
240. 고객분석 ······ 18
250. 시장조사요약 ······ 19
260. 과제도출 및 제안 ······ 20
270. 파티시장 ······ 21

300. Party Overview
310. Taget ······ 23
320. Concept ······ 24
330. Strategy ······ 25

400. About Party
410. Party Venue ······ 27
420. Entrance ······ 29
430. Decoration ······ 30

500. Party Program
510. main program 개요 ······ 33
520. main program ······ 34
530. 프로모션 이벤트 ······ 39

600. 파티계획
610. 일정표 ······ 43
620. 행사장 Lay-Out ······ 44
630. Display ······ 46

700. 홍보방안
710. 홍보개요 ······ 49
720. 추진일정 ······ 50
730. 홍보계획 ······ 51

800. 운영계획
810. 조직도 ······ 54
820. 업무분장표 ······ 55
830. 업무일정 ······ 56
840. 위기대응방안 ······ 57

900. 예산안
910. 예산안 ······ 60

• 자료원 : 〈Natuur, 1위 탈환을 위한 프로모션 파티〉, 이용준, ○○대학교, 2010

이를 좀 더 구체적으로 살펴보면 다음과 같다.

마케팅 마인드 세트 & 분석 프레임워크 목차	파티기획서 목차
1. 사업개요 · 기획의도/배경 · 기획목적/목표 · 사업개요	1. 기획개요 · 기획배경 · 목적/목표 · 파티제안 · 파티개요
2. 시장조사 · 시장현황분석 · 경쟁사분석 · 자사분석 · 고객분석 · 시장조사 요약	2. 시장상황분석 · 시장상황분석 · 시장사분석 · 자사분석 · 고객분석 · 시장조사요약 · 과제도출/제안 · 파티시장
3. 마케팅 전략 · 시장세분화 · 목표고객 선정 · 포지셔닝/컨셉	3. Party Overview · Target(목표고객선정) · Concept(컨셉) · Strategy(전략)
4. 마케팅믹스 · 상품 · 가격 · 유통 · 촉진	4-1. About Party(유통) · Party Vanue · Entrance · Decoration 4-2. Party Program(상품) · Main Program · Main Program · 프로모션 이벤트 4-3. 파티계획(상품) · 일정표 · 행사장 · Display 4-4. 홍보계획(홍보) · 홍보개요 · 추진일정 · 홍보계획
5. 업무진행방안 · 업무분장 · 업무일정표 · 자금/손익계산서	5. 운영계획 · 조직도 · 업무분장표 · 업무일정 · 위기대응방안 · 예산안
맺음말	

앞서 설명한 기획서 목차(보고서용 기획서 목차)와 발표용 제안서 목차를 비교해 보면 다음과 같다. 보고서용 기획서 목차가 발표용 제안서 목차보다 조금 복잡해 보여도 마케팅 마인드 세트구조를 그대로 따르고 있다는 것을 알 수 있다. 차이점이 있다면 발표용 제안서 목차는 Research(시장조사) 부분을 최소화하고 문제와 해결과제를 강조했다는 것, 보고서용 기획서의 'I. II'와 같은 대분류 구조가 아니라 중요한 메시지가 들어 있는 부분을 큰 목차로 만들어 전면에 내 세웠다는 점이다. 예를 들면 타깃분석, 컨셉설정, 실행방안과 같은 목차다.

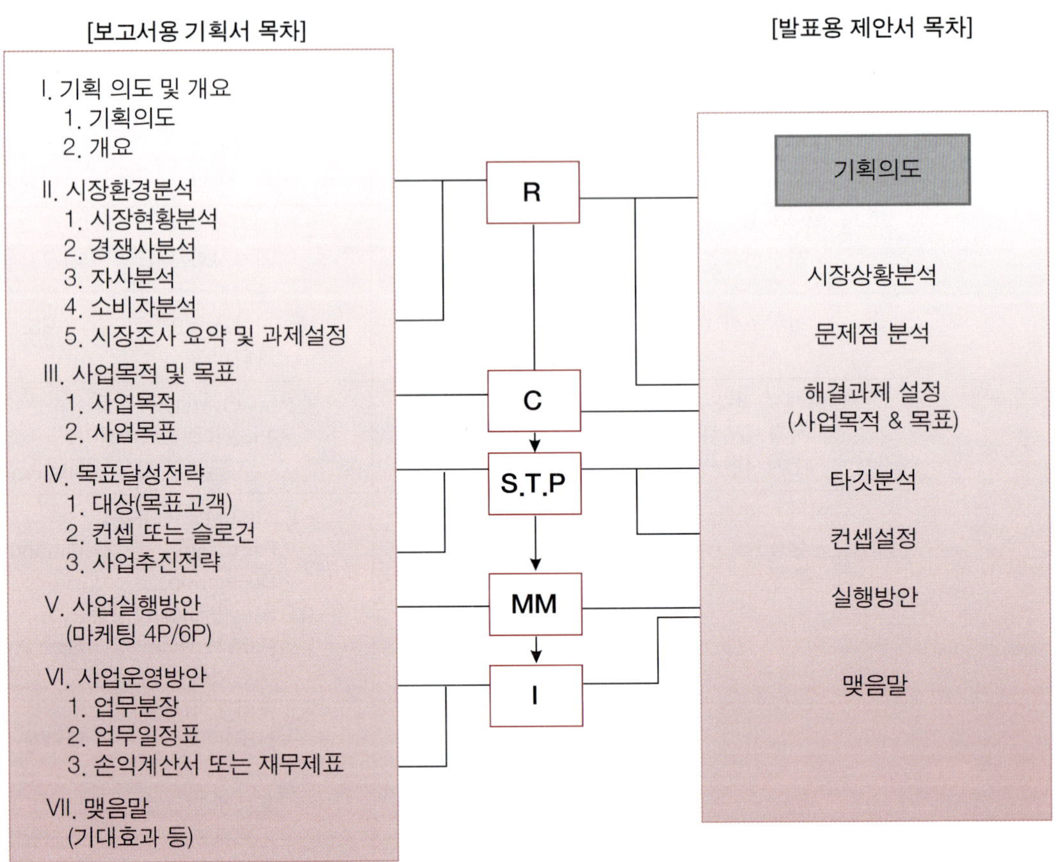

발표용 제안서의 목차도 여러 가지가 있지만 가장 간단한 구조는 'Situation(상황분석)', 'Problem(문제정의)' 'Target(고객분석)', 'Solution(실행방안)', '맺음말'의 5개 목차로 구성되어 있다.

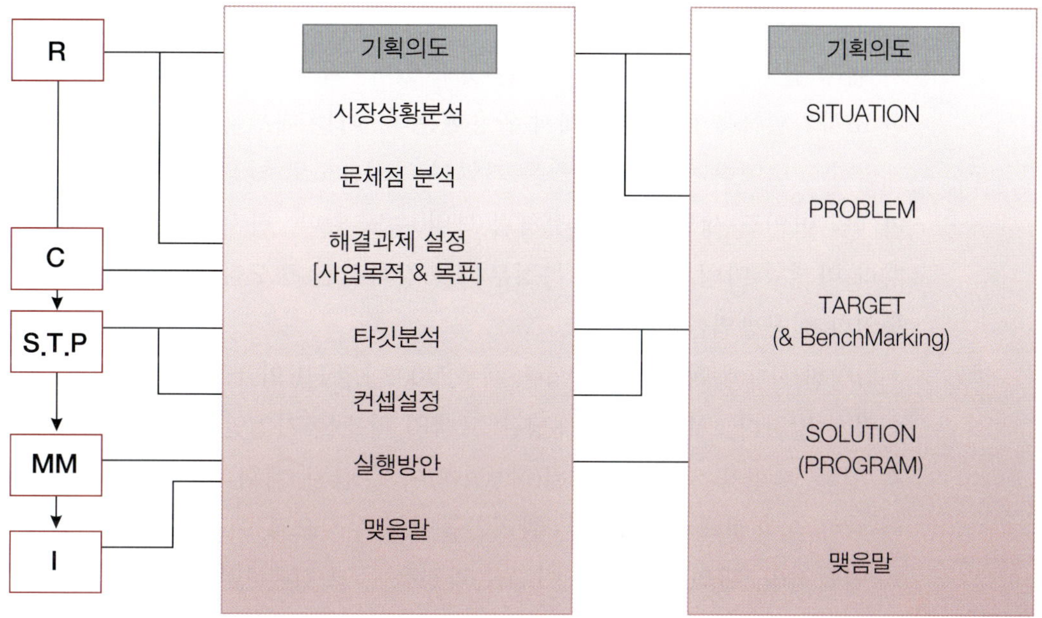

▼ 과 제

1. 마케팅 마인드 세트와 분석 프레임워크를 조합한 결과를 설명해 주세요.

2. 발표용 제안서와 보고서용 기획서의 표준목차를 정리하고, 이들이 앞서 설명한 마케팅 마인드 세트와 어떤 관계를 맺고 있는지 설명해 주세요.

(4) 다양한 기획서목차와 마케팅 마인드 세트

일반기업 특히 다국적 기업들이 사용하는 기획서 목차는 언뜻보면 일반 기획서와는 조금 다르게 구성된 것처럼 보인다. 평소 봤던 기획서 목차와 조금 다른 용어를 사용하는 경우가 많기 때문이다. 하지만 이는 해당 기업에서 자사의 상황에 맞춰 새롭게 구성했거나 특정한 목적에 의해 별도항목을 강조한 결과다. 이들도 목차의 위치와 역할을 살펴보면 결국 마케팅 마인드 세트의 원리에 따라 구성되었음을 알 수 있다. 마케팅 분야에서 사용하는 거의 모든 기획서는, 세일즈 프로모션 기획까지 포함하며, 마케팅적인 문제해결방식은 마케팅 마인드 세트의 시각으로 구성되었다.

세상에는 수많은 기획방법이 있다. 그리고 기업체에서 기획의 효율성과 효과성을 높이기 위해 별도의 기획단계를 구성한 곳도 있다. 필자도 시장조사 회사에서 근무할 때 다양한 조사기법들을 배워 현장에서 활용했는데, 이들 대부분이 다국적 기업들이 자체적으로 개발한 것들이다. 이런 방법들은 기업이 특정용도로 활용하려고 개발했기에 앞서 설명한 마케팅 마인드 세트와 다른 것처럼 보일 수도 있다. 하지만 자세히 살펴보면 기업특성에 따라 마케팅 마인드 세트의 특정부분을 강화시킨 정도다. 결국엔 마케팅 마인드 세트와 동일한 접근방법을 사용한다.

김영한(실전마케팅플래닝, 김영한, 거름, 2002.)은 HP의 10단계 플래닝 기법을 소개하면서 이렇게 말한다. "10단계 플래닝은 고객의 니즈를 기업안으로 끌여들여 그것을 충족시킬 수 있는 계획을 세우고, 사원(내부고객)이 수립된 계획대로 실행하는 일련의 프로세스다…(이는) 휴렛팩커드의 모든 관리자들이 필수적으로 이수해야 하는 과정이다. 개발직원과 영업직원, 관리직원 모두 이 교육과정을 듣고 같은 방법으로 계획을 수립하고, 계획과정에 참여해 정보를 공유한다."

휴렛팩커드의 기획단계는 아래와 같다. 1.2단계애서 사업방향을 설정하고 3, 4단계에서 이를 확인하고 최적의 목표고객을 선정하기 위한 시장, 고객, 경쟁사분석을 한 후 5단계에서 목표고객의 욕구에 따른 상품개발방향(Solution)을 결정한다. 이 후 6단계에서 앞선 상품개발과 판매계획을 수립하고, 7단계에서 이의실행을 위해 사용한 비용과 얻을 수 있는 이점을 계산하면서 8, 9단계에서 재무적 결과에 영향을 미칠 수 있는 위기에 대한 대응방안을 구성하는 순이다.

단 계	단계 명	다음 단계로 넘어가기 전에 점검해야 할 항목	비 고
1, 2단계	사업방향 설정	· 실용적인 가치기준이 확정되었는가? · 모든 핵심 성공요인에 대한 목표가 현실적으로 수립 가능한가?	
3, 4단계	고객/결정 분석	· 어떤 세분화된 소비자 니즈가 장기적으로 가장 유망한 시장을 제공할 것인가? · 지속적인 경쟁우위를 달성할 수 있는 특정 세분시장을 목표로 삼고 있는가?	Research Segmentation Targeting
5단계	솔루션 개발	· 예상고객의 기대를 만족시키고, 경쟁에 이기기 위해서는 어떤 효용과 서비스, 판매자 속성이 필요할 것인지 확정했는가?	Positioning Concept
6단계	개발/판매 계획	· 계획이 성공하면 핵심목표가 확실히 달성되는가?	Marketing Mix

단 계	단계 명	다음 단계로 넘어가기 전에 점검해야 할 항목	비 고
7단계	재무계획	· 계획이 앞서 세운 재무목표와 부합하는가?	Implement-tation
8, 9단계	위험요인 분석	· 재무적 결과에 영향을 미치는 예상치 못한 상황에 대응할 수 있는 계획을 개발했는가?	
10단계	1차년도 계획	· 조직기대를 충족시킬 수 있는 방안을 마련하고 있는가? · 계획이 1차년도 목표를 달성하기에 충분한가?	Control

앞의 내용을 표의 오른쪽에 있는 [비고]란없이 바라보면 앞서 설명한 마케팅 마인드 세트구조와 다르다고 느낄 수도 있다. 단계도 복잡하고, 왠지 모르게 전문적으로 보인다. 하지만 오른쪽 비고란을 보면 이 역시 마케팅 마인드 세트의 흐름을 그대로 따르고 있다는 것을 알 수 있다. 시장조사를 시작으로 시장세분화, 목표고객선정, 포지셔닝과 컨셉을 수립한 후 이의실행(개발, 판매)을 위한 마케팅믹스를 개발하고 이의 실행계획을 수립하는 과정이다.

앞서 설명한 세일즈 프로모션 기획도 기업현장에서 자주 사용하는 기획이다. 판촉활동 시 전파나 인쇄매체보다 전달범위는 작지만 대중매체보다 비용이 저렴하고 즉각적인 효과를 볼 수 있다는 점 때문이다. 다만, 마케팅의 근간이 대중매체를 중심으로 한 ATL분야에서 발전하다보니 현장중심의 세일즈 프로모션 기획이 낯설어 보일 수도 있다. 하지만 이것도 기획의 전체흐름은 마케팅 마인드 세트와 거의 동일한 구조다. 현장중심의 기획인 관계로 여타 신상품개발기획이나 광고관련 기획과 주 관심사와 사용하는 용어가 조금 다를 뿐이다.

아래 내용은 [판촉기획단계]다.(세일즈 프로모션은 왜 마케팅의 핵심인가?, 줄리언 커민스 외, 거름, 2006.) 먼저 판촉활동의 목표를 설정하고, 이의 달성을 위해 시장상황분석을 한 다음, 앞선 목표를 달성하기 위한 판촉과제를 수립한다. 그 후 과제를 실행하기 위한 커뮤니케이션 전략을 설정하고, 이의 구체적인 시기와 일정, 장소 등을 확정지은 다음 이를 실행에 옮기기 위한 실행계획을 작성한다. 그리고 마지막으로 세일즈 프로모션 활동의 결과를 평가할 수 있는 방법을 제시하는 순서다. 이와 같은 과정은 마케팅 마인드 세트와 같은 구조로, 앞서 설명한 HP의 10단계 플래닝과도 동일한 순서임을 알 수 있다.

판촉활동 목적 판매목표 확인	판매촉진 활동의 목적과 판매계획에 명시된 목표를 확인 (목적과 목표는 수치 또는 추상적 목표)	
시장상황 분석	판촉활동이 가장 효율적으로 기능할 수 있는 영역, 분야를 찾아내기 위함.(수요량 동향, 소비자 추세, 상품포지션, 유통경로 등) · 검토사항 1 –누구를 대상으로, 어떤 메시지를 어디서 어떻게 전달할 것인가? · 검토사항 2 –고객성향에 맞는 적절한 비용? –구매편리성? –적절한 컨셉? –원활한 커뮤니케이션? –부드럽고 활발한 고객관계관리? –일관성?	Research
기본방침 (과제) 설정	앞서 언급한 판촉목적, 판매목표를 달성하기 위한 · 판촉활동의 기본방침(과제)을 구체적으로 설정하고(2~3개) · 이를 효과적으로 달성할 수 있는 기본 전략을 수립 예) 신규고객을 최대한 확보, 목표상품의 시험구매를 촉진매장밖에서의 인지활동에 000%의 중점을 둔다.	Research의 시장조사 요약 부분
판촉테마 개발	목표시장의 소비자들에게 · 어떤 표현내용을 · 어떤 방법으로 접근할 것인가를 결정하며, · 이것은 제품(브랜드)에 대한 소구내용(스토리)과 · 그 전달방법(연출)을 연구, 구성하는 작업임 · 핵심사항은 –제품의 장점을 함축한 문장으로 만들고 –제품의 의미와 가치를 명백하게 키워드화하여 설득력 있는 캐치프레이즈로 표현함 –특히 소구내용의 구체적 생활장면 속에서 제품에 대한 의미가 부여되어야 함	Segmenta- tion Target Positioning & Concept
판촉활동 실시요항 작성	수립된 기본전략의 방침에 따라 판촉활동의 실제 전개에 대한 실시요항을 작성. · 판촉활동 시기 · 판촉활동의 장(場), (때로는 경쟁브랜드 확정) · 판촉활동영역선택 · 영역별 판촉활동예산배분	Marketing Mix
커뮤니케이션 계획	판촉활동은 · 제품(브랜드)에 대한 양호한 인식형성과 강화를 통해 · 소비자의 구매의욕을 자극하는 데 그 목적이 있음 · 최적의 미디어를 활용하여 판촉정보를 전달할 필요가 있음	Marketing Mix

전개계획	판촉활동의 목적에 걸맞으며 비용효율이 높은 매체를 선정하고 필요한 원고, 도구(Tool)를 제작하며, 진행을 위한 계획을 수립. · 전략적 중점에 따르는 미디어기능 선정 · 미디어 기능별 매체의 결정 · 선정된 매체 별, 수단별 예산배분 매체 별 수단의 방향부여는 · 사용목적 및 수법의 명확화 · 메시지 내용 및 요소의 검토 확인 · 원고 형상, 시기, 전개 지역의 재확인 · 제작수량, 기본시방의 결정	Marketing Mix & Implementation
평가계획	· 평가기준(1) –설정과제의 달성 정도 –판촉활동 전략의 유효성 –개별 미디에 대한 효과수준 –유통경로에 대한 제안성과 –판촉활동 관여자에 대한 평가 등 · 평가기준(2) –설정마케팅 목표의 달성상황 –제품별 판매목표의 달성상황 –기본과제의 달성상황 –판촉활동 전개전략의 유효성 등	Control

마케팅 마인드 세트는 문제해결을 위한 마케팅적 접근방식으로 마케팅 기획서의 근간을 이룬다. 기업의 당면문제, 즉 새로운 시장을 찾고, 고객의 욕구를 만족시킬 수 있는 방안을 찾을 수 있도록 이끌어주는 공인된 사고과정이다. 따라서 대부분의 기획서들은 마케팅 마인드 세트의 사고흐름에 따라 목차를 구성했다. 세부내용들은 기획서 특성에 따라 조금씩 다르지만 본질적인 흐름은 거의 모든 기획서가 동일한 구조를 갖고 있다. 마케팅 마인드 세트를 이해했다면 이를 사고근간으로 삼은 기획서 구조도 쉽게 이해할 수 있으며, 기획서 목차도 상황에 따라 자체적으로 개발해 낼 수 있다. 기획서 목차는 암기가 아니라 이해해야 하며, 이때 이의 근간이 되는 것이 마케팅 마인드세트다.

▼ 과 제

아래 내용은 기획서 수업시간에 학생들이 구성한 기획서 목차의 사례다. 두 개의 목차를 살펴보고 각 목차에서 순서가 잘못된 것을 찾아 이를 올바르게 수정해 보세요.

1. 기획의도	1. 기획의도
2. 기획목적	2. 기획목적
3. Concept	3. Target
4. Target	4. Concept
5. 시장조사(전체)	5. 시장조사(전체)
6. 시장조사(세부내용)	6. 시장조사(세부내용)
7. 경쟁사분석	7. Positioning(?)
8. 문제점	8. 경쟁사분석
9. 해결방안(핵심가치)	9. 문제점
10. SWOT분석	10. 해결방안(색심가치)
11. Positioning	11. SWOT분석
12. 홍보방안 & 프로모션	12. 추진일정
13. 추진일정	13. 예산
14. 예산	14. 홍보방안 & 프로모션
15. 별점	15. 별첨

기획서 작성하기

Chapter 09

기획서 작성이 어려운 이유

1. 무엇을 써야 할지 모른다.
2. 기획서 구조와 원리를 정확히 모른다.
3. 한 번에 쓰려고 한다.
4. 잘못된 기획서 작성 습관때문이다.

1 무엇을 써야 할지 모른다.

(1) 무엇을 주제로 삼을지 모른다.

기획서는 문제를 찾아 이의 해결방법을 정리한 문서다. 해결해야 할 문제가 없으면 기획서를 작성할 수 없다. 하지만 사람들은 자신이 무엇을 쓸지 몰라 기획서를 못 쓴다고 생각하지 않는다. 기획서 작성자체가 어려워 기획서를 못 쓴다고 오해한다. 기획서 작성법은 자신이 원하는 내용을 정리하는 방법을 가르쳐 주는 것이지 무엇을 써야 할지 알려주는 지식이 아니다.

기획서를 쓰는 것이 어렵다는 사람들이 많다. 대략 다음과 같은 이유다. 첫 번째, 기획서를 어떻게 써야 할지 모르겠다는 것이다. 기획서 목차를 배우긴 했지만 각각의 목차에 무슨 말을 써야 할지 모르겠고, 설사 배웠다 해도 막상 쓰려면 막막하다는 말이다. 두 번째, 기획서 목차가 너무 복잡하다는 점이다. 간단히 자기의견만 쓰면 되는 줄 알았는데 무슨 자료가 필요하고, 그것을 검증해야 하고, 목표설정하고, 전략도 구상해야 한다는 말을 듣고 있으면 질려버린다. 세 번째, 상대가 무엇을 원하는지 잘 모르겠다는 말이다. 뭔가 열심히 쓴것 같은데 상관에게 가져가면 어디가 틀렸는지, 어떻게 고치면 되는지 말도 없이 무조건 고치라고만 하니 답답하다. 필자도 과거 기획서를 쓸 때 상관에게 여러 번 퇴짜맞아 본 경험이 있어 이런 상황을 충분히 이해한다. 기획은 내 생각보다 상대방이 원하는 내용을 담아야 하니 자기의견이나 내용구성방식이 상대방과 다르면 그 생각에 맞춰 고쳐야 하고, 그런 상황에서 기획서자의 의욕이 반감되는 경우가 많다. 네 번째, 기획서를 보기좋게 만들어야 한다는 압박감이다. 특히 파워포인트 기획서는 디자인이 무척 중요하다. 필자도 1996년부터 파워포인트를 사용하여 기획서를 작성하기 시작했는데, 당시 내용을 만드는 것보다 기획서 디자인이 더 어려웠던 것 같다. 내용을 쓰는 것만으로도 어려운 것이 기획서 작성이다. 하지만 이것 이외에도 여러 가지 조건을 맞춰야 하는 상황을 직접 경험해 본 필자로서는 앞서 말한 분들의 고충을 충분히 이해한다.

기획서를 못 쓰는 데에는 여러 가지 이유가 있다. 이런 것들이 기획서 작성단계마다 기획자의 발목을 잡으며 기획서 작성의욕을 꺾어버린다. 그러나 시간이 지나면서 기획서를 못 쓰는 본질적인 이유는 따로 있다는 것을 알게 되었다. '내가 무엇을 써야 할지 모른다'는 점이다. 너무나도 당연한 말같지만 많은 사람들이 이 이유때문에 자신이 기획서를 못 쓴다고 생각하는 것 같다.

필자가 대학교나 창업대학원에서, 또 직장인이나 일반인 대상으로 기획서 수업을 할 때 가장 먼저 요구하는 것은 무엇을 쓸지 기획서 주제를 제출하라는 것이다. 일반인이나 직장인 대상의 기획서 수업은 2~3시간의 특강을 제외하곤 대부분 일주일 단위로 3~4회 정도 진행한다. 수업 첫 시간에 기획의 기본원리를 설명하고 수강생들에게 다음 시간에 기획주제를 정리해서 발표하라고 요청한다. 그들에게 일주일 정도 생각할 시간을 준 셈이다. 하지만 다음 수업시간에 주제를 발표하는 사람은 절반도 안 된다. 그들에게 이유를 물으면 이구동성으로 하는 말, "무엇을 써야 할지 모르겠어요.". 그들에게 "주변에 문제 삼을만한 일이나 고쳐야 할 상황이 하나도 없나요?"라고 물으면, "문제가 없는 건 아닌데… 그게 기획서를 작성할만한 거리가 되는지 잘 모르겠어요."라고 대답한다. 우리 주변에 그토록 문제거리가 없다니 무척 살기좋은 나라인가보다. 문제가 있지만 그것들이 기획서 거리가 안 된다는 것은 해당 문제가 마음에 와닿지 않는다는 말이다. '더 나은 것이 있을텐데…. 고작 저 정도밖에 안되나?' 또는 '이런 것만 고치면 무척 좋을것 같은데….' 같은 문제의식을 갖고 있는 사람이라면 앞선 사람과 같은 변명은 하지 않는다. 문제를 느낀 사람들은 이렇게 물어본다. "현재 이런 점이 불편합니다. 이것만 고치면 좋을 것 같아요…. 근데 이걸 어떻게 기획서로 표현하나요?"라고.

하지만 문제는 다른 곳에 있다. 무엇을 써야할지 모르는 사람들 대부분이 자신이 쓸 거리가 없어 기획서를 못 쓴다고 생각하지 않는다는 점이다. 기획서 작성능력이 부족하다거나, 기획체질이 아니라거나, 기획서 작성이 너무 어렵다고 생각한다. 기획서는 문제를 찾아 이를 해결하는 방법을 정리한 보고서이다. 문제의식이 있어야만 기획서를 쓸 수 있다. 문제의식이 싹틀 때 그것을 유심히 관찰하게 되고, 주변에서 불만을 찾아보고, 그런 가운데에서 해답이 머리속에 그려진다.

따라서 기획서 작성이 어렵다고 느낀다면 기획서 작성능력을 한탄하기 전에 먼저 "내가 무엇을 쓰고자 하는가?"라는 질문을 자신에게 던져보는 게 좋다. 자신이 무엇을 쓸 것인지 모르는 상황에서는 기획서뿐만 아니라 어떤 글도 쓸수 없다. 기획서를 못 쓰는게 아니라 쓸 것을 갖고 있지 않은 것이다.

▼ 과 제

1. 아래 질문에 대답해 보세요.(기획서 주제를 찾는 방법입니다.)

1) 현재 시장 또는 주변상황에서 평소 문제라고 느꼈던 것을 종이에 정리해 보세요.
2) 위에서 정리한 것들이 왜 문제라고 생각했는지 정리하세요.
3) 그 내용을 살펴보면서 남들이 이미 문제라고 인식하고 해결책을 제안한 것들을 제외하세요.
4) 자신이 문제라고 인식했지만 아직 해결책이 없는 것들에 대해 그 이유를 정리해 보세요.
5) 위 과정을 통해 남아있는 문제들을 해결하려는 이유가 무엇인지 정리해 보세요. 즉 문제해결을 통해 얻고자 하는 것이 무엇인지 정리해 보라는 것입니다.

(2) 개선에 대한 열정이 부족하다.

무엇을 쓸지 결정하려면 문제해결에 대한 열정이 필요하다. 기획서는 논리적인 문장구성과 시각적인 디자인을 필요로 한다. 그러나 기획서를 작성하려면 단순한 스킬보다 문제해결을 통해 현재보다 나은 무엇인가를 만들겠다는 의지가 있어야 한다. 작가의 글에 대한 열정과 기획자의 문제해결의지는 일맥상통한다.

문제의식이 있어도 그것을 좀 더 좋게 만들고 싶은 의욕이 없으면 기획서를 쓰고자 하는 마음도 생기지 않는다. "문제가 없는 건 아닌데…." 하는 사람들은 대부분 문제를 알고는 있지만 보다 나은 무엇인가를 만들고 싶은 의지가 없는 경우다. 이런 경우에는 누가 일을 맡겨도 남다른 해결방안을 만들어 낼 수 없고, 당연히 기획서 내용도 종이 몇 장으로 끝나고 만다. 사람은 감정의 동물이다. 자신이 좋아하고 흥미를 느끼는 부분에서는 열성을 다해 해답을 얻으려고 하지만 관심없는 일에 대해서는 새로움을 찾는 것 자체가 귀찮다. 앞서 말한 것처럼 창의력은 관심에서 생기며, 자신이 그 분야에 대해 얼마나 많은 것을 알고 있는지에 따라 결정된다. 누워서 감 떨어지길 기다리는 사람에게 창의성은 먼 이웃나라 이야기밖에 되지 않는다.

기획서를 작성하는 과정은 다음과 같다. (1) 세상을 바라보고, 상품, 사물, 서비스 등에 대한 것을 경험하면서 문제의식이 싹튼다. 뭔가 부족한 것 같고, 이렇게 고치면 더 나을 것 같은 심정이다. 이런 생각이 마음속에 쌓이면 어느 순간 이렇게 고치면 되지 않을까 하는 생각이 들게되고, 이때 좀 더 좋게 만들 수 있다는 확신이 들면서 기획서를 작성하기 시작한다. (2) 그 후 자신의 생각을 [문제-원인-과제-해결방안]의 논리에 따라 정리하여 가설을 만들고, 이를 검증하면서 기획서의 전체구조를 만들어 본다. (3) 그리고 이를 검증하는 과정, 즉 자신의 생각을 뒷받침해 줄 자료를 찾아보게 되며, (4) 이 과정을 통해서 새롭게 얻은 자료나 정보를 활용하여 초기과정을 수정, 보완한다. 따라서 기획의 시작은 문제의식이며 문제의식을 가지려면 세상을 관심있게 바라봐야 하며, 뭔가 더 좋게 만들고 싶다는 의지가 있어야 한다.

기획서 작성 시 의식과정

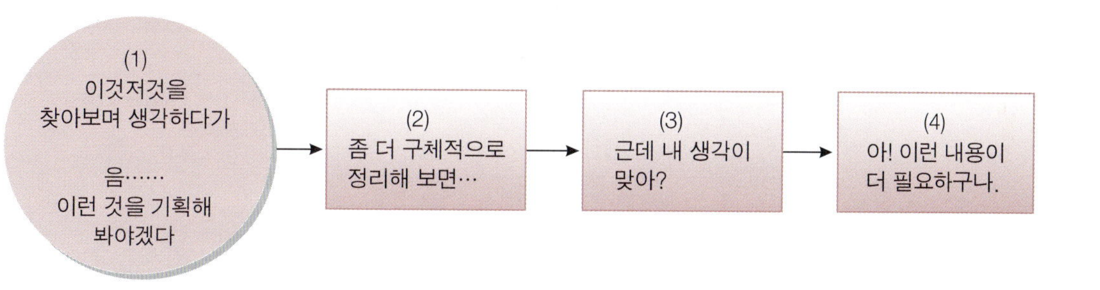

'개선에 대한 열정'은 기획을 떠나 취업시에도 무척 중요하다. 취업면접을 볼 때 면접관이 꼭 질문하는 게 하나 있다. "우리 회사에 들어오면 무엇을 하고 싶은가요?" 언뜻 들으면 무척 간단한 질문같지만 이 질문에 답을 하려면 최소한 두 가지는 알아야 한다. 우선 그 회사의 업종이 무엇이며, 어떤 시장, 소비자에게 관심을 갖고 있고, 그 시장이 어떻게 흘러가고 있는지에 대한 시장상황 이해다. 내용이 정확하진 않더라도 취업응시생이 현실을 이해하려는 자세가 면접관에게는 무척 우호적으로 다가간다. 두 번째로는 그런 상황 속에서 자신이 하고 싶은 게 있을 것이다. 그저 시키는 대로 최선을 다하겠다는 말은 옛날 옛적의 답변방식이다. 기업이 원하는 사람은 회사를 성장시키고 더 나은 기업으로 만들 수 있는 사람이다. 그리고 그런 사람은 당연히 현재 상황을 이해하고, 거기서 문제를 찾아 그 문제를 해결해 보겠다는 의지를 갖고 있다.

우리가 쓰는 기획서에는 다음의 몇 가지 사항이 필수적으로 들어간다. 우선 시장에 대한 이해다. 시장의 문제를 찾기 위한 시장동향과 미래 변화상에 대한 정보다. 그리고 앞으로 현재 발생한, 또는 앞으로 발생할 문제와 그것의 원인이다. 그 후 원인을 제거하기 위한 과제와 과제를 효과적으로 풀어갈 수 있는 해결방안이다.

기획서에는 앞선 면접관 질문에 대한 답이 모두 들어가 있다. 특정시장이나 기업에 대한 기획서를 쓰다보면 그 분야에 대한 문제의식을 갖게되고, 당연히 문제를 멋지게 풀고 싶은 의욕이 생긴다. 기획서에 담긴 해결방안이 정답이냐 아니냐는 그 다음 문제다. 원하는 게 있다는 것, 그것을 현실로 만들고 싶어 열심히 뛰어다녔다는 것만으로도 높이 칭찬 받을만한 일이다.

취업면접 때 반드시 질문하는 것

"우리 회사에 들어오면 무엇을 하고 싶은가요"
하고 질문했을 때 뭐라고 답변할 것인가?

***기획서작성 과정은 기획자가 된다는 수준을 떠나
기본적으로 이에 대한 대답을 준비하는 과정임**

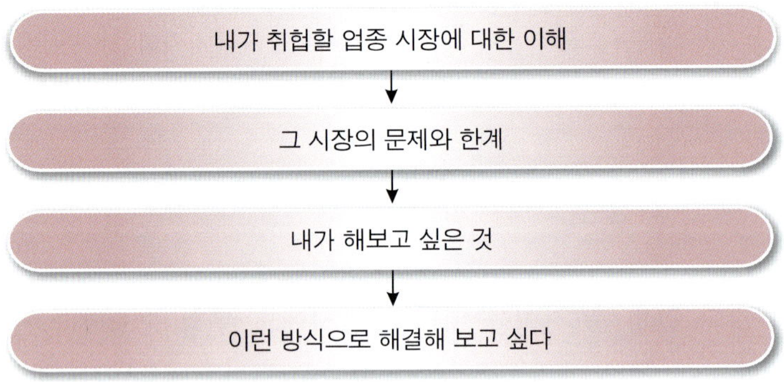

필자는 취업을 앞둔 학생들에게 자기소개서를 잘 작성하는 것도 중요하지만, 면접을 보기 전에 자신이 입사하기 원하는 회사에 대한 기획서를 작성해 보라고 권한다. 그리고 그것을 면접관에게 제출하면서 면접관에게 조언을 구하라고 말한다. 설사 기획서에 담긴 답이 잘못되었을지라도, 면접관 입장에서는 비슷한 스펙과 현란한 답변보다는 회사의 문제를 찾아 나름대로 해결책을 만들어 본 사람에게 점수를 더 줄 수밖에 없다.

▼ 과 제

1. 자신이 취업을 희망하는 업체 또는 업종에 대한 기획서 주제를 작성해 보세요. 내용은 아래와 같은 약식목차를 사용해서 작성하시면 됩니다.

1) 해당 업체, 업종의 시장상황은 어떠한가요?
2) 해당 업체, 업종은 앞으로 어떻게 변화될 것인지?
3) 해당 업종, 업체가 당면한 문제는?
4) 앞선 문제를 해결할 수 있는 방안은?

---

2 기획서의 구조와 원리를 정확히 모른다.

(1) 기획서의 근간은 'Why-What-How'이다.

기획서를 작성하는 일은 간단하지 않다. 다양한 사고와 행동이 필요하다. 하지만 기획서의 기본 구조는 무척 간단하다. [Why - What - How]의 사고과정으로 기획을 하는 이유(문제)와 문제를 해결하기 위한 방법, 세부적인 실행방안을 작성하는 것이다. 이런 흐름을 이해하지 않고 목차만 바라보면 기획서가 복잡하다는 생각만 든다. 따라서 기획서 작성이 어렵다면 우선 앞선 세 개의 질문에 대한 답을 찾아볼 필요가 있다.]

기획서 목차는 언뜻보면 복잡하게 보인다. 간단한 목차는 4~5개 정도로 이뤄졌지만, 조금 복잡한 기획서 목차는 10개 이상이다. 하지만 어떤 종류의 기획서 목차이든 그 흐름은 비슷하다. 내 생각을 상대방에게 알기 쉽게 전달하여 그를 설득하자는 것이다. 그리고 이를 위해 문제를 정의하고, 과제를 제안한 후, 과제를 실행으로 옮기기 위한 실행방안을 설명한다. 즉 앞서 설명한 [Why-What-How]식의 논리전개방식이다.

기획의 시작은 문제찾기

[Why] Why는 무엇을 하되 '왜' 하는지를 명확히 제시하는 것이며, '왜' 해야 하는가의 답은 '이런 문제가 있기에 한다'이다. 중요한 것은 문제에 대한 뚜렷한 근거가 없고 논리적인 비약이 많다면 듣는 사람에게 문제를 풀고자 하는 동기부여를 하지 못한다.

기획의 가치는 올바른 과제설정

[What] What은 무엇을 할 것이가에 대한 내용이다. 문제해결을 위해 무엇을 하는지가 분명히 제시되어야 한다. 무엇을 해야할지 정확히 제시하기 위해서는 **'문제가 왜 생겼는지'** 이해해야 한다. 기획서에 대한 최악의 평가는 '무슨 말을 하자는 지 모르겠다'다.

기획의 질적평가는 남다른 해결방법

[How] How는 일을 어떻게 구체적으로 풀어나갈 것인지에 대한 부분이다. 일의 우선순위는 어떻게 가져갈 것이고, 어떤 프로세스와 일정으로 일을 진행할 것인지, 필요한 자원은 어떻게 조달하고 배분할 것인지 등의 내용이다. **실행에 옮길 수 없다면 기획안은 무용지물**이다.

이와 같은 전개방식은 상관과 대화하는 모습을 그려보면 이해하기 쉽다. 3번의 질문과 3번의 답변을 구조화했다고 보면 된다. 앞서 설명한 내용을 다시 한 번 살펴보자.

기획서는 상관이나 고객이 기획자에게 무엇에 대해 검토해 달라는 요청에서 시작한다. 예를 들면 '요즘 우리 회사매출이 심상치 않은 것 같아요. 그것에 대해 검토해 주세요.'와 같은 요청이다. 이것은 단순한 요청같지만 따지고 보면 질문이다. '요즘 우리 회사매출에 무슨 문제가 있는 건가요? 어떤 상황이지요?'라는 의미다. 이런 질문을 받으면 기획자는 '현재 상황이 이러저러하기에 이런 문제가 있습니다.'라고 대답해야 한다. 앞선 [문제찾기]가 이런 상황에서의 첫 번째 대답이다. 이와 같은 답을 듣고 기획자가 제기한 문제가 맞다고 판단된다면 상관은 당연히 다음과 같은 질문을 할 것이다. '그럼 그 문제를 해결하려면 무엇을 해야 하나요?'. 이때 기획자는 두 번째 대답을 해야 한다. '그 문제를 해결하려면 이런 일을 해야 합니다.' 이것이 '과제설정'이다. 그 후 세 번째 질문이 있을 것이다. '앞서 과제로 매출을 올리려면 영업력을 키워야 합니다'라는 말을 들었다면 당연히 '그럼 영업력을 어떻게 키워야 하나요?'라고 묻지 않겠는가. 그럼 기획자는 '예. 영업력을 키우기 위해서는 현재 영업사원들의 사기증진을 위해 이러저러한 것을 이런 방식으로 진행해야 하고…'라고 답변할 것이다. 이것이 기획자의 세 번째 답변이며, 앞선 구조에 나온 '해결방안'이다.

기획서는, 특히 마케팅 기획서는 크게 4단계로 나눠 작성한다. 먼저 문제를 해결하기 위해 무엇인가를 해야 한다고 제안하는 [사업제안서], 제안서를 승인받은 후 그것을 실행할 수 있도록 실행내용을 보다 구체적으로 정리한 [실행계획서], 그 후 실행계획서에 담긴 내용을 개별부서나 파트에서 현실로 구현하도록 세밀하게 정리한 [업무매뉴얼], 마지막으로 일을 마쳤을 때 일의 성과를 평가, 보고하는 [결과보고서]다.이들 중에서 [실행계획서]가 [제안서]와 다른 점은 질문의 시작이 '무엇이 문제인가요?'가 아니라 문제가 있다는 것을 전제하고, 그것을 해결하는 방법부터 답변을 시작한다는 점뿐이다. 기획서가 상대방과 대화하는 상황을 그리면서 그들의 질문에 답변하는 형식으로 구성되었기 때문이다. 제안서이든 실행계획서이든 모든 기획서는 모두 3번의 질문과 3번의 답변으로 구성되어 있다.

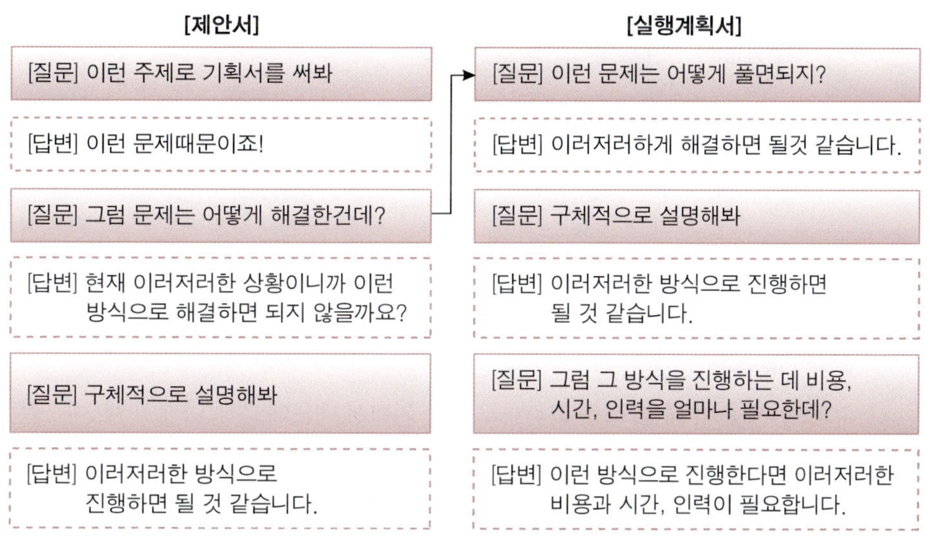

결국 기획서에 담긴 내용은 시장상황과 이에 근거한 문제, 문제해결을 위한 과제, 과제를 실행할 수 있는 최적의 해결방안이다. 그리고 기획서를 마치기 전에 앞에서 제시한 내용의 가치를 다시 상대방에게 상기시키는 것으로 마무리 한다. 우리가 일상적으로 사용하는 사고방식이고, 평소 누군가에게 공식적으로 자신의 의견을 이야기하는 경우나 자신 앞에 닥친 문제를 해결할 경우 흔히 사용하는 사고패턴이다.

이런 구조가 어렵다는 것은 단지 평소 훈련되지 않은 대화습관이나 어법상의 문제일 뿐이지, 기획서를 처음 접하는 사람들이 말하는 목차 때문은 아니다. 목차는 기획서를 작성할 때 '이런 부분은 놓치지 말고 검토해야 한다.'는 최소한의 안내표시같은 것이다. 따라서 목차를 이런 순서로 배열하는 게 좋다는 표준안은 있지만, 이를 강조하는 사람은 많지않고, 현장에서도 이를 그대로 사용하지는 않는다. 목차는 상황에 따라, 듣는 사람의 관심사항에 따라 바꿀 수 있고, 또 필요한 경우에는 특정목차를 제거할 수도 있다. 목차는 기획자가 자신이 원하는 기획서를 작성하기 위해 활용하는 블록같은 것이다.

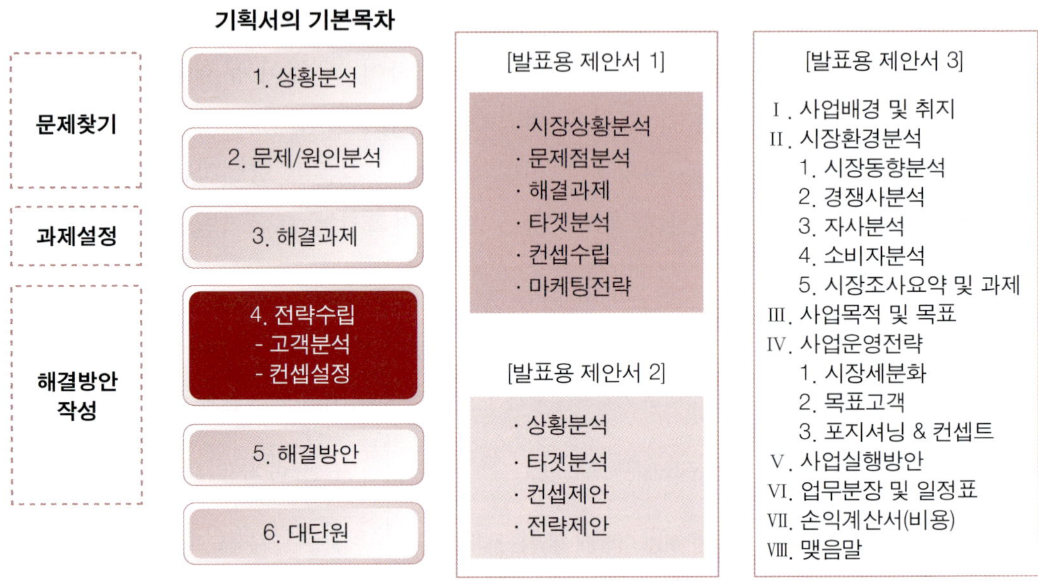

▼ 과 제

1. 현재 준비 중인, 또는 고려하고 있는 기획서 내용에 대해 아래의 세 가지 질문에 답을 해보세요.

1) 자신이 해당 주제를 생각하는 이유는 무엇인지요? 그것을 왜 해결해야 할 사항이라고 생각하는지 물어보는 것입니다.
2) 앞서 답한 문제를 해결하려면 무엇을 해야 하는지요?
3) 앞서 답한 과제를 현장에서 실행하려면 구체적으로 어떤 일을 해야 하는지요?

(2) 기획서 작성에는 세 가지 지식이 필요하다.

기획서를 제대로 작성하려면 몇 가지 핵심적인 지식이 필요하다. 우선 기획서에 대한 정의와 역할을 이해하고, 이의 구성원리와 목차 등을 알아야 한다. 두 번째, 기획의 시작인 현황분석방법과 조사자료의 정리방법을 익히고 이를 토대로 한 전략수립방법을 배워야 한다. 세 번째, 남다른 해결방안을 제시하기 위한 창의력 훈련을 해야 한다. 모든 일에는 단계가 있고, 이들을 하나씩 배워가야 한다. 문제는 이를 한번에 가르치고 익히려는 데 있다. 한단계씩 익히다보면 어느새 전문기획자가 된 자기 모습을 발견할 수 있다.

남들이 인정하고 현장에서 활용가능한 기획서를 작성하려면 몇 가지 전문지식이 필요하다. 기획서를 언뜻보면 기획자가 하얀종이에 글과 그림을 맞춰나가는 것 같지만, 이 내면에는 여러 가지 요소들이 함축되어 있다. 마치 TV를 볼 때 시청자들은 화면에 나오는 생동감 있는 장면들만 보지만 그 안에는 다양한 기기들이 복잡한 설계도에 따라 배치되어 있는 것과 같은 상황이다. 문제는 기획서를 작성하기 위해 필요한 지식이 다양하다는 것이 아니라, 그것을 한 번에 가르치고, 배우려고 한다는 게 있다. 걷지도 못하는 사람이 달리고, 장애물을 넘고, 트위스트를 추는 기술을 단 시간에 습득하겠다는 욕심이다. 멋지게 춤을 추려면 우선 기본스텝을 배우고 그것의 응용동작을 익힌 후 이들을 조합하고, 활용하는 방법을 하나씩 단계별로 배워나가야 한다.

기획서의 정의, 개념 이해 기획서 구조, 구성방법 이해	· 기획의 정의, 용도, 종류 · 기획사고와 기획서 구조, 목차이해 · 스토리라인 구성법 · 스토리라인의 기획서화 방법 · 기획서 디자인 방법
시장조사와 조사자료 활용능력 배양 전략적 사고 및 전략수립능력 강화	· 효과적, 효율적인 시장조사방법 · 수집자료의 정리 및 활용방법 · 현상분석을 위한 분석 Tool 이해 및 활용법 · 전략적인 사고능력 · 다양한 전략사례에 대한 이해 · 전략개발능력
문제찾기와 해결방법에 필요한 창의력 개발	· 창의력 개발방법 · 남다른 해결방법 구상능력(벤치마킹 방법포함)

우선 1단계로 기획서 자체와 기획서 작성방법을 이해해야 한다.

첫째, 기획서가 무엇이고, 어떻게 활용하는 것이며, 기획서와 계획서, 기획력과 기획서 작성능력이 무엇이며 어떻게 다른 것인지 배워야 한다. 이들을 구분하는 것이 기획서 교육에서 가장 먼저 선행되어야 할 지식이다. 기획서와 계획서를 구분하지 못하면 다른 보고서는 갖지 못한 기획서만의 가치와 특징을 알 수 없어 기획서 답지않은 이상한 보고서를 작성하게 된다.

둘째, 기획서의 스토리라인 작성법을 배워야 한다. 스토리라인은 기획서 내용의 전체적인 흐름을 말한다. 스토리라인없이 기획서를 쓰게되면 자신의 생각을 분명하게 표현할 수 없고, 앞, 뒤 내용 간의 인과관계도 성립하지 않는다.

셋째, 이와 같은 과정이 숙달되면 이제 기획서의 구조와 이를 세분화시킨 목차를 이해해야 한다. 목차는 내용을 전개하는 순서와 방식을 규정하는 가이드라인이다. 기획서 목차의 구성원리를 알지 못하면 해당 목차에 맞는 내용을 작성하기도 어렵고, 상황에 맞는 목차를 구성할 수도 없다.

넷째, 앞서 스토리라인 작성법과 기획서의 기본목차를 이해했으면 이젠 스토리를 기획서로 바꾸는 작업을 이해해야 한다. 스토리라인은 기획서 내용을 문장으로 표현한 것이다. 이를 기획서로 만들려면 아래한글 또는 파워포인트 기획서로 전환하는 방법을 알아야 한다. 특히 파워포인트는 디자인요소를 중시하는 문서이기에 디자인요소에 대한 기본적인 지식이 필요하다.

2단계에서 익혀야 하는 것은 시장분석도구와 전략에 대한 지식이다.

앞 단계에서는 기획서 작성자체에 집중했다. 이제부터 배워야 할 것은 시장조사방법이다. 기획서는 현상파악에서 시작하여 이에 근거한 문제해결방안을 제시하는 것이다. 따라서 보다 체계적인 조사방법과 수집자료의 정리 및 표현방법 등에 대한 지식이 필요하다.

이를 위해 필요한 지식은 현황분석방법이다.

시장현황분석은 기획서의 문제와 원인, 해결방안을 찾기위해 반드시 거쳐야 할 과정이다. 앞서 설명한 마케팅 마인드 세트를 봐도 마케팅과 기획의 시작은 시장조사다. 하지만 이를 기획서 초반에서 배우면 이것들을 어디에서, 어떻게 사용할지 모르는 상황이라 배움의 열의가 떨어진다. 게다가 인내가 필요한 자료수집과 분석작업 때문에 기획서작성에 흥미를 잃을 수도 있다. 따라서 시장조사방법은 기획서를 작성할 수 있는 기초체력을 키운 후, 그것을 보다 정교하게 만들고 싶은 의지가 생겼을 때 익히는 것이 좋다. 그리고 시장조사자료를 보기좋게 정리하여 이를 기획서에 담는방법도 함께 익혀야 한다. 기획서는 기획자가 주장하는 메시지와 이를 근거하는 자료, 정보의 종합본이다. 메시지가 있으면 반드시 이에 상응하는 정보가 있어야 한다. 이때 중요한 것은 정보, 즉 근거자료를 얼마나 효과적으로 표현할 거신가의 문제이며, 이를 위해서는 다양한 정보표현사례들을 수집하여 이를 적극 활용할 필요가 있다.

시장분석도구의 활용법을 익힐 필요가 있다.

시장현황분석은 기획자의 개인역량에 따른 시장분석이다. 하지만 개인역량에는 한계가 있으며, 결과를 표준화시키기도 어렵다. 이런 상황을 보완하기 위해 개발된 분석툴을 익힐 필요가 있다. 앞서 설명한 SWOT분석, BCG분석모델같은 것들이다. 이러한 도구들은 시장조사자료를 해당도구에 대입하여 분석하는 방법과 결과를 활용하는 방법도 함께 제시한다. 이런 툴을 활용하면 기획자 개인이 정의한 분석결과보다 결과에 대한 신뢰성도 높아지고 분석도 훨씬 간단해진다. 하지만 이런 분석도구는 앞서 설명한 지식들을 익힌 후 활용하는 것이 좋다. 기획에 대한 기본지식도 없이 이를 사용하면 오류를 범할 확률이 높다. 배우기는 간단하지만 실제 사용하는 데에는 개인적인 경험이 필요하다. 따라서 분석툴을 먼저 배워 이를 남발하는 것보다 기획자 스스로 정보를 분석하여 결론을 도출하는 작업을 직접 진행해 본 후 이런 도구를 사용하는 것이 좋다.

또 전략이란 개념을 이해할 필요가 있다.

전략이란 'Plan–Do–See'의 과정 중 Plan을 대표하는 단어다. 무작정 움직이지 말고 생각하고 실행하라는 의미다. 자신이 원하는 것을 얻을 수 있는 가장 효과적인 방법을 찾아보고 구상하는 과정이다. [문제를 해결할 수 있는 가장 효과적인 방법이 무엇일까?]라는 질문의 답을 찾고자 하는 것이 기획자의 전략사고이고, 이런 사고의 결과물들을 모아놓은 것이 전략사례들이다. 전쟁사에서도 승리에 따른 전략을 분석하는 별도의 과목이 있듯이, 마케팅에서도 다양한 문제들을 해결해 준 성공적인 전략들이 있고, 이와 같은 전략들을 별도로 연구하는 분야도 따로 있다. 따라서 기업이 처한 상황에 맞게 효과적인 전략을 수립하려면 기존 사례들을 공부해야 하며, 이들을 자신의 문제에 따라 적용, 응용하는 방법을 배워야 한다.

3단계에서 배워야 할 것은 기획서 내용의 질적인 부분을 향상시킬 수 있는 지식이다. 기획서의 핵심내용인 '문제찾기'와 '해결방안구상'에 필요한 창의성 개발방법들이다.

이제 남다른 문제를 찾고, 이와 같은 문제를 과제와 해결방안으로 어떻게 연결시킬지 공부하는 단계다. 앞선 1, 2단계가 기획서 다운 기획서를 만드는 과정이었다면 3단계는 기획서의 질적인 수준을 높이는 단계다. 기획자들이 자주 범하는 실수도, 또 기획서 평가 시 '진부하다'는 말이 나오는 것도 바로 문제찾기와 해결방안에 대한 평가일 경우가 많다. 남들이 아는, 일반적인 사항을 제시했기 때문이다. 따라서 기획서의 가치를 높이려면 평소 사람들이 눈여겨보지 않았던 문제를 찾고, 과거의 상황을 뛰어넘을 남다른 해결방안을 제시할 수 있는 능력, 즉 창의력을 키워야 한다. 하지만 한 가지 기억해야 할 것은 기획서에서 바라는 창의력은 하늘에서 뚝 떨어진 무엇이 아니라 근거있는 사례들을 조합하거나 화학적으로 합성한 해결방안이다. 벤치마킹을 통해 얻은 사례들을 근거삼아 다양한 방식으로 변환시킨 결과물이다. 이와 같은 방안들은 과거경험에 근거한 것들이기에 해당 방안의 성공과 효과성을 예상할 수 있다.

▼ 과 제

1. 기획서 작성에 필요한 세 가지 지식과 경험을 정리해 보세요.
2. 앞선 내용을 살펴보고 자신이 현재 어떤 단계에 있는지 설명해 보세요. 그리고 앞으로 기획서 작성능력을 키우기 위해 무엇을 공부해야 할지 정리해 보세요.

---

(3) 평소 생각을 정리하는 훈련을 하지 않았다.

기획서는 기획사고를 전제로 한다. 그리고 이런 사고방식은 평소 우리가 눈앞에 놓인 문제를 해결할 때 활용하는 일상적인 사고패턴이다. 일상생활에서 이런 것을 의식하지 않고 살다보니 기획서논리가 어색한 것뿐이다. 기획서를 쉽게 작성하려면 평소 자신의 생각과 의사소통방식을 기획사고에 맞춰 훈련할 필요가 있다.

자기말을 상대방이 이해하지 못한다면 상대방이 선입감을 갖고 이야기를 듣거나 자기말이 논리적이지 않기 때문이다. 여기서 논리성이란 앞말과 뒷말이 서로 연결되어 인과관계로 구성되어 있다는 의미다. 예를 들어 '나, 오늘 학교에 안 갈거야. 왜냐하면 몸이 아프거든.' 또는 '어제 밤늦게까지 일을 했어. 그래서 오늘 무척피곤해.' 우리가 평소 말하는 내용들은 대부분 앞말과 뒷말이 서로 원인과 결과관계를 이루고 있고, 또 그렇게 말할 때 상대방도 자신의 생각을 이해한다. 그렇지 않으면 상대방은 '뭐?'라고 다시 되묻게 되고, 그러면 어쩔 수없이 다시 설명하지 않을 수 없다. 사람과 사람이 대화를 나누려면 싫던 좋던 앞말과 뒷말이 서로 연결되도록 말해야 한다.

그렇다면 기획서와 우리의 평소 대화방식은 뭐가 다를까? 크게 다른 건 없지만 기획서에서는 항상 결론부터 말한다는 점이다. 즉 내가 원하는 것이 무엇이며, 그것을 왜 원하는 지, 그리고 그것을 위해 무엇을 하려는지 앞말과 뒷말이 인과관계를 이루며 전개된다는 것뿐이다. 물론 모든 메시지에 그것을 입증할 수 있는 근거자료를 첨부해야 한다는 것은 당연하고.

기획이 평소 우리의 사고방식과 얼마나 유사한지 필자의 경험을 소개한다. 예전에 필자가 '홍보기획서'라는 것을 처음 쓸때의 경험이다. 당시 필자는 새로 나온 신상품을 신문매체를 통해 홍보하라는 지시를 받았다. 그러나 어떤 일을 어디서부터 시작해야 할지 모르는 상황이었다. 고민끝에 홍보업무에 대해 잘 아는 선배를 찾아가서 기획서를 어떻게 작성하면 되는지 물어봤다.

선배 : 그 상품을 왜 홍보하려고 하는데?

필자 : 새로 나온 상품인데, 건강보조식품이다 보니 광고로는 상품을 홍보하는 데 한계가 있어서요.

선배 : 그럼 그 상품에 대해서 무엇을 써야 하는데.

필자 : 상품에 대한 효과에 대한 부분을 알리는 게 중요하죠.

선배 : 그걸 누가 써야 하는데.

필자 : 당연히 신문기자가 써야죠.

선배 : 그들에게 그걸 쓰게 하려면 어떻게 해야 하는데

필자 : 당연히 그들에게 우리 상품에 대한 안내문이나 소개서를 보내야 하지 않을까요?

선배 : 그럼 그 내용을 누가 쓰고, 누구에게, 누가 보낼건데?

필자 : …(필자가 미처 생각하지 못했다)

선배 : 그들에게 그 상품에 대한 기사를 쓰게 하려면 자료보내는 것 말고 또 다른 일을 할 건 없을까? 기사내용을 보낸다고 무조건 기사화하진 않을텐데…

필자 : 신제품개발설명회를 한다고 알려서 기념식처럼 행사를 하면 좋지 않을까요?

선배 : 그들이 그곳에 왜 와야 하는데?

필자 : 최소한의 거마비는 줘야 하지 않을까요?

……

이런 식으로 대화를 나누다보니 어느 순간 '아! 바로 이런 내용이구나' 하는 생각이 들었다. 회사로 돌아와서 선배와 대화나눈 것을 정리하니 홍보기획서가 거의 다 완성되었

다는 것을 깨달았다. 평소 말을 잘하는 사람은 대부분 자신의 생각을 인과관계에 따라 설명하는 사람이다. 우리는 이들을 보고 '조리있게 말한다.'고 평가한다. 이들은 자신이 하고 싶은 것이 있고, 그것을 이루고 싶으면 다음처럼 이야기 한다.

기획서의 기본 구조이자 프레젠테이션의 설명법

[취지] 제가 오늘 말씀드릴 것은 이런 내용이며, 이 주제에 대해서 제가 하고 싶은 것(만들고 싶은 것)은 이런 것입니다.

[Why]

(문제) 그러나 우리의 현실을 살펴보면 제가 원하는 것과는 많은 차이가 있습니다. 특히 이러저러한 부분에서 크게 우려할 정도의 차이를 보이고 있습니다.

(원인) 그리고 시장상황과 자사상황을 분석해 본 결과, 이와 같은 차이가 발생한 원인은 이런 것들입니다.

[What]

(과제) 저는 여러 가지 원인들 중에서 저희가 직접 해결할 수 있고, 또 해결할시 효과가 상대적으로 높은 이 부분을 해결하여 제가 원하는 것을 얻고자 합니다.

(목표) 그렇다면 앞서 설명한 문제와 원인을 해결하기 위해 우리가 해야 할 일은 어디까지 완수해야 할까요? 저는 이것들의 완성된 결과가 이러저러해야 한다고 생각합니다. 그리고 그것들을 이렇게 정의하겠습니다.

(컨셉/슬로건) 우리의 목표를 조직원 모두가 단합해서 이루기 위해 모두가 쉽게 이해할 수 있는 간단한 컨셉과 슬로건을 만들어 봤습니다. 이번 업무의 슬로건은 이것입니다.

[실행방안]

상기된 목표를 달성하기 위해 우리가 해야 할 일들은 이런 것들이며, 이를 구체적으로 분류하여 말씀드리면 다음과 같습니다.

첫째, …… 둘째, ……

이치에 맞는 말, 조리있는 말은 논리적인 말이고, 앞선 예처럼 [결론–근거–실행방안]의 순서 또는 [문제–원인–과제–해결방안]에 따라 진행되는 말이다. 그리고 이와 같은 대화내용에 근거자료를 첨부하면 그것이 바로 기획서다.

말로는 설명을 잘하는 사람이 기획서를 못 쓰는 이유는 자기 생각을 문장으로 표현하는 것이 서툴러서 그렇다. 기획서를 못 쓰는 게 아니라 평소 문장쓰기를 훈련하지 않아서 그런 것뿐이다. 하얀종이를 붙잡고 '나는 왜 기획서를 못 쓰지?' 고민하지 말고, 일단 글

쓰는 훈련을 해 보라. 그리고 평소에도 비즈니스 대화법을 염두에 두고 말하는 습관을 들여라. 기획사고가 몸에 배이면 기획서 문장도 훨씬 자연스럽게 만들어진다.

▼ 과 제

1. [대학생 취업의 향상방안]이란 주제를 갖고 책에 나온 기획사고 사례를 참고하여 설명해 보세요. 기획서를 쓰는 것이 아니라 누군가와 대화한다고 가정하고 작성해 주세요.

3 한 번에 쓰려고 한다.

(1) 멋지게 쓰려고 한다.

기획서는 보기 좋아야 한다. 내용이 까다롭다보니 시각적으로 안정적이고, 깔끔해야 이를 보는 사람이 편하게 볼 수 있다. 하지만 보기좋은 기획서는 기획서가 충족시켜야 할 조건 중 하나일 뿐이다. 디자인에 집착하면 내용없이 사진만 들어있는 패션잡지처럼 되어 버린다. 기획서는 내용이 핵심이고 디자인은 보조다.

기획서를 보기좋게 만들어야 한다는 것. 보기좋은 떡이 먹기도 좋다고 하니 무척 중요한 사항이다. 하지만 이런 의식도 정도를 넘어서면 문제가 된다. 아마도 기획서 작성 시 디자인에 대한 압박감은 '파워포인트'라는 도구가 만들어 낸 두려움일 것이다.

필자가 파워포인트를 처음 접한 게 1996년이었다. 당시 한글 소프트웨어로 하얀 종이에 빽빽하게 문장을 채우던 필자에게 파워포인트는 무척 신기한 도구였다. 그것을 보는 순간 와 닿은 느낌은 '와~~무척 간단하네.'였다. 한글 기획서의 절반내용만 갖고도 보고서를 멋지게 작성할 수 있었다. 하지만 시간이 지나면서 다른 문제가 생겼다. 예전에는 필요한 자료와 정보를 정리하면 되었지만 이젠 보기도 좋고, 예쁘야 했다. 같은 문장도 글자체에 따라 느낌이 다르고, 사진, 그림배치에 따라 기획서 평가도 달라졌다. 그러다보니 어느 새인가 기획서 내용은 다음 문제이고 예쁘게 만들어야 한다는 강박관념이 기획자들을 압박했다. 예쁘게 기획서를 작성하는 능력도 기획자의 중요역량이 되었고, 기획서 평가기준도 서서히 디자인이 좌우하게 되었다. 같은 내용을 작성하더라도, 아니 더 많은 정보와 결론을 포함한 기획서라도 예쁘지 않으면 기획능력이 부족하다고 인식하게 되었다. 기획서는 정보를 효과적으로 전달하기 위한 것이지, 예쁘게 만들어야 하는 건 아닌데도 말이다.

기획서의 핵심기능은 문제를 찾아 이의 해결방안을 누군가에게 전달하는 것이다. 상대방의 질문에 사실과 정보에 근거하여 답변하는 것이 기획서의 본질이다. 아무리 예쁜 기획서일지라도 객관적인 정보가 부족하고, 전달 메시지가 분명치 않으며, 메시지 간의 인과관계가 구성되지 않으면, 게다가 결론까지 애매하다면 그것의 가치는 반감될 수밖에 없다. 특히 [디자인요소를 제거한 파워포인트 기획서]처럼 한 페이지에 담긴 메시지가 빈약한 경우라면 파워포인트 기획서의 용도를 의심하게 된다.

기획서 디자인 때문에 고민하는 사람이 있다면 우선 한글로 기획서를 작성해 보는 게 좋다. 그림, 도형은 잠시잊고 뒤에서 설명할 기획서의 스토리라인을 먼저 만들어 보는 것이다. 내용을 먼저 구성한 후 그것을 어떻게 표현하는 게 좋은지 고민하는 것이 파워포인트를 켜 놓고 무작정 글과 디자인을 함께 고민하는 것보다 훨씬 편하게 기획서를 작성할 수 있다. 기획자는 창조력을 가진 분석가이지 예술가가 아니다. 창의적인 디자인도 중요하지만 보다 핵심적인 사항은 기획서에 담길 메시지와 이를 입증할 수 있는 정보다. 내가 어떤 내용을 기획서에 담고 싶은지 결정했다면, 그리고 그것을 문장으로 정리할 수 있다면 디자인 문제는 생각보다 쉽게 해결할 수 있다. 파워포인트기획서의 디자인은 다른 사람이 작성한 기획서를 보고 배우면 된다. 내용을 만들기가 어려운 것이지 그 내용을 담을 그릇, 즉 기획서 디자인은 주변에 많이 있다. 예쁘게 만든 기획서 한두 개를 참고하여 그곳에 자기 내용을 담으면 된다. 기획서 구조는 일정하고, 기획서의 레이아웃도 엇비슷하기 때문에 다른 사람의 것을 하나씩 따라하다 보면 어느 순간 자신만의 디자인이 만들어진다. 중요한 것은 평소 다른사람이 작성한 기획서를 관심갖고 눈여겨 보는가 하는 점이다. 모든 창의력은 모방에서 시작된다.

멋진 기획서를 작성하려면 우선 기획서에 담을 내용을 먼저 작성하라. 그리고 그것을 파워포인트라는 도구를 사용하여 편집하라. 무엇을 써야 할지 정확하지도 않은 상황에서 모든 것을 한번에 해치우겠다고 마음먹은 것 자체가 문제다. [내용먼저, 디자인은 다음] 이것이 올바른 기획서 작성단계다.

디자인요소를 제거한 파워포인트 기획서

02

하늘의 글자 한글 과 천문관측기구 혼천의

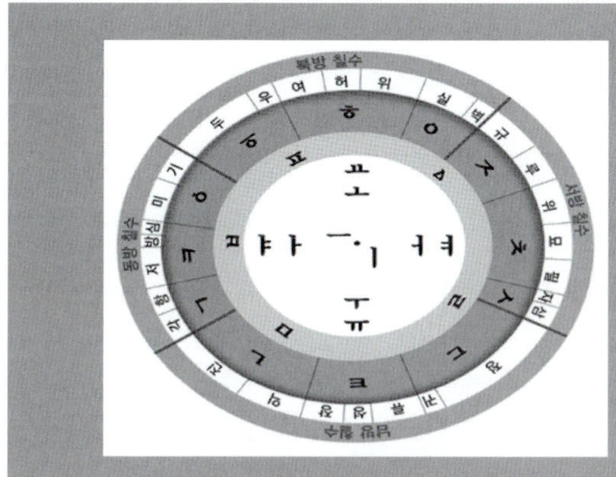

별의 28수와 글자수가 같은 최초의 한글　　천문의 움직임을 관측하는 기구 '혼천의'

천문에 관심이 많았던 세종대왕

02

하늘의 글자 한글 과 천문관측기구 혼천의

별의 28수와 글자수가 같은 최초의 한글　　천문의 움직임을 관측하는 기구 '혼천의'

천문에 관심이 많았던 세종대왕

▼ 과 제

1. 주변에서 기획서를 몇 개 찾아보고, 그 중에서 보기 좋다고 느끼는 기획서의 특정페이지 몇 장을 골라 보세요.

1) 해당 페이지를 왜 선택했는지 이유를 말씀해 주세요.
2) 해당 페이지에서 글과 그림, 사진, 도표의 비중을 말씀해 주세요.
3) 상기 페이지에 대한 평가를 기초하여 보기 좋은 기획서란 어떤 것인지 정의해 보세요.

---

(2) 기획서 작성에는 다양한 사고가 필요하다.

기획서 하나를 작성하려면 다양한 사고와 행동패턴이 필요하다. 자료수집과 분석할 때의 사고방식, 조사자료를 통해 결론을 도출할 때의 시각, 관련자와 협의할 때의 행동방식 등 각기 다른 모습을 요구한다. 마치 컴퓨터에 디스켓을 바꿔 끼우듯이 사고방식과 행동도 단계에 따라 달라야 한다. 이런 다양한 모습을 요구하는 기획서 작성작업을 한 번에 마칠 수는 없다.

기획서를 작성하려면 다음과 같은 단계를 거친다.

첫 번째, 일상적인 주변상황과 다양한 요인으로 인한 변화상황을 이해하는 단계
두 번째, 상황변화 속에서 발생한 문제와 원인을 찾는 단계
세 번째, 찾아낸 문제를 해결하기 위한 과제를 설정하는 단계
네 번째, 과제에 대한 현실적이고, 남다른 해결방법을 찾는 단계
다섯 번째, 해결방법을 현장에서 실행가능한 실행시나리오로 구체화하는 단계다.

상기와 같은 기획서 작성단계들은 각기 다른 진행방법과 결과물을 요구하기에 기획자는 각 과정마다 거기에 적합한 사고와 행동방식으로 일을 해야 한다. 기획서 하나를 만들려면 책상앞에 앉아 자료를 찾고 정리하는 공부벌레가 되어야 하고, 사람들과 만나 이야기를 나누고, 현장을 찾아가 손이나 눈으로 직접 확인하는 탐험가가 되기도 해야하고, 다른 기업, 조직이 실행한 결과에서 해결방법에 대한 아이디어를 구하는 시장조사 연구원도 되어야 하며, 또 자신과 생각이 다른 사람들을 모아놓고 의견조율을 위해 협상가가 되어야 할 때도 있다. 개별과정마다 '해야 할 일'과 '중점을 두어야 할 사항', 그리고 '깊이

고민해야 봐야 할 내용'들이 다르기에 이를 한번에 해결하기가 무척 어렵다.

특히 기획서 작성에는 논리성과 창조성이란 상반된 두 가지 사고방식이 동시에 필요하다.

논리성은 상황을 분석하여 문제, 원인, 과제를 찾아내는 기획서의 전반부에서 필요하다. 객관적인 사실과 정보에 근거하여 '현재 이런 문제가 발생했으며, 이와 같은 문제가 발생한 원인은 앞선 자료에 따라 이러저러한 것들입니다.' 그리고 '현재 상황이 이렇기에 우리는 문제해결을 위해 이 일을 해야 합니다.'와 같이 원인과 결과가 서로 맞물려 있는 인과관계의 메시지들을 만들어낼 때 사용한다.

반면에 창조성은 앞선 작업에서 문제해결을 위해 해야 할 일(과제)을 결정한 후, 그것을 보다 효과적으로 해결할 수 있는 방안을 구상할 때 주로 필요하다. 앞선 문제찾기에서도 남들이 보지 못한 것을 볼 수 있는 창조성이 필요하긴 하지만, 창조성이 요구되는 핵심 부분은 바로 이곳이다. 예를 들어, 스마트폰에 글을 쓸 수 있는 필기도구를 장착한 갤럭시 노트도, 병원에서 의사가 주사로 처리하던 인슐린을 만년필 모양의 인슐린 처치제로 만든 것도 모든 스마트폰 제조사, 제약사가 풀고자 하는 과제, 즉 스마트폰의 용도확장, 당뇨병 환자의 편이성을 개선해야 한다는 과제를 남달리 해결한 것들이다. 다른 기업이 이렇게 했기에 나도 이렇게 하겠다고 제안한다면 이는 이미 창조성이 아니다.

논리성과 창의성은 기획서 작성에 필수적인 역량이지만 기획서 목차마다 이들의 비중이 다르고, 그 내용에 맞는 정보와 표현방식도 조금씩 다르다. 따라서 기획서를 한 번에 작성한다는 것은 무척 어려운 일이다. 아니 불가능하다고 표현하는 게 더 적합하다. 기획서는 전체를 몇 개의 단락으로 나눠 각각의 수준에 맞는 작성활동이 필요하며, 이와 같은 활동을 위해서는 기획자 스스로가 기획서 작성단계를 익혀 거기에 맞는 방식으로 기획서를 작성할 필요가 있다. 상관이 기획서 작성을 요청하는 순간, 자기자리로 달려가 하루고 일주일이고 혼자 컴퓨터 자판을 열심히 두들기면 여러 가지 문제가 발생한다.

▼ 과 제

1. 앞서 기획서 작성 시 필요한 업무과정들을 설명했다.

첫 번째, 일상적인 주변상황의 흐름과 변화하는 상황을 이해하는 과정
두 번째, 상황변화 속에서 발생한 문제와 원인을 찾는 과정

세 번째, 찾아낸 문제를 해결하기 위한 과제를 설정하는 과정
네 번째, 과제에 대한 현실적이고, 남다른 해결방법을 찾는 과정
다섯 번째, 해결방법을 현장에서 실행가능한 실행시나리오로 구체화하는 과정이다.

1) 상기과정들이 어떤 일을 수행하는 것인지 설명해 주세요
2) 상기과정 중에서 본인이 가장 자신있다고 느끼는 과정은 무엇인지요?
3) 반대로 상기과정 중에서 본인이 가장 어렵다거나 능력이 부족하다고 느끼는 과정은 무엇인지요?
4) 앞 3)에서 부족하다고 생각하는 능력을 키우기 위해 어떤 노력을 할것인지 정리해 주세요.

---

(3) 기획서 작성에는 이해관계자들 간의 협의가 필요하다.

기획서에는 다양한 분야의 내용이 들어간다. 기획자 혼자서는 이 모든 지식과 경험을 습득하기 어렵다. 따라서 관련자와 지속적인 협의가 필요하고, 그들의 지식을 적극 활용해야 한다. 게다가 다양한 사람들의 이해관계를 지속적으로 조정하고 서로의 업무진행과정을 조율해야 한다. 기획자의 역할을 글쓰는 것이라 알고 있지만, 이와 함께 업무관련자와의 업무조정, 조율, 확인작업도 무척 중요한 업무다.

기획서는 나 혼자 작성하는 것이 아니다. 이는 실행을 전제로 한 것이기에 기획서 내용과 관련된 다양한 사람들의 이해관계와 그들의 요구가 반영되어야 한다.

기획서 작성 시 관련된 사람들은 나에게 업무를 지시한 상관이나 고객, 업무를 함께 진행할 업무관계자, 그리고 해당업무로 인해 영향받을 이해관계자들이다. 기획자는 이들과 내용을 공유하고 의견을 조율하며 내용을 수정, 보완해야 한다. 관계자들과 조율이 필요한 부분은 다음과 같다.

첫째, 기획목적 및 목표에 대한 상호이해다.

기획서를 작성한다는 것은 뭔가 해결해야 할 것이 있고, 그것을 해결하기 위한 방법을 찾기위함이다. 기획서에서 다룰문제는 기획자가 설정할 수도 있지만 대부분 타인이 제시

한다. 게다가 기획서는 나에게 질문한 사람에게 해답을 제안하기 위한 보고서다. 이런 상황에서 질문한 상관과 기획담당자의 기획목적이 다르면 그 기획서는 무용지물이 되고 만다. 예를 들어 상사가 '사무실의 공간활용도를 높일 수 있는 방안'을 작성하라고 지시했는데, 기획자는 '사무실의 쾌적한 공간만들기'에 대해 작성했다'면 이건 기획서로서의 가치를 상실한 것과 다를 바 없다. 내가 쓴 기획서는 나를 위한것이 아니라 상사를 위한 것이기 때문이다. 또한 문제해결을 위해서는 다른 사람들의 협력과 동참이 필요하다. 함께 일할 사람들이 왜 그 일을 해야하는지 공감해야 한다. 이들이 기획의 목적에 동의하지 않으면 기획서에 담긴 내용을 실행으로 옮길 때 어려움이 따른다.

둘째, 실행자가 활동가능하도록 업무일정을 확인하고 조정해야 한다.

기획내용을 실행으로 옮기려면 여러 조직과 다양한 사람들이 하나의 목표를 향해 일사분란하게 움직여야 한다. 문제는 대부분 참여자들이 특정기획서 내용만을 위해 존재하는 사람들아 아니라는 점이다. 각기 다른 일을 하는 가운데에서 기획자가 작성한 또 하나의 업무를 진행해야 한다. 따라서 기획자는 함께 일할 사람들에게 기획의도와 진행상황을 설명하고 그들의 담당업무에 대한 업무일정을 요청해야 한다. 이는 기획서 목차 중에서 업무분장과 업무일정표의 부분으로 초안은 기획자가 작성하지만 세부일정은 실제 일을 담당할 사람들이 자신의 스케줄에 맞춰 일정을 조정할 수 있도록 만들어야 한다.

셋째, 필요한 자원과 인력의 사전조정작업이 필요하다.

기획서에 담긴 내용을 실행으로 옮기기 위해서는 다양한 자원이 필요하다. 사람, 돈, 도구, 장비, 공간 등이다. 하지만 이것들은 부서별로 분산되어 있고, 각 부서 책임하에 운영되기에 기획자가 이를 사전에 파악하기는 어렵다. 따라서 기획담당자는 기획서 내용을 본 업무와 관련된 사람, 조직에게 전달하고 그 업무를 위해 필요한 자원을 그들이 보유하고 있는지, 만약없다면 그것을 어떻게 확보할 것인지, 그것들을 기획서의 일정대로 활용할 수 있는지 등에 대해 문의해야 한다. 그리고 기획자가 작성한 일정과 다르다면 관련조직, 사람과 협의하여 업무내용을 전체적으로 조정해야 한다. 이런 과정을 거쳐 기획서가 수정되고, 그것을 확정지었을 때 기획자의 의도대로 업무가 진행될 수 있다.

기획서는 다양한 사고패턴과 행동방식이 필요하고, 함께 일할 사람들 간의 의견조율도 필요하다. 이처럼 각기 다른 요소들을 종합하려면 최소한 5번 정도의 수정과정을 거쳐야 하며, 이때마다 현실적인 기획안이 되도록 내용을 지속적으로 수정, 보완해야 한다. 한번에 완성하겠다는 자세는 열의는 좋으나 현실적으로 많은 어려움이 따른다. 또 이와 같은 과정을 무시하면 기획자 생각만 일방적으로 전달하게 되며, 이는 결과적으로 기획서가 아니라 지시서가 될 수밖에 없다. 당연히 상사에게 승인받기도 어렵다.

참고로 일반적으로 설명하는 기획서 작성의 5단계는 아래와 같다.

기획서를 작성하는 단계라기보다는 기획업무를 정의한 단계다. 하지만 아래 내용을 살펴보면 앞서 설명한 다양한 기획자의 역량과 역할을 확인할 수 있다. 중요한 것은 수업시간에 제출하는 과제라면 모를까, 현장 또는 실무에서 필요한 기획서는 한 번에 작성할 수 없으며, 작성해서도 안 된다는 점이다.

첫째, 초안작업이다. 기획서에서 다룰 주제와 해결해야 할 문제를 확인하고 기획서 내용의 스토리라인을 구성하는 단계다. 이를 통해 앞으로 기획서가 어떤 주제, 문제를 대상으로 어떻게 진행될지 확인할 수 있다.

둘째, 수정본 작성과정이다. 초안내용을 상사, 고객들과 협의하여 기획자가 구상한 방향이 맞는지 확인하고 이를 수정한다.

셋째, 보완본 작성과정이다. 앞선 수정본은 업무지시를 한 사람과의 의사소통이지만 세 번째 보완본 과정은 기획서에 담긴 내용을 실행할 실무팀과의 의견을 맞추는 작업이다. 실무담당자의 의견을 통해 기획서 내용을 현실에 맞게 보완하는 과정이다.

넷째, 실무자의 의견을 취합한 후 이를 전체적으로 조정하면서 다시 한 번 보완하고 기획서를 완결짓는 과정이다.

다섯째, 해당 기획서를 승인받기 위해 상사나 고객에게 설명하거나 프레젠테이션을 진행한다. 이때 기획서 원본을 발표용 제안서로 다시 조정하여 작성하고 발표를 마친다.

▼ 과 제

1. 자신이 작성 중, 또는 준비중인 기획서를 작성하려면, 어떤 분야의 어떤 사람이 필요한지 정리해 보세요. 업무분담안을 만든다는 생각으로 정리하면 됩니다.

1) 기획서에 담긴 내용을 진행하기 위해 필요한 업무와 관련자는 정리해 보세요.
2) 그들이 각기 해야 할 일이 무엇이고, 어떤 결과를 만들어야 하는지 정리해 보세요.
3) 이들과 업무협의를 완료하려면 어느 정도 시간이 소요될지 판단해 보세요.

4 잘못된 기획서 작성습관 때문이다.

(1) 기획자의 고민

기획서를 많이 써본 기획자도 막상 기획서를 쓰려고 하면 고민이 생긴다. 본질적인 해결책없이는 항상 동일한 문제로 고민할 수밖에 없다. 기획자의 고민을 살펴보면, 첫째, 기획서의 설득력을 어떻게 높일 것인가. 둘째, 시장조사자료를 효과적으로 수집, 분석할 수 있는 방법은 무엇인가. 셋째, 남다른 해결방법을 어디서 찾고, 어떻게 개발할 것인가 하는 점이다. 이들은 기획서가 가진 특징으로 인해 나타나는 문제들이므로 기획자라면 반드시 넘어야만 할 산이다.

기획서 작성은 쉽지 않다. 무엇을 쓸것인지 결정했고, 기획서 원리와 구조를 이해했다 손 치더라도 어려움은 해소되지 않는다. 문제를 찾아 이를 해결하는 방법을 제안하는 것이 기획서이지만 이를 표현하는 건 또 다른 문제다. 내용들을 인과관계로 구성해야 하고, 이를 입증할 근거자료를 찾아 붙여야 하며, 예쁘게 만들어야 하고, 게다가 앞선 내용이 숙달되어 일정수준의 기획서를 작성할 수 있게 되면 또 다른 문제가 고민거리로 자리잡는다. 기획서의 본질적인 문제인 '설득력'과 '해결방안의 참신성' 그리고 기획에서 빠질 수 없는 시장조사문제다.

기획자의 첫 번째 고민은 '어떻게 하면 상대방을 설득할 수 있을까?'이다.

설득력 문제는 기획자에게는 빼놓을 수 없는 어려움이다. 앞서 설명한 것처럼 기획서의 가치는 상사나 고객을 설득하여 기획서에서 제안한 내용이 현실에서 진행될 때 비로소 드러난다. 문서자체로는 큰 의미가 없다. 그러다보니 기획서를 작성할 때는 언제나 보고받는 사람의 성격, 취향같은것을 따지게 되고, 문구 하나하나를 신중하게 고려하여 정리할 수밖에 없다. 그들이 원하는 대답을 원하는 부분에서 전달해야 한다. 그러나 아무리 내용을 잘 정리하였어도 백프로 통과되지 않는다. 항상 뭔가 부족한 것이 있고, 상대방 입맛에 안맞는 부분이 생긴다. 기획서를 처음작성하는 사람에게는 기획서 다운 기획서를 작성하는 것이 목표이지만 기획자에 대한 질적인 평가는 그가 작성한 기획서의 승인여부다. '어떻게 작성하면 상사나 경영자가 기획서를 승인할 것인가?'란 질문은 기획자라면 반드시 집고 넘어가야 할 과제다.

기획자의 두 번째 고민은 '시장조사는 어떻게 해야하나?'이다.

기획서의 평가기준은 시장조사의 정확성, 내용의 논리성과 참신성이다. 기획자는 현상분석을 통해 남이 보지 못한 문제를 찾고 문제해결을 위해 남다른 해결방안을 제시하는 것이 임무이기 때문이다. 기획자와 시장조사는 떼놓을래야 떼놓을 수 없는 관계다. 하지만 세상에는 수많은 정보가 있고, 자료를 찾는 순간에도 새로운 자료는 계속 만들어진다. 게다가 기존에 있는 자료들도 기획자 혼자서는 모두 찾을 수 없다. 라면가게 하나 창업하려고 해도 라면의 국·내외 시장추이, 국내라면종류, 라면가게의 수, 라면가게의 특징, 판매하는 라면의 종류, 밀가루 가격의 변동상황, 라면집에 대한 소비자 욕구, 경쟁사 라면집의 동향 등 거의 세계적인 규모로 시장조사를 해야 한다. 하지만 오늘정보는 내일이면 과거가 되고, 내일정보를 찾는 순간 어제 보지 못한 새로운 정보가 검색엔진을 가득 채운다. '정확한 정보찾기'라는 사항 하나만도 자료의 범위를 어디에서 어디까지 규정할지 애매한 상황이며, 어느 누구도 세상의 모든 정보를 갖고 시장동향을 분석할 수는 없다.

기획자의 세 번째 고민은 '남다른 해결방법을 제시하면 항상 높은 평가를 받을 수 있는가?' 하는 점이다.

사람들은 참신하고 새로운 아이디어를 찾으려고 주장한다. 남다른 무엇이다. 하지만 참신한 것은 새로운 것이기에 기존 시각으로 보면 엉뚱한 생각처럼 보일 수도 있고, 새로운 것은 현실보다 앞선 것이기에 지금 이 순간 실행하기에 불가능한 것도 많다. 어떤 상황에서는 참신한 것이 되고, 어떤때는 엉뚱한 생각이 될 수도 있는 '참신함'이란 단어는 특정기준에 따라 좋고 나쁨을 정의하기가 어렵다. 어떤 것이든 평가하는 상황과 대상, 용도에 따라 좋고, 새롭고, 엉뚱한 것이라고 판단할 수 있을 뿐이며, 그 판단을 객관적으로 입증할 방법도 많지 않다.

결국 기획서의 옳고그름, 좋고 나쁨을 평가하는 것은 사실정보가 많고 적음도 아니고, 해결방법의 참신함과 대담함도 아니니다. 기업이나 광고대행사 등에서 진행하는 공모전 참가작품들을 보라. 그것들의 특징은 간결성이다. 단순해 보이지만 그것을 만든 사람 입장에서는 자기생각을 심사자들이 편하게 바라보도록 오랜시간 고민한 결과다. 거기엔 다량의 정보를 삽입한다는 것 자체가 금기사항이다. 기획서의 평가는 그것을 판단하는 사람의 가치와 정보, 세상을 바라보는 시각에 따라 결정되는 경우가 많고, 실행여부 또한 이에 따라 결정된다. 나와 다른 생각을 가진 사람, 즉 '빨간색'을 좋아하는 사람에게는 '파란색'이 더 낫다고 설득하기 어려운 것처럼, 특정시각을 가진 사람에게는 자기 생각이 아무리 옳아도 그것을 고치기는 쉽지 않다. 이런 모습을 가진 존재가 바로 인간이다.

그렇다면 자신과 다른 생각, 정보, 가치를 가진 사람을 어떻게 하면 설득할 수 있을 것인가? 기획서에 많은 자료를 담는다고 해서 상대방이 고개를 끄덕이리라는 보장도 없고, 창의성 자체도 사람에 따라 다르게 평가하는 상황에서는 기획서 내용을 설득한다는 것 자체가 무척 어렵다. 이런 상황에서 상대방을 설득할 수 있는 좋은 방법은 내용들이 서로 인과관계를 갖도록 배열하는 것이다. 앞선 설득대화방식처럼 상대방과 이야기하듯 내용을 정리한 구조다. 예를들어 보자. '산행을 하면 누구나 산에서 좋은 공기마시며 밥을 먹고 싶어하죠.' '예' '근데 요즘은 산에 갈때 불을 가져 갈 수가 없습니다.' '예' '그래서 산행하시는 분들이 음식을 데워먹거나 끓여먹는데 불편을 겪습니다.' '예' '그렇다고 인스턴트식품만 가져가서 먹기도 불편하고요.' '예' '그럼 불은 아니지만 음식을 끓이거나 데울 수 있는 게 있으면 좋지않을까요?' '예. 그렇죠.' '제가 제안드리는 상품이 그런 상품입니다.' 이런 식으로 앞말이 뒷말의 이유가 되고, 뒷말이 앞 내용에 대한 답이되어 문장들이 서로 인관관계로 구성되어 있으면 누구나 그 말에 동감하지 않을 수 없다.

기획은 자료싸움이라고 한다. 자료에서 얻어낸 메시지들을 논리적으로 연결한 것이기 때문이다. 하지만 정보찾는 능력이 평준화된 세상에서는 많은 자료와 정보자체가 능력을 의미하지 않는다. 중요한 것은 자료가 아니라 이들을 어떻게 배열하여 안정된 구조(원인-결과-원인-결과)를 만들어 낼 것인가 하는 점이다. 상대방이 자기생각과 다를지라도 논리적인 내용전개로 인해 동의하지 않을 수 없게 만드는 능력이다.

▼ 과 제

1. 기획자가 기획서를 작성할 때마다 느끼는 고민 세 가지를 정리해 보세요. 그리고 앞선 세 가지 이외 본인의 고민과 어려움도 함께 정리해 주세요.

2. 상기된 기획자의 세 가지 고민 중에서 본인이 가장 많이 느끼는 어려움은 무엇인지요? 그리고 왜 그것을 어렵다고 생각하는지 정리해 주세요.

(2) 기획자의 고민을 해결해 줄 이야기

기획서 작성 시 기획자가 느끼는 어려움은 모든 기획자의 공통된 상황이다. 기획자 능력에 따라 약간의 정도 차이가 있을 뿐이다. 하지만 어떤 기획자들은 잘못된 기획서 작성습관 때문에 어려움을 가중시키기도 한다. 기획서 작성 시 느끼는 어려움을 완화시키려면 기존에 배운 기획서 작성방법을 바꿔야 한다. 기획서를 이야기쓰듯이 쓰는 것이다. 기획서는 '이야기에 근거자료를 붙인 것'이라는 정의를 이해하고, 기획서를 이야기쓰듯이 쓰면 된다.

그렇다면 상기된 어려움을 해결할 수 있는 방안은 무엇일까? 필자는 바로 '이야기'라고 생각한다. 이야기 구조는 완벽하게 인과관계로 구성되어 있다. 앞에 나온 원인에 의해 결과가 만들어지고, 이 결과가 다른 사건의 원인이 되어 또 다른 결과를 만들어 낸다. 벽돌과 같은 작은 메시지들이 작가의 설계도에 따라 벽을 만들고, 이들이 모여 큰 성을 완성하는 것과 같은 원리다. 따라서 기획자가 자기생각을 이야기 구조에 맞춰 구성한 후, 이를 기획서 목차로 전환할 수만 있다면 무척 자연스러운 기획서를 만들 수 있다.

기획서를 이야기체로 구성하면 몇 가지 이점이 있다. 첫째, 기획서의 전체흐름이 인과관계에 의해 구성되어 이해하기가 편하다. 둘째, 이야기에 담긴 내용만 확인하면 됨으로써 시장조사의 대상과 범위를 줄일 수 있다. 셋째, 이야기의 다양한 요소들(메시지, 플롯, 갈등, 등장인물 등)을 적극 활용함으로써 상대방의 감성을 움직일 수 있다는 점이다.(이야기의 구성요소에 대해서는 뒤에서 다시 설명한다.)

기획자들이 흔히 범하는 실수들이 있다.

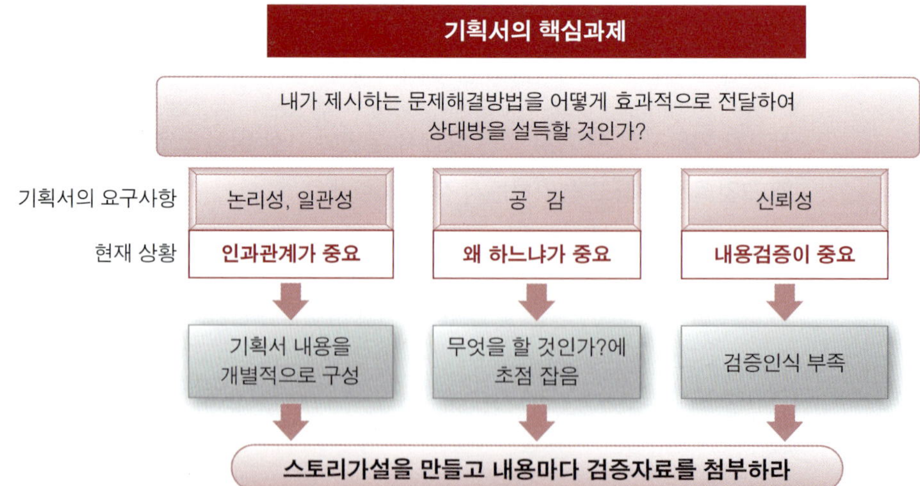

첫째, 기획서는 논리성과 일관성을 요하는 문서다. 하지만 기획자들은 전체적인 내용 흐름은 무시하고 자신이 쓰기쉬운 부분부터 써 나간다.

물론 이런 방식이 잘못되었다는 것은 아니다. 어려운 부분때문에 시간을 지체하는 것보다 쉽게 쓸수있는 부분부터 써 나가는 것이 보다 효과적이다. 문제는 전체그림도 없이 내용을 정리하다보면 나중에 내용들이 서로 안 맞는 경우가 생긴다는 점이다. 개별페이지에 담은 내용은 분명히 의미있는 것 같은데 기획서를 읽다보면 무엇을 주장하려는지 알아보기 어렵고, 내용도 돌아가는 듯한 느낌을 준다. 게다가 한 페이지 한 페이지 힘들게 작성하다보니 설사 필요없는 내용일지라도 차마 버리질 못한다. 결국 잘못된 흐름을 고치려 내용을 추가하니 분량은 늘어나고, 시간은 시간대로 소비하고 만다.

이런 문제를 줄이려면 기획서를 작성하기 전에 내가 어떤 내용을 전달하려는지 전체적인 스토리라인을 갖고 시작해야 한다. 현재 상황이 어떠해서 어떤 문제가 발생했으며, 문제발생원인이 이러하니 이를 해결하려면 어떤 방법을 검토해야 하는지 하나씩 정리하다보면 전체적인 흐름이 눈에 들어온다. 세부적으로 내용을 추가하고, 보완하는 작업은 그 다음이다. 기획서를 작성할 때 가장 중요한 것은 상대방이 이해하기 쉽도록 내용을 구성하는 것이고, 상대방의 마음을 움직이려면 이야기체로 내용을 전개하는 것이 가장 좋다. 이야기의 플롯에 맞춰 작성하는 방식이다.

둘째, 기획서는 설득을 하기 위한 도구이기에 기획서 도입부분이 무척 중요하다. 기획의 필요성과 가치를 설명하는 부분이다.

기획서는 실행을 전제로 한 문서이기에 실행부분이 구체적일수록 진가를 발휘한다. 하지만 기획서에 담긴 실행방안은 경영자가 기획서를 승인해야만 실행할 수 있다. 예를 들어 실행방안을 중심으로 작성한 기획서를 상사에게 보고한다고 치자. 기획자가 승인자에게 '이런 것을 하겠습니다.'라고 보고하면 그들은 '그 일을 왜 하려고 하는데?'라고 질문한다. 그럼 담당자는 이렇게 답변할 것이다. '예. 이러저러한 부분에서 필요합니다." 그럼 또 이런 질문을 할 것이다. '그게 왜 필요하지?" 결국 기획서를 작성하게 된 배경과 필요성에 대한 대답으로 돌아가게 되고, 다시 처음부터 기획서를 설명해야 한다. 어떤 일이든지 일을 진행하려면 특정의 절차와 과정을 거쳐야 하며, 이 과정이 '왜 해야 하는가?' '무엇을 하려고 하는가?' '이를 구체적으로 말하면…'이다.

실행부분을 강조하는 기획담당자들이 잊고 있는 게 있다. 상사가 자신에게 실행계획서를 작성하라고 지시했을 때는 상사가 이미 기획의 앞부분, 즉 '왜?' '어떻게?'에 대해 이미 경영자, 고객에게 설명하고 승인을 받았다는 점이다. 그래서 자신이 그 부분을 다시 언급하지 않아도 되는 것이다. 어떤 상황이든지 경영자는 앞선 세 가지의 의문에 대한 답이 없으면 기획서를 승인하지 않는다.

이와 같은 내용 전개상의 문제를 해결하려면 기획서를 작성하기 전에 기획서의 전체적인 스토리라인을 구성해야 한다. 이야기 플롯에 따라 도입부에서 결말까지 기획서 내용을 구성한 후 도입부 내용을 최소화시키고 실행방안이 담긴 결말부분에 더 많은 비중을 두고 보완하는 것이다. 이런 방식으로 기획서를 작성하면 실행방안만 강조한 기획서처럼 머리없는 이상한 기획서가 될 확률은 많이 줄어든다.

셋째, 기획서의 생명은 객관적인 자료에 근거한 내용구성이다. 기획자의 개인적인 주장이 아니라 세상이 이렇게 변했기에 이와 같은 결론을 이끌어 낼 수밖에 없다고 주장할만한 근거자료가 필요하다.

하지만 시장조사를 어디서부터 어디까지 해야할지 막막하고, 어떤 자료가 핵심자료인지 판단하기도 어렵다. 세상의 모든 것을 조사하자니 시간이 부족하고, 대충하자니 마음이 찜찜하다. 필자도 기획서를 작성할 때 시장조사 자료를 찾고 모으고 분류하는데 한 달이 걸렸다면, 이를 정리하여 기획서를 작성하는 데에는 보름도 안 걸렸다. 결국 기획서 작성에 필요한 시간 중 대부분의 시간이 자료수집하는 시간이란 말이 된다. 게다가 방대한 자료를 조사한 들 이것들을 모두 기획서에 담을 수도 없다. 엄청난 분량의 기획서를 끈기있게 바라볼 경영자나 고객도 없고, 기획자 자신이 이를 소화할 수도 없다. 요즘 강조하는 '빅데이터'는 모두 컴퓨터를 전제한 것들이다. 게다가 아무리 방대한 조사자료를 갖고 있어도 모두 과거자료다. 미래를 예측하는 데 도움은 되겠지만 자료가 많고 적음이 사업승패를 결정하진 않는다. 스티브 잡스가 시장조사자료에 근거하여 사업을 했을까? 글쎄다.

따라서 기획서 작성 시 중요한 것은 내 주장을 효과적으로 전달하기 위해 반드시 필요한 자료가 무엇인지 찾아내는 것이다. 예를 들어 '김갑돌은 나쁘다'는 것을 주장하는 기획서를 쓴다면 어떤 자료가 필요할까? 아마도 김갑돌의 사람대하는 모습, 함께 식사할 때 식사비를 해결하는 방식, 문제가 생겼을 때 그것에 대응하는 자세들을 거론했을 것이다. 그렇다면 앞선 내용을 주장하기 위해 필요한 자료는 무엇인가? 바로 앞서 말한 내용들에 대한 자료다. 그 이외 자료는 있으면 좋지만 없어도 크게 문제될 건 없다. 중요한 것은 내 주장을 증명할 수 있는 자료다. 결국 시장조사 또는 현상분석을 가장 효과적으로 진행할 수 있는 방법은 내가 전달하길 원하는 내용을 정리한 후 그것을 입증할 수 있는 자료를 찾으면 된다는 말이다. 필자가 기획서 교육 시 학생들에게 강조하는 말, '기획서는 이야기에 검증자료를 붙인 것'의 의미가 이런 뜻이다. 무엇을 조사할지 고민할 시간에 이야기를 만들어라. 그러면 조사해야 할 자료범위와 구체적인 내용들이 눈에 들어온다.

▼ 과 제

1. 기획서 작성 시, 기획자가 잘못된 방식으로 기획서를 작성함으로써 발생하는 어려움이 있습니다. 기획자의 어떤 습관이 기획서 작성을 어렵게 만드는지 설명해 주세요.
2. 이야기체로 기획서를 쓰면 앞선 문제를 해결할 수 있다고 말했습니다. 이야기의 어떤 특성이 기획서 작성 시 느끼는 문제를 어떻게 해소시켜 주는지 정리해 주세요.

Chapter 10

기획서는 이야기체로 써라

1. 이야기를 요구하는 세상
2. 스토리텔링 기획서의 설득력
3. 플롯과 기획서 목차 간의 관계

1 이야기를 요구하는 세상

(1) 이야기가 가진 설득력

현대사회에서 이야기는 매우 중요한 역할을 담당한다. 상품개발, 마케팅은 물론이고, 교육에서도 이야기를 활용한 교육방법개발에 혈안이 되어 있다. 영화나 드라마는 대중을 교육하고 설득하는 데 없어서는 안 될 중요한 수단인데, 이는 본질적으로 이야기가 교육효과 및 설득력이 높은 도구이기 때문이다. 이야기의 설득력은 그것의 내용전개가 논리적이고 현실 가능한 것처럼, 또 현실불가능하더라도 사람들이 원하는 꿈을 그려볼 수 있도록 구성되었는가에 달렸다.

앞서 살펴본 것처럼 기획서는 이미 설득구조로 되어 있다. 기획서 태생부터가 누군가를 설득하기 위한 보고서이기에 내용흐름 자체가 기승전결로 배열되어 있다. 문제는 기획구조를 안다고 해도 이 지식만 갖고는 기획서를 쓰기가 어렵다는 점이다. 기획서의 개요가 기획서의 이해를 돕는 부분이고, 결론의 구체성이 확신을 주는부분이라고 알고는 있지만 그곳에 어떤 내용을, 어떤 방식으로 작성해야 할지 판단하기 어렵다. 그리고 이런 점이 학생들이 시중에 나와있는 기획서 책을 볼 때 겪는 어려움이다. 무슨 말인지 알것같지만 막상 쓰려고 하면 어떤 내용을 어떻게 써야 할지 모르겠다고 하소연한다. 따라서 설득력 있는 기획서를 작성하려면 앞선 기획서의 기본적인 구조설명보다 좀 더 구체적인 방법론이 필요하다. 기획서의 기본구조와 유사하고 기획서의 내용을 구성하는데 도움을 줄 수 있으며, 전달내용의 설득력을 높일 수 있는 무엇이다.

필자는 이와 같은 기획서 작성의 어려움을 해결할 수 있는 좋은 도구를 이야기에서 찾았다. 이야기는 누구나 쉽게 이해할 수 있고, 기본적인 규칙만 알면 소설수준은 아니더라도 자신의 생각을 상대방에게 전달할 수 있는 짧은 글쓰기 정도는 가능하기 때문이다. 또 이 정도의 글쓰기 실력이면 기획서 작성도 가능하다.

이야기의 예를 들어 보자. 사람들은 대부분 자신이 가야 할 길을 어느 정도 가슴으로 느끼고 있다. 다만 그것에 확신이 없고, 분명치 않은 소리라고 지나쳐 버리기 때문에 그 소리를 듣지 못할 뿐이다. 이는 부모가 자식을 대할때도 무척 중요한 사항이다. 이런 점을 부모가 확신한다면 부모는 더 이상 자신의 욕망으로 자녀를 이끌기보다 자녀의 직관을 믿고 그가 원하는 것을 찾아주도록 도와줄 수 있다. 이와 같은 말을 학부모에게 효과적으로 전달하려면 어떻게 하는 것이 좋을까? 앞선 내용을 “자녀는 자기갈길을 알고 있기에 부모들이….”하면서 설득조로 이야기하면 효과가 있을까? 하지만 이와 같은 방식보다는 이야기로 표현할 때 설득효과는 더욱 높아진다. 마가릿 파킨의 〈교육담당자를 위한 이야기집〉에 나온 밀턴 에릭슨의 이야기를 보자.(설득의 스토리텔링, 이안 커더리스. 도홍찬. 생각비행, 2011.)

“나는 젊은시절 시골에 살았다. 어느 날 말 한 마리가 우리 집 앞뜰을 헤매고 있었다. 몸에는 아무런 표식도 없었고, 아무도 이 말이 누구 소유인지 몰랐다. 그날은 별로 할 일도 없고 해서 나는 말 임자를 찾아보기로 마음먹었다. 나는 말위에 올라타서 말을 길위로 인도했다. 그리고 말이 가고 싶은 곳으로 갈 수 있도록 말고삐를 느슨히 잡았다. 말은 때때로 길을 벗어나기도 하고 풀을 뜯기위해 멈추기도 했다. 그때마다 나는 부드럽게 말을 다시 길위로 인도했다. 마침내 말은 길아래 몇 마일 떨어진 어느 농가앞에서 멈추었다. 한 농부가 내게 뛰어와 말을 데리고 와줘서 고맙다고 감사를 표했다. 그리고는 놀라는 표정으로 물었다. “어떻게 이 말이 우리 집 말인줄 알았어요?” “몰랐습니다. 하지만 말은 자기 집이 어디인줄 알고 있었죠. 제가 한 일이라고는 말이 길에서 벗어나지 않게 한 것뿐이죠.”

이야기는 문자가 없을 때부터 인류가 선조들의 문제해결방법을 후세에 전달하기 위해 사용한 도구다. 인디언 영화나 고대인들의 모습을 담은 영화를 보면 나이 많은 노인이 부족들을 모아놓고 선조들의 삶을 이야기를 통해 전해주는 장면을 자주 볼 수 있다. 실제 종교경전도, 불경이나 성경도 따지고 보면 당시 성인들의 모습을 이야기로 담은 책들이며, 찬송가, 성불가도 이야기를 음률에 맞춰 노래하는 것뿐이다. 이야기는 사람마음을 움직이는 묘한 힘이 있다. 이야기에 나오는 내용을 따라가다 보면 자신도 모르게 말하는 사람의 생각에 빠지게 되고 그가 제안하는 삶의 여정에 동참하게 된다. 〈아라비안나이트〉에서 왕비의 부정에 충격을 받아 매일밤 처녀와 잠자리를 하고 날이 밝으면 처녀를 죽인 왕조차도 셰헤라자데가 매일밤 들려주는 이야기에 심취하여 그녀를 천일동안 살려줬다. 인간이 이야기를 얼마나 갈망하는지 쉽게 이해할 수 있는 책이다.

이와 같은 이야기의 힘은 현대 시장경제사회로 오면서 점점 더 중요성을 더해왔다. 생산기술의 발달로 상품이 풍부해지고, 이들 간의 질 차이가 현저하게 줄어들었기 때문이다. 이제 소비자는 튼튼한 상품보다 남다른 경험을 주고 동시에 자신이 원하는 모습을 이루도록 도와주는 상품을 찾고 있다. 요즘 세상에서 소비자의 꿈을 외면하고 그저 자기상품이 우수하다고 강조하는 기업이 있다면 그 기업은 문제가 있다. 우수한 질과 저렴한 가격이 좋은 상품의 기본적인 요건일진 몰라도 그것이 상품구입을 결정하는 핵심요소는 아니다. 물론 타사 제품과 비슷한 품질이면서도 엄청나게 저렴하다면 이야기는 다르겠지만 말이다. 특히 신생회사이나 소규모 기업입장에서는 자사 상품에 이야기를 담아 소비자들에게 호소할 때 자사의 약점을 만회할 수 있다. 상품에 담긴 이야기가 다르면 상품자체가 다르게 보인다.

이야기의 힘을 확인할 수 있는 영화 한 편이 있다. 로버트 드니로, 더스틴 호프만이 주연한 영화로 미국의 [지퍼게이트]를 절묘하게 표현한 영화다. 제목은 [Wag The Dog]이다.

영화의 줄거리는 이렇다. 대통령 선거 D–12. 백악관을 초긴장상태로 몰아넣는 사건이 발생한다. 대통령이 백악관에 견학 온 걸스카웃 학생을 성추행한 것이다. 사실여부는 모르겠지만 중요한 것은 여론은 이를 중요시 여기며 대통령에게 해명을 요구하고 있다는 점이다. 당시 대통령은 중국에 가 있었다. 이런 상황에서 대통령의 재선에 문제가 생기자 백악관 참모진은 정치해결사인 브린(로버트 드 니로)을 급하게 백악관으로 불러들인다. 브린은 대통령에게 며칠더 중국에 머물라고 제안하고 국민의 시선을 다른 곳으로 돌릴방법을 물색하기 시작했다. 그리고 유명한 영화제작자인 모스(더스틴 호프만)에게 도움을 청한다. 모스의 '글쎄…이런 상황을 벗어날 수 있는 방법이 있을까? 전쟁이라도 일어난다면 모를까…'라는 말을 듣는 순간 브린은 가상전쟁을 일으키자고 결정한다. 그의 생각은 이렇다. 이라크공습 때 미국민 중에서 그곳에 직접 참가한 사람은 없다. 하지만 그들은 실제전쟁을 하고 있다고 믿고 자국군인을 위해 기도했다. 왜 그랬을까? 바로 비행기에서 미사일을 쏘고 포탄이 터지는 걸 TV에서 봤기 때문이다.

브린과 모스는 미국국민들에게 생소한 알바니아를 적대국으로 포장하고 반 알바니아 감정을 고취시키는 비상책을 강구한다. 모스는 할리우드의 최첨단 컴퓨터 그래픽기술을 총동원해 긴박한 전쟁현장을 재현시켰고 이와 같은 가상장면은 TV를 통해 방송했다. 뉴스가 보도된 후, 백악관의 예상대로 대통령의 성희롱사건은 흐지부지되고 국민들의 관심은 전쟁으로 쏠렸다. 언론에서는 B-3 폭격기의 전진배치와 군장성들의 주둔지 이동에 관한 뉴스가 속보로 보도되고 전쟁발발 가능성은 갈수록 고조된다.

그러나 반대후보진영에서 이를 알아차리고 따지기 시작하자 브린과 모스도 어쩔 수 없이 가상전쟁을 중단할 수밖에 없었다. 하지만 대통령의 성추행사건이 다시 이슈화되자 브린은 두 번째 가상 시나리오를 기획했다. 전쟁은 끝났지만 전쟁동안 알바니아에 억류된 가상군인을 만들어 냈다. 슈만은 원래 군형무소에 감금된 군인이었지만 그들은 슈만을 전쟁영웅으로 만들어 다시 여론의 관심을 끌어 모았다. 브린은 슈만에게 '헌신발'이란 별명을 붙여주고 슈만과 관련된 각종 보도성 행사를 마련하여 국민들의 동정여론을 들끓게 하는데 성공했다. 자연히 섹스스캔들은 잠잠해지고 대통령의 지지도는 급상승한다. 슈만을 구출하라는 국민들의 여론이 확산되고 브린은 슈만의 미국송환계획을 실행하기에 이른다. 하지만 송환도중, 예기치 않은 사고로 슈만이 죽자 브린은 또한번 슈만의 죽음을 국가적 영웅의 죽음으로 위장한다. 이후 대통령선거에서 현직대통령은 89%라는 압도적인 지지율로 재선되고 희대의 사기극 '대통령만들기' 작전은 종결된다.

영화를 보다보면 우리가 지금까지 TV나 신문에서 보고들은 것들이 진실인가하는 의구심이 생긴다. 실제로 존재하지도 않는 일이 하나의 멋진 이야기로 포장되는 순간 진실처럼 와닿기 때문이다. 거기에 감동적인 요소마저 들어있다면 이는 더욱 거부하기 어렵다. 이것이 바로 이야기의 힘이다. 이야기에는 인간이 원하는 모든 요소가 들어가 있기에 그것을 듣는 순간 우리는 그 내용을 상상하게 되고, 그것이 현실가능하다고 느끼는 순간 진짜 현실이 된다.

▼ 과 제

1. 자신을 감동시킨 영화사례를 하나 들어 주세요. 그리고 그 영화가 관객들에게 어떤 메시지를 전달하고자 했으며, 영화를 본 후 그 메시지가 어느 정도 가슴에 와닿았는지 설명해 주세요.

(2) High Concept, High Touch의 시대

풍족함과 합리성, 급격한 변화를 대표하는 현대사회 특징으로 인해 안정과 평화, 꿈을 보여주는 이야기에 대한 욕구가 나날이 증가하고 있다. 이야기는 대부분 과거의 가치를 현대화시키는 경우가 많은데, SF영화조차도 그것에 담긴 메시지는 인간이 가진 본질가치에 대한 내용이다. 마케팅 전문가들은 이제 이야기는 현대사회를 이끄는 핵심자원이며, 이를 효과적으로 사용하는 사람이 승자가 된다고 주장한다. 이야기의 가치를 이해하고, 이를 활용하겠다고 마음먹는 것만 갖고도 남보다 먼저 세상변화를 따라가는 것이 된다.

이야기의 힘은 다니엘 핑크의 〈새로운 미래가 온다〉(다니엘 핑조, 한국경제신문사, 2012.)에서도 중요하게 다루고 있다. 저자는 이 책에서 미국 우표에서 등장하는 존 헨리와 20세기 최고의 체스챔피언이었던 케리 카스파로프의 이야기를 통해 세상이 변하면 인재상도 함께 변한다는 것을 극적으로 설명한다.

'존 헨리'는 토목공사 노동자로 철도를 놓기위해 산을 뚫는 일을 하고 있었다. 힘이 무척좋고 용맹무쌍한 사람이었다. 어느 날 한 세일즈맨이 증기기관 드릴을 갖고 공사장을 방문했다. 그는 책임자를 찾아가 이제 인간의 힘으로 굴을 파는시대는 지났다며 드릴을 보여줬다. 이 말을 듣던 헨리는 화가 나서 세일즈맨에게 시합을 요청했다. 자신과 증기기관 드릴이 동시에 굴을 파기시작하여 누가 먼저 굴을 뚫고 나오는지 보자는 것이었다. 시합은 시작되었고, 결국 승자가 나타났다. 누구일까? 이야기 흐름상 인간이 이겨야 맞을 것 같다. 그리고 실제로 헨리가 증기기관 드릴보다 먼저 굴을 뚫고 나왔다. 그러나 문제는 그 다음이었다. "와~~~" 하는 주변 사람들이 환호성 속에서 기뻐하던 존 헨리는 그 자리에서 쓰러져 다시 깨어나지 못했다. 이기겠다는 집념 하나로 너무나 많은 힘을 한꺼번에 쓰다보니 몸이 견디질 못한 것이다.

이 이야기의 의미는 무엇일까? 인간은 더 이상 기계와 경쟁해서 이길 수 없다는 점이다. 처음 증기기관이 나왔을 땐 그나마도 허약한 모습이었다. 힘도 그리 강하지 않았고, 고장도 많았다. 하지만 화석연료(석유)에서 전기, 원자력까지 사용하는 기계의 힘은 더 이상 인간이 넘볼 수 있는 수준이 아니다. 인간의 힘은 더 이상 기계와 경쟁할 상대도 아니고, 더 나아가 기계가 인간이 힘쓸 일을 거의 대체해 버렸다. 이제 인간은 자기 몸을 관리하기 위해서, 재미를 위해 힘을 쓰는 시대이지 일하기 위해 힘쓰는 시대는 아니다.

'게리 카스파로프'는 세계 체스게임에서 1985년 이래 10년 동안 한 번도 우승자리를 놓치지 않았다. 당시 사람들은 카스파로프가 체스게임에서 상대방에게 패배한다는 것은 상상조차 할 수 없었다. 그런 카스파로프가 1996년 슈퍼컴퓨터와의 체스경기에서 패배하고 말았다. 슈퍼컴퓨터의 놀라운 기억력과 연산능력에 천하의 카스파로프도 무릎을 꿇고 말았다. 그러나 카스파로프는 여기서 좌절하지 않고 1997년 딥 블루라는 1.4톤의 슈퍼컴퓨터와 6연전의 재경기를 치렀으나 불행히도 지고 말았다. 그 후 몇 년의 세월이 흐른 후 2003년에 예전보다 더 강해진 컴퓨터인 이스라엘의 컴퓨터, 딥 주니어와 뉴욕에서 100만 달러를 놓고 6연전의 경기를 치뤘다. 당시 사람들은 이 경기에서 누가 이길지 초미의 관심사였다. 이건 단순한 체스게임이 아니라 인간과 컴퓨터와의 두뇌싸움이나 마찬가지였기 때문이다. 첫 번째 경기는 카스파로프의 승리. 두 번째 경기는 무승부. 세 번째 경기는 딥 주니어의 승리. 네 번째 경기는 무승부. 다섯 번째 경기도 무승부. 그럼 여섯 번째 경기에서는 누가 이겼을까? 이것도 이야기 흐름상 게리 카스파로프가 이겨야 할 것 같지 않은가? 경기를 마친 후 기진맥진한 카스파로프는 경기장을 떠나면서 가슴아픈 한 마디를 남겼다. "이제 인간은 더 이상 컴퓨터와 경기를 하지 않을 것이다." 기억능력, 연산능력, 정보처리능력, 게다가 무한대의 자료에 근거한 예측능력까지 가진 컴퓨터를 인간은 더 이상 이길 수 없다는 말이다.

현대사회에서 컴퓨터의 역할은 엄청나다. 컴퓨터가 마비된다면 인간 삶 대부분이 마비될 것이다. 신호등, 가정에 있는 가전제품들, 일기예보, 영화보기는 물론이고 은행에 있는 저금도, 자신의 주민번호확인도 하지 못하게 된다. 기업매출은 높아지고 경제성장률은 치솟아도 사람이 일할 곳이 점점 더 사라져 가는 이유는 과거 인간이 하던 일을 컴퓨터가 대체하기 때문이다. 이것들은 인건비도 안 들고, 노조도 없고, 복리후생 어쩌고 하는 머리아픈 일도 없다. 프로그램만 잘 만들어 전원만 공급하면 하루종일 쉬지않고 움직이는 컴퓨터를 누가 마다하겠는가.

저자는 이렇게 말한다. "오늘날의 기업들은 공급과잉 시대를 맞아 자신들의 상품과 서비스를 차별화하기 위해 물리적인 아름다움과 소비자의 감성에 호소해야 할 필요성이 생겨났다…인도 프로그래머들이 뭔가를 제작. 유지. 시험. 업그레이드하기 전에 먼저 생각해 내고 만들어 내는, 그리고 이를 넘쳐나는 시장에 내놓기 전에 소비자에게 맞게 재단, 설명하는 능력"이 필요한 시대다. 바로 '하이 컨셉, 하이 터치'능력이다.

High Concept	High Touch
• 예술적, 감성적 아름다움을 창조하는 능력 • 트렌드와 기회를 감지하는 능력 • **훌륭한 스토리를 만들어 내는 능력** • 관계없이 보이는 아이디어들을 결합하여 뛰어난 발명품을 만들어 내는 능력	• 마음의 공감을 이끌어 내는 능력 • 인간관계의 미묘한 감정을 이해하는 능력 • 어떤 사람의 개성에서 다른 사람을 즐겁게 해주는 요소를 도출해 내는 능력 • 평범한 일상에서 목표와 의미를 이끌어 내는 능력

여기서 '하이 컨셉'은 현재있는 것들을 단순히 정의하고 나열하는 수준을 넘어 미래를 예측하고 이들을 하나의 스토리로 만들어 내는 능력이며, '하이 터치'는 말과 글로 정의된 컨셉을 사람들이 공감할 수 있도록 표현하는 능력, 상대방의 가치와 시선에 맞춰 그들이 원하는 방식으로 표현하는 능력이다. 예술가의 능력과 유사한 능력이다. 그리고 이와 같은 '하이 컨셉'과 '하이 터치'가 날이 갈수록 중요해지는 이유는 이런 능력은 기계와 컴퓨터가 수행할 수 없는 능력이기 때문이다. 즉 감성을 느끼고, 이를 창조적으로 표현하는 능력, 상대방과 공감할 수 있도록 자신의 표현을 조정할 수 있는 능력이다. 결국 미래사회에서 요구하는 인재상이란 '창조성' '스토리텔링능력' 그리고 이를 상대방이 공감할 수 있도록 표현하는 '감성능력'이다.

스토리텔링 시대를 예견한 책이 한 권 있다. 〈드림 소사이어티〉(롤프 옌센, 리드리드출판, 2005.)로 현대사회는 이야기가 이끄는 세상이라고 주장한 책이다. 저자는 서문에서 책을 쓰게 된 동기를 이렇게 말했다. 주요 고객인 통신회사와 은행사람들이 참석한 아침회의에서 고객 한 명이 질문했다. "정보사회 다음에는 어떤 사회가 도래할까요?" 저자는 대답할 바를 몰라 혼란스러웠지만 "걱정마십시오. 정보사회는 상당기간 지속될 것이고, 그 과정의 주요 관심사는 지금 당신이 하는 신기술을 적용하는 것입니다."라고 대답했다. 하지만 뭔가 석연치 않았던 저자는 연구소(코펜하겐 미래학 연구소)로 돌아와 다음 사회의 모습을 찾기 시작했고, 그 결과 '드림 소사이어티'라는 모습을 발견했다고 한다.

그는 '드림 소사이어티'를 과거 산업사회와 정보사회를 이끌던 이성과 합리성이 아닌 인간의 감성이 중요시 되는 세상이라고 말한다. 좌뇌적인 사고(이성 중심적인 사고) 속에서 성장제일주의를 부르짖으며 달려가던 변화중심사회가 아닌, 안정과 평화로운 삶이 더 소중하고, 물질의 풍요로움 속에서 물질보다는 재미와 꿈을 더욱 소중히 여기는 세상이라는 것이다. 결론적으로 미래 사회는 인간에게 꿈과 희망을 주는 〈이야기의 세상〉이라고 주장한다.

그가 미래 사회를 이야기의 세상이라고 주장하는 데에는 몇 가지 근거가 있다.

하나는 물질의 풍요로움 때문이다.

물론 아직도 내일 먹고 살것은 고민하는 국가가 있긴 하지만, 기본적인 의식주가 해결된 상황에서 우리들은 더 이상 물질 자체만으로는 만족할 수 없게 되었다. 이제 얻고 싶은것은 물질 이상의 것으로 눈으로 볼 수 없고, 손으로도 만져볼 수는 없지만 인간의 감성을 움직이는 그 무엇이다. 바로 이야기다.

또 하나는 세상의 변화가 인간의 변화속도보다 빠르기 때문이다.

인간이 쫓아가기 어려울 정도로 세상이 빠르다보니 사람들은 그 변화에 지쳐 더 급해질 미래의 모습보다는 안정되고 평화로운 과거로 돌아가고 싶어 한다. 물론 과거가 반드시 행복했던 것은 아니다. 하지만 지나간 나날들을 회상할 때는 어쩔 수 없이 불행했던 기억보다는 순간순간의 '행복했던 면'을 키우게 된다. 지겨운 군대생활도 제대하고 나면 즐겁던 추억거리가 되는 것처럼 힘들고 어려웠던 시절도 지나가고 나면 하나의 추억이 된다. 그러다보니 사람들은 현재의 발전된 모습에서 미래를 그리기보다 과거의 모습에서 미래를 그리려고 한다. [오래된 미래]에 대한 동경이다.

세 번째는 인간의 근력과 지력을 사용할 곳이 마땅치 않기 때문이다.

저자는 우리가 재미를 위해 근육을 사용하는 시장이 나타났듯이 재미를 위해 지적이고 감각적인 활동을 대상으로 하는 시장도 성장할 것이라고 말한다. 운전한다는 것이 자동전자제어 장치에 의해 위험성이 떨어지면 운전은 지루한 뭔가가 될 것이고, 그때부터 운전실력을 증명하고 싶어 돈을 들여서라도 위험한 산악길을 운전하게 될 것이다. 21세기의 성장산업은 재미가 목적인 지적이고 감각적인 활동을 대상으로 하는 이야기 사업이 성장할 수밖에 없다는 것이 저자의 주장이다.

한번 현재 우리주변에서 성장하고 있는 산업들을 생각해 보라. 그리고 저자가 미래 성장사업이라고 말한 범주들과 비교해 보라. 저자는 미래 성장사업을 6개의 범주로 나눠 설명한다.

첫 번째. 모험시장

이 시장은 더 이상 힘을 쓰고, 열정을 불태울 거리를 찾지 못한 사람들이 몰리는 시장이다. 지루한 인간은 험준한 산을 넘고, 바다를 건너고, 거친 밀림지대를 헤쳐나가면서 쾌감을 느끼고, 인간의 손이 닿지않은 자연을 경험하며 삶을 즐기고자 한다. 산이 있기에 산을 탄다는 등반시장, 역경을 이겨낸 운동선수 이야기 하나만으로도 돈 벌 수 있는 스포츠시장, 자연과 함께 하는 자연시장, 돈주고 사서 고생하는 여행시장 등이 모두 이 분야에 해당되는 시장이다.

두 번째, 연대감, 친밀감, 우정 그리고 사랑을 위한 시장

이 시장은 감성을 중심으로 한 시장으로, '사람들을 하나로 묶을 수 있는 것이 무엇인가'가 초미의 관심거리인 곳이다. 통신, 주류, 외식, 카페, 커피숍, 테마공원, 축제, 행사, 기념일 등의 모든 이벤트가 이 업종의 시장이다. 특히 이 시장에서 '사랑'이란 테마는 무시할 수 없는 큰 시장이다. 사랑을 표현하고, 전달하고 나눠줄 수 있는 도구, 상품, 서비스, 표현물, 게다가 결혼과 관련된 시장 등을 생각한다면 지구상에 존재하는 거의 대부분이 이 시장과 연결되어 있다고 봐도 과언이 아니다.

세 번째, 관심의 시장

사람은 혼자서는 살지 못한다. 누군가에게 관심을 주고 또 관심받으며 살아가야 한다. 이런 모습은 인간본성과 관련된 것이기에 필수불가결한 요소다. 특히 관심과 사랑은 혼자만의 만족이 아니라 주는 사람도 받는 사람도 만족스러운 모습니다. 애견시장만 봐도 요즘은 개를 치료하는 병원수준을 넘어 주인과 개가 함께 피서를 즐기는 '애견호텔'도 생기고 있다.

네 번째, 나는 누구인가(who am I)의 시장

'나는 누구인가?' 무척 중요한 질문이다. 하지만 요즘은 과거처럼 나를 이해하는 것에서 그치지 않는다. 내가 누구인지를 표현하고자 하는 욕구를 충족시키고자 자신과 어울리는 상품을 적극적으로 찾는다. 스킨로션 하나를 고를때도 병의 모습과 향이 자신의 이미지와 맞는지를 고민하고, 가방하나를 구입할 때도 '내가 이런 사람'이란 것을 남이 알아줬으면 하는 마음으로 가방을 선택한다.

다섯 번째, 마음의 평안을 위한 시장

음식점들이 모여있는 식당가를 가면 눈에 띄는 간판명이 있다. '원조'라는 이름이다. '가장처음', '가장 오래된'이란 의미를 담고 있는 단어다. 우리가 원조를 주장하고, 오랜 역사를 가진 상품을 귀하게 여기는 이유는 자동화가 아니라 직접 만든 것을 높이 평가하고, 조선시대의 음식, 향토문화, 목가적인 농촌과 같은 것들을 선호하기 때문이다. '변하지 않은 영원성'이다. 이제 초현대적, 더욱 진보된, 최첨단이란 단어는 극히 부분적인 면에서만 경쟁력을 얻을 수 있는 요소다.

여섯 번째, 신념을 위한 시장

예전과 달리 요즘은 소비자들이 살펴보는 게 한 가지 더 있다. 동물실험을 한 상품인지, 아동노동을 통해 생산한 원료로 만든 상품인지 등에 대한 것이다. 단순한 소비가 아닌 소비자의 의식과 가치가 기업을 평가하고 그 결과 기업의 존폐여부가 결정된다. 만약 닭무게를 늘리겠다고 움직이지도 못할 공간에서 닭을 키운 양계장이 있다면 그 양계장은 문을 닫아야 한다. 이젠 단순한 소비가 아니라 소비자 개개인이 갖고 있는 소비의 가치에 따라 상품을 소비하는 세상이다. 소비자가 이래야 한다는 꿈과 삶의 이야기에 합당한 상품만이 살아남는 세상이 되었다.

상기된 여섯 개의 시장을 빼면 남은 시장이 몇 개가 될까? 단순한 소모품 시장을 제외하면 거의 없을 것이다. 상품의 가치와 차별성은 그것에 담긴 이야기에 따라 결정되기 때문이다. 게다가 세상변화속도가 빨라질수록 사람들은 더 늦게가려고 할 것이고, 그때 내가 살고싶은 삶을 이야기에서 찾을 것이다. 누군가의 삶을 바라보고, 그들이 거쳐 간 길에서 자기 삶에 대한 해답을 찾으려 한다. 이제 이야기는 단순한 재미수준을 넘어 사회를 이끄는 핵심동인이 되었다. 이야기가 어렵다고 외면하기보다 그것을 이해하고 이를 적극 활용할 필요가 있다.

▼ 과 제

1. 다니엘 핑크가 〈새로운 미래가 온다〉에서 주장한 'High Concept, High Touch'의 개념을 설명해 주세요. 특히 'High Touch'가 어떤 의미인지 사례를 들어 설명해 주세요.
2. 롤프 옌센은 [드림소사이어티]에서 이야기의 중요성을 주장합니다. 그가 제시한 여섯 개의 시장 중에서 시장하나를 선택하여 그 시장에서 앞으로 성장할 사업아이템을 한 가지 제시해 주세요. 그리고 그 시장이 성장가능한 시장이라고 제시한 이유를 정리해 주세요.

(3) 이야기로 전달하는 기업전략

〈라면박람회〉는 일본 각지에 있는 대표적인 라면들을 한 곳에 모은 곳이다. 하지만 이곳의 성공요인은 흩어져 있는 전통라면들을 한 곳에 모은 것 때문이 아니다. 핵심은 라면에 담긴 이야기를 최대한 끄집어 내어 이를 방문자들이 체험할 수 있도록 만들었다는 점이다. 이야기가 있는 라면박람회와 음식만 있는 라면박람회의 차이는 하늘과 땅 차이이다.

이야기의 중요성은 성공한 사업, 상품의 사례를 봐도 알 수 있다.

'라면'을 테마로 테마파크가 하나있다. 요코하마 도심의 주차장 건물지하에 세워진 〈라면박물관〉이다. 건물 2층부터는 모두 나선형 주차장이고 1층은 라면의 역사, 제조시설 등을 소개하는 전시장이며 지하 1층, 2층은 라면을 직접 사먹을 수 있는 '라면박물관' 공간으로 구성했다. 1991년 자본금 1,200만 엔, 우리 돈 1억 2천만 원 가량으로 시작한 〈라면박물관〉. 면적 약 400여평 정도의 공간에서 2000년 초반에는 년 매출 20억 엔, 년 방문객 160만명을 넘겼다.

지하 1,2 층의 모습은 일본의 1950~60년대의 거리를 재현해 놓고, 일본 전국의 유명한 라면집 9개를 유치했다. 과거모습을 재현한 복고풍의 모습이다. 네이버 파워블로거인 꾸브와제는 이곳의 모습을 이렇게 표현한다. "어스름해지면 아버지를 맞으러 전철역으로 달려갔다. 해피라 불렸던 강아지도 따라붙고 땡땡땡 철길건널목 소리…목을 삐죽빼고 한참을 기다리고 있으면 전철역에서 걸어 나오시는 아버지, 무뚝뚝한 얼굴로 머리를 한번 쓰다듬어 주셨다. 아버지 손을 잡고 집으로 가다 아버지와 눈이 한번 마주친다. 시장으로 일 나가신 어머니가 돌아오시고 저녁식사를 차리면 8시가 훌쩍 넘는다. 역앞 라면집에서 한 그릇의 라면을 시키고 앉은 아버지와 나. 나중에 저녁을 먹을테니 조금만 먹자… 라면을 나누어 주시며 맥주한잔으로 입을 가시는 아버지. 그 라면 맛이란… 아버지의 그 텁텁한 담배냄새가 왜 그렇게 맵고, 그립고, 눈이 아리고 그런지…여전히 저만치서 땡땡

• 자료원 : 〈테마파크 파라다이스〉, 네이버블로그

• 자료원 : 〈테마파크 파라디이스〉, 네이버블로그

거리는 철길 건널목…나이 50을 훨씬 넘긴 일본의 한 장난감 콜렉터가 들려준 그의 라면 이야기였다."

누군가 '라면박물관'같은 것을 만든다고 가정해 보자. 그는 무엇을 생각할까? 아마도 옛날라면 그릇을 찾아내고, 라면봉지와 광고들을 모으고, 예전에 쓰던 숟가락, 젓가락, 전기곤로 등을 전시하려 할 것이다. 그리고 라면의 역사를 알 수 있도록 세월에 따라 변한 라면들도 전시하며, 제조방법의 변천사도 정리해 놨을 것이다. 그러나 성공했을까? 한국에서도 〈라면박물관〉과 같은 먹거리와 문화테마공간과 유사한 것을 만들려고 여러 곳에서 시도했지만 이만큼 성공을 거두지는 못했다.

〈라면박물관〉은 일본의 각 지역에 분산된 라면집을 한곳에 모아놓은 것으로 끝난것이 아니다. 사람들은 이곳에서 라면을 먹는 것은 기본이고, 그곳에서 지난시절의 이야기와 추억을 함께 느낀다. 어린시절, 라면과 함께 남아있는 정겨운 모습들이다. 〈라면박물관〉에서 '라면'은 소재일 뿐이다. 라면을 내세워 사람들의 호기심을 자극했지만 진정한 〈라면박물관〉의 핵심은 라면 한 그릇에 담긴 가슴 뻐근한 옛날 이야기들이다. 이것이 바로 이야기의 힘이고, 세상이 이야기를 요구하는 이유다.

▼ 과 제

1. [라면박람회]는 이야기를 활용한 사업입니다. 국내에서 [라면박람회]처럼 이야기를 활용하여 성공한 사례를 하나 골라 설명해 주세요.

2. 국내에서 [라면박람회]와 같이 이야기를 중심으로 사업을 추진한다면, 적합한 아이템은 무엇인가요? 새로운 사업아이템을 하나 추천해 주고, 그 사업의 가능성에 대해 설명해 주세요.

2 스토리텔링 기획서의 설득력

(1) 이야기의 뼈대인 플롯

이야기의 기본적인 구성요소는 '메시지' '플롯' '갈등/반전' '등장인물'이다. 이 중 '플롯'은 이야기를 이야기답게 만들고 내용들을 인과관계구조로 만들어 설득력을 높여주는 이야기의 핵심요소다. 플롯만을 연구한 서적이 여러 권 있다는 것만 봐도 이야기 연구에서 플롯이 얼만큼 중요한 비중을 차지하는 지 알 수 있다. 모든 이야기는 일정한 플롯을 갖고 있으며, 이런 플롯을 기업상황에 대입하여 정리하면 딱딱한 기업보고서도 이야기처럼 변한다. '플릇'은 기획서 내용을 이야기체로 만들기 위해 기획자가 반드시 알아야 할 지식이다.

이야기를 기반으로 한 기획서, 즉 스토리텔링 기획서는 이미 많은 곳에서 활용하고 있다. 공모전 제안서는 이미 스토리텔링식이 아니면 명함내밀기도 어렵고, 광고분야의 프레젠테이션은 스토리텔링을 넘어 아예 만화로 보여주기도 한다. 자기 생각을 이야기로 전달할 때 가장 호소력이 있기 때문이다. 그러나 일반기획서 분야에서는 아직도 많은 사람들이 기획서를 이야기체로 쓰는데 거부감을 느낀다. 기획서까지 스토리텔링 방식으로 작성한다는 것에는 동의하기 어려운 모양이다. 이는 이야기는 재미있고 가벼운 것이고, 기획서는 공식적인 문서라는 선입감 때문일 것이다. 필자도 학교(이벤트, 마케팅분야)나 기업, 일반인 대상으로 스토리텔링 방식의 기획서 작성법을 가르치고 있지만, 학생들이 이를 실제로 활용하도록 만드는 데에는 3년이란 시간이 걸렸다. 수업시간에 배운 스토리텔링 기획서는 수업용(학점받기 위한 것)이고, 실제 작성하는 기획서는 다른 것이라고 생각하기 때문이다. 이들이 생각하는 기획서는 필자가 직장인일 때 열심히 작성하던 아래와 같은 스타일의 기획서다.

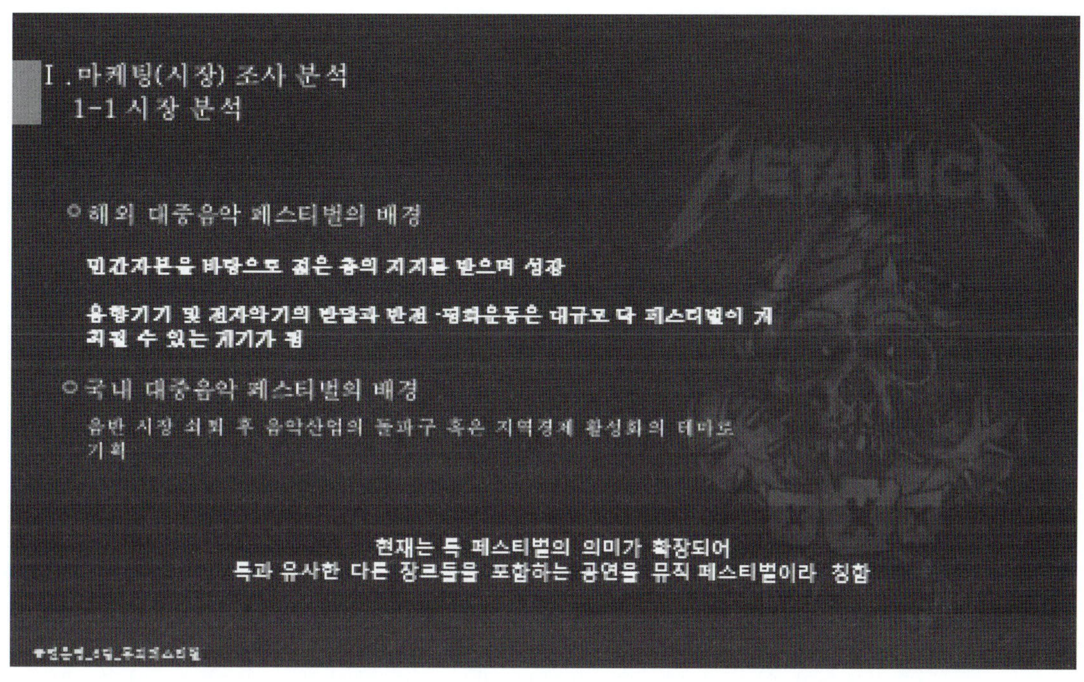

• 자료원 : 〈Music Festival〉, 백다솜, ○○대학교, 2015.

그러나 한 번 생각해 보자. 기획서를 검토하거나 설명할 때는 상기된 기획서도 이야기로 말하고 이야기로 듣는다. 이를 설명할 때 담당자는 이렇게 말할 것이다. "현재 해외 대중음악 페스티발의 배경을 살펴보면 초반에는 민간자본을 바탕으로하여 시작했으며. 특히 젊은층들의 지지를 받으며 성장했습니다. 이와 같은 지지기반을 바탕으로 성장한 페스티발은 당시 발전하고 있는 전자기술의 도움을 받아 보다 대중적인 연주가 가능한 음향기기과 전자악기의 발전을 이끌었고, 이와 같은 기기의 발전은 다시 음악시장의 대중화를 가속시켰고…."라고 말이다. 결국 아무리 공식적이고 딱딱한 기획서도 이야기에서 시작하여 이야기로 마무리한다. 하지만 상기된 모습의 기획서를 선호하는 이유는 앞선 기획서 모양이 익숙하기 때문이다. 기획서는 딱딱해야하고, 정교해야하고, 자료가 넘쳐나야 한다는 이유때문에 스토리텔링 방식의 기획서를 작성할 수 없는 것은 아니다.

그렇다면 이야기에 근거한 기획서가 왜 설득력이 있을까? 이는 그 안에 이야기가 가진 핵심요소들이 들어있기 때문이다. 이야기를 통해 상대방에게 전달하고자 하는 '메시지', 독자의 호기심과 관심을 사로잡아 책을 놓지 못하도록 만드는 '갈등구조', 독자가 예상한 것과 다른 상황을 보여줌으로써 독자에게 놀라움을 선사하는 '반전', 그리고 이야기에서 문제나 갈등을 야기시키고 이를 해결하는 주체인 '등장인물', 앞선 요소들을 잘 연결하여

이야기의 핵심 요소

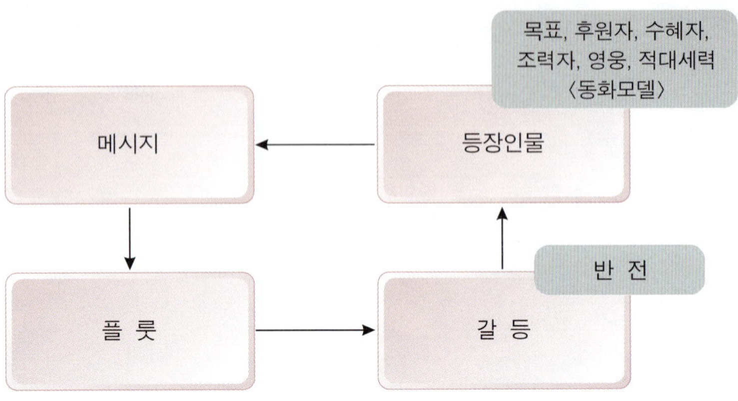

내용을 자연스럽게 만들어주는 '플롯' 등 이야기는 이미 독자가 저자의 생각(글)에 몰입하도록 만들 다양한 요소들을 가지고 있다. 따라서 이를 정확히 이해하고 기획서 작성에 반영할수만 있다면 딱딱한 기획서 내용도 이야기처럼 아기자기하고 재미있는 모습으로 변한다.

이야기의 요소 중에서 '플롯'을 살펴보자. 플롯은 사실, 사건 등을 인과관계로 연결하여 독자들을 이야기에 몰입하도록 만드는 핵심도구다. 기획서에 담겨있는 메시지들을 딱딱한 보고서가 아닌 이야기로 바꾸는데 중요한 역할을 담당한다. 기획서도 이미 모두 상기된 요소들을 갖고 있지만 기획서가 이야기가 되지 못하는 것은 기획자가 플롯에 대해 이해하지 못하기 때문이다. 이야기 요소들이 들어있다고 해서 모두 이야기가 되는것은 아니다.

플롯을 설명할 때 자주 사용하는 예가 있다.

'옛날 옛적, 어느 나라에 왕과 왕비가 살고 있었다. 두 사람은 침대에 앉아 서로를 바라보고 있었다. 근데 왕이 쓰러졌다. 그리고 잠시 후 왕비도 쓰러졌다.'

만약 기획자가 이 장면을 옆에서 바라봤다면 어떻게 표현하겠는가. 아마 이렇게 작성할 수 있을 것이다. '두 사람이 침대에 앉아 있었다. 왕이 쓰러지고, 왕비도 쓰러졌다.' 사실을 있는 그대로 묘사한 것이다. 기획서는 항상 사실에 근거해서 작성해야 한다고 주장하니까 말이다. 하지만 우리는 이 글을 보며 감흥을 받지 못한다. '그래서 뭐 어쩌라고?' 반문할지도 모른다. 하지만 이를 '왕이 죽자 이를 본 왕비는 슬픔을 견디다 못해 죽고 말았다.'라고 표현했다면 어떨까? 앞 문장과 동일한 정보를 사용했지만 뒷 문장에서는 단순히 왕과 왕비가 죽었다는 사실뿐만 아니라 왕의 죽음으로 인해 왕비가 죽었다는 인과관계를 설명한다. 플롯은 이처럼 사실과 정보들을 사람이 생각하는 사고패턴에 맞춰 인과관계로 구성함으로써 단순한 내용(사건)들을 재미있는 이야기로 바꿔놓는다. 사람들은 인과관계로 연결된 문장을 보면 자연스럽게 '그 다음은…'이란 의문을 갖게 된다.

이와 같은 플롯은 다양한 구성방법이 있지만 일반적으로는 '발단', '전개', '위기', '절정', '결말'을 사용한다. 하지만 필자는 '발단', '전개', '절정', '반전', '대단원'의 구조를 사용하고자 한다. 이야기의 배경을 설명하는 [발단]에서 이야기가 시작하여, 평화롭던 상황에서 문제가 싹트는 [전개]로 문제를 암시하고, 문제가 심각하게 되어 주인공이 고통받는 장면을 보여주는 [절정]에서 문제의 본질과 주인공의 문제해결의지를 보여주며, 문제해결을 위해 주인공이 직접 나서는 [반전]을 통해 독자가 생각한 것과는 다른 해결방법을 보여줌으로써 독자에게 놀라움을 주고, 문제를 해결하고 다시 평화로운 상황으로 돌아가는 [대단원]으로 통해 이야기를 마무리 한다. 이야기를 통해 전하고자 하는 메시지들을 시간대나 사건의 중요성 순으로 나열하는 것이 아니라 평화롭던 상황에서 문제가 생기고 이를 해결하는 순서로 내용을 이끌어 간다.

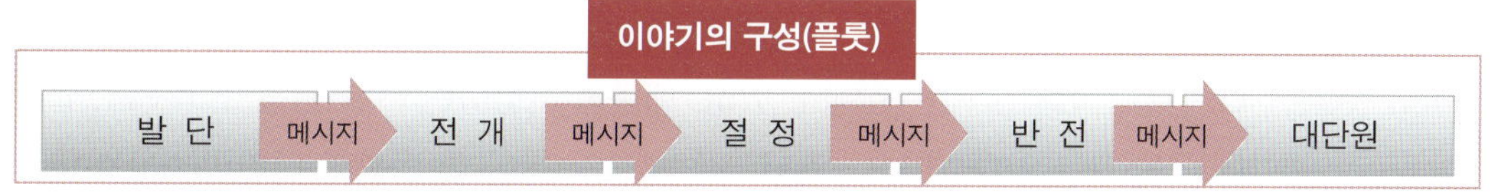

[토끼와 거북이]라는 옛날 이야기를 예로 플롯구조를 살펴보자.

[발단] 사건이 일어나기 전 상황 이야기가 시작된다.

깊은 바다속에 바다나라가 있었다. 용왕님에게 귀여운 딸이 있었는데, 눈에 넣어도 아프지 않을만큼 사랑하는 딸이었다.

[전개] 문제, 갈등을 야기시키는 상황이 나온다.

근데 어느 날, 용왕의 딸이 이유를 알 수 없는 병에 걸렸다. 용궁의사는 토끼 간을 먹어야 낫는다고 용왕님께 말했고, 용왕은 거북이 대신을 불러 육지로 올라가 토끼를 잡아오라고 지시한다.

[절정] 문제와 갈등이 고조되는 상황을 묘사한다.

육지로 올라온 거북이는 천신만고 끝에 토끼를 발견하고, 토끼를 유혹하기 시작한다. 바다

속에 내려가면 행복하게 살 수 있다고. 토끼는 거북이 말을 믿고 용궁으로 내려간다. 하지만 용궁에 도착한 토끼는 거북이가 자신을 속였다는 것을 알았다. 자신의 간이 필요해서 데리고 온 것이다. 하지만 어떻게 할 것인가? 이미 바다속에 들어와 버린 것을.

[반전] 남들이 생각지 못한 해결방법을 제시한다.

토끼는 간이 소중한 것이기에 잊어버리지 않기 위해서 집에 두고 다닌다고 용왕님께 얘기했다. 자신을 집까지 데려다주면 간을 주겠다고 약속한다. 그 말을 들은 용왕님은 거북이에게 토끼를 집에 데려다주고 간을 가져오라고 지시한다.

[대단원] 다시 행복한 나날이 된다.

거북이를 타고 육지에 도착한 토끼. 거북이를 바보같은 놈이라고 놀리고 도망가 버리고 다시 행복한 나날을 보낸다.

그럼 드라마를 예로 들어보자. 한때 인기를 끌던 [시크릿 가든]이란 드라마가 있다.

[발 단]

등장인물들에 대한 묘사가 나오고 그들이 어떤 삶을 살고있는지 보여준다. 김주원은 엄청나게 큰 집에서 호사롭게 살고 있다. 백화점 사장이면서 잘 생겼고, 머리도 좋아 남부럽지 않은 삶을 살고 있다. 반면에 길라임은 부모도 없이 한 칸짜리 단칸방에서 어렵게 살지만 스턴트우먼의 꿈을 갖고 하루하루를 열심히 살아가는 맹렬여성이다. 언뜻봐도 두 사람은 만날 기회가 거의없고, 설사 만난다 쳐도 서로에게 관심을 가질만한 여지가 전혀없는 딴 세상의 인물들이다.

[전 개]

문제가 야기될 상황이 나오고, 이로 인해 문제가 서서히 겉으로 나타나기 시작한다. 우연히 김주원과 길라임이 만난다. 김주원은 자신과 완전히 다른 세상에서 살고있는 길라임에 호기심을 갖고 접근하지만 길라임은 그를 경계한다. 상처받기 싫었기 때문이다. 하지만 김주원의 애정공세에 길라임은 흔들리고 서서히 두 사람은 가까워진다. 그러나 복병이 있었으니 바로 김주원 어머니다. 둘의 관계가 가까워지는 듯하면 어김없이 나타나 길라임을 처참하게 눌러버린다.

[절 정]

어려운 상황에서도 서로를 사랑하며 함께 살아가는 두 사람. 하지만 계속되는 방해에 길라임이 김주원을 떠나기로 결심한다. 그러던 어느 날, 길라임이 자동차 추격신을 촬영하다가 사고가 발생하여 의식을 잃고 식물인간이 되어 병원에 누워있다. 언제 회복될지도 모르는 상황. 이를 본 김주원은 죽음을 각오하고 길라임과 몸을 바꿔버린다. 김주원의 몸으로 다시 살아난 길라임은 몸을 바꾸기 전에 김주원이 자신에게 쓴 편지를 읽으며 대성통곡을 한다. 그리곤 몸을 다시 바꾸겠다고 결심한다.

[반 전]

김주원의 모습을 하고 있는 길라임은 김주원(길라임의 몸에 들어가 의식을 잃고 병원에 누워있는 김주원)을 찾아가 자신이 다시 몸을 바꾸겠다고 외치며 잠이 든다. 그때 죽은 길라임의 아버지가 두 사람꿈에 나타나 바뀌진 몸을 원상으로 돌리고 둘다 의식을 회복시켜 준다. 그 후 길라임은 김주원의 사랑에 확신을 갖고 자신을 공격하는 김주원 어머니에게 이렇게 말한다. "어머니. 아드님을 저 주세요. 제가 행복하게 해 주겠습니다." 예전과는 완벽하게 달라진 모습이다.

[대단원]

김주원은 길라임을 데리고 구청으로 가서 혼인신고를 한다. 결혼식만은 어머니가 허락하면 그때 하자면서. 그곳에는 김주원의 사촌형과 한때 김주원과 결혼하려고 했던, 지금은 사촌형의 애인이 된 윤슬이 증인으로 와있었다. 그리고 결혼하고 김주원의 집에서 행복하게 살았다. 자녀는 세 명이다.

이와 같은 구조는 옛날이야기나 드라마에만 적용할 수 있는 것은 아니다. 기업상황에도 그대로 적용할 수 있다. 다음 예는 기획서 작성을 위한 스토리가설 초안이다.

[발 단]

제인산업은 십년 전 굴착기 전문업체를 설립한 이후 매년 평균 100% 이상의 성장을 거듭해 왔다. 여기에는 경영자의 품질제일주의 철학과 모든 직원이 함께 간다는 한배정신이 큰 요인이었다.

[전 개]

하지만 몇 년 전부터 제인산업이 일궈 논 시장에 경쟁사들이 진입하기 시작했다. 몇 개 기업은 대기업이란 규모이득과 계열사 내 안정된 판매처를 갖고있다는 이점을 활용하여 제안산업과 가격경쟁을 벌이고 있고, 소비자들 역시 대기업이 주는 가격할인에 따라 업체를 바꾸고 있다. 총매출은 정체되었고 이윤도 지속적으로 떨어지고 있으며, 동시에 제인사업의 특허보호도 점점 더 효력을 잃어가고 있었다.

[절 정]

급격한 변화가 없다면 제인사업은 가까운 시일내에 막대한 손실을 피할 수 없다. 경쟁사들이 유사제품을 출시함으로써 가격은 급격히 떨어질 것이고, 높은 간접비 구조로 기술보호없이는 가격경쟁에서도 경쟁력을 유지할 수 없다. 점진적인 제품개선과 프로세스혁신으로는 이 난관을 극복할 수 없다. 이와 같은 상황에서 제인산업은 몇 가지 기술적 진보를 통해 산업을 변형시켜야 한다.

[반 전]

이는 현 생산방식을 소품종 대량생산체계에서 다품종 소량생산체계로 전환하는 것을 의미하며, 이를 위해서는 생산조직의 다각화와 유동성 있는 생산기술개발이 필요하다.

이를 위해서는 첫째 제인산업의 생산시스템을 본질적으로 변화시켜야 한다, 이를 통해 제품을 더욱 빠르고 경쟁력 있게 생산해야 한다…. 둘째, 다음 세대의 잠재적인 기술과 제품을 개발해야 한다. 경쟁사와 차별적인 제품을 생산해야 한다. 이미 이러한 제품들은 작업 중에 있다…. 셋째, 기술지향전략에 부합하도록 영업과 마케팅 직원의 역량을 업그레이드 해야 한다. 그리고 현장 테스트와 마케팅에 막대한 노력을 기울여야 한다.

[대단원]

제인사업은 산업의 변형을 이끌어내기 위해 자사가 보유한 다양한 자원을 적극 활용해야 한다. 한때 아날로그적이었던 비즈니스가 이제는 좀 더 글로벌하고 디지털을 가미한 것으로 바뀌게 될 것이다…. 이를 통해서 제인산업은 수익성을 높이고 산업계의 리더위치를 계속 유지하게 될 것이다. 이러한 시도들은 전사전략과도 부합한다.

이처럼 우리가 검토하는 기업의 문제들도 이야기의 구성요소인 [플롯]에 의해 정리가 가능하며 일반적인 기획서처럼 사실, 사건을 일렬로 연결시켰을 때보다 훨씬 설득력 있게 내용을 전달할 수 있다.

▼ 과 제

1. 자신이 좋아하는 소설, 또는 영화 줄거리를 책에 나온 플롯을 활용하여 정리해 보세요. 아무리 긴 이야기도 [발단] [전개] [절정] [반전] [대단원]으로 구성되어 있습니다.

2. 자신이 작성 중인, 또는 작성하고자 하는 기획서 내용을 상기된 플롯구조를 도입하여 내용을 정리해 보세요.

---

(2) 이야기의 놀라움, 반전

이야기의 구성요소 중 갈등과 반전은 이야기의 흥미를 높이는 데 없어서는 안 될 요소다. 모든 이야기는 문제해결방법을 제안하는 것의 갈등요소는 이야기를 존재하도록 만드는 필수불가결한 요소다. 또한 반전은 문제해결방법을 독자가 예상치 못한 방식으로 해결함으로써 이야기에 대한 흥미를 최고조로 높여주며, 이야기의 즐거움을 한층 더 해주는 작가의 능력이다. 반전없는 이야기는 흥미를 끌지 못하는 이야기이고, 일부러 시간내어 읽을 이유가 없는 이야기다.

플롯의 다섯 개 요소 중에서 기획서의 해결방안과 관련있는 '반전효과'를 살펴보자

영화를 보고 있노라면 순간 '어떻게 저런 결론을 생각할 수 있지?'라고 말할 때가 있다. 자신이 생각지도 못한 결론이 눈앞에 펼쳐질 때다. 이런 것을 반전이라고 한다. 반전효과는 영화에서 무척 중요한데, 영화가 자기 생각과 완전히 같다면 일단 재미가 없기 때문이다. 프랜차이스 영화가 편수를 더해갈수록 관람객 수가 떨어진다면 바로 이런 상황일 것이다. 안봐도 뻔하다는 생각말이다. 그러다보니 영화제작자들은 고객의 예상을 뒤엎을 참신한 아이디어를 목숨걸고 찾아내야 한다. 여기에 흥행여부가 달려있다. 얼마전에 태국영화를 한편 봤다. [피막]이라는 영화인데 여름철 영화로 납량특집같은 분위기의 영화다.

한 젊은이가 전쟁터에 나갔다. 그러다 총에 맞아 중상을 입었다. 하지만 집에서 기다리는 아내를 위해 몇 명의 전우들과 함께 집으로 돌아왔다. 죽을 정도로 부상입은 젊은이가 아내에게 돌아가겠다는 집념하나로 살아 돌아온 것이다. 그런데 집에 돌아오는 순간 예전과는 다른 무엇인가를 느꼈다. 동네사람들이 아내를 귀신이라 하며 가까이 하질 않았다. 하지만 젊은이는 그런 상황을 이해하지 못했다. 눈앞에는 예전과 다를 바 없는 아내가 자신을 바라보며 웃고 있었기 때문이다. 함께 온 동료들도 친구 아내의 미모에 반해 동네사람들의 소문을 믿지 않았다. 그런데 어느 날, 집앞에서 죽은 사람의 시체를 발견했다. 뼈만남은 시체다. 누구의 시체일까? 그때부터 이야기는 급전하기 시작한다. 평화로웠던 집안에 긴장감이 돌기 시작했고, 사람들은 자신과 함께 있는 사람들 중 한 명은 귀신이라는 것을 알아차렸다. 누가 귀신인가? 하지만 동네사람들이 소문과 달리 젊은이의 아내는 귀신후보에서 일찌감치 제외되었다. 아내가 동네사람들의 소문은 자신을 겁탈하려는 어떤 사람을 거절했는데, 그가 자신을 괴롭히기 위해 그런 소문을 냈다고 눈물을 글썽거리며 말했기 때문이다. 그러다 강력한 귀신후보가 나타났다. 바로 젊은이다. 죽을 정도의 상처를 입었는데도 집까지 돌아온 젊은이. 그는 죽었음에도 불구하고 집으로 돌아와야 할 분명한 이유가 있었다. 사랑하는 아내곁으로 돌아가고 싶었기 때문이다. 그리고 그 순간, 그곳에 있던 사람들은 젊은이를 피하려고 젊은이의 아내와 함께 나룻배를 타고 도망가기 시작했다. 그런데 알고보니 귀신은 자신들과 함께 도망가고 있던 젊은이의 아내였다. 귀신을 피해 도망가는 상황에서 귀신을 함께 데리고 도망가고 있었으니…

영화를 보는 사람도 실제 누가 귀신인지 감을잡기 어렵지만 젊은이가 귀신이라고 결론짓는 순간 영화를 보는 사람들은 '그래 맞아'라고 생각했을 것이다. 발단, 전개부분에서 그와 같은 결론을 내릴 수 있도록 많은 증거를 제공했다. 하지만 귀신이 아내라는 것을 알게되자 놀람과 허탈감에 빠졌다. '뭐야, 이게…귀신이 아내야?' 순간 영화를 보던 사람들은 놀람과 동시에 이야기에 몰입하기 시작했고, 영화가 더 무서워지기 시작했다. 이야기의 마지막이 어떻게 끝날지 예측할 수가 없었다.

이 영화는 태국에서 인기리에 상영된 영화다. 여름철에 나오는 귀신이야기가 헐리우드의 블록버스터급 영화를 이긴 데에는 분명이유가 있었을 것이고 거기에는 귀신이 누구인지 알게되는 반전효과가 상당히 크게 작용했을 것이다.

독자가 이야기에 흥미를 느끼도록 하려면 앞선 예와 같은 반전효과를 적극활용해야 한다. 이야기는 당연히 결론을 향해 나아가지만 이 과정에서 독자가 생각하는 결론 그대로를 보여주면 안 된다. 이미 답을 아는 이야기는 이야기가 아니다. 앞 내용을 보며 독자 스스로가 결말을 생각할 수 있도록 만들어주되, 그들이 생각지 못한 결론을 제시해야 한다. 그때 사람들은 자신이 무엇을 놓쳤는지 다시 한 번 생각하게 되고, 그것을 창조해 낸 작가에게 박수를 친다.

이와 같은 상상은 기획서에서도 그대로 반영된다. 기획서를 평가할 때 '지루하다', '일상적인 내용이다' '단조롭다' '창의성이 부족하다'와 같은 평가는 대부분이 이와 같은 반전효과의 부재때문이다. 기획서의 반전효과는 문제를 제기한 사람들이 생각지도 못한 해답을 제시하는 것이다.

▼ 과 제

1. 자신이 좋아하는 영화 한 편을 골라 그 안에 담긴 갈등요소를 설명해 주세요. 갈등은 등장인물과 깊은 관련이 있기 때문에 갈등요소를 제대로 설명하려면 우선 등장인물에 대해 이해해야 합니다.
2. 자신이 좋아하는 영화 한 편을 골라 그 안에 담긴 반전사항을 설명해 주세요. 그리고 그 내용이 자신이 생각한 결론과 어떻게 다른지도 설명해 주세요.

3 플롯과 기획서 목차 간의 관계

(1) 플롯과 기획서 구조

이야기 플롯은 이야기를 인과관계구조로 만드는 요소다. 이런 플롯구조는 기획서 목차에서도 발견할 수 있다. 기획서도 이야기와 마찬가지로 문제를 해결하는 방법을 제안하는 문서이며, 이의 설득력을 높이기 위해 인과관계구조로 구성되어 있기 때문이다. 플롯의 발단은 기획서의 배경 전반부 내용이고, 전개는 기획서의 배경 후반부 내용이며, 절정은 기획서의 목표설정과 관련된 내용이며, 반전은 해결방법에서 반드시 보여줘야 할 사항이다. 마지막의 대단원은 기획서의 맺음말과 같다.

이야기 플롯과 기획서 목차는 흐름이 매우 유사하다. 이야기 플롯은 내용 간의 인과관계를 맺어주는 메시지들의 연결방식이고, 기획서 목차 역시 기획자의 생각을 상대방에게 효과적으로 전달하기 위해 구성된 설명체계이다. 다만, 이야기는 자연스럽고, 기획서는 딱딱하다는 선입관 때문에 이들의 유사성을 발견하지 못했을 뿐이다. 게다가 기획서를 가르치는 사람들도 기획서의 목차를 설명할 뿐이지 그것이 이야기와 어떤 관련성을 갖고 있는지 설명하지 않는다. 그냥 이런 목차에는 이러저러한 내용이 들어가 있어야 한다고 말해줄 뿐이다. 이런 상황에서 기획서를 처음 작성하는 사람들은 하얀 백지위에 무엇을 어디서부터 채워야 할지 난감할 수밖에 없다. 하지만 이야기 플롯과 이에 해당하는 기획서 목차를 알면 해당 목차에 어떤 내용을 담으면 될지 이해할 수 있다.

이야기의 [발단]은 이야기가 시작되는 배경을 설명하는 부분이다.

주인공과 등장인물들이 누구이고, 어떻게 살아왔는지, 그가 평소 좋아하고 즐겨하는 것은 무엇이며 어떤 가치를 갖고 있는지 소개하고, 이들이 살아가는 주변상황을 묘사함으로써 앞으로 전개될 이야기에 대한 암시를 준다. 단순한 배경이기에 문제도 없고, 긴장감도 없다. 그저 당시 상황을 담담하게 서술할 뿐이다. 다만, 앞으로 다가올 갈등을 부각시키려면 그것과 대비하기 위해서라도 평화롭고 행복한 모습을 더욱 강하게 표현하는 게 좋다.

이 부분은 기획서 목차에서 [현상분석]에 해당되며, 이 중에서도 [일반상황분석]에 해

이야기	기획서 목차	내용
발 단	현상분석(일반상황)	문제가 생기기 전 자사와 외부환경, 시장상황이 어떠했는지, 당시 해당 시장이 어떻게 구성되었으며 그 시장을 이끌어 온 요인이 무엇인지 설명한다.
전 개	현상분석(변화상황)	내·외부환경이 어떠한 어떻게 변했으며, 그 이유는 무엇인지, 그로 인해 자사가 어떤 상황에 처했으며, 그에 대한 자사의 대응은 어떠한지 설명한다.
	현상분석(문제 정의)	무엇이 문제이고, 문제의 원인과 그 문제가 어떠한 영향을 초래할 것인지를 면밀히 따져보며, 이를 해결하기 위한 과제를 찾기위해 고민한다.
절 정	과제설정(목적/목표 포함)	일을 진행하는 목적은 무엇이며, 문제해결을 위한 과제는 어떤 것이고, 이를 완수했을 때의 모습인 목표는 어떤 수준인지 그려본다. 이때 스마트(SMART)한 목표설정이 이뤄져야 한다. Specific, Measurable, Achievable, Realistic, Time-related의 머리글자다.
반 전	실행전략과 실행방법(남다른 해결방법)	목표달성을 위한 구체적인 전략과 세부실행방안을 제시한다. 이때 효과적이고, 창의적인 전략과 실행방법 구성이 필요하다.
대단원	승리모습(만약 If)	전략수행을 통해 기대되는 미래의 모습을 제시함으로써 구성원의 흥미와 동기를 유발한다.

당된다. 기획자가 다룰 대상이 무엇이며, 어떻게 성장, 발전했고, 당시 시장상황이 어떠했는지에 대해 설명하는 부분으로 해당 기업, 상품 등의 설립과 발전단계, 그리고 과거 시장동향과 경쟁상황 등의 내용이 필요하다. 이 부분은 문제가 발생하기 전 단계이지만 문제를 예상하고 원인을 추정하는 데 중요한 역할을 담당한다. 무엇이 문제인지 알려면 문제없었던 상황과의 대비가 필요하고, 그 문제를 야기시킨 원인을 찾으려면 그것의 과거를 되돌아봐야 한다. 마치 몸이 아파서 병원에 가면 의사들이 몸이 아프기 전의 생활습관, 식생활패턴 등을 확인하는 것과 마찬가지다.

이야기의 [전개]는 평화롭던 세상이 조금씩 변하며 문제가 야기될 수밖에 없는 상황을 보여주는 부분이다.

평화롭던 마을에 기근이 들고, 전염병이 돌기 시작했다는 식의 설정으로 뭔가 안 좋은 상황이 발생할 조짐을 보여준다. 이는 앞선 평화롭던 상황과 대비하여 [발단]에서 추측했던 문제와 문제발생 원인을 확신하도록 도와준다. 이를 기업상황에 대입하면 매년 매출성장률이 100%를 넘던 기업(발단상황)이 몇 년 전부터 50%밑으로 지속 감소하는(전개상황)것과 같은 것이다. 기획자가 주장하는 문제의 중요성을 부각시키고, 문제가 발생하게 된 원인을 찾아보는 데 매우 중요한 자료다.

이 부분은 기획서 목차의 현상분석 중에서 [변화상황]에 해당한다. 시장변화상황, 법적인 문제변화, 소비자의 가치 및 기호변화, 경쟁사의 움직임 등 별 문제없이 사업을 영위하던 기업이 만나게 된, 과거와는 다른 상황이다. 이와 같은 상황을 기획서에 담기 위해서는 경쟁사의 움직임, 소비자 동향, 그리고 자사의 대응방법을 설명해야 한다.

그리고 기획서에서는 이야기와 달리 [문제와 원인정의]가 필요하다. 이야기처럼 기획서를 보는 사람이 자기 나름대로 기획자의 의도를 짐작하게 놔둬서는 안 된다. 앞 내용을 간단히 정리하여 '따라서 본 주제의 문제와 원인은 이와 같습니다'라고 경영자나 고객들에게 전달할 필요가 있다. 기획자는 경영자나 고객들에게 현상분석에서 나타난 문제와 원인을 요약설명하고, 문제의 심각성을 강조함으로써 문제해결을 위해 뭔가 해야 한다는 의식을 심어줘야 한다.

이야기의 [절정]은 갈등이 고조되고, 주인공이 문제를 해결하기 위해 뭔가를 해야겠다고 결정하는 부분이다.

어려움과 고통 속에서 맥없이 주저앉아 있던 주인공이 자신의 임무를 깨닫고 문제해결을 위해 행동하겠다고 결심하는 부분이다. 물론 그 문제를 어떻게 해결할 지는 다음

이야기다. 독자들은 이와 같은 주인공의 모습을 보며 이제 뭔가 달라질 것으로 예상할 수 있으며 주인공이 어떤 모습으로 변할지, 문제를 어떤 방식으로 해결할지 기대하기 시작한다.

기획서 역시 이와 같은 상황을 표현하는 목차를 갖고 있다. [과제]와 이를 보다 구체적으로 표현한 [목표]다. 앞서 설명한 것처럼 '과제'는 문제해결을 위해 무엇을 할 것인지 방향을 정의하는 부분이고, '목표'는 과제를 보다 구체적으로 정의하여 문제를 해결하기 위해서는 이러저러한 일을 이정도수준까지 해내야 한다는 것을 제시한 것이다. 사람들은 이와 같은 목표를 보며 과제를 완수했을 때의 모습을 구체적으로 그려볼 수 있다.

그럼 이제 [반전]이 필요하다.

주인공의 행동이 독자들의 예상과 같다면 이야기의 재미는 반감된다. 아니 이야기를 읽을 필요조차 없다. 그래서 작가들은 이야기 앞부분에 단서들을 숨겨놓고 그것들을 이곳에서 통합한다. 갑자기 하늘에서 뚝 떨어진 해법이 아니라 그런 해답이 나올 수밖에 없다는 당위성을 확보하기 위함이다. 다만, 독자가 그것을 예상하지 못했을 뿐이다.

이와 같은 반전은 기획서 목차 중 [실행전략]과 [실행방법]에서 드러난다. 일상적인 해결방법이 아니라 남다른 시각으로 새로운 방안을 제시함으로써 기획서를 보는 사람들의 '허'를 찌르는 것이다. 기획서에서 반전효과를 만들려면 문제해결을 위한 전략적인 사고가 필요하며, 실행사례들에 대한 지식이 필요하다. 단, 한 가지 잊지 말것은 기획서의 반전효과가 단지 새로움 그 자체가 되어서는 안 된다는 점이다. 기획서도 이야기처럼 인과관계에 의한 구성이 중요하다. 남다른 해결책도 앞선 이야기처럼 그와 같은 해결방법이 왜, 어떻게 만들어졌는지 근거를 소개해야 한다.

기획서에서 남다른 해법, 즉 반전을 만들기 위한 방법은 매우 다양하다. 그 중에서 일반적으로 사용하는 방법이 두 개가 있다. 하나는 기존 목표고객을 다른 고객으로 전환하거나 이들을 달리 해석하는 방법이고, 또 하나는 기존에 진행했던 다양한 사례들을 벤치마킹하여 이들을 통합하는 방식이다.

'기존 고객을 다른 고객으로 전환하는 것'은 새로운 고객을 발견하거나 기존 시장을 확대할 필요가 있을 때 주로 사용한다. 이는 다음과 같은 의미다. '그동안 자사의 핵심고객은 20~30대 직장인들이었습니다. 그리고 이들은 우리 업종에서 누구나 인정하는 핵심고객입니다. 하지만 관심을 갖고 살펴봐야 할 고객이 있는데, 작년부터 서서히 증가한

30대 주부고객들입니다. 이들의 성향은 기존 20~30대 직장인 고객과는 이러저러한 면에서 다른 특성을 갖고 있기에 우리의 사업방향도 과거와 달리…' 이런 식의 방향설정이다. 그리고 기업이 평소 관심가졌던 고객이 달라진다면 당연히 과거에 진행했던 실행방안도 다를 수밖에 없다. 판촉하나만 봐도 2030 직장인 대상으로 판촉하는 지역과 30대 주부들 대상의 판촉지역은 다를 수밖에 없고, 판촉활동도 출·퇴근하는 직장인과 주로 집에서 가사를 돌보는 주부들 대상의 판촉활동은 다를 수밖에 없다. 아니 달라야 한다.

또 기존 목표고객 중에서 그 동안 알지 못했던 숨은 욕구를 찾아내는 것도 하나의 방법이다. 예를 들어 기획자가 최근 들어 핵가족이 증가하고 외식기회가 증가하는 등 사회전반적인 식문화의 변화를 발견했다면 그는 과거 대형냉장고 시장을 생각하며 이의 기능과 외관변화를 고집하던 경영진에게 새로운 상품개발방향을 제안할 수 있다. 즉 냉장고 하나에 모든 것을 저장하는 방식을 벗어나 저장품종류에 따라 특화된 소형냉장고를 개발하여 틈새시장을 공략하자는 식의 신상품개발 방향이다. 기존과 다른 시장변화를 발견하면 남들이 예상하지 못한 것을 제안할 수 있으며, 이것이 기획에서의 반전효과다.

또 하나는 다양한 사례 중에서 블루오션 방식처럼 필요한 부분을 선별하여 새롭게 디자인하는 방식이다.

사람들은 흔히 '세상에는 더 이상 새로운 것은 없다'고 한다. 그만큼 다양한 것들을 발명하고 상용화했다는 뜻이다. 이젠 새로운 것을 창조하기보다는 기존에 있었던 것, 인간 삶에 도움을 주고 실생활을 편리하게 만들었던 것들을 조합하고 통합하는 과정이 더 필요하다. 예를 들면 통풍이 잘되고, 환경친화적인 한옥집 구조에 가족들이 편하게 살 수 있는 현대식 가구와 화장실, 부엌 등을 설치하는 방식처럼 과거에 현대를 더하는 방식이다. 예를 들어 미국의 한 은행은 자사매장에 백화점의 서비스와 가정과 같은 인테리어를 추가하고, 여기에 계모임과 같은 동아리활동을 장려하는 공간을 더했다. 이처럼 사람들이 생각지 못한 것들을 조합한 결과물은 이를 보는 사람들에게 감동을 주고 해당 상품이나 서비스에 신뢰감을 느끼게 한다. 처음 세상에 나온 것이 아니라 이미 과거에 효과를 입증한 것들을 조합했기 때문이다.

모든 이야기에는 마지막이 존재한다. 이야기의 [대단원]은 어려움을 헤쳐나온 주인공의 결말을 보여주는 부분이다.

저자는 해피엔딩이든 주인공의 죽음이든 마지막을 통해 여운을 남기려고 노력한다. 책을 덮는 순간, 또 2시간 정도의 영화에서 'End'라는 자막을 보는 순간 독자와 관람객들에게 만족감을 주어야 한다. 특히 헐리우드식 영화는 대부분 해피엔딩인데, 고생한 주인공이 보상받고 독자들도 이 부분을 보며 그 동안 힘들었던 가슴을 쓸어내리고 주인공과 함께 기쁨의 여유를 갖게 된다.

기획서에도 이와 같은 마지막이 존재한다. 기획서 목차 중 맨 마지막에 들어있는 [맺음말]이다. 다만 소설, 영화의 끝과 기획서가 다른 점은 기획서의 엔딩은 모두 행복한 모습으로 끝난다는 점이다. 기획서에서 제시하는 일을 완수한다면 우리는 지금보다 더 나은 세상에 도달하게 될 것이란 확신을 주고, 이를 통해 업무승인을 받기 위해서다.

▼ 과 제

1. 이야기 플롯과 기획서의 표준목차 간의 관계를 설명해 주세요. 예를 들어 '이야기의 플롯 요소들이 어떤 내용을 담고 있는데, 기획서의 이런 목차가 이야기의 어떤 플롯과 같은 기능을 한다.'는 식으로 설명하면 됩니다.
2. 기획서를 하나구해 그것의 목차들을 이야기 플롯으로 구분해 보세요. 그리고 앞서 대답한 목차들이 해당 플롯에서 요구하는 내용을 담고 있는지 평가해 보세요.

(2) 플롯과 마케팅 기획서 목차

기획서의 목차흐름은 이야기 플롯과 매우 유사하다. 기획서 역시 기업의 문제발생부터 이의 해결방안까지 이야기한 것이기 때문이다. 차이가 있다면 이야기는 자연스로운 문체를 사용하고, 기획서는 공식적인 문체와 도표를 사용한 것뿐이다. 기획서에 담긴 내용들 중에서 글자부분만 살펴보면 이야기 흐름과 거의 같다는 것을 알 수 있다.

앞서 설명한 이야기 플롯을 기획서 목차에 대입해 보자.

마케팅기획서의 기본목차는 다음과 같다. 우선 과거와 현재 시장상황을 분석하여 문제와 원인, 해결과제를 찾아내는 [I.현황분석] 부분, 해결과제를 다시 기획서의 목적과 목표로 전환하여 정의해 놓은 [II.목적과 목표], 앞선 목표를 달성할 수 있는 실행전략을 설명하는 [III.사업추진전략], 앞선 전략을 실행으로 옮기기 위한 구체적인 실행방안을 정리한 [IV.사업실행방안 & V.사업운영방안] 그리고 기획서에서 제시하는 실행방안을 완수할 경우 어떤 이득을 얻을 수 있는지 확인시키는 [V.맺음말]이다. 기획서 목차만 보면 이야기 플롯과 연관성을 느끼지 못하지만 기획서 목차에 들어가는 내용을 음미하면 둘이 매우 유사하다는 것을 알 수 있다.

[I. 현황분석]은 기획자가 기획서에서 다루고자 하는 핵심문제를 정의하고, 이의 원인을 찾아 과제와 목표를 설정하는 데 근거가 되는 자료들이 들어있는 부분이다.

이 부분은 크게 1)시장상황분석, 2)경쟁사분석, 3)자사분석, 4)소비자분석으로 나눌 수 있으며, [5)현황분석요약]이란 목차를 추가할 수 있다.

[I. 현황분석]은 이야기 플롯 상 '발단'과 '전개'에 해당되는 부분으로 이 중 [발단]에 해당하는 기획서 목차는 현황분석 중 [1)시장상황분석]이다.

이곳에서는 시장의 역사, 흐름, 변천과정 등을 다루며, 기획자가 다루려는 문제발생 이

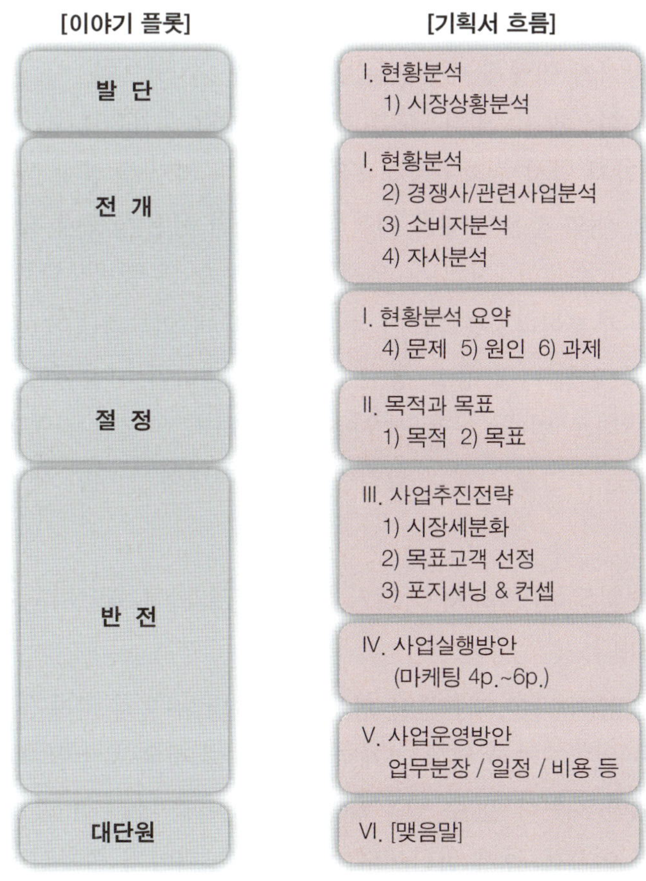

전의 시장모습을 설명한다. 사람들은 이 부분에서 해당 시장이 언제 시작하여 어떤 과정을 통해 발전해 왔으며 그런 가운데에서 해당 시장 내 업체들이 어떤 마케팅활동을 통해 경쟁구도를 유지해 왔을지 알 수 있다.

이를 이야기로 바꾸면 [발단]에서 주인공이 누구이며, 어떤 배경 속에서 살아왔는지, 주인공을 둘러싼 주변인물들과는 어떤 관계를 맺고있는지 차분하게 보여줌으로써 주인공의 당시모습과 위치, 상황 등을 보여준다. 이때는 문제가 있다기 보다는 문제가 생길 소지를 담고 있을 뿐이다.

[I. 현황분석] 중에서 이야기 플롯의 [전개]에 해당하는 목차는 2)경쟁사분석, 2)자사분석, 3)소비자분석으로 앞선 시장흐름에서 변화가 야기된 모습을 보여준다.

이곳에서는 변화를 야기 시킨 경쟁사 동향과 소비자 의식 및 사용, 구매변화행동에서의 변화, 외적 변화에 직면한 자사의 대응방법 등을 설명한다. 이런 조사자료를 통해 사람들은 과거와 다르게 변화하는 시장상황을 인식할 수 있고, 특히 경쟁사와 소비자들이 어떻게 변화를 이끌고 있는지 확인할 수 있다. 특히 '3)자사분석'을 통해서는 외적인 변화에 자사가 어떻게 대응했는지 되돌아볼 수 있으며, 이를 통해 자사가 어떤 문제에 직면했는지 확인할 수 있다. 모든 문제는 변화자체가 아니라 변화에 대응하는 방법에 달려있다. 따라서 앞선 현황조사내용을 살펴보면 자사가 현재 어떤 상황에 처했으며, 무엇이 문제이고, 이와 같은 문제를 해결하지 않으면 어떤 상황에 직면하게 될지 가름할 수 있다.

이야기 속에서 [전개]는 문제가 발생하게 된 주변상황과 문제를 야기시킨 원인들을 보여주는 부분이다. 평화롭던 주인공의 삶에 외부환경이 변화하고, 주변인물들과의 만남과 이로 인한 마찰 등을 통해 문제가 발생하기 시작한다. 어떤 경우에는 단순히 주변환경의 변화로 인해, 어떤 경우에는 인식하지 못했던 사람과의 경쟁구도로 인해, 또 어떤 경우에는 주인공 자신의 심리변화나 환경변화에 대한 대응을 무시함으로써 문제가 발생한다.

[I. 현황분석] 중에서 이야기 플롯의 [전개]에 해당하는 두 번째 목차는 '5)현황분석요약'이다.

이는 앞서 나온 내용들을 종합하여 해당 주제의 문제가 무엇이며, 이런 문제가 야기된 원인과 원인제거를 위해 과제로 삼아야 할 것은 무엇인지 정의하는 부분이다. 앞 내용을 읽어보면 자연히 알 수 있는 내용이지만 이를 다시 한 번 요약함으로써 기획서를 읽는 사람들의 이해를 돕기 위함이다. 이 부분은 이야기 플롯상에는 없는 내용이지만 기획자의 생각을 상대방에게 보다 정확하게 전달하기 위해서는 반드시 필요한 내용이다. 기획서에서 이 부분을 다룰 때는 장황하게 설명할 필요없이 문제, 원인, 과제순에 따라 핵심만 정리하면 된다.

이야기 플롯의 절정에 해당하는 부분은 기획서 목차의 [II.목적과 목표]이다.

이 부분은 '1)목적', '2)목표'라는 구체적인 목차를 갖고 있다. '목적'은 기획서를 작성하게 된 이유, 즉 우리가 원하는 모습이 있는데, 이를 방해하는 요소가 있어 이를 해결 또는 제거하려고 한다는 것을 설명하는 부분이며, '목표'는 해결과제를 보다 구체적으로 정의하여 과제를 달성했다면 어떤 상황이 되어야 하는지를 수치로 표현하는 부분이다. 이를 통해 사람들은 자신이 무엇을 해야하며, 그것을 어디까지 진행해야 하는지 확인할 수 있다.

이야기 플롯 상 [목적과 목표]는 고난을 겪은 주인공이 문제해결을 위해 무엇을 해야겠다고 결심하는 부분이다. 어려움에 봉착한 주인공이 처음에는 어이없게 당하기만 한다. 하지만 문제가 커지자 그때부터 자신을 되돌아보며 문제의 원인을 찾게된다. 여기까지가 앞선 발단, 전개까지의 상황이다. 그리고 문제상황을 이해한 주인공은 문제해결을 위해 뭔가 해야겠다고 마음먹는다. 이때 주인공은 일에 대한 명분을 찾고, 일의 목표를 구체적으로 그려본다. 사랑을 되찾기 위해서라면 자신이 어떤 일을 어디까지 해야할지, 부모의 원수를 갚기 위해서라면 적의 비리를 찾아 고발할 것인지, 아니면 자신이 직접 받은 만큼 갚을것인지 결심한다.

[III. 사업추진전략]은 이야기 플롯 상 [반전]의 시작부분이다.

이 부분은 '1)시장세분화', '2)목표고객선정', '3)포지셔닝 & 컨셉'의 목차를 갖고 있다. 앞서 설명한 SPT전략으로 자사 상품, 서비스에 꼭 맞는 고객을 찾고 그들이 원하는 것을 제공하기 위한 방안을 수립하는 과정이다.

이 역시 이야기에서는 주인공이 자신의 목적을 달성하기 위해 무엇을 할 것인지 구상하는 단계로, 이때 중요한 것은 상대방의 허점을 찌르는 것이다. 자신이 갖고 있는 자원을 분석하고 자신이 가장 잘 할 수 있는 것이 무엇인지 확인한 후, 상대방의 약점을 찾아 이를 공격할 방법을 구상하는 단계다. 이야기의 반전처럼 생각지 못한 접근방식, 행동방식을 구상하여 실제실행에 옮길준비를 하는 과정이다.

[IV. 사업실행방안]은 이야기 플롯상 [반전]의 전략을 실행으로 옮기는 내용이다.

이 부분은 다양한 실행방법이 존재하고, 앞선 실행전략에 따라 행동방식이 다르기 때문에 표준목차를 구성하긴 어렵다. 하지만 일반적으로는 마케팅 4P 또는 6P를 사용한다. 1)상품개발 및 운영, 2)가격운영, 3)홍보, 판촉운영, 4)유통운영으로 나눌 수 있고, 필요하다면 5)사람 및 서비스관리, 6)정책관리 등으로 확대할 수도 있다.

이야기에서는 주인공이 자신의 목표를 위해 실제실행하는 부분이다. 혼자 할 것인지, 다른 사람과 함께 할 것인지, 도구를 언제, 어디서, 무엇을 사용할지에 대해서는 앞선 전략에서 가이드라인을 만들었다. 이제 움직일 때다. 주변환경과 함께 움직이는 사람들의 특성들을 고려하여 누가봐도 현실적으로 보이도록 만들어야 한다. 당신이 영화를 볼 때 가끔 '허구다' '말도 안돼…'라는 말을 하는 이유는 이 부분에서 주인공의 모습이 논리적으로, 현실적으로 불가능한 것을 가능하게 표현했을 때다. 현실감이 떨어지니 영화에 대한 몰입도 역시 떨어질 수밖에 없다.

[V. 사업운영방안]은 이야기 플롯 상 [반전]의 실행내용을 행동으로 옮길 때 필요한 자원에 대한 내용이다.

이 부분은 앞선 실행방안을 행동으로 옮길 때 필요한 자원들을 정의한 부분이다. 기본목차는 '1)업무분장', '2)업무일정표', '3)비용 또는 손익계산'이다.

첫 번째 1)업무분장은 함께 일하는 사람들의 업무를 규정해 놓은 것이다. 어떤 일을 하든지 혼자 일하는 경우는 드물다. 현대사회에서는 일의 난이도가 높은만큼 완성도가 매우 중요하다. 각기 전문분야의 사람들이 모여 머리를 맞대고 고민해야하고, 일을 할 때도 전문성을 기준으로 역할을 나눠야 한다. 누구나 모든 일을 할 수 있지만 완성도를 위해서는 다수의 전문가들에게 일을 맡겨야 하며, 이를 위해서는 업무분장이 필요하다. A는 자료를 수집하고, B는 수집자료를 분석하고, C는 자료들을 모아 스토리라인을 만들고, D는 스토리라인을 검증하는 식이다.

두 번재, 2)업무일정표는 앞선 업무분장에 따라 일을 진행할 때 필요한 일정을 정리한 내용이다. 어떤 일이든지 마감일이 존재하며 마감일을 지키려면 각자 맡은일을 언제까지 완료해야 한다는 기준이 있어야 한다. 특히 A가 맡은 일을 완료한 후 그것을 B가 맡아 진행해야 한다면 각자의 업무마감일을 확인하고 그것에 자기일정을 맞춰야 한다. 업무일정표는 업무별, 담당자별 업무시작일과 완료일을 정리하고 한 번에 업무의 전체흐름을 확인할 수 있도록 만드는 것이 중요하다.

세 번째, 3)비용 또는 손익계산이다. 업무를 진행하려면 그때 필요한 비용이 얼마인지 확인해서 그것을 구해야 한다. 일을 하려면 사람 인건비, 식사비, 출장비, 장비구입 또는 임대료, 복사비 등 여러 가지 종류의 비용이 나가게 되며, 그것을 업무시작 전에 산정해 보고 그 비용을 확보할 수 있는 방법도 함께 검토해야 한다.

첩보영화나 전쟁영화들을 보면 '○○○작전'이란 이름하에 계획을 세우고, 그 후 사전 모의 훈련을 하는 것을 볼 수 있다. 우리가 하려는 일이 어떤 일이기에 그 일을 잘하는 사람이 누구인지 확인하고 그를 포섭하는 장면, 그 후 사람들이 모여 실제상황과 비슷한 모의공간을 만들어놓고 사전에 훈련하는 장면, 그때 필요한 장비를 확인하고 그곳을 구입하거나 빌리는 장면 등이다. 기획서에서 [사업실행방안]과 [사업운영방안]을 수립하는 부분이다. 아마도 영화에서 이런 장면을 보면 등장인물들이 목표를 달성하기 위해 얼마나 꼼꼼하게 준비하고, 사전연습을 하는지 실감할 수 있을 것이다.

▼ 과 제

1. 이야기 플롯과 기획서 목차 간의 관계를 설명해 보세요. 이야기 플롯에 들어가는 요소들을 설명하고, 이들 요소들이 기획서 세부목차 중 어떤 목차와 관련있는지 설명하면 됩니다.
2. 기획서를 하나구해서 전체내용을 이야기 플롯에 따라 정리해 보세요. 주의할 것은 기획서 내용을 가능한 한 이야기처럼 표현해야 합니다. (이 과제를 통해 기획서 내용도 얼마든지 이야기로 표현할 수 있다는 것을 알수 있을 것입니다.)

Chapter 11 한 번에 쓰지말고 단계별로 작성하라

1. 기획서 주제정하고 윤곽만들기
2. 기획서 뼈대만들고 살붙이기
3. 기획서 신경만들고 생동감 불어넣기

1 기획서 주제정하고 윤곽만들기

(1) 기획서 주제확정하기

기획서 작성을 위해서는 6단계 과정이 필요하다. 이 중에서 1단계인 '기획서 주제정하기'는 상사나 경영자의 지시사항에 대한 배경과 그들이 원하는 결론방향 및 범위를 확인하고, 제목을 결정하는 단계다. 이 단계는 기획자가 상사나 경영자의 지시사항을 오해한 부분은 없는지, 그들이 요구사항 중에서 놓친 것은 없는지 확인하는 부분이다. 단순한 일 같지만 기획서는 오랜 시간이 걸리는 작업이기에 기획서 작성을 시작하기 전에 업무배경과 방향을 확인하는 것이 중요하다.

기획서 작성이 어려운 이유는 이를 한 번에 쓰려고 하기 때문이다. 기획서 작성에는 다양한 사고패턴과 행동방식이 필요하기에 이를 동시에 진행하기가 어렵다. 또 기획서는 기획자 혼자 쓰는것이 아니라 다른 사람들, 특히 업무협조자들과 내용을 협의하며 작성해야 한다. 게다가 기획서 내용과 디자인적 요소를 함께 요구하는 파워포인트 기획서는 내용과 디자인을 따로 구상하지 않고서는 안정된 모습의 기획서를 만들 수 있다. 따라서 좋은 기획서를 작성하려면 기획서를 단계별로 나눠 작성하는 습관을 들일 필요가 있다.

일반적으로 기획서 작성단계는 크게 '기획단계'와 '기획서 작성단계', 그리고 '기획서 설명발표 및 설득단계'로 나눈다. '기획단계'에서는 기획방향을 확인하여 기획서의 전체 내용을 구성하고, '기획서 작성단계'에서는 앞의 내용을 토대로 한글기획서나 파워포인트 기획서 구조와 목차에 따라 실제 기획서를 작성한다. 그 후 '기획서 설명발표' 및 설득단계에서 앞서 작성한 초안을 함께 일할 사람들과 협의, 조정한 후 이를 보고서로 제출하거나 프레젠테이션을 통해 내용을 전달, 설득하는 과정을 거침으로써 기획서 작성업무를 마친다. 물론 프레젠테이션 과정은 상황에 따라 생략할 수도 있다. 기획서 작성단계를 좀 더 세분하면 기획방향결정, 기획니즈분석, 기획과제명확화, 컨셉개발, 실행계획구상 및 작성단계로 나눌 수 있다. 하지만 필자는 이와 같은 일반적인 기획서 작성단계를 조금 다르게 설명하고자 한다. 앞선 과정이 일반적인 설명방식이긴 하지만 단어들이 어렵고, 개별단계에서 요구하는 내용과 결론만 배워서는 실제 기획서를 작성하는 데 어려움이 있다. 특히 기획서를 처음 쓰는 사람들은 앞선 내용을 이해해도 실제 기획서 작성에 활용하긴 어렵다.

필자가 제안하는 단계는 아래의 6단계 과정이다.

1단계	기획서 주제정하기	· 지시자의 업무내용확인 · 해당 주제의 기획서 방향, 범위와 결론확인
2단계	기획서 윤곽만들기 (스토리가설)	· 해당 주제에 대한 탐색조사 · 탐색조사를 통한 메시지 구성 · 기획서의 내용(스토리라인) 작성 · [문제-원인-과제-해결방안] 구조에 맞춰 작성
3단계	기획서 뼈대만들기 (기획서 내용 구성안)	· 스토리라인을 기획서 목차에 맞춰 재구성하고, 부족한 내용추가 · 스토리라인의 기획서화(化) 작업 및 가설검증
4단계	기획서 살 붙이기 (기획서 작성)	· 기획서 작성(한글 & 파워포인트) · One Page & One Message 기준에 따라 구성
5단계	기획서 신경만들기 (실행방안 & 운영방안 구체화 작업)	· 기획서의 실행방안 & 운영방안 구체화 작업 · 실행방안은 예산수립이 가능한 수준으로 작성 · 운영방안은 상기 실행방안에 근거하여 작성 (업무담당부서의 의견을 최대한 반영)
6단계	기획서 생동감 불어넣기 (기획서 완성본 제출 및 시장테스트 하기)	· 완료된 기획서를 제출, 보고 · 필요시, 사업 수행 전에 시장테스트 진행

1단계는 기획서 작성을 준비하기 전에 기획서를 요구한 상사, 고객에게 그들의 요구사항을 확인하는 과정이다.

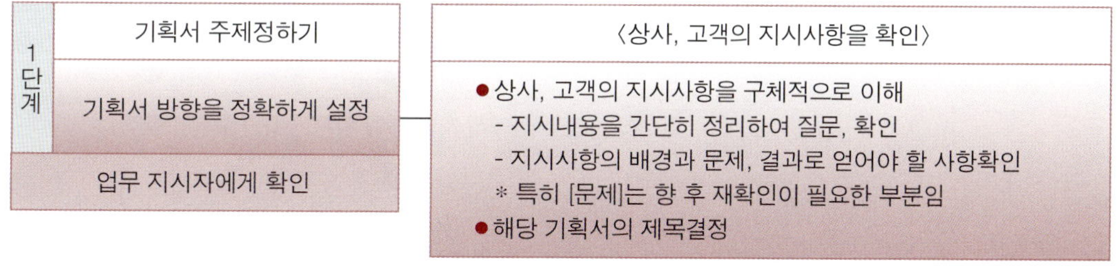

지시자가 자기생각을 정확하게 표현했다고 해도 상대방에게 잘못 전달하는 경우가 많다. 그는 오랫동안 고민했기에 지시사항을 잘 알고 있지만 이를 듣는 사람은 그렇지 않다. 또한 지시받는 사람도 상대방의 생각을 자기입장에서 이해하다보니 전달내용을 잘못 해석하는 경우도 발생한다. 문제는 이런 상황에서도 지시자는 상대방의 이해정도를 확인하지 않고, 지시받는 사람도 상대방을 귀찮게 할까봐, 또 이해력이나 지식이 부족하다는 평을 받을까봐 재차 물어보지 않는다는 점이다. 하지만 쌍방의 커뮤니케이션이 잘못되면 기획서 방향이 잘못되는 수가 있다. 예를 들어, '회사매출을 올릴 수 있는 방안을 작성하라.'는 지시에 기획자는 말 그대로 방안을 작성했다고 치자. 근데 상관이 한 가지 내용을 전달하지 못했다. 회사운영이 어려우니 가급적이면 비용을 최소화하라는 말이었다. 하지만 담당자는 그 말을 듣지 못하여 전사차원의 프로모션방안을 작성했다. 이런 경우 담당자가 작성한 기획서는 어떻게 될까? 아마도 전면수정하거나, 다른 사람이 그 방안을 새로 작성하게 될 것이다. 또 '특정상품의 홍보방안을 작성해 주세요.'라는 지시도 지시배경이 무엇인지에 따라 기획서의 답은 다를 수 있다. 해당상품이 매출주력 상품인지, 매출보조 상품인지에 따라서, 그 상품의 회사관심도가 어떠하냐에 따라서, 또 해당 부서의 광고홍보비 예산이 어느 정도인지에 따라서도 홍보방안은 달라야 한다. 그러다보니 컨설턴트들은 대부분 고객을 만날 때 혼자 가지 않는다. 고객문제를 컨설턴트 개인이 오해하여 업무를 다른 방향으로 추진하는 경우가 있다. 특히 복잡한 배경을 가진 문제, 외부노출이 부담스러운 문제는 표현을 돌려 표현하다 보니 듣는 사람도 오해하는 경우가 있다. 따라서 기획서 작성을 지시받은 사람은 이를 준비하기 전에 지시자의 지시배경과, 그가 원하는 결과를 나름대로 정리해서 상관에게 재확인해 봐야 한다.

안 부장이 김대리에게 지시한다.
"김대리, 요즘 우리 회사 상황이 안 좋아. 왜 그런지 이유를 확인해 보고, 매출을 높일 수 있는 방안을 작성해 봐."

김대리는 시장동향, 경쟁사 동향 등을 확인하면서 안 부장의 지시내용에 대한 타당성을 확인한다.

김대리는 안 부장에게 지난 번에 지시한 사항을 확인한다.

"부장님, 지난 번에 지시한 사항이 현재 우리 회사의 상황이 안 좋으니까, 그 이유를 확인해서 시장경쟁력, 매출, 이익률을 높일 수 있는 방안을 작성하라고 지시하신 거죠?"

김대리의 질문에 안 부장이 "그렇다" 답변하자 김대리는 기안의 성격을 아래와 같은 제목으로 제시했다.

○○○사업의 시장경쟁력을 높이기 위한 마케팅방안

지시자에게 기획방향을 물어볼 때는 다음과 같은 준비가 필요하다.

담당자가 지시한 사람에게 내용을 확인할 때는 사전준비가 필요하다. 단순히 지시자에게 '지난번 지시사항이 이런 것이죠?'라고 물어볼 수도 있다. 하지만 이런 식으로는 지시자의 의중을 정확히 파악하기 어렵다.

첫째, 상관이 지시한 주제의 상황분석이다.

현재 어떤 상황인지, 문제가 있다면 어떤 문제인지 담당자가 아는 범위에서, 또 쉽게 찾아볼 수 있는 자료에 근거하여 상황을 살펴봐야 한다. 문제란 원하는 것과 현재 상황의 차이이기 때문에 상황분석을 통해 어느 정도 윤곽을 알 수 있다. 현재 상황이 과거보다 안 좋은 상태라면 문제는 당연히 과거 상황과 현재 상황 간의 차이이다. 하지만 상관이 생각하는 문제가 도달해야 할 미래목표와 현재 상황 간의 차이라면 이는 또 다른 방식으로 문제를 찾아봐야 한다. 그리고 이를 정리하여 지시자에게 재확인해야 한다. 예를 들면, '부장님. 지난번에 지시하신 경쟁력 강화방안이 현재 경쟁사가 이러저러한 부분에서 저희보다 앞서 나가다보니 저희 회사의 시장경쟁력이 떨어지고 있어서 이를 해결하려고 지시하신 거죠?' 또 '부장님, 지난번에 지시하신 내용이 현재 A상품이 전년도부터 매출이 떨어지기 시작했는데 그 이유가 분명치 않아서 저에게 이 상품이 왜 매출이 떨어지는지 원인을 확인해서, 매출을 예전상태로 올릴 수 있는 방안을 작성하라고 지시하신 것이지요?'라고.

둘째, 지시자가 얻고자 하는 결론이 무엇인지 확인하기 위해 기획자 자신의 생각을 정리해야 한다.

일을 지시하는 사람은 나름대로 결과의 범위가 결정되어 있다. 회사와 부서가 가진 시간과 자원이 제한되어 있기 때문이다. 지시자의 고려범위보다 결과물의 범위가 크면 '일을 쓸데없이 벌리는 것'이고, 범위가 작으면 '효과성'이 문제가 된다. 따라서 기획자는 '저비용의 판촉계획'을 작성할 것인지, 매체광고를 제외한 현장중심의 활동을 중점적으로 작성할 것인지 결과물의 범위를 정리하여 지시자에게 물어봐야 한다. 자기생각없이 '무엇을 원하시나요?'라고 물으면 처음에 들었던 말을 반복해서 들을 뿐이다.

셋째, 앞선 내용을 잘 표현할 수 있는 기획서 제목을 선정한다.

기획서 제목은 기획서를 인식하는 첫 번째 관문이다. 제목은 해당 기획서의 기획목적(기획이 왜 필요하며, 어떤 결과를 얻고자 하는가)과 기획과제(문제를 어떤 방식으로 해결하고자 하는가)를 표현한 것이기 때문에 제목을 결정했다는 것은 기획서의 방향과 결론을 확정지은 것과 다를 바 없다. 따라서 기획자는 지시자에게 기획주제와 결과물의 범위를 확인하면서, 이때 제목도 함께 결정하는 것이 좋다. 지시자와 담당자가 제목을 확정했다는 것은 두 사람의 시선을 하나로 맞췄다는 것과 같은 의미다.

사람은 상대방의 말을 있는 그대로 듣지 않는다. 또 말하는 사람도 자기생각을 상대방에게 있는 그대로 전달하지 않는다. 말하는 사람이나 듣는사람 모두 자신의 경험, 입장에서 그것을 얘기하고 이해한다. 그러다보니 업무를 시작하기 전에 상대방의 요구를 재확인해 볼 필요가 있다. 물론 이런 과정은 지시받은 즉시 컴퓨터앞에 앉아 글쓰는 것보다 하루이틀정도 시간이 더 소요된다. 확인에 필요한 자료를 수집하고, 이를 정리해야 하기 때문이다. 하지만 이런 과정을 거치면 그만큼 지시자의 의도에 맞춘 기획서를 작성할 확률이 높아진다. 기획서의 방향을 확인하는 작업은 한두 달의 기획서 작성시간을 뜻있는 시간으로 만드는 데 없어서는 안될 중요한 과정이다.

▼ 과 제

1. 상사나 경영자에게 기획서의 방향을 확인하기 위해 기획자가 준비애햐 할 내용들을 정리해 주세요.

2. 기획서에서 제목의 역할과 제목을 작성할 때 유념해야 할 사항을 정리해 주세요.

(2) 기획서 윤곽만들기

2단계인 '기획서 윤곽만들기'는 기획서의 전체적인 스토리라인을 만드는 단계다. 이 단계에서 필요한 일은 우선 탐색조사를 통해 스토리라인 작성에 필요한 메시지들을 만드는 것이고, 메시지들을 연결하여 자연스러운 문장을 만드는 일이다. 이때 중요한 것은 문장을 잘 쓰려고 하지말고 일단 머리속에 든 생각을 겉으로 끄집어내는 일이다. 제대로 된 문장은 초안을 작성한 후 이를 스토리가설 목차에 맞춰 조정할 때 만들면 된다. 기획자가 이 단계의 일을 쉽게 진행하기 위해서는 평소 생활조사를 통해 관련 시장과 주제에 대한 기본적 정보를 사전에 확보해 둘 필요가 있다.

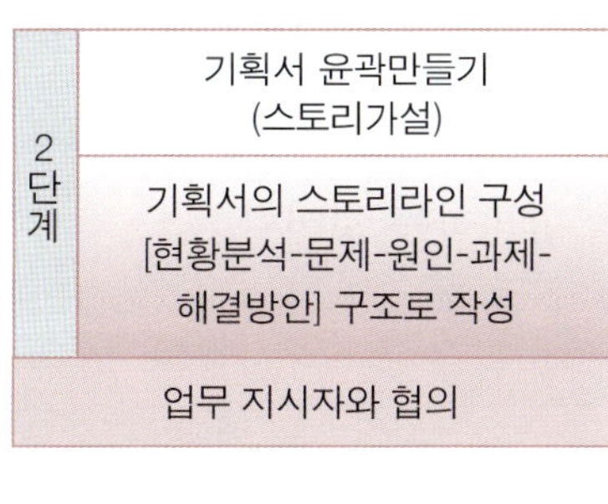

〈메시지 구성과 스토리가설〉 작성

- 해당 주제에 대한 탐색조사
  - 주제의 문제점, 과제, 해결방법을 검토하기 위한 탐색조사
  - 2차 자료수집 또는 현장탐방조사를 사용
- 기획서에 담을 메시지 구성
- [스토리가설] 작성
  - 기획서 내용의 가설적인 스토리라인 구성
  - 중요한 것은 기획자 자신이 알고 있는 것을 문장으로 표현하는 것
  - 목차는 상황분석-문제-원인-과제-해결방안 순으로 작성
    * 설득의 핵심은 인과관계, 메시지의 전개패턴
  - 기획서 핵심구조(Logic Tree)를 통해 내용의 논리성 점검

2단계는 탐색조사를 통해 메시지를 만들고 이를 기반으로 기획서의 스토리라인을 만드는 단계다.

앞 단계에서 지시자의 의도를 확인하고 기획서 제목도 결정하였다. 이제 기획서의 전체적인 내용을 정리할 단계다. 비록 정답은 아닐지라도 시장상황과 회사상황을 대략적으로 확인한 후 '이런 상황에서는 이런 방식으로 문제를 해결하면 좋을 것 같다'라는 기획자의 의견을 문장으로 정리하는 작업이다.

이 단계의 결과물은 기획서의 스토리라인이다. 기획서에서 다룰 문제를 어떤 방식으로 풀어가겠다는 내용의 요약본으로 기획서에 대한 방향과 내용흐름을 정리하는데 의미가 있다. 예를 들어 비비크림이 기획서의 주제라면 현재 비비크림이 어떤 상황인지, 경쟁사들은 어떻게 상품을 운영하고 있는지, 소비자들의 구매브랜드는 어떤 것이며, 비비크림에게 어떤 문제가 생겼고, 이 문제의 원인은 무엇이며, 이를 어떻게 해결하면 좋은지 등에 대한 내용을 이야기체로 구성한 것이다. 다만, 이때 사용하는 자료, 정보는 주로 기획자가 평소 알고있는 것들로 향후 검증해야 할 내용이다. 필자는 이를 이야기체로 작성한 가설이란 의미로 '스토리가설'이라 부른다.

2단계에서 작성하는 '스토리가설'은 기획서 주제에 대한 '문제–원인–과제–해결방안' 내용이다. 기획자가 문제를 보는 시각, 문제발생원인, 기획담당자가 찾아낸 과제와 해결방안에 대한 의견서같은 내용을 담고 있다. 따라서 내용은 간단하게 정리하는 것이 좋으며, 대개 A4용지 한두 페이지 많으면 세 페이지 정도의 분량이면 된다. 물론 내용이 너무 단순하면 안되지만 너무 자세하면 도리어 다음 단계를 진행하는 데 걸림돌이 된다. 기획자는 이 내용을 갖고 지시자와 문제의식에 대한 시각을 맞춰보며 서로의 입장을 좁힐 수 있으며 구상한 해결방법에 대해서도 상관과 함께 검토해 볼 수 있다. 이 단계에서 중요한 것은 앞으로 기획자가 작성할 기획서의 전체흐름을 정리하는 것이며, 동시에 지시자와 기획자의 생각을 맞춰보고 기획서의 전체흐름을 합의하는 것이다.

다음은 스토리가설의 사례다.

○○대학교 재학생 편의시설 100% 활용을 위한 프로모션 방안

[상황분석]

○○대학교가 위치하고 있는 세종시 금암리는 도시외각에 위치하고 있어 재학생 외에 거주민들이 극소수입니다. 이러한 이유로 주변의 편의시설이 제대로 구비되어 있지 않지만 이를 대신하듯 교내 편의시설만큼은 실용적이고 다양하게 구비되어 있습니다.

[문제/원인]

그러나 재학생 중 교내 편의시설을 모두 알고 있는 학생은 일부이며, 나머지 학생들은 교내 편의시설을 전부 인지하고 있지 못한 채 타 대학교에 비해 편의시설이 열악하다는 등 학교 편의시설에 대한 부정적인 생각을 가지고 있습니다.
왜 그들은 편의시설을 인지하기 어려울까요? 알아보니 수업을 듣는 학생들 외에는 해당건물에 위치한 편의시설을 잘 모르더군요. 현재 편의시설을 알리는 수단은 학교 홈페이지로 한정되어 있는데 그마저 관리가 소홀하고 학교에서 편의시설이용관련 이벤트를 진행하고 있지만 도서관관련 이벤트로만 한정되어 있었습니다.

[과제]

따라서 앞으로 입학할 학생들, 재학생들이 편의시설을 전부알고 제대로 활용할 수 있는 환경이 만들어져야합니다. 본 기획서는 프로모션을 통해 학생들에게 편의시설을 보다 쉽게 인지시키고 자주 이용하도록 만들고자 합니다.

[컨셉]

학생들이 모르는 곳에 숨어있는 보물, 편의시설.
우리는 학생들에게 보물이 있는 곳까지 알려주고자 '보물지도'라는 편의시설 맵을 통한 프로모션을 제안합니다.

[해결방안]

보물을 찾아라, 메인 프로모션으로 학교 편의시설 맵을 보물지도 컨셉에 맞춰 만든 후 팜플렛으로 출력합니다. 신입생, 재학생에게 편의시설 장소를 줄 뿐만 아니라 미션을 주어 편의시설을 이용하도록 유도합니다. 편의시설을 이용함으로써 사용법을 알려주는 것이죠. 미션을 모두 수행한 학생에게는 선착순으로 선물도 증정합니다.
보물을 찾은 자의 여유, SNS를 통한 프로모션으로 학생들과의 커뮤니케이션이 가능합니다. SNS에 페이지를 개설해 편의시설 이용 후기를 학생들이 직접 올릴 수 있도록 합니다. 후기를 올리면 운영자가 가장 열심히 작성해준 학생을 선정해 소정의 상품을 증정합니다. 이 프로모션을 통해 페이지를 구독하는 학생들은 간접적으로 체험을 할 수 있고, 학생들의 생생한 후기를 통해 개선해야 되는 부분이 있다면 수용하고 개선하여 더 좋은 편의시설을 제공할 수 있도록 합니다.
보물 공개수배, 보물지도를 각 건물 1층에 부착함으로써 학생들뿐만 아니라 학교건물을 이용한 모든 사람들(조교, 교수 등)에게 편의시설장소를 알려줍니다. 편의시설의 위치를 장기적으로 노출시킬 수 있어 2학기에 복학하는 학생들도 학교 편의시설을 쉽게 알 수 있습니다.
보물을 쟁취하라 , 게임존에서 탁구와 당구 토너먼트식 경기를 개최해 게임존에 대한 인지도와 사용률을 높입니다. 또 게임존 정액제도를 만들어 정액제로 이용시간을 구입한 학생들에게 지불한 금액 이상의 이용시간을 제공해 게임존 사용률을 높입니다.

• 자료원 : 〈○○대학교 교내 편의시설 100% 활용을 위한 프로모션 방안〉, 김아영, 장지희, ○○대학교, 2015

스토리가설을 쉽게 작성하려면 사전에 준비할 것이 있다. 현장조사, 자료 등을 확인하는 가운데에서 떠오른 생각, 주장하고 싶은 것들을 정리한 단어나 짧은 문장들이다. 예를 들어 스마트폰 조사를 하면서 '중저가폰이 인기를 끌고있다.' '중국산 저가휴대폰으로 인해 프리미엄 브랜드 스마트폰의 판매가 줄고 있다.' '경기침체로 인해 스마트폰 교체시기가 반년 단위에서 2년 단위 이상으로 길어졌다' 등이다. 이와 같은 문장들을 메시지라고 하는 데 기획자가 자신의 생각을 주장하는 데 필요한 문장이다. 기획서는 앞선 메시지들의 연결본으로, 기획자가 구성한 메시지들을 일련의 순서에 따라 배치하면 그것이 기획서다. 따라서 기획자는 시장조사를 하면서 생각한 것들을 메모장같은 곳에 기입해 놨다가 이를 이야기체 구조에 따라 문장으로 연결하면 된다. 어떤 순서로 메시지를 배치할 지는 나중에 생각하고 일단 메모해두는 게 중요하다. 블록(메시지)이 많으면 많을 수록 이를 기반으로 구성한 스토리가설도 풍부해 진다.('메시지'는 12장에서 설명한다.)

2단계 과정에서 중요한 것은 평소의 생활조사다.

2단계 과정에서 중요한 것은 업무진행속도다. 사람은 누구나 자신이 궁금한 게 있으면 확정된 답은 아니더라도 빠른 시간내에 대답을 듣기 원한다. 하지만 기획담당자들은 완전한 결과물을 보고하겠다고 시간을 끄는 경우가 종종 있다. 대부분의 경우가 정확하게 시장조사를 하여 상관에게 정답주는것이 좋으리라는 생각때문이다. 그러나 기획자들이 한 가지 놓친 게 있다. 지시자는 기획자에게 결정을 부탁한 것이 아니다. 자신의 의사결정에 필요한 자료를 얻고 기획자 의견을 듣길 원할 뿐이다. 이런 상황에서 기획자가 답을 너무 늦게제시하면 상사에게 업무속도가 느리다거나 일에 열의가 없다는 평가를 받을 수 있다. 따라서 중요한 것은 시장조사기간이며, 이때 평소 '생활조사'를 통해 알고있는 정보를 토대로 자신의 의견을 정리하여 1차적으로 '스토리가설'을 만드는 것이 중요하다. 물론 필요한 정보가 있다면 추가로 조사할 필요는 있다. 그러나 무작정 조사를 시작하지 말고, 아는 것을 먼저 스토리가설로 정리한 후 부족한 것을 별도로 조사하는 게 효과적이다. 별로 중요하지도 않은 자료를 찾겠다고 시간을 보내면 대답만 늦어진다. 필자도 과거 직장생활 초기에는 정확한 답을 상관에게 줘야한다는 생각을 갖고 있었다. 그러다보니 1차 보고서를 작성하는데 시간이 많이 걸렸다. 그런 필자를 보며 상사가 한 말이 생각난다. "80% 완성하는 데 2시간이 걸리고, 100% 완성하는 데 10시간이 걸린다면, 나는 80%를 선택할거야."

여기서 말하는 '생활조사'란 '생활 속에서 상시 진행하는 탐색조사'란 뜻이다. 전문적인 조사라기보다는 일상에서 관심거리를 찾아보는 가벼운 조사다. 평소 관심주제나 대상에 대한 시야를 넓히고, 그곳의 변화상황을 지속적으로 확인하여 기획서 작성 시 기획방향과 기획서에 들어갈 메시지를 습득하는 데 목적이 있다.

우리는 시장조사라고 하면 무척 전문적인 활동으로 알고 있다. 시장조사를 요청하면 조사설계안(Research Design)부터 만들어 조사대상, 조사방법, 조사내용 등을 확정지은 다음에 시작하는 게 맞다고 생각한다. 그러나 따지고 보면 일상자체가 시장조사다. 우리가 평소 궁금한 것을 찾는 행위가 시장조사이며, 이런 조사를 통해 전문적인 조사보다 더 많은 것을 얻기도 한다. 정해진 방법과 대상만을 조사하는 전문조사보다 훨씬 자유스럽게 세상을 살펴보기 때문이다. 따라서 평소 관심분야에 대한 정보나 자료를 일상적으로 찾아볼 필요가 있다. 시장흐름은 일상적인 삶 속에서 발견할 수 있고, 또 그것이 공식적인 수치자료보다 더욱 현실적이다.

예를 들어 친구 결혼식에 갔다고 치자. 결혼식에 참석한 동창들과 피로연에서 밥을 먹고 있는데, 한 친구가 이렇게 말했다. "결혼식에 오려는 데 옷이 없잖아. 옷장에서 이것저것 뒤지다가 마땅한 게 없어서 그냥 대충입고 왔어. 한 번 입고 말 옷인데 그런 옷을 빌려주는 데가 왜 한 군데도 없지?" 그 말을 들은 화장품회사 기획담당자 중에서 '그래. 맞아. 나도 그게 짜증나더라.'라고 대답하고 말았다면 이는 50점짜리 기획자다. 하지만 평소 화장품에 대해 깊이 고민해본 기획자라면 이런 생각을 할 수도 있다. '그래 맞아. 한 번 입고 말 옷을 새로 구입하는 건 조금무리한 일이지…가만 있어봐. 그럼 직장다니는 여성들이 회사끝나고 모임에 갈 때는 어디서 화장을 고치지? 뭔가 화장에 신경써야 할 날이라면 화장에 더욱 신경이 쓰일텐데…'라는 생각을 할 수도 있다. 그 순간 '머리를 고칠때도 있고, 손톱을 간단히 손질할 곳도 있고, 구두를 닦을것도 있는데, 화장을 고쳐주는 것은 없네.'라는 문제의식이 생긴다. 이런 발상은 '화장품 시장의 문제를 찾아봐'라는 지시를 받고나서 자료를 찾는다고 생각나는 게 아니다. 평소 관심을 갖고 세상 속에서, 사람들 사이에서 이런저런 것들을 만나고 느끼고 생각할 때 떠오르는 것들이다. 따라서 기획자는 자기분야의 움직임을 생활 속에서 관심있는 눈으로 바라볼 필요가 있다. 그리고 그런 과정에서 발견된 문제나 좋은 아이디어들을 잊지말고 노트에 적어놓는 것이 좋다. 평소에는 자신의 관련분야에 대해 전혀 신경을 안 쓰다가 상관이 '이런 상황에 대해 검토해봐.' 했을 때 시장조사를 하기 시작한다면 이미 늦은 것이다.

하지만 평소 '생활조사'를 하지 않았더라도 실망할 필요는 없다. 누군가 자신에게 기획을 맡겼다면 그때부터라도 신속하게 관련정보나 자료를 찾으면 된다. 이 단계에서 필요한 자료는 지시자의 질문에 가설수준, 즉 '현재 시장상황이나 우리 회사상황이 이러저러하니 이런 식으로 해결하면 되지않을까?' 정도로 대답할 정도의 정보나 자료다. 이 단계에서 필요한 것은 시장에 대한 감각이지 정답은 아니다.

▼ 과 제

1. 현재 작성 중인, 또는 작성하고자 하는 기획서를 위해 어떤 메시지들을 확보했는지요? 기획서에 담고자 하는 메시지들을 정리해 주세요. 메시지 순서나 내용구성은 고려하지 말고 생각나는 대로 정리하면 됩니다.
2. 앞서 정리한 메시지들을 연결시켜 문장으로 만들어 보세요. 지금 작성하는 내용은 특정목차를 의식할 필요는 없으며 일반적인 글쓰기의 흐름인 서론, 본론, 결론 정도만 맞으면 됩니다.

2 기획서 뼈대만들고 살붙이기

(1) 기획서 뼈대만들기

3단계인 '기획서 뼈대만들기'는 앞서 작성한 스토리가설을 기획서로 전환하기위한 준비단계다. 이 단계에서 이야기체로 구성한 스토리가설을 기획서로 옮길 수 있도록 기획서의 기본구조에 맞춰 메시지를 재구성한다. 스토리가설을 기획서로 만들려면 'One Page & One Message'로 내용이 구성해야 하기 때문에 메시지에 대한 이해가 필요하다. 또 앞서 정리한 내용에 대한 가설검증이 필요하다. 앞 단계에서 작성한 스토리가설은 가설이기 때문에 본 단계에서 반드시 검증과정을 거쳐야 한다.

단계	내용	〈기획서 내용 구성안〉 작성 & 가설검증
3단계	기획서 뼈대만들기 (기획서 내용구성안)	
	〈스토리가설〉을 기획서 목차에 맞춰 수정, 보완작업	● 이야기체의 [스토리가설]을 기획서 목차에 따라 재 분류 - 발표용 제안서 & 보고서용 기획서 - 상기 기획서 모두 기획의도, 고객분석, 실행전략은 공통 - 필요시 기획서 핵심구조의 Logic Tree 활용 ● 기존 내용에서 부족한 자료를 추가하고, 해결방안도 새롭게 보완 - 대안들 중 최적의 해결방안 확정(현실성, 효과성 기준) - 해결방안에 대한 전략화 작업 & 구체적인 실행방안 정리 ● 보완한 스토리가설을 'One Page & One Message' 구조 (기획서 내용 구성안 구조)로 변경 - One Page의 결론 메시지 확정 - 근거메시지와 정보(근거자료)확정 - 정보-근거메시지-결론메시지 구조 ● 가설검증을 위한 반대자료 확인 - 기존 시각과 다른 자료 확인 - 사례조사를 통해 동일한 해결방안 존재여부 확인

3단계는 앞서 작성한 '스토리가설'을 기획서로 전환할 수 있도록 내용과 구조를 보완하여 [기획서 내용구성안]을 작성하는 단계다.

우선 스토리가설을 기획서 목차에 맞게 재구성하는 일이다.

[기획서 내용구성안]은 앞선 2단계의 스토리가설을 기획서 구조로 바꾼 내용이다. 스토리가설은 생활조사를 통해 구성한 메시지들을 이야기 구조에 맞춰 문장으로 정리한 것이다. 스토리가설은 기획서 핵심구조인 [문제-원인-과제-해결방안] 순으로 작성했기에 기획서에 필요한 핵심내용은 거의 담고 있다. 하지만 이는 이야기체 문장이라서 내용구성이 기획서 목차와 조금 다르고 기획서에서 요구하는 몇 가지 항목들이 빠져있다. 따라서 기획서를 작성하려면 스토리가설을 기획서 구조와 유사한 모양으로 내용을 전환시키고, 기획서 목차를 모두 채울 수 있도록 부족한 내용도 추가하여야 한다.

〈외부경험을 위한 시작, 함께 올리는 공연기획서 구성안〉

(상황분석)

1p. : ○○대학교의 목표는 다양한 문화예술분야에서 활동할 수 있는 전문인을 양성하는 것입니다.
(○○대학교 홈페이지에 들어있는 통해 전문인 양성 건학이념자료)

2p. : 현재 많은 교수진들과 함께 재학생들이 꿈을 실현시키고자 노력하여 수많은 지식과 경험을 쌓아가고 있습니다.
(여러 학과의 커리큘럼을 제시해 교육과정을 통해 여러 지식정보를 얻고 있음 강조)

3p. : 또한 교육과정에 NCS과정이 포함되어 있어 현장에서 필요한 덕목을 함께 배우고 있습니다.
(NCS 교육과정과 관련된 기사자료)

(문제원인)

4p. : 하지만 학교생활만 하면 실무경험을 쌓기에는 많이 부족합니다. 그로인해 학생들은 자신의 역량을 발휘해 보고자 관련 동아리에 들어가 활동을 하기 시작합니다.
(대학교 동아리에 들어가는 이유 1순위, 취업을 위해 _ 보도자료)

5p. : 하지만 기존 동아리의 체계는 학생들의 역량을 발휘시킬만한, 현실적으로 적용해볼만한 컨텐츠가 마땅치 않아 방황하지 않기 위해 들어간 동아리에서 또 방황하고 있습니다.
(학생들의 실제 인터뷰 자료)

(과제)

6p. : 따라서 생각해낸 해결책으로 '학생들이 동아리에서 많은 역량을 끌어낼 수 있는 컨텐츠를 만들자.'입니다.

(픽토그램을 활용하여 학생들이 컨텐츠를 통해 역량을 강화함을 표시)

7p. : 더 나아가 학생들 개인마다의 역량을 인지시켜 자긍심을 심어 줄 수 있어야 합니다.

(타겟분석)

8p. : ○○대학교 재학생 중 동아리의 획일화 된 교내활동에서 벗어나 자유적으로 동아리를 만들어 교외로 진로관련 실무경험을 쌓고자 하는 학생들

(현재 ○○대학교에 재학 중인 학생들의 인터뷰 자료를 활용)

(동아리 체계에 대한 설명과 실무경험을 위한 체계를 비교)

9p. : ○○대학교 재학생들은 제대로 된 실무경험을 간절히 원하고 있습니다. 그렇다면 그들이 왜 실무경험을 원하는지 알아보았습니다.

10p. : 현재 재학생들은 학교생활을 하면서 자신이 배우고 있는 지식과 능력이 어느 정도인지 판가름할 방법이 많지 않습니다.

(한 강연에서 학생들이 현재 자신이 생각하는 것보다 훨씬 많은 지식을 가지고 있음을 인지못함을 문제로 제시했던 부분기사자료)

11p. : 그래서 실무경험을 쌓고 많은 전문지식을 배우고 싶어 여러 학생들은 자신의 진로와 관련된 동아리에 들어가게 됩니다.

(현재 학교에서 여러가지 동아리의 다양한 종류 리스트 작성)

12p. : 하지만 이러한 동아리에서 마저도 많은 실무경험을 얻는 환경이 마땅치 않아 많은 학생들은 고민에 빠지게 됩니다.

13p. : 또한 학생들은 현재 자신이 무엇을 배우는지 지각하지 못하고 하염없이 그 자리에 머물고 있다고 생각하며 방황하고 있습니다.

(학생들이 학교생활 중 고민하는 것과 그 이유 보도자료)

14p. : 이러한 학생들을 위해 좀 더 많이 실무경험을 쌓을 수 있고 자신의 역량을 인지시켜 자긍심을 이끌어 낼만한 컨텐츠가 마련되야 합니다.

• 자료원 : 〈외부경험을 위한 시작, 함께 올리는 공연〉, 성혜정 · 장휘령, ○○대학교, 2016.

기존 스토리가설을 [기획서 내용구성안]으로 전환할 때 가장 먼저 해야 할 일은 기획서 목차를 결정하는 것이다. 스토리가설은 [상황분석 - 문제/원인 - 과제 - (컨셉) - 해결방안]의 기본목차로 작성했기에 이를 기획서로 바꾸려면 먼저 기획자가 원하는 기획서 목차를 결정해야 한다. [기획서 내용구성안]은 이야기 플롯에 따라 적성한 내용들을 기획서로 옮기기 전 단계 작업이다. [기획서 내용구성안] 작업시 기획자가 원하는 목차로 스토리가설을 전환했다면, 이를 기획서로

바꾸는 작업은 별로 어렵지 않다.

어떤 목차를 선택했든지간에 기획자가 과심있게 바라봐야 할 목차는 '기획의도' '목표' '컨셉'이다. '기획의도'는 기획서의 서론부분이고, '목표'는 과제를 수치화한 모습이며, '컨셉'은 목표를 한 마디로 규정하고 실행방안을 규정하는 목적지 역할을 담당한다. 이들 내용은 이미 스토리가설에 담겨있지만 기획서 목차에 담기엔 조금 부족한 상태다. 스토리가설은 공식적인 기획서 목차보다 내용의 인과관계와 자연스러움을 중시하기 때문이다. 따라서 앞선 세 개의 목차는 스토리가설에 담긴 의미를 이해하고 다시 작성한다는 마음가짐으로 정리할 필요가 있다.

참고로 발표용 제안서와 마케팅 기획서의 기본목차는 다음과 같다. 두 개의 목차 중에서 동일한 내용을 사용해도 되는 목차는 '기획의도', '고객분석' 그리고 실행전략(컨셉설정)이다.

〈발표용 제안서〉

기획의도

시장상황분석

문제점 분석

해결과제 설정
(사업목적 & 목표)

타깃분석

컨셉설정

실행방안

맺음말

〈보고서용 기획서〉

I. 기획 의도 및 개요
 1. 기획의도
 2. 개요

II. 시장환경분석
 1. 시장현황분석
 2. 경쟁사분석
 3. 자사분석
 4. 소비자분석
 5. 시장조사 요약 및 과제 설정

III. 사업목적 및 목표
 1. 사업목적
 2. 사업목표

IV. 목표달성전략
 1. 대상(목표고객)
 2. 컨셉 또는 슬로건
 3. 사업추진전략

V. 사업실행방안
 (마케팅 4P/6P)

VI. 사업운영방안
 1. 업무분장
 2. 업무일정표
 3. 손익계산서 또는 재무제표

VII. 맺음말(기대효과 등)

[기획서 내용구성안]은 스토리가설에 담긴 메시지를 보다 구체적으로 표현한 것이다.

기획서도 일종의 비즈니스 글쓰기다. 글이 담고 있는 많은 요소를 공유한다. 하지만 기획서가 글쓰기와 다른 점은 메시지에 근거거료를 첨부해야 한다는 점이다. 이는 기획서 내용이 기획자의 창작물이 아니라 현실을 반영한 내용이라는 것을 입증하기 위함이고, 기획서에 담긴 메시지와 해당메시지의 근거를 상대방이 보다 분명하게 이해하도록 도와주기 위함이다.

기획서에서 사용하는 메시지는 '핵심메시지'와 '결론메시지' '근거메시지'이며, 추가로 '근거메시지'를 입증하는 정보와 자료가 필요하다(메시지에 대해서는 뒤에서 설명한다). 이 중 스토리가설에 들어가는 메시지는 '핵심메시지'와 '결론메시지'이며, 이들을 입증하기 위한 정보나 자료는 별도로 추가하지 않는다. 스토리가설은 기획서의 흐름을 이해하고 기획자가 무엇때문에 어떤 일을 어떻게 하려고 하는지 이해할 정도의 내용만 담으면 된다.

예를 들어 스토리가설에 담긴 '핵심메시지(스토리가설에서 궁극적으로 주장하자는 결론)'가 '기존 대량생산체계의 생산설비를 다수의 소량생산체계로 바꿔야 한다.'라면, 이를 도출하기 위해서는 '현재 시장이 고객욕구에 따라 상품들이 다각화되고 있다.' '경쟁사들도 이와 같은 시장변화추이에 따라 생산설비를 변화시키고 있다.' '이와 같은 상황에서 자사의 대량생산체계를 바꾸지 않으면 시장경쟁력이 약화되어 현재의 시장점유율에 영향을 줄 수 있다.'라는 내용들을 앞에서 언급했을 것이다. 참고로 '핵심메시지'를 설명하는 내용들이 '결론메시지'다.

하지만 스토리가설에 들어있는 결론메시지들, 즉 '현재 시장이 고객욕구에 따라 상품들이 다각화되고 있다.' '경쟁사들도 이와 같은 시장변화추이에 따라 생산설비를 변화시키고 있다.'만 갖고서는 이 문장들이 맞는 내용인지, 다음에 나온 '자사의 대량생산체계를 바꾸지 않으면 시장경쟁력이 약화되어 현재의 시장점유율에 영향을 줄 수 있다'는 메시지와 인과관계를 이루고 있는지 정확히 파악할 수가 없다. 스토리가설에는 앞선 결론메시지에 대한 근거가 없기 때문이다.

따라서 스토리가설을 '기획서 내용구성안'으로 바꾸려면 스토리가설에 담긴 결론메시지를 좀 더 세밀하게 표현해 주고 이의 근거내용(근거메시지)를 추가해야 한다.

예를 들면, '화장품 시장은 매년 120% 성장하는 시장으로 관련업종에서 눈에 띄는 성장세를 보이고 있다'라는 결론메시지가 있다면 매년 120% 성장한다는 것이 구체적으로 어떤 의미인지, 타 업종보다 성장세가 높다면 어떤 업종과 비교하여 어느 정도나 높은지 알 수 있도록 근거메시지를 추가하는 것이다. 예를들어 '화장품 시장은 2010년 600억 원의 시장에서 2011년 760억 원, 2012년 900억 원으로 성장했으며 2013년에는 1000억 원대를 넘어설 것으로 예상된다' '화장품을 제외한 뷰티산업의 연간 성장률은 2010년 80% 성장, 2011년 82% 성장, 2012년 95%이다.' '….' 식이다. 그리고 앞선 내용들이 타당하다는 것을 입증할 수 있는 근거자료를 추가하면 된다.

이제 해야 할 일은 앞선 메시지들을 검증하는 것이다.

스토리가설은 말 그대로 이야기체로 구성한 가설이다. 평소 보고, 듣고, 직접 확인한 자료를 활용하여 만든 내용도 있지만 많은 부분이 '내가 작성한 메시지를 증명할 수 있는 자료가 있을 것이다'라는 가정 하에 작성한 문장들이다. 따라서 이 내용들을 기획서에서 사용하려면 자신의 주장이 맞는지 사실확인이 필요하다. 예를 들어 '우리 회사는 지난 3년 동안 100%에 달하는 매출성장률을 보이고 있다'라는 문장이 있다면 실제 3년 동안 100%의 성장을 달성했다는 3년 간 성장률 자료를 찾아 본 문장이 검증가능한지 확인해야 한다.

하지만 근거자료를 찾을 때에는 메시지를 입증할 수 있는 자료뿐만 아니라 이와 반대되는 자료도 함께 수집해야 한다. 스토리가설에 담긴 내용들은 평소 기획자가 관심있고 구하기 쉬운 자료들을 근거삼아 만들었다. 따라서 기획자는 항상 '내 생각이 맞는 것인가?' '이와 반대되는 정보는 없는가?'라는 질문에 대한 답을 찾으며 자신의 주장을 검증해야 한다. 이런 과정을 거치다보면 평소 자신이 모르던 내용을 발견할 수 있고, 앞선 스토리가설을 새로 발견한 정보에 따라 수정할 수도 있다. 이후 검증된 메시지는 남겨놓고 검증되지 않은 메시지를 제거한 상태에서 남은 메시지들을 자신이 의도한 대로 자연스럽게 연결하여 전체적인 흐름을 조정하면 된다.

마지막으로 스토리가설의 해결방안을 좀 더 구체적으로 정의해 주는 일이다.

스토리가설에 담긴 해결방안은 평소 기획자가 생각했거나, 생활조사과정에서 얻은 지식을 통해 구성한 것들이다. 남들과 차별화되었는지, 전략적으로 구성되었는지, 효과는 좋은지, 이미 남들이 실행해 본 것은 아닌지 확인하지 않은 상태로 간단히 정의되어 있다. 'A상품의 매출증대를 위해 소비자에게 다가간 판촉활동을 실시해야 한다.' '온라인을 통해 상품의 특성을 보다 적극적으로 소비자에게 알려야 한다'는 정도의 문장이다.

하지만 이런 내용을 기획서에 담으려면 내용을 좀 더 구체적으로 표현해야 한다. 예를 들면 앞선 예를 'A상품의 매출증대를 위해 서울 내 아파트 밀집지역에 있는 대형할인점 5군데를 대상으로 A상품의 시식코너를 운영한다.' 또 '온라인 중에서 네이버와 다음을 매체로 하여 상품특성에 맞는 시상이벤트를 실시한다. 이때 퀴즈방식을 활용하며 퀴즈 내용은 A상품의 특징을 맞추는 퀴즈문제를 제시한다.'는 식이다. 언제, 어디서, 누가, 어떤 방식으로, 어느 정도 기간동안 얼마의 비용을 들일 것인지는 몰라도 기획서를 보는 사람들이, 또는 기획자 자신이 해결방법의 행동양상을 머리속에 그려볼 수 있을 정도는 표현해 주는 것이 좋다. 물론 [기획서 내용구성안]에서 실행방안을 구체적으로 표현하지 않아도 크게 문제될 건 없다. 뒤에 나오는 기획서 작성부분에서 구체적으로 표현하면 된다. 하지만 이곳에서 미리 정리해 놓는다면 실제 기획서를 작성할 때 내용보다 한 단계 더 나아가 디자인을 고민할 수 있는 여유도 생기고, 자기생각에 대한 현실가능성이나 효과성도 다시 한 번 검토할 기회를 얻을 수 있다.

또한 실행방안을 구체적으로 정리하기 전에 실행방안의 방향성과 이들을 통해 얻고자 하는 것이 무엇인지 정의할 필요가 있다. 이를 '실행전략'이라고 하는데, 내가 원하는 것을 얻기 위해서는 '이러저러한 목적, 목표를 달성하기 위한 실행방안이 구성되어야 하며, 이와 같은 실행방안들을 통해 달성해야 할 세부목표는 이와 같다'는 결론을 만드는 작업이다. 그래야만 다음 단계에서 작성하는 실행방안들을 보다 구체적으로 정의할 수 있고, 그것들의 실행목표와 범위, 내용 등을 규정지을 수 있다. 이때 방향과 결론이 분명치 않으면 세부적인 실행방안을 작성한 후, 효과적이나 현실가능성 또는 남들이 이미 실행한 것을 그대로 반복하는 오류를 범할 수 있다.

▼ 과 제

1. 2단계의 스토리가설과 3단계인 기획서 내용구성안의 차이가 무엇인지 설명해 주세요.
2. 3단계인 기획서 내용구성안 작성 시 기획자가 해야 할 일이 무엇인지 정리해 주세요. 업무 제목을 쓰고, 해당 업무가 어떤 일인지 정리해 주세요.

(2) 기획서 살붙이기

4단계인 '기획서 살붙이기'는 앞서 작성한 '기획서 내용구성안'을 실제 기획서로 전환하는 단계다. '기획서 내용구성안'에서 기획서 작성에 필요한 세 가지 메시지, 즉 결론메시지, 근거메시지, 근거자료를 확보했다면 파워포인트 한 페이지에 세 개 내용을 레이아웃에 맞춰 옮기면 된다. 한글 기획서는 대부분 '기획서 내용구성안' 정도의 내용이면 완성되었다고 봐도 된다. 한글 기획서는 파워포인트 기획서처럼 별도의 디자인 작업이 필요없기 때문이다. 그 후 완성된 기획서 초안을 관련부서, 또는 업체와 협의하여 내용을 실행자에게 적합하도록 수정, 보완하면 된다.

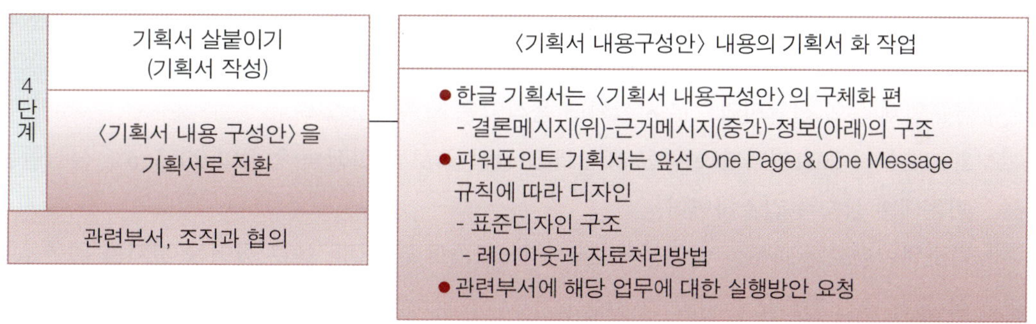

4단계는 앞서 작성한 [기획서 내용구성안]을 실제 기획서로 전환시키고, 이를 실행부서에 통보하여 세부 실행방안과 운영방안을 구성해 주도록 요청하는 단계다.

[기획서 내용구성안]은 한글 기획서는 물론이고, 파워포인트 기획서에 들어갈 내용들을 정리한 자료다. [기획서 내용구성안]이 완료되었다면 기획서의 70~80% 는 완료한 것과 진배없다. 이 단계에서는 [기획서 내용구성안]을 한글 또는 파워포인트 기획서로 전환하고, 이를 기획서 초안으로 삼아 관련부서와 협의를 한다.

[기획서 내용구성안]을 한글 또는 파워포인트 기획서로 전환한다.

한글 기획서는 [기획서 내용구성안]과 거의 동일한 구조를 갖고 있다. 결론메시지+근거메시지+근거자료의 구조다. 따라서 [기획서 내용구성안]이 완성되었다면 한글 기획서도 거의 완성한 것과 다를 바 없다. [기획서 내용구성안]이 기획서 목차에 맞게 구성되었는지 확인하고, 앞선 [기획서 내용구상안]에서 제목만 기입한 근거자료를 실제로 추가하면 된다. 추가할 내용때문에 고민하거나 앞선 단계처럼 새로운 자료를 찾고 이를 해석하거나 추론하는 등의 업무는 더 이상 필요 없다. [기획서 내용구성안]에 들어있는 결론메시지와 근거메시지를 목차에 따라 약간의 디자인 요소를 가미하여 기획서에 입력하면 된다.

[한글기획서]

Ⅲ. 시장환경분석

1. 화장품 시장동향

■ 화장품 시장 성장률은 주춤하는 반면, 온라인 유통망은 성장. 국내 화장품시장은 화장품의 필수 소재화, 가치소비확산, 브랜드숍의 고성장이 이어져 왔다. 향후 화장품시장은 신 유통채널의 강세, 대형 유통업체 등의 신규진입으로 시장확대 움직임은 지속되고 있다.

- 2007년부터 2011년까지 연평균 10%의 고성장을 보인 화장품 업종이 2013~5% 성장률을 예측하며, 기존대비 상승폭 감소하였다.
- 감소원인으로는 과도한 할인경쟁으로 인한 제품의 질 저하, 높은 할인율 고지를 위한 실 제품가격인상 등을 통한 신뢰도 하락일 것이다.
- 유통채널별로는 온라인의 성장률을 나타냈으며, 백화점/ 할인점, 인적판매의 경우 감소추이를 나타낸다.

[국내 화장품 시장 성장추이(5%대로 둔화 예상)]

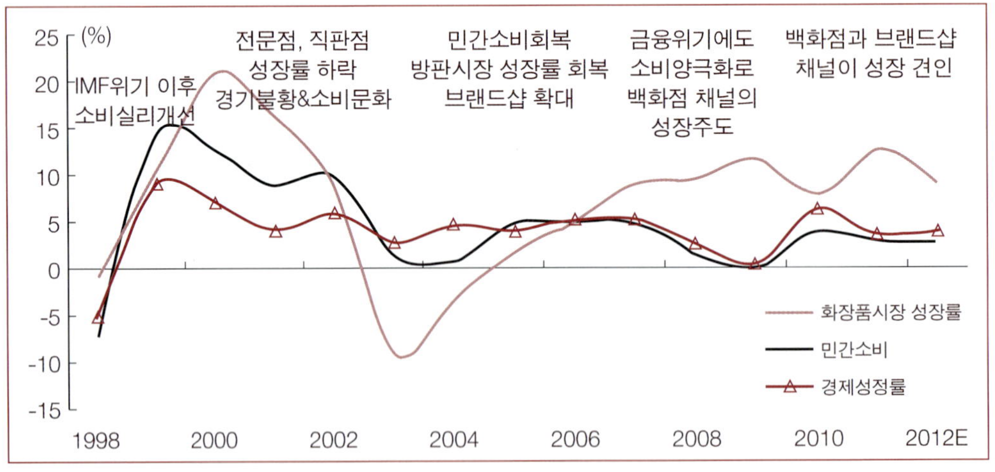

[국내 화장품 시장성장규모 표]

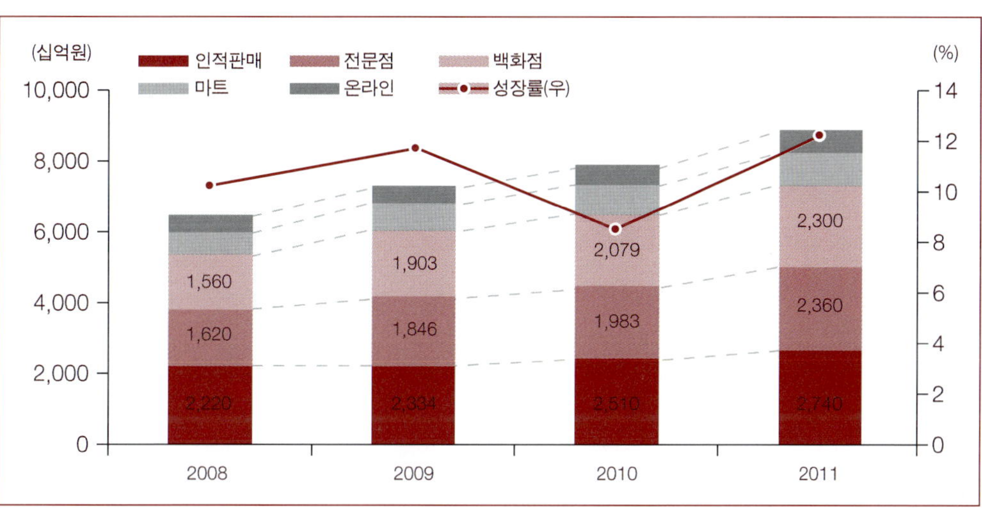

자료 : 아모레퍼시픽, 한화증권 리서치센터

■ 국내 화장품시장은 브랜드숍 부문의 성장에 힘입어 연평균 10% 이상의 고성장 지속했다.

- 화장품산업은 전형적인 내수산업으로써 2000년대 중반까지 시장성장세가 민간소비 등 국내경기와 매우 밀접한 관계를 보여왔다.
- 그러나 카드사태가 발생했던 2003~4년 국내 화장품 시장은 감소세를 기록했으며 2005년 이후 경기가 회복국면에 접어들면서 화장품 시장도 성장세를 보였다.

[전년도 대비 성장률]

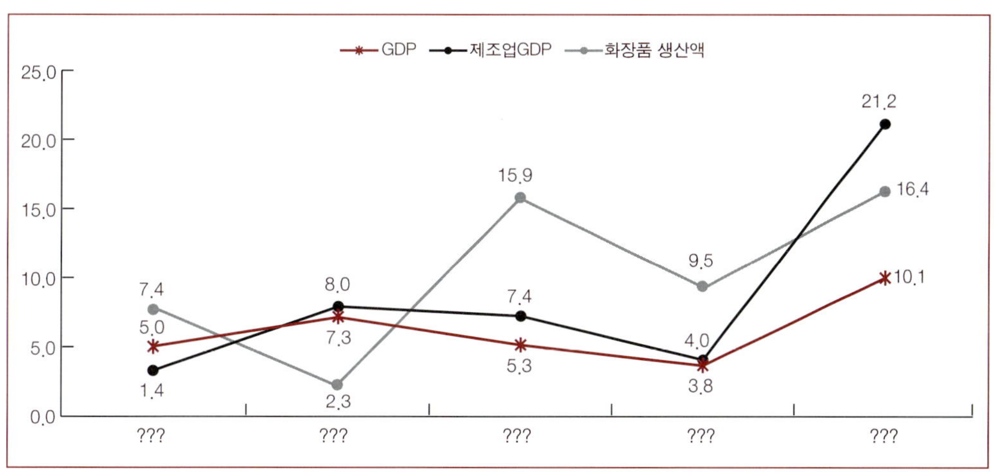

[국내 화장품 시장규모]

(단위 : 백만원, %)

구 분	2007년	2008년	2009년	2010년	YoY	CAGR ('07~'10)
시장규모	4,356,299	5,104,562	5,534,191	6,308,416	14.0	13.1
(백만 달러)	4,688	4,630	4,336	5,456	–	–
생 산	4,073,745	4,720,053	5,168,589	6,014,551	16.4	13.9
(백만 달러)	4,384	4,281	4,049	5,202	–	–
수 출	323,465	409,286	530,985	690,211	30.0	28.7
(백만 달러)	348	371	416	597	–	–
수 입	606,019	793,795	896,587	984,076	9.8	17.5
(백만 달러)	652	720	702	851	–	–
무역수지	-282,554	-384,509	-365,602	-293,865	–	–
(백만 달러)	-304	-349	-286	-254	–	–

• 자료원 : 〈1위가 되기 위해 노력하는 '스킨푸드' 제품 홍보 프로모션 방안〉, 위혜진, ○○대학교, 2014

파워포인트 기획서 역시 [기획서 내용구성안]이 완료되었다면 기획서로 전환하는 데 필요한 내용은 거의 확보한 셈이다. 이런 형태의 기획서는 앞서 설명한 One Page, One Message 구조로 구성되어 있는데, 기획서 한 페이지에 결론메시지+근거메시지+근거자료가 들어간다. 그리고 [기획서 내용구성안]의 한 단락(결론메시지+근거메시지+근거자료)이 파워포인트 한 페이지의 분량이다. 따라서 기획자는 앞선 [기획서 내용구성안] 내용을 파워포인트 디자인에 맞춰 삽입하기만 하면 된다. 이때 신경쓸것은 파워포인트 기획서에 메시지와 자료를 표현할 전체적인 레이아웃이며, 글자와 기타 디자인 요소에 대한 미적 부분일 뿐이다.

[기획서 내용구성안]

I. 시장동향분석

■ 인구구조가 변화하면서 고령화가 빠르게 이루어지고 있습니다.

- 우리나라의 65세 이상 고령인구는 2000년에 전체인구의 7%를 넘어 고령화 사회에 진입했습니다.
- 2010년에 11%, 2015년에 13%에 이르고 2025년에는 20%에 달할 것으로 전망됩니다.

[자료] 연령계층별 인구 및 노령화 지수추이

■ 고령화로 인한 정부 및 국민건강보험의 의료비 부담을 덜 방법으로 u-health의 필요성이 부각되었습니다.

- GDP대비 국민의료비 비중이 미국은 15.3%, 독일은 10.9%, 캐나다는 9.9% 등 선진국에서 국민의료비의 부담이 커지고 있습니다.
- 우리나라도 인구고령화와 만성질환의 비중이 증가하고 있어 국가의 부담이 커지고 있습니다.

[자료] 주요국 국민의료비 현황

■ 유무선 통신의 발달은 기기를 통해서 건강을 모니터링 할 수 있게 만들었습니다.

- 기기를 통해 나의 정보가 입력이 되면 다른 유, 무선기기로 전달되어 정보를 받을 수 있습니다.
- 유무선 통신의 예: WPAN, WiFi, 3G/4G/LTE, Bluetooth, Ethernet, BcN, 위성통신, Microware, 시리얼 통신, PLC

[자료] 스마트폰을 활용한 심전도 모니터링 기기, 얼라이브코

■ 초소형 센서의 개발은 소비자가 지각하고 있지 않아도 자동으로 측정이 되는 u-health분야를 열었습니다.

- 정보를 센싱, 가공/추출/처리, 저장, 판단, 상황인식, 인지, 보안/프라이버시 보호, 증/인가, 디스커버리, 객체 정형화, 온톨러지 기반의 시맨틱, 오픈센서API, 가상화, 위치확인, 프로세스관리, 오픈 플랫폼 기술, 미들웨어 기술, 데이터 마이닝 기술, 웹 서비스 기술, 소셜네트워크 등, 서비스 제공을 위해 인터페이스(저장, 처리, 변환 등) 역할수행

[자료] 주요 기업들의 웨어러블 기기

■ u-health는 IT와 보건의료가 합쳐져 언제 어디서나 이용이 가능한 의료 서비스입니다.

- 유선으로는 가정이나 기관에서 IT기기로 측정을 하면 인터넷을 통해 서비스센터로 정보가 보내지고 병원에서는 이를 실시간으로 보고 있다가 적절한 대응을 취합니다.
- 무선으로는 웨어러블 헬스케어 기기들을 통하여 스마트폰을 통해 서비스센터로 정보가 보내지고 병원에서는 이를 보고 적절한 대응을 취합니다.

[자료] u-health의 개념도

• 자료원 : 〈LG 라이프밴드 홍보방안〉, 김수정 · 이건희, ○○대학교, 2014

[파워포인트 기획서]

Ⅱ. 시장환경분석 -1. 시장동향분석

고령화로 인한 정부 및 국민건강 보험의 의료비 부담을 덜 방법으로 u-health의 필요성이 부각되었습니다.

[표2-1] 연령계층별 인구 및 노령화 지수 추이

(단위:천명,%)

	1990	1997	2000	2006	2007	2010	2015	2020	2025
총인구	42,869	45,954	47,008	48,297	48,456	48,875	49,227	49,326	49,108
65세이상	2,195	2,929	3,396	4,586	4,810	5,357	6,380	7,701	9,768
[구성비]	5.1	6.4	7.2	9.5	9.9	11.0	12.9	15.6	19.9

출처: 2009년 보건복지가족 통계연보

- 65세 이상 고령인구는 2000년에 전체인구의 7%를 넘어 고령화 사회에 진입
- 2010년에 11%, 2015년에 13%, 2025년에는 20%에 달할 것으로 전망

표 2. 주요국 국민의료비 현황(2004년) (단위 %, 십억 달러)

	미국	영국	독일	프랑스	캐나다	일본	한국
국민의료비 성장률 • (GDP 성장률)	6.8 (5.2)	7.3 (3.5)	3.6 (2.5)	5.0 (3.6)	5.8 (5.3)	2.4 (0.3)	11.3 (8.6)
GDP 대비 국민의료비 비중	15.3	8.3	10.9	10.5	9.9	8.0	5.6
국민의료비 규모	1,792	175	264	215	97	344	38

출처: OECD health data 2006

- GDP대비 국민의료비 비중이 미국은 15.3%, 독일은 10.9%, 캐나다는 9.9% 등 선진국에서 국민의료비의 부담 가중
- 우리나라도 인구고령화와 만성질환의 비중이 증가 국가의 부담가중

Ⅱ. 시장환경분석 -1. 시장동향분석

유무선 통신의 발달과 초소형 센서의 개발은 u-health시장을 가능하게 만들었습니다.

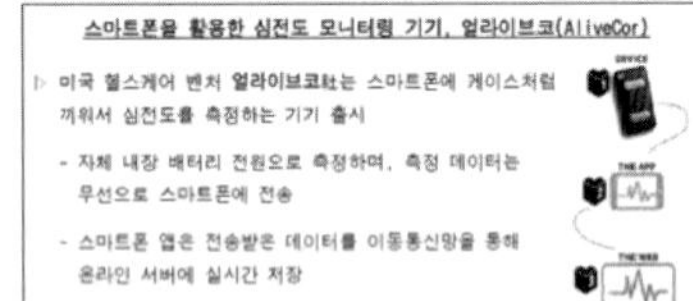

주요 기업들의 웨어러블 기기

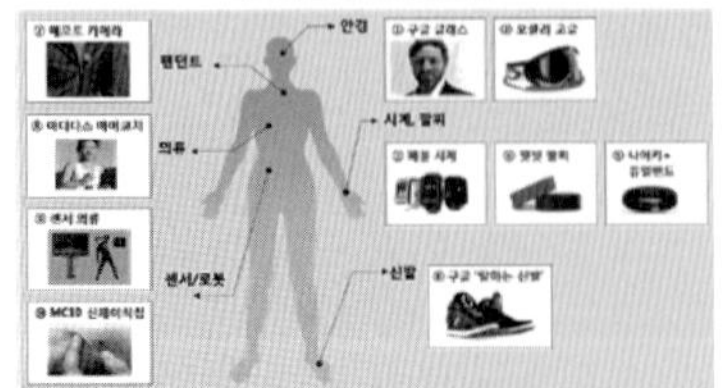

- 기기를 통해 개인정보가 입력이 되면 다른 유, 무선 기기로 전달되어 정보를 받을 수 있습니다.

- 유무선 통신의 발달은 기기를 통해서 건강을 모니터링 할 수 있게 만들었습니다.

- 유무선 통신의 예: WPAN, WiFi, 3G/4G/LTE, Bluetooth, Ethernet, BcN, 위성통신, Microware, 시리얼 통신, PLC

- 초소형 센서의 개발은 소비자가 지각하고 있지 않아도 자동으로 측정이 되는 u-health분야를 열었습니다.

- 초소형 센서의 역할은 정보를 센싱, 가공/추출/처리, 저장, 판단, 상황 인식, 인지, 보안/프라이버시 보호, 증/인가, 디스커버리, 객체 정형화, 온톨러지 기반의 시맨틱, 오픈 센서API, 가상화, 위치확인, 프로세스 관리, 오픈 플랫폼 기술, 미들웨어 기술, 데이터 마이닝 기술, 웹 서비스 기술, 소셜네트워크 등, 서비스 제공을 위해 인터페이스(저장, 처리, 변환 등) 입니다.

II. 시장환경분석 -1. 시장 동향분석

U-health는 언제 어디서나 이용이 가능한 의료 서비스로
u-medical, u-silver, u-wellness분야로 나뉩니다.

<그림 2-3> u-헬스의 개념도

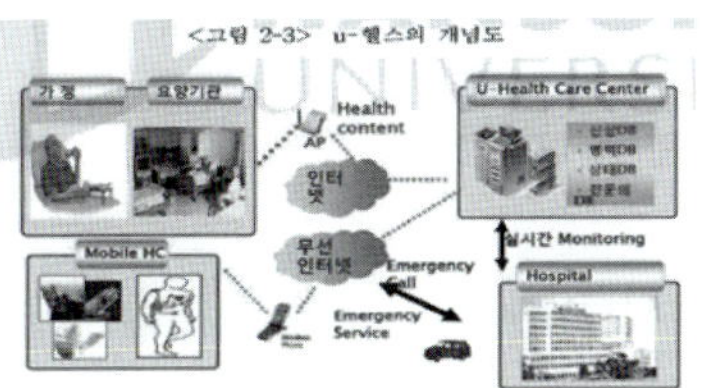

출처: 전계록(2008) "국내외 u-health 트렌드와 비전"

- 유선으로는 가정이나 기관에서 IT기기로 측정을 하면 인터넷을 통해 서비스센터로 정보가 보내지고 병원에서는 이를 실시간 확인 후 적절한 대응을 취합니다.
- 무선으로는 웨어러블 헬스케어 기기들을 통하여 스마트 폰을 통해 서비스센터로 정보가 전달되고 병원에서는 이에 따라 적절한 대응을 취합니다.
- U-health는 IT와 보건의료가 합쳐진 의미를 담고 있습니다.

표 4. 유헬스 관련 사업의 유형

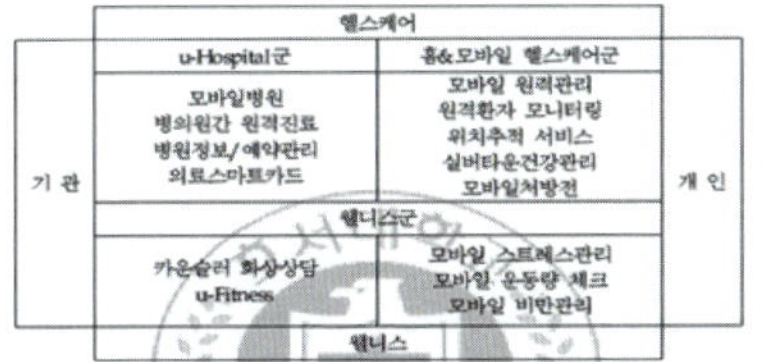

	헬스케어		
	u-Hospital군	홈&모바일 헬스케어군	
기 관	모바일병원 병의원간 원격진료 병원정보/예약관리 의료스마트카드	모바일 원격관리 원격환자 모니터링 위치추적 서비스 실버타운건강관리 모바일처방전	개 인
	웰니스군		
	카운슬러 화상상담 u-Fitness	모바일 스트레스관리 모바일 운동량 체크 모바일 비만관리	
	웰니스		

출처: 김우정(2011) 실버산업의 일부로서 유헬스의 경제적 효과와 지속성장 전략

- u-Hospital군은 u-Medical이라고도 하며 만성질병환자를 대상으로 하는 치료중심분야입니다.
- 홈&모바일 헬스케어군은 u-Silver라고도 하며 65세 이상의 노령자를 대상으로 하는 요양중심분야입니다.
- u-Wellness는 일반인을 대상으로 하는 건강관리 중심 분야 입니다.

• 자료원 : 〈LG라이프밴드홍보방안〉, 김수정 · 이건희, ○○대학교, 2014

[기획서 내용구성안]을 기초로 하여 작성한 기획서 초안을 관련부서와 협의한다.

기획서는 크게 세 가지 부분으로 나눌 수 있다. 기획목적과 이유(문제)를 규정하는 Why 부분, 문제해결을 위해 해야 할 일을 규정하는 What부분, 앞선 과제를 실행으로 옮기는 How 부분이다. 이 중 기획자 혼자 작성할 수 없는 부분이 마지막 실행부분이다. 신제품개발 하나만 봐도 시장조사업무, 신상품의 처방이나 구성을 위한 설계작업, 신상품제작을 위한 원자재 구입업무, 신상품 생산 및 검사업무, 신상품포장을 위한 디자인개발과 인쇄작업, 포장작업, 배송작업 등 다양한 업무들이 동시에 진행된다. 이들 업무들은 각기 다른 전문성을 요구하기에, 기획자 혼자서는 진행할 수 없다. 따라서 기획자는 기획서를 완성하기 전에 기획자만이 할 수 있는 일, 즉 사업배경과 목적, 해결해야 할 문제와 과제, 과제달성목표와 목표도달기준을 설정한 후 이의 세부 업무진행방안을 해당부서에 요청해야 한다. 기획자가 관련부서와 협의없이 기획서를 완성하면 나중에 현장에서 문제가 발생할 수 있다.

이 단계에서 기획자가 신경써야 할 부분은 기획의 목적, 목표와 같은 사항을 관련부서와 함께 공유하는 일이다. 기획자의 임무는 기획서 작성을 책임지고(업무전체를 디자인하는 것) 업무진행을 관리하는 것이지만 이는 업무분장과 관련된 사항이지 관련부서를 지휘하는 것은 아니다. 따라서 해당부서들의 참여도를 높이려면 그들도 사업가치와 필요성에 공감하도록 사업진행과 관련된 정보를 공유하고 그들의 의견을 기획에 반영해야 한다.

▼ 과 제

1. '기획서 내용구성안'의 한 단락과 파워포인트 한 페이지에 들어갈 내용 간의 공통점을 설명해 주세요.

3 기획서 신경만들고 생동감 불어넣기

(1) 기획서 신경만들기

기획서의 핵심내용이 완성되었으면 5단계는 업무를 실행하기 위한 세부내용을 구성하는 단계다. 기획자가 작성한 기본적인 업무방안을 담당부서에서 자신에게 맞도록 작성하고, 관련부서에서 작성한 내용들을 기획자가 전체업무와 비교하며 조정하는 일이다. 기획자는 담당부서 상황을 정확히 모르고, 담당부서는 해당 내용의 전체적인 흐름을 파악하기 어렵다. 따라서 본 단계에서는 담당 부서는 해당 부서 상황에 따라 업무내용과 진행과정을 정리하고, 기획자가 이를 전체적인 시각으로 조정하는 일을 담당한다.

5단계는 실행부서에서 제공한 실행업무들을 종합하여 이들 업무들이 자연스럽게 연결되도록 전체적인 업무흐름표를 만들고, 업무진행에 필요한 자원을 확정하는 단계이다.

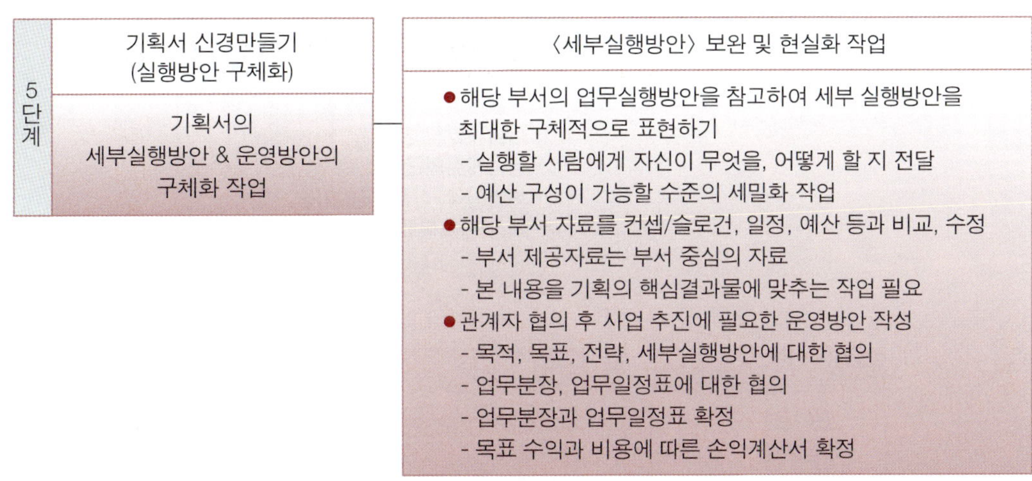

5단계는 기획서의 실행방안을 완성하는 단계다.

4단계에서 기획자는 기획의 기본방향을 설정하여 실행부서에게 전달했다. 실행부서에서는 기획서 초안에 들어있는 부서의 담당업무와 결과물 수준을 확인하고 그것의 실행계획을 기획자에게 제공한다. 예를 들어 신상품개발업무라면 기획자는 기획서 초안을 연구소나 개발실, 생산부, 영업부, 홍보부, 고객관리부서장이나 실무책임자에게 설명하고 이를 해당부서에 전달한다. 그러면 연구실과 개발실에서는 기획자가 원하는 상품을 만들기 위한 설계, 처방을 만들고, 이와 같은 상품을 만들기 위해 필요한 원료나 부자재 등을 확인한 후 기본적인 제조원가를 기획자에게 전달한다. 생산부에서는 연구소나 개발실에서 만든 설계나 처방에 근거하여 본 상품을 생산하기 위한 생산설비를 확인하고, 해당 상품 생산을 위한 생산계획을 작성한다. 또 영업부에서는 기획서 초안에 따라 해당 상품의 매출목표나 시장점유율 등을 참조하여 영업활동에 필요한 지원내용과 해당 매출을 달성하기 위한 영업계획 및 매출목표를 제시한다. 매출목표는 월, 분기, 연간별 목표다. 홍보부에서는 기획서 초안에 담긴 마케팅컨셉을 참고하여 이를 소비자에게 전달할 커뮤니케이션 컨셉을 설정하고 기획자가 원하는 수준의 홍보를 위한 홍보계획을 작성한다. 물론 이때 홍보매체와 홍보비용도 함께 제시한다.

기획자는 해당부서에서 보낸 자료들을 기획목적, 목표, 컨셉, 매출목표나 출시일정 등과 비교하여 필요한 부분은 조정하고 추가하여 기획서의 실행방안부분을 완성한다. 이때쯤이면 기획서는 거의 완료했다고 보는 게 맞다.

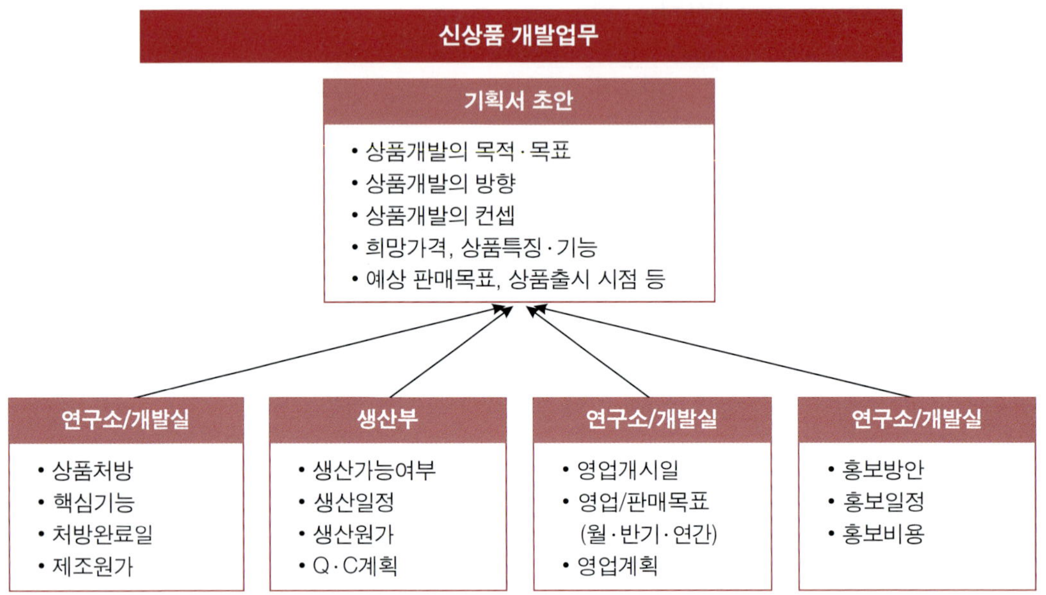

기획자는 실행부서의 자료를 취합, 수정, 정리한 기획서를 관련부서와 다시 한번 협의한다.

기획서를 확정하기 전, 기획자가 취합, 정리한 내용을 업무관련조직, 사람들과 협의한다. 기획자가 완성한 기획서는 실무부서들이 제출한 내용들을 그대로 기획서에 옮겨 적은 것이 아니다. 기획서의 목적과 목표, 기획자가 중요하다고 판단되는 특정기준에 맞춰 실무부서의 자료를 수정한 내용이다. 따라서 기획자는 자신이 수정한 부분에 대해 실무부서와 내용협의를 해야 한다. 이때 기획서에 담아야 할 내용은 흔히 말하는 '육가원칙'에 준한 내용들이다. 누가, 어떤 일을, 언제, 어디서 시작하여 언제쯤 마무리할 것이며, 그것의 완성된 모습은 어떤 것인지, 또 혼자 할 것인지 다른 사람과 협력해서 함께 할 것인지, 혼자한다면 어디서 어디까지 해야하며, 함께 한다면 업무를 서로 어떻게 나눌 것인지에 대한 것이다. 기획서 완료 후, 실행자가 기획서를 보며 자신의 업무를 정확히 이해하지 못하면 기획자가 생각한 결과물을 만들 수 없다. 본 내용을 정리할 때는 제조업체에서 상품생산을 위해 만든 '업무매뉴얼'을 만든다고 가정하고 정리하는 것이 좋다.

액션플렌 샘플(체크리스트)

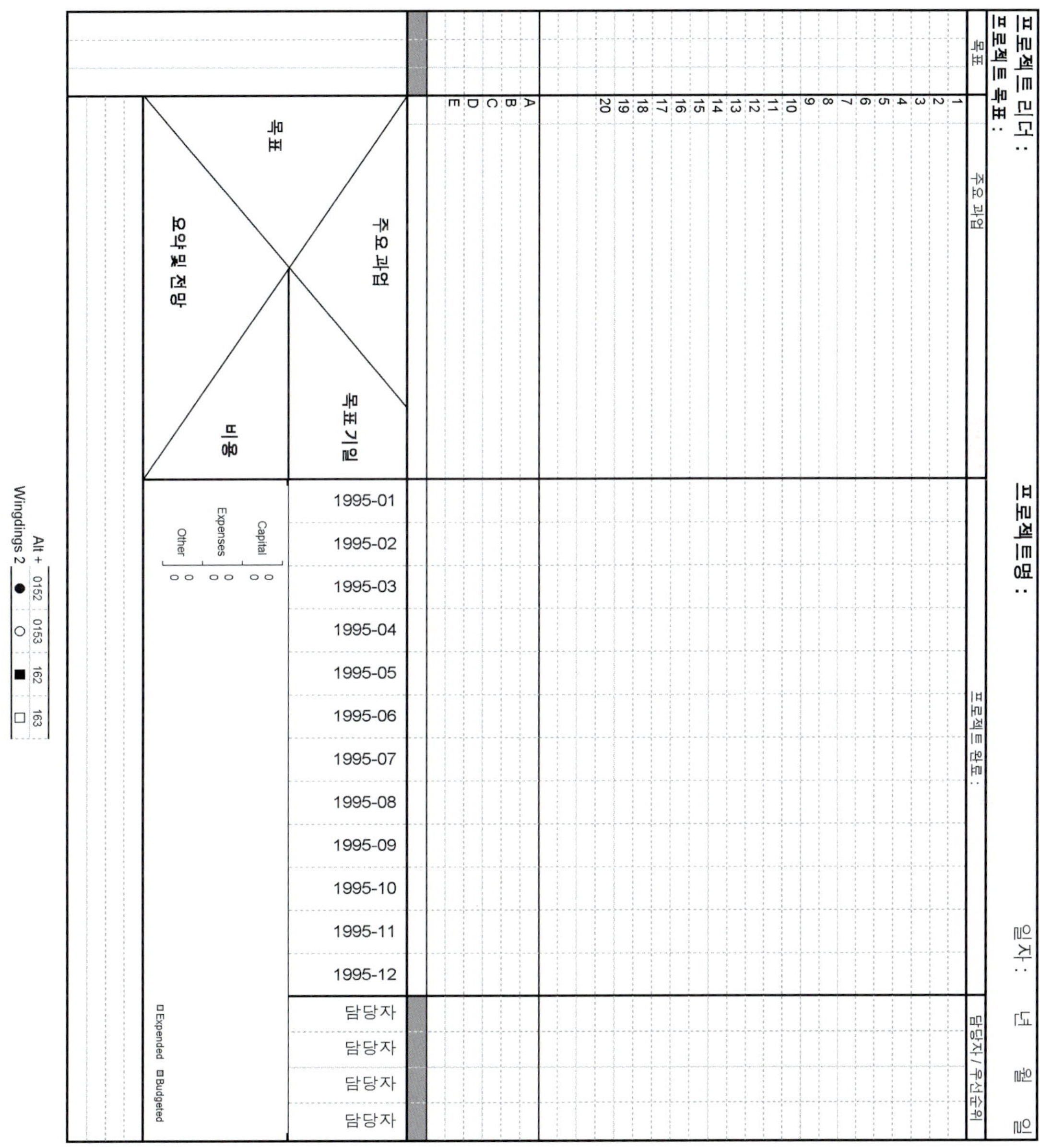

사업추진에 필요한 시간, 비용, 인력, 자원을 정리하고 이를 실행부서를 통해 확인한다.

업무추진 시 중요한 것은 업무를 진행하는 방식과 일정 그리고 소요비용이다. 사업실행은 개별부서 혼자만의 문제가 아니다. 다양한 부서들이 모여 각기 다른 업무를 추진한다. 기획자는 이와 같은 다양한 업무들이 일사분란하게 목표를 향해 움직이도록 정확한 부서별 업무분장과 종합일정을 구성해야 한다. 업무분장과 일정에 대해 미팅을 하다보면 어떤 조직에서는 일정이 너무 빠듯하다고 주장하며 일정을 좀 더 달라고 하는 경우도 있고, 어떤 경우에는 현재 갖고있는 설비나 장치가 없어 업무진행이 어렵다고 하는 경우도 있다. 특히 신상품개발일 경우에는 생산부에서 생산설비가 준비가 안 되었거나 자재부에서 원료수급문제에 대해 어려움을 토로할 수도 있다. 기획자는 이런 상황들을 협의과정을 통해 확인하여 잘못된 것이 있으면 고치고, 부족한 것이 있으면 추가하고, 또 기간, 비용 등이 현실적으로 문제가 된다면 이를 보완하는 작업을 진행한다. 그 후 상기된 미팅에서 확정된 내용을 토대로 업무분장과 일정표, 비용 등을 정리하여 기획서 완성본을 만든다.

또한 이 단계에서 협의해야 할 안건이 '업무체크리스트'다. 업무체크리스트는 'Action Plan'이라고도 하는데, 기획서 내용 중에서 실행과 관련된 부분만을 별도로 편집하여 사업진행 상황을 손쉽게 확인할 수 있도록 작성한 표다. 이를 통해 기획자 또는 진행책임자는 업무내용이 일정대로 진행되고 있는지 파악할 수 있고, 혹시 계획대로 진행되지 않으면 빠른시간 내에 문제해결을 위해 추가조치를 취할 수 있다. 따라서 본 내용은 업무들을 큰 업무단위로, 또 시간대 별로, 담당자(조직)별로 세분화시켜 누가 체크리스트를 봐도 현재업무의 진행률이 어느 정도이고, 어떤 업무에서 어떤 문제가 생겼는지 쉽게 파악할 수 있도록 만들어야 한다.

▼ 과 제

1. 자신이 작성 중인, 또는 작성하려는 기획서의 업무를 진행하기 위해 필요한 조직과 그들이 담당할 업무를 정리해 보세요.

2. 상기된 내용을 기초로 하여 업무일정표를 가상으로 만들어 보세요.

(2) 기획서 생동감 불어넣기

6단계는 앞서 완성한 기획서를 상사나 경영자에게 보고하기 위해 발표용 보고서를 만드는 단계다. 앞서 작성한 기획서는 내용이 많고, 복잡할 확률이 높다. 이런 보고서를 갖고 상사나 경영자에게 보고하면 많은 시간이 소요되고, 기획자가 주장해야 할 핵심내용을 정확하게 전달하기 어렵다. 따라서 기획서를 승인받기 위해서는 발표용 제안서를 별도로 작성하는 것이 좋다. 기획서의 1단계 끝은 경영자 보고와 승인이다. 이때 필요하다면 시장테스트안을 함께 제출하여 사업에 대한 사전평가를 진행할 수도 있다.

6단계는 기획서 생동감 불어넣기다.

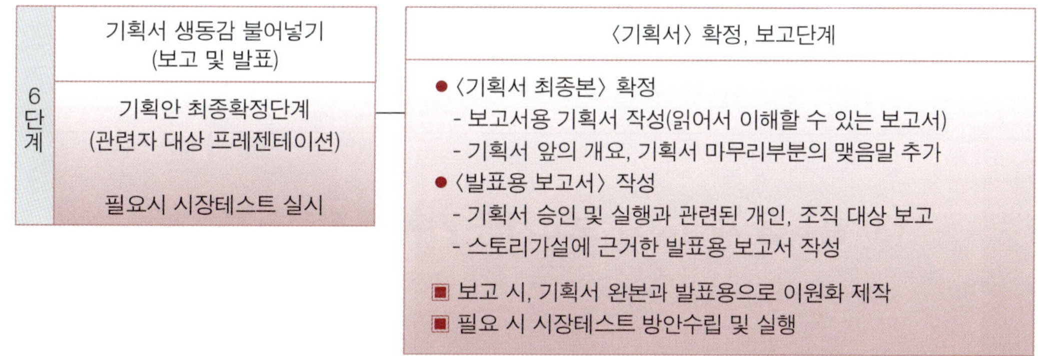

기획자는 앞선 업무과정을 통해 기획서를 완성했다. 이제 최종본을 실무자들끼리 확정짓고 의사결정권자에게 보고할 단계다. 이때는 서면으로 보고할 수도 있고, 기획서 완성본을 보여주며 구두로 보고할 수도 있으며, 사안이 중요한 것이라면 관련자들을 모아 프레젠테이션을 할 수도 있다. 이를 위해 기획자는 앞서 설명한 기획서 두개를 작성할 필요가 있다. 하나는 업무내용을 꼼꼼하게 정리한 보고서용 기획서다. 사안이 중요하거나 규모가 큰 사업일 경우에는 보고서용 기획서 형태로 기획서를 제출하는 경우가 많다. 이런 류의 기획서는 기획자의 설명없이 상사 혼자 내용을 보고 이해할 수 있도록 만들어야 하기 때문에 내용이 많고, 기획자의 주장을 입증할 시장조사자료도 많다. 그러다보니 이런 기획서를 프레젠테이션에 그대로 활용하긴 어렵다. 따라서 기획자는 보고서용 기획서가 실무관계자 선에서 통과된 후, 이를 의사결정권자에게 발표해야 할 상황이 생기면 앞선 기획서를 압축하여 발표용 제안서를 새롭게 만들어야 한다. 그리고 필요하다면 사업을 본격적으로 실행하기 전에 시장테스트를 실시하여 효과를 검증할 수도 있다.

한 가지, 기획서를 배우는 사람들이 알아야 할 것이 있다. 기획서를 작성했다고 해서 항상 프레젠테이션을 하는 것은 아니라는 점이다. 프레젠테이션은 중요한 사항의 의사결정이 필요한 경우에 한해서 시행하며, 이것도 일반적인 절차로는 1차 보고서를 제출하고, 그 내용이 검토할 가치가 있다고 판단되는 경우에 한해서 시행한다. 학교처럼 교수가 학생들에게 일부러 시간까지 내주며 프레젠테이션을 부탁하는 상황은 발생하지 않는다. 프레젠테이션은 단순히 보고하는 차원이 아닌, 결정을 위한 단계이기 때문이다. 그만큼 프레젠테이션의 가치가 크다는 것을 알아야 한다.

▼ 과 제

1. 6단계인 '기획서 생동감 불어넣기'의 업무과정을 설명해 주세요.
2. 본 단계에서는 상사나 경영자에게 보고하는 과정을 중요시 여깁니다. 이런 활동이 중요한 이유는 무엇인지 설명해 주세요.

(3) 발표용 제안서와 보고서용 기획서 작성단계

단계	내용	발표용	보고서용
1단계	기획서 주제정하기	양자 동일	
2단계	기획서 윤곽만들기 (스토리가설)	양자 동일	
3단계	기획서 뼈대만들기 (기획서 내용 구성안)	· 발표용 제안서 목차 · 다수의 자료보다 스토리전개에 필요한 자료	· 기획서 표준목차 (경영 & 마케팅) · 시장조사의 표준 목차에 따른 조사자료
4단계	기획서 살붙이기 (기획서 작성)	파워포인트 기획서	파워포인트 or 한글기획서
5단계	기획서 신경 만들기 (실행/운행방안 구체화)	실행방안의 요약 (무엇을 할 것인지)	업무메뉴얼과 유사한 수준의 내용
		핵심요소 설명	세부적인 일정과 손익계산서
6단계	기획서 생동감 불어넣기 (프레젠테이션/테스트)	프레젠테이션	기획서 제출 프레젠테이션 준비

기획서에는 크게 발표용 제안서와 보고서용 기획서가 있다. 이 둘의 구조와 모양새가 조금 다르다보니 기획서를 처음 접하는 사람들은 두 개의 기획서가 다른 기획서라고 생각하기도 한다. 하지만 기획서는 모두 동일한 구조를 갖고 있으며, 기획서를 작성하는 방식도 거의 대동소이하다. 다만 개별 기획서의 강조점과 내용구성방식이 조금다를 뿐이다. 발표용 제안서는 내용과 정보가 압축되어 있어야 하고, 보고서용 기획서는 기획자없이 기획서만 보고 이해해야 하기 때문에 내용이 보다 자세하고 세밀하게 작성되어 있어야 한다는 차이뿐이다.

두 개의 기획서 모두 1단계 기획서 주제정하기부터 6단계 기획서 생동감 불어넣는 과정을 거친다. 특히 [1단계. 기획서 주제정하기]와 [2단계. 기획서 윤곽만들기] 부분은 두 개의 기획서 모두 동일한 과정을 거치며, 결과물 역시 동일하다. 이 단계에서 중요한 것은 기획서에서 다룰 주제가 무엇인지 확인하고, 기획서에 담을 전체내용의 스토리라인을 만드는 것이다. 어떤 종류의 기획서이든 동일한 과정을 거치며 작성방법도 동일하다.

차이는 앞서 작성한 스토리라인을 활용하여 본 기획서를 작성하는 3단계부터 이다.

발표용 제안서는 기획자의 생각을 압축하여 상대방이 쉽고 빠르게 핵심을 이해하고 의사결정할 수 있도록 도와주기 위한 기획서다. 따라서 기획자가 상대방에게 전달하고 싶은 스토리라인를 구성했다면 그 이상 추가할 것이 별로없다. 중요한 것은 자신의 의사를 상대방이 보다 쉽게 이해하고 의사결정하도록 도와주는 것이기 때문이다. 발표용 제안서는 스토리라인을 기초로 '기획서 내용구성안'을 작성한 후 이 내용을 파워포인트로 전환하면 된다.

하지만 보고서용 기획서는 발표용 제안서에서 제외된 세부적인 자료를 추가하는 작업이 필요하다. 원래는 보고서용 기획서를 먼저 작성하고 이를 압축하여 발표용 제안서는 만드는 경우가 많기에 두 개 문서를 작성하는 데 크게 어려움이 없지만, 발표용 제안서를 먼저 만들고 이를 구체적으로 설명하기 위한 보고서용 기획서를 작성할 때는 상황이 조금 다르다. 특히 마케팅 서비스회사(이벤트, 광고 S.P 관련업체)에서는 고객에게 발표용 제안서를 먼저 제출하고, 이 내용이 승인된 후 실행계획서(보고서용 기획서 중에서 실행부분을 강조한 기획서)를 제출하기 때문에 앞서 제출한 발표용 제안서에 담긴 내용 중에서 실행부분을 보다 구체적으로 표현해야 한다.

참고로 보고서용 기획서인 실행계획서가 발표용 제안서와 다른 점은 크게 두 가지이다.

첫째, 발표용 제안서에서 중요시 여긴 기획의도와 목적, 목표, 문제, 원인과 같은 기획서 구조의 'Why, What'에 해당하는 부분을 최소화한다. 앞선 발표용 제안서에서 이미 본 사업, 행사를 왜 해야 하는지, 그 사업, 행사가 무엇을 목적으로 하고 어떤 목표를 달성하려는지 언급했기 때문에 실행계획서에서는 'How To(어떻게 할 것인지)'를 중점적으로 다룬다.

둘째, 실행계획서는 실행을 위한 기획서이기 때문에 실행부분을 구체적으로 정의해야 한다. 앞선 발표용 제안서에는 실행을 위한 계획서라기보다는 실행을 어떻게 할 것인지 의사결정권자가 상상할 정도의 정보만 주면된다. 예를 들어 버스 정류장에 판촉물을 설치한다면 그 판촉물이 어떤 모양으로 어디에 부착되어야 하며, 이와 같은 부착물이 어떤 목적을 달성하고 이를 통해 얻을 수 있는 기대효과를 무엇인지를 보여준다.

하지만 실행계획서에서는 앞선 결과물을 누가, 언제, 어디서, 어떻게, 언제까지 만들어 낼 것인지 설명해야 한다. 실제업무를 진행할 사람이 기획서에 담긴 내용을 보고 자신이 무엇을, 언제, 어떻게 행동하여 어떤 결과물을 만들것인지 확인할 수 있어야 한다. 따라서 실행과 관련된 내용이 구체적으로 정의되어야 하며, 업무분장과 업무일정표가 업무진행을 위한 세부단위까지 표현되어 있어야 한다. 단순히 광고시안을 언제까지 완성하고, 상품개발을 위한 처방을 언제까지 제출한다는 큰 범위의 정의가 아니라, 광고를 진행한다면 광고회의 일정, 결론확정시기, 컨셉결정일자, 1차시안 제출시기 등 업무단위를 세분하여 정의한다. 또한 손익계산부분도 발표용 제안서에서는 비용을 구성하는 간단한 항목들과 이들의 합계 정도만 보여주면 된다. 하지만 실행계획서에서는 비용부분도 보다 구체적으로 표현해 줄 필요가 있다. 인건비가 필요하다면 어떤 종류의 업무에 어떤 기준으로 비용을 산정했는지, 판촉물이 필요하다면 그 판촉물에 소요되는 업무내용이 무엇이며, 개별업무마다 어느 정도의 비용이 필요하기에 판촉물에 소요되는 비용이 최종 얼마인지 세부내역도 함께 제출해야 한다.

결국 두 개 기획서의 주장(핵심메시지)은 동일한 것이지만 발표용 제안서는 기획서 내용의 핵심을, 보고서용 기획서의 내용은 세부적인 내용을 구체적으로 정의한다는 점에서 차이가 있다. 따라서 발표용 제안서가 완성되었다면 보고서용 기획서는 앞선 내용의 세부사항을 첨부시키면 되고, 보고서용 기획서가 완성되었다면 이를 압축하여 발표용 제안서를 만들면 된다. 이와 같은 두 개 기획서의 차이는 앞선 기획서 작성 6단계 과정 중 3단계인 기획서 내용구성안에서부터 달라지며, 이때 다른 점은 시장조사자료의 다양성과 실행방안의 구체성, 그리고 업무분장, 비용산정부분의 세밀함 정도다.

지금까지 기획서 작성단계를 알아봤다. 기획서는 다양한 정보와 사고방식이 필요하고, 다수의 이해관계자와 협의가 필요하기에 한 번에 작성하긴 어렵다. 따라서 앞서 설명한 6단계 과정을 거치며 기획서의 주제를 설정하고, 내용의 스토리라인을 만들고, 이를 이해관계자와 협의하면서 방향을 보완한 후 세부내용을 작성하는 단계로 진행하는 것이 가장 쉽고 바람직하다. 처음에는 상기된 단계를 과정을 거치는 게 불편하고 시간이 더 걸리는 것 같지만 이와 같은 방식이 몸에 익으면 무작정 파워포인트를 키고 내용을 작성하는 것보다 훨씬 빠르고 편하게, 또 완성도 높은 기획서를 작성할 수 있다.

Chapter 12

기획사고로 메시지 만들기

1. 기획사고는 결론을 도출하는 사고과정
2. 기획서는 메시지의 종합본

1 기획사고는 결론을 위한 사고과정

(1) 기획이 어려운 이유는 기획사고 때문

기획사고는 특정사실, 상황을 분석하여 결론을 찾으려는 사고방식이다. 마치 공장에서 상품을 생산하는 과정처럼 사실과 정보라는 원재료를 가공하여 정보를 만들고, 정보를 분석, 종합하여 하나의 결론을 만들어내는 과정이다. 이런 기획사고의 특징은 첫째, 기획사고는 항상 결론을 만들어 내야 한다. 둘째, 앞선 결과물은 누가봐도 동일하게 이해할 수 있는 메시지로 표현해야 한다. 셋째, 남들과 동일한 사실과 정보를 통해 만든 결론이지만 항상 창의적이어야 한다는 것이다.

앞서 기획서는 한 번에 쓰지말고 단계별로 나눠 써야 한다고 말했다. 기획주제를 선정하는 단계, 주제에 대한 탐색조사를 통해 메시지를 만들고 이를 기반으로 스토리라인을 구성하는 단계, 스토리라인을 기획서 작성에 활용할 수 있도록 기획서 내용구성안을 작성하는 단계, 기획서 내용구성안을 토대로 기획서 초안을 작성하고, 이를 관련부서와 협의하여 구체적인 실행방안을 구성하는 단계, 완성된 실행방안을 수정, 보완하고 업무진행방식을 확정하는 단계와 이를 보고하는 단계다. 이들은 각 단계별로 중점적으로 완수해야 할 일이 다르고 각기 다른 사고방식과 행동패턴이 필요하다.

2단계	기획서 윤곽만들기 (스토리가설)	· 해당 주제에 대한 탐색조사 · 탐색조사를 통한 메시지 구성 · 기획서의 내용흐름 구상(스토리라인) · 문제-원인-과제-해결방안 구제에 따라 작성
3단계	기획서 뼈대만들기 (기획서 내용 구성안)	· 스토리가설을 기획서 목차에 맞춰 수정, 보완 · 해결방안 보완 및 스토리가설 검증 · 기획서의 One Page & One Message화 작업
4단계	기획서 살붙이기 (기획서 작성)	· 기획서 작성 · One Page & One Message 기준에 따라 구성
5단계	기획서 신경만들기 (실행방안 & 운영방안 구체화 작업)	· 기획서의 실행방안 & 운영방안 구체화 작업 · 실행방안은 예산수립이 가능한 수준으로 작성 · 운영방안은 상기 실행방안에 근거하여 작성 (업무담당부서의 의견을 최대한 반영)

하지만 우리가 흔히 말하는 '기획서 작성단계'는 2단계 해당 주제에 대한 탐색조사부터 5단계 실행을 위한 운영방안 만들기까지다. 1단계는 기획주제를 확인하는 과정이고, 마지막 6단계는 기획서 완성본을 활용하는 단계다. 따라서 기획서 작성에 필요한 업무는, 업무내용을 확인하고 관련자, 실행부서와 협의하는 과정을 제외하면, 자료를 수집, 분석하여 얻은 결론들을 정리하는 작업이며, 기획서 작성방법을 안다는 것은 '자료를 수집, 분석하는 방법과, 이의 결론들을 정리하는 방법인 '기획사고'를 할 줄 아는 것이라 말할 수 있다. 결국 사람들이 기획을 어려워한다면 그 이유는 기획자체보다 '기획사고' 하는 방법을 제대로 익히지 못했기 때문이라고 해도 틀린말은 아니다.

기획서 작성의 2단계는 탐색조사를 통해 기획서의 소재가 되는 메시지를 구성하고, 이들을 논리적으로 배치하여 기획서의 스토리라인을 만드는 단계다. 기획서의 근간이 되는 스토리라인이 만들어지는 단계이기에 기획서 작성과정 중에서도 매우 중요한 부분이다.

기획자는 이 단계의 과업을 충실히 이해하기 위해 세 가지 지식이 필요하다.

하나는 기획사고의 정의와 기획사고로 만들어지는 정보피라미드 구조에 대한 지식이고, 또 하나는 앞선 정보피라미드와 메시지 간의 관계에 대한 이해이며, 마지막으로 앞서 구성한 메시지드를 스토리가설로 재구성하는 방법이다. 특히 기획서의 소재인 메시지를 만드는 과정과 메시지들 간의 위계에 대한 지식은 기획자라면 반드시 알고 있어야 할 사항이다.

이 장에서는 앞선 세 가지 지식 중에서 기획사고와 정보피라미드, 그리고 메시지의 구성법에 대해 설명한다.

기획사고란 무엇인가?

'기획사고'는 기획자가 현상분석에 필요한 자료를 수집하고 이를 분석, 평가하여 결과를 만들어 내는 사고과정이다. 기획자만이 가진 독특한 사고패턴이고 기획서를 작성하는 업무진행방식이며 기획서의 모든 내용을 이끄는 사고체계다.

이를 간단히 설명하면, 제조공장에서 상품을 만드는 것과 거의 유사하다.

제조공장에서 특정제품을 만들려면 상품생산에 필요한 원료를 가공, 조립하여 완제품을 만든다. 기획사고 역시 제조공정과 거의 같다. 기획자가 원하는 결과를 생산해 낼 수 있는 원료(사실, 자료)를 사고과정이란 제조공정에 투입하여 결론이라는 결과물을 만드는 과정이다.

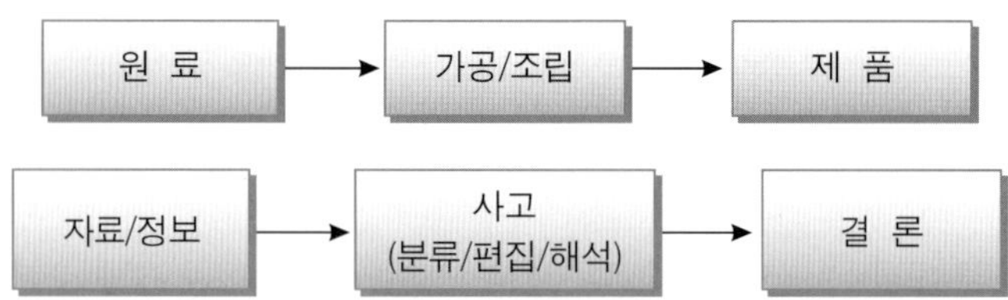

컴퓨터를 예로 들어보자. 컴퓨터 뚜껑을 열면 수많은 부품들이 각기 다른 모양으로 자리잡고 있다. '컴퓨터'라는 하나의 독립된 물건이기 보다 다양한 기능을 갖춘 크고 작은 부품들이 모인 복합물이다. 다양한 부품들을 설치할 수 있는 넓은 기판, 그 위에 영상을 보여주고 소리를 들려주는 부품, 자료를 저장하는 디스크, 메모리를 결정하는 RAM 등으로 구성되며, 이들을 서로 연결하여 사용자가 원하는 기능을 효과적으로 구현한다. 이를 기획사고로 표현하면 컴퓨터 내부에서 볼 수 있는 각각의 부품들은 정보나 자료들을 통합한 작은 결론같은 것들이고, 이들을 기획자가 원하는 방식으로 서로 연결, 배치하여 컴퓨터라는 최종의 결과물을 만들어낸 것이다. 앞서 설명한 '자료를 수집, 분석하여 얻은 결론을 정리하는 것'을 의미한다.

다만 기획사고가 어려운 것은 이 능력이 자료, 정보를 정리하여 결론을 만들어 내는 것이지만, 이때 정보의 수준을 높이면서 단계적으로 결론을 만들어 나가는 사고능력이 필요하기 때문이다. 기획사고에 익숙하지 않은 사람은 당연히 이런 과정을 어렵게 느낄 수 밖에 없고, 이때 기획도 어렵다고 생각한다. 하지만 기획사고가 특별히 어려운 것은 아니다. 우리가 평소 일상생활에서 자주 사용하는 사고방식이다. 다만 자료를 분류, 편집하여 정보를 만드는 가공작업에 익숙하지 않다보니 처음에는 조금 부담스럽게 다가올 뿐이다. 정확히 표현하면 생소한 것이다. 자료와 정보의 개념을 이해하고, 이의 처리방법과 이들을 활용한 기획서 내용구성법만 익히면 그리 어려울 것도 없다.

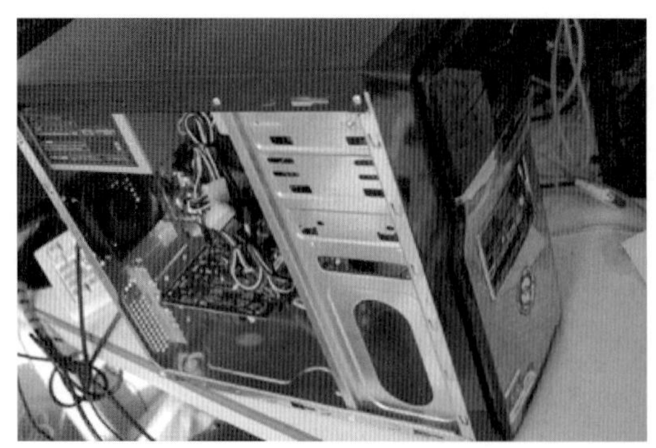

기획사고에서 중요한 것은 '결론(메시지)'과 '창조성'이다.

첫째, 기획사고의 종착지는 결론이다.

기획사고에서 필요한 자료와 정보수집, 분석과정은 결론을 만들기 위한 준비과정이다. 수집과 자료분석이 목적이 아니다. 다양한 사실과 자료, 정보를 수집, 분석하여 그것들이 의미하는 것을 파악한 후, '따라서 결론은…'이라고 정의해야 한다. 기획자가 기획서를 작성하거나 발표하는 상황에서 시장상황만 설명하고 결론을 말하지 않으면 다음과 같은 질문을 받는다. "그래서 결론이 무엇인가요?" "문제를 해결해야 한다고 했는데 결론적으로 우리가 해결해야 할 문제가 무엇인가요?" 만약 기획자가 상황설명을 한 다음 "현재 상황의 결론은…"이란 말없이 발표를 마치면 그는 자료수집업무를 수행한 것이지 기획자의 임무를 수행한 것이 아니다. 사고과정이 논리적이든 직관적이든 결론은 반드시 필요하며, 자료나 정보가 많고 적음을 떠나 이들이 품고있는 의미를 찾아내 반드시 결론으로 제시해야 한다.

둘째, 기획사고의 결과물은 메시지로 표현해야 한다.

기획사고을 통해 구성한 결론은 특정의미를 담고 있다. 기획자 나름대로 자료와 정보를 분석하여 도출한 자기 주장이다. 이와 같은 결론은 그것에 담긴 의미를 구체적인 문장으로 표현하여 이를 보는 사람이 자기 식으로 해석하지 않도록 만들어야 한다. '생산공정을 이원화하여야 합니다.' '고령화 사회에서는 위험투기성 투자자보다 안전성 투자자들을 확보할 수 있는 방안을 모색하여야 합니다.'와 같은 문장이다. 그렇지 않고 도표나 수치만을 보여준다면 이를 보는 사람은 그것들이 무엇을 의미하는 지 확인할 방법이 없다. 학생들이 작성하는 기획서에서 자주 범하는 실수 중의 하나가 도표 한 장으로 기획서 한 페이지를 채우는 것이다. 학생자신은 자신이 이만큼 많은 자료를 구했고, 보다 자세한 내용을 보여주기 위해 그랬다고 하지만 보는 사람 입장에서는 답답하기만 하다. 기획서를 보는 사람들에게 중요한 것은 도표, 자료가 아니라 그것의 의미다. 해당 자료를 통해 어떤 결론을 얻었으며, 그것이 구체적으로 무엇을 의미하느냐는 궁금증이다.

잘 만들어진 기획서는 항상 글이 중심이다. 글이 곧 내용이자 디자인이다. 그리고 이 글들을 이끄는 핵심문장이 있다. 바로 메시지다. 글과 함께 담긴 그림이나 사진, 도표들은 메시지가 담고 있는 의미를 전달하기 위한 도구일 뿐이다. 물론 프레젠테이션 자료는 자신의 생각을 참석자 앞에서 설명할 기회가 있기에 세밀한 내용을 기획서에 표현할 필요는 없다. 그러나 이때에도 해당 페이지에 기획자의 주장을 전달하는 메시지조차 없다면 그건 문제다. 옷을 보여주는 패션잡지도 옷을 설명하기 위한 핵심메시지가 필요한 상황에서 누군가를 설득해야 할 기획서에 내 주장을 표현한 메시지가 없다면 기획서로서의 기능을 수행하는 데 한계가 있다.

도표 한장으로 채운 기획서

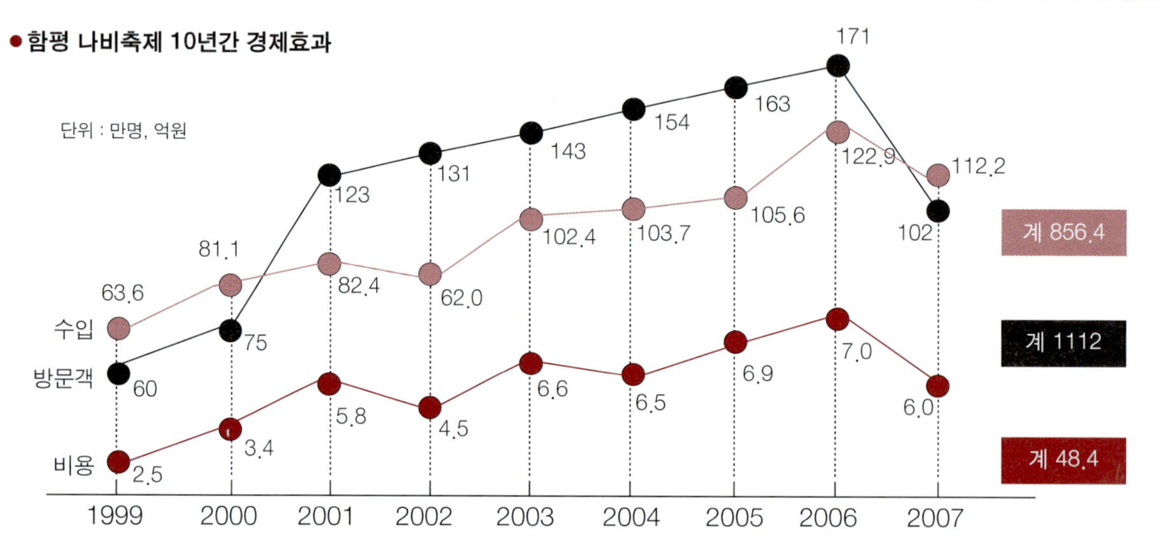

• 자료원 : 〈함평곤충엑스포제안서〉, 김기남, ○○대학교, 2015

셋째, 기획사고의 결론은 창조적이어야 한다.

내 앞에 놓인 자료와 정보는 나혼자 가진 것이 아니다. 누구나 구할 수 있는 내용일수도 있다. 중요한 것은 자료, 정보의 확보보다 남들과 같은 정보를 활용하여 그들이 보지 못한 결론을 도출하는 것이다. 그리고 동일한 자료, 정보를 투입해도 기획자가 어떤 목적으로 자료, 정보(원료)들을 해석하여 어떻게 가공, 배치하느냐에 따라 결론이 달라진다. 이런 상황이 컴퓨터조립과 기획사고가 다른 점이고, 기획능력의 중요성이 날이 갈수록 높아지는 이유다. 과거와 달리 인터넷의 검색능력덕분에 자신이 원하는 것을 손쉽게 찾을 수 있는 상황에서는 남들이 미처 찾지 못한 무엇을 찾아내어 남다른 결론을 도출할 수 있는 능력이 필요하다. 아는 것이 힘이 아니라 아는 것을 활용하는 능력이 힘이 된 세상이다.

기획자는 자료, 정보들을 해석하여 하나의 결론(메시지)를 만들고, 이들을 연결하여 기획서의 스토리라인(기획서의 내용이 전개되는 흐름)을 구성한다. 앞서 설명한 것처럼 컴퓨터를 만들겠다는 목표하에 컴퓨터 제작에 필요한 다양한 부품들을 모으고 이를 조립, 배치하는 과정과 같다. 이때 컴퓨터를 구성하는 개별부품들이 기획서에서는 메시지이고, 기술자가 설계도에 따라 부품들을 조립, 배치하는 것처럼 기획자 역시 자신이 의도하는 최종결론에 맞춰 메시지들을 배치하여 기획서를 완성한다. 결국 기획자는 기획사고를 통해 자료, 정보에 근거한 결론(메시지)를 만들고, 이를 이해하기 쉽게 문장으로 구성한 후, 이를 설득력 있는 흐름으로 구성하는 사람이다.

▼ 과 제

1. 자신이 기획서를 직접 작성한다고 생각했을 때 어떤 부분이나 내용이 어렵다고 느끼는 점이 무엇인지 정리해 보라. 가능하면 구체적으로 정리해 보세요.

2. 자신이 작성할 기획서를 생각해 보세요.

1) 기획서를 작성할 주제는 무엇인가요?
2) 해당 주제의 기획서를 작성할 때 자신이 생각하는 결론은 무엇인가요?
3) 결론을 만들기 위해 조사해야 할 또는 수집해야 할 자료로는 어떤 것들이 있는지 정리해보세요. 그리고 그것들을 어디서, 어떻게 구할 것인지도 함께 정리해 보세요.

(2) 결론을 이끌어내는 정보 피라미드

기획사고를 이해하려면 정보피라미드, 즉 정보의 위계질서를 알아야 한다. 정보는 크게 있는 그대로의 '사실', '사실'을 보기 좋고 판단하기 쉽게 정리한 '자료', 자료들을 취합하여 그 안에 담겨진 의미를 찾아낸 '정보', 몇 개의 '정보'들을 통해 찾아낸 최종결론인 '통합정보'다. 결국 기획사고란 '사실'이란 원재료를 가공하여 '자료'를 만들고, '자료'들을 취합하여 '정보'를 만들며, 이들 정보를 종합한 최종결론을 만드는 작업을 말한다.

기획서를 작성한다는 것은 원료인 자료, 정보를 가공하여 의미있는 결론을 만드는 과정이며, 기획사고는 앞선 작업을 이끌어주는 사고패턴이다. 결국 기획사고를 이해한다는 것은 기획서작성방법을 안다는 것이며, 이를 위해서는 사실, 자료, 정보가 무엇이며, 이들이 어떤 과정을 통해 고급정보로 변해가는지 [정보피라미드]를 이해할 필요가 있다. 기획자는 기획사고를 하는 사람이며, 이들은 정보피라미드를 활용하여 결론을 도출하고, 이를 메시지로 전환하여 기획서를 구성한다.

우리가 흔히 자료, 정보라고 부르는 것에는 크게 네 가지가 있다. 사실, 자료, 정보, 통합정보다.

[사실] 정보의 최하단

'사실(Fact)'이란 말은 현상 그 자체를 의미한다. 예를 들어 금요일 밤에 이마트를 갔다. 가족들과 함께 먹을 참치회를 사기 위해서다. 지난 수요일에 이마트에 갔었는데 밤(저녁 9시쯤)에 할인하는 상품이 많았다. 그래서 금요일 밤에 참치회를 사려고 이마트에 갔다. 근데 막상 가보니 참치회가 모두 팔리고 하나도 없었다.

이런 것이 사실이다. 눈에 보이고, 손에 잡을 수 있는 현상. 하나, 둘, 셋으로 덧셈과 뺄셈을 할 수 있고, 누구나 동일하게 평가할 수 있는 현상이다. 우리가 아는 모든 정보는 이와 같은 사실에서 시작한다. 아이가 콜록거리며 기침을 하면 '기침을 한다'는 것은 사실이고, 친구와 점심을 함께 먹는데 친구가 먼 산만 바라보고 있으면 '그 친구가 지금 밥 먹는 데 관심이 별로 없다.'는 것이 사실이다. 사실은 그것을 이해하고 해석하는 방식은 다를 수는 있지만, 사실을 발견한 당시에는 누구나 확인할 수 있는 사항이다.

정보의 단계 이해하기 – 정보의 종류

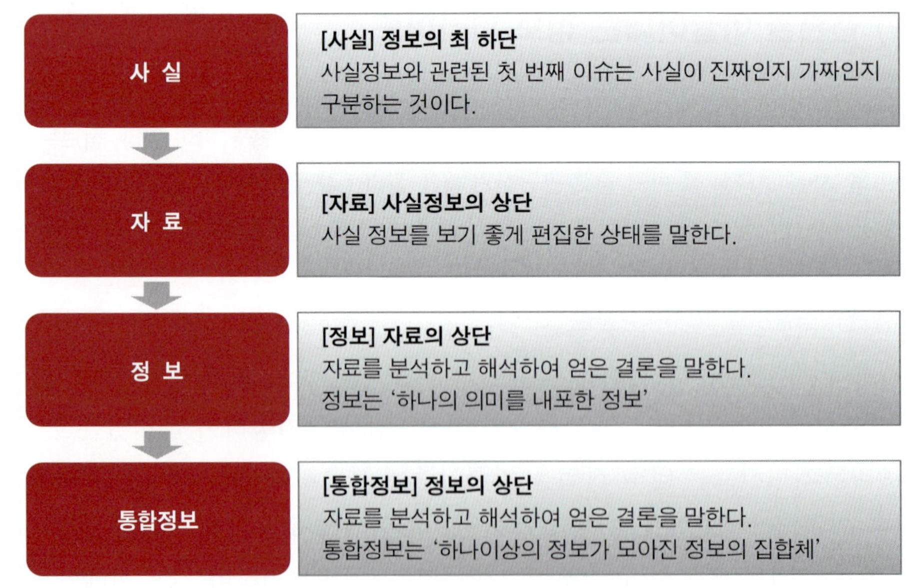

하지만 이런 사실들이 우리에게는 있는 그대로 와닿지 않는다. 인간이 가진 이해능력 때문이다. 눈에 보이고 손에 잡히는 대로 사실을 인정하지 않고 앞에 놓인 사실을 자기식으로 해석하려고 한다. 사실을 무리하게 정보로 만들려고 한다는 점이다. 친구가 약속시간에 늦으면 '늦었다'는 점만 받아들이면 된다. 하지만 우리들은 그가 왜 늦었는지 고민하다가 상황에 따라 싸우기도 하고 배신감도 느낀다. 그러다보니 사실정보를 다룰 때는 몇 가지 주의할 것이 있다.

첫 번째, '사실'이라고 보이는 사항이 실제로 '사실'인지 확인한다.

똑같은 물건, 현상이라고 해도 맨손으로 잡는 것과 장갑을 끼고 잡는것은 느낌이 다르고, 눈앞에 있는 나무도 안경을 끼고 보는 것과 맨눈으로 보는 것이 다르다. 이처럼 상황이 조금만 달라져도 있는 사실 그대로를 느낄 수 없다. 특히 요즘처럼 인터넷, 모바일이 발달한 세상에서는 SNS의 전파력이 문제가 되는 경우가 많다. 누군가 '뭐뭐라고 하더라.'라는 말이 사실여부가 판명되기도 전에 수많은 사람에게 전파되어 정설처럼 사람들 입에 오르내린다. 이런 상황은 내가 보고있는 내용이 사실인지 아닌지 판단하지도 않고 그 내용을 그대로 받아들이기 때문이다.

우리는 내가 직접 눈으로 보고 손으로 만진것은 사실이고, 남을 통해 들은 것은 거짓일수도 있다고 믿는 경향이 있다. 그러나 고객과 직접 만나서 면담한 정보 중에 얼마나 많은 내용이 사실일까? 실제 시장조사결과와 그 결과에 근거하여 개발한 상품의 판매결과를 비교하면 바로 눈앞에서 묻고들은 이야기조차도 사실이 아닌 경우가 많다. 따라서 사실여부를 확인하려면 한 쪽의 이야기만 들어서는 안 된다. 내가 알고있는 내용과 반대되는 의견이나 사실정보는 없는지 확인해 봐야 한다. '사실'은 기획자가 판단하고, 평가해야 할 모든 정보의 가장 기본적인 자료다. 제 아무리 멋진해석과 결론을 내려도 그것을 뒷받침할 사실이 잘못되었다면 결론은 모두 거짓이다.

두 번째는 인간의 해석능력이 사실을 바라보는 데 방해가 된다.

앞서 말한 것처럼 인간은 눈앞에 보이는 사실을 해석할 능력을 갖고 있다. 대단한 능력이지만 이것이 사실을 왜곡하는 경우가 많다. 간단한 예로 하루는 영선이가 친구인 현소에게 전화를 했다. 현소는 영선이가 "나야"하자마자 전화를 끊었다. 영선이는 그 상황을 옆에 있는 나에게 이렇게 말했다. "현소가 내 전화를 받자마자 끊어버렸어. 현소는 내 전화가 받기싫은가봐." 내가 이런 말을 들었다면 나는 영선에게 뭐라고 얘기했을까? 평소 현소에게 좋은 감정을 갖고 있었다면 아마도 이렇게 말할 수 있다. "현소가 지금 무슨 사정이 있거나 전화받을 수 없는 이유가 없겠지. 조금있다가 다시 해봐." 하지만 평소 내가 현소에게 별로 안 좋은 감정이 있었다면 아마도 "걔. 원래 그래. 얘가 싸가지가 없어서…"

기업에서도 마케팅활동이나 정책결정을 할 때는 반드시 시장과 소비자, 또 경쟁자에 대한 사실자료가 필요하다. 그러나 내가 원하는 사실자료를 구하는 게 쉽지 않다. 그러다 보니 제한된 자료에 근거하여 의사결정을 하게되며, 이때 단편적인 사실에 근거하여 현실과 다른 의사결정을 할 수도 있다. 물론 고객의 움직임, 그것도 미세한 움직임을 파악하는 것은 매우 중요하다. 요즘처럼 틈새시장을 겨냥한 상품이 필요한 시기에는 미약하지만 기미를 찾을 수 있는 정보가 무척 필요하다. 하지만 이런 경우에도 어디까지가 사실이고, 어디까지가 보고자의 짐작 또는 해석인지 구분하는 것이 필요하다. 그렇지 않으면 사실과 의견이 뒤섞여 모든 것이 사실처럼 보일 수도 있다. 특히 목소리 큰 사람이 이기는 상황에서는 작은 것도 과장하면 그것이 사실처럼 다가오고, 이때 기업은 큰 손실을 입는다.

고속도로에서 달리는 고속버스의 속도가 떨어진 것은

앞에서 교통사고 났기 때문이다.

위 문장에서 사실은 무엇이고, 의견은 무엇인가?

[자료] 사실의 상단

자료는 사실보다 한 단계 위의 정보다. 사실은 현상하나를 설명한 것이기에 그것으로 전체적인 방향성이나 흐름을 설명하긴 어렵다. 예를 들어 매장을 둘러보고 사람을 만나보면서 정리한 자료들은 개별적으로는 의미있는 내용이다. 하지만 그것들은 당시 상황만을 설명할 뿐이지 그것과 관련된 다른 것을 예측할 수는 없다. 따라서 해당 상황의 전체적인 흐름을 파악하려면 그날 발견한 사실들을 모두 정리하여 내용흐름을 파악해야 한다. 이처럼 사실들을 정리하여 전체흐름을 보다 쉽게 판단하도록 만든 것이 자료다. 우리가 흔히 신문에서 보는 '한국인의 의식주 생활조사자료', 선거때마다 나타나는 '한국민이 정당지지율 자료' 등이다. 한 사람 한사람에게 물어본 결과들을 한 눈에 알아보도록 수치로 환산한 자료다. 이런 자료들의 목적은 특정현상을 일목요연하게 보여주는 것이고, 그것을 어떻게 정리하느냐에 따라 자료의 가치가 달라진다. 예를 들어 정량적 자료(숫자로 나타낼 수 있는 자료)라면 숫자를 기초로 한 표나 그래프로 표현하는 것이 좋고, 정성적 자료(숫자가 아닌 의미상의 구분자료)라면 도형 또는 그림이 좋다. 어떤 사람은 글보다는 표, 표보다는 그림이 이해하기 좋다고 하지만 필자경험으로는 그림만 있는 것보다는 이를 설명해 주는 것이 좋다. 설명글이 없으면 표나 그래프를 보는 사람들이 각자 다른 해석을 할 수 있다.

자료의 표현방법

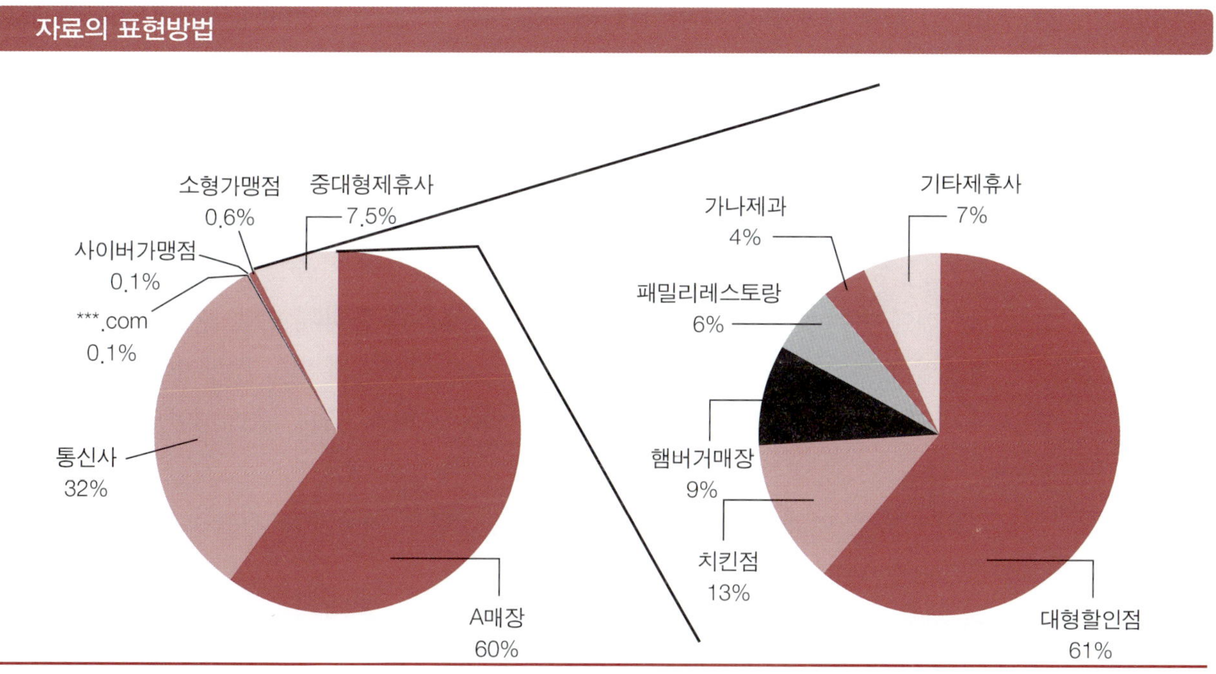

[정보 & 통합정보] 자료의 위단

자료의 상위정보는 정보와 통합정보다. 흔히 영어로 Information이라고 표현하는 데 둘다 자료를 분석하고 해석하여 얻은 정보다. 우리가 평소 보고, 듣고, 느낀것들을 표현하는 방식이 대부분 정보수준의 말이다. '어제 학교에 갔는데 교수님들이 무슨 급한 일이 생겼는지 바쁘시더라' '스마트폰 가격이 9월이 되면 내릴 것 같아.' '땀을 많이 흘리는 여름에는 수박이 좋다며…' 무심코 하는 말이지만 이 말을 하는 사람은 이와 관련된 사실과 자료를 종합해서 내린 결론이다.

하지만 정보라고해서 모두 같은 것은 아니다. 사실과 자료를 통해 얻은 정보는 한 단계의 정보로 끝나지 않는다. 정보들을 모아 상위정보를 만들 수 있고, 그 정보들을 모아 또 다른 결론을 내릴 수도 있으며, 이와 같은 결론들을 종합하여 완전히 새로운 결론을 만들기도 한다. 이런 상황에서 자료를 정리하여 만든 정보들을 단순히 '정보(Information)'라고 정의하기에는 한계가 있고, 실제 기획서를 작성할 때도 내용구성에 어려움이 있다.

따라서 '정보'라는 용어는 기획자가 자신이 필요한 만큼 다양하게 정의할 필요가 있다. 다만 정보를 너무 자세히 분류하면 이를 다루는 데에 어려움이 있어 이를 크게 두 개 정도로 나누면 좋을 것같다. 즉 '사실과 자료를 통해 하나의 결론만을 내포한 정보'와 '앞선 정보들을 모아서 이들을 종합하여 새로운 내용을 만든 정보의 상위개념인 통합정보'다. 정보는 사실과 자료에서 얻어낸 평면적이고 단편적인 의미를 담은 해석이고, 통합정보는 앞선 정보들을 취합하여 이들이 담고 있는 내용을 함축한 의미를 담고 있는 입체적인 정보다. 강성호(모든 비즈니스는 기획이다. 비즈니스맵, 2013.)는 이를 'Information'과 'Intelligence'로 구분한다. 특히 통합정보는 경영자가 의 결정할 때 주로 활용하는 정보로, '의사결정정보'라고 표현해도 좋다. 예를 들면 '기업의 지출을 강화해서 내수를 활성화시키는 데에는 한계가 있으므로 소비자 지갑자체를 두툼하게 만들 경제정책이 필요하다.' '제조업 중심의 수출만으로는 고용률을 높이기 어렵기에 외국인 투자와 관련된 규제를 풀어 국민이 경기활성화를 직접 체험할 수 있는 서비스산업을 육성해야 한다.'와 같은 정보들이다.

예를 들어 보자. 아래 표는 어떤 회사의 월별, 상품별 매출자료(데이터)다.

상반기 상품의 매출 동향

구 분	A제품	B제품	C제품	합 계
1월	850	400	100	1,350
2월	850	450	95	1,395
3월	900	500	90	1,490
5월	850	550	80	1,480
6월	850	600	75	1,525
합 계	5,100	3,000	525	8,625

상기 자료를 통해 우리는 어떤 정보, 결론을 얻을 수 있을까? 몇 개 안 되는 수치이지만 이 표를 어떻게 해석하느냐에 따라 매우 다양한 정보들을 얻을 수 있다. 예를 들면 다음과 같다.

A제품은 전체매출의 60% 수준이며 매출 기여도가 가장 높다.
A제품의 매출은 일정한 수준으로 유지된다.
B제품은 매월 10% 정도의 매출 증가세를 보이고 있다.
B제품의 매출 비중이 연초 30%에서 40%로 성장했다.
C제품은 매월 5% 정도 매출이 하락하고 있다.
전체매출은 연초 대비 10% 이상의 상승세를 보이고 있다.

물론 이외에도 자료를 보는 시각에 따라 더 많은 정보를 얻어낼 수 있다. 하지만 자료의 용도는 여기서 끝나는 것이 아니다. 앞서 정의한 정보들을 다시 한 번 정리하여 경영자가 의사결정에 활용할 수 있는 정보의 한 단계위인 통합정보를 얻어낼 수 있다. 예를 들면 이런 것들이다.

높은 신장률을 보이고 있는 B제품의 매출확대를 위해 C제품의 영업인력을 전환한다. C제품은 하반기 내 사업철수를 하고 B제품 매출확대에 주력한다. 성장이 부진한 A제품을 위한 프로모션을 확대한다.

기획서는 자신의 결론을 상대방에게 전달하고 설득하기 위한 보고서다. 따라서 기획자는 사실과 자료를 분석하여 정보를 만들고, 이를 활용한 통합정보까지 이끌어 내야 한다. 다양한 자료와 정보들은 이를 도출하기 위한 도구다. 그러나 결론이 아무리 중요해도 자료나 정보를 도외시해서는 안 된다. 결론을 주장하려면 그것을 도출한 사실, 자료, 정보도 함께 제시해야 한다. 기획서는 결론과 함께 결론을 도출해낸 사실, 자료, 정보들을 상대방이 보기쉽고, 이해하기 편하도록 배치한 보고서다. 정보피라미드를 이해한다는 것은 기획에서 다뤄야 할 정보가 무엇들이며, 이들이 상호간에 어떤 관계를 맺고있는지 안다는 의미다. 사실을 자료로, 자료를 정보로, 다시 정보를 통합정보로 전환시키면서 의사결정에 필요한 최종적인 통합정보를 만들어 내는 것이다.

▼ 과 제

1. 정보피라미드를 구성하는 4개의 요소를 설명해 주세요. 그리고 정보피라미드의 개별단위 요소들을 사례와 함께 설명해 주세요.

2. 정보피라미드의 결론에 가장 큰 영향을 주는 것은 '사실'이라고 설명했습니다. 오늘 하루 동안 주위사람들에게 들은 말들을 정리해 보고, 이들을 사실과 정보로 구분해 주세요.

(3) 정보피라미드와 기획서 구조

기획서의 페이지 구성원칙은 하나의 페이지에 사실, 자료, 정보, 통합정보가 들어가야 한다는 것이다. 사실은 이미 정보에 담겨져 있기에 따로 정리할 필요는 없지만 상기된 세 개의 요소는 반드시 필요하다. 따라서 기획사고를 통해 사실을 자료화시키고, 이를 기반으로 정보를 만들어 낸 다음, 이들을 통합한 최종적인 통합정보를 만들어 냈다면 기획서 한 페이지를 표현할 내용을 모두 확보한 셈이다.

그렇다면 기획서와 정보피라미드 구조는 어떤 관계를 맺고 있을까?

기획서를 처음 쓰는 사람은 물론이고, 오랜 시간동안 기획서를 작성한 사람도 파워포인트의 빈 페이지를 보면 무슨 내용을 써야 할지 몰라 고민스럽다는 말을 자주한다. 필자도 기획서를 처음 쓸 때 이런 문제로 고민을 많이 했다. 전체내용은 알겠는데 이를 개별 페이지에 어떻게 정리해야 하는지 난감할 때가 많았다. 하지만 정보피라미드를 이해하면 한 페이지에 어떤 내용을 어떤 식으로 작성하면 되는지 쉽게 파악할 수 있다.

파워포인트의 한 페이지는 하나의 결론을 담고 있는 페이지다. 앞서 설명한 통합정보가 파워포인트 한 장을 대표하는 핵심내용이다. 따라서 파워포인트 기획서의 한 페이지는 결론과 그 결론을 지지하고 증명할 정보와 자료가 함께 들어간 완결페이지이며, 서론, 본론, 결론이 들어간 하나의 이야기 페이지다.

[참고] 파워포인트 기획안의 한 페이지 구조

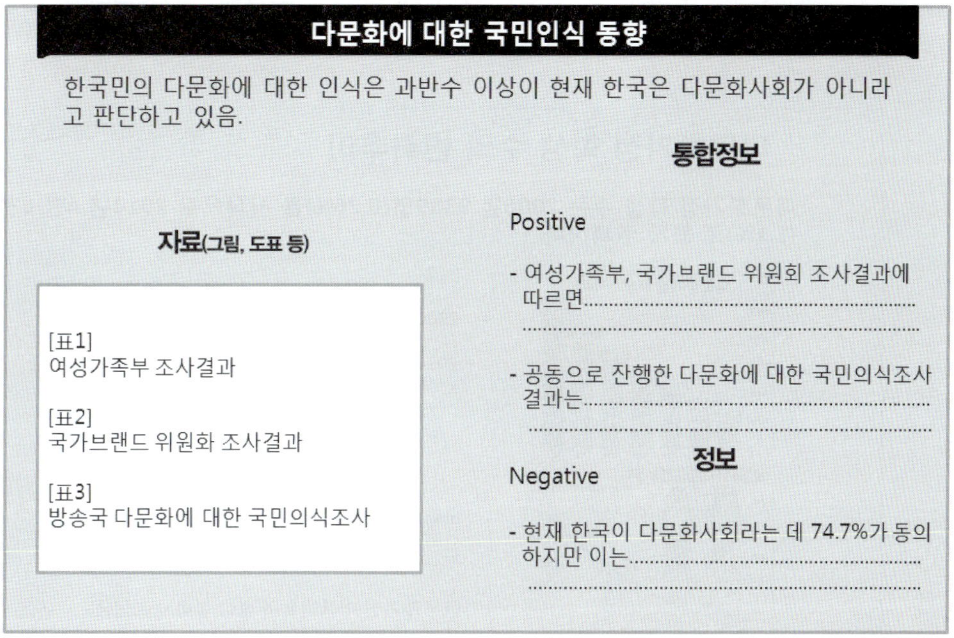

다문화에 대한 국민인식 동향

한국민의 다문화에 대한 인식은 과반수 이상이 현재 한국은 다문화사회가 아니라고 판단하고 있음.

통합정보

자료(그림, 도표 등)

[표1]
여성가족부 조사결과

[표2]
국가브랜드 위원화 조사결과

[표3]
방송국 다문화에 대한 국민의식조사

Positive

- 여성가족부, 국가브랜드 위원회 조사결과에 따르면..

- 공동으로 잔행한 다문화에 대한 국민의식조사 결과는..

정보

Negative

- 현재 한국이 다문화사회라는 데 74.7%가 동의하지만 이는..

상기 파워포인트 기획서의 한 페이지는 파워포인트의 일반적인 표현양식이다. 사실을 일목요연하게 숫자나 도표로 정리한 자료가 왼쪽하단에 들어있고, 이 자료에서 찾아낸 정보들을 오른쪽에서 설명하고 있으며, 이 정보들이 모여 만들어낸 통합정보를 페이지 상단에 헤드라인처럼 써 놓았다.

하지만 학생들이 기획서를 작성할 때는 이와 반대 순으로 작성하는 경우가 많다. 사람들이 책을 보거나 글을 읽을때는 눈이 위에서 아래로 내려가고, 또 서론, 본론, 결론식으로 이해하니 기획서도 자료를 맨 위에 쓰고, 그 자료에서 얻은 정보를 그 다음에 쓰고, 맨 아래에 통합정보를 써야 한다는 입장이다. 글을 쓰는 것 같은 방식의 표현이다.

하지만 기획서는 조금 다르다. 기획서는 해당 페이지에서 가장 중요한 것, 즉 결론을 먼저 보여줘야 한다. 마치 신문기사에서 헤드라인을 맨 위에 쓰는 것처럼 기획서에서도 가장 중요한 결론을 상단에 써야 한다. 그래서 기획서를 읽는 사람이 자연스럽게 파워포인트 한 페이지에 담긴 내용 중 가장 위에 있는 결론(통합정보)을 보고, 그 결론이 어떻게 도출되었는지 아래 오른쪽의 정보들을 본 다음. 그 내용의 근거인 왼쪽편의 자료를 보도록 구성해야 한다. 만약 상단에 작성한 결론이 만족스럽다면, 또 그 결론이 평소 자신이 알고 있던 내용이라면 당연히 아래 부분은 생략하고 다음 페이지로 넘어갈 것이다. 기획서를 읽는 사람에게 중요한 것은 결론이지 그 결론은 도출한 세부자료는 아니다.

이와 같은 구조로 만들어진 사례를 보자.

다문화가정 학생 수의 변화추이

다문화가정 학생 수는 2006년 9389명(0.26%)을 시작으로 2014년 4만 6천명 (1.1%)로 증가 추세이다.

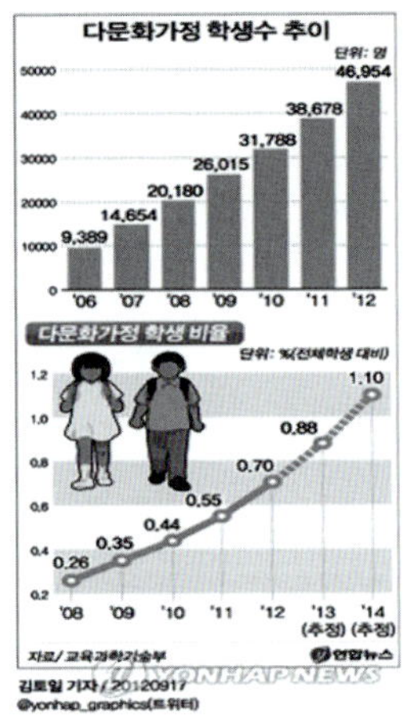

- 2006년도 9389명을 시작으로 2008년도에는2만명을 넘어섰고
- 2010년에는3만명, 2012년도에는4만6천명을 넘음으로써 다문화 가정 학생이 점점 늘어가고 있음.

- 비율로 따져보면 전체학생대비 2008년도 0.26%였으나 2012년 0.7%, 2014년도에는 1.10%를 넘어설 것으로 추정되고 있다.
- 다문화 가정 학생비율이 점점 높아지고 있음.

• 자료원 : 〈다문화가정에 대한 국민인식개선과 사회참여율 증대를 위한 대국민 홍보방안〉, 최소희 · 정한솔, ○○대학교, 2013

스마트폰의 보급율과 중독성

스마트폰의 휴대성 및 편리성이 가중되고 보급률 또한 세계 1위를 차지함에 따라 그에 따른 중독성의 심각성 또한 위험수위를 넘어서고 있다.

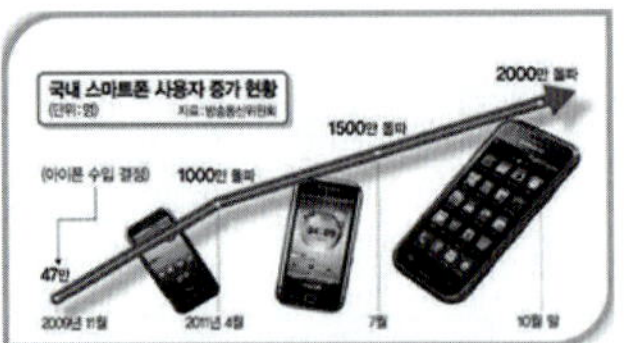

- 한국의 스마트폰 보급률은 인구대비 67.6%로 세계 1위를 차지
- 한국은 3G/4G LTE 등 전국망이 빠른 속도로 구축이 되면서 이용자가 급증한 것이 스마트폰 보급률 1위를 차위한 이유

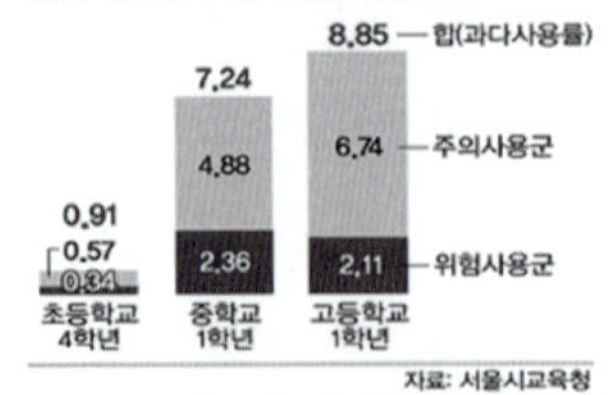

- 서울시 교육청에서 전국 초·중·고생 1304개교 30만239명을 상대로 인터넷과 스마트폰 이용습관을 조사한 결과를 발표
- 이중 4585명(1.81%)은 '위험사용자'로 스마트폰 중독으로 인해 일상생활에서 심각한 장애를 겪고 있는 것

• 자료원 : 〈합리적인 스마트폰 사용을 위한 스마트폰 중독방지 어플리케이션 개발기획서〉,정재헌, ○○대학교, 2014

▼ 과 제

1. 자신이 준비 중인 기획서를 상기된 샘플을 참조하여 한 페이지를 만들어 보세요.

 1) 자신이 주장하는 결론을 먼저 쓴다
 2) 그 결론을 도출하게 된 정보들을 작성한다.
 3) 상기 2)번의 정보가 만들어진 자료들을 정리한다.

---

2 기획서는 메시지들의 총합본

(1) 메시지의 정의와 종류

기획서는 기획사고를 통해 만들어진 메시지들의 종합본으로, 이들을 인과관계구조에 따라 연결하고, 앞선 메시지들을 입증할 수 있는 자료를 첨부한 것이다. 메시지는 기획서에 들어갈 내용이기에 기획서 작성법을 이해하려면 메시지에 대한 지식이 필요하다. 메시지는 크게 근거메시지, 결론메시지, 핵심메시지로 나눌 수 있다. 근거메시지는 정보피라미드의 '정보'와, 결론메시지는 정보피라미드의 '통합정보'와 동일한 위상을 가지며, 핵심메시지는 앞선 통합정보들의 최종결론이다.

기획서를 이해하려면 메시지를 이해해야 한다. 기획서는 메시지를 일정한 순서에 따라 연결한 종합본이다. 특히 앞선 기획서 작성단계를 보면, 기획서 작성의 시작은 '해당 주제의 탐색조사'를 통해 '메시지'를 구성하는 것에서 시작한다. 따라서 메시지의 종류와 구성방법을 이해하면 기획서 구성방법을 이해한 것과 같다.

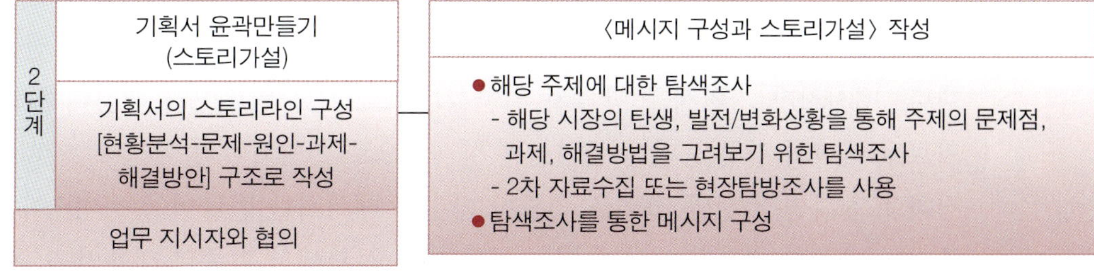

정보피라미드와 메시지 간의 관계를 살펴보면 다음과 같다.

첫째, 메시지는 기획서를 작성하기 위한 소재다.

앞서 설명한 것처럼 정보피라미드는 사실, 자료, 정보, 통합정보가 있고, 기획자가 주장하려는 결론은 사실, 자료에서 얻은 정보(정보, 통합정보)다. 기획서는 사실과 자료에서 얻은 결론들을 보다 큰 결론을 구성하기 위해 앞뒤 좌우로 연결시켜 논리적으로 표현한 것이다. '학교에 가기 싫다'는 큰 결론을 구성하려면 '오늘은 날이 춥다.' '오늘은 재미없는 수업만 있다.' '어제 술을 마셨더니 몸이 피곤하다'는 작은 결론들을 구성하고, 앞선 작은 결론들을 입증할 수 있는 근거자료를 첨부하는 방식이다.

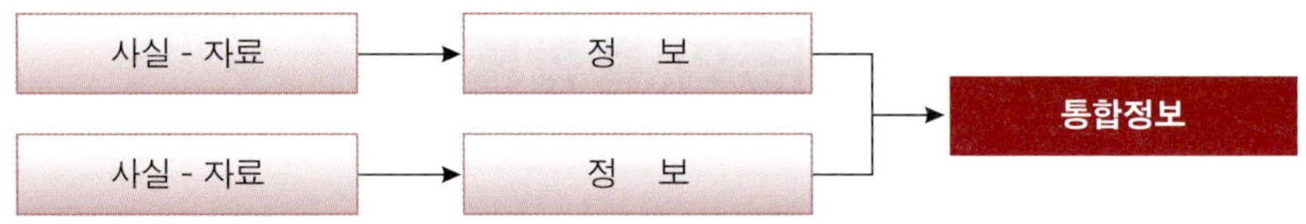

예를 들어 보자. 기획서의 최종결론은 대개 다음과 같은 수준의 내용이다. '인구구조 상 고령화가 가속화되고 있으니 사회안전망을 강화해야 한다.' '여성의 사회진출이 가속화됨으로써 출산율이 낮아지니 이를 위한 출산장려정책이 필요하다.' '현재와 같은 대학구조로는 신입생 모집에 한계가 있으니 대학구조개편을 통한 대학특성화를 서둘러야 한다.'등으로 사실과 자료를 통해 얻어낸 정보들이 서로 연결되어 한 문장의 결론을 만든다. 여기서 '인구구조 상 고령화가 가속' '여성의 사회진출 가속화' '신입생모집의 한계'와 같은 내용들은 독립적으로도 사용할 수 있는 결론이다. 하지만 이들은 뒤에 연결된 문장, 즉 '사회 안정망을 강화' '출산장려정책의 필요' '대학구조개편을 통한 대학특성화'를 입증하기 위한 작은 결론들이며 큰 결론을 도출한 근거메시지이기도 하다.

따라서 기획자가 안정적으로 기획서를 작성하려면 사실, 자료를 통해 가능한 한 많은 메시지를 만들어 내야한다. 자신의 생각을 표현한 메시지들을 다양하게 확보했다면 기획서 내용도 알차게 구성할 수 있지만 그렇지 않은 경우에는 기획서를 작성하기가 무척 어려워진다. 기획서의 빈 종이에 한두 마디 문장을 작성하곤 더 이상 빈 칸을 채우지도 못한다. 메시지가 기획서를 만들기 위한 기본소재이고 원료이기 때문이다. 게다가 하나의 자료로 하나의 결론을 만든 문장들은 상대적으로 설명력이 떨어진다. 기획자가 뭔가를 주장하고 싶다면 자신의 결론을 입증할 다수의 메시지를 만들어야 하며, 이를 통해 자신의 주장이 단순한 생각이 아니라 이미 여러 가지 상황에서 입증된 내용임을 보여줘야 한다.

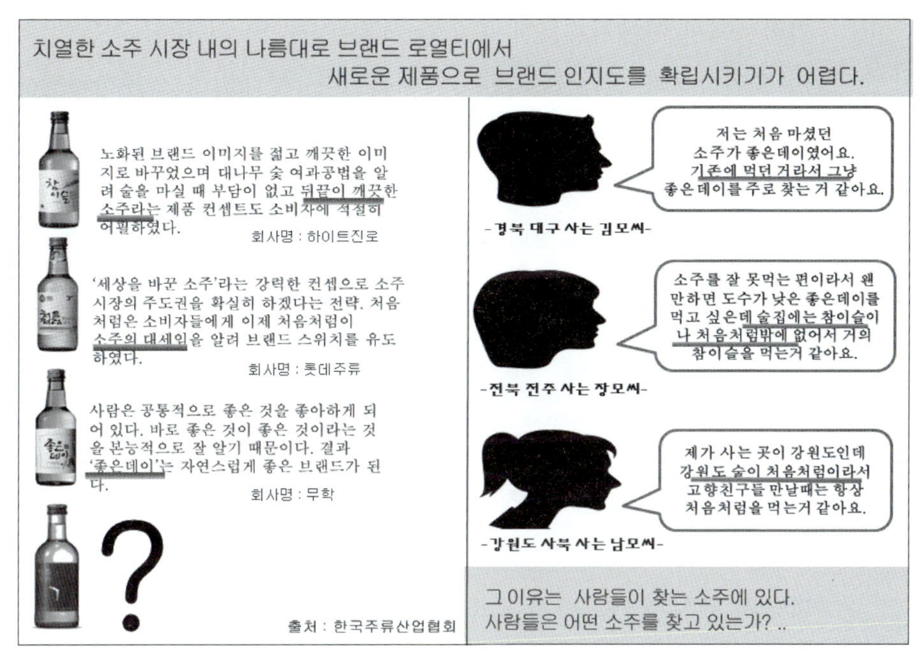

• 자료원 : 〈'아홉시 반' 브랜드 인지도 제고 및 충성고객 확보방안〉, 박영선, ○○대학교, 2015

위의 사례를 보면 박영선이 주장하는 결론은 '치열한 소주시장에서 새로운 소주는 브랜드 충성도를 얻기 어려운데 이는 사람들이 어떤 이유로 인해 소주 브랜드에 대한 충성도를 갖고 있기 때문이다.'이다. 그리고 이를 주장하기 위해 다양한 소주들이 주장하는 브랜드 컨셉과 소주를 마셔본 경험자들이 가진 소주 브랜드에 대한 경험사례들을 사용했다. 박영선이 페이지에서 하나의 소주와 한 명의 소주 음용자만을 근거로 사용했다면 아마도 결론메시지의 설득력이 떨어졌을 것이고, 해당 페이지의 내용도 빈약했을 것이다. 물론 위 내용이 메시지들을 인과관계구도로 연결한 것은 아니다. 개별적인 소주 브랜드의 평가정보와 소주 음용자들의 태도사실에서 하나의 결론을 만들어 낸 것이다. 하지만 이 페이지를 통해 알 수 있는 것은 큰 결론을 입증하기 위해서는 작은 결론사례들이 많을수록 큰 결론에 대한 신뢰성도 함께 높아진다는 점이다.

둘째, 기획서는 메시지의 합이며, 이들이 모여 기획서의 스토리라인을 구성한다.

기획서의 스토리라인은 기획자가 주장하는 결론(메시지)들을 일정한 순서로 배치한 것이다. 어떤 메시지로 기획서를 시작하여 어떤 내용으로 끝을 맺을지에 대한 이야기 흐름이다. 우리가 아는 기승전결, 서론. 본론. 결론과 같은 글쓰기 방식도 글쓰기의 스토리라인을 구성하기 위한 하나의 패턴이다.

기획서에서 이야기흐름이 중요한 이유는 기획서의 주된 역할이 기획자의 주장을 상대방이 승인하도록 설득하는 것이기 때문이다. 상대방을 설득하려면 내용흐름이 논리적으로 전개되어야 하며(앞말과 뒷말이 연관성을 갖고 있어야 하며), 이해하기 쉽고 기획자와 기획서를 보는 사람이 서로 공감대를 형성할 수 있도록 구성해야 한다. 기획서의 스토리라인은 이와 같은 목적을 달성하기 위해 다양한 메시지들을 의미있게 연결하여 만든 것이다. 따라서 스토리라인을 구성할 때 중요한 것은 스토리라인 전체의 일관된 흐름이며, 스토리텔링의 5단계 구성방법을 활용하는 것이 좋다.

> **발단–전개–절정–반전–대단원 또는**
> **현상인식–문제발견–과제설정–목표설정–전략도출–구체적인 실행방안**

다음의 메시지들을 연결해 보라. 어떤 방식으로 연결하는지 간에 전체문장은 만들어진다. 다만 메시지들의 순서를 어떻게 설정하느냐에 따라 전체문장이 주장하는 결론은 달라질 수 있다.

1. 길을 가다 휴대폰 대리점에서 다양한 스마트폰들을 봤다.
2. 화면이 큰 스마트폰들이 멋져 보였다.
3. 내 스마트폰은 화면이 작다.
4. 스마트폰으로 이메일같은 것을 볼 때 글씨가 작아 불편하다.
5. 삼성이 하반기에 신제품을 출시한다고 한다.
6. 화면이 큰 스마트폰은 비싸다.
7. 신제품이 나오면 구형제품의 출고가는 떨어진다.
8. 스마트폰 가격이 컴퓨터 가격과 맞먹다니…
9. 좋은 스마트폰을 구입해도 탑재된 기능의 절반도 못 쓴다.
10. 나는 그저 인터넷하고 문자보내고 전화받는 게 전부다.
11. 내 친구가 큰 스마트폰을 샀다고 전화했다.
12. 매년 새로운 제품이 나올 때마다 구형이 되는 스마트폰
13. 요즘은 값싼 중국제 스마트폰이 잘 팔린다고 한다.
14. 모든 사람이 다 갖고 있는 스마트폰, 이젠 자랑거리도 안 된다.

상기된 메시지들을 연결시킬 때 한 가지 유의할 점이 있다. 처음부터 별 생각없이 메시지들을 연결시키면 결론이 애매해진다. 어떤 식으로 연결하든지 문장은 만들어지지만 중요한 것은 자신이 주장하는 결론을 이끌어내도록 배열해야 한다는 점이다. 따라서 상기된 메시지들을 연결할 때는 메시지들을 처음부터 끝까지 읽어 본 후 자신이 주장하고 싶은 핵심결론을 결정하고 메시지들을 연결시키는 것이 좋다. 이때 전체적인 내용흐름도 자연스러워진다.

메시지를 구성할 때 필요한 지식은 메시지의 종류다.

그럼 메시지를 어떻게 구성하는 것이 바람직할까? 이 의문을 해결하려면 메시지의 종류를 이해할 필요가 있다. 사실, 정보에서 얻은 결론은 모두 메시지이지만 이들이 모두 동일한 역할을 담당하는 것은 아니다. 메시지도 정보피라미드처럼 등급에 따라 역할이 다르다. 하나의 의미만을 담은 메시지가 가장 단순한 메시지이고, 두 개 이상의 메시지를 통합하여 만든 새로운 의미의 메시지가 중간급의 메시지이며, 앞선 메시지들이 전달하고자 한 의미들을 결론지은 메시지가 가장 중요한 메시지다. 블록쌓기에서 개별블록들도 완성된 하나의 상품이지만 보다 중요한 것은 이들을 연결하여 새로운 완성품을 만드는 것과 같다.

기획서에서는 세 가지 종류의 메시지를 사용한다.

메시지의 종류	
핵심메시지	이는 기획서의 전체적인 결론, 주장, 의미를 말한다. 마케팅기획서에서는 흔히 '컨셉'으로 표현한다. 컨셉은 '과제를 해결하기 위한 전략을 남들이 쉽게 이해할 수 있도록 한마디로 정의한 것'이다. 이것을 보면 '기획자가 원하는 것이 이런 것이구나'라고 이해할 수 있도록 기획서의 전체내용을 표현한 문장이다.
결론메시지	핵심메시지를 만들기 위한 설명메시지로, 개별적인 상황에 대해 결론짓거나 주장한 메시지를 말한다. 핵심메시지는 이와 같은 결론메시지들의 내용과 의미를 통합한 최종메시지다. 결론메시지들은 현상을 인식하는 시장조사부분, 문제도출부분, 과제설정부분, 전략을 구성하는 부분, 또 세부내용의 다양한 방안 설정부분에도 들어 있다. 특히 결론메시지는 한글 기획서에서 한 단락을 나누는 메시지이며, 파워포인트 기획서에서는 한 장을 이끄는 대표 메시지이다.
근거메시지	결론메시지를 구체적으로 설명한 메시지로 결론에 대한 근거내용이다. 예를 들어, '10년 간 지속적으로 성장했다.'는 결론메시지에 대한 근거메시지는 앞선 내용을 입증할 수 있는 구체적인 증거내용들로 객관적인 사실과 자료로 입증, 표현할 수 있는 수준의 메시지들이다. 따라서 근거메시지에는 항상 근거자료가 함께 있어야 한다.

[핵심메시지]는 기획서에서 전달하려는 최종결론이다.

대부분의 글에는 하나의 결론, 핵심메시지가 존재한다. 소설이나 드라마에서도 다양한 에피소드와 사건들이 담겨 있지만 저자가 독자에게 주고자 하는 결론은 하나다. 예를 들어, '사랑은 영원하다.' '모든 결과는 스스로 만든 것이다.' '세상에 우연이란 없다. 단지 필연이 우연처럼 보일 뿐이다.' 등으로 글을 읽고 나면 머리속에 남는 저자의 결론이다. 핵심메시지는 기획서에도 존재하는데, '이런 문제를 해결하려면 이렇게 해야한다'는 '이렇게'에 해당하는 내용이다. 이는 기획서 내용의 핵심이자 기획자가 전달하려는 최종결론으로 누가 봐도 '아…그렇구나!'라고 동의하도록 만들어야 한다. 따라서 기획자가 고민해야 할 사항은 자신이 가진 메시지들의 배치문제다. 하위메시지들을 논리적으로 연결하여 핵심메시지의 당위성을 설명할 수 있어야 한다. 여러 가지 문장, 즉 다양한 메시지들이 모두 자기가 결론임을 주장하면 이를 보는 사람은 이런 질문을 하게 된다. "그래서 뭐 어쩌라고…." 기획자는 기획사고를 통해 결론(메시지)을 도출하고, 이들을 자기주장을 전달할 수 있도록 연결하는 사람이라는 점을 다시 한 번 상기할 필요가 있다. 기획자의 논지는 메시지의 연결방법에 따라 긍정도 되고 부정이 되기도 한다.

[결론메시지]

결론메시지는 핵심메시지를 도출하기 위한 큰 메시지다. 기획자는 사실, 자료들을 분석하여 만들어낸 작은 메시지들을 연결시켜 새로운 메시지인 결론메시지를 만들어낸다. 예를 들어 '오늘 비가 오고 있다.' '일기예보는 내일도 비가 온다고 한다.' '오늘 내리는 비는 전국적으로 오는 비다.'라는 사실, 자료를 취합한 정보가 작은 메시지라면, 이를 통합한 결론메시지는 '지금은 장마철이기에 전국적으로 비가 자주 내린다.'고 표현할 수 있다. 기획자는 이와 같은 몇 개의 결론메시지를 합쳐 '따라서 본사의 영업정책은 장마철에 지친 소비자들을 위한….을 해야 합니다"라는 핵심메시지를 만들 수 있다.

결론메시지는 기획서의 모든 부분에 들어있으며, 기획서의 페이지나 단락을 나누는 기준이기도하다. 한글 기획서라면 내용의 단락을 나누는 기준메시지이고, 파워포인트 기획서에서는 한 페이지의 내용을 결정하는 메시지다. 결론메시지들을 잘 연결한 기획서는 일관된 내용을 상대방에게 전달하지만 그렇지 않은 기획서는 내용을 이해하는 데 어려움을 준다. 결론메시지가 기획서 스토리라인의 뼈대이기 때문이다.

[근거메시지]

근거메시지는 사실, 정보를 설명하거나 요약해서 만든 것으로, 결론메시지가 만들어진 배경이나 이유를 설명하는 메시지이다. 만약 결론메시지가 '전국적으로 비가 온다.'는 내용이라면 이를 입증하기 위해 전국단위로 비가 온다는 근거메시지들이 필요하다. '현재 서울에 비가 온다.' '경기 및 충청도 지역에도 비가 오고, 제주도에도 비가 온다.'와 같은 메시지다. 이는 사실, 자료를 해석하거나 여러 가지 자료들을 통합하여 만든 작은 결론이며, 이를 입증할 수 있는 근거자료를 함께 첨부한다. 기획서를 보는 사람들은 근거메시지와 증거자료를 함께 보며 근거메시지의 사실여부를 확인할 수 있다.

잊지말것은 기획자들이 기획서 한 페이지에 근거자료만 첨부하는 경우가 있는데 이는 바람직한 자세가 아니다. 근거자료들은 대부분 하나의 사실, 정보만 보여주지 않는다. 도표 하나만 봐도 다양한 수치들이 들어있고, 하나의 결론을 전달하는 신문기사도 이를 주장하기 위한 수식어들이 앞뒤로 붙어 있다. 도표만 첨부하면 사람들은 이들 수치들이 무엇을 의미하는지, 많은 수치들 중 어떤 것을 중요시 하는 지 알 길이 없다. 따라서 근거메시지에는 언제나 이를 증명하는 근거자료가 필요한 것처럼 근거자료 역시 언제나 이를 설명하는 근거메시지를 함께 첨부해야 한다.

참고로 메시지의 종류와 정보피라미드 구조를 함께 살펴보면 메시지와 정보피라미드가 같은 내용을 의미한다는 것을 알 수 있다. 메시지는 정보피라미드로 구성된 결론을 문장화한 것이다.

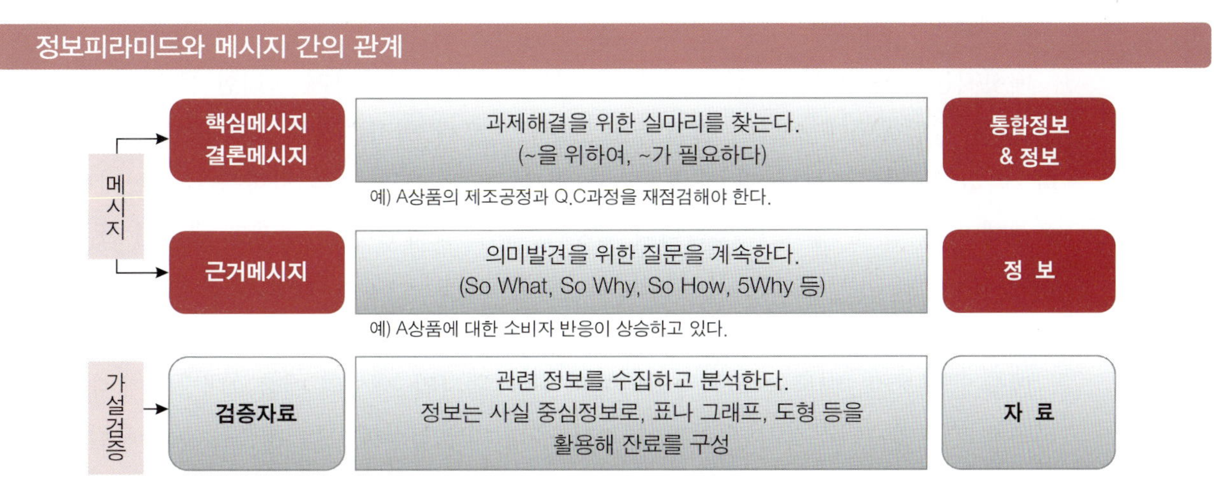

▼ 과 제

1. 기획서에서 사용하는 메시지 종류를 예를 들어 설명해 주세요.

2. 메시지와 정보피라미드의 공통점과 차이점을 설명해 주세요.

(2) 메시지의 특징과 기획서구성법

기획서는, 앞선 정보피라미드와 마찬가지로, 'One Page & One Message'의 구성이며, 기획서 한 페이지(한글 기획서는 한 단락)에는 해당 페이지에서 기획자가 주장하고자 하는 '결론메시지'와 앞선 결론메시지를 설명한 '근거메시지', 근거메시지를 입증할 수 있는 '근거자료'가 들어간다. 그리고 개별페이지를 대표하는 결론메시지들을 통합한 것이 '핵심메시지'다. 결국 기획사고를 통해 사실을 취합하여 자료를 만들고, 자료를 모아 정보와 통합정보를 만든 후 이들을 세 개의 메시지로 전환하면 기획서 작성에 필요한 내용을 모두 다 만든 것이다.

메시지는 몇 가지 요건을 갖춰야 한다.

앞서 설명한 메시지에 관한 내용들을 강성호(모든 비즈니스는 기획이다, 강성호, 비즈니스맨, 2013.)의 생각을 참조하여 다시 한 번 요약하겠다.

첫째, 메시지는 결론이 되어야 한다.

메시지는 다양한 사실, 정보를 통해 얻어낸 결론을 간단하게 정리한 문장이다. 기획서를 읽는 사람들에게 간단히 결론만을 보여줌으로써 의사결정에 도움을 주기 위한 도구다. 따라서 '다양한 사실과 자료를 분석해본 결과, 이와 같은 사항을 주장합니다.'라고 표현해야 한다. '…일지도 모릅니다.' '…일 수도 있습니다.' '…라고 생각해 볼 수 있지 않을까요?'와 같은 문장은 구어체에서는 겸손하다는 인상을 심어줄 수 있지만 기획서에서 표현할 메시지는 아니다.

예를 들어보자. 매출확대 전략회의에서 한 기획자가 자사의 매출확대방안에 대해 설명하면서 결론을 '이러저러한 상황에 처한 우리 기업입장에서는 매출을 증가시킬 방안을 좀 더 모색해 봐야 합니다.'라고 말했다면 이건 기획서가 아니라 중간보고서다. 기획서는 문제를 찾아 그 문제를 해결할 수 있는 방안을 제시하는 게 주된 목적이다. 또 신규사업에 대한 투자여부를 결정하는 회의에서 기획자가 '현재 검토중인 신규사업은 미래 전망이 불투명하여 투자여부를 확실하게 말씀드릴 수는 없습니다. 다만, 향후 이러저러한 상황변화를 보면서 투자여부를 검토하는 것이 바람직합니다.'라고 말했다면 이 역시 기획서로서의 가치는 반감된다. 시장상황이 급변하고 있어 투자여부를 결정하기 어려운 상황이기에 검토하라는 상관의 지시사항과 동일한 말밖에 되지 않는다. 물론 미래의 변화상황을 현재 시점에서 완벽하게 예측할 수는 없고, 기획자가 투자여부를 결정하는 것도 쉽지 않은 일이다. 하지만 기획자가 투자여부를 결정하기 어렵다면 최소한의 투자결정을 위한 조건정도는 제시해야 하지 않겠는가. 예를 들어 환율이 현재보다 15% 높아진다면, 상품개발을 위한 어떤 부품가격이 현재보다 20원 정도 가격이 내려간다면과 같은 구체적인 조건이다.

둘째, 메시지, 특히 결론메시지는 근거가 필요하다.

기획서에 사용하는 자료들은 자료자체로서의 의미보다 그것을 통해 결론을 얻는데 주안점이 있다. 그리고 이런 과정을 통해 얻어낸 결론메시지는 당연히 그 내용을 입증할 근거를 갖고 있다. 문제는 많은 사람들이 결론메시지를 표현할 때 결론만 주장하고 마는 경우다 '매출신장을 위해 영업력을 강화시켜야 합니다.' '고객의 욕구변화를 따라잡을 수 있는 신상품을 신속하게 개발해야 합니다.'와 같은 내용들이다. 근거없이 결론만 도출하면 이를 보는 사람들은 왜 그런 결론을 도출했는지 이해할 수 없다. 따라서 '현재보다 마케팅 비용을 120% 증가시켜야 합니다.'라는 결론을 주장하려면 '금년들어 경쟁사가 자금압박을 받고 있다.'는 근거와 이로 인해 '경쟁사의 마케팅활동이 위축될 것으로 예상된다.'는 근거를 제시하고, 이의 결론으로 이때 '자사가 본격적으로 고객지향적인 마케팅활동을 지향하여 시장점유율을 높일 필요가 있습니다.'라고 설명한 후 앞선 결론을 제시하는 게 좋다.

필자가 사용하는 기획서의 정의는 두 가지다. 하나는 앞서 설명한 '기획서는 문제를 찾아 이의 해결방안을 제안하는 것.'이고, 또 하나는 뒤에서 설명할 '기획서는 이야기에 근거자료를 붙인 것.'이란 정의다. 이 중에서 근거자료, 근거메시지의 중요성은 후자의 정의에서 나온 것이다. 물론 기획서에 담긴 내용 모두를 근거자료에 준해서 작성할 수는 없다. 어떤 내용은 기획자의 상상력에서 나올 수도 있으며 또 이런 상상력이 무척 중요하다. 하지만 이조차도 상상력의 동기가 된 근거가 있어야 한다. 어느 날 갑자기 하늘에서 별똥별 떨어지듯이 떠 오른 생각은 현실성이 없어 보인다. 멋진 꿈일지라도 이에 대한 근거를 제시할 수 없다면 해당 내용을 기획서에 실을 것인지 심각하게 고민해야 한다.

셋째, 메시지지들은 One Page & One Message 구조로 구성되어야 한다.

이와 같은 메시지들은 앞선 정보피라미드와 거의 동일한 모습으로 기획서를 구성한다. 특히 파워포인트의 한 페이지는 하나의 결론을 담은 완결성 페이지다. One Page & One Message의 조건에 따라 구성되었다. 이때 결론메시지는 해당 페이지의 전체내용을 집약한 결론이며, 본 결론아래 담긴 내용들은 본 결론메시지를 설명하거나 구체적으로 입증한 근거메시지와 근거자료들이다. 따라서 한 페이지를 대표하는 결론메시지는 아래에 담긴 근거메시지를 압축한 형태로 구성하는 게 좋다. 즉 '이러저러한 이유로 인해 내년도 매출확보를 위한 신상품개발이 필요합니다.' '중국의 저가제품이 내년부터 본격적으로 국내에 수입될 전망이라 금년에 자사의 충성고객을 최대한 확보, 관리해야 합니다.' '세계경제의 성장세가 주춤해지고 있고, 자금흐름이 원활치 않은 관계로 자사의 현금보유액을 높여야 합니다.'와 같은 표현이다.

파워포인트 기획서의 한 페이지 사례

스마트폰의 보급율과 중독성 4

스마트폰의 휴대성 및 편리성이 가중되고 보급률 또한 세계 1위를 차지함에 따라 그에 따른 중독성의 심각성 또한 위험수위를 넘어서고 있다.

결론메시지

- 한국의 스마트폰 보급률은 인구대비 67.6%로 세계 1위를 차지
- 한국은 3G/4G LTE 등 전국망이 빠른 속도로 구축이 되면서 이용자가 급증한 것이 스마트폰 보급률 1위를 차위한 이유

근거자료 → 근거메시지

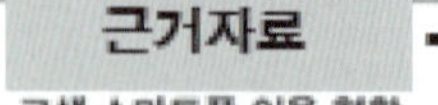

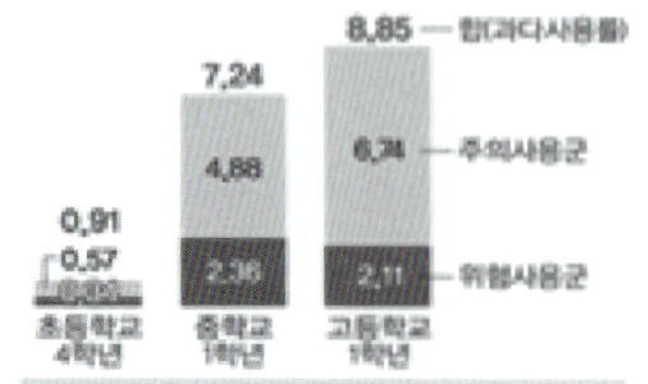

- 서울시 교육청에서 전국 초·중·고생 1304개교 30만239명을 상대로 인터넷과 스마트폰 이용습관을 조사한 결과를 발표
- 이중 4585명(1.81%)은 '위험사용자'로 스마트폰 중독으로 인해 일상생활에서 심각한 장애를 겪고 있는 것

• 자료원 : 〈합리적인 스마트폰 사용을 위한 스마트폰 중독방지 어플리케이션 개발기획서〉, 정재현, ○○대학교, 2014

아래 문장은 앞서 예를든 스토리가설이다. (스토리가설에 대해서는 뒤에서 설명하겠다.) 이 내용을 핵심메시지, 결론메시지로 나눠보자. 문장이 복잡해 보여도 핵심메시지는 하나이며, 나머지 메시지들은 이를 설명하기 위한 결론메시지 또는 근거메시지들이다.

국내 희석식 소주는 1960년대부터 시작되었다. 당시 최초로 나온 소주는 (현)하이트진로의 진로[眞露]였다. 그렇기 때문에 소주를 처음 마셨던 소비자들 대부분이 진로(현재 참이슬)를 통해 소주 맛을 경험했고, 그들 중 많은 사람들이 오랜 시간 동안 진로(현재 참이슬)를 찾았다.

하지만 시대가 변하면서 여러 회사에서 다양한 기호의 소주들이 나오고 있다. 소주의 맛을 극단적으로 차별화 시키긴 어렵지만 소주의 도수를 낮추고 새로운 맛을 첨가하고, 소주의 이미지와 컨셉을 바꾸는 등 경쟁사의 다양한 시도가 이뤄지고 있다. A회사는 이와 같은 소주시장의 변화를 인식하고 소비자 입맛에 맞게 18도의 [00소주]를 출시하여 짧은 시간 내에 소주시장에서 두 번째로 많은 점유율을 차지했다.

하지만 경쟁사들도 [00소주]에 뒤이어 이와 유사한 소주를 생산하고 있고 좋은 데이, 매화수, 청하 등 소비자의 입맛에 맞춰 나온 주류들이 지속적으로 출시됨으로 인해 [00소주]의 시장입지는 점점 좁아지고 있으며, 낮아지는 판매량으로 인해 이윤은 지속적으로 떨어지고 있다.

이와 같은 상황은 경쟁사 제품들과 차별화가 부족한 상태에서 단순한 광고나 홍보만으로 바꿀 수는 없고, 지역선호도, 맛, 낮은 도수 등을 따지며 점차 까다로워지는 소비자들을 만족시키려면 과거와는 다른 새로운 마케팅활동이 필요해졌다. 차별화된 전략이 없다면 [00소주]는 가까운 시일내에 점유율 2위의 자리를 뺏기게 될 지도 모른다.

[00소주]는 경쟁사와 다른 전략을 통해 소비자에게 다가가야 한다. 그리고 이 변화의 중심에는 술을 처음 접하는 소비자의 입맛을 [00소주]에 길들여지게 하는 것이다.

이를 위해서 첫째, 소비자들에게 즉, 술을 처음 접하는 성인들에게 [00소주]를 접할 수 있는 기회를 자주 만들어 [00소주] 맛에 길들이게 하는 것이다. 둘째, 음주를 한 다음 날 일어나는 숙취문제를 해결하여 소비자들에게 믿고 마실 수 있는 소주라는 믿음을 주는 것이다. 셋째, 남성소비자보다 여성소비자에게 맞는 프로모션을 진행하는 것이다. 요즘 세대는 남성보다 여성의 의견을 존중하기 때문에 여성의 선호도가 높아지면 자연스럽게 남성들 또한 바뀔것이다.

진로(참이슬)중심으로 길들여진 소비자 입맛에 변화를 주는 것이다. 술을 처음 접하는 나이부터 [○○소주]라는 소주맛을 각인시키고 기억하게 해야 한다. 이를 통해 소주시장의 점유율을 늘리고 수익성을 높여야 한다.

• 자료원 : 〈'처음처럼' 시장점유율을 확대시키기 위한 프로모션 기획서〉, 황유영, ○○대학교, 2014

상기된 내용처럼 긴 문장을 분석할 때는 가장 먼저 핵심메시지가 무엇인지 찾아야 한다. 핵심메시지를 찾을때는 전체내용을 읽으면서 이 많은 메시지들이 어떤 결론을 상대방에게 전달하려고 했는지 생각하며 찾으면 된다. 모든 글, 기획서를 포함해서 글쓴이가 주장하고 싶은 결론이 있고, 다른 문장들은 그 결론을 이끌어 내거나 결론을 구체적으로 실행하기 위한 방법들을 정리한 문장들이다.

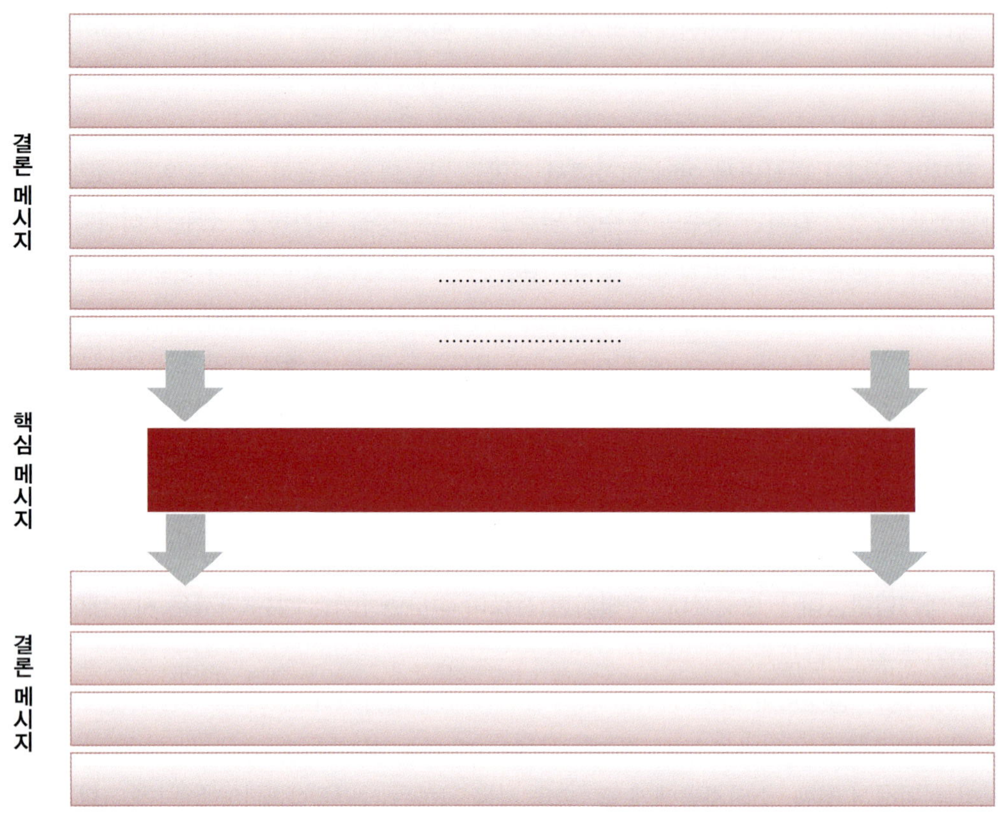

상기된 메시지 구분의 답이다. 자신이 정리한 답과 비교해보라.

기획서의 기본 구조

WHY

국내 희석식 소주는 1960년대부터 시작되었다.
당시 최초로 나온 소주는 (현)하이트진로의 진로(眞露)였다.

소주를 처음 마셨던 소비자 대부분이 진로(현재 참이슬)를 통해 소주 맛을 경험했고,
그들 중 많은 사람이 오랜 시간 동안 진로(현재 참이슬)를 찾았다.

하지만 시대가 변하면서 여러 회사에서 다양한 기호의 소주들이 나오고 있다. 소주의 도수를 낮추고
새로운 맛을 첨가하고, 소주의 이미지와 컨셉을 바꾸는 등 경쟁사의 다양한 시도가 이뤄지고 있다.

A회사는 이와 같은 소주시장의 변화를 인식하고 소비자 입맛에 맞게 18도의 [○○소주]를
출시하여 짧은 시간 내에 소주시장에서 두 번째로 많은 점유율을 차지했다.

하지만 경쟁사들의 [○○소주]와 유사한 소주를 생산하고 있고 소비자의 입맛에 맞춘 주류들이
지속적으로 출시되어 [○○소주]의 입지는 좁아지고 있으며, 낮은 판매량으로 인해 이윤도 떨어지고 있다.

이런 상황은 단순한 광고나 홍보만으로 바꿀 수는 없고, 지역선호도, 맛, 낮은 도수 등을 따지며
점차 까다로워지는 소비자들을 만족시키려면 과거와는 다른 새로운 마케팅 활동이 필요해졌다.

차별화된 전략이 없다면 [○○소주]는 가까운 시일 내에
점유율 2위의 자리를 빼기게 될지도 모른다.

WHAT

경쟁사와 다른 전략으로 소비자에게 다가가야 하며, 변화의 중심에는
술을 처음 접하는 소비자 입맛을 [○○소주]에 길들이는 것이다.

HOW TO

첫째, 술을 처음 접하는 성인들이 [○○소주]의 참 맛을 알 수 있도록
[○○소주]를 접할 수 있는 기회를 자주 만들어 준다.

둘째, 음주를 한 다음 날 일어나는 숙취문제를 해결하여 소비자들에게
믿고 마실 수 있는 소주라는 믿음을 주는 것이다.

셋째, 남성소비자보다 여성소비자에게 맞는 프로모션을 진행한다. 요즘 세대는 남성보다
여성 의견을 존중하기 때문에 여성의 선호도가 높아지면 자연스럽게 남성들 또한 바뀔 것이다.

진로(참이슬) 맛에 길들여진 소비자 입맛에 변화를 주는 것이다. 술을 처음 접하는 나이부터
[○○소주]의 맛을 각인시키고 기억하게 하여, 소주시장 내 시장 점유율을 늘리고 수익성을 높여야 한다.

▼ 과 제

[과제 1]

과목 중 한 개 과목이 C가 나왔다. 이 학점을 A+로 올려야만 한다.
교수님을 찾아가서 뭐라고 할 것인가?

[과제 2]

한 기업에 입사하기 위해 면접을 보게 되었다.
면접관에게 자신이 이 회사에 왜 입사해야 한다고 설명할 것인가?

Chapter 13

기획서의 큰 그림그리기 (스토리가설 작성하기)

1. 스토리가설의 정의와 필요성
2. 가설을 만든다는 마음으로 써라

1 스토리가설의 정의와 필요성

(1) 스토리가설이란 무엇인가?

스토리가설 작성 작업은 기획서의 전체적인 스토리라인을 구상하는 단계다. 스토리가설이란 앞서 작성한 메시지들을 자연스럽게 연결하여 가설 형태로 만든 이야기로, 향후 검증해야 할 내용이다. 스토리가설을 작성할 때 중요한 것은 첫째, 자신이 알고 있는 것을 겉으로 끄집어내어 자연스러운 문장으로 구성하는 것이고, 둘째, 근거자료가 없는 생각이라 할지라도 일단 문장으로 표현하여 일차적인 스토리라인을 구성하는 것이다. 필자는 이를 아직 검증되지 않은 이야기체의 스토리라인이란 의미로 '스토리가설'이라 정했다.

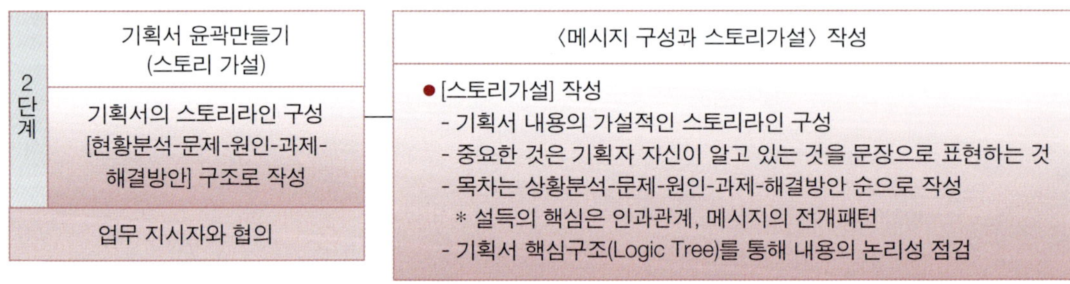

기획서 작성 2단계과정은 전체 6단계 중에서 기획서의 흐름과 구조에 가장 큰 영향을 주는 부분이다. 1단계는 상사나 고객이 요청한 기획주제를 확인하고, 이를 한 마디로 정의할 수 있는 제목을 설정하는 과정이다. 2단계는 탐색조사를 통해 구성한 메시지를 연결하여 기획서의 스토리라인을 만드는 과정이다. 본격적인 기획서 작성은 이 단계부터 시작한다. 이때 구성한 스토리라인은 다음 단계인 [기획서 내용구성안] 작업을 통해 기획서 작성의 근간이 된다. 발표용 제안서와 같은 기획서는 2단계과정만 제대로 마치면 기획서의 70% 이상을 완성한 것이라 볼 수 있다. 이때의 스토리라인은 실제 작성할 기획서 내용이라기보다는 사실과 가설이 섞인 혼합성 스토리이며, 가설부분은 향후 검증해야 할 내용들이다.

필자는 2단계에서 구성한 기획서의 스토리라인을 스토리가설이라 정의한다. 이유는 다음과 같다.

첫째, 스토리가설은 "기획서를 본격적으로 작성하기 전에 자신이 알고 있는 것을 겉으로 끄집어내어 이를 상대방이 이해하기 쉽도록 만든 이야기체 문장"이다.

기획서를 작성할 때 기획자가 느끼는 당혹감은 어떻게 기획서를 쓰지?라는 고민이다. 파워포인트를 키고 빈화면을 바라보고 있노라면 때로는 두려움으로 다가올 수도 있다. 이런 상황에서 스토리가설은 내가 주장하고 싶은 것을 문장으로 표현하고 기획서의 전체 줄거리를 구성하도록 도와주는 좋은 도구다. 논리적이고 경직된 문장이 아니라 이야기체로 구성하여 누구나 편하게 읽을 수 있도록 작성한 스토리라인이다. 아래 예를 보자.

[발단]

제인산업은 십년 전 굴착기 전문업체를 설립한 이후 매년 연 평균 100% 이상의 성장을 거듭해 왔습니다. 여기에는 경영자의 품질제일주의 철학과 모든 직원이 함께 간다는 한배 정신이 큰 요인이었습니다.

[전개]

하지만 몇 년 전부터 제인산업이 일궈 논 시장에 경쟁사들이 진입하기 시작했습니다. 몇 개 기업은 대기업이란 규모 이득과 계열사 내 안정된 판매처를 갖고 있다는 이점을 활용하여 가격경쟁을 벌이고 있고, 소비자들 역시 대기업이 주는 가격할인에 따라 업체를 바꾸고 있습니다. 총 매출은 정체되었고 이윤은 지속적으로 떨어지고 있으며, 동시에 우리의 특허보호도 점점 더 효력을 잃어가고 있습니다.

[절정]

급격한 변화가 없다면 제인사업은 가까운 시일 내에 막대한 손실을 피할 수 없습니다. 경쟁사들이 유사제품을 출시함으로써 가격은 급격히 떨어질 것이고, 높은 간접비 구조로 기술보호없이는 가격경쟁에서도 경쟁력을 유지할 수 없습니다. 점진적인 제품개선과 프로세스 혁신으로는 이 난관을 극복할 수 없습니다. 이와 같은 상황에서 우리는 몇 가지 기술적 진보를 통해 산업을 변형시켜야 합니다.

[반전]

이는 현 생산방식을 소품종 대량생산체계에서 다품종 소량생산체계로 전환하는 것을 의미하며, 이를 위해서는 생산조직의 다각화와 유동성 있는 생산기술개발이 필요합니다.

이를 위해서는 첫째 우리의 생산시스템을 본질적으로 변화시켜야 합니다, 이를 통해 제품을 더욱 빠르고 경쟁력 있게 생산해야 합니다…. 둘째, 다음 세대의 잠재적인 기술과 제품을 개발해야 합니다. 경쟁사와 차별적인 제품을 생산해야 합니다. 이미 이러한 제품들은 작업 중에 있습니다….셋째, 기술지향전략에 부합하도록 영업과 마케팅 직원의 역량을 업그레이드 해야 합니다. 그리고 필드 테스트와 마케팅에 막대한 노력을 기울여야 합니다.

[대단원]

제인사업은 산업의 변형을 이끌어내기 위해 우리가 보유한 다양한 자원을 적극 활용해야 합니다. 한때 아날로그적이었던 비즈니스가 이제는 좀 더 글로벌하고 디지털을 가미한 것으로 바뀌게 될 것입니다….이를 통해서 우리는 수익성을 높이고 산업계의 리더위치를 계속 유지하게 될 것입니다. 이러한 시도들은 전사전략과도 부합합니다.

이 내용을 보면 기획자가 쓰고자 하는 기획서의 내용이 무엇이며, 어떤 것을 문제삼고자 하는지, 이를 해결하기 위한 방안으로 어떤 것을 생각하고 있는지 확인할 수 있다. 내용은 A4용지 한 페이지 정도의 분량이지만 한 페이지 보고서(One Page Proposal)처럼 기획자의 생각을 한 눈에 확인할 수 있다. 아마도 이미 완성한 기획서를 내용만 요약하라면 이 정도 문장이 나올 것이다. 따라서 상기와 같은 스토리가설을 만들었다면 실제 기획서를 작성할 때는 본 내용에 약간의 부가적인 설명이나 자료를 추가할뿐이지 핵심내용은 더 이상 고민하지 않아도 된다.

둘째, 스토리가설에 담긴 결론들은 아직 검증하지 않은 가설이다.

이 단계에서 작성되는 스토리라인은 사실, 정보에 근거한 내용과 확인하지 않은 기획자의 생각이 혼합되어 있다. 앞선 탐색조사를 통해 구성한 메시지들로 이뤄졌지만 논리적으로 이야기를 만들려면 가상의 내용도 담아야 한다. 앞서 이런 상황이 전개되었다면 다음에는 당연히 이런 이야기가 들어가야 하지 않을까?'라는 짐작의 내용으로 기획자의 가정들이다. 물론 해당분야에서 오랜 기간 근무한 기획자는 시장상황과 소비자 동향 등을 이미 알고 있다. 그가 작성하는 스토리라인에는 가설보다 사실정보를 근간으로 한 결론들이 더 많이 들어 있을 것이다. 하지만 중요한 것은 해당 스토리라인에 어느 정도 사실이 포함되어 있는가보다 기획자가 결론짓고 싶어하는 내용이 확인가능한 사실인지 아니면 추측에 의한 가설인지의 문제다. 이런 면에서 이 단계의 스토리라인은 사실과 정보에 근거한 결론의 비율과 상관없이 본 내용자체가 가설일 확률이 높다. 아니 가설일 것이다. 따라서 본 과정의 스토리라인은 내용자체를 가설이라고 보는 게 맞다.

▼ 과 제

1. 스토리가설의 정의를 설명해 주세요.

2. 스토리가설을 이야기체로 만들기 위해 사용하는 기본목차를 설명해 주세요.

(2) 스토리가설의 역할과 중요성

스토리가설은 기획서에 들어갈 내용을 만드는 단계다. 세밀한 내용은 아니지만 전체적인 내용흐름을 가름할 수 있는 스토리를 만드는 것이 중요하다. 기획서 작성업무에서 스토리가설이 담당한 역할은 첫째, 기획자가 알고 있는 것을 겉으로 끄집어내어 문장으로 표현하도록 도와준다. 기획서 작성 시 중요한 것은 기획자가 아는 것부터 문장으로 정리하는 작업니다. 둘째, 기획서 내용을 설득력 있게 구성할 수 있도록 도와준다. 자료, 도표, 목차보다는 자연스러운 내용흐름을 강조하기에 전체적인 내용이 이야기처럼 편안하게 느껴지도록 작성할 수 있다. 셋째, 기획서의 내용을 확대할 수 있는 기반 정보를 담고 있다. 스토리가설은 결론메시지 중심의 내용이기에 향후 이 부분을 확대함으로써 기획서의 내용확대작업이 용이하다. 넷째, 기획서 작성업무에서 빼놓을 수 없는 시장조사업무를 효과적으로 진행할 수 있도록 도와준다. 스토리가설 내용은 기획자에게 기획서 작성에 필요한 자료, 정보의 범위와 중점적으로 조사할 항목들을 알려준다.

스토리가설의 역할을 좀 더 구체적으로 살펴보자.

첫째, 내가 아는 것을 겉으로 끄집어내는 역할이다.

기획서를 작성하고자 할 때 가장 크게 다가오는 고민은 '무슨 내용을, 어떻게 작성하지?'라는 의문이다. 이는 필자처럼 20년 동안 기획서를 작성해 본 사람조차도 기획서를 쓰겠다고 컴퓨터앞에 앉는 순간 어쩔 수 없이 느끼는 두려움이다. 이런 두려움에 압도당하면 기획서는 한 줄도 쓸 수 없다. 하지만 기획서를 쓰려면 우선 자기 생각을 문장으로 표현해야 한다. 머리속에서 윙윙거리며 돌아다니는 생각을 잡아내어 이를 글로 표현할 수 있어야만 그것을 소재로 삼아 기획서를 작성할 수 있다. 여기서 문장, 글이란 학교에서 배운 멋진 글이 아니다. 생각나는 것을 글로 표현하라는 의미다. 하지만 많은 사람들이 기획서는 글 이상의 무엇이라는 선입감 때문에 자신의 생각을 겉으로 끄집어 낼 생각을 하지 않는다. 특히 기존에 작성한 파워포인트 기획서를 보면서 '내가 이런 걸 어떻게 작성하지?' 고민하다가 포기하는 경우가 많다.

기획서는 글쓰기에서 시작한다. 예쁘게 디자인하는 것은 그 다음 문제다. 기획서의 핵심은 글이고, 문장이다. 사진과 그림은 이를 보조하기 위한 수단이지 이것 자체가 목적은 아니다. 하지만 기획서를 처음 쓰는 사람들은 예쁜 사진과 그림이 기획서의 모든 것인냥 오해하고 기획서를 쓰기보다 그리려고 한다. 기획서 작성의 진정한 어려움은 기획서의 구조나 논리상의 어려움이 아니다. 기획서에 담을 내용을 작성하기가 어렵다는 점이다. 하지만 글쓰기가 그렇게 어려운 것일까? 그렇지 않다. 글을 못 쓰는 게 아니라 쓰겠다고 시도하지 않는 것뿐이다. 이런저런 생각에 빠져서 '나는 왜 아는 게 없지?'라는 자기 연민속에서 고민하다 한 줄도 쓰지 못하고 만다.

앞서 12장에서 설명한 메시지들은 어느 날 갑자기 번쩍하고 떠오른 생각들이 아니다. 이는 기획자가 살펴본 여러 가지 자료나 정보를 통해 얻어진 것들로 기획서의 전체그림을 구성하는 파편들이다. 이들을 기획자가 의도적으로 정리하지 않으면 조각난 퍼즐처럼 기획자의 머리속에 남아있을 뿐이다. 기획자는 이들 정보와 메시지들을 앞뒤내용이 인과관계로 연결되도록 문장을 구성함으로써 자신이 알고있는 것들을 겉으로 끄집어 낼 수 있다. 이때 기획서의 목차나 디자인같은 것은 생각을 정리하는 데 방해가 될 뿐이다. 문장은 이렇게 써야 하고, 순서는 이러저러해야 하며, 이런 내용은 반드시 담겨 있어야 한다는 등과 같은 규정들이다. 그냥 쓰다보면 내용이 만들어 진다.

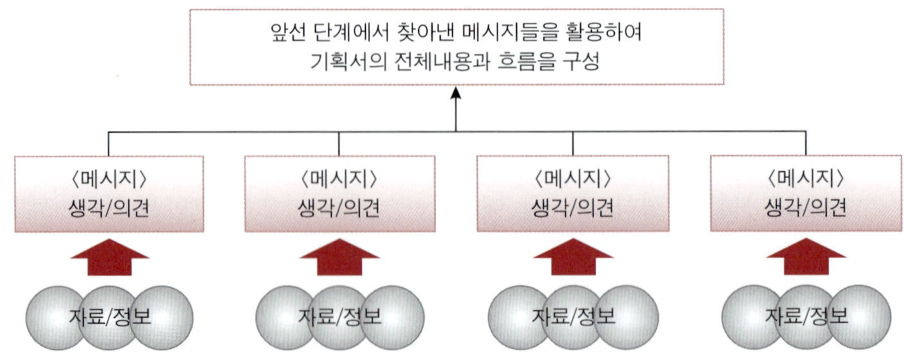

둘째, 설득력 있는 기획서 내용흐름(스토리라인)을 만들어 낼 수 있다.

기획자의 두 번째 고민은 자신이 생각하는 내용들을 어떤 순서로 배치할 것인가이다. 앞선 과정을 통해 기획자는 자신이 주장하고 싶은 메시지들을 찾아냈고, 그것들을 연결시켜 일단의 문장으로 만들었다. 이제 중요한 것은 기획자의 의도를 상대방에게 효과적으로 전달하도록 일관된 순서에 따라 문장들을 배치하는 일이다. 어찌보면 이 부분이 기획자들이 가장 많은 시간을 두고 고민해야 할 부분일지도 모른다. '메시지들을 어떤 순서로 배치해야 설득력이 높아질까?' 혼자 중얼거리고, 앞서 작성한 스토리를 이리저리 고쳐봐도 해답을 찾기가 쉽지 않다.

기획서는 사실과 자료, 정보에 기초한 논리적인 문서다. 자신의 생각을 뒷받침해 줄 증거자료없이는 기획서를 작성하기 어렵다. 그러다보니 기획서 작성시간의 대부분이 현황분석, 시장조사 등에 활용된다. 하지만 기획서의 궁극적인 목적이 상대방을 설득하는 것이라면 자료, 정보자체보다 이를 전달하는 방식이나 패턴이 더 중요하다. 발표용 제안서가 짧고 강렬하게 표현되어 있는 것도, 보고서용 기획서의 목차에서 '사업개요'가 맨 앞에 나와 있는 것도 바로 설득과 관련된 사항이다. 그렇다면 어떤 방식으로 내용을 전달할 때 가장 설득력이 높을까? 바로 이야기 플롯을 활용하여 발단, 전개, 절정, 반전, 대단원의 흐름을 타고 기획서 내용을 만드는 방식이다. 이때 앞뒤문장들이 서로 인과관계를 맺도록 내용을 구성하면 전체내용의 설득력은 그만큼 높아진다.

스토리가설은 메시지들을 이야기 플롯인 발단, 전개, 절정, 반전, 대단원의 흐름에 따라 배치한 기획서의 스토리라인이다. 이야기의 기본요건인 일관성을 갖고있고, 갈등요소도 들어가 있으며, 강약을 둔 문장구성으로 문제의식에 대한 집중도를 높일 수 있다. 게다가 여기에 이야기의 구성요소인 주인공(기획자 입장에서는 자사 또는 고객)과 적대자(자사나 고객의 문제해결을 저해하거나 방해하는 기업, 상품 등)를 보다 구체적으로 묘사하여 이들 간의 갈등구조를 강조하면 기획서를 보는 사람들의 내용집중도와 긴장감은 더욱 높아질 것이다. 물론 이와 같은 갈등상황 후 사람들이 미처 생각해 내지 못한 해결방안을 제시한다면, 아마도 기획서를 바라본 사람들은 기립박수를 치게 될 것이다.

특히 프레젠테이션을 할 경우라면 스토리가설의 이야기체 구성은 더욱 중요하다. 프레젠테이션이야 말로 제한된 시간 내에 자신의 생각을 상대방에게 효과적으로 전달하여 그들을 설득시키는 최고의 과정이다. 사람들은 누구나 이야기체로 말할 때 가장 쉽고 편하게 내용을 받아들이고, 발단, 전개, 절정, 반전, 대단원 단계로 내용을 설명할 때 몰입도 역시 강해진다. 기획서가 갖춰야 할 일관성과 논리성을 보장해 주고, 동시에 이야기가 가진 감성적인 면을 전달함으로써 설득효과를 극대화할 수 있다. 결국 기획서의 성공여부는 자료의 정확성과 타당성에 기초하지만 보다 중요한 것은 이와 같은 논리적인 자료와 메시지들을 어떤 방식으로 전개할 것인가의 문제이다. 이때 이야기체로 구성한 스토리가설은 기획자가 자신의 생각을 일목요연하게 정리하는 데 없어서는 안 될 중요한 역할을 수행한다.

셋째, 기획서에 필요한 방대한 내용들의 기반을 구성할 수 있다.

기획자가 느끼는 세 번째 두려움은 기획서의 분량이다. 앞선 과정에서 열심히 자신의 생각을 겉으로 끄집어냈다고 해도 기껏해야 A4용지 한두 페이지 분량이다. 물론 아는 것이 많으면 네다섯 페이지도 넘어갈 수 있다. 하지만 기획서를 처음 쓰는 사람들은 자기 생각을 기획서의 핵심질문인 문제, 원인, 과제, 해결방안으로 정리하는 것도 어렵다보니 두 페이지 이상 분량을 쓴다는 게 쉽지만은 않다. 그러다보니 자신의 생각을 간략하게 정리하라면 잘하던 학생들도 선배나 기업체에서 만든 기획서를 보는 순간 기가 죽고 만다. '아…기획서라는 게 저렇게 많은 내용이 필요한 거야?' 하는 놀라움과 두려움이다.

하지만 스토리가설과 실제 기획서 간의 분량차이는 스토리가설에 담긴 핵심내용보다 이를 설명하는 세부내용과 검증용 자료량에 따라 변한다. 20여 페이지의 공모전 제안서는 해당 스토리라인만 정리하면 A4용지 두 페이지면 충분하고, 50~60페이지 분량의 기획서도 그림, 사진, 동영상 제외하고 그 안에 들어있는 문장만 작성하면 대여섯 페이지 분량이다. 이것도 실행방안부분을 제외하면 두세 페이지로 정리가 가능하다. 문제는 기획서의 핵심인 두세 페이지의 스토리가설을 확장시키는 방법을 모른다는 점이다.

기획서 구조는 이야기를 전개하는 기본플롯에서 시작한다. 주제로 삼은 대상이 탄생하고 성장해 온 발단상황과 안정된 상황이 변하면서 문제가 야기되는 전개상황, 문제가 극대화되면서 문제해결을 위해 필요한 과제와 달성목표를 결정하는 절정상황, 앞선 해결과제를 실천하기 위해 남다른 방식을 제안하고 이를 실행하는 반전상황, 그리고 문제가 해결된 후의 평화로운 상황을 표현한 대단원이 플롯의 기본구조다. 기획서 목차는 이상과 같은 이야기 플롯이 자가 분열하면서 내용들이 보다 전문화되고 세분화된 것이다. 단세포생물이 다세포의 복잡한 구조로 바뀌는 것처럼 말이다.

이야기의 플롯과 스토리가설 목차는 거의 유사하다. 플롯의 발단과 전개상황이 스토리가설에서는 '현황분석'으로, 플롯의 전개상황 뒷부분은 스토리가설의 '문제,원인과 과제' 부분으로, 플롯의 절정은 스토리가설의 '목적과 목표설정'부분으로, 플롯의 반전은 스토리가설의 '컨셉과 이에 준한 해결방안'부분으로, 그리고 플롯의 마지막인 대단원은 스토리가설의 '맺음말'로 표현방식을 바꿨을 뿐이다. '스토리가설'이란 말 자체가 이야기체 문장이란 의미이기 때문이다. 또 스토리가설의 구조는 발표용 제안서와 보고서용 기획서로 변하면서 목차가 좀더 세분화되는데, 특히 보고서용 기획서에서는 목차가 무척 세부적으로 나눠지면서 분량도 많아지기 시작한다. 예를들어, 스토리가설의 '현황분석'은 보고서용 기획서에서는 크게 네개의 목차로 변한다. 첫째, 시장상황분석으로 해당주제의 일반상황에 대한 조사내용이다. 둘째, 경쟁사 및 관련사 분석으로 변화를 야기시키는 외부환경분석에 초점을 둔 조사내용이다. 셋째, 자사분석으로 변화에 직면한 회사가 이에 대응하기 위해 추진하는 활동, 기업의 역량, 자원 등을 조사하는 내용이다. 그리고 변화를 주도하고 창조하는 소비자동향과 그들의 욕구분석을 담은 소비자분석이 따라온다. 마지막으로 앞선 내용들을 간단히 정리하면서 문제와 원인, 그리고 이를 해결하기 위한 과제를 설정하는 시장조사 요약이란 목차로 나눠진다.

이런 식으로 이야기의 기본적인 다섯 개 플롯구조가 세분화되면 거기에 따른 내용도 추가되고 자연스럽게 기획서 분량은 늘어날 수밖에 없다. 하지만 이와 같은 내용들은 맨 스토리가설에 담긴 내용들을 검증하고, 세부적으로 설명하는 것들이지 새롭게 추가되는 메시지는 별로 없다. 목차가 복잡해져도 전체적인 내용흐름과 기획자가 전하고자 한 결론은 같은 것이기 때문이다. 도리어 목차가 많고 복잡해진다고 해서 결론이 달라지거나 추가되면 그게 문제다.

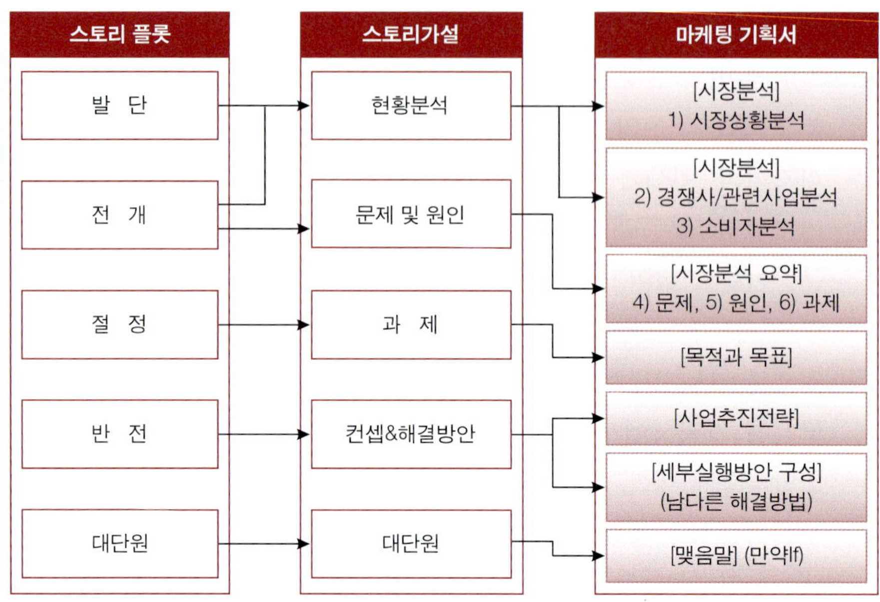

넷째, 기획서의 핵심인 시장조사의 범위와 내용을 확인할 수 있다.

기획자가 어려워하는 것 중 하나는 시장조사다. 주제를 알아도 그것을 풀어나가려면 어떤 자료가 필요한지 정의하기 어렵다. 특히 기획서를 처음 접하는 사람들은 조사대상과 범위를 선정하는 것이 더욱 어렵다. 기획서의 전체흐름과 핵심이슈를 판단하기 어렵기 때문이다. 게다가 세상에 자료가 너무 많다보니 그 중에서 무엇을 조사하고 어떤 것을 포기해야 하는지도 결정하기 어렵다. 이것저것을 다 뒤지자니 조사범위가 너무 넓고, 대충하자니 뭔가 찝찝하다. 이런 상황에서 우물쭈물하다보면 마감시간이 임박한 상황이 되기 십상이다.

물론 시장조사 경험이 많거나 기획서를 몇 번 작성해 봤다면 기획서의 주제와 목적을 보고 대략적이나마 조사대상과 범위를 규정지을 수 있다. 예를 들어 아래 과제물 제목 중 '〈떠먹는 불가리스〉 상품의 경쟁컨셉개발을 통해 시장점유율 증대방안'을 작성하기 위한 과제물은 불가리스와 경쟁상품들의 커뮤니케이션 컨셉을 확인하고, 이런 컨셉들이 목표고객들의 욕구와 어느 정도 일치하는지, 이들이 현재 충족시키지 못한 욕구가 무엇인지 확인하는 것이 일차 조사내용이다. 또 '〈스페셜K〉시리얼 상품의 장점을 강화시킬 수 있는 차별화된 이미지개발 방안'에서 필요한 조사는 스페셜 K가 갖고 있는 차별적인 강점을 조사하고, 동시에 경쟁사 상품들의 강점을 조사하여 이들 간에서 스페셜 K의 비교우위 점을 찾고, 이 강점이 고객의 욕구를 어느 정도 충족시켜줄 수 있는지 조사하면 된다.

○○대학교 [기획서작성법]수업의 과제물 제목

김가은	〈뚜레쥬르〉. 부동의 1위가 되기 위한 차별화된 커뮤니케이션 전략방안
김효선, 유기영	〈떠먹는 불가리스〉. 상품의 경쟁 컨셉 개발을 통한 시장점유율 증대방안
김희린, 박수연	〈스페셜K〉. 시리얼 상품의 장점을 강화시킬 수 있는 차별된 이미지 개발방안
나소영	〈바로비빔밥〉. 바로비빔밥의 매출증대 방안
김보영, 이산화	〈여인카페〉. 여성들이 좋아하는 여성전용카페 개발안
유아영, 배윤영	〈친환경캠페인〉. 시민의 친환경캠페인에 대한 참여유도 캠페인 운영방안
서성욱	〈천연순면생리대〉. 본 상품의 매출증대를 위한 마케팅전략
이단비	〈아모제(?)〉. 아모제그룹의 여성고객증가를 위한 마케팅전략
조은비, 이제인	〈BlackBean〉. 블랙빈의 시장확대전략(고객층 확대)
김혜현	〈아인스〉. '하루만에 즐기는 세계여행'이란 주제의 핵심컨셉 강화방안

시장조사에 소요되는 시간을 줄이려면 앞서 필자가 설명한 '기획서는 이야기에 검증자료를 붙인 것'이란 정의를 되돌아보면 된다. 이는 기획서작성에 필요한 조사자료는 세상의 모든 자료가 아니라, 기획서 내용을 검증할 수 있는 자료만 있으면 된다는 의미다.스토리가설에 담긴 메시지들이 조사대상이며, 이들이 객관적인 자료에 근거한 것임을 입증할 만큼만 조사하면 된다.

스토리가설을 통해 기획자는 시장조사부분에서 두 가지를 확인할 수 있다.

첫째, 자신이 해당주제에 대해 무엇을, 얼마만큼 알고 있는지, 또 스토리가설을 완성하기 위해 추가적으로 조사해야 할 사항이 무엇인지 가름할 수 있다.

스토리가설은 자신이 알고 있는 것, 머리속에 떠오르는 내용들을 문장으로 정리한 것이다. 스토리가설을 작성할 때는 자신이 확인하지 못한 생각도 가설로 설정할 수 있지만 이것 역시 과거의 경험이나 자료, 정보에 근거한 내용이다. 스토리가설은 정설이든 가설이든 자신이 알고 있는 만큼만 쓸 수 있다는 말이다. 많이 알면 많이 쓰고, 아는 것이 별로 없으면 반 페이지도 채우기 어렵다. 이것은 문장작성기법을 배웠거나 글쓰기 훈련을 받은 것과는 다른 상황이다. 수많은 글쓰기 책이 있지만 글 쓰는 사람의 지식을 대신해 줄 글쓰기 방법은 없다.

따라서 스토리가설을 작성해 보면 자신이 알고 있는 것과 추가로 조사해야 할 것이 무엇인지 자연스럽게 나타난다. 스토리가설 내용이 일정분량이 되고, 스토리가설에서 요구하는 내용들이 들어있다면 기획자는 해당주제에 대해 일정이상의 정보를 갖고 있는 것이다. 이럴 때는 스토리가설을 읽어보고 부족한 부분을 찾아 그 부분만 조금 더 보완하면 된다. 하지만 시장동향부분을 한두 줄만 쓰고 더 이상 쓸 내용이 없다면 기획서를 쓸 생각보다 먼저 해당 주제에 대한 탐색조사부터 진행해야 한다.

참고로 자신이 알고 있는 것과 모르는 것을 보다 구체적으로 확인하는 방법은 두 가지다. 하나는 스토리가설 내용들이 자연스럽게 전개되는지의 문제다.

앞선 발단, 전개, 절정, 반전, 대단원의 순서에 따라 내용들이 자연스럽게 연결된다면 자신이 해당주제에 대해 일정수준의 정보를 갖고 있다고 판단할 수 있다. 하지만 내용들이 자연스럽게 연결되지 않는다면, 또 사람들이 스토리가설을 읽으면서 기획자의 주장을 잘 이해하지 못한다면 뭔가 중요한 메시지가 빠져있거나 내용 상 건너뛴 것이다. 이런 상황은 해당주제에 대한 정보부족 때문이다. 이 부분을 찾아 추가적으로 정보를 수집해야 한다.

또 하나는 앞선 기획서의 핵심구조, 즉 문제–원인–과제–해결방안의 로직트리에 자신의 스토리가설을 대입해 보는 것이다.

기획서의 핵심구조는 기획서의 기본골격에 해당하는 내용들을 담고 있다. 스토리가설 내용들이 핵심구조를 채우고, 내용 전개상 문제없이 진행된다면 기획자가 해당주제에 대해 일정수준의 정보를 갖고 있다고 판단해도 좋다. 하지만 핵심구조에 담긴 내용이 뭔가 어색하고 부자연스럽게 연결된다면, 이 역시 중요한 내용을 놓친 것이다. 이때도 해당부분에 대한 정보를 추가로 확보하여 부자연스러운 부분을 보완하면 로직트리의 흐름이 좀 더 자연스럽게 변한다.

둘째, 향 후 스토리가설 검증을 위해 어떤 자료를 검토해야 하는지 대상과 범위를 확인할 수 있다.

스토리가설은 근거자료로 확인가능한 메시지와 자료로 증명할 수없는 기획자의 생각, 즉 가설로 구성되어 있다. 가설들은 기획서 내용을 자연스럽게 만들도 설득력을 높이기 위한 요소이지만 실제 기획서 작성 시에는 검증해야 할 내용들이다. 따라서 스토리가설을 작성해 보면 향 후 자신이 증명해야 할 사항이 무엇이고, 이들을 어디까지 입증해야 하는지 생각해 볼 수 있다.

참고로 기획서 작성 시 필요한 조사는 두 개의 단계로 이뤄진다. 하나는 자신의 관심분야에 대한 '생활 속의 탐색조사'와 스토리가설을 작성하기 위한 '사전조사'이고, 또 하나는 스토리가설을 작성한 후 자신의 생각을 검증할 목적의 '본 조사'이다.

스토리가설에 영향을 주는 조사는 생활 속의 탐색조사와 사전조사다. 이는 본 조사처럼 정밀한 가설검증이 아닌, 주제와 관련된 시장에 대한 전반적인 탐색조사이며 스토리라인을 구성하기 위한 그림그리기 조사다. 따라서 특정주제를 세밀하게 파고들기보다는 평소 생활 속에서 보고 듣고 느끼는 것들을 조사하는 마음으로 탐색하듯이 진행하면 된다. 이때 중요한 것은 신문, 잡지, 인터넷 등의 2차 자료와 주변사람, 고객층의 1차 의견조사이며 특히 영감을 얻기 위한 1차 조사가 중요하다.

반면에 본 조사는 스토리가설을 검증하기 위한 조사이다. 스토리가설에 담겨 있는 메시지들을 '가설'로 삼아 이들을 지지하거나 반대되는 조사자료들을 찾는 과정이다. 이때 스토리가설을 지지하는 자료, 정보들은 탐색조사나 사전조사에서 확보한 것들이 많을 것이므로, 본 조사에서는 가설을 거부하는 반대자료와 정보에 중점을 두고 조사할 필요가 있다. 예를 들어 '여성들이 남성보다 커피평가에서 커피향이 더 큰 영향을 준다'는 내용을 가설로 설정했다면 이의 반대되는 내용, 즉 '여성들과 남성들의 커피평가에서 커피향은 영향을 미치지 못한다.'것을 입증할 자료를 찾아보는 방법이다. 이런 방법을 통해 자신이 만든 가설이 통과될 수도 있고, 또 거부될 수도 있으며, 일부 수정해야 할 상황도 생긴다. 어떤 경우에는 기획자가 생각지도 못한 좋은 자료를 찾아내 기획서 내용을 더욱 풍부하게 만들 수 있는 여지를 제공하기도 한다.(가설검증에 대해서는 14장에서 다시 설명한다.)

사전조사(생활조사)	본 조사
· 주제와 관련된 시장 전반적인 조사 · 자료분석이 아닌, 그림을 그리기 위한 조사(시장동향, 흐름 등) · 평소 생활 속에서, 다양한 매체들을 보면서 자기 생각을 정리 · 중요한 것은 친구, 동료들의 의견, 생각 등에 관심을 두고 조사	· 스토리가설을 확인, 검증하기 위한 조사 · 기획서 내용에 실제 활용할 자료를 확보하기 위한 조사 · 전반적인 흐름자료보다는 세부적인 내용을 담고 있는 자료조사 · 필요하다면 1차 자료조사도 실행

기획서는 사실, 정보에 근거한 문서이다. 일반적인 보고서와 달리 사실, 정보를 분석, 해석하여 새로운 방향을 제시한다. 따라서 기획서의 신뢰성은 시장조사 자료에 달렸으며, 이 부분이 미약하면 기획서에 대한 가치도 반감된다. 하지만 시장조사가 중요하다고 해도 이 부분에만 시간을 투자할 수는 없다. 시장조사활동은 기획서 작성수단이지 목적이 아니다. 따라서 기획자는 가능하면 빠른 시간 내에 자신에게 필요한 자료를 찾아야 하며, 이를 스토리가설이 도울 수 있다.

▼ 과 제

1. 스토리가설이 기획서 작성업무에서 담당하는 역할을 설명해 주세요.

2. 스토리가설이 시장조사업무를 어떻게 도와주는지 설명해 주세요. 그리고 기획자가 추가적인 시장조사를 해야 한다고 판단할 수 있는 방법이 무엇인지 설명해 주세요.

(3) 가설사고의 중요성과 역할

가설사고는 기획서 작성뿐만 아니라 일반 비즈니스 상황에서도 매우 중요하다. 가설사고는 정밀한 조사활동없이 가설적인 결론을 만든 후 이를 검증하는 사고방식으로, 급변하는 세상에 대응하기 위한 매우 중요한 사고방식이다. 기획자가 가설사고를 통해 얻을 수 있는 이점은 첫째, 생각하고 뛰는 것이 아니라 뛰면서 생각하기 때문에 신속하게 상황에 대처할 수 있다. 둘째, 넘치는 정보 속에서 정보자체에 파묻히지 않고 목표를 정확히 설정할 수 있다. 철저한 상황분석은 조사자체에 중점을 둠으로써 조사목적 자체를 잃어버리는 수도 있다.

스토리가설의 중요성과 가치를 이해하려면 가설의 중요성을 확인할 필요가 있다. 특히 '가설'을 전제로 하는 '가설사고'는 시간을 중시하는 비즈니스 현장에서는 무척 중요한 사고방식이다. 가설은 일반적으로 '실제로는 타당성이 증명되지 않았으나 여러 경험적 사실들을 동일적으로 설명하기 위해 임시로 세운 이론'이라고 정의한다. 말 그대로 가정의 설명이며, 증명되지는 않았지만 가장 정답에 가깝다고 생각하는 해답이다. 이를 '가설사고'에 대입하면, 가설사고는 문제를 분석하여 해답을 도출하는 것이 아니라 우선 임의의 해답을 생각해 낸 뒤에 그것을 분석하고 증명하는 것이라 할 수 있다. 이런 가설사고는 스토리가설 작성에서도 그대로 적용된다. 우선 제한된 정보를 갖고 전체스토리를 구성한 다음에 이의 검증을 위해 필요한 정보만을 조사하여 이들 자료, 정보에 따라 스토리가설을 구조화하는 것이다. 이때 구조화란 생활조사를 통해 얻어낸 메시지들을 인과관계에 의해 연결시키고 이를 수정, 보완하면서 기획서의 전체시나리오를 만들어 나가는 활동을 의미한다.

가설사고에 의해 스토리가설을 만들면 다음과 같은 방식으로 내용을 구성하게 된다.

> 현상분석을 하면 이런 분석결과를 얻을 것이다.
> 앞선 분석결과에 의거하면 문제와 원인은 이것이며
> 그 결과로써 몇 가지 전략을 생각해 볼 수 있고
> 가장 효과적인 것은 바로 이 전략이다.
> 이를 실행으로 옮기려면 이러저러한 활동이 필요할 것이다.

충분한 분석이나 증거없이 문제를 찾고 과제를 설정한 후 문제해결을 위한 전략이나 해결책까지 스토리라인을 만든 후, 이때부터 좀 더 구체적으로 증거를 수집하여 초기의 스토리라인을 보강하는 것이다. 이 경우 자신이 만든 스토리(가설)를 검증하기 위해 필요한 증거만을 수집하면 되기에 쓸데없는 정보수집이나 분석을 할 필요가 없으며, 이로 인해 기획서 작성의 효율성이 월등히 향상된다.

물론 이런 방식에 우려를 보이는 사람도 있다. 다양한 가능성을 생각할 수 있는 초기단계에서 제한된 정보만으로 스토리를 구성한다면 정작 중요한 것을 놓치지 않을까 하는 걱정이다. 그러나 아무리 열심히 조사해도 백프로 조사란 불가능하며, 조사를 하는 상황에서도 새로운 자료는 계속 만들어진다. 조금 부정확하지만 속도를 높일 것인지, 아니면 완벽한 조사에 매달려 많은 시간을 소비할지는 기획자의 선택이다.

가설사고에 대해 세븐 일레븐의 스즈키 토시후미 회장은 이렇게 말한다. "우리가 해야 할 일은 어떻게 하면 잘 팔릴지를 우선적으로 생각하는 것이다. 처음부터 가설을 세우는 것이다."

세븐 일레븐은 시중에서 팔리는 대부분의 상품을 매장에 진열하던 상황에서 소프트드링크 판매를 높이기 위해 다음과 같은 가설을 수립했다. 소프트드링크, 즉 탄산음료나 주스가 매장에 너무 많이 진열되면 고객입장에서는 상품선택이 어렵거나 특정상품의 품절 때문에 자신이 원하는 것을 찾지 못한다. 고객을 편하게 만들려면 매장의 진열상품을 일정부분 통제해야 한다. 그리고 세븐 일레븐은 매장에서 냉장고에 있는 소프트드링크 품목을 2/3으로 줄였다. 언뜻보기에는 매장 내 진열상품 수가 줄어들어 드링크 매출이 떨어진 것 같았지만 결과는 그 반대였다. 앞선 가설대로 매출이 30% 올랐다. 그럼 매출이 높아진 이유는 무엇일까? 단순히 진열품목 수를 줄였기 때문일까? 세븐 일레븐은 소프트 드링크의 매출현황을 분석하여 잘 팔리는 상품은 진열갯수를 늘리고, 판매가 부진한 상품은 철수했다. 덕분에 매장 냉장고에서 잘 팔리는 상품은 품절되지 않았다. 이런 현상이 매출을 더욱 높인 것이다. 진열상품 수가 줄어드니 선택이 쉬어졌고, 구입하려는 품목이 품절되지 않으니 사고싶어도 못 사는 고객이 줄어든 것이다.

가설사고는 정확한 조사, 분석과 비교했을 때 몇 가지 장점을 제공한다.

첫째. 신속히 행동할 수 있다. 생각하고 뛰는 것이 아니라 뛰어가면서 생각하기 때문이다.

가설사고를 한다는 것은 목적지를 알고 그곳을 향해 나아가는 것과 같다. 물론 정확한 자료와 정밀한 계획에 따라 나아가면 실패는 줄어들 수 있다. 하지만 문제는 시간이며, 상황이 변하지 않는다는 보장도 없다. 따라서 가설사고를 하면 대책없이 나아가는 것보다 훨씬 빠르며 위험도 줄일 수 있다. 중요한 것은 목적지까지 가는 길 중에서 아는 것만이라도 먼저 정리한 다음 부족한 부분을 상상으로 채우는 것이다. 특히 요즘처럼 변화속도가 빠른 상황에서는 해답을 먼저 제시하는 것이 중요하다. 일상적인 방법처럼 상황을 분석하고 문제를 정의한 다음 과제를 정밀하게 추적하는 것이 아니라 우선 해답을 만들어낸 다음 그것을 분석하고 평가하는 것이다. 필자가 기획자에게 권하는 스토리가설 작성방법이 바로 이런 방식이다. 아는 것을 활용하여 우선 문제, 원인, 과제 및 해결방안을 정리한 다음 사후 검증하자는 것이다. 실제 기업에서도 우수한 비즈니스맨은 빠르게 해답을 찾는 사람이다. 제한된 정보 속에서 가설사고를 통해 해결책을 상상해 낸다.

둘째, 수많은 정보 속에서 길을 잃지 않게 된다.

시장조사를 생각하면 정보홍수라는 단어가 떠오른다. 요즘처럼 인터넷이 발달되어 검색가능한 정보가 많을 경우에는 더욱 그렇다. 눈앞에 놓인 정보들을 외면하자니 남들보다 부족한 것 같고, 이들을 모두 확인하자니 시간이 부족하다. 하지만 기획자에게 중요한 것은 정보자체가 아니다. 앞서 설명한 기획사고를 통해 사실에서 정보를, 정보에서 의미있는 결론을 만들어 내는 것이다. 가설사고가 100% 정확하다고 확신할 수는 없지만 스토리 가설방식으로 내용을 구성해 봄으로써 자신에게 필요한 정보가 무엇인지 사전에 파악할 수 있다. 그리고 꼭 필요한 정보만을 엄선하여 자신의 생각을 검증하고 발전시킬 수도 있다.

하지만 아직도 많은 사람들이, 특히 기업에서는 총망라적 정보수집을 선호하는 경우가 많다. 필자도 기업에서 사업계획서를 많이 작성했는데 그때마다 상부에서 요구하는 것은 발생가능한 모든 상황에 대한 분석이었다. 자사, 경쟁사는 기본이고, 잠재경쟁자에 위험을 야기시킬 수 있는 조그마한 상황까지도 탐지해서 방향을 설정해야 한다는 말이다. 사업이 시작되면 돌이킬 수 없으니 사전에 충분히 시장동향과 미래변화 상황을 예상하고 앞으로 나아가야 한다는 생각이다. 그러나 이런 복잡한 상황분석은 도리어 문제의 본질을 파악하는 데 방해가 되기도 한다. 정작 중요한 것은 잊어버리고 사소한 상황에 민감해진다. 게다가 더 큰 문제는 총망라적으로 정보수집을 하다보면 어느 새 마감일이 다가와서 '이제 할 만큼 했어.'라고 스스로를 위로하며 일을 마감하게 된다. 사업을 성공하기 위한 시장분석이 조사자체로 끝나버리는 상황이다. 아무리 시장조사를 정확하게 해도 놓치는 게 있다. 그리고 운이 나쁘면 그것이 사업에 치명적인 요소가 되기도 한다. 그럴 바에는 차라리 최선은 아닐지라도 차선책으로 전체적인 그림을 가설로 만들어 놓고 이를 검토하면서 사업계획을 완성해 나가는 것이 더 효과적일수도 있다. 사업에서 중요한 것은 내가 구상한 선택지가 맞는지 확인하는 것이지 수많은 선택지 중에서 '최선'을 찾아내는 것은 아니니까 말이다.

▼ 과 제

1. 가설사고의 이점을 설명해 주세요.
2. 자신이 작성 중인, 또는 작성할 기획서의 전체적인 스토리라인을 가설사고를 통해 정리해 보세요. 정리하기가 어려우면 책에 담긴 예를 참고하면 됩니다.

2 가설을 만든다는 마음으로 써라

(1) 스토리가설 초안만들기

스토리가설 작업은 초안작성과 수정안 작성작업으로 나눠진다. 초안작업은 특정내용 흐름이나 목차 등의 조건없이 기획자가 생각하는 기획서 내용을 겉으로 끄집어내는 작업이다. 이때 중요한 것은 전 단계에서 작성한 메시지들을 적극 활용하였는가, 이들 메시지들이 하나의 결론을 향해 일관되게 배치되었는가, 내용흐름이 자연스러운가 하는 점이다. 스토리가설 내용을 충실하게 만들기 위해서는 기획자 혼자 작성하기보다 다른 사람들에게 도움을 청하는 것이 중요하며, 특히 2인 1조의 조 편성을 통해 두 사람이 서로 상대방의 이야기를 보완하고 자신의 이야기를 덧붙이도록 하는 것이 좋다.

스토리가설은 기획서 작성의 시작점이자 전체적인 스토리라인을 잡은 핵심적인 과정이다. 이는 다음 표처럼 기획서 주제에 대한 탐색조사를 통해 메시지들을 개발하고, 이를 연결시켜 가설적인 스토리라인을 만드는 작업이며, 이후 본 내용을 기획서로 변환할 수 있도록 [기획서 내용구성안]으로 변환시켜 기획서로 만들기 위한 기반과정이다.

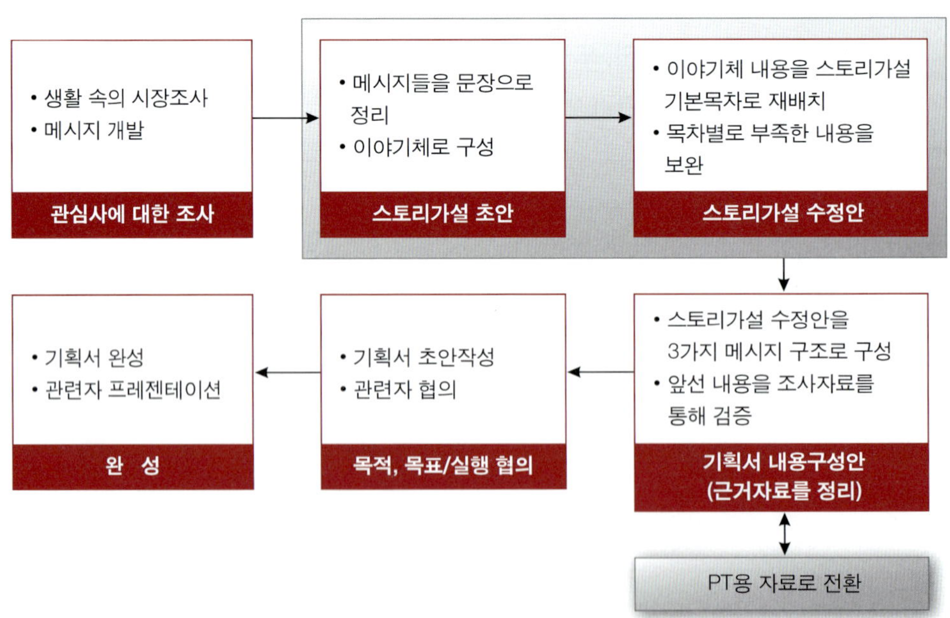

스토리가설 작업은 크게 스토리가설 초안작업과 이를 보완하기 위한 수정안 작업을 거친다. 기획서 구성에 대해 많은 생각을 한 경우라면 스토리가설을 한 번에 작성해도 좋다. 하지만 오랜시간 동안 생각하여 한 번에 작성하는 것보다는 짧은 시간 동안 아는 것을 문장으로 정리하고, 다시 이를 수정, 보완하는 것이 훨씬 힘도 덜 들고 작성시간도 단축할 수 있다.

[스토리가설 초안만들기]

스토리가설 초안은 자신의 생각을 문장으로 정리하는 작업으로 아래와 같은 순서를 거친다.

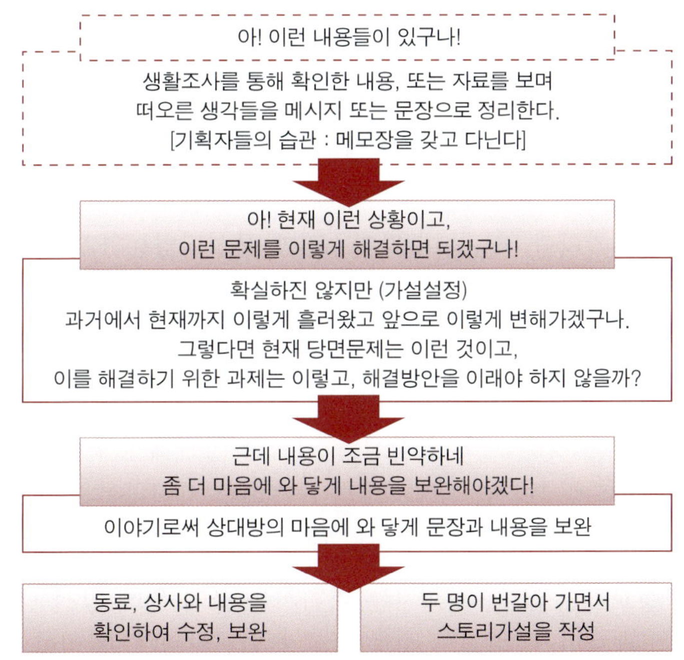

우선 생활조사를 통해 발견한 내용들을 수첩이나 노트에 정리한다. 이들은 스토리라인을 만들때 사용할 메시지들이다. 그 후 자신이 무엇을 전달하고 싶은지에 따라 메시지 순서를 바꿔가며 전체내용을 만든다. '해당주제 시장이 이렇게 흘려왔고, 이러저러한 시장변화나 환경요인으로 인해 이런 문제가 발생했구나…그럼 이 문제는 이렇게 해결해야 하지 않을까?'라는 순서로 메시지들을 정리하면 내용을 이해하기 쉽다. 이때 전체문장의 타당성에 대해서는 고민하지 말고 자신이 알고 있는 것만 갖고 내용을 구성하면 된다. 겁먹지 말고 일단 생각하는 것을 문서로 정리하는 것이 중요하다.

스토리가설을 처음 작성할 때 중요한 것은 다음과 같은 내용이다.

1) 자신이 알고 있는 내용을 바탕으로 기획서의 특정형식, 목차에 구애받지 말고 떠 오르는 생각을 있는 그대로 글로 정리한다.
2) 이때 내용은 향후 검증할 가설이 대부분이므로 맞고 틀리는 것에 상관없이 자신이 생각하는 것을 모두 글로 표현하는 것에 집중한다.
3) 초안을 다 쓴 후 이야기 플롯에 맞춰 내용순서를 조정하고, 문장, 어법, 단어 등의 오류를 고친다.

하지만 처음 작성하는 스토리가설은 앞서 구성한 메시지와 기획자의 기억에 근거하여 정리한 것이기에 부족한 부분이 많다. 몰라서 못쓴 것도 있지만 알면서도 기억이 나지 않은 것도 상당수이며, 평소 생각했던 것 중에서도 놓친 것도 많을 것이다. 따라서 처음 작성한 내용을 다시 살펴보면서 빠진 내용이 없는지 확인할 필요가 있다. 그리고 이때 내용흐름도 좀 더 자연스럽게 만드는 것이 좋다. 문장이 좋고 화려한 것을 떠나 기승전결에 따라 이야기처럼 내용들이 자연스럽게 구성되었는가가 더 중요하다.

하지만 기획자 혼자 생각만으로는 전체적인 스토리라인을 만드는 데 한계가 있다. 주변 사람들의 도움을 받을 필요가 있다. 혼자 아는 것과 두세 명이 아는 것과는 지식차이도 있지만 동일한 상황이나 정보를 달리 해석하는 경우도 많다.

가장 좋은 것은 기획서 작성을 지시한 상관에게 초안을 보여주고 그들 의견을 반영하는 것이다. 상사나 고객들은 그들 나름대로 사업방향을 생각한 것이 있고, 기획자가 미처 파악하지 못한 정보를 갖고 있는 경우도 많다. 물론 그들이 갖고 있는 정보는 기획담당자만큼 정교하진 않다. 기획자는 기획서를 쓰기 위해 앞선 탐색조사에서 다양한 자료를 확인했기 때문이다. 하지만 이들 의견은 기획방향에 큰 영향을 주고, 특히 기획의 시발점인 문제의식과 과제, 그리고 해결방안의 범위를 정하는 데 많은 도움을 준다.

필자는 기획서 수업에서 스토리가설을 강화시키기 위해 두 가지 방법을 활용한다.

첫 번째 방법은 스토리가설 작업을 위해 항상 2인 1조로 조 편성을 한다.

네 명 이상이 되면 누구는 일하고 누구는 쉬는 학생이 생기기 때문에 최대한 세 명이 넘지 않도록 조를 편성한다. 가장 좋은 것은 한조에 두명이다. 그리고 두 명이 번갈아 가면서 스토리가설을 쓰도록 권유한다. 즉 한 명이 먼저 스토리가설을 작성하고 다음 학생에게 이를 넘기면 그 학생이 내용 중에서 빠진부분이나 부족한 부분을 보완하고, 그 후 이것을 처음 학생이 다시 내용을 보완하는 방법이다. 이처럼 하나의 스토리가설을 두 명이 두 번씩 내용을 보완하면 두 사람이 아는 정보를 모두 스토리가설에 표현할 수 있어 개인이 혼자내용을 정리한 것보다 내용이 충실해지며, 서로 다른 시각을 갖고 있어도 이때 조정할 수 있다. 상대방이 추가한 정보와 결론을 바라보면서 그의 생각을 이해할 수 있기 때문이다.

두 번째 방법은 동일 업종, 주제를 다루는 조끼리 하나의 팀을 구성하여 토론한다.

동일업종, 주제를 다루는 조들이 한 팀이 되어 상대 팀의 스토리가설을 평가해 주고 보완하는 방식이다. 엄밀히 따지면 다른 조의 스토리가설을 보완한다기보다 공통된 내용을 함께 만들어 가는 것이다. 스토리가설의 공통부분인 시장현황분석과 문제, 원인도출부분이다. 특정기업의 공모전에 참가할 때, 또 특정기업이나 지자체에서 학과에 제안서를 요청할 때 사용한다.

스토리가설 초안의 역할은 현재 머리속에 담겨진 내용을 최대한 겉으로 끄집어 내는 것이다. 따라서 앞선 과정에서 찾아낸 메시지들을 옆에 놓고 생각나는 대로 손가락을 움직여 하얀종이로 옮기는 작업이 필요하다. 이때는 문법도, 문장실력도 중요하지 않으며, 자신이 쓰고 있는 것이 자신의 생각을 정확히 표현했는지도 중요하지 않다. 그냥 써 나가는 것이다. 필자도 글을 처음 쓸때는 자판위에 손가락을 올려놓고 필자 머리속에 든 것들을 하얀 백지에 옮기기 위해 열심히 손가락을 움직인다. 떠오르는 생각들을 무심하게 작성하다 보면 어느 새 A4용지 한 페이지가 넘고, 두 페이지를 넘어간다. 그 후 내용을 다시 읽으며 문장들을 문법에 맞게 고치고, 내용흐름을 기승전결에 따라 조정하면서 반복된 내용들을 제거한다. 그러면 처음 염려했던 것과는 달리 그럴듯한 문장이 만들어진다. 이런 과정을 통해 자기생각을 보다 일목요연하게 정리할 수 있고, 이렇게 정리한 문장들이 기획서 작성을 이끌 핵심적인 스토리라인의 역할을 담당한다. 기획서는 여기서 시작한다.

목차나 규정같은 것을 잊어버리고 작성한 스토리가설 사례를 보자. 아래 내용을 읽어보면 글쓴이가 어떤 생각을 갖고 있는지 알 수 있다.

LG패션이 LF(LIFE IN FUTURE)로 상명을 변경했다. 오랜 세월동안 간직했던 LG 타이틀을 던져버렸다. 이런 변화의 근간에는 LG패션을 단순패션 업체가 아닌 생활문화기업으로 발전시키겠다는 의지가 담겼다. 하지만 이런 변화는 LG만이 아니다. LG의 오랜 맞수이자 삼성의 모태기업인 '제일모직' 역시 창립 60년 만에 역사 속으로 사라질 전망이다. 하지만 패션업의 경우 기업자체보다 브랜드별 인지도가 높아 사명변경에 따른 시장혼선은 크지 않을 것으로 보인다.

LF 전환기를 맞아 그들이 신 성장동력으로 삼는 사업은 식품사업이다. 실제 LF가 인도네시아와 태국에서 벌이고 있는 식품가공사업은 기대를 뛰어넘는 수익을 올리고 있다. 이에 따라 LF는 자회사인 LF푸드로 식품가공사업을 이관하고, 동남아시아에서 본격적으로 식품사업을 벌인다는 전략이다.

그런데 LF가 새로운 기업브랜드로 성장하기 위해서는 소비자들의 머리속에 새롭게 심어줘야 할 것이 하나 있다. 물론 기업(인)들은 과거 LG패션의 명성과 지금까지의 사업성과를 인식하고 있고, LF라 상명을 바꿨다 해서 그것의 잠재력이나 브랜드파워를 모르지 않을 것이다. 하지만 일반인들 인식 속에는 LG패션 이미지가 강하여 이름을 바꿨다 해도 소비자 인식자체가 쉽게 바뀌진 않을 것이다.

LF기업브랜드는 LG라는 거대한 이미지를 벗어나 의류브랜드가 아닌 기업브랜드로서는 아직 소비자들의 관심도가 낮다. 각각의 의류 브랜드자체에는 관심이 많아도 기업브랜드 자체에는 큰 인식이 부족하다. LF는 최근 상명하였으므로, 포털사이트 나 검색엔진에도 정보가 많지 않다.

LF라는 기업명 자체가 이름을 바꿨어도 LG FASHION를 떠오르게 된다. 이를 줄이면 LF가 되기 때문이다. 기존 LG패션의 이미지를 끌고 가려는 의도라면 좋지만, 새로운 생활문화기업으로 거듭나는데 과거의 패션기업이라는 이미지가 안 좋은 영향을 미칠 수도 있다.

그래서 우리는 이제 LF라는 새로운 생활문화기업을 알려야 한다. LG패션의 이미지를 탈피하고 기업에서 원하는 생활문화기업 이라는 새로운 이미지를 구축해 가야 한다.

LF는 현재 LF몰 탄생축하 이벤트를 진행하고 있는데, 거기서 최근에 소비자들의 눈길을 끌고 있는 LF소나타를 사은품으로 걸고 온라인, SNS을 통해 적극 알리고 있다. 이처럼 LF는 소비자들에게 생소한 LF를 알리기 위해 단순하지만 다양한 캠페인과 조금은 가볍고 흥미로운 이벤트나 소스를 통하여 소비자들에게 천천히 다가가고 있다. 하지만 이것만으로는 조금 부족하지 않을까?

본 기안은 LF기업 브랜드 홍보를 통해 또 하나의 새로운 생활문화 기업이미지를 형성해 보고자 한다.

• 자료원 : 〈생활문화기업으로 도약하기 위한 LF기업홍보방안 제안서〉, 최민정, ○○대학교, 2014

다만, 문장을 조정할 때 고려할 것이 하나 있다. 스토리가설은 기획서를 작성하기 위한 전 단계이므로 일반 글쓰기와는 달리 아래 내용이 들어 있는지 확인하고, 내용순서를 이에 따라 맞추는 작업이 필요하다. 만약 스토리가설에 아래 내용들이 들어가 있지 않거나 부족하다면 그건 문장실력이 아니라 해당주제에 대한 정보가 부족하다는 의미다. 이럴 때는 부족한 내용에 대한 탐색조사를 좀 더 실시하여 그 부분에 대한 시야를 키우고 스토리가설 내용을 보완하는 게 좋다.

1) 이 기획을 왜 하는지 분명히 정의되었는가?
   무엇이 문제인가? 또는 무엇이 부족한가? [문제의식]
   내가 원하는 것(상태)은 무엇인가? [목표의식]
2) 왜 그런 문제의식을 갖게 되었는가? [원인규정]
3) 원인 또는 장애요인을 제거하려면 무엇을 해야 하는가? [과제설정]
4) 그 일을 진행하려면 구체적으로 어떻게 해야 하는가? [해결방안]

앞선 최민정씨의 문장을 상기된 내용에 따라 나눠보면 목차없이 정리한 문장이지만 대부분의 내용이 담겨져 있다는 것을 알 수 있다. 그리고 부족한 것이 발견되면 이때 그 부분을 다시 보완하면 된다. 아래 내용은 상기된 내용을 몇 가지 앞선 의문으로 나눠 재배치한 것이다. 아래 내용을 보면 '구체적인 해결방안'이 없다는 것을 알 수 있다.

1) 무엇이 문제인가? 또는 무엇이 부족한가?

LF기업브랜드는 LG라는 거대한 이미지를 벗어나 의류브랜드가 아닌 기업브랜드로서는 아직 소비자들의 관심도가 낮다. 각각의 의류브랜드자체에는 관심이 많아도 기업브랜드 자체에는 인식이 부족하다. LF는 최근 상명하였으므로, 포털사이트나 검색엔진에도 정보가 많지 않다.

2) 왜 그런 문제의식을 갖게 되었지? 내가 원하는 것이 무엇인데?

(문 제)

LF기업브랜드는 LG라는 거대한 이미지를 벗어나 의류브랜드가 아닌 기업브랜드로서는 아직 소비자들의 관심도가 낮다.

(원하는 것)

LG패션이 LF(LIFE IN FUTURE)로 상명을 변경했다. 오랜 세월동안 간직했던 LG 타이틀 던져버렸다. 이런 변화의 근간에는 LG패션을 단순패션업체가 아닌 생활문화기업으로 발전시키겠다는 의지가 담겼다.

(원 인)

LF라는 기업명 자체가 이름을 바꿨어도 LG FASHION를 떠오르게 된다. 이를 줄이면 LF가 되기 때문이다. 기존 LG패션의 이미지를 끌고 가려는 의도라면 좋지만, 새로운 생활문화기업으로 거듭나는데 과거의 패션기업이라는 이미지가 안 좋은 영향을 미칠 수도 있다.

일반인들 인식 속에는 LG패션 이미지가 강하여 이름을 바꿨다해도 소비자 인식자체가 쉽게 바뀌진 않을 것이다.

3) 그럼 원인 또는 장애요인을 제거하려면 무엇을 해야 하지?

그래서 우리는 이제 LF라는 새로운 생활문화기업를 알려야 한다. LG패션의 이미지를 탈피하고 기업에서 원하는 생활문화기업이라는 새로운 이미지를 구축해 가야 한다.

4) 그럼 그 일을 진행하려면 구체적으로 어떻게 해야 하는거야?

* 아직 작성하지 않았음

▼ 과 제

1. 스토리가설 작성 시 중요한 사항이 무엇인지 설명해 주세요.

2. 스토리가설을 작성할 때 반드시 언급해야 할 내용은 무엇인지 설명해 주세요.

(2) 스토리가설 수정안 만들기

스토리가설 수정안은 앞선 스토리가설을 좀 더 체계적인 목차구조에 맞춰 내용을 보완하는 것이다. 이는 앞선 스토리가설 내용 중에서 놓친 부분이나 부족한 점을 보완하기 위한 작업이다. 이때 사용하는 목차 중 하나는 첫째, 발달-전개-절정-반전-대단원의 이야기 플롯이고, 두 번째는 스토리가설 목차로 기획의도-현황분석-문제/원인분석-해결과제-목표수립-컨셉-해결방안-대단원(맺음말)이다. 이야기 플롯에 맞춰 내용을 보완한 다음, 스토리가설 목차에 따라 2차 보완하면 내용이 훨씬 자연스럽고 풍부해진다. 하지만 시간이 없다면 이야기 플롯은 제외하고 바로 스토리가설 목차를 사용하여 내용을 보완해도 된다.

앞서 작성한 스토리가설 초안을 보다 완성된 스토리라인으로 만들기 위해 스토리가설 기본목차에 맞춰 이를 수정, 보완한다.

스토리가설은 머리속에 담긴 생각을 부담없이 글로 표현하기 위해 목차없이 작성했다. 하지만 스토리가설에 필요한 내용을 빠짐없이 작성하려면 기본적인 목차의 도움이 필요하다. 목차는 기획서라면 이런 내용은 들어있어야 한다는 지침이자 작성가이드이다. 스토리가설 수정안은 스토리가설 초안을 스토리가설 기본목차에 재배치하고 부족한 부분을 수정, 보완한 스토리라인이다.

스토리가설 수정안을 만들 때 사용하는 목차는 두개인데, 이야기 플롯과 스토리가설 기본목차다. 이야기 플롯은 [발단], [전개], [절정], [반전], [대단원]으로 목차없이 작성한 스토리가설 초안의 내용을 이야기처럼 자연스럽게 만들어 준다. 기획서 목차와 내용흐름은 유사하지만 이야기가 가진 인과관계구조를 살리면서 내용을 이해하기 쉽게 만들어 준다. 스토리가설의 기본목차는 [현황분석], [문제 및 원인분석], [해결과제], [목표수립], [컨셉], [해결방안], [대단원]이다. 이는 기획서 목차 중에서 가장 단순한 목차이며, 발표용제안서 목차로도 자주 사용한다. 이 목차를 사용하면 내용을 안정적으로 구성할 수 있으며, 동시에 기획서 냄새도 강하게 풍길 수 있다. 따라서 기획자는 조금 귀찮겠지만 우선 스토리가설 초안을 이야기 플롯구조로 전환시켜 내용을 보완한 후 이를 스토리가설 기본목차로 전환하는 것이 좋다. 물론 기획서 목차를 이해한 경우라면 스토리가설 초안을 바로 기획서 기본목차로 전환해도 상관없다. 다만, 앞선 기본목차 중에서 [목표수립]과 [컨셉]은 스토리가설 수정안 작성때는 사용하지 않아도 된다. 기획서에서는 반드시 필요한 목차이지만 스토리가설에서 다루기에는 조금 어색한 면이 있다. 스토리가설에서는 스토리라인의 완성도와 전체적인 내용흐름을 다듬는 것이 중요하다. 하지만 목표, 컨셉과 같은 전략적인 내용을 억지로 사용하면 이야기의 맥이 끊기는 경우가 있다.

앞서 살펴본 이야기 플롯과 스토리가설 기본목차를 비교해 보면 이야기 플롯의 발단, 전개부분을 스토리가설에서는 [현황분석] [문제/원인분석]으로 나눠 현황분석을 통해 도출한 문제와 원인을 강조했고, 이야기 플롯의 절정부분을 [해결과제]와 [목표수립]으로 나눠 과제를 보다 구체적으로 표현했으며, 이야기 플롯의 반전부분을 [컨셉]과 [실행방안]으로 나눠 실행방안을 설명하기 전에 실행방안들이 추구해야 할 목적지를 보다 정교하게 표현하도록 구조화했고, 마지막으로 이야기 플롯의 대단원을 스토리가설에서도 그대로 활용하여 내용을 마무리했다. 스토리가설 기본목차가 이야기 플롯과 다른 점은 [기획의도]라는 목차를 통해 기획의 배경과 필요성, 달성목표를 간단하게 요약정리했다는 점이다. 기획의 배경과 필요성, 달성목표를 사전에 전달하기 위해서다. 이야기와 달리 기획서는 비즈니스 대화법의 문장으로 항상 두괄식으로 표현해야 한다.

스토리가설 초안과 수정안의 예를 살펴보면 다음과 같다. 첫 번째 예는 앞서 살펴본 스토리가설 초안형태다. 특정목차없이 생각나는 대로 작성한 사례라고 이해하면 된다.

제인산업은 십년 전 굴착기 전문업체를 설립한 이후 매년 연 평균 100% 이상의 성장을 거듭해 왔습니다. 여기에는 경영자의 품질제일주의 철학과 모든 직원이 함께 간다는 한배 정신이 큰 요인이었습니다.

하지만 몇 년 전부터 제인산업이 일궈 논 시장에 경쟁사들이 진입하기 시작했습니다. 몇 개 기업은 대기업의 규모이득과 계열사 내 안정된 판매처를 갖고 있다는 이점을 활용하여 가격경쟁을 벌이고 있고, 소비자들 역시 대기업이 주는 가격할인에 따라 업체를 바꾸고 있습니다. 총 매출은 정체되었고 이윤은 지속적으로 떨어지고 있으며, 동시에 우리의 특허보호도 점점 더 효력을 잃어가고 있습니다.

이와 같은 상황에서 급격한 변화가 없다면 제인사업은 가까운 시일 내에 막대한 손실을 피할 수 없습니다. 경쟁사들이 유사제품을 출시함으로써 가격은 급격히 떨어질 것이고, 높은 간접비 구조로 기술보호없이는 가격경쟁에서도 경쟁력을 유지할 수 없습니다. 점진적인 제품개선과 프로세스 혁신으로는 난관을 극복할 수 없습니다. 이와 같은 상황에서 우리는 몇 가지 기술적 진보를 통해 산업을 변형시켜야 합니다.

이는 현 생산방식을 소품종 대량생산체계에서 다품종 소량생산체계로 전환하는 것을 의미하며, 이를 위해서는 생산조직의 다각화와 유동성있는 생산기술개발이 필요합니다.

이를 위해서는 첫째 우리의 생산시스템을 본질적으로 변화시켜야 합니다, 이를 통해 제품을 더욱 빠르고 경쟁력 있게 생산해야 합니다…. 둘째, 다음 세대의 잠재적인 기술과 제품을 개발해야 합니다. 경쟁사와 차별적인 제품을 생산해야 합니다. 이미 이러한 제품들은 작업 중에 있습니다…. 셋째, 기술지향전략에 부합하도록 영업과 마케팅 직원의 역량을 업그레이드해야 합니다. 그리고 필드 테스트와 마케팅에 막대한 노력을 기울여야 합니다.

제인사업은 산업의 변형을 이끌어내기 위해 우리가 보유한 다양한 자원을 적극 활용해야 합니다. 한때 아날로그적이었던 비즈니스가 이제는 좀 더 글로벌하고 디지털을 가미한 것으로 바뀌게 될 것입니다…. 이를 통해서 우리는 수익성을 높이고 산업계의 리더위치를 계속 유지하게 될 것입니다. 이러한 시도들은 전사전략과도 부합합니다.

두 번째 예는 이를 이야기 플롯으로 전환한 것이다. 아래 내용을 보면 앞선 스토리가설 초안에서는 느끼지 못했던 허전한 곳을 발견할 수 있다. 우선 발단부분을 보면 자사에 대한 분석이 너무 부족하다. 단순히 매출성장만을 주장함으로써 기업의 철학, 기업의 핵심 브랜드나 상품군에 대해 파악하기 어렵다. 전개부분도 과거보다 자사가 어려운 상황에 처했다는 것은 알 수 있지만 그것의 구체적인 원인을 파악하는 데에는 조금 부족하다는 것을 알 수 있다. 이와 같은 방법, 즉 스토리가설 초안을 이야기 플롯으로 전환하는 것만 갖고도 스토리가설의 어떤 부분의, 어떤 내용이 부족하다는 것을 알 수 있고, 이를 통해 추가로 보완해야 할 부분을 쉽게 파악할 수 있다.

[발 단]

제인산업은 십년 전 굴착기 전문업체를 설립한 이후 매년 연 평균 100% 이상의 성장을 거듭해 왔습니다. 여기에는 경영자의 품질제일주의 철학과 모든 직원이 함께 간다는 한배 정신이 큰 요인이었습니다.

[전 개]

하지만 몇 년 전부터 제인산업이 일궈 논 시장에 경쟁사들이 진입하기 시작했습니다. 몇 개 기업은 대기업의 규모이득과 계열사 내 안정된 판매처를 갖고 있다는 이점을 활용하여 가격경쟁을 벌이고 있고, 소비자들 역시 대기업이 주는 가격할인에 따라 업체를 바꾸고 있습니다. 총 매출은 정체되었고 이윤은 지속적으로 떨어지고 있으며, 동시에 우리의 특허보호도 점점 더 효력을 잃어가고 있습니다.

[절 정]

이와 같은 상황에서 급격한 변화가 없다면 제인사업은 가까운 시일 내에 막대한 손실을 피할 수 없습니다. 경쟁사들이 유사제품을 출시함으로써 가격은 급격히 떨어질 것이고, 높은 간접비 구조로 기술보호없이는 가격경쟁에서도 경쟁력을 유지할 수 없습니다. 점진적인 제품개선과 프로세스 혁신으로는 이 난관을 극복할 수 없습니다.

[반 전]

이와 같은 상황에서 우리는 몇 가지 기술적 진보를 통해 산업을 변형시켜야 합니다. 이는 현 생산방식을 소품종 대량생산체계에서 다품종 소량생산체계로 전환하는 것을 의미하며, 이를 위해서는 생산조직의 다각화와 유동성 있는 생산기술개발이 필요합니다.

이를 위해서는 첫째 우리의 생산시스템을 본질적으로 변화시켜야 합니다, 이를 통해 제품을 더욱 빠르고 경쟁력 있게 생산해야 합니다.... 둘째, 다음 세대의 잠재적인 기술과 제품을 개발해야 합니다. 경쟁사와 차별적인 제품을 생산해야 합니다. 이미 이러한 제품들은 작업 중에 있습니다....셋째, 기술지향전략에 부합하도록 영업과 마케팅 직원의 역량을 업그레이드 해야 합니다. 그리고 필드 테스트와 마케팅에 막대한 노력을 기울여야 합니다.

[대단원]

제인사업은 산업의 변형을 이끌어내기 위해 우리가 보유한 다양한 자원을 적극 활용해야 합니다. 한때 아날로그적이었던 비즈니스가 이제는 좀 더 글로벌하고 디지털을 가미한 것으로 바뀌게 될 것입니다....이를 통해서 우리는 수익성을 높이고 산업계의 리더위치를 계속 유지하게 될 것입니다. 이러한 시도들은 전사전략과도 부합합니다.

이처럼 우리가 검토하는 기업의 문제들도 이야기의 구성요소인 [플롯]에 의해 정리가 가능하며 일반적인 기획서처럼 사실, 사건을 일렬로 연결시켰을 때보다 훨씬 설득력 있게 내용 전달이 가능하다.

아래 내용은 이를 스토리가설 기본목차로 전환한 것이다. 앞선 [발단], [전개], [절정], [반전], [대단원]을 [현황분석], [문제/원인분석], [해결과제], [목표수립], [컨셉], [해결방안], [대단원]의 목차로 전환했다. 스토리가설 초안을 이야기 플롯에서 스토리가설 목차로 전환하면 내용이 좀 더 기획서와 유사하게 변한다. 내용흐름은 이야기체이지만 목차는 기획서의 기본목차를 사용했기 때문이다. 앞선 내용을 이야기 플롯에서 스토리가설 기본목차로 전환하면 앞의 예보다 더 많은 내용이 필요하다는 것을 느낄 수 있다. 현황분석부분에 뭔가를 더 추가해야 할 것 같고, 전개부분도 좀 더 세부적인 내용이 필요하다는 것을 알게 된다. 당연히 과제부분에서는 "우리는 몇 가지 기술적 진보를 통해 산업을 변형시켜야 합니다' 정도로 가능할까하는 의구심이 생기고, 해결방안부분에서는 내용이 너무 간단하게 정리되어 있어 이를 보완할 필요가 있다는 것을 느낄 수 있다.

[현황분석]

(발단) 제일기업은 그 동안 안정된 매출기반 속에서 매년 10% 이상의 성장률을 기록하며 발전했습니다.

(전개) 그러나 지금은 어느 때보다 까다로운 고객과 더욱 공격적인 겨쟁사와 직면하고 있습니다. 총 매출은 증가하고 있지만 이윤은 지속적으로 떨어지고 있습니다. … 우리는 3개의 주요한 경쟁사와 맞딱뜨리고 있으며 … 동시에 우리의 특허보호는 점점 더 효력을 잃어가고 있습니다.

[문제/원인분석]

(전개) 급격한 변화가 없다면, ○○○사업은 가까운 시일 내에 막대한 손실을 피할 수 없습니다. 앞으로 경쟁사들이 유사제품을 출시함으로써 가격은 급격히 떨어질 것입니다. 높은 간접비구조로, 기술보호없이는 가격전쟁에서 경쟁력을 유지할 수 없습니다. 점진적인 제품개선과 프로세스 혁신으로는 이 난관을 극복할 수 없습니다.

[과 제]

(절정) 우리는 몇 가지 기술적 진보를 통해 산업을 변형시켜야 합니다.

[컨 셉]

(반전) 이러한 변화의 중심에는 아날로그에서 디지털로의 변신이 필요합니다.

[해결방안]

(반전) 이를 위해서는 첫째, 우리의 생산시스템을 본질적으로 변화시켜야 합니다. 이를 통해 제품을 더욱 빠르고 경쟁력 있게 생산해야 합니다. … 둘째, 다음 세대의 잠재적인 기술과 제품을 개발해야 합니다. 경쟁사와 차별적인 제품을 생산해야 합니다. 이미 이러한 제품들은 작업 중에 있습니다. … 셋째, 기술지향 전략에 부합하도록 영업과 마

케팅 직원의 역량을 업그레이드 해야 합니다. 그리고 필드 테스트와 마케팅에 막대한 노력을 기울여야 합니다.

[대단원]

제일기획은 산업의 변형을 이끌기 위해 우리가 보유한 다양한 자원을 활용해야 합니다. 한 아날로그적이었던 비즈니스가 이제는 좀 더 글로벌하고 디지털을 가미한 것으로 바뀌게 될 것입니다. … 이를 통해서 우리는 수익성을 높이고 산업리더십을 유지하게 될 것입니다. 이러한 시도들은 전사전략과도 부합합니다.

처음에는 어디서부터 무슨 내용을 어떻게 작성해야 할지 몰라 당황했던 사람도 자신의 생각을 문장(스토리가설 초안)으로 정리하고, 이를 이야기 플롯으로, 또 스토리가설 기본목차로 전환하다보면 자연스럽게 기획서 다운 모습으로 변해간다. 물론 이와 같은 과정을 두세 번 거치다보면 스토리라인을 어떻게 작성하면 될지 원리를 알 수 있어서 익숙해진 다음부터는 반드시 이 과정을 거치지 않아도 된다. 스토리가설 초안을 작성한 후, 이야기 플롯단계를 건너뛰고 스토리가설 기본목차에 맞춰 내용을 보완하면 된다. 이야기 플롯의 발단, 전개부분을 포함한 [상황분석], 전개부분의 결론인 [문제/원인분석], 절정부분인 [과제도출], 반전부분인 [컨셉] 과 [해결방안], 그리고 [대단원]의 목차다.

▼ 과 제

1. 스토리가설 초안을 스토리가설 수정안으로 보완할 때 사용하는 목차 두 가지를 설명해 주세요.

(3) 스토리가설에 들어갈 핵심내용

스토리가설은 기획서의 전체적인 스토리라인을 설정하는 단계로 기획서에 담길 내용 중 핵심적인 스토리만을 정리하는 과정이다. 기획서에서 요구하는 내용을 맞추려면 다음 단계인 '기획서 내용구성안'작업을 완료해야 한다. 하지만 스토리가설 수정안에도 반드시 들어가야 할 핵심내용이 있다. 이를 확인하기 위한 몇 가지 질문이 필요하다. 첫째, 전체적인 사업내용을 일정수준 이상 담고 있는가? 세부적인 내용까지는 몰라도 전체적인 흐름을 이끌어가는 정도의 정보는 수정안에 들어 있어야 한다. 둘째, 스토리가설 내용이 자연스럽게 전개되고 있는가? 스토리가설을 수정, 보완하는 과정에서 초안의 자연스러움을 잃어버릴 수도 있다. 하지만 스토리가설의 중요성은 내용의 자연스러움에 있다. 셋째, 현재 기획서에서 다루는 주제의 중요성을 부각시킬 수 있고, 문제와 원인을 정확히 표현했는가? 넷째, 해결방안에서 제안한 활동들이 남다른 것인가? 다섯째, 기획서의 핵심인 과제와 해결방안이 긴밀하게 연결되어 있는가? 여섯째, 상대방이 해결방안의 실행상황을 머리속에 그려볼 수 있도록 정리했는가?

스토리가설을 작성할 때는 다음 사항을 유의깊게 살펴볼 필요가 있다. 스토리가설은 기획서의 스토리라인을 구성하는 작업이며, 실제 기획서에 들어갈 내용을 결정하는 부분이다. 이 부분에서 내용이 잘못되거나 빈약하면 기획서 내용 역시 동일한 문제를 안게 된다.

첫째, 전체적인 사업내용을 일정 수준이상 표현하였는가?

스토리가설 작성 시 중요한 것은 해당주제에 대한 이해다. 스토리가설에는 최소한 해당 주제시장이 어떻게 탄생했고, 어떻게 변화했으며 그로 인해 당면한 문제가 무엇인지, 그리고 그 문제를 어떻게 해결하려는지 표현되어 있어야 한다. 주제에 대한 지식이 부족하면 스토리가설을 작성하기 어렵다. 필자도 기획서 수업때 학생들에게 스토리가설을 작성하기 전에 반드시 2주 정도 시간을 준다. 탐색조사에 필요한 기간이다. 스토리가설에 해당주제에 대한 정보를 일정수준 이상 담지 않으면 문제를 정확히 표현하기 어렵고, 설사 문제를 정의했다 치더라도 원인을 규명하기 어렵다. 따라서 스토리가설을 작성한 후 첫 번째로 살펴봐야 할 사항은 자신이 작성한 스토리가설이 해당주제에 대해 어느 정도의 정보를 담고 있는가 하는 점이다.

둘째, 스토리가설의 내용흐름이 자연스럽게 전개되었는가?

스토리가설은 기획서의 설득력을 높이기 위해 기획자의 생각을 이야기체로 정리한 문서다. 내용흐름이 인과관계에 의해 연결되어야 하며, 가설에 담긴 문제의식과 과제, 해결방안이 사람들 마음에 와 닿아야 한다. 기획자의 생각을 상대방에게 논리적으로 전달하려면 내용도 중요하지만 그보다 먼저 전달하고자 하는 메시지들의 흐름이 무척 중요하다. 스토리가설이 이야기체의 흐름을 제대로 타고있는지 살펴보기 위해서는 제 3자에게 자신이 작성한 스토리가설을 주고 그의 의견을 들어볼 필요가 있다. 글쓰기에서 제일 어려운 것이 자신이 쓴 글을 자신이 직접 고치는 것이다. 특히 논리적인 평가나 문법문제가 아닌 내용전개문제는 글쓴 사람이 열심히 살펴봐도 잘못된 점을 찾기 어렵다.

셋째, 현재 주제와 관련된 '문제'와 '원인'을 정확히 정의했으며, 문제에 대한 가치를 충분히 전달하고 있는가?

기획서에서 문제와 원인을 정의하는 것은 매우 중요하다. 기획서를 작성하게 된 본질적인 이유가 바로 문제를 해결하기 위함이다. 따라서 문제를 구체적으로, 또 상대방의 마음에 와닿게 표현하지 못하면 기획서의 가치를 입증할 수 없고, 문제의 원인을 찾아내지 못하면 해결방안을 구성하기도 어렵다. 해결방안은 바로 원인을 제거하기 위한 방안이기 때문이다. 따라서 기획자가 문제와 원인을 정확히 규명하려면 문제가 야기되기 전의 과거 상황과 문제가 야기될 수밖에 없는 현재 상황을 구체적으로 분석해 봐야 하며, 주변환경 변화로 인해 문제를 겪게 된 자사나 해당 상품, 서비스의 상황도 정밀하게 분석해야 한다.

특히 문제를 상대방에게 강하게 인식시키려면 시장발단상황, 즉 문제가 생기기 전의 상황과 문제가 야기되기 시작한 시장전개상황 간의 대비가 중요하다. 평화로웠던 만큼 눈앞에 닥친 시련은 어려움을 더하게 되고, 오랜 시간 안정적이던 기업일수록 당면한 문제는 그 만큼 강하게 다가올 수밖에 없다. 따라서 스토리가설에서 시장발단 상황과 전개상황을 다룰 때는 모든 상황자료를 다루려 하지 말고, 가능하면 극단적으로 대비되는 상황을 선정하여 이를 효과적으로 대비시키는 것이 좋다. 예를 들어, 만년 4위이던 기업이 언제나 2위 자리를 유지하던 자사를 뛰어넘은 상황, 주 고객이라고 믿었던 특정고객층의 이탈 등 상황을 바라보는 사람들이 앞내용과 뒷내용에서 위기감을 느낄 수 있는 상황을 선별하는 것이 좋다.

또한 문제의식을 증가시키기 위해서는 해당 문제를 해결하지 않을 경우 향후 발생할 문제를 언급하는 것이 필요하다. 사람들은 문제가 발생했다는 것만으로는 그것의 가치를 파악하기 어렵다. 하지만 해당문제로 인해 발생할 최악의 상황을 알게되면 아무리 작은 문제라도 심각하게 다가오기 마련이다. 예를 들어 뉴욕의 범죄율을 낮추기 위해 사용한 효과적인 방법은 지하철의 치안을 강화하는 것이었다. 그곳에서 많은 범죄가 양산되기 때문이다. 이 말을 뒤집어 말하면 지하철의 좀도둑을 놔두면 결국 도시의 대형범죄율도 함께 올라가게 된다는 말이다. 만약 본인이 지하철의 치안유지가 필요하다고 강조해야 한다면 지하철의 치안유지율과 대형범죄 발생률 간의 관계를 설명함으로써 사소한 무관심이 대형범죄를 얼마나 빨리 양성하게 되는지 보여줄 것 같다.

참고로 시장현황분석을 보다 정확하게 진행하려면 아래 내용들을 살펴보는 것이 좋다.

[시장분석]은

〈시장발단상황〉 시장이 형성되고 성장해 온 상황
〈시장전개상황〉 일정하던 시장이 중요한 변화를 맞이하게 된 상황
〈자사상황〉 변화상황 속에서 자사의 상황
〈소비자상황〉 변화를 일으킨 소비자 상황 또는 변화 속에서의 소비자 대응상황

넷째, 기획자가 제시한 해결방안이 '남다른' 것인가?

기획자들이 범하는 실수 중 하나가 다른 사람이 이미 실행한 방안을 그대로 사용한다는 점이다.

이는 주로 시장상황분석에서 경쟁사분석이 불충분할 때 나타나는 상황이다. 물론 어떤 경우에는 다른 기업들이 사용한 것을 그대로 활용하기도 한다. 더 이상 좋은 방법이 없거나, 그 방법이 매우 효과적이라고 확신할 때다. 남을 따라한다는 말을 듣더라도 그 이상의 효과를 볼 수 있기 때문이다. 하지만 일반적인 상황에서는 남을 모방해서는 크게 효과를 보지 못한다. 사람들은 언제나 가장 먼저 시작한 사람이나 기업에 점수를 주게 되고, 두 번째 시행자에겐 좋은 눈길을 보내지 않는다.

더 큰 문제는 이미 효과 없다고 판단된 방법을 사용하겠다고 주장할 때다.

이런 상황은 기획주제가 범용적이거나 일반적일 경우 자주 나타난다. 예를 들어 취업률을 높이는 방법, 흡연율을 낮추는 방법, 출산율을 높이는 방법 같은 경우다. 이런 주제들을 다루는 기획자는 종종 다른 조직이나 기관에게 이미 사용했거나 또는 현재 진행하고 있는 방법을 새로운 방법이라고 제안하는 경우가 있다. 많은 곳에서 문제를 다루다보니 이를 모두 확인할 수 없어 생긴 일이다. 하지만 이런 경우 기획자는 단순히 다른 사람

이 사용한 것을 그대로 사용한다는 것 이상의 질책을 받는다. 조사부족이 아니라 기획서의 핵심인 문제를 잘못 설정했기 때문이다. 예를 들어, 출산율을 높이고자 유치원을 무료화하는 방법을 제안했는데 이미 그 방법을 누군가 사용하고 있다면, 기획자가 주장해야 될 문제는 '여성들이 아이 키우기가 어려워 출산율이 낮다'는 것이 아니다. 진정한 문제는 이를 해결하기 위해 유치원을 무료화 하였는데 왜 문제가 해결되지 않는가 하는 점이다. 결국 기획자의 기본적인 역량인 문제발견부분에서 큰 실수를 범한 상황이 된다. 따라서 해결방안을 제시할 때는 이미 실행한 것인지 유심히 살펴봐야 한다. 그리고 해당 실행방안이 효과가 없었다면 왜 효과를 보지 못했는지 따져본 후 그에 대한 대응방안으로 해결방안을 제시하는 것이 좋다.

다섯째, 기획서의 핵심인 과제와 해결방안이 긴밀하게 연결되어 있는가?

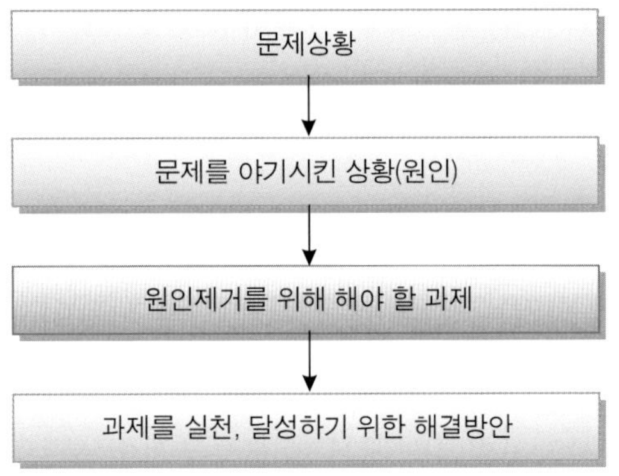

기획서의 전체흐름은 일관성이 중요하다. 미시적으로는 각각의 메시지들이 결론메시지와 근거메시지로 연결되는 내용상의 일관성이고, 거시적으로는 이런 일관된 메시지들을 통한 전체적인 내용흐름상의 일관성이다. 기획서의 일관성은 이야기로 따지면 앞문장과 뒷문장 간의 인과관계 구조이지만, 이를 구체적으로 표현하면 '이러저러한 상황이기에 이런 문제가 있을 수밖에 없다'고 주장하는 '상황분석과 발견된 문제와의 일관성', '이런 문제를 야기시킨 원인은 당연히 문제안에 숨어있다'는 '문제와 원인과의 일관성', '원인를 제거하기 위해서는 이런 과제를 설정할 수밖에 없다'는 '원인과 과제와의 일관성', 그리고 '특정과제를 실행하려면 당연히 이와 같이 행동해야 하지 않겠냐'는 '과제와 해결방안과의 일관성'이다. 이와 같은 일관성이 보장되었을 때 이를 읽는 사람들이 안심하고 기획서 내용을 받아들일 수 있고, 해결방안에 대한 신뢰성 역시 커지게 된다.

하지만 기획자들은 가끔 '과제와 해결방안' 간의 일관성을 놓치는 경우가 있다. 이런 상황은 기획자의 고민부족 때문이기도 하지만, 대부분 경우 해결방안이 많다보니 과제와의 연결고리를 기획자 자신이 이해하지 못하는 데에서 발생한다. 아래의 사례를 보면 좀 더 이해하기 쉽다.

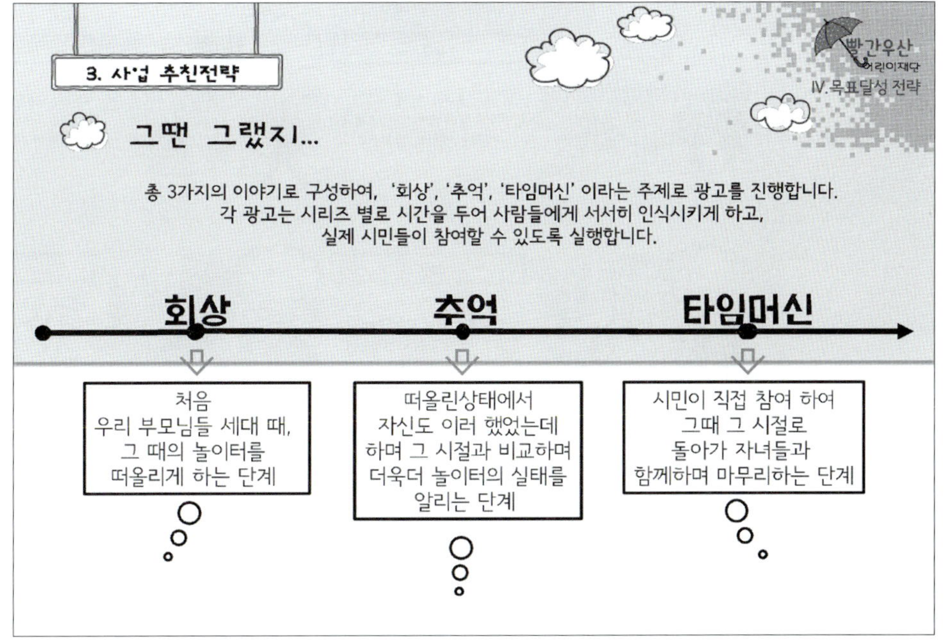

1. 회상
빨간우산 어린이재단
V. 실행방안
[회상]
: 예전의 놀이터를 떠오르게 하는 광고입니다.
<그땐 그랬지 1# 좋겠다 편'>
'그땐 그랬지 1# 좋겠다 편' 이라는 타이틀로
한 장소에 여러 세대가 예전놀이터를 떠오르고 있는 내용입니다.

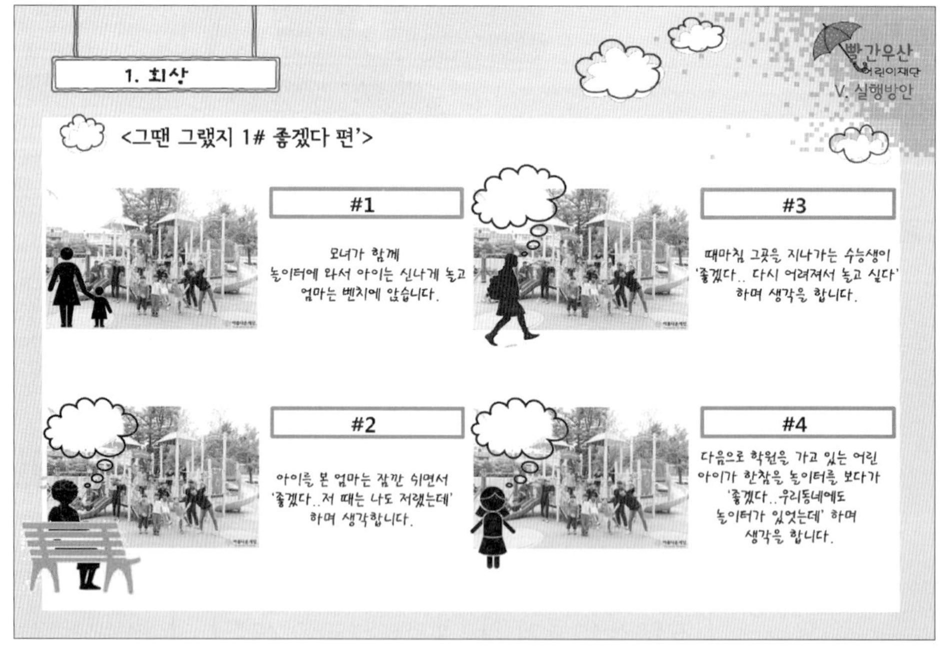
1. 회상
빨간우산 어린이재단
V. 실행방안
<그땐 그랬지 1# 좋겠다 편'>
#1
모녀가 함께
놀이터에 와서 아이는 신나게 놀고
엄마는 벤치에 앉습니다.
#2
아이를 본 엄마는 잠깐 쉬면서
'좋겠다..저 때는 나도 저랬는데'
하며 생각합니다.
#3
때마침 그곳을 지나가는 수능생이
'좋겠다.. 다시 어려져서 놀고 싶다'
하며 생각을 합니다.
#4
다음으로 학원을 가고 있는 어린
아이가 한참을 놀이터를 보다가
'좋겠다..우리동네에도
놀이터가 있었는데' 하며
생각을 합니다.

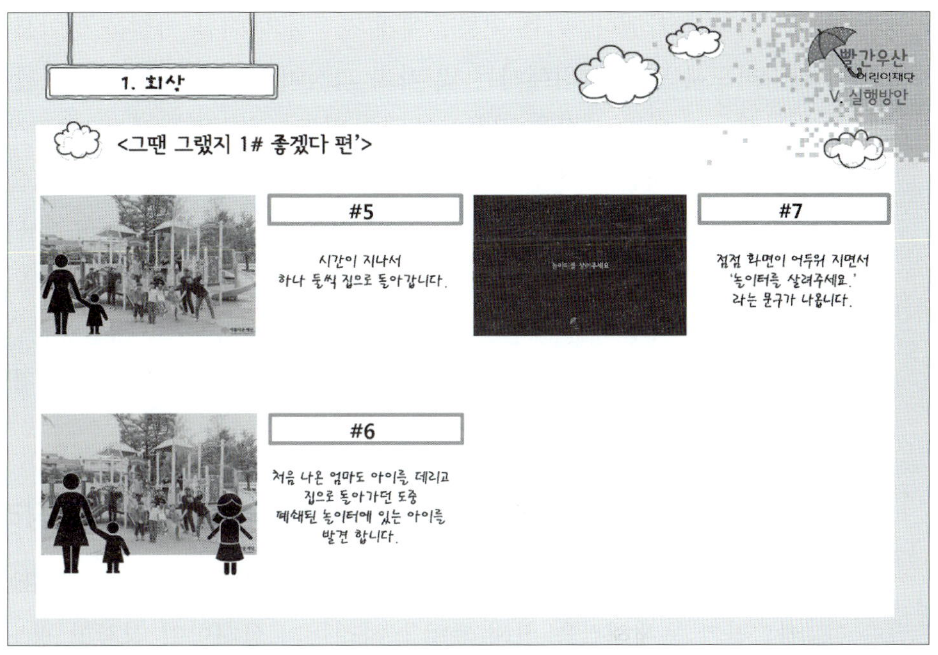

• 자료원 : 〈아이들을 위한 세상〉, 오진주, ○○대학교, 2016

과제와 해결방안은 기획사고 단계에서는 한 단계로 연결된 과정이다. 하지만 해결방안을 보다 체계적으로 만들려면 이 둘을 연결하는 한두 사고과정이 추가로 필요하다. 과제실행을 위한 해결방안을 구성하기 전에 어떤 해결방안들이 필요한지 정리해 보는 작업이다.

앞 사례를 보면, 기획자가 원하는 것은 어린이 놀이터를 활성화시키는 것이다. 현재 어린이 놀이터에서 발생하는 사고 때문에 안전점검을 법으로 규정했고, 2015년 이후 이를 통과하지 못해 폐쇄된 놀이터가 1,600여개나 된다. 기획자는 현재 진행되는 놀이터의 폐쇄상황은 어린이들의 놀이보다 안전에 더 중점을 두었기 때문이며, 이는 어른들의 시각으로 어린이 놀이터를 바라봤기 때문이라고 생각한다. 따라서 기획자는 어린이 놀이터를 활성화하려면 어른들의 시각을 어린이 눈높이와 맞출 수 있도록 이끌어내는 것이라 제안한다.

본 기획서의 컨셉은 '그땐 그랬지'다. 어른들이 동심으로 돌아가 자신들이 과거 놀이터에서 놀던 시절을 기억해 내고, 그때 입장에서 놀이터를 바라보도록 하자는 것이다. 문제는 어른들의 시각을 이런 방향으로 바꾸려면 어떻게 하는 것이 가장 효과적인지 그 방법을 찾아내는 것이다. 기획자는 이를 위해 컨셉과 해결방안 사이에 [3. 사업추진전략]이란 항목을 하나 추가했다. 이는 어른들에게 자신들의 어른 시절을 돌아보며 '그땐 그랬지'라고 생각하도록 만들기 위해서는 몇 가지 과정이 필요하다고 판단했기 때문이다. 즉 어른들이 자신들의 어린 시절을 되돌아보도록 만드는 '회상'단계, 그때의 모습과 현재 상황을 비교해 보도록 하는 '추억'단계, 그리고 어른 스스로 자신의 어린모습 속에서 현재 어린이들이 원하는 것을 찾아보도록 하는 '타임머신' 단계다. 그리고 앞선 세 단계를 기준으로 각 단계에서 필요한 실행방안을 따로 만들어 이를 개별전략들과 연결시켰다. 이런 전략단계를 거쳐 해결방안을 만들면 과제를 설정하고 곧바로 해결방안을 만드는 것보다 과제와 일관된 해결방안을 구성할 수 있고, 이런 일관성으로 인해 해결방안의 과제해결효과도 높일 수 있다.

여섯 째, 상대방이 해결방안을 머리속에 그려볼 수 있도록 정리했는가?

스토리가설에 정리한 해결방안은 실제 기획서에 들어갈 정도의 구체적인 방안은 아니다. 기획자가 문제해결을 위해 무엇을 하려는지 상대방이 짐작할 정도의 수준이다. 하지만 상대방이 기획자가 작성한 해결방안을 보고 '아. 이 사람이 중심가에서 점심시간에 행인들을 대상으로 사은품을 나눠주려는구나' 정도는 이해할 수 있어야 한다. 스토리가설을 읽으면서 앞선 과제와 해결방안이 서로 연결되어 있음을 확인하기 위함이다. 스토리가설은 자기생각을 간략하게 글로 옮기는 작업이지만 설명이 많고 적고를 떠나 기획자의 의도를 제 3자가 이해할 정도는 정리해야 한다. 이곳에서 미비한 사항은 뒤에 나오는 기획서 내용구성안에서 다시 보완할 수 있다. 하지만 스토리가설에서 해결방안을 간단명료하게 표현할 수 없다면 이에 대한 검토가 더 필요하다는 것을 인정해야 한다. 아마도 벤치마킹이나 사례연구와 같은 사전활동이 부족했을 것이다.

▼ 과 제

1. 스토리가설 수정안에 들어가야 할 핵심내용을 설명해 주세요.
2. 핵심내용 중에서 '과제와 해결방안이 긴밀하게 연결되었는가?'라는 질문의 의미를 설명해 주세요.
3. 핵심내용 중에서 '상대방이 해결방안을 머리속에 그려볼 수 있도록 정리했는가?'라는 질문의 의미를 설명해 주세요.

Chapter 14 큰 그림을 묘사하고, 검증하기 (기획서 내용구성안 만들기)

1. 기획서 내용구성안의 정의와 필요성
2. 기획서 목차로 스토리가설 구체화하기

1 기획서 내용구성안의 정의와 필요성

(1) 기획서 내용구성안이란 무엇인가?

'기획서 내용구성안'은 앞 단계에서 구성한 '스토리가설'을 기획서에 들어갈 내용형태로 만드는 것이다. 스토리가설은 결론메시지 중심의 내용과 이야기체의 자연스러움을 강조했기에 기획서에서 요구하는 몇가지 요건을 충족시키는 데 어려움을 있다. 본 단계는 이런 점을 보완하여 스토리가설에 담긴 내용들을 이야기 흐름을 유지하는 상황에서 기획서로 전환할 수 있는 상태의 내용으로 전환하는 작업니다.

기획서 작성 6단계 중에서 [2단계 스토리가설]은 기획자의 생각을 겉으로 끄집어내어 기획서의 큰 그림을 그리고 이를 이야기체 문장으로 만드는 데 주력했다. 기획자의 주장을 상대방에게 자연스럽게 전달하고 동시에 그들을 설득할 수 있는 내용을 만들기 위함이다.

[3단계 기획서 뼈대만들기]는 스토리가설을 기획서가 요구하는 형태로 전환하는 단계다. 이때 사용하는 [기획서 내용구성안]은 '이야기체로 작성한 기획서의 스토리라인(스토리가설)을 유지하면서 기획서를 작성할 수 있도록 내용을 재구성한 것으로, [기획서] 작성을 위한 [스토리가설 내용재구성]'이란 의미를 담고 있다. 즉 스토리가설의 이야기체 문장들을 기획서 목차에 맞게 배치하고, 기획사고의 세 개 메시지(핵심메시지, 결론메시지, 근거메시지) 구조로 보완하는 기획서작성 준비단계다. [기획서 내용구성안]을 제대로 완료했으면, 이곳에 담긴 내용들을 기획서로 옮기고 약간의 디자인 요소만 추가하면 기획서가 완성된다.

[기획서 내용구성안]의 표준양식은 아래 예와 같다. "○○○사업은 지금 어느 때보다 까다로운 고객과 더욱더 공격적인 경쟁사와 직면하고 있습니다."라는 스토리가설의 한 문장을 스토리가설의 내용을 유지하면서 기획서 구조에 맞게 바꾼 모습이다. 앞선 문장에 담긴 의미가 범위가 넓어 이를 두 개의 결론메시지로 나눈 후, 각기 메시지들이 만들어진 근거메시지를 구성하고, 이를 입증할 수 있는 자료를 추가한 것이다. 두 개의 결론메시지는 '○○○사업은 지금 어느 때보다도 까다로운 고객들로 인해 다양한 문제가 야

기되고 있습니다.' '○○○사업은 과거와 다른 공격적인 경쟁사와 시장현장에서 싸우고 있습니다.'이다.

	메시지	증거자료
1. 시장상황 분석	○○○사업은 지금 어느 때보다 까다로운 고객과 더욱더 공격적인 경쟁사와 직면하고 있습니다.	
시장상황 분석	○○○사업은 지금 어느 때보다 까다로운 고객들로 인해 다양한 문제에 직면하고 있습니다. · 소비자 욕구는 과거 기능적인 면을 중시하는 것에서 점차 디자인 요소를 강조하고 있습니다. · 저렴한 가격과 높은 품질을 요구하는 모습으로 변해가고 있습니다. · 소비자 단체활동이 강화됨으로써 클레임 발생숫자도 지속적으로 높아지고 있습니다.	· 소비자욕구 변화추이표 · 가격과 품질에 대한 소비자욕구 동향표 · 소비자단체의 활동변화표 · 자사 클레임 접수상황표
시장상황 분석	○○사업은 과거와 다른 공격적인 경쟁사와 시장현장에서 싸우고 있습니다. · 과거 3개사였던 경쟁사가 2012년에는 8개로 증가했습니다. · 신규 진입한 경쟁사들은 자금이 풍부한 대기업의 자회사들로 모기업의 자금력을 활용하여 가격할인, AS 등의 활동을 적극 전개하고 있습니다. · 이들은 유통망에 대한 인센티브 강화로 자사 유통망을 공략하고 있습니다.	· 연도별 경장사 동향표 · 경쟁사들의 조직, 자금, 마케팅 활동 현황표 · 유통망에 대한 업체별 인센티브 상황표

상기된 [기획서 내용구성안]은 많은 학생들이 고민하는 문제, 즉 스토리가설과 실제 기획서 구조가 다른 점을 해결해 줌으로써 보다 손쉽게 기획서를 작성하도록 도와준다. 스토리가설을 [기획서 내용구성안]으로 바꾸는 작업은 앞선 과정들을 제대로 밟아왔다면 별로 어렵지 않다. 준비한 내용들을 일목요연하게 위 양식에 배치하는 방법만 배우면 된다.

기획서 작성과정은 글쓰기 단계와 많이 비슷하다. 데릭 젠슨(네 멋대로 써라. 삼인. 2005.)은 글쓰기 법칙을 이렇게 말한다. "글쓰기 첫 번째 규칙은 '읽는 사람을 지루하게 만들지 마라' … 두 번째 규칙은 '뭔가를 가르쳐 주는 것이다.'…세 번째, 네 번째, 다섯 번째 규칙은 '읽는 사람을 지겹게 하지 마라.' 여섯 번째 규칙은 '보여줘라, 말하지 말고'".

이 중 첫 번째 규칙 '읽는 사람을 지루하게 만들지 말라'는 스토리가설 작성에 해당하는 사항이고, 세 번째부터 다섯 번째 규칙 '읽는 사람을 지겹게 하지 마라.' 여섯 번째 규칙 '보여줘라, 말하지 말고'는 실제 기획서 작성단계에서 표현방식과 관련된 사항이다. 반면 두 번째 내용, '뭔가를 가르쳐 주는 것이다'는 [기획서 내용구성안]을 구성할 때 마음가짐을 의미한다.

그는 이렇게 말한다. "(어떤 내용이건) 하느님에 대한 것, 역사, 철학, 삶에 대한 것 아니면 자동차 수리법에 대한 것이건 상관없습니다 … 마셀 푸코가 쓴 [감사와 처벌]이라는 책을 읽었어요. 지난 5세기 동안 국가가 범죄자를 어떻게 다루었는지를 고찰하는 책이에요…푸코는 왕을 죽이려고 시도했던 한 사람을 고문하고 처형하는 모습을 생생하게 묘사하면서 첫 장을 시작합니다. 벌겋게 달아 오른 집게를 써서 살을 찢습니다. 끓는 기름을 상처에 들이붓고요. 팔다리를 말에 묶어서 그 사람을 찢어발기게 시켜요. 그래도 안 되니까 팔다리를 마구 찍어냅니다. 끔찍하고 매스꺼워요. 그런데 그게 그 빌어먹을 책을 읽도록 만들었단 말이죠."

멋진 소설이나 글은 읽는 사람에게 상상력을 제공한다. 독자가 글쓴이가 되어 주인공이 살아가는 곳과 그가 만나는 사람들을 그려볼 수 있도록 해당 장면들을 섬세하게 표현한다. 단순히 살찐 사람이 아니라 어느 정도의 몸무게에 어떤 자세로 서있는지, 그의 모습이 그에게 또는 상대방에게 어떤 인상을 주는지 알 수 있도록 구체적인 실마리를 제공한다. 독자들은 이런 글을 보며 주인공이나 살찐 사람과 함께 있는 것 같은 느낌을 받는다.

기획서도 마찬가지다. 기획자는 "○○○사업은 지금 어느 때보다 까다로운 고객과 더욱 더 공격적인 경쟁사와 직면하고 있습니다."라는 문장을 통해 이를 보는 사람들에게 ○○○사업이 처한 상황을 실감나게 전달해야 한다. 그래야만 그들도 기획자와같은 시각으로 상황을 바라볼 수 있다. 하지만 앞 문장만으로는 까다로운 고객이 어떤 고객인지, 경쟁적인 상황이 어떤 상황인지 확인할 방법이 없다. 자세한 정보가 없어 어떤 상황인지 그려볼 수 없기 때문이다. 기획자는 이런 상황을 상대방이 좀 더 정확히 이해할 수 있도록 구체적인 상황을 표현해 줘야하며, 이를 위해서는 앞선 메시지가 나온 근거를 설명해줄 필요가 있다. 고객들을 까다롭다고 표현할 수밖에 없었고, 경쟁사들의 활동이 ○○○사업에 얼마나 치명적인지 그들의 활동을 구체적으로 표현해 줘야 한다. 그리고 이때 사람들은 기획자의 세밀하고도 구체적인 설명을 통해 앞선 문장의 의미를 이해하고, 그 상황을 공감할 수 있다.

[기획서 내용구성안]은, 이론적으로 설명하면, '스토리가설을 기획서 목차에 맞게 재구성하고, 기획사고의 세 개 메시지 구조를 만드는 것'이다. 하지만 본질은, 기획서의 구성조건이기도 하지만, 스토리가설에 담긴 메시지의 의미를 사람들에게 보다 구체적으로 표현함으로써 그들도 기획자가 바라보는 상황을 함께 보도록 하기 위함이다. 그리고 이런 상황을 만들려면 그들을 가르친다는 마음으로 구체적인 정보를 주어야 한다.

▼ 과 제

'스토리가설'과 '기획서 내용구성안'의 차이가 무엇인지 설명해 주세요.

(2) 기획서 내용구성안의 역할과 필요성

'기획서 내용구성안'은 기획서 작성업무에서 다음과 같은 역할을 담당한다. 첫째, 자신이 원하는 기획서 목차에 맞게 스토리가설 내용을 재구성하고 수정, 보완해 준다. 스토리가설은 이야기체 내용으로 공식적인 기획서에 담기는 부족한 점이 있다. 둘째, '기획서 내용구성안'은 결론메시지 중심의 스토리가설을 기획서의 기본요건인 'One Page & One Message' 구조로 전환시켜 준다. 세 번째, 스토리가설에 담긴 가설들을 검증하는 역할을 담당한다. 본 과정은 기존의 결론메시지를 결론메시지, 근거메시지, 근거자료로 나누는 과정을 거치며, 이때 근거자료에 대한 검증작업을 진행하게 된다. 넷째, 스토리가설에 들어있는 해결방안을 새롭게 보완하고 구체화시키는 작업을 진행한다. 다섯째, '기획서 내용구성안'은 기획서에서 요구하는 대부분의 내용을 담고 있다. 따라서 별도 디자인 작업이 필요없는 한글기획서로 쉽게 전환할 수 있다.

[기획서 내용구성안]은 기획서 작성업무에서 기획서의 전체흐름을 결정하는 스토리라인(스토리가설)과 공식적인 문서인 기획서 간의 간격을 메꿔주는 역할을 담당한다. 이야기체로 구성한 스토리가설은 내용전달력과 호소력은 강하지만 내용에 대한 신뢰성은 상대적으로 약하다. 자연스러운 내용전개에 주안점을 두다보니 내용자체가 사실에 입각한 객관적인 메시지라기보다는 기획자주관에 의해 작성한 내용이라는 느낌을 강하게 준다. 문제는 스토리가설의 호소력과 설득력을 유지한 채 이것들을 기획서로 전환시키는 방법을 잘 모른다는 점이다. [기획서 내용구성안]은 스토리가설을 기획서로 전환하도록 도와주는 과정으로, 기획서 작성단계에서 아래와 같은 역할을 담당한다.

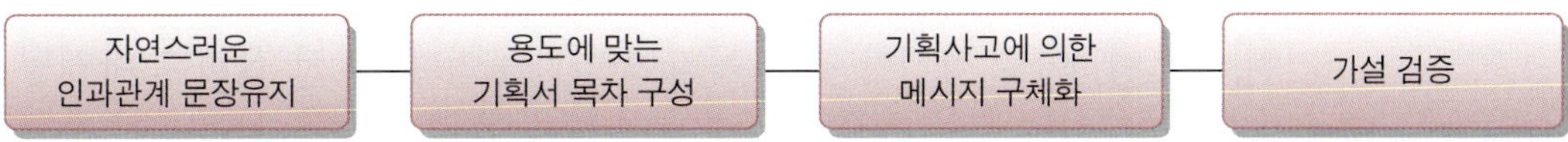

첫째, 자신이 원하는 기획서의 목차에 맞춰 스토리가설을 재구성하고 부족한 부분을 보완하는 역할을 수행한다.

스토리가설은 자연스럽고 설득력 있는 구성을 전제로 하는 문서이기에 내용이 비교적 간단하다. 특히 설득이 중요하기에 세밀한 내용보다는 결론메시지들만을 사용하여 요점만 간단히 정리한다. 하지만 기획서는 공식적인 문서이며, 기본적으로 충족시켜야 할 목차가 있다. 예를 들어 신상품개발 기획서라면 아래 내용들을 담을 수 있도록 목차가 구성되어 있다.

〈기획서에 담아야 할 기본내용〉

1. 신상품 · 서비스 · 이벤트개발을 구상하게 된 취지 및 배경
   · 왜 신상품개발을 하려고 하는지, 특히 특정상품개발이 필요한 이유를 설명
2. 신상품 · 서비스 · 이벤트 개발의 목적 및 목표
   · 고객에게는 무엇을 주고자 하며, 이를 통해 기업은 무엇을 얻을 것인가에 대한 내용
3. 특정상품에 대한 시장현황분석과 벤치마킹 등에 대한 조사결과
   · 시장흐름과 변화상을 예측하고, 자사와 경쟁사, 소비자를 이해하기 위한 시장자료
4. 신상품 · 서비스 · 이벤트의 핵심고객과 그들이 원하는 것(문제)
   · 고객층이 두 부류 이상일 수도 있으며, 이런 경우에는 각각의 고객에 대해 정리
5. 신상품 · 서비스 · 이벤트의 컨셉트(상품을 한 마디로 얘기한다면)
6. 핵심고객을 위한 신상품 · 서비스의 특징
   · 모양, 성능, 기능, 효과, 용도, 가격 등에 대해 기술
7. 상기된 신상품 · 서비스 개발계획
   · 개발 · 홍보 · 유통방법, 필요자원, 업무분장, 개발일정, 수익 및 비용

스토리가설을 기획서로 전환하려면 우선적으로 기획서 목차를 결정하고, 이에 맞춰 스토리가설을 재구성해야 한다. 기획서는 '최소한 이 정도의 내용은 들어가 있어야 한다'는 조건이 있으며, 이를 정의한 것이 목차이기 때문이다. 앞서 살펴본 마케팅 마인드세트와 MECE에 의한 분석 프레임워크 등이 기획서 목차의 가이드라인이다. 발표용 제안서라면 스토리가설 기본목차로 기획서 내용구성안을 만들어도 크게 문제될 것 없다. 하지만 보고서용 기획서는 이를 보는 사람이 기획자의 설명없이 내용을 이해해야 하기에 내용을 좀 더 보강해야 하고, 목차도 세부적으로 나눠야 하며 근거자료도 좀 더 필요하다. 다만

잊지 말것은 기획서 목차에 따라 내용을 보강하더라도 스토리가설의 내용흐름은 유지해야 한다는 점이다. 기획서를 언뜻 보면 무척 딱딱한 보고서처럼 보이지만 기획서 내용은 스토리가설에 담긴 이야기체 문장을 짧은 문장으로 표현한 것에 불과하다. 그리고 이와 같은 인과관계구조를 만들기 위해 기획서 작성전에 스토리가설을 구성한 것이다. 기획자는 이야기 구조를 최대한 유지한 채 [기획서 내용구성안] 작업을 통해 기획서와 유사한 모양으로 내용을 변화시키면 된다.

두 번째, [기획서 내용구성안]은 스토리가설을 'One Page & One Message' 구조로 구성해 주는 역할을 담당한다.

기획서는 다양한 정보와 메시지들이 복잡하게 연결되어 있다. 그러나 이를 분해해 보면 기획자가 주장하는 하나의 핵심메시지와 기획서의 개별페이지를 대표하는 결론메시지, 이를 설명하거나 입증하는 근거메시지와 정보들로 구성되어 있다. 이들이 한 세트가 되어 페이지를 구성하고, 이들 페이지가 모여 기획서가 된다. 그러나 앞선 2단계의 스토리가설에는 주로 핵심메시지와 결론메시지만 들어 있다. 이런 스토리가설의 상황을 기획서에 적합하게 만들기 위해 [기획서 내용구성안]이 필요하다.

앞서 살펴본 [기획서 내용구성안]은 아래와 같은 구조로 되어 있다.

왼쪽은 기획서에서 실제 사용할 목차, 가운데 '메시지'는 스토리가설에 들어 있는 메시지들을 기획서 작성 시 One Page & One Message로 사용할 수 있도록 결론메시지와 근거메시지로 나눈 것, 오른쪽 '컨텐츠'는 가운데의 근거메시지를 증거할 자료와 정보명이다. 기획서를 작성할 때는 컨텐츠에 들어 있는 정보의 실제자료와 정보들을 첨부하면 된다.

앞선 사례를 다시한번 살펴보자. 이 내용은 스토리가설에 "○○사업은 지금 어느 때보다 까다로운 고객과 더욱더 공격적인 경쟁사와 직면해 있습니다."라고 표현되어 있는 것을 두 개의 문장으로 나눈 것이다.

그 후 두 개의 문장을 각각 파워포인트 한 페이지에 들어갈 결론메시지로 삼고 이곳에 근거메시지와 정보를 추가했다. '○○○사업 지금 어느 때보다 까다로운 고객들로 인해 다양한 문제에 직면하고 있습니다.'라는 결론메시지의 근거메시지로는 '소비자욕구는 과거 기능적인 면을 중시하는 것에서 점차 디자인 요소를 강조하고 있습니다.' '저렴한 가격과 높은 품질을 요구하는 모습으로 변해가고 있습니다.' '소비자 단체활동이 강화됨으

	메시지	컨탠츠
1. 시장상황 분석	○○○사업은 지금 어느 때보다 까다로운 고객과 더욱더 공격적인 경쟁사와 직면하고 있습니다.	
시장상황 분석	○○○사업은 지금 어느 때보다 까다로운 고객들로 인해 다양한 문제에 직면하고 있습니다. · 소비자 욕구는 과거 기능적인 면을 중시하는 것에서 점차 디자인 요소를 강조하고 있습니다. · 저렴한 가격과 높은 품질을 요구하는 모습으로 변해가고 있습니다. · 소비자 단체활동이 강화됨으로써 클레임 발생숫자도 지속적으로 높아지고 있습니다.	· 소비자욕구 변화추이표 · 가격과 품질에 대한 소비자욕구 동향표 · 소비자단체의 활동변화표 · 자사 클레임 접수상황표
시장상황 분석	○○사업은 과거와 다른 공격적인 경쟁사와 시장현장에서 싸우고 있습니다. · 과거 3개사였던 경쟁사가 2012년에는 8개로 증가했습니다. · 신규 진입한 경쟁사들은 자금이 풍부한 대기업의 자회사들로 모기업의 자금력을 활용하여 가격할인, AS 등의 활동을 적극 전개하고 있습니다. · 이들은 유통망에 대한 인센티브 강화로 자사 유통망을 공략하고 있습니다.	· 연도별 경장사 동향표 · 경쟁사들의 조직, 자금, 마케팅 활동 현황표 · 유통망에 대한 업체별 인센티브 상황표

로써 클레임 발생숫자도 지속적으로 높아지고 있습니다'. 그 후 이들 근거메시지를 입증할 수 있는 정보를 근거메시지 옆에 있는 '컨텐츠' 칸에 추가로 정리한다. '소비자욕구는…'이라는 근거 메시지의 입증자료로 '소비자욕구 변화추이 자료'를, '저렴한 가격과 높은 품직을…'이란 근거메시지를 위해 '가격과 품질에 대한 소비자욕구동향표' '소비자단체의 활동변화표'를, '소비자 단체활동이 강화됨으로써…'를 입증하기 위한 정보로 '자시 클레임 접수상황표'다.

물론 이곳에 작성하는 정보와 자료는 스토리가설을 작성하기 위해 탐색조사를 실시할 때 찾아둔 자료일 경우가 많다. 당시엔 자료를 신속하게 읽으며 전체적인 흐름을 파악하는 데 주안점을 두었지만, 그래도 어딘가에 그 자료들을 정리해 두었을 것이다. 이 자료들을 [기획서 내용구성안]을 만들 때 다시 찾아 이를 정리하면 된다. 하지만 탐색조사에서 찾아내지 못한 자료가 필요할 수도 있다. 이때는 해당자료를 찾기위해 [기획서 내용구성안] 작성작업을 중단하지 말고 일단 근거메시지를 입증하기 위한 자료가 무엇인지 그 내용을 정리해 놓는 것이 좋다. 그후 [기획서 내용구성안]을 모두 작성한 다음, 앞서 정리한 자료들 중에서 아직 확보하지 못한 자료들을 골라 한꺼번에 찾아내는 것이 훨씬 효율적으로 업무를 진행하는데 도움이 된다.

물론 기획서, 특히 파워포인트 기획서를 작성할 때 'One Page & One Message'를 반드시 지켜야 하는건 아니다. 조금 복잡한 기획서를 보면 한 페이지에 두 개 이상의 메시지가 담겨진 경우도 있다. 특히 공모전 제안서처럼 제한된 분량에 많은 내용을 담으려면 'One Page & Two Message'는 기본이다. 아래의 제안서는 모두 한 페이지에 두 개의 메시지를 담고 있다.

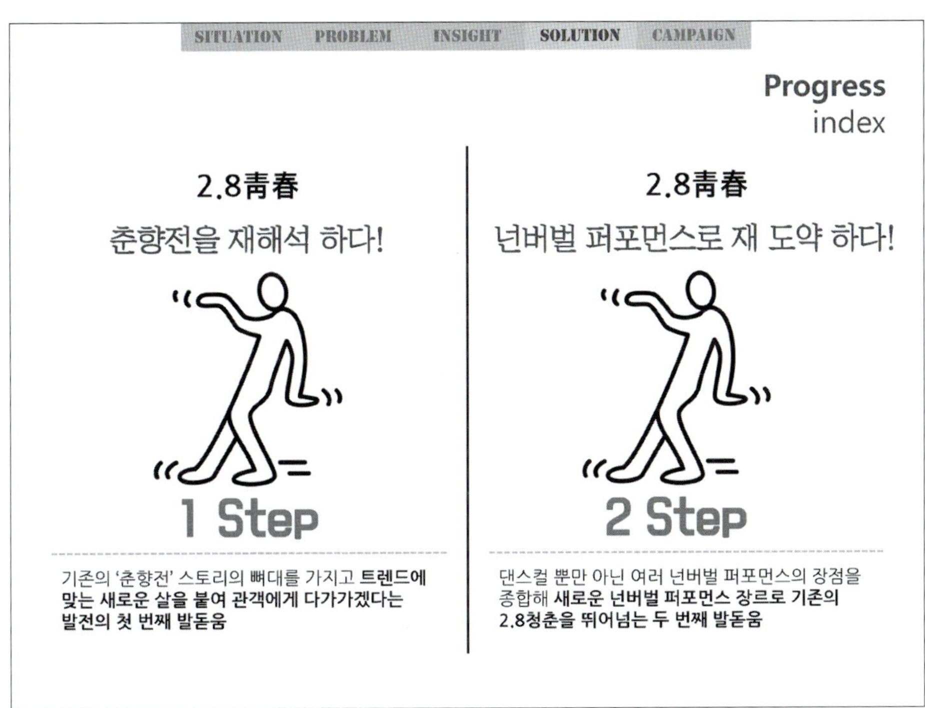

춘향전을 재해석 하다

01

그래서 관객들에게 물었습니다!

Q. '춘향전'을 직접 보고 나서 **어땠습니까?**

자체 설문조사
N=한국영상대학교 재학생 3500명 중 응답한 128명

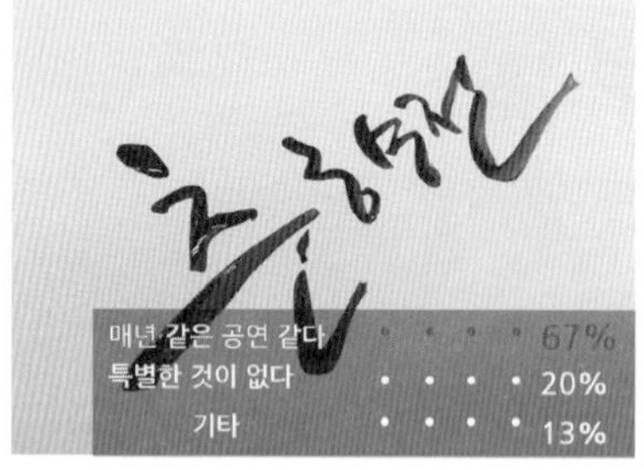

놀랍게도 관객들은 '춘향전'의
고질적인 문제를 이미 알고 있었습니다.

구성, 그렇습니다.

광한루클럽
이몽룡과 변학도의 배틀
이몽룡 의 승리

관객들은 이미 **새로운 구성**의 '춘향전'을 **기다리고 있었습니다.** 02

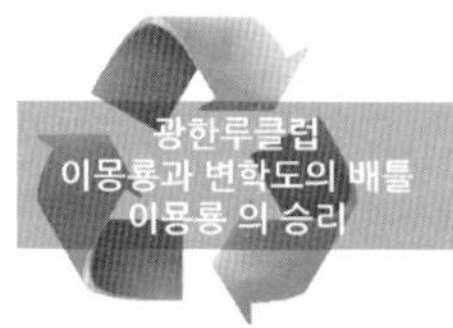

하지만 **같은 구성**의 '춘향전' 속에서 **새로운 연출**만을
찾으려고 했고 틀안에서 바꾸려고만 했습니다.

• 자료원 : 〈2.8靑春. 새롭게 도약하다〉,김승현, ○○대학교, 2015

[기획서 내용구성안]을 작성할 때 중요한 것은 한 페이지를 대표할 결론메시지를 선정하는 능력이다. 메시지가 너무 크면 한 페이지에 담을 근거메시지나 자료가 방대해 지고, 반대로 메시지가 너무 작으면 한 페이지에 들어갈 내용이 너무 단순해진다. [기획서 내용구성안]은 앞선 설명처럼 '스토리에 근거자료'를 붙이는 과정이며, 자신이 주장하는 핵심메시지나 결론메시지를 보다 상세히 설명하는 과정이다.

세 번째, 스토리가설에 담긴 가설을 검증하는 역할을 담당한다.

스토리가설은 이야기체로 구성한 가설들이다. 이 중에는 탐색조사를 통해 발견한 근거자료를 갖고 서술한 내용도 있지만 많은 부분이 과거 어디선가 보고들은 기억에 의존해서 작성한 내용들이다. 그리고 근거자료는 없지만 앞 문장과 인과관계를 만들기 위해 가상으로 정리한 내용들도 많다. 특히 과제나 목적, 목표, 컨셉이나 해결방안은 앞선 시장현황 분석자료를 활용하여 얻어낸 추정내용들이다. 이제 해야 할 일은 가상으로 정리한 내용들을 객관적인 시각으로 입증해야 한다. 기획서는 이야기에 근거자료를 첨부한 것이기에 스토리가설은 언제나 이를 증명할 수 있는 근거가 있다는 것을 전제한다.

스토리가설 내용을 검증할 때 가장 중요한 부분은 시장현황분석에 대한 검증이다.

기획서에서 중요한 내용들은 '문제와 원인', '이에 근거한 과제와 해결방안'이다. 하지만 이들은 모두 '시장상황분석'에 근거하여 도출한 내용들이기에 이곳에서 상황을 잘못 판단하면 뒤에 나오는 모든 내용이 잘못된 방향으로 기술될 수 있다. 따라서 기획서에서 '검증'을 말할 때는 대부분 '시장현황분석'에 대한 검증이다.

	메시지	컨탠츠
1. 시장상황 분석	○○○사업은 지금 어느 때보다 까다로운 고객과 더욱더 공격적인 경쟁사와 직면하고 있습니다.	
시장상황 분석	○○○사업은 지금 어느 때보다 까다로운 고객들로 인해 다양한 문제에 직면하고 있습니다. · 소비자 욕구는 과거 기능적인 면을 중시하는 것에서 점차 디자인 요소를 강조하고 있습니다. · 저렴한 가격과 높은 품질을 요구하는 모습으로 변해가고 있습니다. · 소비자 단체활동이 강화됨으로써 클레임 발생숫자도 지속적으로 높아지고 있습니다.	· 소비자욕구 변화추이표 · 가격과 품질에 대한 소비자욕구 동향표 · 소비자단체의 활동변화표 · 자사 클레임 접수상황표

그렇다면 앞선 사례처럼 결론메시지와 근거메시지, 근거자료로 이뤄진 구조에서는 무엇을, 어떻게 검증해야 하는 것인가? 결론/근거메시지와 근거자료 모두를 검증해야 하는가 라는 질문이 나올 수 있다. 그러나 앞선 세 개의 요소는 각기 다른 내용이 아니라 맨 뒤에 있는 근거자료를 해석하여 나온 하나의 결과물이다. 근거자료를 통해 근거메시지와 결론메시지가 만들어졌다. 결국 검증의 핵심은 결론메시지이지만 실제로는 본 메시지의 근원인 근거자료를 검증함으로써 결론메시지를 검증한 것으로 인정하는 것이다.

예를 들어보자. '○○○사업은 지금 어느 때보다 까다로운 고객들로 인해 다양한 문제에 직면하고 있습니다.'라는 결론메시지가 있다. 이는 '소비자욕구는 과거 기능적인 면을 중시하는 것에서 점차 디자인 요소를 강조하고 있습니다.' '저렴한 가격과 높은 품질을 요구하는 모습으로 변해가고 있습니다.' '소비자 단체활동이 강화됨으로써 클레임 발생숫자도 지속적으로 높아지고 있습니다'라는 근거메시지에서 도출한 것이다. 따라서 검증은 맨 앞의 '○○○사업은 지금…'이란 결론이 현실적으로 맞는지를 확인하는 과정이지만, 실제로는 앞선 근거메시지들이 타당한가를 확인하는 것이며, 근거메시지의 타당성을 확인하려면 이를 입증할 수 있는 근거자료를 검증해야 한다. [기획서 내용구성안] 내용 중 [컨텐츠]에 들어 있는 자료들이 바로 검증대상이다. 이처럼 [기획서 내용구성안]은 스토리가설에 포함된 메시지들을 일정양식에 의해 분류하여 그것들이 요구하는 자료를 찾아 정리하도록 만들어 줌으로써 스토리가설의 검증작업을 도와준다.

네 번째, 기존에 작성한 해결방안을 새롭게 보완하는 역할을 담당한다.

스토리가설에 담긴 해결방안들은 기획자의 생각을 간단히 정리한 것이다. 문장을 매끄럽게 연결하기 위해 무엇을 할 것인지에 대한 제목정도만을 정리했다. 예를 들면 아래와 같은 수준이다.

〈행정복합문화의 도시 세종, 학생들을 위한 공연문화사업 프로젝트〉

(해결방안)

1020세대의 학생들을 타겟으로 학업, 취업걱정에 지쳐있는 학생들에게 마음의 위안을 주고 즐길 수 있는 세종호수공원에서의 'You're the best' 문화공연 프로그램을 제안합니다.

첫 번째, '내가하고 싶은 걸 안하면 재미가 없잖아'

학업, 취업걱정에 지쳐있는 학생들의 사연을 받아 공연 스토리에 풀어내 ○○대학교 공연동아리를 섭외하여 공연하는 프로그램입니다. 이로 인해 학업, 취업으로 인해 힘들어 하는 학생들의 감성을 자극하고 마지막에는 교훈을 주어 힘들어 하는 학생들에게 힘을 줄 수 있도록 합니다.

두 번째, 'We not are team, I am the best'

학생들의 숨기고 있던 끼를 보여줄 수 있는 대회 프로그램입니다. 대회는 크게 댄스, 노래로 나누어 이루어지며 노래선정은 컨셉에 맞게 꿈에 대한 내용이 들어간 노래를 선정해야 됩니다. 그 노래 안에는 자신이 꿈을 위해 노력하고 있고 간절한 마음이 우러나야 합니다.

세 번째, '넌 최고야(You're the best)'

지쳐있는 학생들에게 '넌 최고야'라는 주제의 특별강연 프로그램입니다. 강연은 스타강사인 김미경 씨가 중 · 고등학생 한번 대학생 한번 총 2번의 강연을 해주십니다. 중 · 고등학생은 진로, 대학진학에 관련된 강연을 해주고 대학생은 사회생활, 취업에 관련된 강연을 열어줄 것입니다. 이로인해 학생들에게 조금이나마 마음의 힐링을 느낄 수 있게 합니다.

네 번째, '우리만의 Party'

대학생들이 세종에서도 즐길 수 있는 피크닉 페스티벌 프로그램입니다. 요즘 서울에서 학교를 다니는 대학생들이 친구들과 피크닉을 하기 위해 많이 찾는 곳은 한강입니다. 그렇기 때문에 한강에서는 대학생들을 위한 페스티벌도 많이 진행됩니다. 우리는 그러한 점을 접목시켜 대학생들이 세종에서도 즐길 수 있는 피크닉 페스티벌을 만들어줄 것입니다. 이를 통해 대학생들이 잠시나마 학업, 취업걱정에서 벗어나 즐겁게 즐길 수 있고 스트레스를 해소 할 수 있습니다.

다섯 번째, '고생했어, 오늘도'

하루하루 학교생활에 지쳐있는 학생들에게 '고생했어, 오늘도'라는 말을 하며 시작하는 어쿠스틱 버스킹 공연 프로그램입니다. 20대들은 댄스음악보다는 좀 잔잔한 어쿠스틱 음악을 좋아하는 사람이 많습니다. 주마다 공연자를 신청 받아 매주 진행하도록 합니다. 그리고 한 달에 한 번씩은 현재 활동하고 있는 유명한 어쿠스틱 밴드를 초청해 공연을 열어 줍니다.

추가적으로, 공연뿐만 아니라 체험활동을 할 수 있는 체험부스도 추가하여 활동에 참여하면서 스트레스를 해소할 수 있도록 유도합니다. 그 예로는 자전거 대여, 캘리그라피 배우기, 프로모션, 캠페인 등이 있습니다.

또한 요즘 핸드폰으로 사진 찍는 사람들이 많습니다. 그렇기에 우리는 세종호수공원 학생 스냅사진대회를 개최합니다. 사진촬영에 관심있는 학생들의 이목을 집중시키고 당선이 된 작품은 수상무대 섬 다리에 전시회를 열어줍니다. 이로 인해 사진을 좋아하는 학생들에게 성취감과 즐거움을 줄 수 있습니다.

마지막으로, 들판에서 할 수 있는 스포츠 종목의 대회를 개최합니다. 여자는 티볼컵으로 남자는 족구대회로 개최하여 우승 팀에게는 장학금을 수여해줍니다. 이로써 수상한 후의 만족감과 성취감을 심어줍니다.

• 자료원 : 〈행정복합문화의 도시 세종, 학생들을 위한 공연문화사업 프로젝트〉, 허수연·김혜영, ○○대학교, 2016

이와 같은 내용은 문제해결을 위해 기획자가 무엇을 하려는지 가름할 수 있는 정도의 내용이다. 하지만 이를 기획서에 담으려면 보다 구체적인 내용이 필요하다. 제안한 활동을 왜 하는지, 어떤 방식으로, 언제부터, 어디서, 누가 할 것인지, 기대효과는 무엇인지에 대한 것이다. 물론 기획서 내용구성안에 모든 것을 표현할 수는 없다. 해결방안을 자세히 작성하자면 한도 끝도 없다. 하지만 최소한 누가, 언제부터, 언제까지 어떤 내용의 활동을 하며, 따라서 업무기간과 비용은 어느 정도가 되는지 짐작할 정도의 내용은 들어가야 한다. 이를 기획서로 옮길때는 이곳에서 작성한 내용과 이를 시각적으로 확인할 수 있는 그림, 동영상 등을 추가하면 된다. 이때 잊지 말것은 스토리가설에 담긴 실행방안이 현실적이며 실행 가능한 것인가의 문제다. 앞의 문제와 원인, 과제를 통해 구성된 실행방안이지만 이 내용이 문제의 핵심을 건드리지 못하거나 현장부서에서 실행하기 어려운 사항이라면 기획서의 가치는 반감될 수밖에 없다. 기획자는 이를 관련부서, 즉 재무, 인사, 생산, 영업, 마케팅부서 등으로 보내 이들이 실행 가능한지 검증해달라고 요청해야 한다.

다섯 번째, 한글 기획서를 만들 때 요긴하게 활용할 수 있다.

예전과 달리 요즘은 한글 기획서가 인기를 끌고 있다. 특히 정부기관을 중심으로 한글 기획서를 요청하는 곳이 많다. 정부기관, 지자체에서 기획서를 요구할 때는 우선 한글 기획서를 제출받아 내용을 심사하고, 해당 기획서 내용에 만족할 경우 이를 파워포인트 기획서로 전환하여 발표를 요청하기도 한다. 한글 기획서를 작성할 때는 기존 파워포인트 기획서 작성 시 고려했던 디자인 요소는 잊어버리는 게 좋다. 물론 한글 기획서도 전체적인 디자인에 신경쓰긴 해야 한다. 한글 기획서는 문장이 많아 자칫 잘못하면 답답하게 보일 수도 있다. 하지만 문장보다는 사진이나 그림, 또는 동영상을 첨부하여 기획서를 풍부하게 만들겠다는 생각은 지우는 게 좋다. 한글 기획서를 요구한다는 것은 예쁜기획서보다 내용이 풍부한 기획서를 달라는 의미다. 글자와 도표, 박스와 같은 기본적인 요소를 잘 활용하여 시각적으로 안정된 구조를 만드는 게 중요하다.

한글 기획서는 글자가 중심이며, [기획서 내용구성안]과 거의 유사한 구조로 되어 있다. 차이가 있다면 자료처리방법 정도다. 따라서 한글 기획서는 [기획서 내용구성안] 내용의 '컨텐츠'부분에 들어있는 자료만 첨부하면 된다. 가끔 필자에게 한글 기획서를 어떻게 작성하면 되는지 물어보면 학생들이 있다. 아마도 정부기관, 지자체, 대기업에서 한글로 기획서를 제출하라고 요청하기 때문일 것같다. [기획서 내용구성안]을 작성할 수 있다면 한글 기획서는 이미 만들 능력을 갖고있는 것과 마찬가지다. [기획서 내용구성안] 자체가 한글기획서 형태로 만들어졌다.

[소비자 분석]

● 연령별 소비구조

· 연령별 소비구조

	소비 지출	식료 음료	주류 담배	의류 신발	주거 광열	가정	보건	교통	통신	오락 문화	교육	음식 숙박	기타 상품	非소비 지출	기타 지출	부채 감소	엥겔 계수
20대	1,661 (76.6)	165 (7.6)	24 (1.1)	140 (6.5)	264 (12.2)	64 (2.9)	2 (0.1)	202 (9.3)	125 (5.8)	103 (4.7)	38 (1.7)	256 (11.8)	174 (8.0)	361 (16.6)	1,314 (60.6)	740 (34.1)	10.0
30대	2,344 (72.8)	289 (9.0)	29 (0.9)	160 (5.0)	243 (7.5)	103 (3.2)	1 (0.0)	320 (9.9)	137 (4.2)	140 (4.3)	198 (6.1)	29.9 (3.3)	284 (8.8)	665 (20.7)	2,073 (64.4)	1,202 (37.3)	12.3
40대	2,662 (73.0)	348 (9.5)	28 (0.8)	172 (4.7)	251 (6.9)	86 (2.4)	1 (0.0)	300 (8.2)	157 (4.3)	145 (4.0)	500 (13.7)	339 (9.3)	200 (5.5)	806 (22.1)	2,265 (62.1)	1,190 (32.6)	13.1
50대	2,227 (66.5)	316 (9.4)	29 (0.9)	150 (4.5)	231 (6.9)	76 (2.3)	2 (0.0)	292 (8.7)	146 (4.4)	115 (3.4)	217 (6.5)	299 (8.9)	202 (6.0)	762 (22.8)	1,765 (52.7)	84.3 (25.2)	14.2
60대	1,239 (74.1)	262 (15.7)	17 (1.0)	68 (4.1)	194 (11.6)	56 (3.4)	3 (0.2)	127 (7.6)	61 (3.6)	57 (3.4)	21 (1.2)	12.4 (7.4)	108 (6.4)	355 (21.2)	754 (43.9)	330 (19.8)	21.2
전체	2,102 (71.6)	30 (10.2)	26 (0.9)	137 (4.7)	231 (7.9)	79 (2.7)	1 (0.0)	254 (8.7)	125 (4.2)	113 (3.9)	238 (8.1)	263 (9.0)	193 (6.6)	636 (21.7)	1,690 (57.6)	880 (30.0)	14.3

· 40대 가구 소비지출 평균 266만 원으로 가장 많았으며 그다음으로 30대, 50대, 20대 순으로 나타났다. 특히, 60세 이상은 약 124만 원으로 40대의 절반에도 못 미쳤다.

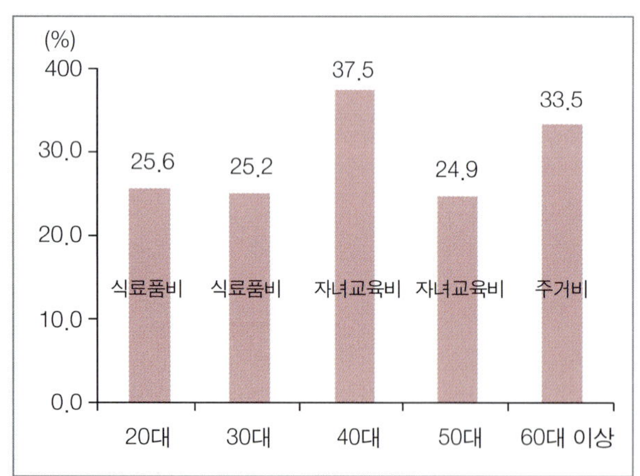

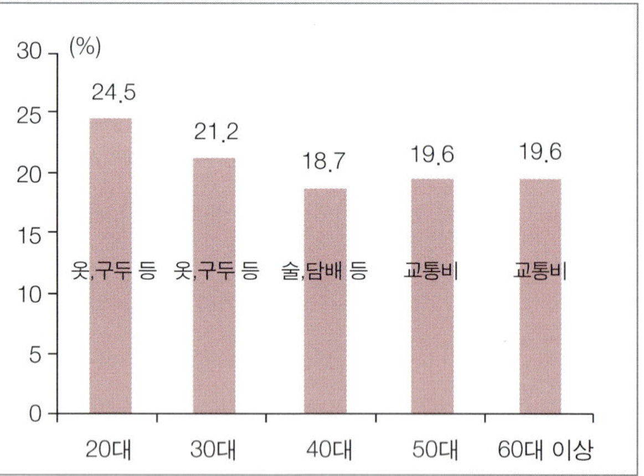

· 연령별 가장 부담스러운 생활비 항목

20~30대 '식료품비' 가장 부담

생활비 가운데 가장 부담스런 항목으로 '전월세, 관리비 등 주거관련 지출'

응답이 22.1%로 가장 많았다. 그다음으로 '식료품비' 21.5%, '교육비' 21.4% 등의 순으로 나타났다.

· 20대는 용돈사용처 패션용품 〉 기호식품 〉 교통비 순 개인용돈의 사용처로 '옷, 구두 등 패션용품', '술, 담배 등 기호식품', '교통비' 등이 꼽혔으며 '레저스포츠용품'과 '기호식품'이 동일하게 18.4%, '외모관리' 13.4%, '문화비' 11.2% 순으로 응답했다. 30대도 비슷하게 나타난다.
40대는 20,30 대와 달리 1순위가 '기호식품'이었으며, 50대는 '교통비'를 가장 우선시 한다고 응답했다.

● 매체보유 및 필수매체 현황

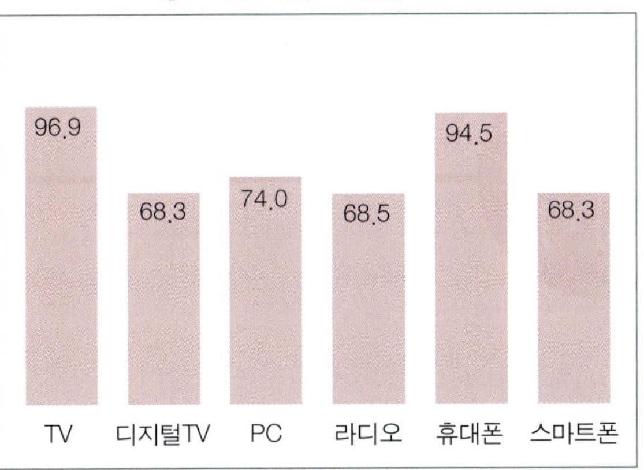

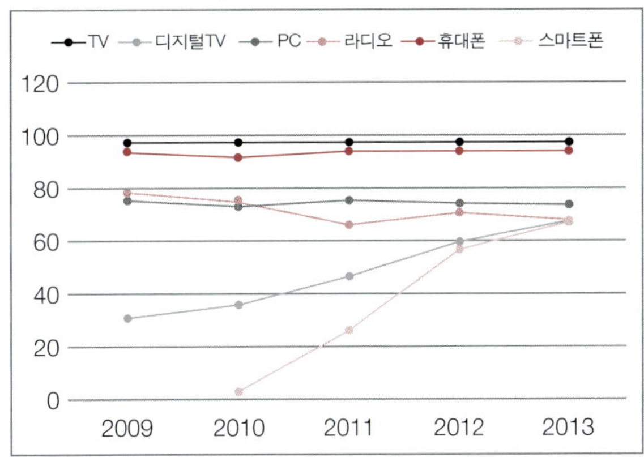

· (매체보유) TV수상기 보유율은 96.9%로 가장 보편적인 미디어의 자리를 지키고 있으며, 디지털TV 가구 보유율도 68.3%에 달함

- 휴대폰 보유(94.5%)는 일반화되었고, 다기능 미디어인 스마트폰(68.8%)의 보급증가로 미디어 이용의 '이동화', '개인화' 특징확산

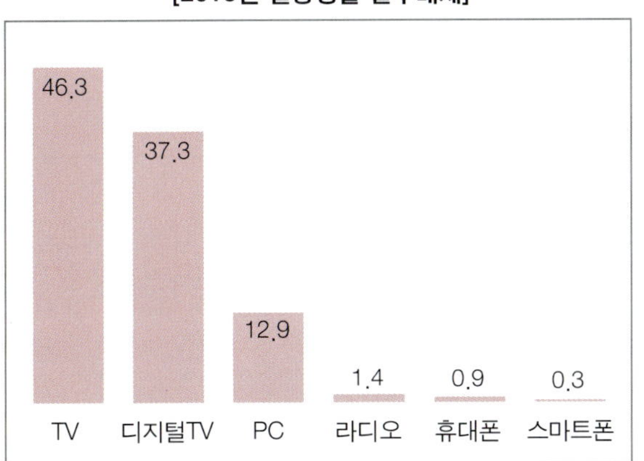

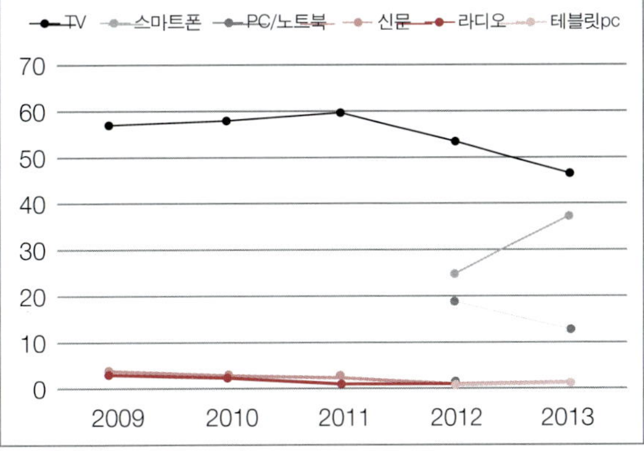

· (필수매체) 일상생활의 필수매체로 TV(46.3%), 스마트폰(37.3%), PC/노트북(12.9%)을 선택, TV 중요도는 전년 대비 낮아지고(53.4%→46.3%) 스마트폰은 전년 대비 높아짐(25.0%→37.3%)

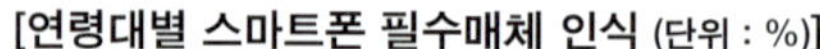

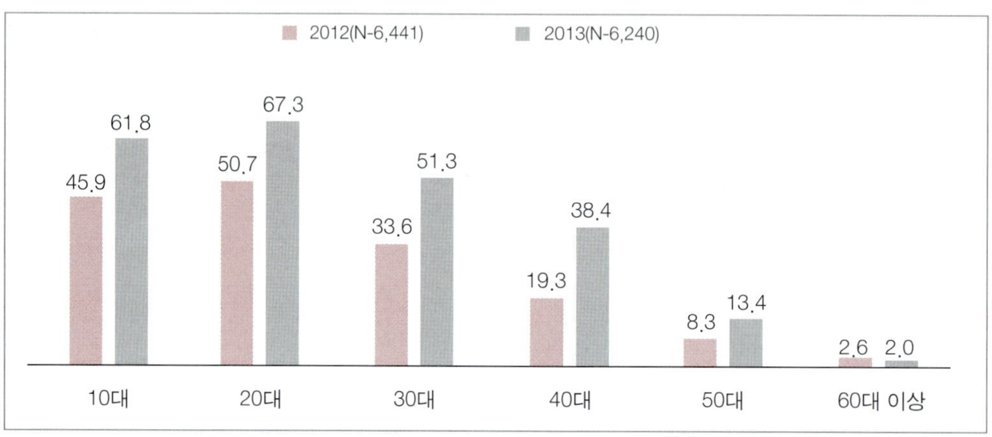

· 전년에 비해 30대(33.6%→ 51.3%), 40대(19.3%→38.4%)가 스마트폰을 선택하는 비중이 증가해 스마트폰의 중요성이 전 연령대로 확산하는 것으로 나타남

• 자료원 : 〈생활문화기업으로 도약하기 위한 LF 기업홍보방안 제안서〉, 최민정, ○○대학교, 2014

▼ 과 제

1. [기획서 내용구성안]이란 무엇인지 정의해 주세요

2. [기획서 내용구성안]의 역할을 정리하고, 각 역할이 기획서 작성 시 어떤 도움을 주는지 설명해 주세요

2 기획서 목차로 스토리가설 구체화하기

(1) 기획서 내용구성안과 기획서 목차

'기획서 내용구성안'을 만들기 위해서는 우선 기획자가 생각하는 기획서 목차를 결정해야 한다. 기획서 목차는 크게 간단한 발표용 제안서 목차와 목차가 세밀한 보고서용 기획서 목차가 있고, 이들을 근간으로 상황에 따라 다양한 목차를 개발할 수 있다. 중요한 것은 '기획서 내용구성안'은 기획서를 작성하기 전 단계작업이고, 스토리가설을 수정, 보완하는 틀이 실제 작성할 기획서 목차이기에 목차선정에 신중을 기해야 한다는 점이다.

3단계	기획서 뼈대만들기 (기획서 내용구성안)
	〈스토리가설〉을 기획서 목차에 맞춰 수정, 보완 작업

〈기획서 내용구성안〉 작성 & 가설검증

- 이야기체의 [스토리가설]을 기획서 목차에 따라 재 분류
  - 발표용 제안서 & 보고서용 기획서
  - 기획의도, 고객분석, 실행전략은 공통
  - 필요시 Logic Tree 활용
- 기존 내용에서 부족한 자료를 추가하고, 해결방안도 새롭게 보완
  - 대안들 중 최적의 해결방안 확정(현실성, 효과성 기준)
  - 해결방안에 대한 전략화 작업 & 실행방안정리
- 보완한 스토리가설을 'One Page & One Message' 구조 (기획서 내용 구성안 구조)로 변경
  - One Page의 결론 메시지 확정
  - 근거메시지와 정보(근거자료) 확정
  - 정보 - 근거메시지 - 결론메시지 구조
- 가설검증을 위한 반대자료 확인
  - 기존 시각과 다른 자료 확인
  - 사례조사를 통해 동일한 해결방안 존재여부 확인

[기획서 내용구성안]은 앞 단계에서 만든 스토리가설을 기획서로 만들기 위해 이야기체의 스토리라인을 기획서 형태로 바꾸는 작업이다. 이런 작업을 진행하려면 몇 가지 과정을 거쳐야 한다.

첫째, 자신이 바라는 기획서 목차를 선정한다.

기획서 목차는 매우 다양하지만 크게 두 가지 종류로 나눌 수 있다. 발표용 제안서 목차와 보고서용 기획서 목차다.

둘째, 앞서 결정한 목차에 맞춰 스토리가설을 재배치하고 부족한 내용을 추가한다.

이때 추가할 내용은 주로 결론메시지에 해당하는 내용들이며, 필요하다면 탐색조사를 통해 내용구성에 필요한 자료를 확인한다.

셋째, 결론메시지 중심의 내용들을 'One Page & One Message' 구조로 바꾼다.

기획서 한 페이지의 대표문장인 결론메시지와 결론메시지를 설명하는 근거메시지, 근거메시지를 입증하는 정보, 자료로 구성된 메시지 세트구조를 만든다.

넷째, 앞서 구성한 메시지 세트구조의 내용을 검증한다.

가설로 만들어진 메시지를 입증할 수 있는 자료를 찾고, 메시지 구성을 위해 확보한 자료들의 반대자료들을 통해 기존 메시지들을 재검증한다.

다섯째, 기존 해결방안을 좀 더 구체적으로 정리하고 실행가능성을 확인한다.

해결방안은 실행을 위한 가이드라인이자 기획서가 완료된 후 작성해야 할 실행매뉴얼(실행계획서)의 기초자료다. 따라서 실행방안을 구체적으로 작성할수록 실행매뉴얼(실행계획서) 작업이 수월해지며, 이 작업에서 수정, 보완할 사항도 줄어든다.

스토리가설을 활용하여 기획서를 작성하려면 우선적으로 [기획서 내용구성안]에서 사용할 기획서 목차를 선정해야 한다.

스토리가설을 기획서로 전환하기 위해 가장 먼저 해야 할 일은 목차를 결정하는 것이다. 이야기체 문장의 흐름을 살린 채 기획서 구조로 전환하기 위함이다. 기획서 목차는 이야기 플롯과 밀접한 관계를 맺고있다. 어떤 기획서 목차든지 처음 출발한 곳은 결국 이야기 플롯이다. 이야기의 구성원리와 기획서 목차로 사용할 수 있는 항목들을 이해하면 필요에 따라 다양한 목차들을 만들어 낼 수 있다.

특히 발표용 제안서 목차는 기획서의 핵심구조인 [문제-원인-과제-해결방안]의 구성방식과 스토리가설의 기본목차인 [현황분석-문제/원인분석-과제도출-해결방안]을 그대로 이어받았다. 간단한 목차를 선호하는 발표용 제안서의 특징 상 스토리가설의 기본목차 정도면 그 역할을 충실히 이행할 수 있기 때문이다. 스토리가설의 기본목차에서 시장발단상황과 전개상황이 들어있는 [상황분석], 기획의 시작점인 문제와 원인이 들어있는 [문제/원인분석], 그 후 문제해결을 위해 무엇을 할 것인지 강조하기 위한 [해결과제], 과제의 실행방법이자 목표달성방안을 정리한 [해결방안], 기획의 효과를 간단히 정리한 [대단원]은 발표용 제안서에서도 [시장현황분석], [문제분석], [해결과제], [해결방안], [맺음말]으로 표현했고, 앞선 목차에 포함된 내용 중에서 강조할 필요가 있는 고객내용과 실행전략부분을 [타겟분석]과 [컨셉]이란 목차를 사용해 추가했다. [타겟분석]은 실행방안의 효과성을 극대화하기 위해 대상고객의 욕구를 분석한 부분이고, [컨셉]은 고객이 원하는 것을 제공하는 방법을 한 마디로 표현하고, 뒤에 나올 해결방안의 구심점을 설명한 부분이다. 이때 [해결방안] 부분은 좀 더 나은 표현이 있다면 그것을 사용해도 좋다. 예를 들면 '마케팅전략' '마케팅 실행방안' '실행전략' 등 다양하게 표현할 수 있다.

반면 보고서용 기획서 목차는 앞선 발표용 제안서의 목차를 좀 더 구체적으로 나눈 목차다. 상대방이 기획서를 혼자 읽어본다는 가정 하에 보다 많은 자료와 정보를 제공할 수 있도록 만든 목차다.

보고서용 기획서 목차는 아래처럼 발표용 제안서 목차구조와 순서는 그대로 활용하되 개별목차들을 좀 더 전문적인 용어로 표현했고, 유사한 항목들을 동일한 목차 안으로 배치했다. 이는 듣는 기획서가 아닌 보는 기획서로서의 역할을 적절히 수행하기 위함이다. 또한 발표용 제안서에서 이야기 전달 상 자연스럽지 않다고 판단하여 축소하거나 제외한 내용들도 이곳에서는 별도목차로 구성하여 보다 많은 정보와 자료를 담을 수 있도록 만들었다. 발표용 제안서에서 시장발단상황과 전개상황이 들어있는 [시장현황분석] 내용은 제목은 그대로 두되 시장의 일반적인 상황을 설명한 '시장상황분석', 경쟁사들의 동향을 파악한 '경쟁사분석', 시장변화상황에 대한 자사의 대응방안과 보유자원을 분석한 '자사분석', 시장변화에 가장 큰 영향을 주고받는 '소비자분석'으로 나눴고, 발표용 제안서에서 강조하기 위해 별도목차로 분류한 '문제분석'과 '해결과제'부분을 [시장현황분석]이라는 목차 내의 '시장조사요약'이란 부분으로 옮겼다. 이는 문제와 과제는 시장분석의 결과로 나온 내용이기 때문이다. 발표용 제안서에서는 과제 안에 포함되어 있지만 강조하지 않는 목적과 목표부분을 보고서용 기획서에서는 [목적과 목표]라는 별도목차로 구성하였다. 또한 발표용 제안서에서는 '타깃분석' '컨셉'이란 목차로 분리했던 내용들을 [사업추진전략]이란 통일된 목차 안에 모았다. 그리고 이 목차의 세부목차로 '시장세분화' '목표고객설정' '컨셉 및 포지셔닝'으로 구성했다. 실행방안도 앞선 발표용 제안서에서는 [해결방안]이란 목차로 구성했지만 보고서용 기획서에서는 마케팅 4P 또는 6P로 나눠 기획자가 해당 요소를 반드시 채우도록 명시하였다. 그리고 앞선 발표용 제안서에서 [해결방안]에 포함되어 있던 업무분장, 업무일정표, 손익계산부분도 별도의 목차로 나눠 강조했다. 결국 보고서용 기획서의 목차는 발표용 제안서에 담겨진 내용 중에서 소홀하게 다룰 여지가 있는 부분들을 구체적으로 다루도록 세분화했고, 발표하는 데 편리하도록 구성한 요소들을 내용구성 상 동일한 분류체계로 재편성한 것뿐이다. 이와 같은 두개 목차의 유사성은 두 개의 목차 중 어떤 것을 먼저 쓰던지 간에 다른 목차의 기획서도 손쉽게 작성할 수 있도록 도와준다.

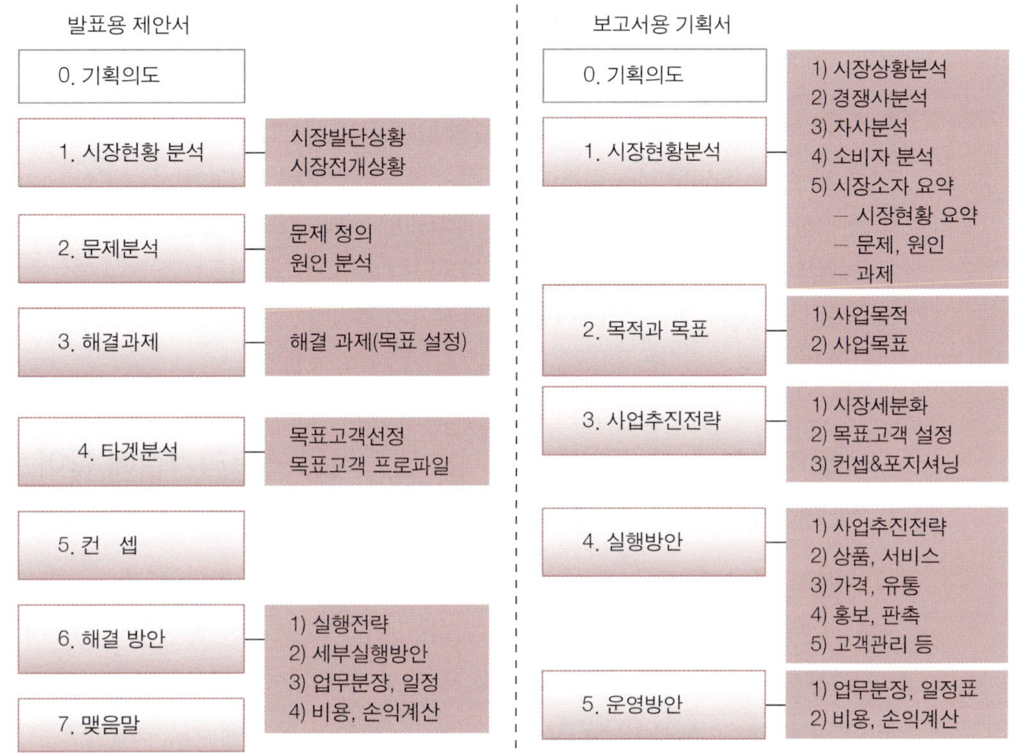

▼ 과 제

1. '기획서 내용구성안' 작업에서 실제 작성할 기획서 목차선정이 중요한 이유를 설명해 주세요.
2. 현재 작성 중인, 또는 작성할 기획서 목차를 정리해 주세요. 그리고 그 목차를 왜 결정했는지 이유를 설명해 주세요.

(2) 스토리가설 구체화하기

앞 단계에서 기획서 목차를 결정했으면 다음 단계는 스토리가설 수정안을 기획서 목차에 맞게 수정, 보완하는 일이다. 스토리가설을 기획서 목차에 맞추는 작업은 앞서 설명한 Logic Tree를 사용하면 편하다. 스토리가설을 목차에 맞게 배치했는지 시각적으로 확인할 수 있고, 어떤 부분이 부족한지 쉽게 찾을 수 있다. 스토리가설을 기획서 내용구성안으로 만드는 작업의 핵심은 스토리가설의 결론메시지 중에서 이야기 전개 상 부족한 내용을 추가하고, 기획서 구조인 결론메시지 - 근거메시지 - 근거자료로 확대하는 일이다.

스토리가설을 활용하여 기획서를 만들려면 스토리가설에 들어 있는 내용을 앞서 결정한 목차에 따라 재배치하고 부족한 내용을 추가해야 한다.

기획서 종류에 따른 목차는 다음과 같다. 목차를 자세히 보면 [-]라고 표시한 부분과 [1) 2) 3)..]이라고 표시한 부분이 있다. [-]라고 표시한 부분은 내용 상 이와 같은 의미의 내용이 들어가야 한다는 것으로 목차 상 구분하지 않아도 된다. 하지만 [1) 2) 3)..]이라고 표시한 것은 목차 상 필요한 것으로 기획서 목차에 가능하면 구분해서 표시하는 것이 좋다.

발표용 제안서

0. 기획의도

1. 시장현황 분석
- 시장발단상황 - 시장전개상황

2. 문제분석
- 문제 정의 - 원인 분석

3. 해결과제
- 해결 과제(목표 설정)

4. 타겟분석
- 목표고객선정
- 목표고객 프로파일

5. 컨 셉

6. 해결 방안
1) 실행전략 2) 세부실행방안
3) 업무분장, 업무일정표
4) 비용, 손익계산

7. 맺음말

보고서용 기획서

0. 기획의도

1. 시장현황분석
1) 시장상황분석 2) 경쟁사분석
3) 자사분석 4) 소비자 분석
5) 시장소자 요약(문제, 원인, 과제)

2. 목적과 목표
1) 사업목적 2) 사업목표

3. 사업전략
1) 시장세분화 2) 목표고객 설정
3) 컨셉 또는 슬로건

4. 실행방안
1) 사업추진전략
2) 마케팅 4P 또는 6P에 준한 실행방안

5. 사업운영방안
1) 업무분장, 업무일정표
2) 비용, 손익계산

6. 맺음말

여러가지 기획서 목차 중 하나를 선택했다면 해당목차에 스토리가설을 대입해 본다. 기존에 작성한 스토리가설 내용이 기존 기획서 목차에 필요한 내용들을 어느 정도 충족시키는지 확인하는 작업이다. 이때 두 가지 방법을 사용할 수 있다. 하나는 Logic Tree를 활용하는 방법이고, 또 하나는 일반양식을 사용하는 방법이다. 필자는 학생들에게 스토리가설을 기획서 내용구성안으로 만들 때 Logic Tree를 활용하라고 권한다. Logic Tree는 MECE에 의해 세분화시켜 놓은 구조이기에 기획서 목차로 Logic Tree를 만들고 그곳에 스토리가설을 대입해 보면 어떤 목차에서 어떤 내용이 부족한지 시각적으로 확인할 수 있다. 공간은 구성되었는데 그곳에 들어갈 내용이 없다면 당연히 그 부분을 추가로 보완해야 하고, 다른 공간에 비해 내용이 적거나 너무 많다면 이를 다른 공간들과 비교하여 서로 유사한 숫자의 내용이 들어가도록 조정하면 된다.

기획서 내용구성안의 결론메시지를 검토하기 위한 Logic Tree는 아래와 같다.

예를 들어 보자. 아래 내용은 스토리가설의 일부다.

> "자사는 ○○○년 인천에서 반도체 칩을 대기업에 공급하는 하청업체로 시작하였다. 기술력을 인정받아 안정된 매출기반을 구축할 수 있었고, 이에 힘입어 그 동안 대기업에 납품하던 반도체 칩을 개량하여 ○○라는 브랜드의 자사 상품도 시장에 출시했다. 시장에서도 대기업에 납품했던 기술력을 인정받았고, 그 동안 안정된 매출기반 속에서 매년 10% 이상의 성장률을 기록하며 발전하였다. 그러나 지금은 까다로운 고객과 더욱더 공격적인 경쟁사와 직면하고 있다. 이런 상황에서 자사 상품의 시장경쟁력은 계속 줄어들고 있고, 이윤 또한 함께 줄어들고 있다."

상기 내용은 시장현황분석에 해당되는 내용이기에 이를 발표용 제안서의 Logic Tree에 대입해 보자. 내용이 스토리가설처럼 문장으로 연결되어 있을 때는 크게 문제될 것 없어 보이지만 이를 Logic Tree에 대입하면 뭔가 빠진 것을 알 수 있다. 인과관계구조 상, 또 앞으로 결정해야 할 문제와 원인규명을 생각할 때 부족한 내용들이다. 아래 내용은 Logic Tree의 결론메시지 부분을 확대한 것이다.

그동안 안정된 매출기반 속에서 매년 10% 이상의 성장률을 기록하며 발전하였다.

……

그러나 지금은 까다로운 고객과 더욱더 공격적인 경쟁사와 직면하고 있다.

……

이런 상황에서 자사 상품의 시장경쟁력은 계속 줄어들고 있고,
이윤 또한 함께 줄어들고 있다.

상기된 사례에서 부족한 내용을 찾아보자. 시장현황분석은 사업을 시작하여 별 문제없이 기업활동을 추진하던 '시장발단상황'과 내·외부환경변화나 경쟁사의 움직임으로 인해 문제가 야기되는 '시장전개 상황'으로 나눈다. 하지만 앞선 내용은 시장발단상황에서 성장한다는 점만 강조하고 있고 이런 결과, 즉 기업을 성장하게 도와준 고객과 자사활동, 경쟁사 동향 등에 대한 내용이 부족하다. 이런 내용은 시장전개 상황에서 문제시 하고 있는 '까다로운 고객' '더욱더 공격적인 경쟁사'상황과 대비하여 현 문제상황을 고조시킬 수 있는, 매우 중요한 내용이다. 또한 시장전개 상황에서도 뒤에 나온 '자사 상품의 시장경쟁력' 문제와 '이윤감소'에 대한 원인이 제대로 표현되어 있지 않다.

이를 다음처럼 보완할 수 있다. 매년 10% 성장을 했는데 이는 '자사 상품에 대한 신뢰도가 높고 기술력도 다른 기업들과 차별화되었기 때문'이라는 문장을 삽입함으로써 예전 문장보다 자사의 과거상황을 좀 더 구체적으로 이해할 수 있다. 또한 현재 직면한 자사상품이 '까다로운 고객', '공격적인 경쟁사' 이외 '전체적인 기술평준화로 인해 과거와 달리 프리미엄상품에 대한 인식이 낮아지고 있고, 이로 인해 가격을 인하할 수밖에 없게 되었다'는 문장을 추가함으로써 다음에 나오는 내용 '시장경쟁력이 줄어들고, 이윤도 감소하고 있다'는 내용을 좀 더 구체적으로 확인할 수 있다. 이와 같이 스토리가설을 Logic Tree에 재배치하여 내용전개 상 부족한 결론메시지들을 보완하는 작업은 기획서 작성 시, 한 페이지를 이끌 대표문장들을 확장한 것과 같다.

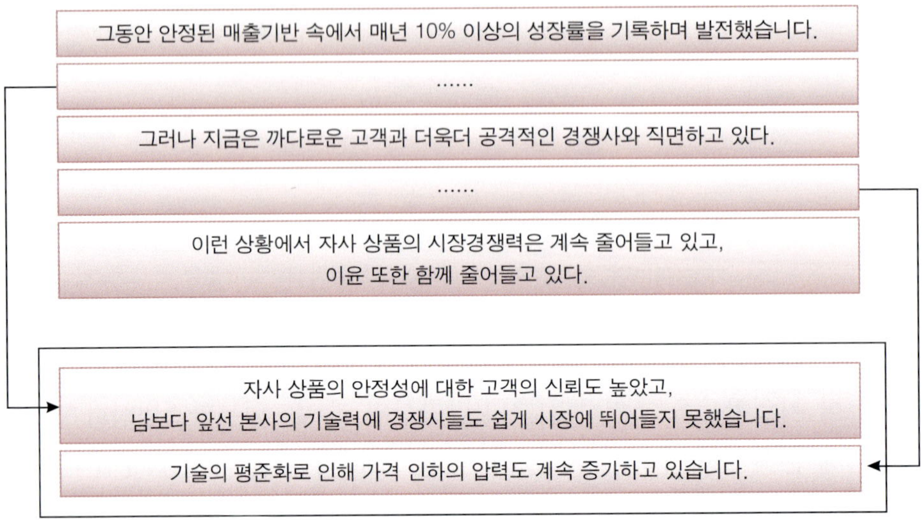

스토리가설을 기획서 목차에 맞춰 재배치하고 수정, 보완작업을 끝냈으면 전체 내용들을 기획서 한 페이지 구조인 'One Page & One Message' 구조로 바꿔야 하며, 이를 위해 근거메시지와 근거자료를 개발해야 한다.

스토리가설을 [기획서 내용구성안]으로 전환하는 이유는 스토리가설을 수정, 보완하여 다음과 같은 기획서를 만들기 위함이다. 이는 기획사고에 의한 기획서 구성방법으로, 하나의 '결론메시지'와 이를 설명하는 '근거메시지', 그리고 근거메시지를 증명하는 '정보와 자료'의 세트구조다. 따라서 스토리가설을 기획서로 전환하려면 [기획서 내용구성안]작업을 통해 스토리가설 역시 [결론메시지-근거메시지-근거자료] 구조로 만들어야 한다.

2011년 세계 경제 동향

2011년 글로벌 시장은 중동 및 개발도상국에서 기회요인이 예상되나,
환율 및 경쟁심화 요인은 부정적으로 전망됨.

결론메시지

자료, 정보(그림, 도표 등)

[표]

· 경제선진국과 개발도상국의 성장율과 인프라 수요 변화표

· 연도별 유가상승률 지표

· 각국의 화폐의 가격변화 추이표

Positive

- 개발도상국은 2011년에도 6% 이상의 높은 성장률을 유지하여(중동지역 4~5%) 인프라 등에 대한 수요는 지속적 상승이 예상됨.
- 유가상승으로 중동 및 기타 산유국의 정유플 란트 발주 환경은 양호할 전망임.

Negative

근거메시지

- 원화 강세와 유로 약세로 유럽 업체 대비 상 대적 비용 열위 기조는 지속
- 기존 경쟁구도(경쟁업체+선진업체)와 중국, 인도 업체의 급부상으로 경쟁구도는 더욱 심화될 전망임.

이제 해야 할 일은 앞에서 구성한 결론메시지에 근거메시지를 만드는 작업이다. 근거메시지란 결론메시지를 구성하게 된 이유, 원인, 또는 이 문장에 담긴 세부적인 내용들이다.

그동안 안정된 매출기반 속에서 매년 10% 이상의 성장률을 기록하며 발전했습니다.

……

……

……

자사 상품의 안정성에 대한 고객의 신뢰도 높았고,
남보다 앞선 본사의 기술력에 경쟁사들도 쉽게 시장에 뛰어들지 못했습니다.

……

……

……

그러나 지금은 까다로운 고객과 더욱더 공격적인 경쟁사와 직면하고 있다.

……

……

……

근거메시지를 작성하려면 과거 자신이 결론메시지를 어떻게 만들었는지 되돌아볼 필요가 있다. 결론메시지는 그 동안 다양한 정보나 자료, 또는 현장에서 보고들은 내용들이 머리속에서 종합되어 나온 메시지다. '이러저러한 상황이니까 결론은 이렇다는 것이구나.'라는 식의 사고결론이다. 예를 들어 당신이 한나라는 친구를 '무척 똑똑하다'고 평가했다치자. 왜 그런 평가를 내렸을까? 거기엔 사실이든 짐작이든 그 동안 한나와 함께 지내며 그가 생각하고, 판단하고, 행동하는 다양한 모습 속에서 그런 결론을 내리게 되었을 것이다. 예를 들면, 당신이 잘 모르는 어떤 특별한 정보를 알고 있다거나, 미운사람 앞에서도 속을 내보이지 않는다거나 물건값을 잘 흥정하는 것같은 모습들이다. 결론메시지, '한나는 똑똑하다'는 내용은 앞선 평상 시 한나 모습을 보며 얻어낸 결론이다.

근거메시지를 만들려면 앞선 한나에 대한 평가처럼 당신이 결론내린 문장을 왜 만들게 되었는지 생각해 보면 된다. '그 동안 안정된 매출기반 속에서 매년 10%이상의 성장률을 기록하며 발전했습니다.'라는 결론메시지는 아래의 예처럼 당사가 사업초기 2개의 제휴판매망을 통해 상품판매를 시작했으나 매년 1개 이상의 제휴판매망을 신규로 개발해 온 실적을 보며 결론지은 것일 수 있고, 또한 '연간 매출액도 사업초기 ○○억 원에서 ○○○년 ○○억 원으로 확대되었고, ○○년 이후 평균 10% 수준의 매출 성장률을 기록했다'는 사실로부터 찾아낸 것일 수도 있다. 다음 결론메시지인 '자사 상품의 안정성에 대한 고객의 신뢰도 높았고, 남보다 앞선 본사의 기술력에 경쟁사들도 쉽게 시장에 뛰어들지 못했습니다.'도 자사상품이 국가가 인증하는 인증마크를 획득한 것, 소비자 조사결과, 자사상품의 품질력에 높은 점수를 주고 있다는 것, 상품개발에 필요한 특허를 국내.외적으로 다수 확보했다는 것이 이유일 수 있다.

이처럼 결론메시지를 세분화하여 근거메시지를 구성하는 것은 결론메시지의 근거를 사람들에게 보여줌으로써 자신의 논리가 객관적이고 논리적이라는 것을 입증하는 중요한 작업이다. 결론메시지와 근거메시지의 조합을 통해 사람들은 기획자가 제안한 결론이 옳다는 것을 확인할 수 있다.

그동안 안정된 매출기반 속에서 매년 10% 이상의 성장률을 기록하며 발전했습니다.

당사는 ○○○년 사업 초기 2개의 제휴판매망을 통해 상품판매를 시작했으나
매년 1개 이상의 제휴판매망을 신규로 개발해 왔습니다.

년간 매출액은 ○○○년 ○○억 원에서 ○○○년 ○○억 원으로 확대되었으며,
○○년 이후 평균 10% 수준의 매출 성장률을 기록했습니다.

자사 상품의 안정성에 대한 고객의 신뢰도 높았고,
남보다 앞선 본사의 기술력에 경쟁사들도 쉽게 시장에 뛰어들지 못했습니다.

자사상품은 국가가 인증하는 안정성 검사에 통과하여 인증마크를 획득했습니다.

소비자 조사결과, 자사상품의 품질력에 높은 점수를 주고 있습니다.

자사는 상품개발에 필요한 특허를 국내 · 외적으로 다수 확보하였습니다.

그러나 지금은 까다로운 고객과 더욱더 공격적인 경쟁사와 직면하고 있다.

기술력의 평준화에 따라 고가와 중저가 상품의 질적 차이가 줄어들고 있습니다.

고객들은 보다 다양한 용도로 특화된 상품들을 원하고 있습니다.

최근 A기업은 상품가격을 자사 상품 가격의 70%로 공급하고 있으며

일반 · 보급형 상품을 개발하여 학교 · 관공서 등에 저가로 납품하고 있습니다.

근거메시지를 구성했으면 근거메시지를 입증할 수 있는 근거자료를 표시한다.

근거자료는 근거메시지의 신뢰성과 타당성을 입증하기 위한 자료와 정보다. 이들 중 일부는 기획자가 스토리가설을 작성할 때 확보한 자료들이고, 나머지는 아직 확보하지 못한 것들이다. 기획자는 사전에 확보한 자료는 아래 양식처럼 근거메시지 밑에 자료, 정보명을 정리하면 되고, 아직 확보하지 못한 자료나 정보는 이때부터 추가조사를 통해 찾아 해당 근거메시지밑에 자료, 정보명을 정리하면 된다. 그리고 기획서를 작성할 때 실제 자료, 정보를 기획서에 삽입하면 된다.

그동안 안정된 매출기반 속에서 매년 10% 이상의 성장률을 기록하며 발전했습니다.

1) ……

첨부자료명

2) ……

첨부자료명

3) ……

첨부자료명

자사 상품의 안정성에 대한 고객의 신뢰도 높았고,
남보다 앞선 본사의 기술력에 경쟁사들도 쉽게 시장에 뛰어들지 못했습니다.

1) ……

첨부자료명

2) ……

첨부자료명

3) ……

첨부자료명

▼ 과 제

1. 스토리가설에 담긴 내용을 기획서 내용구성안으로 전환할 때 중요하게 고려해야 할 수정 사항은 무엇인지 설명해 주세요.

2. 다음의 스토리가설 내용을 기획서 내용구성안으로 수정, 보완해 보세요.

[기술력을 인정받아 안정된 매출기반을 구축할 수 있었고, 이에 힘입어 그 동안 대기업에 납품하던 반도체 칩을 개량하여 ○○브랜드의 자사상품을 출시했다.]

(3) 가설검증하고 해결방안보완하기

'기획서 내용구성안'에 근거하여 기획서를 작성하기 전에 앞선 스토리가설에서 가져온 가설들을 검증해야 한다. 스토리가설은 가설적인 사고를 통해 구성한 것이다. 가설검증하는 방법은 '기획서 내용구성안'에 담긴 내용을 입증할 수 있는 자료를 확보하는 것과 이곳에 담긴 내용과 반대되는 자료를 찾아 거부하는 방법이 있다. 그리고 가설검증시 살펴봐야 할 또 다른 사항은 스토리가설에서 제안한 실행방안이 다른 곳에서 진행한 것인지 확인하는 것이다. 이런 점을 확인하지 않고 그대로 작성하면 기존의 해결방안을 그대로 제안한 결과가 된다. 또한 해결방안 역시 좀 더 구체적으로 표현해야 한다. 누가, 언제, 어디서, 무엇을, 어떻게라는 항목에 준해 개별 실행방안의 목적과 의의, 효과를 먼저 정리하고 이를 실행하는 방안을 사진, 도표 등과 함께 시각적으로 전달할 필요가 있다. 실행방안은 기획자가 아닌, 다른 사람이 진행할 사항이기에 그들이 기획자의 의도를 충분히 이해하도록 가능하면 구체적으로 정리하는 것이 좋다.

스토리가설을 [기획서 내용구성안]으로 변화시켰으면 이를 기획서로 전환하기 전에 가설검증해야 한다.

스토리가설은 기획서의 스토리라인을 구성하기 위해 임시로 만든 것이다. 이를 기획서에 담으려면 가설검증을 통해 정설임을 확인해야 한다. 운좋게 단 한번의 검증으로 가설이 입증되는 경우도 있지만 '정말 그래?'라는 질문의 꼬리를 물고 여러 차례 검증이 필요한 경우도 있다. 어찌보면 정설의 가치는 검증횟수에 정비례할 지도 모른다.

예를 들어 보자.

'갑'이란 상품의 매출이 떨어지기 시작했다. 상사는 기획자에게 이를 멈추고 매출상승을 도모하는 방안을 수립하라고 지시했다. 이때 기획자가 제일 먼저 해야 할 일은 매출하락의 원인을 찾는 것이다. 그래야만 정확한 과제를 설정하고, 이에 따라 해결방안을 구성할 수 있다. 이럴 때는 우선 1차가설을 수립해야 한다. 처음부터 정확한 원인을 찾으려고 하지 말고 단계별로 가설을 검증하는 것이 좋다. 즉 가장 가능성 있는 가설을 우선 수립하여 이를 검증하고, 상기 가설이 잘못된 것이면 추가가설을 만들어 지속적으로 검증하는 것이다. 단 한번으로 정답을 찾으려면 시간이 많이 걸리고, 검증자체가 잘못된 방향으로 진행될 수도 있다.

기획자는 원인을 찾기위해 우선 1차가설을 설정했다. '고가격 정책이 주요 원인'이다. 그리고 본 가설에 근거하여 매출하락원인에 대한 메시지들을 만들고 이를 연결하여 1차

스토리라인을 구성했다. 그리고 기획자는 '고가격'의 원인을 확인하기위해 '갑'상품에 대한 가격민감도 조사를 실시했다. 그런데 가격민감도 분석결과, 소비자들은 '갑'상품의 가격이 적정한 것이라 느끼고 있었다. 앞선 1차 가설이 틀린 것이다.

다시 2차 가설을 수립했다. 기획자는 '매출하락의 원인은 '갑'상품의 브랜드 인지도가 약하기 때문이라고 수정했다. '갑'상품에 대한 포커스 그룹 인터뷰를 실시하고, 설문조사도 병행했다. 그런데 조사결과는 '갑'상품의 브랜드 이미지가 다소 약하긴 하지만 이런 상황이 매출에 영향을 주진 않는다는 것을 확인했다. 하지만 브랜드 이미지 결과외에 소비자들이 접하는 광고매체에 따라서 브랜드 인지도가 확연하게 차이가 난다는 점을 새롭게 발견되었다. 2차 가설 역시 맞지 않다.

기획자는 2차 가설검증결과에서 얻은 결과로 3차 가설을 만들었다. '브랜드 이미지 제고를 위해서는 효과적인 광고매체로 변경할 필요가 있다'는 내용으로 수정했다. 그리고 매체효과조사를 통해 지금까지 자사에서 주력하던 신문, 잡지 중심의 인쇄광고보다 TV와 라디오 전파광고가 효율적이라는 결론을 도출했다. 결국 '갑'상품의 매출하락원인은 고가격도 아니고, 브랜드 이미지도 아니다. 3번의 가설검증을 통해 얻은 '효율적인 매체를 사용하지 않았다'였다.

상기된 예처럼 가설검증은 한 번의 검증으로 결론을 찾긴 어렵다. 세상은 기획자가 언뜻봐서 정답을 찾을 만큼 단순하지 않다. 따라서 문제든 원인이든 정답을 찾으려면 한 단위의 검증단계(가설-실험/조사-검증)를 통해 확인한 것을 토대로 보다 발전된 가설을 설정하고 이를 검증하는 방식으로 반복함으로써 가설을 지속 발전시켜 나가야 한다. 이때 가설의 범위를 줄여 검증시간을 단순화시키고 가급적 많은 실험과 조사를 반복하는 것이 핵심이다.

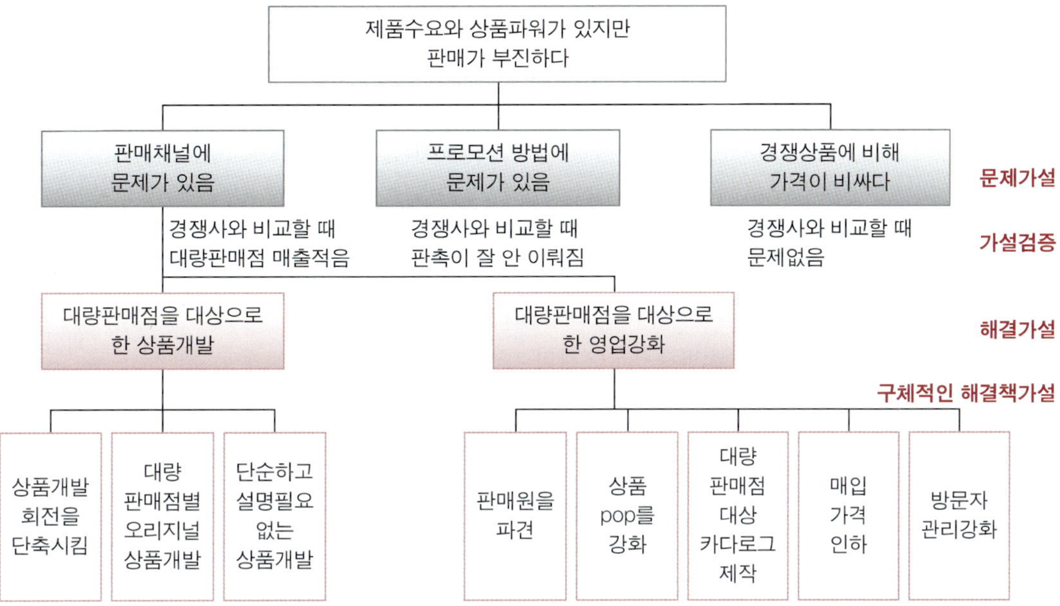

가설검증시 반드시 살펴봐야할 사항이 있다.

하나는 기획자가 스토리가설에서 제안한 실행방안을 누군가 추진하진 않았는지 확인해 봐야 한다.

세상에는 수많은 기업과 조직들이 있고, 이들 모두 문제해결을 위해 최선을 다한다. 기획자가 당면한 것과 유사한 문제를 가졌던 기업들도 많다. 기획자가 스토리가설에서 제안한 해결방안들은 기획자의 상상력보다는 어디선가 봤거나 경험했던 것들일 확률이 높다. 문제는 유사한 업종에서 진행한 것을 그대로 제안했거나 과거에 효과가 없다고 판명되었던 것을 그대로 받아들인 경우다. 따라서 기획자는 자신과 유사한 문제를 다뤘던 기업, 조직들의 해결방법들을 조사해야 한다. 이를 통해 남들이 해보지 않은 해결방안을 제시하면 가장 좋겠지만, 남들과 유사한 방안을 제안하더라도 그 방안에 내재된 한계를 문제는 보완하여 해결방안을 제시해야 한다.

또 하나는 내가 찾은 근거메시지의 근거자료를 재평가 해봐야 한다.

앞서 설명한 [기획서 내용구성안]을 갖고 가설검증방법을 알아보자.

	메시지	컨탠츠
1. 시장상황 분석	○○○사업은 지금 어느 때보다 까다로운 고객과 더욱더 공격적인 경쟁사와 직면하고 있습니다.	
시장상황 분석	○○○사업은 지금 어느 때보다 까다로운 고객들로 인해 다양한 문제가 야기되고 있습니다. · 소비자 욕구는 과거 기능적인 면을 중시하는 것에서 점차 디자인 요소가 강해지고 있습니다. · 저렴한 가격과 높은 품질을 요구하는 모습은 변해가고 있습니다. · 소비자 단체활동이 강화됨으로써 클레임 발생숫자도 지속적으로 높아지고 있습니다.	· 소비자욕구 변화추이표 · 가격과 품질에 대한 소비자욕구 동향표 · 소비자단체의 활동변화표 · 자사 클레임 접수상황표

가설검증을 한다는 것은 기획서 내용구성안에 들어 있는 결론메시지를 검증한다는 의미이지만 검증대상은 '소비자욕구는 과거 기능적인 면을 중시하는 것에서 점차 디자인 요소가 강해지고 있습니다.'라는 근거메시지를 만들어 준 [컨텐츠]안에 들어있는 자료와 정보다. '소비자욕구는 과거 기능적인 면을 중시하는 것에서 점차 디자인요소가 강해지고 있습니다.'라는 근거메시지는 옆의 컨텐츠에 들어가 있는 '소비자욕구변화추이'라는 정보에서 기인한 주장이기 때문이다.

문제는 본 자료가 해당 상황을 입증하기에 적절한 자료인가 하는 점이다. 시장의 전반적인 소비자욕구는 질적인 면보다 디자인 요소를 강조하지만 이 상황이 우리 상품에도 그대로 적용되는가 하는 의문을 가질 수 있다. 왜냐하면 앞선 정보는 일반적인 소비자성향 조사결과이기 때문이다. 만약 일반적인 소비자욕구 조사결과와 우리가 판매하는 상품군에 대한 소비자욕구가 다르다면 본 메시지는 잘못된 방향으로 결론, 즉 문제와 원인, 과제를 이끌어 나갈 수 있다. 이를 미연에 방지하기 위해서는 앞선 메시지에 대한 검증이 필요하고, 이때 필요한 자료는 '우리 상품에 대한 소비자 욕구도 타 상품처럼 질적인 면보다 디자인적인 요소를 강조하는가?'라는 내용도 확인해 봐야 한다.

또 '소비자단체활동이 강화됨으로써 클레임 발생숫자도 지속적으로 높아지고 있습니다.'란 근거메시지도 이를 입증하기 위해 '자사 클레임 접수상황표'를 첨부했다. 연도별로 자사 클레임 접수현황이 증가하고 있다면 클레임 발생숫자가 점차적으로 증가하고 있다는 말을 입증할 수 있기 때문이다. 하지만 문제는 이것이 진실인가하는 점이다. 소비자 클레임 접수현황이 증가하고 있다는 사실만으로 검증가능하다면 크게 문제될 것이 없다. 하지만 이를 해석하여 본사 상품에 대한 질적인 문제나 시장경쟁력의 하락과 같은 상황을 설명하려면 이 내용 역시 다시 한번 확인해 봐야 한다. 소비자 클레임이 증가하는 현상은 앞서 설명한 것처럼 상품자체에 대한 문제때문일 수도 있지만 다른 요인으로 증가할 수도 있다. 마치 최근에 들어 암환자 수가 늘어나는 이유는 암질환의 증가도 있지만 검진횟수의 증가와 검사기술의 발전에도 기인하는 것과 마찬가지다. 기업에서 판매하는 상품가지수가 많아지면 당연히 소비자 클레임은 늘 수밖에 없다. 상품의 매출량이 많아져도 클레임은 증가하게 되고, 소비자 클레임 접수창구가 활성화되면 당연히 클레임은 과거보다 증가한다. 또한 시장상황은 항상 경쟁상황이다. 나와 유사한 상품을 다루는 기업들의 클레임 상황이 같이 증가하는 것과 다른기업의 클레임상황은 줄어드는데 자사의 클레임 접수상황만 증가하는 것은 해석상 엄청난 차이가 있다. 그리고 상기된 세밀한 자료들을 확인한 후 결론을 만든 기획서와 그렇지 않은 것의 결론은 활용도 면에서 매우 큰 차이가 있다.

그리고 기획자 생각과 반대되는 자료도 확인해야 한다.

기획서에 필요한 메시지 세트(결론메시지, 근거메시지, 근거자료)를 만들려면 메시지와 함께 이를 입증할 수 있는 정보, 자료가 필요하다. 따라서 기획자는 가능하면 메시지 자체를 탐색조사에서 찾아낸 자료와 정보에 기인하여 작성하려고 노력한다. 그러나 이때 찾은 자료들은 대부분 자신의 생각이 옳다는 것을 입증할 자료들이다. 그 반대자료들은 도외시 하게 된다. 따라서 기획서 내용을 확증하려면 앞서 구성한 내용과 반대되거나 다른 시각으로 메시지를 바라볼 수 있는 자료들을 중점적으로 확인해 봐야하며, 이를 통해 자신의 생각을 검증해야 한다.

아래 양식은 스토리가설을 검증할 때 사용할 수 있는 [기획서 내용구성안] 양식이다. 앞서 제시한 양식과 다른 것은 검증결과를 정리할 수 있는 공간과 검증을 완료할 기간을 표시할 수 있는 별도의 공간이 들어있다는 점이다. 필자는 [기획서 내용구성안]의 표준양식을 앞서 제시한 양식보다 아래 양식으로 사용하도록 권한다.

	메시지 ○○○사업은 지금 어느 때보다 까다로운 고객과 더욱더 공격적인 경쟁사와 직면하고 있습니다.	가설검증자료 (긍정/부정)	검증 결과	기간
가설 1	○○○사업은 지금 어느 때보다 까다로운 고객들로 인해 다양한 문제가 야기되고 있습니다. · 소비자욕구는 과거 기능적인 면을 중시하는 것에서 점차 디자인 요소가 강해지고 있습니다. · 저렴한 가격과 높은 품질을 요구하는 모습은 변해가고 있습니다. · 소비자 단체활동이 강화됨으로써 클레임 발생숫자도 지속적으로 높아지고 있습니다.	· 소비자욕구 변화추이표 · 가격과 품질에 대한 소비자욕구 동향표 · 소비자단체의 활동변화표 · 자사 클레임 접수상황표		
가설 2	○○사업은 과거와 다른 공격적인 경쟁사와 시장현장에서 싸우고 있습니다. · 과거 3개사였던 경쟁사가 2012년들어 8개로 증가했습니다. · 신규 진입한 경쟁사들은 자금이 풍부한 대기업의 자회사들로 모기업의 자금력으로 가격할인, AS 등의 활동을 적극 전개하고 있습니다. · 이들은 유통망에 대한 인센티브 강화로 자사 유통망을 공략하고 있습니다.	· 연도별 경장사 동향표 · 경쟁사들의 조직, 자금, 마케팅활동 현황표 · 유통망에 대한 업체별 인센티브 상황표		

기획서 내용구성안을 기획서로 옮기기 전에 스토리가설에 담긴 해결방안을 보완해야 한다.

스토리가설에 들어있는 해결방안에는 어떤 일을 하겠다는 제안만 들어있다. 예를 들면 '신상품을 알리기 위해 아파트 거주민 대상으로 이벤트를 진행하겠다.' '4대 매체 중심의 광고활동을 전개한다.'는 식이다. 하지만 기획서의 실행방안에는 누가, 언제, 어디서, 무엇을, 어떻게 할 것인지 구체적인 내용이 필요하다. 앞선 예처럼 신상품을 알리기 위해 아파트 거주민 대상으로 이벤트를 진행할 계획이라면, 어떤 부서에서, 어떤 사람들이, 어떤 지역의, 어떤 아파트를 대상으로, 언제부터 언제까지, 어떤 프로그램을 갖고, 어떤 방식으로 진행할지 정리해야 하며, 이때 프로그램을 진행할 담당자가 해당 상황을 이해할 수 있도록 행사상황에 대한 사진이나 그림같은 것을 함께 첨부할 필요가 있다. 그리고 이와 같은 실행방안들을 특정단위로 나눠 개별내용들마다 구체적인 진행방식과 진행하는 상황을 개별적으로 표현한다. 어떤 상황에서는 지역별 활동단위로, 어떤 때는 하나의 프로그램을 구성하는 단위 프로그램별로, 또 어떤 때는 시간 단위별로 나눠 구성한다. 이렇게 세분화해서 표현해야 해당 활동에 필요한 요소가 무엇이며, 어떤 준비가 필요한지 구체적으로 확인할 수 있기 때문이다.

만약 [기획서 내용구성안] 작업을 할 때 이런 내용들을 구체적으로 정리해 놓지 않으면 기획서 작성단계에서 새로 구상하여야 하며, 이는 기획서를 작업하는 기획자에게 부담으로 와닿는다. [기획서 내용구성안]을 기획서로 전환할 때는 기획서 내용보다는 [기획서 내용구성안]에 들어 있는 것들을 어떻게 배치하고 표현할 것인지 고민해야 하기 때문이다. 물론 기획서를 작성하다보면 [기획서 내용구성안]에 담긴 사항들을 조정할 때가 있다. 문장이 긴 것은 전체적인 레이아웃에 맞춰 압축하고, 자료가 많으면 이들도 보기좋게 정리할 필요가 있다. 하지만 이미 결정된 내용을 표현적인 측면에서 조정하는 것과 내용 자체를 다시 보완해야 하는 건 기획자가 느끼는 심리적인 부담감이 다르다. 따라서 가능하면 기획서 실행방안에 들어갈 내용들은 [기획서 내용구성안]에서 최대한 구체적으로 정리해 놓은 것이 일의 진행을 위해 효율적이다.

아래 사례는 기획서 초안으로, 내용을 좀 더 추가하고 다듬어야 할 자료다. [기획서 내용구성안]에는 최소한 해당 활동을 언제, 어디서, 어떻게 할 것인지에 대한 내용이 들어가 있어야 하며, 필요하다면 해당 활동을 이해할 수 있도록 관련사진이나 이미지 등을 첨부하는 것이 좋다.

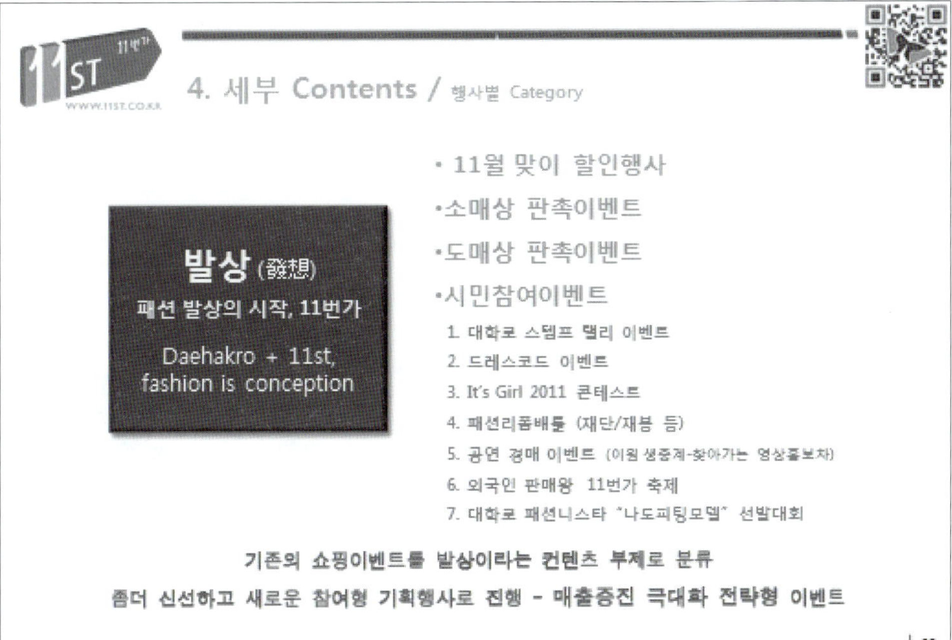

4. 세부 Contents / 행사별 Category - 발상(發想)

시민참여 이벤트 2 도.소매 할인행사 연계 판촉지원이벤트

드레스코드 이벤트

행사 기간(7일) 동안 매일 각기 다른 드레스 코드를 행사 오픈과 동시에 자이언트배너를 통해 공개하여, 당일 공개된 드레스 코드에 맞는 축제 방문자에게는 소정의 상품을 지급합니다.

- 운영부스설치 (혜화역 4번출구 대명길)
- 행사기간 중 지정 도.소매상가 앞에 부스를 설치하여 오늘의 드레스코드를 발표한 후(자이언트배너 이용) 아래에 해당하는 사람들에게 상품지급

  예) ①1일차 "레드"
  - 빨간 티셔츠, 빨간 바지, 빨간 운동화 등 빨간 색이 포함되어 있으면 대상자에 해당

  ②2일차 "원피스에 벨트"
  ③3일차 "스카프"
  ④4일차 "선글라스"
  ⑤5일차 "미니"
  ⑥6일차 "모자"
  ⑦7일차 "메탈시계"

예)오늘의 드레스코드 : 원피스+벨트+가방

35

4. 세부 Contents / 행사별 Category - 발상(發想)

시민참여 이벤트 4 도.소매 할인행사 연계 판촉지원이벤트

패션리폼배틀 (재단 / 재봉 / 미싱 등) – MBC TV특종 놀라운세상 프로그램 연동

패션디자이너가 꿈인 사람들, 유명패션디자이너를 꿈꾸는 현직디자이너들 및 재단, 재봉사 등과 함께하는 "내가최고" 패션리폼배틀 대회를 개최합니다.

- 장소 : 서울대학교 연건캠퍼스
- 운영 : 1. 홈페이지 및 11번가를 통한 공모후 대진표 확정
  2. 무대에서 2인 배틀 개시 (예선1일 / 결선1일 – 총2회)
  3. 아마츄어 부문 / 프로부문 시상
  4. 심사위원단 구성

예)무대위 진행 -2인 시간내 토너먼트 배틀

홈페이지를 통해 공모를 실시하여(포스터 등) 11번가 셀러 관련해서 일하고 있는 현직재단,재봉사 및 신진디자이너 또는 일반 아마츄어 디자이너들을 모집 후 행사일에 무대에서 2인 토너먼트 배틀을 실시.

주어진 시간 내 완성 후 준비된 마네킹에 피팅 - 심사개시

공정하고 빠른 심사를 통해 최우수상 / 우수상 등 상패와 경품시상

(의상소품 준비 : 리폼 가능한 의상, 원단, 소품 등 / 재봉기,재단용품 등)

- 진행 : MC / 코믹 저글링 봉해드 공연 / 패션 리폼 배틀

37

• 자료원 : 〈大학로 11st Fashion Festa, 11월을 즐겨라〉, 이희택, ○○대학교, 2011.

▼ 과 제

1. A4용지 반 페이지 분량의 스토리가설을 작성해 주세요.

2. 상기 작성한 스토리가설을 앞에서 제시한 Logic Tree에 배치해 주세요.

3. 상기 작성한 Logic Tree 내용을 [기획서 내용구성안] 양식으로 옮겨 양식내용을 완성해 주세요.

Chapter 15 기획서를 디자인하고 평가하기

1. 파워포인트 기획서 디자인하기
2. 파워포인트 기획서작성법
3. 기획서 평가하기

1 파워포인트 기획서 디자인하기

(1) 기획서의 세 가지 구성내용과 표현법

기획서의 한 페이지 기본구조는 맨 위부터 결론메시지, 근거메시지, 근거자료 순이다. 파워포인트 기획서이든 한글기획서이든 공통적인 사항이다. 이는 신문기사와도 유사한 모습으로 기획서를 보는 사람들이 해당 페이지의 결론을 먼저보고, 그것을 도출해낸 이유를 확인한 다음, 필요하다면 세부자료를 확인하도록 만든 것이다. 일반적인 서론-본론-결론과는 역순의 배치구조다.

앞선 [3단계. 기획서 내용구성안 만들기]는 [2단계. 스토리가설]에서 작성한 이야기체 문장(스토리라인)을 기획서로 전환하기 위해 필요한 구조로 만드는 과정이다. 자연스럽게 연결된 문장들을 기획서가 갖춰야 할 세 가지 요소, 즉 '자료, 정보, 통합정보'로 보완하는 작업이다. 이 작업을 통해 단순한 이야기들이 입체감 있는 기획서 콘텐츠로 탈바꿈한다. [3단계. 기획서 내용구성안] 과정을 완료했다면 기획서 작성에 필요한 대부분의 내용들을 확보한 것이나 마찬가지다.

[4단계. 기획서 살붙이기]는 앞선 3단계에서 작성한 내용을 사용하여 실제 기획서를 작성하는 단계다. '결론메시지-근거메시지-근거자료'로 구성되어있는 [기획서 내용구성안]을 기획서의 'One Page & One Message'구조에 따라 한글 또는 파워포인트 기획서로 전환한다. 이때 작성한 기획서는 기획서를 제출하기 전에 업무관련자들과 협의하여 부족한 부분을 보완하는 과정이 필요하지만 기획서가 갖춰야 할 모든 조건을 충족시킨 완성본이나 다를 바 없다. 4단계과정에서 보완이 필요한 부분은 실행에 돌입했을 때의 상황을 전제로 한 세부사항들로 '실행방안'과 '운영방안', 그리고 '비용과 일정'에 대한 사항들이다. [5단계. 기획서 신경만들기]는 앞선 4단계의 협의사항을 토대로 1차 완성한 기획서를 보완하는 작업이다. 따라서 기획서 작성에 대한 지식은 [4단계 기획서 살붙이기] 과정까지 익히면 모두 배운것이 된다.

스토리가설을 기획서로 만든다는 것은 이야기체 문장을 아래와 같은 구조로 만든다는 것과 같다. 즉 앞서 설명한 기획사고 구조로 데이터(자료)들을 수집, 분석하여 인포메이션(정보)로 만들고, 정보들을 모아 인텔리전스(통합정보)로 만드는 과정이고, 기획서에서는

기획서 작성의 7단계 과정

단계	내용	설명
1단계	기획서 그림그리기 (머리속의 기획)	· 자신이 평소 생각하는 것을 확인(생활조사)
		업무 지시자와 협의 필요
2단계	기획서 윤곽만들기 (스토리가설)	· 문제-원인-과제-해결방안의 구조에 작성 · 기획서 내용에 대한 스토리라인 만들기
3단계	기획서 뼈대붙이기 (기획서 내용 구성안)	· 스토리가설을 기획서 목차에 맞춰 수정, 보완 · 기획서 목차 상 부족한 내용을 추가
4단계	기획서 살붙이기 (내용 구성안 검증, 보완)	· 기획서 내용구성안 자료를 검증 · 검증된 내용을 기획서 형식의 내용으로 구성
5단계	기획서 신경만들기 (사용핵심 목차구성)	· 앞선 해결방안(세부실행방안)의 구체화 작업 (본 내용은 예산수입이 가능한 수준으로 구성) · One Page One Message용 가이드라인 구성
		관련부서, 조직과 협의 필요
6단계	기획서 생동감 불어넣기 (사업운영방안 구성)	· 사업계획서 초안작성 및 관계자 협의 · 사업추진을 위한 사업운영방안 작성
7단계	기획서 완성본 제출 및 시장테스트 하기	· 완료된 기획서를 제출, 보고 · 사업수행 전에 시장테스트 진행하기

[결론메시지-근거메시지-근거자료]의 모습으로 표현된다.

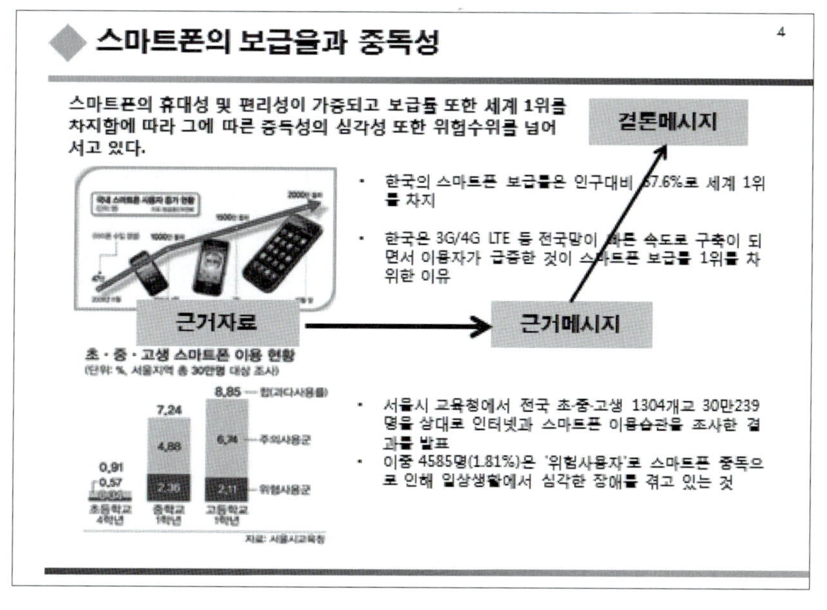

▼ 과 제

1. 기존의 파워포인트 기획서를 하나 골라서 기획서 한 페이지의 구성요소를 결론메시지–근거메시지–근거자료로 분류해 보세요. 그리고 혹시 앞서 말한 순서로 배치가 안 된 기획서가 있다면 그것의 문제점을 정리해 보세요.

---

(2) 파워포인트 기획서의 레이아웃과 디자인

기획서 디자인은 안정적이어야 한다. 한 페이지에 담긴 내용이 많고 적음을 떠나 시각적으로 편안한 느낌을 줄 수 있어야 한다. 사람들은 이런 기획서를 보면서 기획서 내용에 대해 신뢰감을 느낀다. 가장 기본적이고, 보편적인 레이아웃은 상하좌우 대칭형의 레이아웃이다. 물론 이를 벗어나는 경우도 있지만 이런 경우에는 분명한 이유가 있어야 한다.

앞서 기획서 작성과정은 글쓰기와 많이 비슷하다고 설명하면서 데릭 젠슨[네 멋대로 써라. 삼인. 2005.]의 말을 인용했다. 그가 말한 여섯 가지 법칙 중에서 첫 번째와 두 번째 사항은 스토리가설과 기획서 내용구성안에 해당되는 말이지만 나머지 세 번째부터 다섯 번째 규칙 '읽는 사람을 지겹게 하지마라.' 여섯 번째 규칙 '보여줘라, 말하지 말고'는 실제기획서 표현방식과 관련된 사항이다. 글쓰기의 셋째, 넷째, 다섯째 규칙인 "읽는 사람을 지겹게 하지마라'는 글쓴이가 독자에게 보여주고 싶은 모습이나 장면을 상세하게 묘사하여 독자도 저자와 함께 상상할 수 있도록 만들라는 의미다. 예를 들어 당신이 소개팅을 갔는데 그날 파트너가 평소 꿈꾸던 이상형과 같은 사람이었다. 아마도 당신은 당황해서 얼굴이 빨개졌을 지도 모른다. 이런 상황을 어떻게 표현할 것인가? '하루는 소개팅 장소에 나갔는데 그날 내 파트너가 내 이상형이었다.'라고 표현하고 끝낼것인가? 자신이 생각하던 이상형이 어떤 모습의 사람이었고, 상대방의 모습 중에서 어떤 점이 당신 이상형과 일치했는지, 그의 말씨, 옷차림, 표정, 앉아있는 자세, 당신을 바라보는 눈빛 등을 자세히 설명해야 한다. 이럴 때 당신 글을 읽는 사람은 당신과 하나가 되어 당시상황을 구체적으로 그려보고 당신생각에 공감할 수 있다.

특히 글쓰기의 여섯째 규칙인 "보여줘라. 말하지 말고"는 파워포인트 기획서가 충족시켜야 할 필수조건이다. 기획자가 기획서를 파워포인트를 사용하여 만든다면, 이미 그는 "보여줘라. 말하지 말고"하겠다는 의미다. 파워포인트 자체가 바로 이 목적을 위해 존재하는 소프트웨어이기 때문이다. 예를 들어 '시크릿가든'이란 드라마를 보면 체육관에서 길라임이 김주원의 발을 잡고 김주원이 윗몸일으키기를 하는 장면이 있다. 김주원이 윗몸을 일으키는 순간 그의 얼굴은 자연스럽게 길라임 얼굴 바로 앞까지 간다. 그때 당황스럽고 또 어색한 길라임의 표정을 기억하는지...시청자는 당시 길라임의 표정만 봐도 김주원에 대한 길라임의 마음을 충분히 느낄 수 있었을 것이다. 시청자들이 그 장면을 보며 배우들과 일체감을 갖도록 당시상황을 정확하게 묘사했기 때문이다. 그렇다면 소개팅 장면으로 돌아가서, 당신말을 듣는 사람이 눈앞에서 소개팅현장을 보는 것처럼 만들려면 어떻게 표현해야 하겠는가? 바로 '보여줘야 한다.' 그리고 이때 다양한 미디어를 활용할 수 있는 '파워포인트'기능이 필요하다.

하지만 파워포인트 기획서의 질적인 평가는 기능적인 면보다 디자인적인 요소에 달렸다. 누구나 약간의 기능 작동법만 알면 무엇이든지 보여줄 수 있는 상황에서는 무엇을 보여줄 수 있느냐도 중요하지만 어떻게 보여줄 것인가가 더 중요한 요소다. 특히 기획서 디자인에서 중요한 것은 '깔끔하고 참신하다'는 평가인데 '깔끔하다'는 느낌을 주려면 '안정감을 줄 수 있는 디자인과 내용배치'가 필요하고, '참신하다'는 느낌을 주려면 '창의적이고 변화있는 디자인 요소'가 기본이다.

깔끔하고 참신하다는 느낌을 줘야 한다

한 눈에 전체내용을 쉽고 편안하게 볼 수 있어야 한다.(안정감 · 통일성)
다지안에 강약 포인트가 있어야 한다.
창의적인 표현이 필요하다.
그러나 컨셉에 맞아야하며, 너무 화려하지 않아야 한다.

우선 기획서에 안정감을 주려면 콘텐츠의 레이아웃이 중요하다.

기획서에서 레이아웃(Lay-out)이란 기획서의 일정 페이지에 세 가지의 메시지와 근거자료, 이를 시각적으로 보여 줄 그림, 사진, 동영상 등의 구성요소를 어떻게 배치하고, 표현한 것인가와 관련된 사항이다. 디자인에서 레이아웃은 기본적이면서도 본질적인 사항이지만 기획서를 처음 작성하는 사람들은 이를 무시하는 경우가 많다. 필자 생각에는 기획서의 레이아웃만 제대로 처리해도 기획서의 디자인이 한결 나아질 것 같다.

첫째, 기획서 내용에 안정감을 주려면 기본적인 상하좌우 대칭구조가 필요하다.

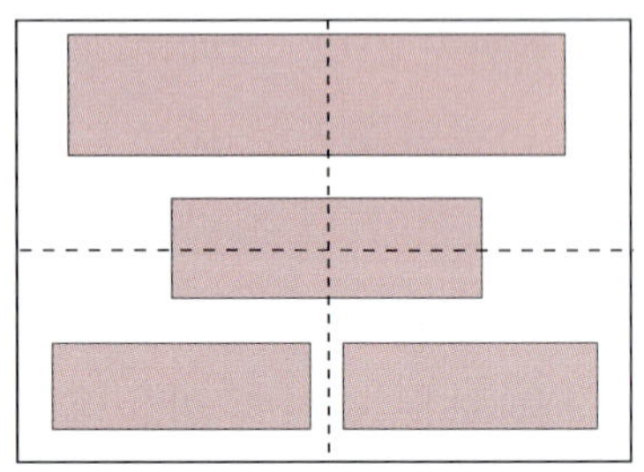

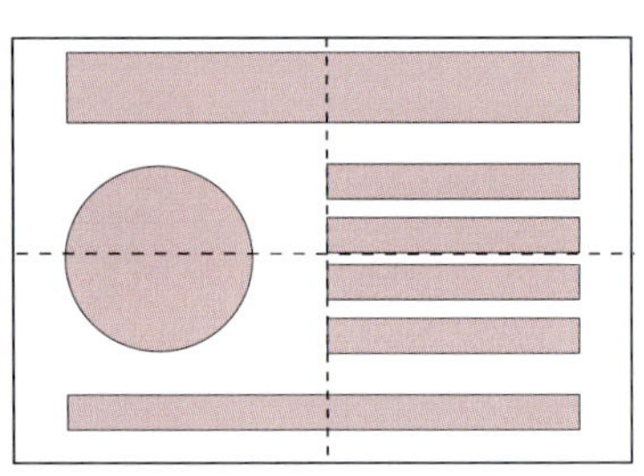

간단한 구조이지만 특별한 이유없이 대칭구조를 이루지 않으면 뭔가 불안하게 느껴진다. 아래처럼 기획서에 상하좌우 간의 대칭구조를 만들어 놓고 내용을 작성하면 시각적으로 안정적인 구조를 만들 수 있다. 가장 기본적인 레이아웃인 왼쪽의 좌우대칭구조는 사람의 몸을 생각하면 이해하기 쉽다. 맨위가 머리, 가운데가 몸통, 양쪽으로 뻗어 나온 것이 팔과 다리다.

앞서 설명한 기본적인 레이아웃에서 어긋난 사례들을 살펴보자. 아래와 같은 사례는 무척많다. 아래 [A사례]는 상하에서 문제가 생긴 경우다. 위 도표의 길이와 아래 막대그래프 도표의 오른쪽 부분이 달라 발생한 상황이다. 현재 눈에 보이는 기획서가 별 문제없어 보이는 이유는 빈 공간에 점선표시와 [?] 표시를 해 놨기 때문이다. 이들이 없다면 전체내용이 왼쪽으로 기울어진 느낌을 받았을 것이다.

● [A사례] 10년간 세계 건강/의료시장 GDP 대비지출율

국 가	미 국		영 국		프랑스		독 일		이탈리아		캐나다		스웨덴		한 국	
	1997	1987	1997	1987	1997	1987	1997	1987	1997	1987	1997	1987	1997	1987	1997	1987
GDP 대비 건강/의료 지출율	13.9	11.1	6.9	5.9	9.6	8.5	10.7	9.2	7.6	7.4	9.1	8.5	8.6	8.8	6.0	4.2

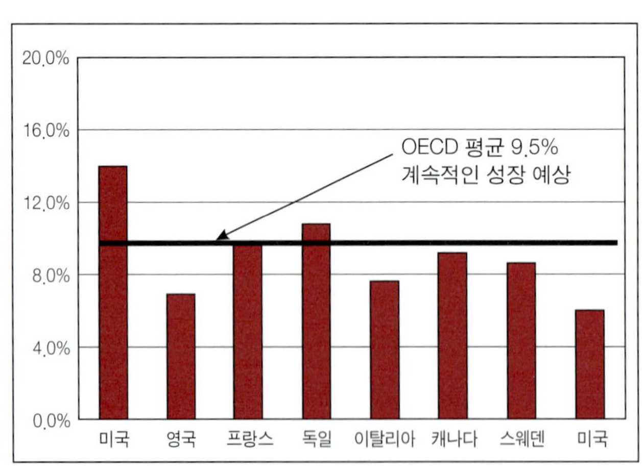

(단위 : 조원)

	1997	1987
GDP	453	111
지출비	27	4.7

?

출처 : OECD Health Data 99

아래 [B사례] 역시 기획서를 작성할 때 자주 발생하는 오류다. 도표크기와 아래 설명 내용의 좌우가 맞질 않는다. 위의 도표보다 아래 설명이 오른쪽으로 더 나가있어 전체적인 모양새가 한쪽으로 찌그러진 것처럼 보인다.

● [B사례] 국내 건강/의료시장 규모(공급가 기준)

(단위 : 억원)

구 분	1999	2000	2001	2001년도 소비자가 환산 추정
OTC	32,000	26,000	29,000	41,429
ETC	37,000	39,000	43,000	43,000
건강보조식품	2,180	2,630	2,800	11,200
의약외품	6,450	7,100	7,810	13,017
위생용품	370	407	450	643
의료용구	6,870	7,560	8,320	27,733
화장품	28,000	31,000	34,000	75,556
총 계	112,870	113,697	125,380	212,577

?

출처 : 제약협회, 건식협회, 보건부 통계, 데일리팜

● 국내 건강/의료시장 성장 예상

국내 건강/의료시장의 성장은 한국의 국민소득증대가 예상되고, 세계 건강시장 성장추세 및 GDP 대비 건강관련 지출이 확대되는 것으로 나타나 향후 연평균 약 10% 이상의 성장이 예상됨.

상기된 기획서 내용을 조금 변경한 것이 아래 내용이다. 상기 내용 중에서 아래 설명문의 오른쪽 끝부분을 위 도표와 맞춰 조금 변경한 것뿐이다. 하지만 시각적인 효과는 상당히 크다는 것을 알 수 있다.

● [B사례] 국내 건강/의료시장 규모(공급가 기준)

(단위 : 억원)

구　분	1999	2000	2001	2001년도 소비자가 환산 추정
OTC	32,000	26,000	29,000	41,429
ETC	37,000	39,000	43,000	43,000
건강보조식품	2,180	2,630	2,800	11,200
의약외품	6,450	7,100	7,810	13,017
위생용품	370	407	450	643
의료용구	6,870	7,560	8,320	27,733
화장품	28,000	31,000	34,000	75,556
총　계	112,870	113,697	125,380	212,577

출처 : 제약협회, 건식협회, 보건부 통계, 데일리팜

● 국내 건강/의료시장 성장 예상

국내 건강/의료 장의 성장은 한국의 국민소득 증대가 예상되고, 세계 건강시장 성장추세 및 GDP 대비 건강관련 지출이 확대되는 것으로 나타나 향후 연평균 약 10% 이상의 성장이 예상됨.

아래 [C사례]도 자주 발생하는 사례다. 기획서 내용이 복잡하여 세밀한 부분까지 챙기지 못한 사례다. 아래 내용을 보면 국내 약국시장에 대해 많은 정보가 들어 있고, 이들을 정교하게 표현하려고 애를 쓴 흔적인 역역하다. 하지만 전체적인 레이아웃이 이상하다보니 뭔지 모르게 초보자의 실수처럼 다가온다.

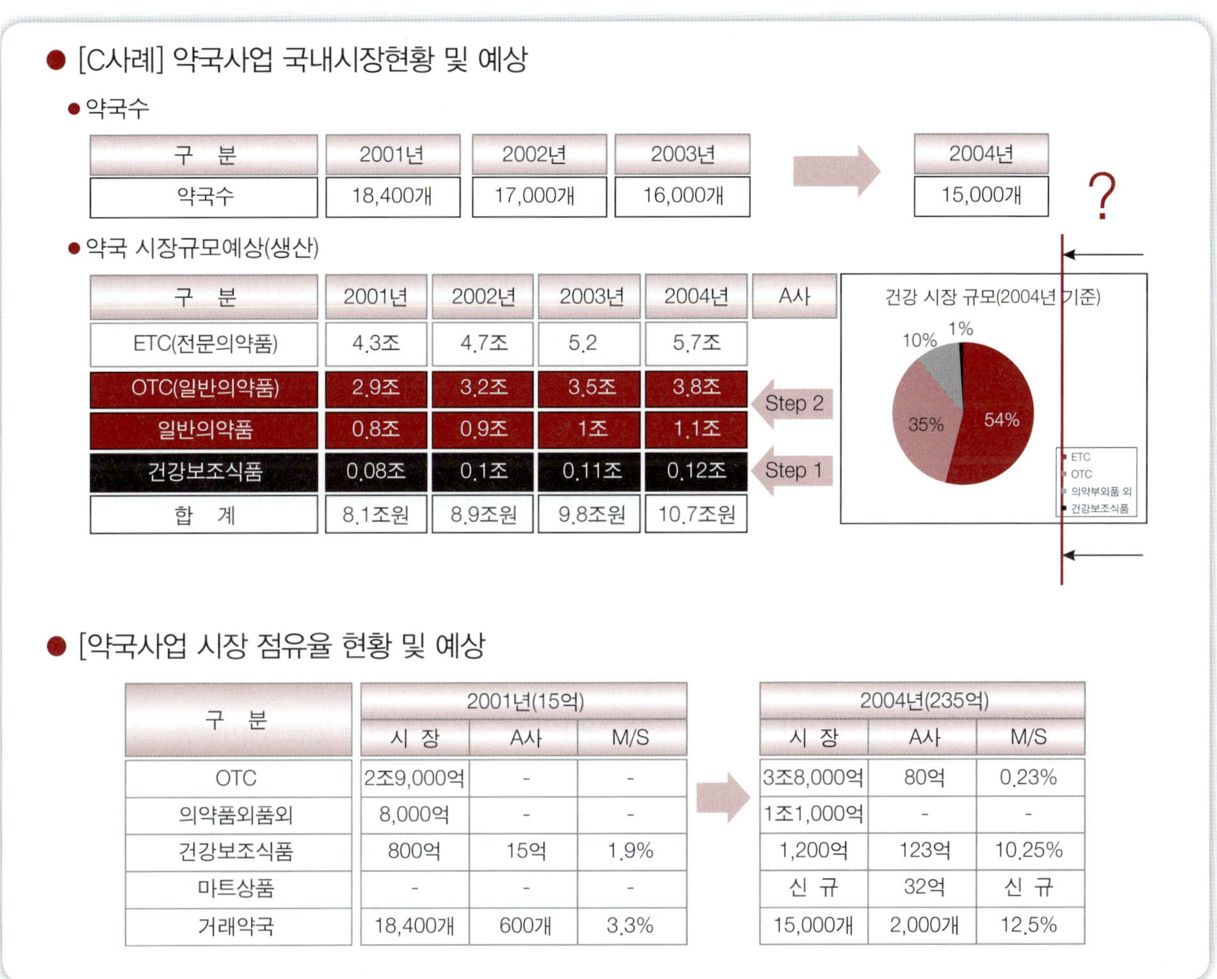

● [C사례] 약국사업 국내시장현황 및 예상

● 약국수

구 분	2001년	2002년	2003년	→	2004년
약국수	18,400개	17,000개	16,000개		15,000개

?

● 약국 시장규모예상(생산)

구 분	2001년	2002년	2003년	2004년	A사
ETC(전문의약품)	4.3조	4.7조	5.2	5.7조	
OTC(일반의약품)	2.9조	3.2조	3.5조	3.8조	Step 2
일반의약품	0.8조	0.9조	1조	1.1조	
건강보조식품	0.08조	0.1조	0.11조	0.12조	Step 1
합 계	8.1조원	8.9조원	9.8조원	10.7조원	

● [약국사업 시장 점유율 현황 및 예상

구 분	2001년(15억)				2004년(235억)		
	시 장	A사	M/S		시 장	A사	M/S
OTC	2조9,000억	-	-	→	3조8,000억	80억	0.23%
의약품외품외	8,000억	-	-		1조1,000억	-	-
건강보조식품	800억	15억	1.9%		1,200억	123억	10.25%
마트상품	-	-	-		신 규	32억	신 규
거래약국	18,400개	600개	3.3%		15,000개	2,000개	12.5%

▼ 과 제

1. 기존의 파워포인트 기획서를 하나 골라 기획서 한 페이지의 레이아웃을 확인해 보세요. 줄을 그을 수 있는 자를 사용하여 상하좌우 대칭이 이뤄졌는지 살펴보세요. 그리고 상하좌우 대칭이 안 된 기획서가 있다면 그것에 대한 느낌을 정리해 보세요.

(3) 상하좌우 대칭구조의 다양한 레이아웃

상하좌우 대칭구조를 유지한 상태의 레이아웃은 한 가지만 있는 것이 아니다. 이는 기획자의 디자인 능력에 따라 매우 다양하게 표현할 수 있다. 하지만 대표적인 것은 결론메시지의 범위와 담고 있는 메시지의 정보량이다. 하나의 결론메시지에 두세 개의 근거메시지, 이를 위한 근거자료형식이 기본이지만, 이를 두 개의 결론메시지로 확대하면 레이아웃도 이에 따라 달라진다. 게다가 파워포인트 두 페이지의 내용을 압축하여 한 페이지에 담으면 해당 페이지의 레이아웃 역시 달라진다. 레이아웃의 다양성 역시 창의력이다.

상하좌우 대칭구조를 유지한 상황에서 다양한 레이아웃을 만들어 낼 수 있다.

기획서는 한 눈에 쉽게 볼 수 있어야 하고, 안정감과 통일성이 필요하며, 이를 위해 상하좌우 대칭구조는 기본적으로 지켜야 한다. 이와 같은 조건에서 기획서에서 사용하는 몇 가지 레이아웃을 살펴보면 아래와 같다.

1) 한 페이지에 하나의 결론메시지와 하나의 설명내용을 담고 있는 레이아웃구조다

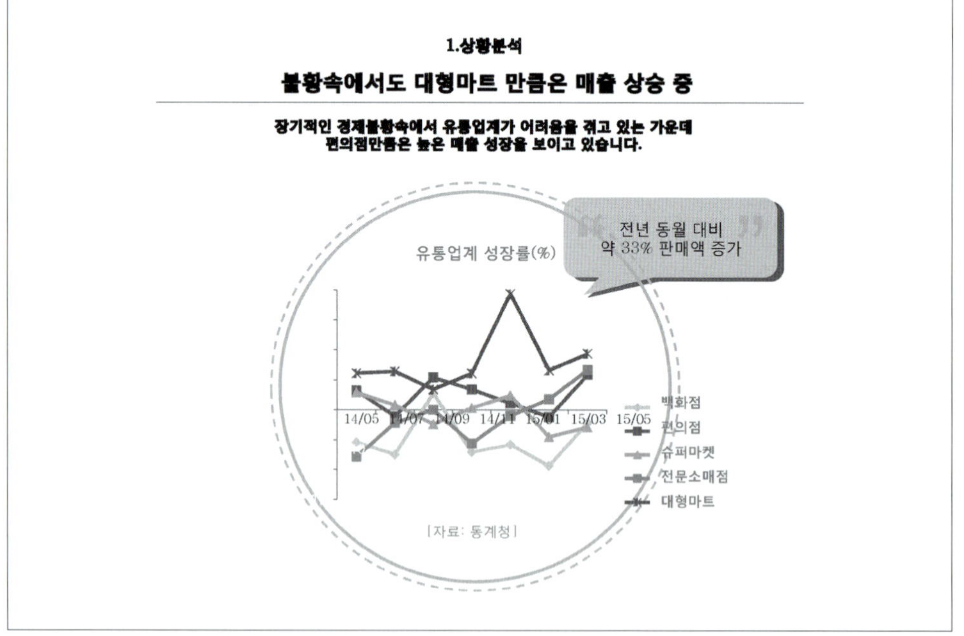

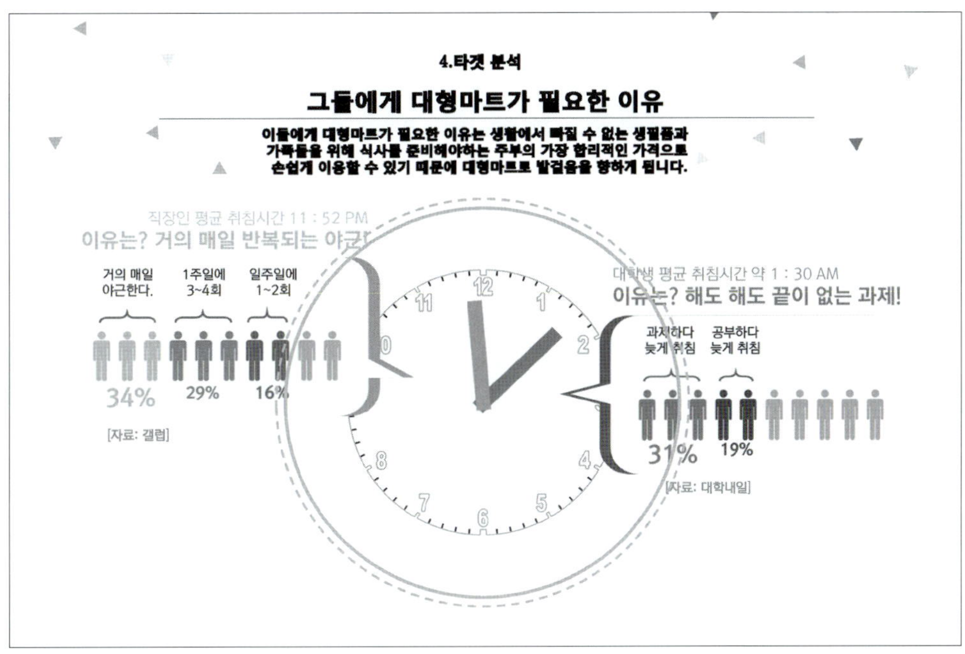

• 자료원 : 〈라이더오빠의 전국일주〉, 노지혜 · 이유정, ○○대학교, 2015

2) 한 페이지에 결론메시지에 두 개의 설명내용을 담고 있는 레이아웃구조다.

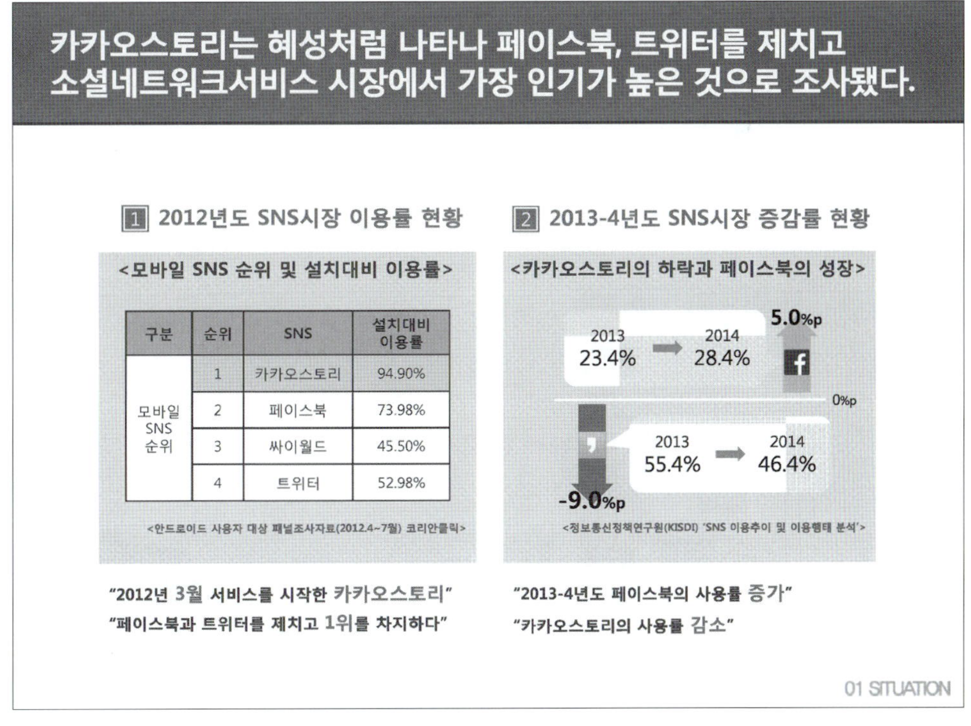

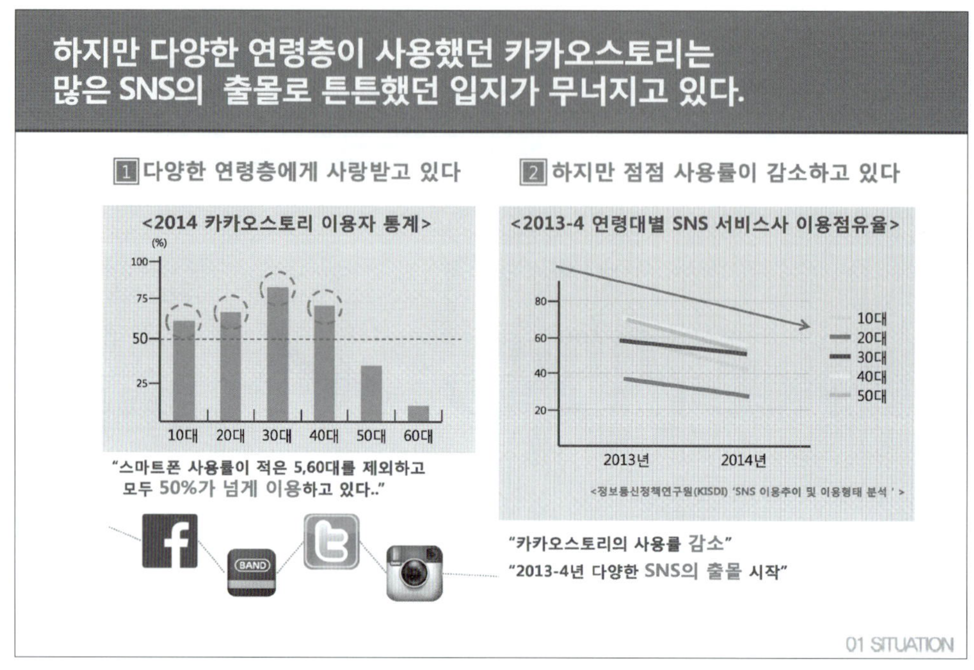

• 자료원 : 〈카카오스토리가 말하는, 아내들의 일상적 쉼터가 되어주는 방법〉, 황선미·한유림, ○○대학교, 2015

3) 기타 앞선 두 개의 레이아웃을 혼합한 구조다.

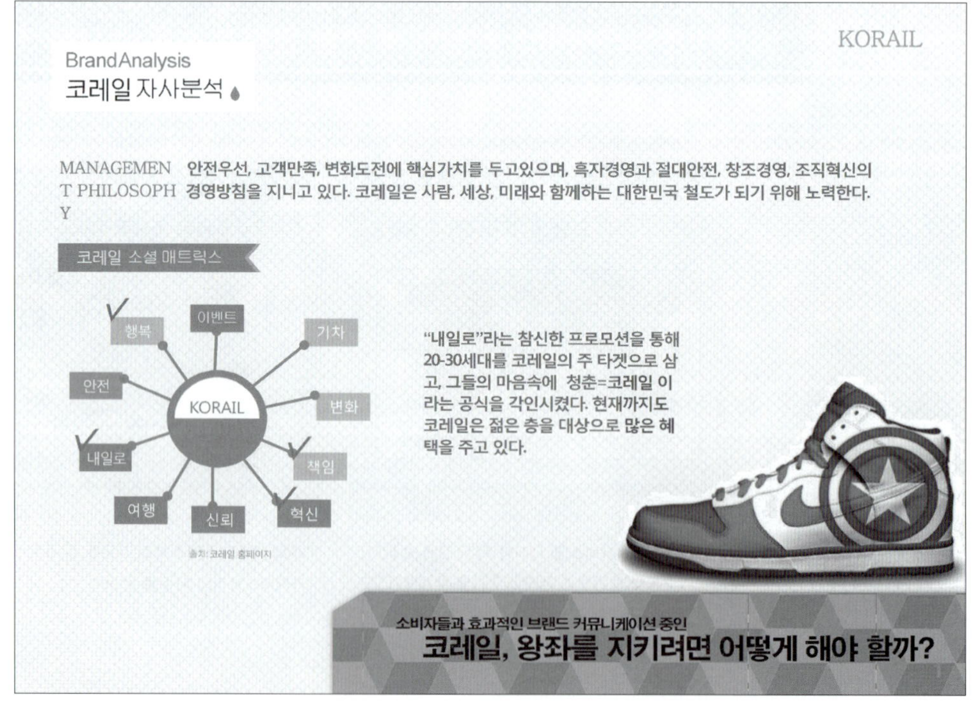

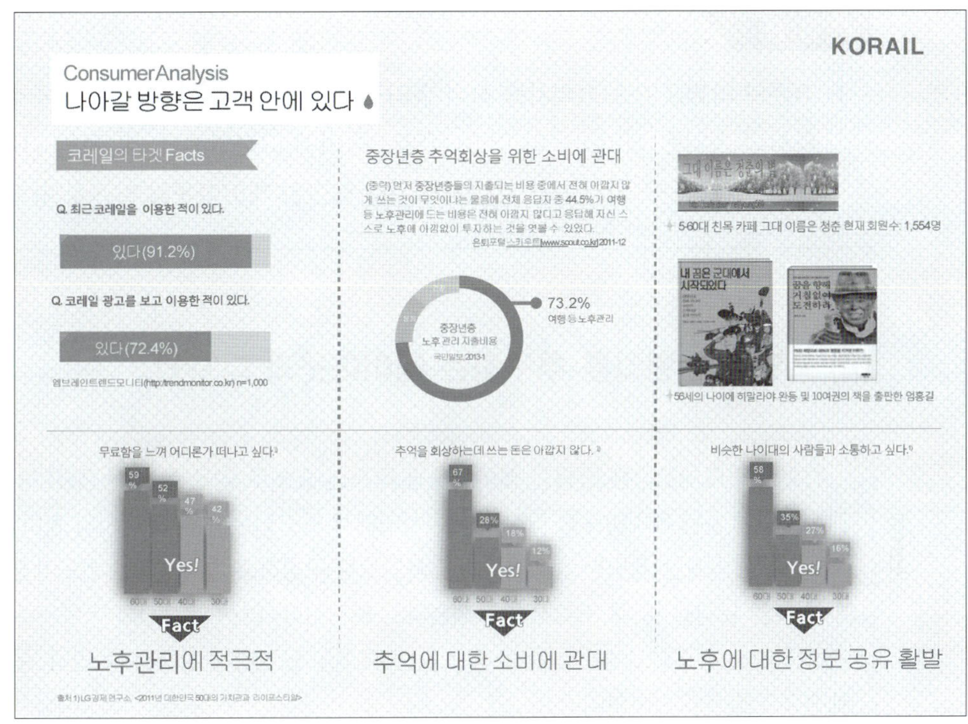

• 자료원 : 〈코레일 활성화방안, 혁신상품 제안 및 프로모션 전략〉, 국현승·이은혜, ○○대학교, 2015

4) 기타 일반 제조업 등의 기업에서 자주 활용하는 구조다.

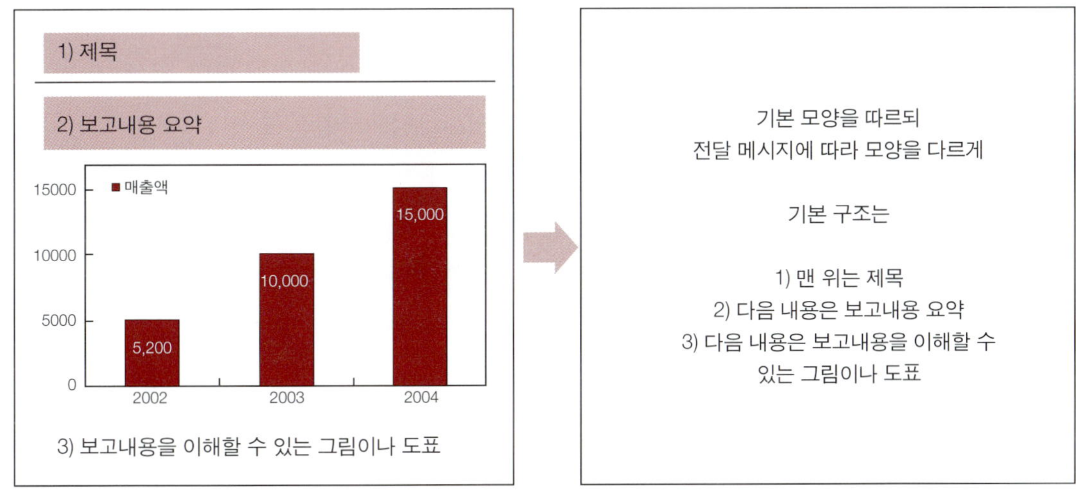

▼ 과 제

1. 기존의 파워포인트 기획서를 하나 골라 기획서 페이지들의 레이아웃을 살펴보고, 해당 기획서의 통일된 레이아웃이 어떤 것인지 종이에 그려보세요. 몇 개의 기획서가 있다면 그들의 레이아웃도 그려보면 자신에게 가장 적합한 레이아웃을 발견할 수 있습니다.

(4) 통일감과 변화를 추구하는 레이아웃과 디자인

기획서의 다채로움은 다양한 레이아웃과 디자인 요소로 얻을 수 있는 것이 아니다. 도리어 전체 기획서의 통일된 레이아웃과 디자인 사이사이에서 돌출되는 특정 페이지의 힘이다. 10장의 기획서 중에서 7장 정도는 동일한 레이아웃과 디자인으로 구성하고 나머지 3장 정도가 앞뒤 페이지와 완벽하게 다른 느낌을 줄 때 기획서가 다채롭다고 느껴진다. 이런 페이지의 역할은 시각적인 효과와 함께 기획자가 강조하고 싶은 내용을 강조할 때도 매우 요긴하게 활용할 수 있다. 문제, 과제, 컨셉, 실행전략과 같은 목차부분이다.

첫째, 기획서의 레이아웃은 전체적인 통일감을 유지해야 한다.

기획서의 레이아웃은 페이지별로 변화를 주는 것은 좋지 않다. 기획서는 안정감과 통일성이 중요하고 이를 위해서는 일정의 레이아웃이 기획서의 전체디자인을 이끌도록 해야 한다. 그리고 이런 상황에서 기획서를 보는 사람들도 어떤 내용이 어디에 놓여있는지, 중요한 메시지와 보조메시지, 근거자료가 어떤 식으로 표현되어 있는지 쉽게 찾아낼 수 있다. 만약 기획자가 참신성을 강조하며 기획서의 페이지마다 레이아웃을 달리하면 기획서를 보는 사람은 새로운 페이지를 볼 때마다 레이아웃에 적응해야 한다. 이와 같은 상황은 디자인의 참신성이나 새로움보다 더 큰 불편함을 초래한다.

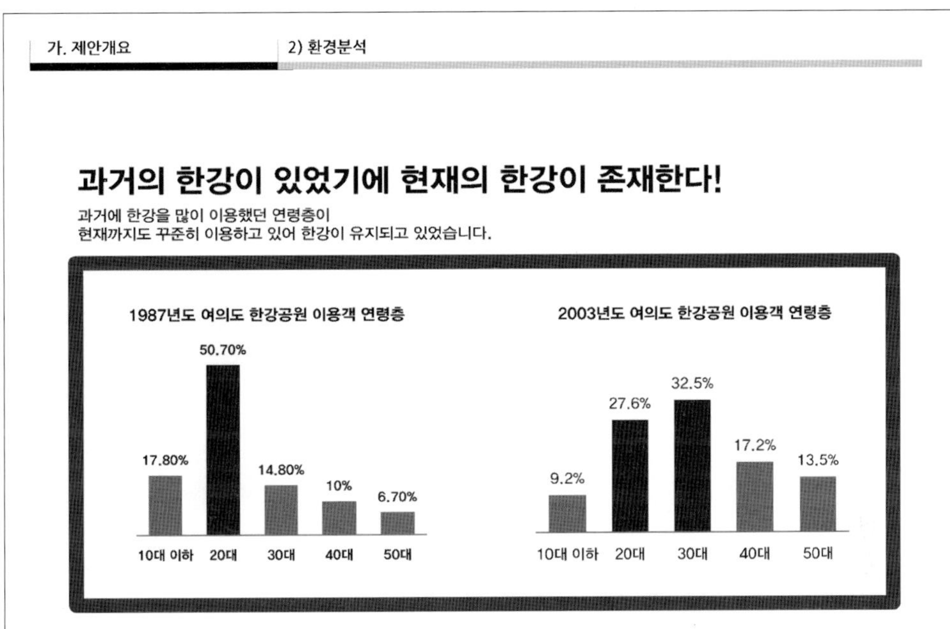

가. 제안개요 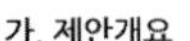 2) 환경분석

하지만 시간이 갈수록 함께 늙어버린 한강

갈수록 한강 이용객의 연령층은 높아졌으며
그 결과 한강은 중,장년층이 주 이용객이 되어버렸습니다.

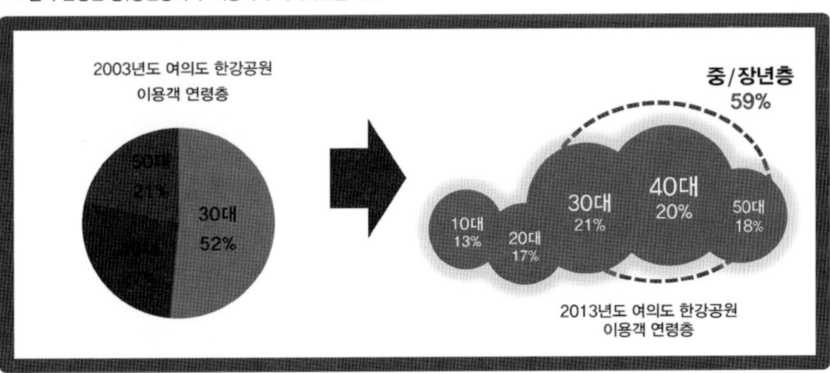

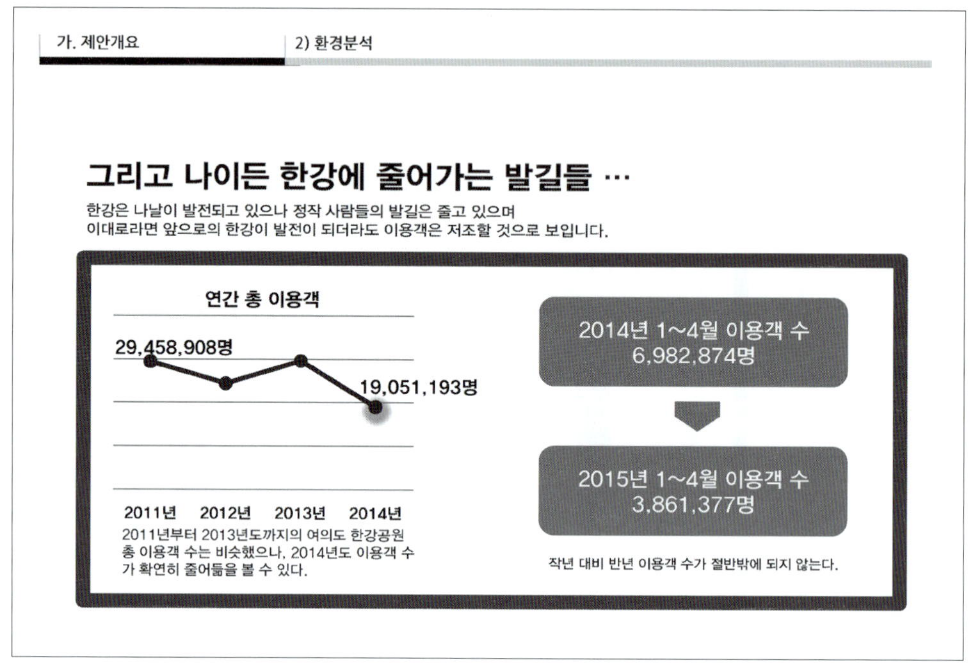

• 자료원 : 〈한강피플, 여의도 한강공원 20대 이용객 증대방안〉, 최승주, ○○대학교, 2015

둘째, 하지만 지루함을 없애고 또 특정의 메시지를 강조하기 위해서는 전체적인 레이아웃에 변화를 주어야 한다. 디자인에 대한 강약이 필요하다.

앞선 기획서의 레이아웃 통일감은 기획서의 정보전달력을 높이고, 안정감을 제공하기 위한 디자인 요소다. 그러나 처음부터 끝까지 하나의 레이아웃이나 디자인 요소만 강조하면 기획서가 지루하게 느껴진다. 이런 상황을 피하기 위해서 기획서의 특정부분을 기존 디자인과 다르게 만들어 기획서에 참신한 느낌을 더하고 다음 장을 기대할 수 있도록 만들 필요가 있다. 하지만 어떤 부분을 어떻게 차별화시킬 것인지 신중하게 결정해야 한다. 아무부분이나 디자인을 바꾸면 도리어 보는 사람들에게 혼란을 줄 수 있다. 전체적인 레이아웃과 다르게 표현한 페이지는 기획서 전체내용 중에서 강조하고 싶은 부분을 표현할 때 활용하는 것이 좋다. 예를 들어 '문제정의' '원인규명' '과제설정' '고객프로파일' '컨셉'처럼 강조가 필요한 부분에 색다른 디자인요소를 사용하면 내용도 강조할 수 있고, 전체적으로 디자인에 변화를 줘서 참신한 느낌을 줄 수도 있다.

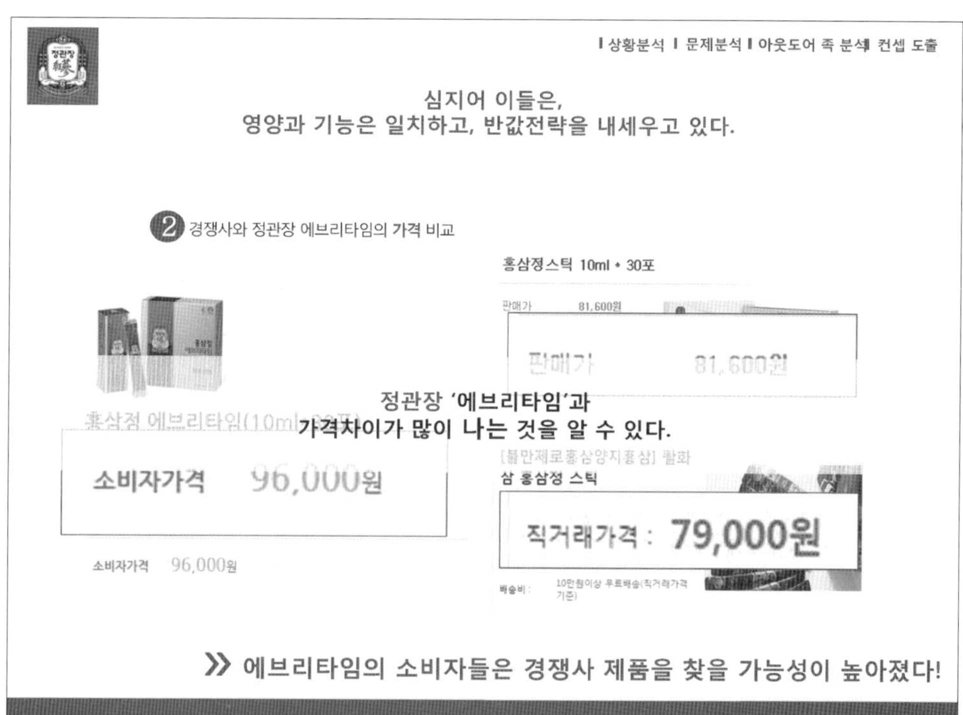
I 상황분석 I 문제분석 I 아웃도어 족 분석 I 컨셉 도출
심지어 이들은,
영양과 기능은 일치하고, 반값전략을 내세우고 있다.
2 경쟁사와 정관장 에브리타임의 가격 비교
홍삼정스틱 10ml * 30포
판매가 81,600원
정관장 '에브리타임'과
가격차이가 많이 나는 것을 알 수 있다.
소비자가격 96,000원
직거래가격 : 79,000원
소비자가격 96,000원
» 에브리타임의 소비자들은 경쟁사 제품을 찾을 가능성이 높아졌다!

에브리타임은 유사 성분에 저렴한 스틱 제품으로
경쟁사가 언제 치고 올라올지 모르는 상황
경쟁사가 치고 올라오기 전에 경쟁사가 가지고 있지 않은
에브리타임 만의 특장점을 소비자들과 어필해야 만 한다!
경쟁사의 뒤.통.수 치는 마케팅 전략이 필요하다

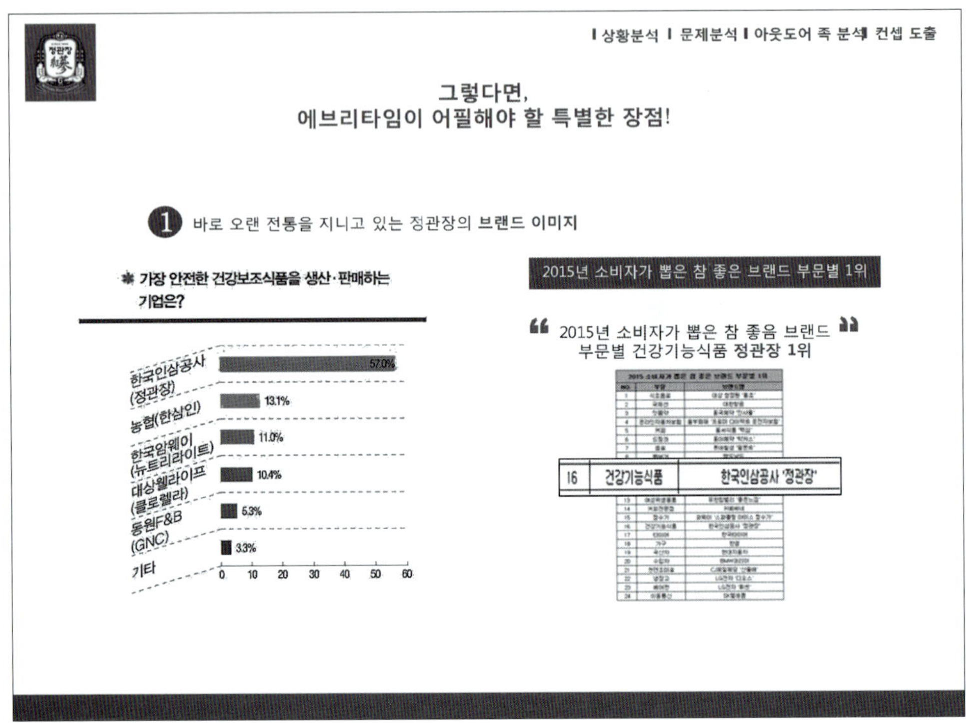

• 자료원 : 〈경쟁사의 뒤통수를 치는 '아웃도어족' 사용설명서〉, 이아로·이윤진, ○○대학교, 2015

▼ 과 제

1. 기존의 파워포인트 기획서를 하나 골라서 통일된 레이아웃과 디자인으로 작성한 페이지와 돌출된 레이아웃, 디자인으로 만들어진 페이지의 비율을 계산해 보세요. 그리고 돌출 페이지의 내용이 어떤 것들인지 정리해 보세요.

(5) 기획서 디자인에서 가장 중요한 것은 글자

기획서의 디자인 요소 중 가장 안정된 요소는 글자다. 기획서, 특히 파워포인트 기획서는 그림, 사진, 동영상 등 다양한 멀티미디어 도구를 사용할 수 있다. 그러다보니 사람들은 기획서를 잘 만드는 것이 멀티미디어 활용법에 있다고 오해하는 경우가 있다. 기획서는 그림책이 아니라 메시지를 전달하는 설득용 보고서다. 그리고 이때 가장 많은 비중을 차지하는 것은 인과관계로 구성된 메시지이며, 메시지는 분명한 의미전달을 위해 글로 표현하는 것이 가장 좋다. 기획서에서 가장 많은 분량을 차지하는 것이 글이며, 글을 통해 기획서를 디자인하는 것이 가장 안정감 있는 기획서 디자인 방법이다.

기획서, 특히 파워포인트를 사용한 기획서를 작성할 때 기획자들이 오해하는 게 하나 있다. 동영상이나 사진 등을 많이 보여주면 좋은 기획서라는 오해다. 아마도 프레젠테이션관련 수업시간에 스티브 잡스와 같은 사람들이 발표하는 것을 자주봐서 그런것 같다. 물론 발표용 제안서는 글이 많아서는 안 된다. 앞서 설명한 것처럼 발표자가 할 말을 시시콜콜 제안서에 작성하다보면 내용이 너무 많아 보기에 부담스럽다. 하지만 글이없는 것도 문제다. 기획서는 결론메시지가 이끄는 보고서이며, 이 메시지 이외의 모든 메시지와 사진, 그림, 동영상 등은 이것을 표현하고, 설명하고, 전달하기 위한 수단이다. 기획서에서는 글(메시지)이 중요하며 글을 중심으로 전체내용들을 배치해야 한다. 참고로 아래 내용은 도표만 들어있는 페이지다. 이 페이지에서 기획자가 주장하려는 것이 무엇인지 알 수 있겠는가? 아래와 같은 표현방식, 즉 설명은 없고 자료만 있는 기획서는 많은 자료를 다뤘다는 칭찬은 들을 수 있다. 하지만 기획자의 의도를 상대방에게 전달한다는 점에서는 매우 미흡한 기획서다.

● [C사례] 약국사업 국내시장현황 및 예상

● 약국수

구 분	2001년	2002년	2003년	2004년
약국수	18,400개	17,000개	16,000개	15,000개

● 약국시장 규모예상(생산)

구 분	2001년	2002년	2003년	2004년	A사
ETC(전문의약품)	4.3조	4.7조	5.2	5.7조	
OTC(일반의약품)	2.9조	3.2조	3.5조	3.8조	Step 2
일반의약품	0.8조	0.9조	1조	1.1조	
건강보조식품	0.08조	0.1조	0.11조	0.12조	Step 1
합 계	8.1조원	8.9조원	9.8조원	10.7조원	

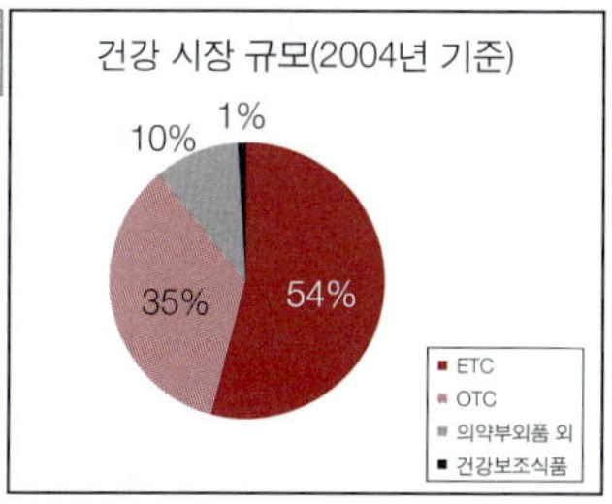

실제 깔끔하다는, 보기 편하다는 느낌을 주는 기획서들은 글자를 디자인의 핵심요소로 사용하는 경우가 많다. 어떤 기획서는 그림, 사진, 동영상 같은 자료를 활용하지 않고 오로지 글자만 사용하여 기획서 페이지를 디자인하는 경우도 있다. 글자자체가 가장 중요한 디자인 요소이며 이를 어떻게 다루는야에 따라 기획서의 디자인 평가가 많이 달라진다.

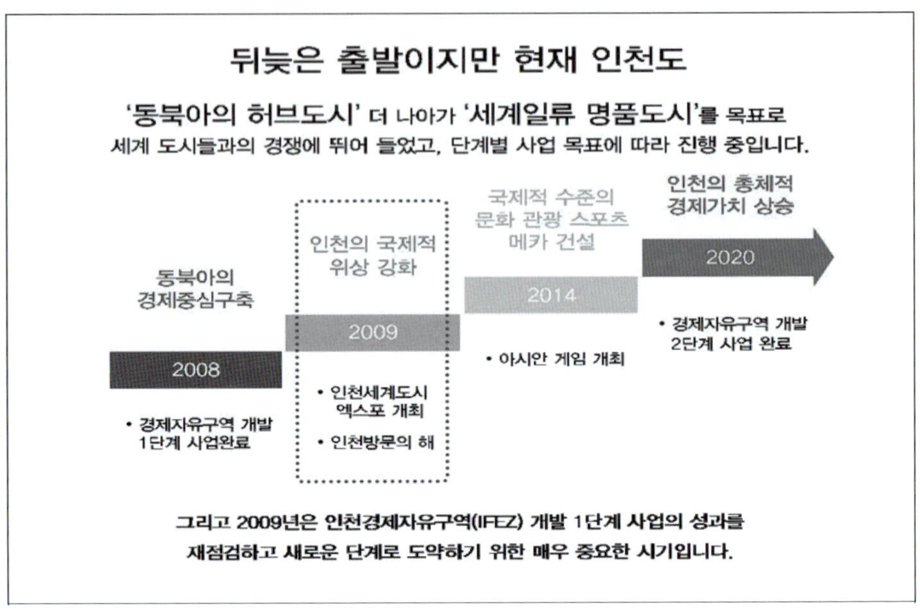
뒤늦은 출발이지만 현재 인천도
'동북아의 허브도시' 더 나아가 '세계일류 명품도시'를 목표로
세계 도시들과의 경쟁에 뛰어 들었고, 단계별 사업 목표에 따라 진행 중입니다.
동북아의
경제중심구축
2008
• 경제자유구역 개발
1단계 사업완료
인천의 국제적
위상 강화
2009
• 인천세계도시
엑스포 개최
• 인천방문의 해
국제적 수준의
문화 관광 스포츠
메카 건설
2014
• 아시안 게임 개최
인천의 총체적
경제가치 상승
2020
• 경제자유구역 개발
2단계 사업 완료
그리고 2009년은 인천경제자유구역(IFEZ) 개발 1단계 사업의 성과를
재점검하고 새로운 단계로 도약하기 위한 매우 중요한 시기입니다.

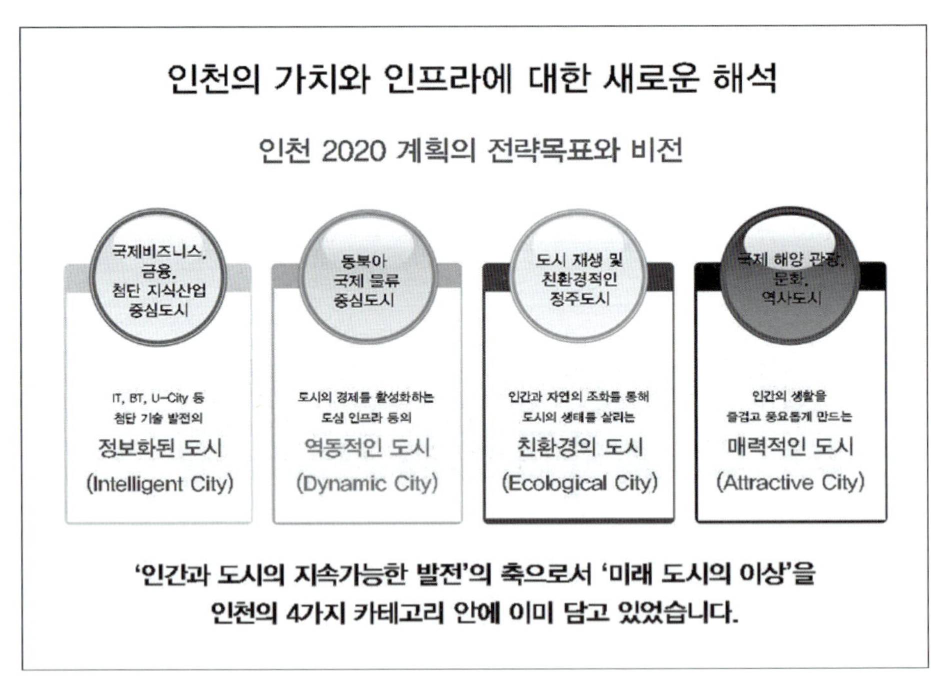
인천의 가치와 인프라에 대한 새로운 해석
인천 2020 계획의 전략목표와 비전
국제비즈니스,
금융,
첨단 지식산업
중심도시
IT, BT, U-City 등
첨단 기술 발전의
정보화된 도시
(Intelligent City)
동북아
국제 물류
중심도시
도시의 경제를 활성화하는
도심 인프라 등의
역동적인 도시
(Dynamic City)
도시 재생 및
친환경적인
정주도시
인간과 자연의 조화를 통해
도시의 생태를 살리는
친환경의 도시
(Ecological City)
국제 해양 관광,
문화,
역사도시
인간의 생활을
즐겁고 풍요롭게 만드는
매력적인 도시
(Attractive City)
'인간과 도시의 지속가능한 발전'의 축으로서 '미래 도시의 이상'을
인천의 4가지 카테고리 안에 이미 담고 있었습니다.

▼ 과 제

1. 기존의 파워포인트 기획서를 하나 골라 글로만 표현한 페이지를 찾아 보세요. 그리고 이 페이지를 그림, 동영상 등으로 기획자의 생각을 표현한 기획서 페이지와 비교해보고 두 개 기획서에서 느껴지는 차이점을 생각해 주세요.

2. 기존의 파워포인트 기획서 몇 개를 골라 기획서에 담겨 있는 글자들을 비교해 보세요. 그리고 자신의 기획서를 표현하기에 가장 적합한 글 자체를 두 개 정도 골라 주세요. 그리고 해당 글자체가 왜 적합하다고 생각했는지 그 이유를 설명해 주세요.

2 파워포인트 기획서작성법

(1) 기획의도와 개요

[기획의도]는 기획자가 기획서를 작성하게 된 이유와 기획을 통해 얻고자 하는 것을 설명하는 부분이다. 기획서 서두에 들어가는 부분으로, 분량은 얼마 안 되지만 기획서 가치와 필요성을 효과적으로 전달하여 기획서에 대한 관심을 이끌어내는 부분이다. 따라서 표현방식은 간단, 명료한 문장과 이를 시각적으로 느낄 수 있는 사진이나 이미지를 사용하면 좋다. [개요]는 앞선 '기획의도'에서 언급한 문제에 대한 답을 요약한 부분이다. '발표용 제안서'에서는 기획서 마지막까지 참석자의 관심을 유지하기 위해 결론을 앞에서 설명하지는 않지만, '보고서용 기획서'같이 분량이 많은 경우에는 뒤에 있는 해결방안을 앞으로 끄집어내어 결론을 미리 알려주고자 만든 목차다. 따라서 표현방식은 해결안을 한 눈에 확인할 수 있도록 도표화하는 것이 좋다.

기획서 종류에는 한글 기획서와 파워포인트 류의 기획서가 있다. 전자는 내용중심의 기획서로 기획서에 들어있는 구체적인 문장들이 핵심이고, 후자는 메시지 중심의 기획서로 전달하고 싶은 내용에 대한 전달방법이 핵심이다. 전자는 기획자가 전하고 싶은 내용 자체가 중요하기에 디자인 부분도 사진이나 도표를 첨부하거나, 시각적인 면을 고려하여 원이나 도형, 박스부분 등을 조금 부드럽게 처리하는 정도면 된다. 그러나 후자는 기획서 지면의 칼라부터 다양한 글자체와 멀티미디어 도구들의 혼합정도, 온라인연결 등 발표하는 상황에서 발표자가 상상할 수 있는 거의 모든 도구와 기법을 활용할 수 있는 곳까지 발전했다. 따라서 파워포인트 류 기획서는 소프트웨어가 가진 기능을 적극 활용하여 개별목차들이 가진 독특한 분위기와 느낌을 전달할 수 있는 디자인을 개발해야 한다.

기획서 목차는 '기획의도 및 개요', '시장분석', '사업목적 및 목표', '전략', '사업실행방안', '사업운영방안' 그리고 '맺음말'로 나눠볼 수 있다. 이들은 기획서에 따라 제목을 바꾸거나 생략하기도 하지만 앞서 언급한 내용들은 모든 기획서에서 다룬다. 발표용 제안서도 목차는 간단하지만 기획서에서 다루는 내용은 목차가 복잡한 기획서와 별반 차이가 없다.

기획서 목차 별 표현방식을 살펴보면 다음과 같다.

목차	표현방식
기획서 개요 (기획의도, 개요, 목적 목표 등)	· 간단, 명료. · 그러나 확실한 의미전달이 필요
시장조사 (시장조사, 조사요약, 제언)	· 많은 정보 삽입. 빡빡한 느낌을 줌 · 중요한 내용은 시각적으로 강조하여 분명하게 전달
운영전략 (STP 종류의 전략방안)	· 전략적인 면을 부각하기 위해 · 다양한 변수관계를 논리적으로 도식화
세부실행방안 (마케팅 4P, 6C 등)	· 실행 상황을 머리 속으로 그릴 수 있도록 · 사진, 그림 등을 적극 활용
운영계획 (실행에 따른 세부활동 계획)	· 업무의 세부적인 면을 많이 다룰 필요가 있음 · 업무진행 절차와 같은 도표를 적극 활용
일정, 예산, 손익	· 적절한 항목 선정과 계획성이 부각되어야 함

[기획의도]는 서적으로 치면 '들어가는 글'에 해당하는 부분으로, '기획의도' '기획배경' 또는 '배경'이라고도 표현한다. 이곳에서는 기획주제를 왜 선정했는지, 이 주제가 어느 정도 중요한지, 기획자가 원하는 목적지가 어디이며, 어떤 결론을 제안하려는지 설명함으로써 기획서의 가치와 기획자의 입장을 설명한다. 이 부분은 사람들의 관심을 기획서로 이끄는 중요한 부분이지만 할당된 지면은 한두 쪽에 불과하다. 제한된 지면을 통해 기획자의 의도를 효과적으로 전달하기 위해서는 내용을 간단, 명료하게 작성하고 결론을 분명히 제시할 필요가 있다.

기획의도 1

FESTIVAL 개요

I. 추진 배경 II. 행사 목적 III. 행사 목표 IV. 행사 개요

1년중에… 어버이날, 어린이날, 성년의날, 부부의날 등 세대를 위한 수많은 기념일이 있다. 그러나, **우리의 미래를 짊어지고 갈– 청소년의 날은 없다.** 사람은 성장을 하면서 "사춘기"라는 시기를 누구나 경험한다. 흔히, 질풍노도의 시기라고 말한다. 질풍 노도란 '강한 바람'과 '성난 파도'라는 뜻. 청소년기의 격동적인 감정 생활을 표현하는 말로 사용된다. 즉, 청소년은 어른도 어린이도 아닌 주변인이므로, 여러 면에서 좌절과 불만이 잠재하여 극단적인 사고와 과격한 감정을 곧잘 가지며, 정서적인 동요가 심하다. 한편, 어른들 사이에 유행하는 속된 말로 "중2병"이란 말도 있다. 김정일이 남한을 침략하지 못하는 이유가 중2가 무서워서라는 농담이 회자되고 있는 웃지 못할 현실이다. 그렇다면, 그들을 피하기만 할 것인가?

OECD국가 중에, 자살률 1위의 대한민국, 특히 청소년의 자살은 매년 급격히 늘어나고 있는 추세이다. 2010년도 청소년 자살에 의한 사망자수는 926명으로 하루평균 2.5명이 자살하고 있다. 주요 원인으로는 급속한 정신적 신체적 변화에서 오는 스트레스. 과열 경쟁적인 교육제도, 학교폭력, 왕따 등으로 인한 교우관계에 대한 스트레스에 따른 스트레스유발 등을 들 수 있다. 왜 !!! 가장 밝고 아름다워야 할 꽃다운 10대들이 이렇듯 불행한 시기를 보낸다고 여기며 살아야 하는 걸까요… 다 그러한 시기를 거치면서 크는 거라고 방관해도 되는 걸까요… 청소년들의 건정한 성장을 위해서는 그들을 둘러싼 가정, 학교, 사회의 부단한 노력이 요구된다. 특히– 이들에 대한 관심과 사랑, 그리고 이해와 소통이 절실히 필요한 시점이다.

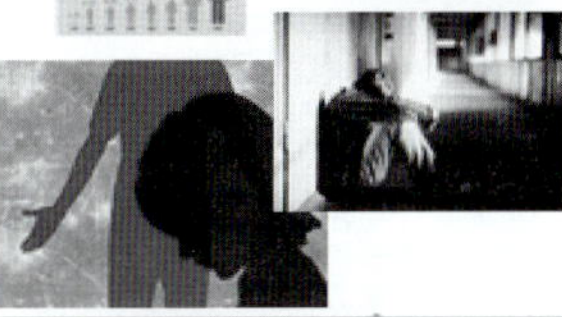

FESTIVAL 개요

I. 추진 배경 II. 행사 목적 III. 행사 목표 IV. 행사 개요

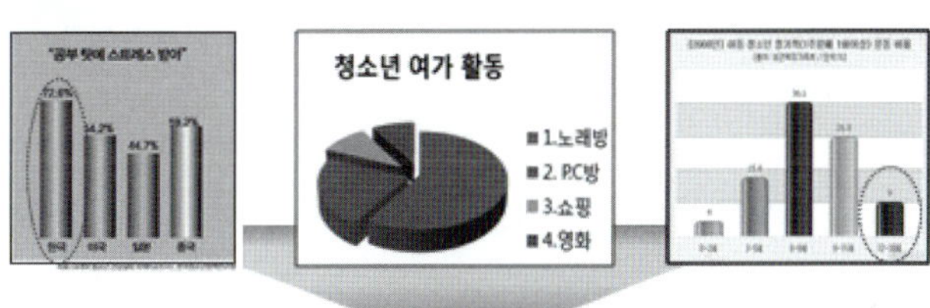

1년중에… 어버이날, 어린이날, 성년의날, 부부의날 등 세대를 위한 수많은 기념일이 있다. 그러나, **우리의 미래를 짊어지고 갈– 청소년의 날은 없다.** 사람은 성장을 하면서 "사춘기" 라는 시기를 누구나 경험한다. 흔히, 질풍노도의 시기라고 말한다. 질풍 노도란 '강한 바람'과 '성난 파도'라는 뜻. 청소년기의 격동적인 감정 생활을 표현하는 말로 사용된다. 즉, 청소년은 어른도 어린이도 아닌 주변인이므로, 여러 면에서 좌절과 불만이 잠재하여 극단적인 사고와 과격한 감정을 곧잘 가지며, 정서적인 동요가 심하다. 한편, 어른들 사이에 유행하는 속된 말로 "중2병"이란 말도 있다. 김정일이 남한을 침략하지 못하는 이유가 중2가 무서워서라는 농담이 회자되고 있는 웃지 못할 현실이다. 그렇다면, 그들을 피하기만 할 것인가?

• 자료원 : 〈SEOUL 드림하이 FESTIVAL〉, 박은영, 송파여성인력개발센터, MICE 전문가양성과정 3기, 2014

기획의도 2

110. 기획의도

● 당신은 일주일에 몇 잔의 커피를 마십니까?

현대 사회의 커피는 하나의 트랜드이자 브랜드로 서서히 자리 잡아가고 있다. 바쁜 사회 속에서 현대 사회인들에게 한잔의 커피는 여유를 갖기 위한 수단이고, 카페는 만남의 광장이며, 커피를 마시며 나만의 시간,공간을 갖고자 한다.

● 당신은 어느 커피 전문점을 애용 하십니까?

위 질문에 대중들은 스타벅스, 카페베네라고 대부분 말할 것이다.
이처럼 A TWOSOME PLACE은 소비자의 머릿속에 이미지 전달을 하지 못한 것이 현상태 이다.
약 2000년도부터 활성화된 커피전문점은 2011년이 된 지금은 커피브랜드를 손에 꼽기 힘들 만큼 많이 생겨났고 계속 생기고 있다. **이제는 A Twosome Place를 스타벅스, 카페베네 만큼의 포지셔닝과 파급효과를 강화 시켜야 한다.**

● 당신이 찾는 커피 & 디저트 전문점은?

대부분 커피전문점을 찾는 고객은 카페의 전반적 분위기, 커피 맛 or 향, 디저트의 맛, 가격대 등이다. A Twosome Place는 다른 커피전문점들과 차별화를 갖고 있다.
매장 내에서 파티쉐가 직접 빵과 샌드위치를 제조하기 때문에 신선하고 맛이 좋고 신뢰할 수 있다는 점이다.

A Twosome Place만의 이미지 제고를 위한 차별화된 프로모션을 진행하고자 한다.

A TWOSOME PLACE

4

• 자료원 : 〈A TWOSOME PLACE 브랜드 이미지 확산을 위한 프로모션 제안서〉, 백록담, ○○대학교, 2012

[개요]는 기획의도에서 다루고자 한 문제를 어떻게 해결하려는지 설명한 부분이다. 앞선 [기획의도]에서 기획의 목적과 해결이 필요한 문제를 제시한 다음 [개요]에서 문제해결방안을 답하는 형식이다. 기획을 요청한 사람들에게 그들이 원하는 것을 먼저 주기위해 기획서 뒤쪽에 있는 해결방안을 맨 앞으로 끄집어내어 간략하게 설명한 것이다. 이와 같은 순서는 내용이 긴 보고서용 기획서에서 주로 사용하며, 참석자들의 관심을 마지막까지 이끌어야 하는 발표용 제안서에서는 활용하지 않는다. 단, 이때 설명하는 해결방안, 즉 기획서의 결론은 구체적인 실행내용까지 언급할 필요는 없고, 상대방이 당신이 어떤 행동을 언제부터 어떤 방식으로 할 지 머리속에 그려볼 수 있을 정도면 된다. 세부적인 내용은 기획서 뒤쪽의 [세부실행방안]에서 구체적으로 설명하면 된다.

개요

FESTIVAL 개요 I. 추진 배경 **II. 행사 목적** III. 행사 목표 IV. 행사 개요

… 청소년의, 청소년에 의한, 청소년을 위한 …

서울 놀이 문화 FESTIVAL !

NOW~ STOP!

학교 가기 싫은 사람, 공부하기 싫은 사람.

노는 방법을 모르는 사람, 어울림이 힘든 사람.

모여라 !!

아침부터 놀아보자~ 밤새도록 놀아보자~

그래 ! 그래! 그래 그거 좋겠다 !

하루종일 놀아보자~ 저녁까지 놀아보자~

그래 ! 그래! 그래 그거 좋겠다 !

모인 사람 모두~ 모두! 스트레스 날려버리자 !

FESTIVAL 개요 I. 추진 배경 II. 행사 목적 III. 행사 목표 **IV. 행사 개요**

행 사 명	2013 서울 중.고등학생 연합 FESTIVAL
대 상	학생, 교사, 학부모, 교육관계자 등
Concept	청소년 HEALING 프로그램 및 행사
일 시	2014년 8월 19일[월] ~ 23일[일] 5일간 10:00~ 20:00
장 소	종합운동장 주경기장, 보조경기장 일대.
프 로 그 램	청소년대회, 부대행사 ,세미나, Event, Exhibition
주최 / 주관	지식경제부, 여성가족부, 서울시교육청, EBS
후 원	교학사, 엔씨소프트, 삼성전자,아름다운 가게
기 획	㈜ 들풀 이벤트 & 솔루션

• 자료원 : 〈SEOUL 드림하이 FESTIVAL〉, 박은영, 송파여성인력개발센터, MICE 전문가양성과정 3기, 2014

▼ 과 제

1. 현재 작성중인, 또는 작성예정인 기획서의 '기획의도'를 정리해 보세요. 기획의도에 들어갈 내용은 앞서 설명한 주제내용이며, 이를 파워포인트 한두 장 정도에 들어가도록 표현하면 됩니다. 내용은 기획의도를 설명하는 문장과 앞선 문장을 시각적으로 보여줄 수 있는 사진이나 이미지 한 장 정도면 됩니다.

2. 현재 작성중인, 또는 작성예정인 기획서의 '개요'를 정리해 보세요. 개요에 들어갈 내용은 '해결방안'에 들어있는 내용을 요약한 것으로, 이를 파워포인트 한두 장 정도에 들어갈 수 있도록 표현하면 됩니다. 가능하면 도표를 사용하여 전체내용을 한 눈에 알아볼 수 있도록 정리하는 것이 좋습니다.

---

(2) 시장분석

'시장분석'은 다양한 제목을 사용한다. 현황분석, 시장동향분석 등 기획자가 강조하고 싶은 사항을 강조하는 단어를 선택한다. 이 부분은 앞서 설명한 '기획의도'나 '사업배경'에 대한 근거를 제시하고, 뒤에 나올 다양한 메시지들을 입증하는 과정이다. 기획서에서 언급하는 내용들은 반드시 이곳에 정리되어 있어야 한다. 표현방식은 기획서의 기본구조인 'One Page & One Message' 모습을 갖추는 것이 좋다. 즉 시장분석을 통한 핵심적인 결론메시지와 이를 설명하는 근거메시지, 근거메시지를 입증하기 위한 자료를 한 페이지에 모아 정리한 모습이다.

[시장분석]은 앞의 [기획의도]에서 제시한 시장상황과 문제가 현실을 정확하게 반영한 것인지, 또 [개요]에서 제안한 해결방법이 타당성 있는 것인지 상대방에게 확인시켜 주는 부분이다. 이곳에서는 앞선 기획의도에서 언급한 사항들을 객관적이고 현실적인 자료를 통해 검증하고, 기획서에서 다룰 문제, 원인, 과제를 도출한다.

시장조사부분의 목차는 크게 두 가지로 나눠볼 수 있다. 하나는 아래 기획서 목차에 나와있는 '시장동향분석' '경쟁사분석' '자사분석' '소비자분석'과 같은 분석 프레임워크 양식을 사용하는 것, 또 하나는 발표용 제안서의 목차처럼 '현황분석' 목차 하나로 이 모든 것을 표현하는 방법이다. 하지만 어떤 목차이든지 간에 표현방식은 대동소이하며, 시장조사를 마무리하는 부분에서는 '당면문제' '문제의 원인' '원인을 제거/해결하기 위해 해야 할 과제'를 정의하는 것이 좋다.

210. 시장 조사

-국내 커피 시장 현황

현재 국내에는 프랜차이즈 커피전문점이 2000개가 넘어섰을 정도로 커피에 대한 관심이 높아졌으며, 대형화 위주의 매장과 시장의 확대에 따른 글로벌화 추세로 변화하고 있을 정도로 커피 시장 또한 경쟁이 치열 하다. 2011년 국내 커피 시장 현황을 알아보자.

◈ 커피프랜차이즈 업체 현황 (2011년 기준)

NO	회사명	영업표지 (브랜드 명)	대표업종
1	㈜CJ푸드빌	투썸플레이스	기타외식
2	㈜할리스 에프앤비	할리스커피	기타외식
3	㈜탐앤탐스	탐앤탐스커피	기타외식
4	㈜카페베네	카페베네	기타외식
5	㈜이디야	이디야커피	기타외식
6	㈜파리크라상	카페 파스쿠찌	기타외식
7	롯데리아	엔젤리너스	기타외식

위 표를 보면, 국내 커피 시장 현황도 치열한 것을 확인할 수 있듯이. 해외 커피 시장 현황까지 합해진 치열한 경쟁시장에서 살아남을 수 있는 프로모션을 실행하고자 한다.

2

출처- 네이버 블로그 (http://kumkangice.com/20136047555)

210. 시장 조사

-국내 커피 전문점 매장 점포 수

타 커피전문점의 매장 수가 상당히 많아 소비자와 접근이 용이하며 포지셔닝이 쉬울 수 있다. 카페베네의 점포 수는 급상승으로 커피전문점 매장 수 1위로 떠오르고, 2위는 엔제리너스가 차지했으며, 3위는 해외브랜드인 스타벅스가 자리를 지켰다.
A Twosome Place를 매장 점포수로 승부할 것이 아닌, 메리트를 제공하는 프로모션으로 고객과의 커뮤니케이션이 절실하다.

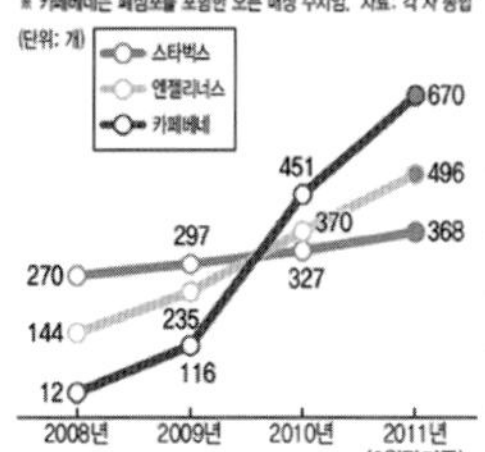

계속 늘어나는 커피전문점

구 분	2010년 말	9월 30일
카페베네	465	677
엔제리너스	370	495
스타벅스	330	372
할리스	293	358
탐앤탐스	225	290
커피빈	210	233

※ 올해 신규로 론칭한 투썸커피, 드롭탑, 블랙머그 등은 제외. 자료=각 업체

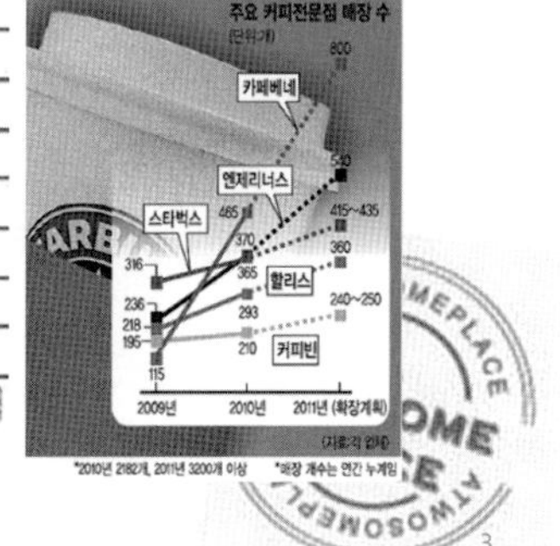

3

• 자료원 : 〈A TWOSOME PLACE 브랜드 이미지 확산을 위한 프로모션 제안서〉, 백록담, ○○대학교, 2011

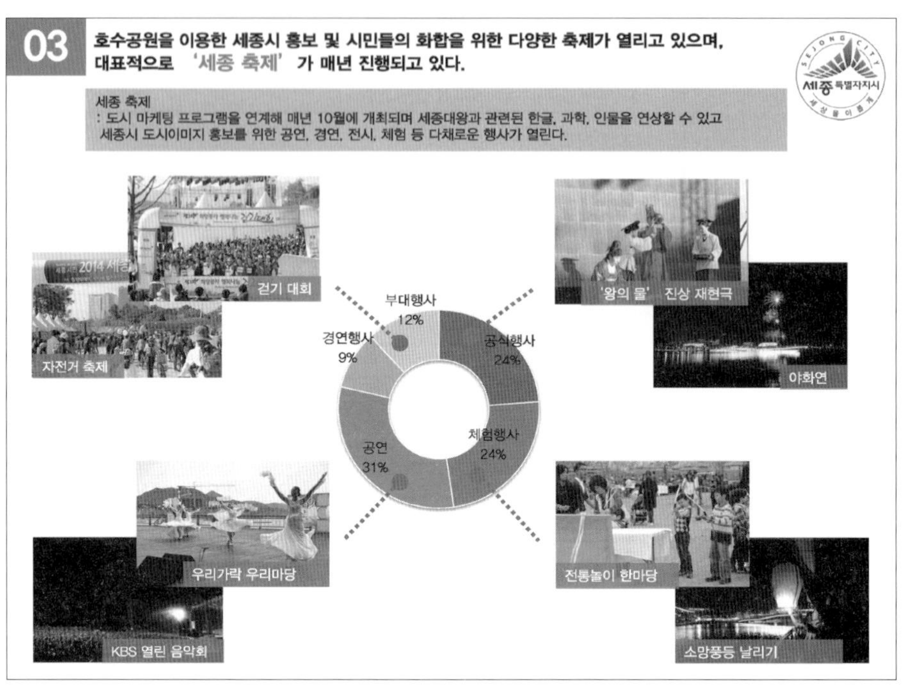

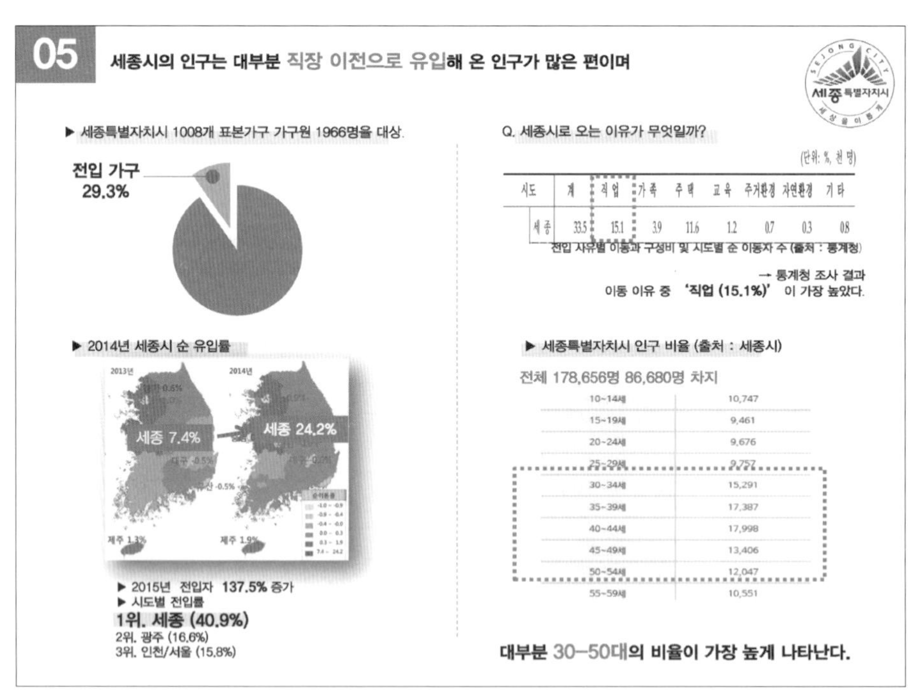

시도	계	직업	가족	주택	교육	주거환경	자연환경	기타
세종	33.5	15.1	3.9	11.6	1.2	0.7	0.3	0.8

10~14세	10,747
15~19세	9,461
20~24세	9,676
25~29세	9,757
30~34세	15,291
35~39세	17,387
40~44세	17,998
45~49세	13,406
50~54세	12,047
55~59세	10,551

• 자료원 : 〈사운드트랙페스타〉, 이효주, ○○대학교, 2015

특히 시장조사부분은 기획서 전체내용 중에서 가장 많은 질문을 받는 곳이다. 여기서 다룬 자료나 정보들이 기획서 내용에 큰 영향을 주기 때문이다.

기획서를 발표하다보면 앞선 도입부나 개요에 대해서는 참석자들이 거의 질문하지 않는다. 설사 자기생각과 달라도 어떤 근거를 활용했는지 알 수 없기에 경청하는 경우가 많다. 하지만 현황분석을 이야기할 때는 사정이 다르다. 앞에서 언급한 내용이 현황분석 내용과 다르거나, 기획자가 제시한 자료에 문제가 있으면 그때부터 이런저런 질문들이 쏟아져 나온다. 특히 앞선 결론부분이 질문자의 생각과 다르다면 질문은 그만큼 날카로워진다. '지금 설명한 자료를 보면 앞의 결론이 조금 미흡한 것 같군요.' '현황분석에서는 소비자의 욕구가 1인 가구가 늘면서 점차 개인화되어 간다고 했는데, 앞의 결론은 집단대상의 마케팅을 전개하자는 것이군요. 앞뒤가 안 맞는 것 같은데…' 그리고 보고 후, 내용에 대한 평가에서도 '근거가 부실하다', '시장조사가 충분치 않다'는 평가가 많이 나온다. 근거부분은 기획서의 핵심구조인 문제와 원인, 과제, 해결방안을 이끄는 근원이기 때문이다.

따라서 시장조사부분은 항상 M.E.C.E라는 분석기준을 잊지말고 꼼꼼하게 조사를 진행할 필요가 있으며, 특히 기획의 핵심구조인 문제와 원인, 과제, 더 나아가 해결방안과 직접 관련된 자료는 빼 놓지않고 정리하는 것이 좋다. 이와 같은 작업을 도와주기 위해 현상분석의 조사범위와 항목을 정의한 분석 프레임워크를 참고할 필요가 있다.

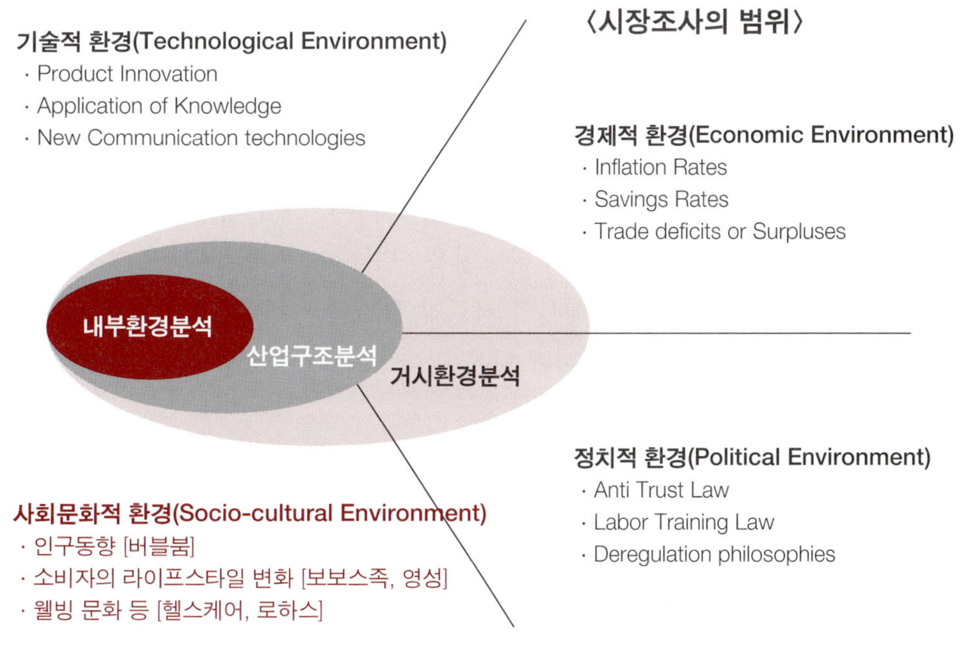

또 하나 근거자료를 정리할 때 잊지 말아야 할 것은 기획서는 과거, 현재 사실을 근거로 미래 모습을 제안하는 문서라는 점이다.

기획서는 아직 가보지 않은 미래를 과거와 현재 상황자료에 근거하여 예측하는 것이다. 미래를 예상하고 제안한 내용이 신뢰성을 얻으려면 기획자가 보고서 작성 시 사용한 자료들이 믿을만해야 한다.

실제로 신규사업을 추진한다고 생각해 보자. 당신이 사업성있는 좋은 아이템 하나를 발견했다. 그 아이템을 주변 사람들과 이야기를 나눠보니 자기 생각과 유사한 점이 많았다. 이제 이것을 사업계획서로 정리하여 보고해야 한다. 기획자라면 우선 '현황분석'을 시작한다. 해당 아이템의 태동기부터 지금까지 성장해 온 과정, 소비자의 동향, 기술개발 속도, 유관사업의 시장진입여부 등을 조사하여 해당 아이템의 시장성을 평가한다. 그리고 그 후 해당사업을 추진하기 위해 필요한 여러 가지 자원 등을 조사하여 세부적인 진행 방법도 수립한다. 그럼 당신이 해당 사업의 시장성을 확인하기 위해 사용한 자료는 언제 시점에 발표한 자료들인가? 사업계획서를 작성하는 데 아무리 빨라도 한 달 반 정도는 걸릴테니 가장 최신 자료가 사업계획서 완료일로부터 한 달반 전의 자료일 것이고, 더 뒤로 가면 이삼년 전 자료도 있을 것이다. 하지만 사업계획서가 완료되었다고 사업이 시작되는 것은 아니다. 그것을 승인받기 위해 또 한 달 정도 소요될 것이고, 승인 후 사업을 오픈하려면 빨라야 육개월, 조금 복잡한 사업같으면 일년 정도 시간이 소요된다. 필자가 직장인일 때 진행한 사업 중 하나는 준비작업만 일년 반이 걸렸다. 그렇다면 기획자가 사용한 자료는 사업개시일로부터 가장 최근자료가 팔개월 이전 것이거나 더 늦으면 일년 이개월 전의 자료다. 기획자가 갖고 있는 '현재시점'의 자료는 실제로는 사업을 오픈한 그 시점이 아닌 기획자가 사업을 생각한 시점이며, 그 자료를 갖고 팔개월, 일년 이개월 뒤의 모습을 구성한 것이다. 이런 상황에서 상사나 경영자는 이미 지나간 자료에 근거하여 기획자가 제안한 내용의 타당성을 판단해야 한다. 하지만 그것을 판단할 수 있는 근거는 기획자가 그들에게 제시한 자료밖에 없다. 이런 상황에서 기획자가 제시한 자료마저 문제가 있다면 사업계획서에 나온 미래 모습을 어떻게 믿을 수 있을까?

▼ 과 제

1. 현재 작성중인, 또는 작성예정인 기획서에 들어갈 메시지를 하나골라 이 부분을 'One page & One Message'구조로 정리해 보세요. 결론메시지와 근거메시지, 근거자료 순으로 정리하면 됩니다.

(3) 사업목적, 목표와 STP전략

'사업목적'은 기획서를 작성하게 된 이유로, 앞서 설명한 기획의도에서 언급한 내용을 압축하여 정리한 것이다. 즉 '현재 상황이 이러저러해서 우리가 원하는 목적지와 차이가 있으므로 이를 해소하여 이런 상황에 도달하기 위함'이다. '사업목표'는 과제를 구체적으로 정의한 것으로 질적인 목표와 양적인 목표로 나눌 수 있으나 가능하면 수치로 표현하는 것이 좋다. 'STP전략'은 고객을 정의하고 이들에게 줄 최적의 가치를 선정하는 부분이다. 기획서에서는 대개 고객분석을 위한 페이지와 이에 근거하여 고객에게 제공할 가치를 설명하는 부분으로 나눠 정리한다. '사업목적' '사업목표' '고객분석' '사업추진전략'은 중요한 부분이므로 다른 페이지들과는 다른 레이아웃과 디자인을 활용하여 강조하는 것이 좋다.

'사업목적 및 목표'에서 사업목적은 '우리가 왜 이 사업을 하는가?'라는 질문에 대한 답이고, 사업목표는 '우리가 도달하길 원하는 목적지에 도달하려면 무엇을 어떤 수준까지 해야 하는가?'라는 질문에 대한 답이다. 이와 같은 내용은 필요에 따라 기획서 목차 맨 앞에 나오기도 하고, 어떤 때는 중간에 위치하기도 한다. 보고서용 기획서처럼 기획서 앞부분에서 결론을 제시하는 기획서는 사업목적과 목표가 기획의도와 사업개요 중간쯤에 들어간다. 하지만 발표용 제안서와 같은 이야기체 흐름의 기획서는 시장조사를 마치고 이의 결론으로 사업목적과 목표가 들어간다. 어디에 위치하든 본 목차에 들어갈 내용과 표현방식은 아래와 비슷하다.

1.사업목적,목표

1)사업목적

• BT2F는 고객들에게 술먹는 호프와 춤추는 클럽을 동시에 제공함으로써 시간, 가격, 새로운 문화를 얻을 수 있게 하고 기존에 없던 BT2F라는 새로운 브랜드와 업태를 알린다.

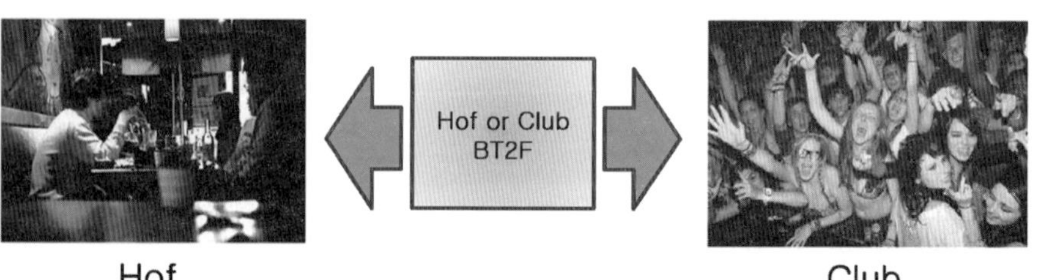

• 국내 최고의 바텐더, 클럽DJ를 고용하여 누구든지 재미있게 놀 수 있도록 분위기 창출
• 새롭고 화려한 고급스런 인테리어로 고객들에게 새로운 장소의 신비감과 경험을 느끼게 함.
• 자연스런 분위기에서 매장 안에 있는 호프와 클럽을 들락거리며 손님들이 특별한 이동 없이 두 가지를 모두 즐길 수 있도록 함.

1

1. 사업목적, 목표

BT2F

2) 사업목표

(금액단위: 1억원)

구 분	2011 년	2016 년	2020 년	비 고
점 포 수	1	2	3	2020년 말까지 3개 점포개설
매 출 액	100	200	500	
경상이익	-	-	-	
종업원수	30	60	90	

구 분	1년	3년	5년	비 고
음 식	300,000,000 15,000 x 20000인분	450,000,000 15,000 x 30000인분	550,000,000 15,000 x 35000인분	지속적인 신메뉴 개발
주 류	300,000,000 3,000 x 10000명	450,000,000 3,000 x 150,000명	550,000,000 3,000 x 180,000명	
클럽입장비	400,000,000 10,000 x 40000명	600,000,000 10,000 x 60000명	900,000,000 10,000 x 90000명	이벤트,주말에 관계없는 출력

5

• 자료원 : 〈20대 신세대를 위한 신개념 Hof Club BT2F 창업제안서드〉, 신지훈, ○○대학교, 2012

STP전략은 시장 내 고객욕구를 분석하고 새로운 기회를 찾기 위한 시장세분화(Segmentation), 세분시장 중에서 가장 적합한 고객을 선정하는 목표고객선정(Targeting), 목표고객에게 제시할 경쟁위치를 결정하는 포지셔닝(Positioning), 그리고 앞선 포지셔닝을 한마디로 정의한 컨셉(Concept)으로 나눠진다. 이들은 사업목적과 목표를 달성하기 위한 최적의 방안을 수립하기 위한 사업전략이며, 동시에 사업실행방안이 궁극적으로 추구해야 할 목표이기도 하다.

01. 시장세분화
힘내라. 청춘! 하이트를 화이팅하게!
"합법적인 음주를 할 수 있는 '젊은 층'을 생각해 보면
대학생, 2-30대, 회사원이 대표적 입니다."
그 중 잦은 회식자리, 거래처 접대 등 회사 생활을 통해 잦은 술자리를 갖는 '회사원'을 타겟으로 선정합니다.
대학생
2-30대
회사원

02. 타겟분석
힘내라. 청춘! 하이트를 화이팅하게!
"그 중 '2535'의 직장인을 타겟으로 선정하였습니다."

03. 포지셔닝 힘내라, 청춘! 하이트를 화이팅하게!

"그리고 그들을 위한 '힘내라,청춘!' 페스티벌을 개최할 것입니다."

25살부터 회사 생활을 한다는 가정 하에 2535를 타겟으로 선정하여
그들이 원하는 힐링, 휴식, 여행 등으로 많은 부분들이 '휴식'과 연관되어 있기 때문에
그 안에서 그들이 원하는 '휴식감'을 줄 수 있는 하이트로 말하다, 휴식하다, 즐기다, 연결하다 라는 프로그램을 구성할 것입니다.

스트레스원인

2535의 직장인들이 뽑은
스트레스 원인에는
경제문제 35.5%
취업문제 23.9%
인간관계 11%
등이 차지하고 있습니다.

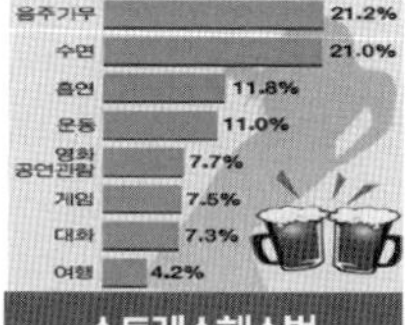

스트레스해소법

그러한 2535의 직장인들의
스트레스 해소 방법
설문조사 결과에는
음주가무 21.2%
영화나 공연관람 7%
대화 7.3%
여행 4.2%
등이 있습니다.

친구 같은 존재 '술'

그 중에서
1위를 차지한
'술'은
기쁠 때나 슬플 때나
함께하는
친구 같은 존재입니다.

'2535'은 지쳐있다!

많은 야간 근무와
업무 스트레스로 피곤한
2535의 직장인들은
지치고 힘든 일상을
이겨내고 있습니다.

04. 컨셉 힘내라, 청춘! 하이트를 화이팅하게!

"힘내라, 청춘! 페스티벌을 통해 우리의 청춘들에게 축제의 장을 만들어주겠습니다."

현실의 벽에 치이고, 새로운 사람을 만날 수 있는 시간도 없고, 여행갈 시간도 없는
청춘들에게 조금은 쉴 수 있고 힘든 일상에서 잠깐의 탈출지를 마련하겠습니다.

만남

미션과 함께 진행하는
새 장소에서 새 친구를 만나는
설레이는 시간

TALKING

힐링

마치 휴가지에 온 듯한
느낌과 함께 휴식을 즐기고
힐링하는 시간

RESTING

일탈

인디밴드 공연과 함께
락 밴드의 공연, 클럽 파티 등
스트레스를 날려버리는 시간

ENJOYING

여행

캠핑을 즐기며
일상 속에서 잠깐의 여행에 온 듯
잠깐의 자유 시간, 캠핑

LINKING

• 자료원 : 〈하이트를 파이팅하게. 힘내라 청춘〉, 한유림·박수정, ○○대학교, 2015

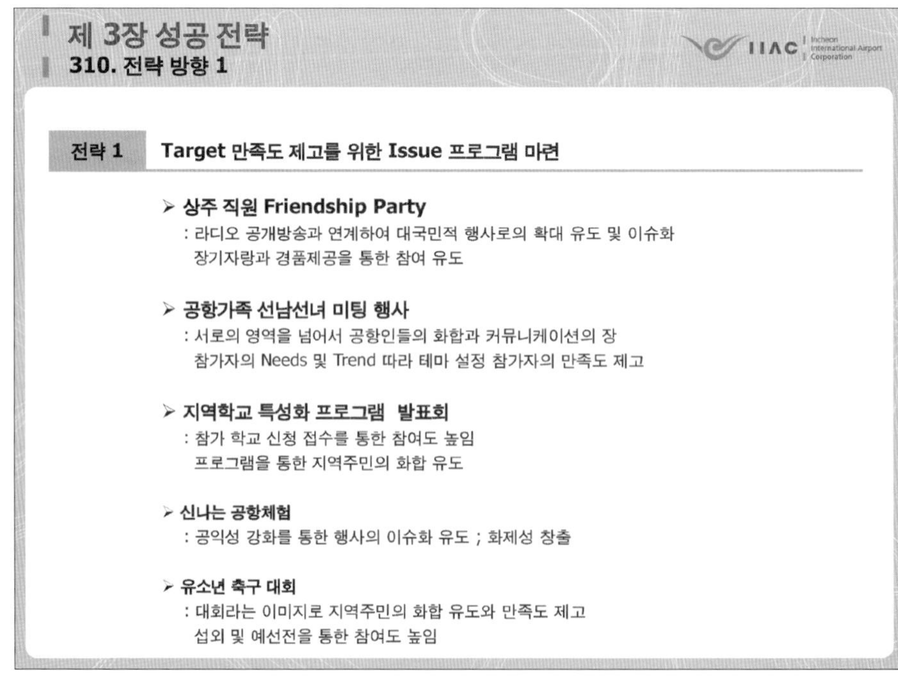

제 3장 성공 전략
320. 전략 방향 2

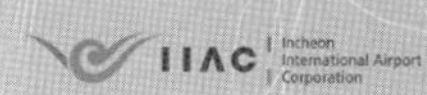

전략 2 당사의 홍보 Network을 활용한 전 방위적인 홍보계획을 수립.

- **지역사회 및 인천시에 효과적으로 홍보 전개**
  : 경인방송 i TV FM과 연계하여 행사기간 전후하여 대대적으로 홍보
- **당사 보도 프로그램 및 시사교양프로그램을 통한 홍보효과 극대화 유도**
  : 뉴스데스크, 기분 좋은 날, 경제매거진M, 로그인 심심뉴스 등
- **공개방송 유치를 통해 집객 Issue 창출**
  : 9월 25일 라디오 공개생방송 및 초대가수 초청공연 실시
- **전문 홍보대행사를 통해 다양한 미디어 컨텐츠를 활용한 홍보 전개**
  : 유력 일간지를 활용한 행사 홍보 및 기획 기사
- **공중파방송 시사교양 프로그램을 활용한 행사 소개**
  : 인터넷을 통한 Sky Festival 홍보
- **인천세계도시축전 기간 중 홍보성 이벤트행사 실시**
  : 축전 개최지 주변 상공에 경비행기를 통한 Sky Festival 홍보

제 3장 성공 전략
330. 전략 방향 3

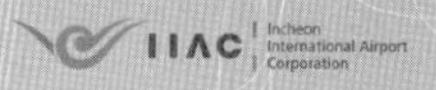

전략 3 각 분야별 전문가 조직으로 행사 1개월 전부터 전담 TFT를 구성.

구 분	내 용
VIP리셉션	▪ 사전 초청장 발송 및 참가유무 확인
상주직원 Friendship Party	▪ 사전 초청장 발송 및 참가 인원 수 확인, 포스터 부착
공항가족 선남선녀 미팅행사	▪ 참가자 신청접수 및 초청장 발송. 참가 안내 및 확인
뮤지컬 공연	▪ 뮤지컬 선정, 뮤지컬 연출 협의, 연습 진행, 리허설 등
먹거리 마당	▪ Item선정, Item별 참가 업체 Contact, 설치 진행
지역학교 특성화 프로그램 발표회	▪ 참가학교 신청접수, 현장 방문, 연습 진행, 리허설 등
신나는 공항체험	▪ 참가 학교 및 단체 신청 접수, 참가 안내
유소년 축구대회	▪ 참가 학교 및 단체 신청 접수 (12개팀), 참가 안내, 참가 확인
영화시사회	▪ 상영 작품 Contact 및 확정
제작물	▪ 디자인 시안/수량 확정, 제작 발주, 납품, 제작물 부착 or 발송
기획/ 운영	▪ 총괄 실행계획 수립

• 자료원 : 〈2009 인천공한 Sky 페스티발〉, 한정임, ○○대학교, 2009

가. 상황분석 나. 제안배경 다. 컨셉트 라. 컨텐츠 제안 마. 프로그램 바. 운영계획

세종축제에서 표현 할 수 있는 "세종의 마음"은 무엇 일까요?

화합과 창조의 의미를 담고 있는
베네치아 카니발의 가면

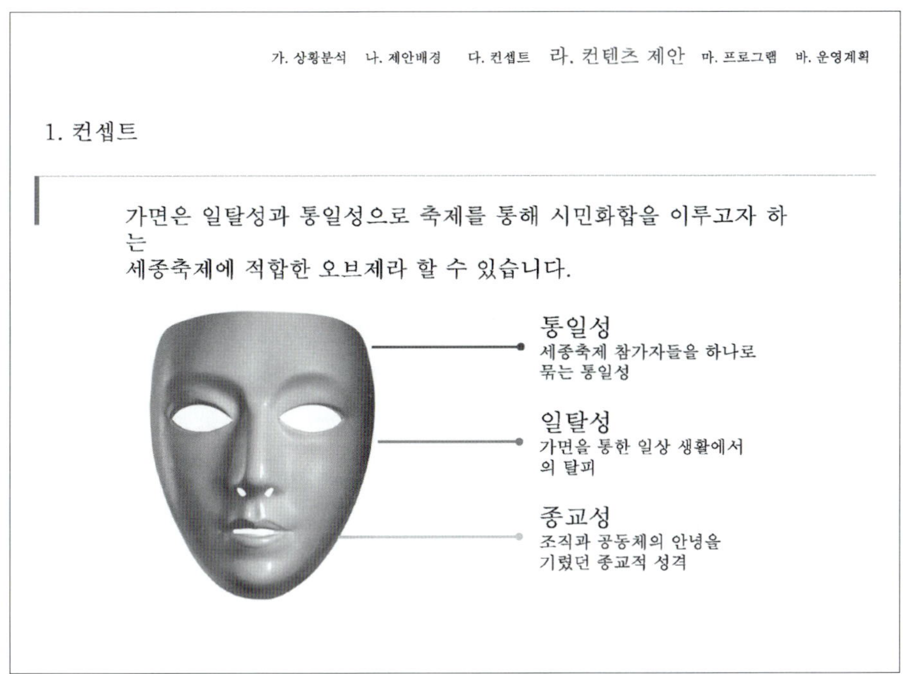

• 자료원 : 〈2015 세종축제 컨텐츠 제안서. 세종의 미소〉, 김한진, ○○대학교, 2015

▼ 과 제

1. 현재 작성중인, 또는 작성예정인 기획서의 기획의도부분을 '사업목적'에 적합하도록 고쳐 보세요.

2. 현재 작성중인, 또는 작성예정인 기획서의 '고객분석'과 앞선 고객분석내용에 근거하여 이들에게 제공할 '상품과 서비스'를 정리해 보세요.

(4) 실행방안 및 운영방안

'실행방안'은 기획서 핵심구조의 'How'에 해당하며, 목표를 달성하기 위해 실제 실행할 사항을 정리한 부분이다. 가능하면 활동 하나하나를 구체적으로 표현하여 업무담당자들이 어떤 행동을 하면되는지 이해할 수 있도록 정리하는 것이 중요하다. 기획서 한 페이지에 하나의 활동을 정리하고, 활동목적과 활동을 통해 얻고자 하는 것과 실제 활동사항을 반드시 다뤄야 한다. '운영방안'은 앞선 실행방안에 나온 사항들을 실천하기 위해 필요한 자원을 획득하고 관리하는 방안에 대한 내용이다. 다양한 내용을 다룰 수 있지만 최소한 업무분장, 업무일정표, 소요비용에 대한 내용은 들어가 있어야 한다.

[사업실행방안]부분은 앞의 [과제] [목표]에서 언급한 내용들을 실제 실행할 수 있도록 구체적인 절차와 진행방식 등을 설명하는 부분이다.

이 부분은 크게 세 부분으로 분류되는데 하나는 목표를 달성하기 위해 어떤 일을 어떤 방식으로 진행하는 게 효과적일지 업무의 방향을 설정하는 부분(실행전략)이고, 또 하나는 실제업무를 실행하는 방법(실행방안)을 정리한 것이고, 마지막으로 실행에 필요한 사람, 도구, 기업 등에 대한 인적, 물적 자원과 이에 필요한 시간, 비용에 대한 내용(운영방안)이다.

특히 [실행방안]은 실제 일을 어떻게 진행하면 되는지 업무매뉴얼을 만들어 준다는 느낌으로 세세히 설명한 부분이다. 누가, 언제부터, 어디서, 무엇을 언제까지 해 낼 것인지를 기획서를 보는 사람이 그 내용만 갖고도 기획담당자에게 묻지않고 스스로 실행할 수 있을 정도로 자세히 정리해 주는 것이 좋다. 물론 기획자 혼자 이 부분을 작성하는 경우는 드물다. 하나의 업무라도 한 두 사람이 전적으로 책임지고 진행하기보다는 다수의 사람, 다양한 유관조직, 외부기관의 힘을 빌려 함께 진행할 때가 많다.

실행방안을 설명할 때는, 특히 마케팅 기획서인 경우에는 분석 프레임워크인 마케팅 4P 또는 마케팅 6P를 사용하면 좋다. 마케팅 4P는 Product(상품), Price(가격), Place(유통방법), Promotion(홍보, 판촉방법)로 구성되어 있고, 마케팅 6P는 앞선 4P에 People(사람), Policy(정책)을 추가한 것이다.

Product(상품)은 기획자가 구상하는 상품과 서비스, 프로그램이 어떤 것인지를 정의한 부분이다. 상품의 기능, 성분, 디자인, 소재, 상표, 크기, 용량, 색깔 등 상품의 전반적인 구성과 내용에 대한 설명이다. Price(가격)은 해당 상품과 서비스, 프로그램의 가격을 말한다. 크게 고가, 중가, 저가로 나눌 수 있고, 그 중에서도 최고, 최저로 분류해 볼 수도 있다. 물론 가격을 결정할 때는 독자적으로 결정하기보다 경쟁사의 가격정도, 자사의 브랜드파워, 해당 상품을 구입하기 위해 소비자가 지출해야 하는 시간, 노동력같은 것도 고려해서 결정한다. Place(유통)은 해당 상품을 소비자에게 어떻게 전달할 지를 정의한 부분이다. 판매를 한다면 온라인으로, 일반매장에서, 전문점에서만, 양쪽을 겸하여, 아니면 방문판매나 네트워크 마케팅 등 해당 상품의 가치와 가격에 적합하고, 고객이 가장 손쉽게 접근할 수 있는 유통망을 정의한다. 만약 이벤트와 같은 현장중심의 BLT활동이라면 '행사'가 진행되는 장소나 공간을 의미할 것이다. Promotion(홍보, 판촉)은 해당 상품을 누구에게, 어떤 상품이라고, 어떤 방식으로 전달할 지를 정의하는 부분이다. 상품의 컨셉과 소비자에게 주는 남다른 가치를 특정대상으로 선정하여 TV나 신문, 잡지 아니면 온라인 배너광고 등 특정매체를 통해 어느 정도 홍보할지 정의하고, 상품판매를 촉진하기 위한 판촉활동은 어떻게 할 것인지를 정의한다.

Product	· 상품에 대한 전반적인 정의와 설명 −상품은 일반적인 상품, 서비스, 프로그램 등 소비자에게 그들이 필요한 것을 제공하는 모든 것을 의미함. −상품의 효과, 기능, 원료/성분, 재질, 디자인/칼라, 용량/크기, 사용법 등의 내용이 필요함. −광고/홍보활동의 상품은 광고 그 자체이거나 행사프로그램임.
Price	· 상품의 경쟁가격 정의 −가격은 해당 상품이 소비자에게 주는 가치를 보상치로 환산한 금액임. −고가, 중가, 저가의 범위 내에서 결정하지만, 핵심은 가격 자체가 아니라 경쟁상품과 대비한 시장경쟁력임. −가격정책에서 핵심은 기업에 이윤을 남기고 동시에 경쟁우위를 점할 수 있는 가격을 설정하는 것임.
Place	· 상품의 가치를 전달하는 정의 −거점, 온라인 또는 두 가지 이상의 병행장소도 될 수 있음. −판매장소, 공간은 상품의 가치, 가격과 일관된 곳이 필요함. −판매장소, 공간의 구매편리성은 장소 선정과 개발, 관리시 중요한 요소임.
Promotion	· 상품의 가치를 알리는 활동 정의 −4대 매체 외 다양한 전달매체를 활용하여 자사의 '개념전달목표'를 달성하도록 운영할 필요가 있음. −중요한 것은 매체 선정 이전에 '누구'에게 '무엇'을 전달할지 결정하는 것임. −Promotion의 전달매체는 크게 '4대 매체 중심의 ATL' '현장 중심의 BTL' 'SNS 등의 온라인' '인적홍보'가 있음.

이와 같은 마케팅 4P는 4P의 한 요소인 Promotion(홍보, 판촉) 방안을 작성할 때도 동일하게 적용할 수 있다. Promotion에서 Product(상품)은 어떤 상품을 어떤 컨셉 또는 메

시지를 갖고할지 정의하는 부분이고, Price(가격)은 어느 정도의 비용을 들여서 홍보활동을 할지 정의하는 부분이며, Place(유통)은 어떤 매체를 활용하여 상품컨셉과 메시지를 전달하지 정의하는 부분이며, Promotion(홍보, 판촉)은 홍보활동진행 시 상품판촉을 위해 특별히 전개할 이벤트성 활동을 정의하는 부분이다.

Product	· Promotion 활동에 대한 정의와 설명 –ATL은 누구를 대상으로 어떤 내용의 광고/홍보활동을 할 것인지 정의함. –BTL 역시 누구를 대상으로 어떤 내용의 행사/활동 프로그램을 진행할 것인지 정의함.
Price	· Promotion 활동의 비용 정의 –Promotion 활동을 위한 비용을 정의함. –이를 위해서는 제작, 실행에 필요한 세부내역이 구성되어 있어야 함. –이는 Promotion 활동과 결과를 대비한 효과측정에 필요한 자료임.
Place	· Promotion 활동매체나 장소를 정의함 –ATL과 온라인은 Promotion 활동매체를 정의함. –BTL은 판촉, 이벤트 프로그램을 운영할 장소를 정의함. –특히 BTL은 ATL과 달리 현장이 매우 다양하고 프로그램 진행에 큰 영향을 주므로, 이에 대한 세밀한 설명이 필요함.
Promotion	· Promotion 활동을 알리는 홍보활동 –BTL 활동은 자체만으로 홍보효과를 얻기에는 무리가 있음. –이를 널리 알리기 위해서는 거점 판촉활동이나 행사 등을 알리는 별도의 Promotion 활동이 필요함. –상기된 Promotion 활동에 대한 구체적인 설명이 필요함.

※ATL은 4대 매체 중심의 Promotion 활동이며, BTL은 이벤트와 같은 현장중심의 Promotion 활동임.

이때 중요한 것은 이 부분에서 다음 운영방안에 나오는 비용과 손익계산서에 필요한 내용이 들어있어야 한다는 점이다. 이곳에서 언급하지 않는 사항이 비용항목에 들어가 있거나 또 반대로 이곳에서 언급한 사항이 비용항목에 들어가 있지 않으면 전자는 과다 비용을 산정한 것이고, 후자는 중요한 비용원을 누락시킨 것이 된다.

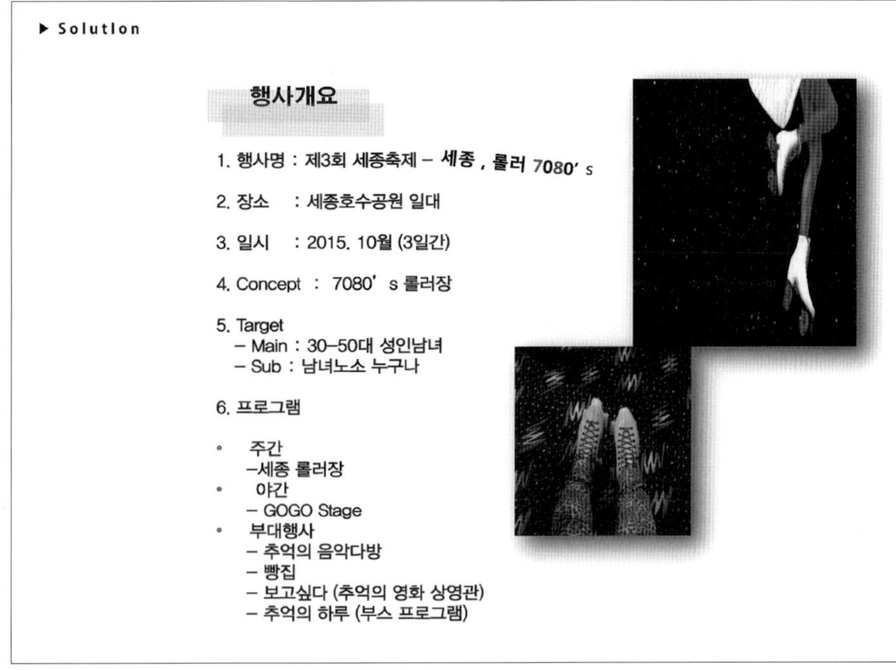

1. 전체 프로그램 구성

구분	Main Program	부대 행사	부스 프로그램
10:00 – 11:00	[달려라, 롤러] 롤러장 Stage 및 장비 대여시간		[추억의 하루]
11:00 – 12:00			
12:00 – 13:00		[추억의 음악다방] – 추억의 사진 전시회 – 추억의 MV [보고싶다] 추억의 영화 상영관	
13:00 – 14:00			
14:00 – 15:00			
15:00 – 16:00			
16:00 – 17:00			
17:00 – 18:00			
18:00 – 19:00			
19:00 – 20:00	[GOGO Stage]		
20:00 – 21:00			
21:00 – 22:00			

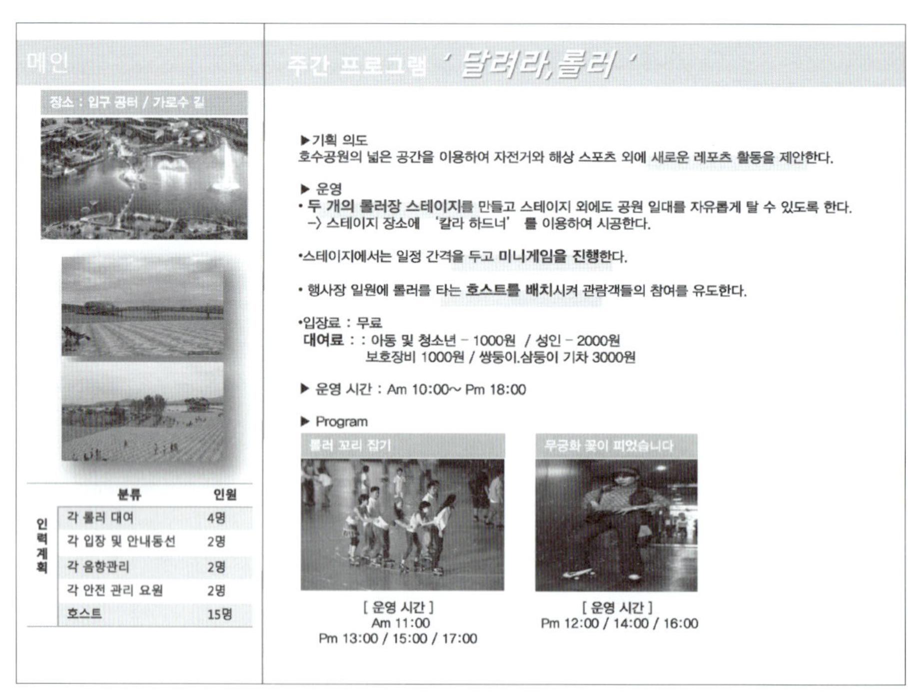

• 자료원 : 〈세종, 롤러 7080's〉, 김다정, ○○대학교, 2015

운영계획

물자 운영 계획

◉ 장소 별 물자리스트

구분	항목		수량	내용	비고
이동시간	버스 안	리스트	2	명단확인용(버스 2대)	
짐정리	주차장	리스트	2	명단확인용(버스,자가용)	
		숙소키	13	느티골, 가마골, 밤티골 키	
		테이블	1	운영용	
부스체험	공통	테이블	20	부스업체고객접대용	
		의자	50	부스업체 고객접대용	
		남 탈의실	6	턱시도 탈의실	
		여 탈의실	6	드레스탈의실	
		앰프	1	BGM, 공지	
		스피커	6	음향	
	드레스	전신거울	6	체형확인, 촬영가능여부	
	메이크업	전기릴선	2	전기필요	
	디렉터&플래너 상담	프린트기	2	정보공유	
		A4용지	1000	프린트	
저녁식사	본부	숯불	50	바비큐 준비무료제공	
	판매부스	텐트	2	고기, 식기	

운영계획

물자 운영 계획

◉ 장소 별 물자리스트

구분	항목		수량	내용	비고
저녁식사	기타	소화기	10	화재위험성	
특강	간식	다과	400	원활한 특강흐름유도	협찬
		식음료	200	원활한 특강흐름 유도	협찬
	공통	펜	100	박람회기념품	
		노트	100	박람회기념품	
야외영화상영	기타	'나의 사랑 나의 신부' DVD	1	상영예정	
		캠핑좌석	50	대여	
	간식	팝콘	100	판매	
		식음료	100	판매	
		텐트	1	판매부스	
		테이블	3	판매테이블	
아침식사	주차장	천막	10	햇빛,바람가리개	
		테이블	25		
		의자	100		
기념품만들기	목재문화체험관	인형재료	35	인형만들기 부스	
		팔찌재료	35	팔찌만들기 부스	

• 자료원 : 〈웨딩의 인식개선과 수요상승 유도를 위한 야웨박람회〉, 조설진·황선미, ○○대학교, 2015

[사업운영방안]부분은 앞서 정리한 [사업실행방안] 내용을 현장에서 실행할 조직과 일정계획, 소요비용 등을 설명하는 부분이다.

이 부분은 크게 세 부분으로 분류하는데 하나는 업무를 진행할 조직도와 조직별 업무내용을 정의한 부분(조직도 및 업무분장안)이고, 또 하나는 하나의 다수사람, 조직이 하나의 목표를 향해 일사분란하게 업무를 진행하도록 업무일정을 정리한 부분(업무일정표)이며, 마지막으로 앞선 내용을 통해 확인한 활동을 위해 필요한 비용을 계산하는 부분(소요비용)이다. 특히 비용부분은 일을 시작하기 전에 경영진의 승인을 받아야 한다. 모든 일에는 비용이 발생하며 이에 필요한 자원을 확보하지 못하면 업무를 진행할 수도 없다. 앞선 내용들은 모두 이를 산정하기 위한 근거자료다.

[사업운영방안]에서 가장 먼저 나오는 '조직도'와 '업무분장안'은 다음과 같다. 우선 일을 진행하기 위한 조직구성이 어떻게 되는지 구성도를 만들고, 개별조직에서 필요한 인력을 산정한다. 그 후 각각의 조직이 담당할 업무가 무엇이며, 이들이 달성해야 할 목표가 어떤 것인지 정의한다. 이때 내부조직 이외 외부의 협력자나 업체가 필요하다면 이들도 함께 정리할 필요가 있다. 이를 통해 업무진행 시 각 조직이 담당할 역할과 일의 범위, 책임과 권한이 분명해 진다.

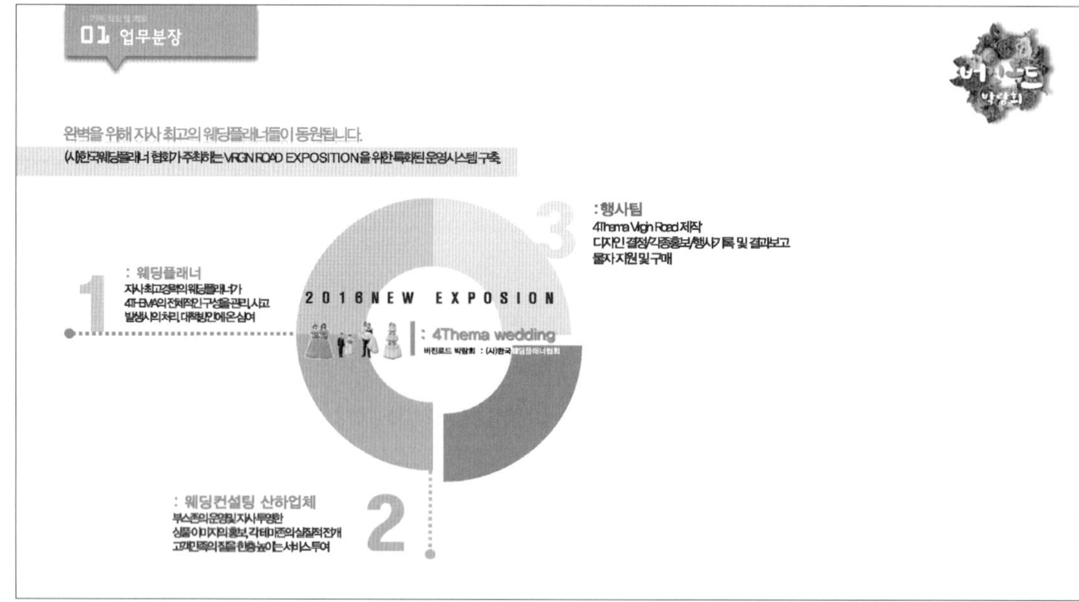

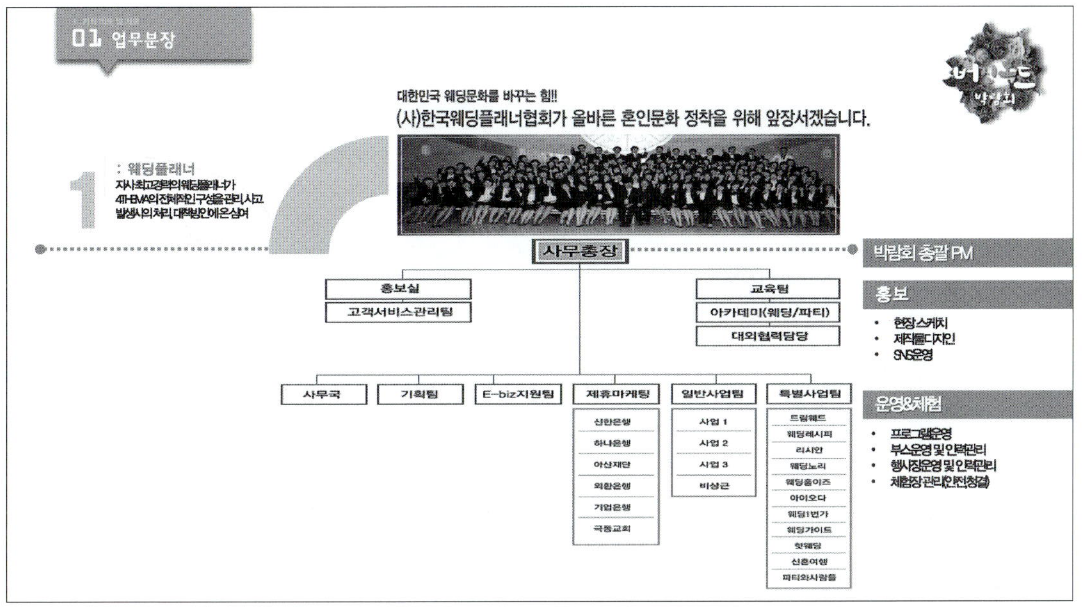

• 자료원 : 〈버진로드 박람회〉, 선유라, ○○대학교, 2015

그 후 각각의 일들이 언제 시작하여 언제 끝마쳐야 할지를 정리한 업무일정표가 필요하다. 모든 업무는 단독적으로 진행하는 게 아니라 서로 연관관계를 갖고 일을 진행한다. 앞선 업무가 마치면 그것을 받아 다음 업무를 진행하고, 다시 그 업무를 다음 사람이 맡아 진행하는 방식이다. 자동차회사에서 자동차 한 대를 만들기 위해 다수의 사람이 일렬로 서서 한 사람은 문을 달고, 그 다음 사람은 문에 나사를 박는 작업을 하면서 한 대의 자동차를 완성하는 것을 연상하면 된다. 따라서 누가 어떤 업무를 언제부터 언제까지 할 것인지를 알아야 이에 맞춰 준비할 수가 있다. 그렇지 않으면 일이 동시다발적으로 발생하여 사람들이 서로 자기 일부터 먼저 하겠다고 우왕좌왕할 수도 있다. 감자튀김 하나를 만들어도 누군가는 감자껍질을 깎아야 하고, 다음 사람이 그것을 먹기좋게 자르고, 그 다음 사람이 앞에서 알맞게 자른 감자를 기름에 넣고 튀기지 않겠는가.

02 업무일정표

(사)웨딩플래너협회, 웨딩컨설팅 업체, 행사팀의 철저한 계획수립을 통해 완벽한 테마형 웨딩박람회를 시현하겠습니다.

구분		3월	4월	5월
기획/계획	프로그램확정	3.3-7		
	실행계획	3.5-20		
	예산확정	3.10-25		
행사준비	연출팀 운영	3.20 - 4.5		5.01 - 00(토)
	운영팀 운영	3.20 - 4.5		5.01 - 00(토)
	홍보팀 운영	3.23 - 4.5		
	진행요원 섭외&교육	3.23 - 2.10		(운영)5.01 -00
	컨설팅 업체 협조	3.01 - 4.10		
시스템	행사팀 운영		4.01 - 10	5.01 - 00(토)
	시스템 구성		4.01 - 10	
	시스템 설치		4.01 - 4.10	5.01 - 00(토)
제작	제작계획	3.25 - 4.5		
	디자인 검수	3.30 - 4.8		
	발주-제작-감리		4.01 - 13	
	납품		4.01 - 13	

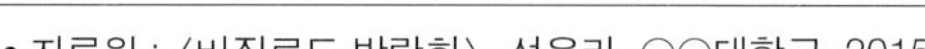

• 자료원 : 〈버진로드 박람회〉, 선유라, ○○대학교, 2015

업무일정표를 확정하고 나면 업무체크리스틀 만들어야 한다. 이는 업무에 참여한 조직, 개인들이 앞선 업무일정표대로 업무를 진행하는지 확인하기 위한 점검표다. 기획자는 업무체크리스를 통해 다수의 사람, 조직들이 약속한 일정대로 업무를 진행하는지 정기적으로 확인하여 문제유무를 점검할 의무가 있으며, 이 활동이 기획자가 담당해야 할 핵심업무 중 하나다. 현장에서는 처음 작성한 업무일정표대로 업무가 진행되지 않는다. 다양한 변수로 인해 일정이 늦춰지거나 일정자체가 중단되는 경우도 있다. 이때 기획자는 아래와 같은 체크리스트를 통해 이런 상황을 빠른 시간내에 확인하고, 이에 대한 조치를 취해야 한다. 물론 가장 좋은 것은 사전에 문제발생 가능성을 확인하여 미리 대응하는 것이다.

6-4. 체크 리스트

구분	항목	담당	협력 업체	업무 체크 내용	비고
system	무대			• 무대 세팅 확인	
	조명			• 행사장 입구 조명(Foot), 특수 조명(Mac)	Color Filters 00
				• 행사장 내 회사 조명(Pin Light)	
				• 포토 존 타워 조명	
				• 블루스 무대 조명(Various Light)	
				• 밴드 무대(Various Light)	
				• 사회자 멘트 및 게임(Pin Light)	
	음향			• 행사장 입구(Speaker 1), BGM	
				• 행사장 내(Speaker 2), BGM	
				• 핸드 마이크 2개, 스피커 3개	
제작 임대	입간판			• 입간판 1개	
	현수막, 배너			• 현수막 1개, 배너 3개	
	인쇄물			• 포스터 30개, 리플렛 20개	

6-4. 체크 리스트

구분	항목	담당	협력 업체	업무 체크 내용	비고
출연진	사회자		미정	• 참석 확인	1명
	Guest		마술사		3명
	밴 드		미정		블루스 연자 가능한 1팀
행사 요원	인력관리			• 전체 인원 확인	지각 및 결석 확인
	동선 스텝			• 4명	명찰 확인
	그 외 스텝			• 6명	명찰 확인
행사 용품	행사용 소모품			• 인터컴 등 물자 임대 및 기타 소모품	
	음식, 디저트		라뀌진 레스토랑	• 20명분	
	도시락			• 중식 – 스텝 10명, 연출자 및 기타 -5명	세부 수량 추후확정
				• 석식 – 스텝 10명, 연출자 및 게스트 15명	
	구급 세트				구급 요원 확보
	렌탈 물자			렌탈 및 물자 확인	
	상 품			구두 3켤레	

• 자료원 : 〈돌싱' Party〉, 박혜선, ○○대학교, 2011

이제 마지막으로 앞서 언급한 내용을 토대로 비용산정을 한다. 사람과 도구가 움직이면 거기에는 반드시 비용이 발생하고 이 비용을 정확히 산정해야 사업에 필요한 자원을 얻을 수 있다. 마지막으로 필요한 것은 손익계산이다. 사업계획서에서는 재무제표가 필요하지만 일반적인 상품개발, 행사, 축제, 이벤트 등의 활동에서는 본 사업으로 인해 발생할 비용과 이 사업을 통해 얻을 수 있는 손익계산서 정도면 된다. 물론 신상품개발같은 업무는 사업 당해연도에 손실이 발생할 수도 있다. 상품을 개발하기 위해 필요한 자원이 들어가는 시기이고, 그것을 소비자에게 알리고, 그들이 매장에서 해당 상품을 구입하는 데에는 시간이 필요하다. 그런 경우에는 당해연도가 아닌 2년 또는 3년 정도의 손익계산서를 제시함으로써 조직에 이익이 되는 활동임을 증명할 필요가 있다.

운영계획
: 예산

어린이 만화 코스프레 페스티벌 예산(안)

<단위 : 원>

순번	구분	항목	내역	단위	수량	단가	금액	비고
1	프로그램	따라쟁이 콘테스트	장난감	개	4	₩ 3,000	₩ 12,000	
2			렛츠런파크 한달이용권	장	4	₩ 10,000	₩ 40,000	
3			캐릭터모자	개	5	₩ 7,000	₩ 35,000	
4			캐릭터실내화	개	40	₩ 3,500	₩ 140,000	
5		미션 탐험대	미션카드	장	500	₩ 100	₩ 50,000	
6			도장	개	12	₩ 2,000	₩ 24,000	
7			캐릭터팔찌	개	300	₩ 3,000	₩ 900,000	
8			삶은달걀	개	300	₩ 200	₩ 60,000	
9			초코비	박스	5	₩ 5,000	₩ 25,000	
10			인형탈(렌탈)	개	20	₩ 30,000	₩ 180,000	
11			하드보드지	개	6	₩ 500	₩ 3,000	
12			매직	박스	5	₩ 15,000	₩ 75,000	
13		나처럼전시회	액자대여	개	20	₩ 2,500	₩ 150,000	
14			파티션대여	개	10	₩ 20,000	₩ 600,000	
15			아젤대여	개	20	₩ 2,500	₩ 150,000	
16	인건비	운영요원	STAFF	명	70	₩ 50,000	₩ 3,500,000	
17		MC	진지희	명	1	₩ 1,000,000	₩ 3,000,000	
18		출연진 숙박비	출연진	명	12	₩ 10,000	₩ 360,000	
19	제작비	포스터	B2 50x70.7cm	장	400		₩ 510,000	디자인 포함
20		현수막		장	20	₩ 16,000	₩ 320,000	
21		전단지		장	1000	₩ 40	₩ 40,000	
23	시스템	음향	스피커, 마이크 등		4	₩ 400,000	₩ 1,200,000	
24		조명	LED, 할로겐 등		2	₩ 800,000	₩ 2,400,000	
25							₩13,774,000	

• 자료원 : 〈어린이날 행사제안서 : 만화 코스프레 페스티발〉, 김한나, ○○대학교, 2015

마지막으로 '맺음말'이 있다. 이는 앞서 설명한 기획서의 제안내용을 다시 한 번 상기시키고, 본 제안을 진행할 경우 사업목적을 달성함과 동시에 추가적인 이득도 함께 얻을 수 있음을 강조함으로써 기획서의 가치를 높이고자 하는데 목적이 있다. 기획서를 마무리하는 과정이기 때문에 간단하지만 제안내용에 확신을 줄 수 있는 내용이 필요하다.

▼ 과 제

1. 현재 작성중인, 또는 작성예정인 기획서의 '실행방안'부분을 정리해 보세요. 한 페이지에 하나의 활동을 정리한다는 마음가짐으로 정리하면 좋습니다. 그리고 본 활동의 목적과 기대효과, 구체적인 실행내용을 사진이나 그림, 이미지 등을 통해 상대방이 쉽게 이해할 수 있도록 구성해 보세요.

2. 현재 작성중인, 또는 작성예정인 기획서의 '운영방안'을 정리해 보세요. 기획서에서 원하는 것을 달성하기 위한 업무조직과 인력, 업무일정, 소요비용을 정리하면 됩니다. 문장이 아닌 도표를 활용하여 전체내용을 한눈에 확인할 수 있도록 작성하는 것이 중요합니다.

3 기획서 평가하기

(1) 기획서의 평가기준

기획서 평가기준을 안다는 것은 자신의 기획서를 수정할 때는 물론이고, 타인의 기획서를 수정하고, 다른 기획서에서 뭔가를 배우고자 할 때도 많은 도움을 준다. 어떤 부분을 살펴봐야 하는지 알 수 있기 때문이다. 기획서에서 중요한 것은 내용이지만 실제평가는 다양한 측면에서 이뤄진다. 가장 중요한 것은 기획서다워야 한다는 점으로 기획서가 갖춰야 할 기본조건을 충족시켜야 한다는 말이다. 그리고 기획서를 성실하게 작성했다는 느낌과 시각적으로 다채롭다는 인상을 주는 기획서가 좋은 기획서다. 이런 기획서는 상대방에게 기획서 내용에 대한 신뢰감을 주며, 기획자가 다양한 사고를 할 수 있는 사람이라는 인상을 심어준다.

사람들이 원하는 기획서는 어떤 기획서일까? 앞서 상사나 경영자가 기획서에 불만스러운 면을 살펴보면 몇 가지 사항을 확인할 수 있다.

첫 번째는 기획자가 기획을 시킨 사람의 의도를 이해하지 않고 자기 생각대로 방향을 잡아 작성한 경우이다.
두 번째는 기획서 내용을 이해하기 어려운 경우다.
세 번째는 무척 많은 내용을 담고 있는 기획서임에도 불구하고 결론이 불분명한 경우다.

하지만 이게 전부일까? 사람들은 기획서에서 중요한 것은 내용이라고 주장하지만 실제 평가상황에서는 내용이 전부가 아니다. 내용만 제대로 들어있다고 좋은 기획서라면 기획서 작성방법을 별도로 배울 필요도 없다. 그냥 하얀백지에 한 페이지 보고서(One Page Proposal) 작성하듯이 내용만 충실히 정리하면 된다. 기획서의 평가기준을 살펴보면 다음과 같다.

첫째, 기획서는 '기획서' 다워야 한다.

기획서가 기획서다워야 한다는 것은 매우 중요한 말이다. 이는 기획서가 갖춰야 할 기본적인 내용이 들어 있고, 그 내용들이 일정한 방식으로 전개되며, 기획서 모양새가 안정적으로 구성되었을 때 받는 느낌이다. 기획사고에 따라 자료를 수집, 분석하여 메시지를 만들고, 이들을 일정한 구성방법과 흐름에 따라 보기좋게 정리한 보고서다. 그리고 이 책에 담긴 거의 모든 내용이 바로 기획서를 기획서 답게 작성하는 방법이다. 특히 다음 조건들은 기본적으로 충족시켜야 한다. 상황에 맞는 기획서 목차, 기획서 개별 페이지들의 연속적이고, 일관된 메시지 구성, 안정감 있고 참신함을 주는 기획서의 레이아웃과 디자인이다.

둘째, 기획서를 성실하게 작성했다.

기획자가 기획서를 성실하게 작성했다는 평가는 기획서에 담긴 내용, 특히 각 페이지에 담긴 메시지의 구성과 기초자료의 충실성에 기인하는 바 크다. 특히 현황분석에 필요한 자료를 충실히 확보하고, 이를 정밀하게 분석했다는 것은 기획자의 기획자세, 태도와 성실성를 보여주는 좋은 지표가 된다. 이 업무는 무척 까다롭고 시간도 많이 소요되는 작업이기 때문이다.

셋째, 기획서가 다채로워야 한다.

기획서는 남에게 보여주고 평가받는 문서이기에 기획서의 디자인적인 요소가 무척 중요하다. 과거 한글로 기획서를 작성할 때는 내용이 기획서의 질을 결정했지만 디자인 기능이 강화된 파워포인트 류의 기획서는 보기 쉽고 예쁘게 만드는 것이 기획자 자신은 물론 해당 기업의 업무능력까지 보여주는 요소가 되었다. 전체적으로 보기좋은 기획서는 기획서의 질적인 평가에도 큰 영향을 준다.

다만, 디자인이 중요하다고 해서 색감이나 표현방식, 사진이나 그림 등이 화려하거나 복잡하면 기획서가 아니라 그림책처럼 보일수도 있다. 깨끗함, 단순함이 기획서 디자인의 생명으로 〈애플〉의 디자인 컨셉, 즉 단순하고 깔끔하지만 디자인과 상품기능이 서로 연결된 디자인을 생각하면 된다.

▼ 과 제

1. 앞서 공부한 내용들을 상기하면서 '기획서는 기획서다워야 한다.'는 말의 의미를 정리해 보세요. 기획의 정의부터 기획서 목차, 페이지 구성방법 등을 생각해 보면 답을 알 수 있습니다.

(2) 좋은 기획서의 기본적인 디자인조건

기획서 디자인은 매우 다양하고 기획자마다 자신만의 취향이 있다. 하지만 공통된 사항들이 있다. 첫째, 기획서에서 사용하는 글자크기다. 글자를 키우면 해당내용은 시각적으로 두드러지겠지만 기획서가 전체적으로 그림책처럼 보인다. 둘째, 앞서 언급한 것처럼 글이 중심이 되어야 한다. 기획서에서 중요한 것은 메시지이며 이는 글로 표현할 때 가장 안정적으로 내용의 의미를 전달할 수 있다. 셋째, 기획서 목차에 따라 디자인 성격을 달리할 필요가 있다. 기본적인 레이아웃과 디자인을 유지한 상태에서 개별목차가 가진 특성르 살리는 것이 좋다.

기획서의 디자인이 안정적으로 보이려면 사소하지만 중요한 몇 가지 기준을 기억할 필요가 있다.

첫째, 글자 크기를 줄여야 한다.

기획서에 담긴 글자 크기는 기획서의 전체적인 느낌을 결정하는 데 중요한 요소다. 기획서에 대한 이미지와 질적인 면까지 영향을 준다. 문제는 글자 크기가 너무 클 때의 상황이다. 필자가 수업시간에 강조하는 말이 하나 있는데, 어린이가 보는 동화책과 어른이 보는 전문서적의 차이가 무엇인지에 대한 질문이다. 답은 어린이용 책은 글자가 크고 그림이 많은 반면, 전문서적은 글자가 작고 그림 크기가 작다. 따라서 '제목'의 크기는 최대 32포인트 이하로 작성하는 것이 좋으며, '내용'은 특별한 경우를 제외하고 최대 16포인트 이하로 작성하는 것이 좋다. 글자가 크다는 것은 '그림책'과 같은, 내용이 부실하다는 인상을 준다.

둘째, 파워포인트 류 기획서일지라도 그림이 아닌, 글이 중심이 되어야 한다.

모든 기획서는 결론메시지를 제목과 같은 위치에 작성하고, 이의 근거메시지를 정리한 다음 근거자료를 삽입하는 구조로 되어 있다. 기획서에 들어 있는 모든 사진, 도표, 동영상 등은 독자적으로 존재하는 것이 아니라 각 페이지에서 주장하고 싶은 말을 보기 쉽고 이해하기 편하도록 만들기 위한 도구들이다. 따라서 그림, 사진, 도표 등은 항상 이를 설명한 글과 함께 기획서에 담아야 한다. 그림에 맞춘 글이 아니라, 글과 내용에 맞춘 시각적인 표현이 필요하다는 의미다. 또한 가능하면 기존의 그림, 사진보다 파워포인트를 활용한 도형, 표를 독자적으로 그리는 것이 중요하다. 기획서 초보자와 숙련자가 쓴 기획서에는 여러 가지 차이가 있지만 그 중에서 눈에 확 들어오는 차이는 그림과 도형을 사용하는 방법이다. 초보자들은 주로 기존에 있던 현장사진이나 그림만으로 자신의 생각을 표현하지만 기획서를 많이 써 본 사람은 자신의 메시지를 보다 효과적으로 전달하기 위해 도형이나 차트 등을 활용한 별도의 내용을 만든다. 이들은 기존 사진이나 그림을 활용하더라도 그것을 있는 그대로 표현하기보다 이를 변용하여 더 많은 정보를 담고자 노력한다. 예를 들면 아래와 같은 것이다.

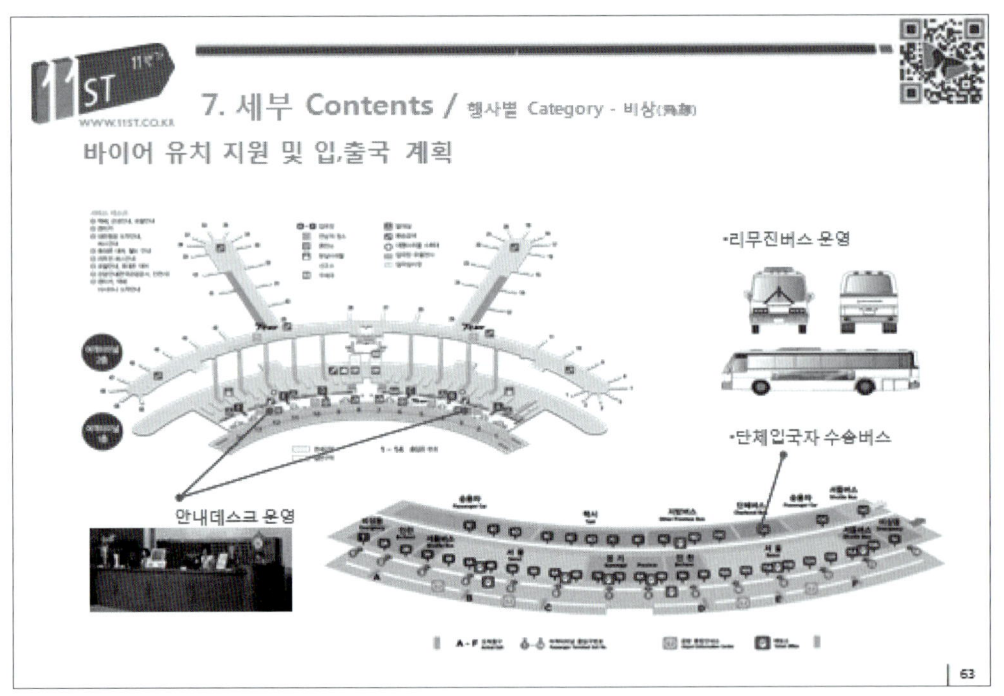

• 자료원 : 〈大학로 11st Fashion Festa〉, 이희택, ○○대학교, 2012

셋째, 전체 기획서에는 다양한 용도의 지면이 골고루 혼합되어 있어야 한다.

기획서에 담긴 내용은 대부분 전문적이고, 까다로운 것들이다. 위험부담을 안고 신규 사업을 제안하거나 큰 비용이 들어가는 외부행사를 기획하는 것 같은 것이다. 이런 무거운 내용을 전달하는 기획서가 디자인까지 단조롭다면 보는 사람 입장에서는 부담스럽고 마음 역시 무거울 것이다. 하지만 '같은 값이면 다홍치마'라고 내용구성과 디자인이 아기자기하고 다채롭다면 기획서를 보기도 편하고 내용을 들으면서 시각적인 즐거움도 얻을 수 있다. 물론 기획서 디자인을 무작정 다채롭게 만들라는 것은 아니다. 이는 도리어 보는 사람들을 혼란스럽게 만들 수도 있다. 기획서다우면서도 다채로운 기획서 디자인은 앞서 설명한 목차별 디자인 특징처럼 정보를 중심으로 다룬 페이지와 그림이나 사진이 중심이된 페이지, 도표로 채워진 페이지 등은 표현을 달리하는 것이다. 표현을 달리하면 좋은 내용들은 아래와 같다.

- 글, 문자, 도표 중심의 근거자료 중심페이지
- 자신이 설명하고자 하는 사물, 사건, 일, 상품을 확인할 수 있는 사진, 그림페이지
- 논리적인 내용을 한 페이지 정도로 요약해 낸 〈전략화〉 페이지
- 핵심내용을 간단명료하게 강조한 부분들로 문제, 원인, 과제, 목표고객정의, 컨셉 등이다.

▼ 과 제

1. 현재 작성중인, 또는 작성예정인 기획서에 들어갈 내용 중에서 '현황분석' 페이지와 '실행전략' 페이지를 작성해 보세요. 그리고 앞선 두 목차 페이지에서 각기 강조해야 할 사항을 설명해 주세요.

(3) 좋은 기획서의 기본적인 내용조건

기획서의 내용은 무척 중요하다. 하지만 사람들이 유심히 살펴보는 것은 세 가지 사항이다. 첫째, 시장조사부분이다. 기획서는 과거자료를 통해 미래를 예측하는 것이기에 시장조사의 철저함(MECE)을 많이 따진다. 둘째, 내용들 간의 인과관계 문제다. 앞 내용과 뒷 내용이 자연스럽게 연결되었는가 하는 점이다. 문제를 풀어가는 논리적인 사고과정에 대한 평가다. 셋째, 실행방안 부분의 타당성과 현실성 부분이다. 실행방안은 기획서의 결론이다. 하지만 기획자들은 이 부분을 앞의 논리와 따로 생각하는 경우가 많다. 아마도 남다른 것에 초점을 두다보니 그런 것같다. 또한 실행 가능한 내용이어야 한다. 실행할 수 없거나 실행하는 데 제한이 많다면 실행방안으로서 가치가 없다.

기획서의 내용측면에서 평가기준을 살펴보면 아래와 같다.

첫째, 시장조사부분이다.

시장조사부분은 기획서를 볼 때 가장 먼저 살펴보는 부분으로 기획서를 계속 볼 것인지를 결정하는 중요한 부분이다. 기획서에 담긴 내용들은 시장조사를 기반으로 구성한 것들이기에 이 부분이 충실하지 않으면 기획서에 담긴 내용들을 신뢰하기 어렵다. 시장

조사 부분에 담긴 자료들은 실제 존재하는 자료들로 출처를 분명히 표시해야 하고, 이의 해석 역시 객관적인 시각으로 정리, 표현해야 한다. 또한 조사자료의 양적인 문제는 기획자의 기획에 대한 성실성을 확인할 수 있는 부분이므로 중요한 부분에 대한 조사는 빠짐없이 살펴봐야 한다. 시장조사 부분의 기본적인 목차는 기획주제의 전체시장 동향분석, 경쟁사 또는 관련기업, 상품, 서비스의 벤치마킹 자료, 자사가 하려는 사업, 서비스에 대한 평가, 소비자의 A & U(상품에 대한 욕구, 평가, 사용방법 등) 자료이며, 이들 내용을 분석하여 기획의 핵심구조인 문제와 원인, 과제를 설정한다.

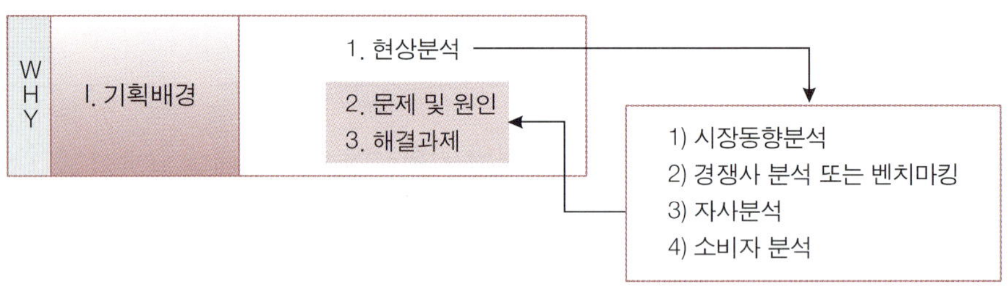

둘째, 기획서 내용의 논리성이다.

기획서는 나를 위한 것이 아니라 남을 설득시키기 위해 작성한 것이다. 따라서 상대방이 쉽게 이해하고, 기획자의 생각에 자신의 생각을 함께 맞출 수 있어야 한다. 이는 설득의 문제로, 기업에서 원하는 기획요원의 핵심역량은 파워포인트를 예쁘게 작성하는 능력보다 한단계위인 [설득능력]이며, 말이 아닌 글이나 문서로 설득하는 능력이다. 상대방을 글로, 또는 말로 설득하기 쉬운 구조는 논리적인 구조이며, 이는 [문제] – [원인] – [과제] – [목적] – [목표] – [전략] – [실행방안] 순이다.

서론 : 우리가 하고자 하는 건 이런 일입니다. 이렇게 만들고 싶기 때문입니다.

문제 : 하지만 우리의 현실은 어떤가요? 상황분석을 해 보니 우리가 원하는 것은 이런 것이기에 이러저러한 면에서 차이가 있습니다.

원인 : 이와 같은 차이가 발생한 원인은 이런 것들입니다.

과제(문제점) : 저는 여러 가지 원인 중에서 이 점을 해결하여 제가 원하는 것을 얻고자 합니다.

목적 : 우리가 이 일을 하는 이유는 이렇게 만들고 싶기 때문입니다.

목표 : 그렇다면 문제와 원인을 해결하기 위해 우리가 해야 할 일은 이런 일들이니, 그것을 일허게 정의하겠습니다.

컨셉트/슬로건 : 우리의 목표를 이루기 위해 컨셉트/슬로건은 이렇게 하겠습니다.
실행방안 : 이 컨셉트하에서 우리가 해야 할 일들을 구체적으로 분류하여 말씀드리면 다음과 같습니다.

셋째, 세부 실행방안부분이다.

기획서의 실행방안은 내가 실행하기 위해서가 아니라 다른 사람이 실행할 수 있도록 일의 방향과 구체적인 방법을 제시한 것이다. 따라서 이 부분의 내용은 해당 업무의 업무 매뉴얼과 같은 역할을 수행해야 하고, 동시에 일을 마친 후 사후평가 및 관리를 위한 지침서로도 활용할 수 있어야 한다. 세부 실행방안이 갖춰야 할 요건은 아래와 같다.

- [사업전략]에 맞춰 일관되게 작성해야 하며, [사업목표]를 달성할 수 있어야 한다.
- 최소한 누가, 언제, 어디서, 무엇을, 어떻게, 언제까지 해야 하는지를 구체적으로 언급해야 한다.
- 업무담당자가 업무내용을 이해할 수 있도록 문서, 사진, 그림, 동영상, 도면 등 다양한 방법으로 표현해야 한다.
- [업무분장], [업무일정표], [수입, 비용계산]의 근거자료가 되어야 한다.

이상과 같은 내용들을 기획서 평가기준으로 삼아 자신이 작성한 기획서나 타인의 기획서를 살펴보면 평소에는 보지 못했던 문제들이 하나씩 눈에 들어온다. 앞서 설명한 부분들은 본 교재에서 설명한 내용들이지만 기획자들이 자주 놓치는 부분이고, 기획서를 평가하는 사람들이 자주 지적했던 부분들이다. 이 부분을 멋지게 표현한 기획서를 찾아보고, 자신의 기획서를 잘된 기획서 샘플에 맞춰 수정, 보완하다보면 기획서 작성능력도 함께 발전할 수 있다.

▼ 과 제

1. 기획서의 내용면에서 중요한 세 가지 요소를 설명해 주세요. 그리고 현재 작성중인, 또는 작성예정인 기획서에서 앞선 세 가지 사항을 충족시키기 위해 중점적으로 할 일을 설명해 주세요.

2. 자산이 작성한 기획서를 앞서 설명한 평가기준에 대입해보고 수정이 필요한 부분을 찾아 보세요.

1) 수정이 필요한 부분은 어디인지요?
2) 앞서 지적한 부분의 어떤 점이 미흡하다고 생각하는지요?
3) 자신의 기획서가 어떻게 수정되었으면 좋겠는지 의견을 말씀해 주세요.

참 고 자 료

■ 참고문헌

〈교육학용어사전〉, 하우동설, 서울대학교 교육연구소, 2011
〈군사용어사전〉, 이태규, 일월서각, 2012
〈HRD용어사전〉, (사)한국기업교육학회, ㈜중앙경제, 2010
〈기획이란 무엇인가〉, 길영로, 페가수스, 2012
〈모든 비즈니스는 기획이다〉, 강성호, 비즈니스맵, 2013
〈마케팅의 99%는 기획이다〉, 야마모토 나오토, 토네이도, 2006
〈비즈니스혁신의 10대 경영도구, 노규성, 커뮤니케이션북스, 2014
〈보랏빛 소가 온다〉, 세스 고딘, 재인, 2004
〈컬처코드〉, 클로테르 라파이유, 리더스북, 2007
〈창조적 디자인 경영〉, 이병욱, 국일미디어, 2008
〈펭귄을 날게 하라〉, 한창욱. 김영한, 위즈덤하우스, 2007
〈기획력강의〉, 현경택, 동문통책방, 2013
〈기획의 정석〉, 박신영, 세종서적, 2013
〈한국 고중세사 사전〉, 한국사사전편찬회, 가람기획, 2006
〈프레젠테이션 챔피언, 제임스 캐플린, 눈과 마음, 2009
〈마켓 3.0〉, 필립 코틀러, 타임비즈, 2010
〈10년 후 미래를 바꾸는 단 한 장의 인생설계도〉, 팀 클라크 외, 교보문고, 2013
〈세일즈 프로모션은 왜 마케팅의 핵심인가?〉, 쥴리언 커밀스 외, 거름, 2006
〈실전마케팅플래닝〉, 김영한, 거름, 2002
〈설득의 스토리텔링〉, 이안 커더리스, 생각비행, 2011
〈새로운 미래가 온다〉, 다니엘 핑크, 한국경제신문사, 2012
〈드림 소사이어티〉, 롤프 엔센, 리드리드출판, 2005
〈디퍼런트, 문영미, 살림Biz, 2011

〈창의력에 대한 11가지 생각〉, 황준욱.유승호.김윤태 편, 고려대학교 출판부, 2009
〈생각이 차이를 만든다〉, 로저 마틴, 지식노마드, 2008
〈네 멋대로 써라〉, 데릭 젠슨, 삼인, 2005
〈블루오션전략〉, 김위찬 외, 교보문고, 2005
〈폐쇄위기 딛고 年 300만 명 관람객 몰리는 동물원으로〉, 매일경제, 2013
[한국의 문화와 예술], 〈'태양의 서커스'의 성공사례를 벤치마킹하라. 대한변협신문, 2015

■ 샘플자료

〈상사몽〉, 강아림.배은정 외 3명, 2014
〈'처음처럼' 시장점유율을 확대시키기 위한 프로모션 기획서〉, 황유영, 2014
〈국순당. 새콤달콤 콤주의 매출 1위 달성을 위한 신제품 프로모션 기획서〉, 이종훈, 2014
〈Natuur. 1위 탈환을 위한 프로모션 파티〉, 이용준, 2010
〈Music Festival〉, 백다솜, 2015
〈한국영상대학교 교내 편의시설 100% 활용을 위한 프로모션 방안〉, 김아영. 장지희, 2015
〈1위가 되기 위해 노력하는 '스킨푸드' 제품 홍보 프로모션 방안〉, 위혜진, 2014
〈LG 라이프밴드 홍보방안〉, 김수정. 이건희, 2014
〈다문화가정에 대한 국민인식개선과 사회참여율 증대를 위한 대국민 홍보방안〉, 최소희. 정한솔, 2013
〈합리적인 스마트폰 사용을 위한 스마트폰 중독방지 어플리케이션 개발기획서〉, 정재헌, 2014
〈'아홉시 반' 브랜드 인지도 제고 및 충성고객 확보 방안〉, 박영선, 2015
〈생활문화기업으로 도약하기 위한 LF 기업홍보방안 제안서〉, 최민정, 2014
〈大학로 11st Fashion Festa. 11월을 즐겨라〉, 이희택, 2011
〈2.8青春, 새롭게 도약하다〉, 김승현, 2015
〈행정복합문화의 도시 세종, 학생들을 위한 공연문화사업 프로젝트〉, 허수연. 김혜영, 2016
〈생활문화기업으로 도약하기 위한 LF 기업홍보방안 제안서〉, 최민정, 2014
〈카카오가 말하는, 아내들의 일상적 쉼터가 되어주는 방법〉, 황선미. 한윤림, 2015

〈코레일 활성화방안. 혁신상품 제안 및 프로모션 전략〉, 국현승. 이은혜, 2015
〈한강피플, 여의도 한강공원 20대 이용객 증대방안〉, 최승주, 2015
〈경쟁사 뒤통수를 치는 '아웃도어족' 사용설명서〉, 이아로. 이윤진, 2015
〈SEOUL 드림하이 FESTIVAL〉, 박은영, 송파여성인력개발센터, MICE전문가양성과정 3기, 2014
〈A TWOSOME PLACE 브랜드 이미지 확산을 위한 프로모션 제안서〉, 백록담, 2012
〈20대 신세대를 위한 신개념 Hof Club BT2F 창업제안서〉, 신지훈, 2012
〈하이트를 파이팅하게. 힘내라 청춘〉, 한윤림. 박수정, 2015
〈명석의 매출증대를 위한 프로젝트〉, 정유비, 2015
〈2009 인천공항 SKY 페스티발〉, 한정임, 2009
〈2015 세종축제 컨텐츠 제안서. 세종의 미소〉, 김한진, 2015
〈세종, 롤러 7080's〉, 김다정, 2015
〈웨딩의 인식개선과 수요상승 유도를 위한 야웨박람회〉, 조설진. 황선미, 2015
〈버진로드 박람회〉, 선유라, 2015
〈어린이날 행사제안서: 만화 코스프레 페스티발〉, 김하나, 2015

〈테마파크 파라다이스〉, 네이버 블로그, http://blog.naver.com/khegel/100043738708
〈Life Never Felt So Good〉, 네이버 블로그,
http://blog.naver.com/choongchoongchoong/220787696804 (펭귄사진)
〈nangli8354의 블로그〉, 네이버 블로그, http://blog.naver.com/nangli8354/220639121410 (치타가 잠자는 사진)
〈캐리어와 카메라, 네이버 블로그, http://blog.naver.com/ackerin/220749282181 (표범사진)

저자약력

방누수교수는 한양대학교 국문학과와 고려대학교 사회학과를 졸업하고, 고려대학교 대학원에서 사회학을 전공하여 석사학위를 취득했다. 현재는 한국영상대학교 이벤트연출과 교수로 재직 중이며, 기획서작성법, 리서치실무 등을 강의하고 있다. 한국리서치, 김정문알로에, 온누리건강, SK케미칼, SK네트웍스, SK에너지에서 기획, 마케팅(신상품개발, 신규사업개발, 홍보·판촉)업무를 담당했으며, 예원예술대학교 문화영상창업대학원 전임멘토강사를 역임했다. 현재는 강점경영연구소 소장, 집객연구소 대표연구원, 매일경제 창업.마케팅분과 자문위원, 송파새일센터 자문위원 활동을 수행하고 있으며, 저서로는 '생존독서력' '청소년, 책의 숲에서 길을 찾다' '마흔, 인생완주를 위한 책읽기' '기업가 정신과 창업(교재)'이 있다.

■ 이메일 : louisplan@naver.com

기획서 작성법

2016년 10월 5일 1판 1쇄 인쇄
2016년 10월 10일 1판 1쇄 발행

저 자 방 누 수
발행인 류 재 식 · 류 재 원
발행처 도서출판 북 넷

서울시 용산구 효창원로 70길 대신빌딩 2층
등 록 2010년 6월 7일(제2010-000069호)
전 화 (02) 395-2341
팩 스 (02) 395-2303

정가 29,000원

ISBN 979-11-86947-11-1 (93320) e-mail : book2341@naver.com